# 인류운명공동체 구축의 지속적 추진을 위한 논담

시진핑

박연옥(朴連玉) 역·김승일(金勝一) 감수

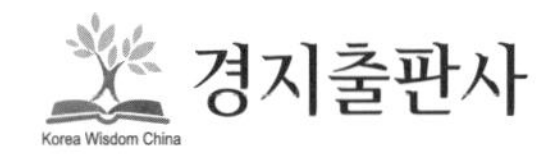

# 인류운명공동체 구축의
# 지속적 추진을 위한 논담

**초판 1쇄** 인쇄 2024년 9월 25일
**초판 1쇄** 발행 2024년 10월 1일
**발 행 인** 김승일
**출 판 사** 경지출판사
**출판등록** 제 2015-000026호

ISBN 979-11-93337-06-6

**판매 및 공급처 구포출판사**
**주소** : 서울시 도봉구 도봉로117길 5-14 **Tel** : 010-3202-8325
**홈페이지** : https://www.sixshop.com/Kyungji



이 도서의 국립중앙도서관 출판사 도서목록(CIP)은 서지정보유통지원시스템 홈페이지(http://seoji.nl.go.kr)와 국가자료공동목록시스템에서 이용하실 수 있습니다.

B&R program

# 인류운명공동체 구축의
# 지속적 추진을 위한 논담

시 진 핑

인류운명공동체 구축을 위한 노력을 계속 추진해야 합니다. 중국 인민의 꿈은 각국 인민의 꿈과 밀접히 연결되어 있으며, '중국의 꿈'(中國夢)을 실현하려면 평화로운 국제 환경과 안정된 국제질서를 떠날 수 없습니다. 반드시 국내와 국제의 대국(大局)을 통괄하여 시종일관 평화적 발전 노선을 견지하고, 호혜윈윈(互利共贏)의 개방 전략을 실행하며 정확한 의리관(義利觀)을 견지하고, 공동(共同)·종합(綜合)·협력(合作)·지속 가능한(可持續的) 새로운 안보관을 수립하며 개방혁신(開放創新)·포용호혜(包容互惠)의 발전을 도모하고, 화이부동(和而不同), 겸수병축(兼收並蓄)의 문명교류를 촉진시키며, 자연을 사랑하고 녹색발전의 생태체계를 구축하여 시종일관 세계 평화의 건설자, 글로벌 발전의 공헌자 그리고 국제질서의 수호자가 되어야 할 것입니다.

— 중국공산당 제19차 전국대표대회에서의 보고, 『샤오캉사회를 전면적으로 실현하고 신시대 중국 특색 사회주의의 위대한 승리를 이룩하자(決勝全面建成小康社會, 奪取新時代中國特色社會主義偉大勝利)』

# 출간 설명

중국공산당은 중국 인민을 위해 행복을 도모하는 정당이자 인류의 진보사업을 위해 분투하는 정당이다. 중국공산당은 시종 인류를 위해 새롭고 더 큰 공헌을 하는 것을 자신의 사명으로 삼고 있다. 중국공산당 제18차 전국대표대회 이후 시진핑 동지는 인류의 역사발전이라는 입장에 서서 강대국 지도자의 책임을 가지고, 국제정세의 심오한 변화를 정확히 파악하여 평화·발전·협력·상생의 시대적 흐름에 순응하면서 "어떤 세상을 만들 것인가? 어떻게 이 세상을 만들 것인가" 등 인류의 앞날과 운명에 관한 중대한 과제를 깊이 고심하며, 고첨원촉(高瞻遠矚, 높고 원대한 시야를 뜻함)의 높은 식견으로 인류운명공동체 구축론을 내놓았다. 시진핑 동지는 인류운명공동체 구축의 시대적 배경, 중대한 의미, 풍부한 내용과 실현 로드맵 등 중대한 문제에 대해 깊이 있게 설명하고, 중국 특색 대국외교 이론과 실천혁신을 선도하며, 인류사회의 공동 발전, 지속적인 번영, 국가의 장기적인 안정을 위한 청사진을 그려 세계 평화와 발전에 더 크게 기여하는 중국의 숭고한 목표를 구현하고, 자체 발전과 세계 발전을 통일하는 중국의 세계적 시야, 세계적 정서, 대국 책임을 구현하자는 포부를 밝혔다.

인류운명공동체 구축을 견지하는 것은 시진핑 신시대 중국 특색 사회주의 외교사상의 중요한 내용이며, 시진핑 신시대 중국 특색 사회주의 사상의 중요한 구성부분으로 국내와 국제사회의 전 국면을 통괄하여 시종일관 평화적 발전 노선을 견지하고, 호혜윈윈의 개방 전략을 견지하며, 올바른 의리관을 견지하고, 공동·종합·협력·지속 가능한 새로운 안보관을 수립하며, 개방혁신·포용호혜의 발전을 도모하고, 화이부동·겸수병축의 문명교류를 촉진시키고, 자연을 사랑하고 녹색발전의 생태체계를 구축하며, 시종 세계 평화의 건설자, 글로벌 발전의 공헌자, 국제질서의 수호자가 되어 '두 개의 100년(兩個一百年)'이라는 분투목표와 중화민족의 위대한 부흥이라는 '중국의 꿈'을 실현하기 위해 보다 나은 국제환경을 조성하는 데 중요한 지도적 의의가 있다고 하겠다. 많은 간부들과 대중들이 시진핑 동지의 인류운명공동체 구축론에 대해 깊이 있게 학습할 수 있도록 돕기 위해 시진핑 동지의 관련 논담(論談, 학문이나 사물에 대해 토론하고 깊이 생각하여 한 말)을 『인류운명공동체 구축의 지속적인 추진에 대한 논담』라는 책으로 엮었다.

이 책은 중국공산당 제18차 전국대표대회 이후 시진핑 동지의 인류운명공동체 구축을 계속 추진하고자 하는 견해에 대한 원고 총 85편을 수록했다.

중공중앙당사(中共中央黨史)와 문헌연구원(文獻研究院)

2018년 6월

# 목차

# 목차

# 목차

# 목차

# 국내·국제 대국을 통괄하여 평화적 발전 노선을 견지하기 위한 기반을 다지자[1)]

●● 2013년 1월 28일 ●●

평화적 발전 노선을 견지하는 것은 중국공산당(중국共産黨)이 시대 발전의 흐름과 중국의 근본 이익에 근거하여 내린 전략적 선택입니다. 우리는 '덩샤오핑(鄧小平) 이론', '3개 대표론(三個代表)'의 주요 사상, '과학발전관(科學發展觀)'을 지도이론으로 삼아 전략적 마인드와 전략적 정력(定力, 정신수양으로 마음에 요란함이 없이 정신통일이 된 상태를 통해 얻게 되는 힘을 뜻함)을 강화하여 국내·국제 대국을 더욱 잘 통괄하며, 개방을 통한 발전, 협력을 통한 발전, 윈윈을 통한 발전을 견지하며, 평화로운 국제 환경을 조성하여 자체 발전을 가져오고 이로써 세계 평화를 촉진시키며, 중국의 종합적인 국력을 부단히 향상시키고, 인민들이 평화적 발전의 이익을 누릴 수 있도록 하며, 평화적 발전 노선을 견지하기 위한 물질적·사회적 기반을 끊임없이 다져야 합니다.

중화민족은 평화를 사랑하는 민족입니다. 전쟁을 없애고 평화를 실현하는 것은 근대 이후 중국 인민의 가장 절박하고 깊은 염원입니다. 평화적 발전 노선을 견지하는 것은 중화민족의 우수한 문화전통에 대한 계승과 발전이자, 근대 이후의 고난에서 얻은 필연적인 결론이기도 합니다.

1) 이는 시진핑 동지가 중국공산당 제18기 중앙정치국 제3차 집단학습을 주재하면서 한 연설의 요지이다.

중국 인민은 전쟁으로 인한 고난을 뼈저리게 기억하므로 평화를 끊임없이 추구하고 평화정착의 삶을 소중히 여깁니다. 중국 인민이 두려워하는 것은 어지러운 세상이고, 원하는 것은 평화와 안정이며, 바라는 것은 천하의 태평입니다.

중국이 평화적 발전의 길을 걷게 될 수 있는 것은 결코 쉬운 일이 아닙니다. 이는 신중국 건국 이후, 특히 개혁개방 이후 중국 공산당이 어려운 탐구와 부단한 실천을 끊임없이 함으로써 가능해진 일입니다. 중국공산당은 시종 평화의 깃발을 높이 들었고 이는 지금까지 흔들린 적이 없습니다. 장기간의 실천에서 중국은 평화공존 5원칙을 제시하고 견지했으며, 독립적이고 자주적인 평화적 외교 정책을 확립하고 실행했을 뿐만 아니라 전세계에 영원히 패권을 추구하지 않고 영토를 확장하지 않겠다는 장엄한 약속을 했으며, 세계 평화를 수호하는 중국의 변치 않는 확고한 입장을 강조하기도 했습니다. 우리는 이를 시종일관 견지해야 하며, 영원히 흔들려서는 안 됩니다.

중국공산당 제18차 전국대표대회는 '두 개의 100년'이라는 분투목표를 명확히 제시했고 중화민족의 위대한 부흥이라는 '중국의 꿈'을 실현하기 위한 분투목표도 명확히 제시했습니다. 우리의 분투목표를 실현하려면 반드시 평화로운 국제 환경이 마련되어야 합니다. 평화 없이는 중국과 세계는 순탄하게 발전할 수 없고, 발전 없이는 중국과 세계가 항구적으로 평화로울 수 없습니다. 우리는 반드시 기회를 포착하여 자신의 일에 집중함으로써 나라를 더욱 부강하게 일으키고, 인민을 더욱 부유하게 하며, 강대해진 힘에 의지하여 평화적 발전 노선을 더 확고하게 견지해야 합니다.

세계의 대조류는 호호탕탕(힘차고 강함)합니다. 이를 따르는 자는 번성하고 이를 거스르는 자는 망할 것입니다(世界潮流, 浩浩蕩蕩, 順之則昌, 逆之則亡). 세계 역사를 살펴보면 무력에 의한 대외침략 확장은 결국 실패할 것입니다. 이것이 바로 역사발전의 법칙입니다. 세계의 번영과 안정은 중국에게 기회이고, 반대로 중국의 발전 역시 세계에 있어 기회입니다. 평화적 발전 노선이 통할 수 있는가 없는가 하는 것은 세계가 만들어준 기회를 중국의 기회로, 중국의 기회를 세계의 것으로 전환시켜 중국과 세계 각국이 선순환과 호혜윈윈 속에서 개척·전진할 수 있는지의 여부를 보아야 합니다. 우리는 중국의 실제로부터 출발하여 확고부동하게 자신의 길을 걸어야 합니다. 아울러 세계적인 안목을 수립하고 국내발전과 대외개방을 더 잘 통일시켜 중국의 발전을 세계의 발전과 연결시키고, 중국 인민의 이익을 각국 인민의 공동 이익과 결합함으로써 각국과의 호혜협력을 끊임없이 확대하여 보다 적극적인 자세로 국제 사무에 참여하고, 세계적인 도전에 공동으로 대응하며, 세계 발전을 위해 기여하기 위해 노력해야 합니다.

평화적 발전 노선을 견지하지만 정당한 권익을 포기하거나 국가의 핵심 이익을 희생해서는 안 됩니다. 그 어느 나라든 중국이 자국의 핵심 이익을 가지고 거래하거나 주권·안보·발전 이익을 해치는 쓴 열매를 삼키기를 기대해서는 안 됩니다. 중국은 평화적 발전 노선을 견지해야 하고, 세계 여러 나라 역시 평화적 발전 노선을 견지해야 하며, 이렇게 해야만이 각국이 공동으로 발전할 수 있고 평화롭게 지낼 수 있습니다. 우리는 중국이 평화적 발전 노선을 견지하는 전략사상을 널리 알리고, 국제사회가 중국의 발전을 올바르게 인식하고 바라보도록 도와야 합니다. 중국은 결코 다른 나라의 이익을 희생하는 것을 대가로 발전을 도모하지 않을 것이며 결코 남에게 손해를 끼치고 화를 전가하는 일을 하지 않을 것입니다. 우리는 확고부동하게 평화적 발전의 실천자, 공동 발전의 추진자, 다자간 무역체제의 수호자, 글로벌 경제 거버넌스의 참여자가 될 것입니다.

# 시대의 흐름에 순응하고 세계의 평화적 발전을 촉진시키자[2)]

●● 2013년 3월 23일 ●●

존경하는 아나톨리 토르쿠노프(Anatoly Torkunov) 원장님,

존경하는 골로데츠(戈洛傑茨) 부총리님,

선생님과 학생 여러분:

오늘 아름다운 모스크바 국제관계대학교에서 여러분을 만나게 되어 매우 기쁩니다.

모스크바 국제관계대학교는 세계적으로 유명한 명문대학교로 석학들이 모이고 영재들이 많이 배출되고 있습니다. 귀 대학이 각 분야에서 우수한 성적을 거둔 것을 진심으로 축하드립니다!

러시아는 중국의 가까운 이웃입니다. 이번 방문은 중국 국가주석 취임 후 첫 순방이고 러시아는 첫 번째 방문 국가입니다. 3년 만에 다시 아름답고 풍요로운 러시아에 오게 되었습니다. 어제 푸틴(Putin) 대통령님과 성공적인 회담을 가졌고 '러시아 중국 관광의 해' 개막식에 함께 참석했습니다.

이른 봄인 3월은 만물이 소생하는 계절의 도래를 의미하고 파종의 시기가 도래했음을 의미합니다. 한 해의 계획은 봄에 세워라는 말이 있습니다.

---

2) 이는 시진핑 동지가 러시아 모스크바 국제관계대학교에서 한 연설이다.

중국과 러시아가 이 아름다운 이른 봄에 양국 관계와 세계의 평화와 발전을 위해 열심히 노력한다면 반드시 새로운 성과를 거두어 양국 인민과 각국 인민에게 행복을 가져다줄 것입니다.

선생님과 학생 여러분!

국제관계대학교는 국제문제 연구와 교육을 전문으로 하는 학교이기에 여러분은 국제정세에 보다 많은 관심을 보일 것이고, 지난 수십 년간 국제사회의 큰 변화를 더욱 느낄 수 있을 것이라고 믿습니다. 우리는 변화무쌍한 시대에 살고 있으며 나날이 새로워지는 세계를 마주하고 있습니다.

평화·발전·협력·상생이 시대적 흐름이 되었습니다. 낡은 식민체제는 무너졌고, 냉전 시대의 집단대항은 더이상 존재하지 않으며, 그 어떤 국가나 국가적 집단도 독단적으로 국제정세를 지배할 수 없게 되었습니다.

수많은 신흥시장 국가와 개발도상국이 급속히 발전하고 있고, 10여억·수십억의 인구가 빠른 속도로 현대화를 향해 달리고 있으며, 다양한 형태의 발전이 세계 각 지역에서 형성되고 있습니다. 국제사회의 세력구도는 계속해서 세계의 평화와 발전에 유리한 방향으로 발전하고 있습니다.

세계 각국은 유례없이 서로 연결되고 상호 의존적입니다. 인류는 역사와 현실이 융합하는 같은 시공간 속, 같은 지구촌에 살면서 갈수록 '네 속에 내가 있고 내 속에 네가 있는' 운명공동체가 되고 있습니다.

인류는 여전히 수많은 난제와 도전에 직면해 있습니다. 국제 금융위기의 깊은 영향이 지속적으로 드러나고 있으며, 다양한 형태의 보호주의가 뚜렷하게 고조되고 있으며, 지역적 이슈가 여기저기서 끊이지 않고 있으며 패권주의·강권정치와 신간섭주의가 나타나고 있으며, 군비경쟁·테러주의·사이버 안보 등 전통적 안보위협과 비전통적 안보위협이 서로 교차하여 나타나고 있습니다. 따라서 세계 평화를 수호하고 공동 발전을 촉진시키는 것은 여전히 갈 길이 먼 것입니다.

우리는 세상이 더 좋아지기를 바라고 있습니다. 또한 우리는 세상이 더 좋아질 것이라고 믿을 만한 이유가 있습니다. 한편 그러한 세상을 만들어 가는 과정에는 우여곡절이 많다는 것도 잘 알고 있습니다. 체르니셰프스키(Nikolay Gavrilovich Chernyshevsky)는 그의 책에서 다음과 같이 기록한 바가 있습니다. "역사의 길은 넵스키 대로의 보도처럼 순탄한 것이 아니라 들판에서 만들어진다. 때로는 먼지, 진흙을 헤치고 지나가며 때로는 늪을 가로지르고 때로는 정글을 통과한다." 인류사회 발전의 역사는 그 어떤 곡절에 부딪히든 간에 항상 자신만의 법칙에 따라 발전하고, 그 어떤 힘도 역사의 수레바퀴를 막을 수 없다는 것을 증명해주고 있습니다.

세계의 대조류는 힘차고 강합니다. 이를 따르는 자는 번성하고 이를 거스르는 자는 망할 것입니다. 시대에 발맞추려면 몸과 생각이 일치해야 합니다. 식민지 확장을 도모하던 구시대, 냉전적 사고와 영합게임(zero-sum game)의 틀 안에 머물러서는 안 됩니다.

국제정세의 심각한 변화와 세계 각국이 어려움 속에서 일심협력해야 하는 객관적인 요구에 직면하여 각국은 협력윈윈(合作共赢)을 핵심으로 하는 신형의 국제관계의 수립을 공동으로 추진해야 하며, 각국의 인민은 함께 세계 평화를 수호하고 공동 발전을 촉진시켜야 합니다.

모든 국가와 국민은 존엄을 지녀야 합니다. 세계 각국은 국가의 크기, 강약, 빈부를 막론하고 일률적으로 평등해야 하며, 각국 인민이 자주적으로 발전 방식을 선택하는 권리를 존중해야 하며, 다른 나라의 내정에 간섭하는 것을 반대하며, 국제적 공정과 정의를 수호해야 합니다. 신발이 맞는지 안 맞는지는 직접 신어봐야 압니다. 한 나라의 발전 방식이 적합한지 아닌지는 오직 그 나라의 국민에게 가장 발언권이 있는 것입니다.

세계 각국은 발전의 성과를 함께 누려야 합니다. 각국은 자국의 발전을 도모하는 동시에 다른 나라와의 공동 발전도 적극적으로 추진해야 합니다. 세계 각국의 일부는 갈수록 부유해지고 일부는 오랫동안 가난하고 낙후한 상황에서 세계의 장기적인 발전은 이루어질 수 없습니다. 각국이 함께 발전해야 세계가 더 큰 발전을 가져올 수 있습니다. 화와 위기를 남에게 전가하고 남의 이익을 해치는 그런 행동은 도덕적이지도 않기에 오래 갈 수는 없는 것입니다.

모든 국가와 국민은 외부의 위협이나 침략으로부터 보호되어야 합니다. 각국은 힘을 합쳐 각종 문제와 도전에 적절히 대처해야 합니다. 글로벌 도전이 닥칠수록 공동 대응을 통해 압력을 동력으로, 위기를 희망으로 바꿔야 합니다. 복잡한 국제 안보위협에 직면하여 홀로 맞서 싸우는 것은 좋은 방법이 아니며, 무력을 맹신하는 것은 더더욱 안 됩니다. 협력 안보, 집단 안보, 공동 안보가 문제를 해결하는 올바른 선택입니다.

세계의 다극화, 경제 글로벌화의 빠른 발전과 문화의 다양화, 사회 정보화의 지속적인 추진으로 오늘날 인류는 그 어느 때보다 평화와 발전의 목표를 향해 나아갈 수 있는 여건이 조성되었으며, 이를 실현하기 위한 현실적인 길은 협력과 상생입니다.

세계의 운명은 반드시 각국 국민이 공동으로 주도해야 합니다. 각 나라의 주권 범위 내의 일은 자국 정부와 인민이 관할할 수밖에 없고, 세계의 일은 각국 정부와 인민이 함께 상의해서 할 수밖에 없습니다. 이는 국제 사무를 처리하는 민주적 원칙이며 국제사회가 함께 지켜나가야 할 일입니다.

선생님, 학생 여러분!

작년 11월 중국공산당은 제18차 전국대표대회를 열어, 향후 중국의 발전 청사진을 제시했었습니다. 2020년 국내총생산(gross domestic product)과 도시·농촌 주민의 1인당 소득은 2010년을 기준으로 두 배로 증가할 것이며,

중국공산당 창당 100주년이 되는 해에는 전면적으로 샤오캉사회(小康社會)를 건설할 것이며, 신중국 건국 100주년이 되는 해에는 부강하고 민주적이며 문명하고 조화로운 사회주의 현대화 국가를 건설할 것입니다. 그렇지만 한편으로는 13억 명 이상의 인구를 가진 개발도상국으로서 중국이 직면한 위험과 도전은 여전히 크고 심각하다는 것을 분명히 인식하고 있습니다. 현재 결정된 목표를 달성하기 위해서는 지속적인 노력이 필요합니다.

중화민족의 위대한 부흥을 실현하는 것은 근대 이후 중국 인민의 가장 위대한 꿈이며 우리는 이를 '중국의 꿈'이라고 부릅니다. 그 기본적인 의미는 국가의 부강·민족의 진흥·인민의 행복을 실현하는 것입니다. 중화민족은 예로부터 평화를 좋아했습니다. 근대 이후 중국 인민은 외국 침략과 내부 전란으로 인해 100년 동안의 고난을 겪었기에 평화의 소중함을 잘 알고 있으며, 인민들의 생활을 지속적으로 개선하기 위해서는 평화로운 환경 속에서 국가를 건설하는 것이 가장 필요하다는 것을 잘 알고 있습니다. 그러므로 중국은 평화적 발전 노선을 확고히 견지할 것이고, 개방적 발전·협력적 발전·상생적 발전을 추진하는 데 주력할 것이며, 아울러 각국이 함께 평화적 발전 노선을 견지할 수 있도록 도움을 줄 것입니다. 중국은 시종일관 방어적인 국방정책을 견지하며 군비경쟁을 하지 않으며, 그 어느 나라에 대해서도 군사적 위협을 가하지 않을 것입니다. 중국의 성장은 세계에 위협이 아닌 기회를 더 많이 가져다줄 것입니다. 우리가 실현하려는 '중국의 꿈'은 중국 국민뿐만 아니라 각국 국민에게도 행복을 가져다줄 것입니다.

중국과 러시아가 서로에게 가장 큰 이웃국가로서 국가 발전 청사진에 많은 접점을 가지고 있다는 사실을 기쁘게 생각합니다. 러시아는 2020년까지 연간 1인당 국내총생산이 선진국 수준에 도달하거나 근접하려는 목표를 내걸고 강국부민(強國富民)의 길을 향해 신속히 달리고 있습니다. 러시아가 하루빨리 이러한 분투목표를 실현할 수 있기를 진심으로 기원합니다. 번영하고 강대한 러시아는 중국의 이익에 부합하고 아시아-태평양 지역과 세계 평화와 안정에도 이로움을 줄 것입니다.

중러 관계는 세계에서 가장 중요한 양자 관계이자 가장 좋은 강대국 관계입니다. 높은 수준의 강력한 중러 관계는 중러 쌍방의 이익에 부합할 뿐만 아니라 국제 전략적 균형과 세계 평화 및 안정을 유지하는 중요한 보장입니다. 20여 년간의 끊임없는 노력 끝에 중국과 러시아는 전면적인 전략적 협력 동반자 관계를 구축했으며, 이러한 관계는 상대방의 이익과 관심을 충분히 배려하여 양국 국민에게 실질적인 이익을 가져다주었습니다. 우리 두 나라는 역사적으로 남겨진 국경 문제를 철저히 해결하고, 「중러선린우호협력조약(中俄睦鄰友好合作條約)」을 체결하여, 중러 관계의 장기적인 발전을 위한 견고한 토대를 마련했습니다.

현재 중국과 러시아는 모두 민족 부흥의 중요한 시기에 있으며, 양국 관계는 서로에게 중요한 발전의 기회를 제공하는, 서로를 중요시하고 우선적인 파트너로 간주하는 새로운 단계에 진입했습니다. 새로운 정세에서 중러 관계를 발전시키기 위해서는 다음과 같은 부분에 더 많은 노력을 기울여야 한다고 생각합니다.

첫째, 미래지향적 관계를 확고히 발전시켜야 합니다. 중국과 러시아가 대대로 우호적이고 영원히 적이 되지 않는 것이 양국 국민의 공통된 염원입니다. 쌍방은 높은 곳에 올라 먼 곳을 바라보며 양국 관계의 발전을 도모해야 합니다. 푸틴 대통령은 "러시아는 번영하고 안정된 중국이 필요하고, 중국도 강하고 성공한 러시아가 필요합니다"라고 밝힌 바가 있습니다. 저 역시 푸틴 대통령의 견해에 전적으로 동의합니다. 두 나라의 공동 발전은 중국과 러시아의 전면적인 전략적 협력 동반자 관계에 더 넓은 발전 공간을 제공할 것이며, 국제질서와 국제 시스템이 공정하고 합리적인 방향으로 발전하는 데 긍정적인 에너지를 제공할 것입니다. 두 나라는 영원히 좋은 이웃·좋은 친구·좋은 파트너가 되어야 하며, 실제 행동으로 상대방이 자국의 핵심 이익을 수호하고, 상대방의 발전과 부흥을 확고히 지지하며, 상대방이 자국의 국정에 맞는 발전 노선을 견지하도록 확고히 지지해야 하며, 상대방이 자신의 일을 잘 할 수 있도록 확고히 지지해야 합니다.

둘째, 협력윈윈의 관계를 확고히 발전시켜야 합니다. 중국과 러시아는 국정이 다르고 주어진 조건도 다르기 때문에 서로 긴밀히 협력하고 장점을 취하고 단점을 보완한다면 시너지 효과를 낼 수 있습니다. 지난해 중러 교역액은 882억 달러에 달했고, 인적교류는 330만 명에 달했는데, 이 수치는 중러 관계의 거대한 발전 잠재력과 광범위한 발전 전망을 충분히 보여주었습니다. 중러 양국의 에너지 협력은 끊임없이 확대되고 있습니다. 17세기 '만리 다도(萬裏茶道)'에 이어 중국과 러시아의 파이프라인은 양국을 연결하는 새로운 '세기의 동맥'이 되었습니다. 현재 두 나라는 양국의 국가와 지역 발전 전략이 서로 연결되도록 적극 추진하고 있으며, 더 많은 이익 접점과 협력 성장 포인트를 지속적으로 창출하고 있습니다. 양국은 현재의 에너지 자원에서 점차 투자·인프라 건설·첨단 기술·금융 등 분야로 협력 범위를 확대하고 있으며 현재의 상품 수출입 면에서 공동 연구개발·공동 생산으로의 전환을 추진하여 실질적인 측면에서의 협력 수준을 지속적으로 향상시켜야 합니다.

셋째, 양국 국민의 우호 관계를 확고히 발전시켜야 합니다. 국가 간에 교류하려면 국민끼리 친해야 합니다(國之交在於民相親). 국민 사이의 깊은 우정은 국가 간 관계발전의 힘의 원천입니다. 여기서 양국 국민이 서로 지지하고 도와준 사례를 몇 가지 말씀드리고 싶습니다. 항일전쟁 당시 중국 인민과 어깨를 나란히 한 소련 비행대대장 쿠리셴코(ригорий аримович куришенко)는 "나는 내 조국의 재난을 체험하듯 중국 노동인민들이 당하고 있는 재난을 체험하고 있다"고 감격하며 말했습니다. 그는 용감하게 중국 땅에서 희생되었습니다. 중국 인민은 이 영웅을 잊지 않았습니다. 평범한 모자(母子)가 반세기 이상 그를 위해 무덤을 지켰습니다. 2004년 러시아에서 발생한 베슬란(Beslan) 인질극 이후 중국이 일부 부상당한 아동들을 중국으로 초청해 재활치료를 받게 하자 러시아 측 인솔 의사 아란(阿蘭)은 "여러분이 아이들에게 이렇게 큰 도움을 줬으니 우리 아이들은 여러분을 영원히 기억할 것"이라고 말했습니다. 러시아는 2008년 중국 원촨(汶川) 대지진 이후 가장 먼저 중국에 도움의 손길을 보내주었고, 피해 지역 아이들을 러시아 극동 등 지역으로 초청해 요양시켰습니다. 3년 전 블라디보스토크 '해양' 전 러시아 아동센터(Ocean All-Russia Children's Center)에서 러시아 교사들이 중국 어린이들에게 세심한 배려와 따뜻한 배려를 보내주는 모습을 직접 목격했었습니다. 중국 아이들이 러시아 인민의 우애와 착한 모습을 몸소 체험한 것은 중국에서 흔히 이야기하는 '무한한 큰 사랑(大愛無疆)'이라는 말을 실감케 합니다. 이런 감동적인 사적은 아직도 많이 남아 있으며, 이는 양국 국민의 우정의 나무를 촉촉하게 적셔주어 나뭇가지와 잎이 울창하게 해줍니다.

중국과 러시아는 유구한 역사와 찬란한 문화를 가지고 있으며, 인문적 교류는 양국 인민의 친선을 증진하는 데 대체할 수 없는 역할을 하고 있습니다. 공자·노자 등 중국 고대 사상가들은 러시아 국민에게 친숙합니다. 중국 기성세대 혁명가들은 러시아 문화의 영향을 많이 받았고, 우리 세대도 러시아 문학의 고전을 많이 읽었습니다. 젊었을 때 푸시킨(Aleksandr Sergeevich Pushkin)·레르몬토프(Mikhail Jur'evich Lermontov)·투게네프(I.S. Turgenev)·도스토예프스키(Fyodor Mikhailovich Dostoevskii)·톨스토이(Leo Tolstoy)·체호프 등 문학 거장의 작품을 읽으면서 러시아 문학의 매력을 느끼게 되었습니다. 중러 양국의 문화교류는 튼튼한 토대를 바탕으로 하고 있습니다.

청년은 국가의 미래이고, 세계의 미래이며, 중러 친선 계승 발전의 주인공입니다. 이번 러시아 방문을 통해 푸틴 대통령님과 함께 2014년과 2015년에 중러 청소년 '우호교류의 해' 기념행사를 개최하기로 공식 발표했습니다. 중국은 모스크바 국제관계대학교 학생을 포함한 러시아 대학생 대표단을 초청하여 중국을 방문하도록 할 것입니다. 이 자리에 모인 여러분은 러시아 청년 세대의 엘리트들입니다. 더 많은 중러 청년이 중러 양국의 우정의 릴레이 바통을 이어 받아 양국의 친선 교류를 위해 헌신하기를 바랍니다.

선생님, 학생 여러분!

러시아 속담에 "큰 배는 반드시 먼 항해를 할 수 있다"는 말이 있습니다. 또한 중국에는 "거센 바람이 물결을 헤칠 그 날은 꼭 오려니, 구름 같은 돛을 달고 창해를 건너리다(長風破浪會有時, 直掛雲帆濟滄海.)"는 옛 시가 있습니다. 저는 양국 정부와 인민의 공동 노력 하에 중러 관계가 반드시 바람 타고 파도를 헤치고 돛을 올려 먼 항해를 하여 양국 국민을 더욱 행복하게 하고 세계 평화와 발전을 더욱 촉진케 할 것이라고 믿습니다.

감사합니다!

# 영원히 신뢰 있는 친구, 진정한 동반자가 되자[3)]

●● 2013년 3월 25일 ●●

존경하는 키크웨테(Jakaya Mrisho Kikwete) 대통령님,

신사 숙녀 여러분, 친구 여러분:

하바리(Habari)[4)]! 하바리! 오늘 탄자니아의 니에레레 국제회의센터에서 여러분을 만나게 되어 대단히 반갑습니다.

이번 방문은 제가 중국의 국가주석에 취임한 이후 첫 아프리카 방문이자 여섯 번째로 아프리카 대륙을 밟은 것입니다. 아름다운 탄자니아 땅에 처음 들어서는 순간부터 중국 인민에 대한 탄자니아 인민의 뜨거운 우정이 느껴졌습니다. 탄자니아 정부와 인민은 저희를 위해 특별한 환영식을 준비했습니다. 이는 저와 중국 대표단을 극진히 예우해준다는 것을 의미해줄 뿐만이 아니라, 중국과 탄자니아 양국 인민의 오랜 두터운 우정을 대변해주는 것이라고 봅니다.

먼저 중국 정부와 인민을 대표하여, 그리고 저 개인적으로 이 자리에 계신 여러분께, 형제국가 탄자니아 인민과 아프리카 인민에게 진심 어린 인사와 축원을 드립니다! 저희 이번 방문을 위해 정성스럽게 준비하고 뜨거운 환대를 해주신 키크웨테 대통령님과 탄자니아 정부에 대해 특별히 감사를 표하고 싶습니다.

---

3) 이는 시진핑 동지가 탄자니아 니에레레(Nyerere) 국제회의센터에서 한 연설이다.

4) 스와힐리어로 '안녕하세요'라는 뜻임.

탄자니아는 인류의 발원지 중 하나입니다. 탄자니아 인민은 영광스러운 전통을 가지고 있습니다. 아프리카 인민을 위해 민족의 독립을 쟁취했고 인종차별을 반대하는 투쟁에서 승리를 거두는 데 중요한 공헌을 했습니다.

최근 몇 년 동안 키크웨테 대통령님의 지도 아래 탄자니아는 정국이 안정적이고 나날이 향상 발전하여 아프리카와 국제 업무에서 중요한 역할을 발휘했습니다. 중국 인민은 귀국이 거둔 성과에 진심으로 기뻐하고 있으며 형제국가 탄자니아 인민이 끊임없이 새롭고 더 큰 성과를 이룩하기를 진심으로 기원합니다.

아프리카에 오면 늘 두 가지 눈에 띄는 점이 있습니다. 하나는 매번 새롭게 느껴진다는 것입니다. 아프리카를 방문할 때마다 대륙의 새로운 발전과 변화를 깊이 느낄 수 있어 더없이 기쁩니다. 다른 하나는 뜨거운 열정입니다. 중국인에 대한 아프리카 인민의 진심에서 우러나오는 친선의 정은 아프리카의 햇볕처럼 따뜻하고 뜨거워서 잊을 수 없습니다.

아프리카 속담에 "원천이 있는 강물이어야 깊은 법이다(河有源泉水才深)"라는 말이 있습니다. 중국과 아프리카의 친선 교류는 역사가 유구합니다. 1950~60년대 마오쩌둥(毛澤東)·저우언라이(周來來) 등 신중국의 1세대 지도자들과 아프리카 기성세대 정치인들이 함께 중국과 아프리카 관계의 신기원을 열었습니다. 그때부터 중국과 아프리카의 인민은 반식민지 반제국주의 투쟁·민족독립과 해방 투쟁에서, 발전과 진흥을 이룩하는 길에서 서로 응원하고 진심으로 협력하고 함께 호흡하고 운명을 같이하며 마음이 서로 통하는 '형제지의(兄弟之誼)'를 맺게 되었습니다.

오늘날 양측의 공동 노력으로 중국과 아프리카의 관계는 전면적으로 발전하는 고속궤도에 진입했습니다. 양측은 중국-아프리카 협력 포럼을 설립하고 새로운 형태의 전략적 동반자 관계를 구축했으며, 제반 분야의 협력에서 괄목할 만한 성과를 거두었습니다. 2012년 중국-아프리카의 무역 규모는 2000억 달러에 육박했고, 중국-아프리카의 인적교류는 150만 명을 초과했습니다. 지난해까지 아프리카에 대한 중국의 직접투자 규모는 누적 150억 달러를 넘어섰습니다. 올해는 중국이 아프리카에 의료진을 파견한 지 50주년이 되는 해로 50년 동안 18,000명의 의료진을 파견해 2억5,000만 명의 아프리카 환자를 진료했습니다.

아프리카 인민도 중국 인민에게 전폭적인 지지와 아낌없는 도움을 주었습니다. 2008년 베이징올림픽 성화가 다르에르살람(Dar es Salaam)에서 봉송되는 동안 탄자니아 사람들은 마치 자신의 명절을 축하하듯 노래하고 춤추며 올림픽 성화를 맞이해주었습니다. 그 경사스러운 장면은 중국 인민의 기억 속에 깊이 새겨져 있습니다.

중국 원촨 대지진 이후 아프리카 국가들은 잇따라 도움의 손길을 내밀었습니다. 어떤 나라는 부유하지도 않고 인구가 200만도 안 되지만, 지진 피해 지역에 1인당 1유로에 해당하는 200만 유로를 아낌없이 기부하여 중국 인민의 마음을 따뜻하게 덥혀주었습니다.

중국과 아프리카는 국제 및 지역 문제에서 조정과 협력을 지속적으로 강화하여 개발도상국의 공동 이익을 수호해왔습니다. 중국 인민과 아프리카 인민의 친선과 협력은 중국과 아프리카 관계의 상징이 되었으며, 국제사회에서 미담으로 전해졌습니다.

지난 반세기 이상의 공동 노력으로 거둔 풍부한 성과는 중국이 아프리카와의 관계를 계속 추진할 수 있도록 견고한 토대를 마련해 주었고 귀중한 경험이 되었습니다.

— 이러한 역사는 중국과 아프리카 관계가 하루아침에 이루어진 것이 아니며, 누가 하사한 것은 더더욱 아니며, 양측이 풍우동주(風雨同舟)하고 환난을 함께 하며 한 걸음씩 나아간 것임을 일깨워줍니다. 물을 마실 때 우물

판 사람을 잊지 않습니다. 우리는 중국과 아프리카 관계의 발전을 위해 가시밭길을 헤치고 피땀 흘린 사람들을 영원히 기억하며 끊임없이 역사 속에서 전진하는 원동력을 얻을 것입니다.

— 이러한 역사는 중국과 아프리카는 종래부터 운명공동체였고, 공동의 역사적 조우, 공동의 발전과제, 공동의 전략적 이익에 의해 긴밀히 연결되어 있음을 보여줍니다. 우리는 모두 상대방의 발전을 자신의 기회로 여기고, 협력을 강화하여 공동 발전·번영을 촉진시키는 데 주력하고 있습니다.

— 이러한 역사는 중국과 아프리카는 상호 존중과 평등호혜(平等互利)의 원칙을 견지하고 공동 발전을 지향하며, 진지하고 우호적으로 협력해왔다는 사실을 보여줍니다. 양측은 서로 대화가 잘 통하고 서로 평등하다고 느꼈습니다. 중국은 자신의 의지를 아프리카에 강요하지 않으며, 아프리카 역시 자신의 의지를 중국에 강요하지 않습니다. 중국은 아프리카 발전을 위해 힘이 닿는 데까지 도움을 주었고, 중국은 아프리카 국가들과 아프리카 인민이 오랫동안 중국에 보내준 전폭적인 지지와 사심 없는 도움에 더욱 감사하며, 아프리카의 핵심 이익에 관한 문제에 있어서 중국은 종래로 입장이 명확하고 조금도 서슴없이 지지를 보내왔습니다.

— 이러한 역사는 중국과 아프리카 관계가 왕성한 생명력을 유지하기 위해서는 시대에 발맞춰 개척하고 혁신해야 함을 일깨워줍니다. 반세기 남짓한 기간 동안 양측 관계발전의 모든 중요한 시기에 양측은 등고망원(登高望遠, 높은 곳에 올라야 먼 곳을 바라볼 수 있다는 뜻)의 자세로 협력의 새로운 접점과 성장 포인트를 찾음으로써 양측 관계의 새로운 도약을 이뤄냈습니다. 산을 만나면 길을 내고, 강을 만나면 다리를 놓는(逢山開路, 遇水架橋.) 이런 개척정신은 중국과 아프리카의 협력 수준을 끊임없이 높이는 중요한 열쇠입니다.

신사 숙녀 여러분!

현재 중국과 아프리카의 관계는 시기상의 적절함, 지리상의 이로움, 그리고 사람들의 화합을 모두 갖춘 새로운 역사적 시발점에 놓여 있습니다. '희망의 대륙', '발전하고 있는 뜨거운 땅'으로서 오늘날 아프리카는 이미 세계에서 가장 빠른 경제 성장을 보이는 지역 중 하나가 되었고, 아프리카 수컷 사자들은 빠르게 달리고 있습니다. 한편 중국도 계속해서 좋은 발전 추세를 유지하고 있습니다. 중국과 아프리카는 협력의 기반이 더욱 견고해졌고 협력의 의지가 더욱 강해졌으며, 협력 체계가 더욱 완벽해졌습니다. 양측의 협력을 추진하는 것은 양측 인민의 공통된 염원이자 대세의 흐름이고 인심이 지향하는 바입니다.

여기서 저는 여러분께 새로운 상황에서 중국과 아프리카 관계의 중요성은 낮아진 것이 아니라 높아졌고, 양측의 공동 이익은 감소한 것이 아니라 증가했으며, 아프리카와의 관계를 발전시키려는 중국의 의지는 약해지는 것이 아니라 강해질 것이라는 사실을 분명히 말씀드릴 수 있습니다.

첫째, 아프리카 인민들을 대할 때 우리는 '진실함'을 지킬 것입니다. 진정한 친구는 가장 소중합니다. 중국과 아프리카의 오랜 우정은 매우 소중하므로 더욱 귀하게 여길 가치가 있습니다. 중국은 아프리카 국가들과의 단합과 협력을 대외정책의 중요한 기반으로 삼아왔습니다. 이는 중국의 발전과 국제적 위상의 향상으로 인해 결코 변하지 않을 것입니다. 중국은 국가의 크기·강약·빈부와 상관없이 모든 국가는 평등하다는 원칙을 견지하고, 공평을 지키고 정의를 신장하며, 소국을 괴롭히거나 강한 세력을 믿고 약자를 깔보거나 부로 가난을 억압하는 것을 반대하고, 다른 나라의 내정에 간섭하는 것을 반대하며, 계속해서 중국과 아프리카의 핵심 이익과 중대한 관심사에 관한 문제를 서로 지지하고, 국제 및 지역 문제에서 아프리카 국가의 정의로운 입장을 확고히 지지하며, 개발도상국의 공동 이익을 수호할 것입니다. 중국은 아프리카가 자주적으로 본 지역의 문제를 해결하기 위해 노력하는 것을 확고히 지지할 것이고, 아프리카 평화와 안전을 촉진시키기 위해 더 큰 기여를 할 것입니다.

모든 국가에 꼭 들어맞는 발전모델은 없는 것으로 각국은 세계 문명의 다양성과 발전모델의 다양화를 존중해야 합니다. 중국은 아프리카 국가들이 자국의 국정에 적합한 발전모델을 모색하는 것을 계속해서 지지할 것이며, 아프리카 국가와 국정운영의 경험 교류를 강화하고, 각자의 고대문명과 발전 관행에서 지혜를 섭취하여 중국과 아프리카의 공동 발전과 공동 번영을 촉진케 할 것입니다.

집안이 화목하면 모든 것이 잘 된다는 말이 있습니다. 아프리카는 운명을 함께 하는 대가족입니다. 올해는 아프리카 통일기구 창립 50주년을 맞는 해로 연합자강을 추구하는 아프리카 각국 인민에게 기념비적인 의미를 갖습니다. 중국은 아프리카가 연합자강의 길에서 더 큰 발걸음을 내딛고 아프리카의 평화와 발전을 지속적으로 새로운 단계로 끌어올리기를 진심으로 기원하고 확고히 지원합니다.

중국은 중국과 아프리카 간의 관계가 갈수록 더 발전하기를 원하며, 다른 나라들과 아프리카 간의 관계도 점점 더 좋아지기를 바라고 있습니다. 아프리카는 아프리카 사람들의 아프리카로, 아프리카와의 관계를 발전시키는 모든 국가는 아프리카의 존엄성과 자율성을 존중해야 합니다.

둘째, 아프리카와의 협력에 있어 중국은 '실천성'을 지킬 것입니다. 중국은 협력윈윈의 주창자일 뿐만 아니라 적극적인 실천자이기도 합니다. 중국은 자신의 발전과 아프리카의 발전을 밀접하게 연결하고 중국 인민의 이익과 아프리카 인민의 이익을 밀접하게 결합할 것이며, 중국의 발전 기회를 아프리카의 발전 기회와 밀접하게 융합하여 아프리카 국가가 더 빨리 발전하고 아프리카 인민들이 더 잘 살기를 진심으로 바랍니다. 중국은 자국의 발전을 도모하면서 아프리카 인민들에게 할 수 있는 지원과 도움을 주고 있습니다. 특히 최근 몇 년 동안 중국은 아프리카에 대한 원조와 협력을 강화하고 있습니다. 승낙한 일이라면 중국은 어김없이 이행할 것입니다.

중국은 아프리카와의 투자와 융자 협력을 계속 확대하고, 3년 동안 아프리카에 200억 달러의 대출을 제공하겠다는 약속을 이행할 것이며, '아프리카 초국가·초지역적 역내 인프라 건설 협력 동반자 관계(非洲跨國跨區域基礎設施建設合作夥伴關系)'를 실현하고, 농업·제조업 등 분야에서 아프리카 국가와의 호혜협력을 강화하여 아프리카 국가가 자원적 우세를 발전의 기회로 전환함으로써 자주적 발전과 지속 가능한 발전을 실현하도록 도울 것입니다.

"지식을 전수하는 것보다 지식을 습득하는 방법을 전수하는 것이 낫다는 말이 있습니다(授人以魚, 更要授人以漁.)." 중국은 '아프리카 인재 육성 프로젝트'를 적극적으로 시행하여, 향후 3년 동안 아프리카 국가를 위해 3만 명의 다양한 인재를 양성하고 18,000명에게 장학금을 제공하며, 아프리카에 대한 기술이전과 경험 공유를 강화할 것입니다.

경제력과 종합국력이 높아짐에 따라 중국은 아프리카 발전을 위해 앞으로도 어떠한 정치적 조건 없이 응분의 도움을 지속적으로 제공할 것입니다.

셋째, 중국과 아프리카의 우호 관계를 강화하기 위해 중국은 '친밀함'을 지켜나갈 것입니다. 중국 인민과 아프리카 인민은 천연의 친근감을 가지고 있습니다. "인생의 즐거움은 마음을 알아주는 사람을 만나는 데 있습니다(人生樂在相知心.)." 중국과 아프리카는 어떻게 해야 서로의 마음을 알아줄 수 있겠습니까? 깊은 대화와 실제 행동을 통해 서로 공감대를 형성하는 것이 매우 중요하다고 생각합니다.

중국과 아프리카 관계의 뿌리와 핏줄은 민간에 있으므로, 양측 관계의 발전은 민간교류 증진에 보다 많은 힘을 기울여야 합니다. 최근 몇 년 동안 중국과 아프리카 관계가 발전함에 따라 양측의 인민들은 점점 더 가까워지고 있습니다. 일부 아프리카 친구들은 중국의 예능 무대에서 활약하여 인지도가 높은 스타가 되었습니다. 중국 드라마 '며느리 전성시대(媳婦的美好時代)'가 탄자니아에서 인기리에 방영되면서 그 곳 시청자들은 일반 중국의 일반 가정이 겪고 있는 풍상과 고초를 엿볼 수 있었습니다.

다음과 같은 이야기도 있습니다. 중국의 두 젊은이가 어릴 적부터 TV 프로그램을 통해 아프리카를 알게 되었는데, 그때부터 그들은 아프리카에 대해 동경을 품게 되었습니다. 훗날 두 젊은이는 결혼하게 되었고, 신혼 여행지를 탄자니아로 정했습니다. 결혼 후 첫 발렌타인데이 때 그들은 배낭을 메고 탄자니아를 찾았고, 현지의 풍토와 세렝게티 초원의 웅장함을 마음껏 즐겼습니다. 귀국 후 탄자니아에서 보고 들은 것을 블로그에 올렸는데 수만 명이 그들의 블로그를 방문하고 수백 건의 댓글을 남겼습니다. 그들은 아프리카를 깊이 사랑하게 되었고, 신비로운 이 땅에 매료되었다고 합니다. 이 이야기는 중국과 아프리카 인민은 천연의 친근감을 가지고 있다는 것을 보여주며, 민간교류를 지속적으로 강화한다면 양측 인민 간의 우정이 더 깊이 뿌리내려 풍부한 결실을 맺을 것이라 확신합니다.

우리는 중국과 아프리카의 인문교류를 더욱 중시하고 양측 인민의 상호 이해와 인식을 증진하여 중국과 아프리카 친선사업의 사회적 기반을 굳게 다져야 합니다. 중국과 아프리카의 관계는 미래 지향적인 사업으로 양측의 뜻있는 청년들이 대를 이어 함께 노력해야 할 것입니다. 양측은 청년 교류를 적극 추진하여 중국과 아프리카 친선사업이 계승되고 젊음과 활력을 영원히 유지할 수 있도록 해야 합니다.

넷째, 협력 과정에서 발생하는 문제를 해결하는 데 있어 중국은 '성실함'을 지킬 것입니다. 중국과 아프리카는 모두 급속한 발전 과정에 있으므로 시대와 더불어 서로를 이해해야 한다는 인식이 제고되어야 합니다. 중국은 아프리카와의 관계에서 직면한 새로운 상황과 문제에 성실하게 임하고 있으며 드러난 문제에 대해서는 상호 존중과 협력윈윈의 정신에 입각하여 원만하게 해결해야 합니다.

저는 언제나 양측에게 기회는 도전보다, 방법은 어려움보다 많다고 믿습니다. 중국은 아프리카 국가들과 함께 양측의 경제무역 협력 과정에서 존재하는 문제를 적절하게 해결하고 아프리카 국가들이 협력을 통해 더 많은 이익을 얻을 수 있도록 실질적인 조치를 계속해서 취할 것입니다. 아울러 아프리카 국가들도 중국 기업과 인민이 아프리카에서 협력사업을 전개하는 데 편의를 제공해주기를 진심으로 희망합니다.

신사 숙녀 여러분!

신중국이 창건된 후 60여 년 동안, 특히 개혁개방 30여 년간 중국공산당은 중국 인민을 지도하여 중국 특색 사회주의 노선을 성공적으로 개척함으로써 경제 규모는 이미 세계 2위로 도약했고, 종합국력이 현저하게 증강되었으며, 인민의 생활 수준도 뚜렷하게 개선되는 등 역사적인 진전을 이룩했습니다. 13억이 넘는 인구를 가진 나라로서 선진국이 수백 년 동안 걸어온 발전 과정을 수십 년 만에 이뤄냈습니다. 그 과정에서 얼마나 많은 어려움과 우여곡절을 겪었는지는 짐작할 수 있을 것입니다.

현재 중국은 여전히 인구가 많고 기반이 취약하며 발전이 불균형한 실정이며, 경제 규모는 크지만 13억이 넘는 인구로 나누면 1인당 국내총생산은 여전히 세계 90위 수준에 불과합니다. 유엔 기준에 따르면 중국에는 1억 2,800만 명의 사람들이 여전히 빈곤선 아래에 살고 있습니다. 13억이 넘는 사람들이 모두 부유한 생활을 누리려면 아직도 갈 길이 멀고 오랫동안 힘겨운 노력을 기울여야 합니다. 중국이 부단히 발전함에 따라 중국 인민의 생활 수준은 끊임없이 향상될 것입니다. 그러나 중국은 어디까지나 아프리카 국가를 영원한 환난의 벗으로 여길 것입니다.

신사 숙녀 여러분!

중국의 발전은 세계와 아프리카를 떠날 수 없으며, 세계와 아프리카의 번영과 안정에도 중국이 필요합니다. 중국과 아프리카는 비록 바다를 사이에 두고 멀리 떨어져 있지만, 우리의 마음은 서로 이어져 있습니다. 우리를 연결해주는 것은 오랜 두터운 친선의 정과 밀접한 이익의 유대일 뿐만 아니라, 우리 각자의 꿈도 양측을 끈끈히 이어주고 있습니다.

13억이 넘는 중국 인민은 중화민족의 위대한 부흥이라는 '중국의 꿈'을 실현하기 위해 노력하고 있으며, 10억이 넘는 아프리카 인민은 연합자강과 발전진흥의 "아프리카의 꿈"을 실현하기 위해 스스로 노력하고 있습니다. 중국과 아프리카의 인민은 단결과 협력을 강화하고 서로를 응원하고 도우면서 각자의 꿈을 실현하기 위해 노력해야 합니다. 또한 우리는 국제사회와 함께 항구적인 평화와 공동 번영의 실현이라는 세계의 꿈을 실현하기 위해 노력하고 인류의 평화와 발전이라는 숭고한 사업을 위해 더 큰 새로운 기여를 해야 합니다!

아신테니사나(Asantenisana)[5]!

5) 스와힐리어로 '감사합니다'라는 뜻임.

# 손잡고 협력하여 함께 발전하자[6)]

●● 2013년 3월 27일 ●●

존경하는 주마(Jacob Zuma) 대통령님, 호세프(Dilma Rousseff) 대통령님, 푸틴 대통령님, 싱(Manmohan Singh) 총리님,

신사 숙녀 여러분!

2년 만에 무지개의 나라 남아프리카공화국을 찾으니 정말 기쁩니다. 남아공 인민의 따뜻한 환대와 브릭스 국가 협력에 대한 적극적인 지지를 깊이 느낄 수 있습니다. 이 자리를 빌려 주마 대통령님과 남아프리카 정부의 세심한 안배에 진심으로 감사를 표합니다!

중국에는 "뜻이 맞는 사람은 산과 바다가 가로막아도 서로 멀게 느끼지 않는다"는 옛말이 있습니다. 우리는 세계 4대륙에서 온 5개국으로 동반자 관계를 구축하여 공동 발전의 웅대한 목표를 달성하기 위해, 국제관계의 민주화·인류의 평화와 발전이라는 숭고한 사업을 추진하기 위해 함께 하게 되었습니다. 평화를 찾고, 발전을 도모하고, 협력을 촉진시키고, 윈윈하는 것이 우리의 공통된 바람이자 책임입니다.

우리는 국제적인 공정과 정의를 확고히 수호하고 세계 평화와 안정을 수

6) 이는 시진핑 동지가 남아프리카공화국 더반(Durban)에서 열린 5차 브릭스 정상회담에서 한 기조연설이다.

호해야 합니다. 세계는 지금 평화롭지 않고, 온갖 세계적 위협과 도전이 속출하고 있습니다. 브릭스 국가들은 평화를 사랑하고 소중히 여깁니다. 세계의 항구적인 평화를 실현하고, 평화롭고 안정된 사회 환경을 유지하며, 세계인이 평안하게 사는 것이 우리의 공통된 바람입니다.

국제정세가 어떻게 변하든 우리는 항상 평화적 발전·협력윈윈을 견지하고, 평화를 지지하고 전쟁을 반대하며, 협력을 지지하고 대립을 반대하며, 자국의 이익을 추구할 때, 타국에 대한 합리적 입장을 고려해야 합니다.

국제 구도가 어떻게 변하든 우리는 항상 평등과 민주주의를 견지하고 열린 자세를 유지해야 합니다. 각국이 사회제도와 발전모델을 자주적으로 선택할 권리를 존중하고 문명의 다양성을 존중하며 크기·강약·빈부 구분 없이 모든 국가는 국제사회의 평등한 구성원이며, 한 나라의 일은 자국민이 주도하고 국제적인 사무는 각국이 상의하여 처리해야 합니다.

우리는 글로벌 개발 협력 관계 구축을 적극적으로 추진하고, 각국의 공동번영을 촉진시켜야 합니다. "한 그루의 나무로는 숲을 이룰 수 없습니다(獨木不成林.)". 경제 글로벌화가 심화되는 시대적 조건 하에서 브릭스의 발전은 혼자만의 것이 아니라 자국의 발전을 도모하면서 각국이 함께 발전하도록 해야 합니다.

경제 발전과 민생 개선에 힘쓰고 우리가 해야 할 일을 잘 수행함으로써 세계경제 발전에 힘을 더 보태야 합니다. 또한 각국이 거시경제정책의 조정을 강화하도록 추진하고 국제 통화 및 금융 시스템을 개혁하며, 무역 및 투자 자유화를 촉진시키고, 세계경제의 더 강력한 발전을 촉진시켜야 합니다.

우리는 국제개발어젠다 제정에 공동으로 참여하고 인류의 축적된 생산력과 물질자원을 최대한 활용하여 국제 연합 밀레니엄 선언 목표를 달성하고, 남북 발전의 격차를 줄이며, 글로벌 발전을 더욱 균형 있게 추진해야 합니다. 회담의 주제인 「발전·통합 및 산업화에 전념하는 동반자 관계 구축(致力於

發展, 一體化和工業化的夥伴關系)」은 브릭스 국가의 발전목표일 뿐만 아니라 브릭스 국가와 아프리카 국가 간의 중요한 협력 방향이기도 합니다.

우리는 동반자 관계로 브릭스 국가를 긴밀히 연결하고 경제무역·금융·인프라 건설·인적 왕래 등 분야에서 협력을 추진하며, 일체화된 대시장(一體化大市場)·다층적인 대유통(多層次大流通)·육해공이 연계되는 물류(陸海空大聯通) 등 문화 대교류(文化大交流)라는 목표를 향해 나아가야 합니다.

우리는 아프리카가 강력한 성장, 통합의 가속화, 산업화 노력을 공동으로 지원해야 하고, 아프리카 경제가 세계경제의 새로운 하이라이트가 될 수 있도록 추진해야 합니다.

우리는 호혜협력(互利合作)을 심화하여 호혜윈윈을 도모해야 합니다. 30억의 브릭스 국가 인민들이 모두 잘 살고 더 나은 삶에 대한 염원을 실현하려면 아직 갈 길이 멀었습니다. 이 길은 주로 각국의 자력갱생에 달려 있으며, 또한 브릭스 국가 간의 협력 강화도 필요합니다.

우리는 5개국의 정치적 신뢰와 인민 간의 우정을 지속적으로 강화하고, 국정운영 경험의 교류를 강화하며, 산업화·정보화·도시화·농업의 현대화 과정을 공동으로 추진하면서 발전의 법칙을 파악하고 이념을 혁신하여 발전 과정에서의 문제를 해결해야 합니다. 또한 유엔, G20, 국제 경제·금융기구 내의 조정과 협력을 지속적으로 강화하여 공동 이익을 수호해야 합니다.

우리는 각국의 정치적 합의를 구체적인 행동으로 전환하고 브릭스개발은행(金磚國家開發銀行), 외환보유고(外彙儲備庫) 등 프로젝트를 적극 추진하며 각 분야의 실무협력을 가속화하고, 협력의 경제·사회 기반을 다지며 내적 발전을 도모하고 외적 협력을 촉진시키는 국가의 긍정적인 이미지를 보여줘야 합니다.

창립한 지 겨우 5년밖에 안 되는 브릭스는 아직 초기 발전단계에 있습니다. 우리는 우리가 해야 할 일을 착실히 수행하고 브릭스 협력 동반자 관계를 발전시키며 브릭스 협력 시스템을 구축해야 합니다. 자신의 발전 방향과 브릭스 국가 간 협력에 대한 자신감을 확고히 하고, 어떤 위험도 두려워하지 않으며, 어떠한 방해에도 현혹되지 않는 한 우리의 사업은 반드시 왕성하게 발전할 것입니다.

동료 여러분!

여러분은 모두 중국의 미래 발전에 관심이 많습니다. 미래를 향해 중국은 두 가지 야심 찬 목표를 향해 나아갈 것입니다. 하나는 2020년까지 국내총생산과 도시와 농촌 주민의 1인당 소득을 2010년의 두 배로 증가시켜 십 수억 명의 사람들에게 혜택을 주는 샤오캉사회를 전면적으로 건설하는 것입니다. 다른 하나는 신중국 건국 100년이 되는 2049년까지 부강하고 민주적이고 문명하고 조화로운 사회주의 현대화 국가를 건설하는 것입니다.

이 두 가지 목표를 달성하기 위해 우리는 계속해서 발전을 최우선 과제로 삼고 경제 건설을 핵심 과제로 삼으면서 국가 발전을 지속적으로 추진할 것입니다. 아울러 인간을 모든 것의 근본으로 삼고 경제 건설·정치 건설·문화 건설·사회 건설·생태문명 건설을 전면적으로 추진하며 현대화 건설의 모든 분야와 건설 과정을 조정함으로써 아름다운 중국을 건설할 것입니다.

이러한 발전은 개방적인 발전입니다. 우리는 대외개방의 기본 정책을 견지하고 호혜윈윈의 개방 전략을 견지하며, 경제 자유화를 지속적으로 발전시킬 것입니다.

이러한 발전은 협력의 발전입니다. 우리는 공동 발전의 이념을 견지하고 평등호혜를 바탕으로 세계 각국과의 경제기술협력을 추진하고, 협력을 통해 자체 발전과 각국의 공동 발전을 촉진시킬 것입니다.

이 두 가지 목표를 달성하기 위해서는 양호한 외부 환경이 필요합니다. 중국은 독립적이고 자주적인 평화적 외교정책을 지속적으로 펼쳐나갈 것이며, 중국 인민의 이익과 각국 인민의 공동 이익을 연결시킬 것이며, 세계 각국과 함께 거시경제정책 조정을 강화하고 보호주의를 반대하며, 세계경제 거버넌스를 개선하고 세계경제 성장을 공동으로 촉진시킬 것입니다.

동료 여러분!

브릭스 국가와의 협력 강화는 항상 중국 외교정책의 최우선 방향 중 하나입니다. 중국은 지속적으로 브릭스 국가와의 협력을 강화하여 브릭스 국가의 경제 성장을 더욱 강화하고, 협력 구조를 개선하며, 협력 성과를 더욱 풍부하게 하여, 각 나라 인민에게 실질적인 이익을 가져다주고, 세계 평화와 발전에 더욱 큰 공헌을 할 것입니다!

감사합니다.

# 아시아와 세계의 아름다운 미래를 함께 열어나가자[7]

●● 2013년 4월 7일 ●●

존경하는 각국 원수, 정부 수반, 의장, 국제기구 관계자, 장관, 보아오 아시아 포럼 이사회 구성원 여러분,

내외 귀빈 여러분,

신사 숙녀 여러분, 친구 여러분:

넓은 바다와 높고 푸른 하늘, 야자 향기로 마음이 따뜻해지는 이 좋은 계절에 여러분과 함께 아름다운 하이난도(海南島)에서 보아오 아시아 포럼 2013년 연례회의에 참석하게 되어 대단히 기쁩니다.

먼저 중국 정부와 인민을 대표하여, 그리고 개인적으로 여러분의 방문을 진심으로 환영합니다! 그리고 연례회의 개최에 대해 심심한 축하를 표합니다!

지난 12년 동안 보아오 아시아 포럼은 세계적인 영향을 미치는 중요한 포럼으로 발전했습니다. 중국문화에서는 12년을 주기로 12띠가 바뀝니다. 보아오 아시아 포럼은 새로운 출발점에 서 있으며, 한 단계 더 도약할 수 있기를 희망합니다.

---

7) 이는 시진핑 동지가 아시아 보아오포럼(Boao Forum for Asia) 2013년 연례회의에서 한 기조연설이다.

이번 연례회의의 주제는 「혁신·책임·협력: 아시아의 동반성장 모색」으로 현실적 의미가 매우 큽니다. 여러분은 뛰어난 탁견을 가지고 아시아와 세계의 발전계획을 함께 논하며 특정 지역을 넘어 세계의 평화·안정·번영을 촉진시키는 데 지혜와 힘을 기여할 수 있으리라 믿습니다.

현재 국제정세는 지속적으로 복잡하고 커다란 변화를 겪고 있습니다. 국가 간 관계가 한층 긴밀해지고 상호 의존성이 커지고 있으며, 전 세계의 수많은 개발도상국과 수십억 인구가 현대화를 위해 노력하고 있습니다. 평화·발전·협력·상생이라는 시대의 조류는 더 거세지고 있습니다.

한편 세계는 여전히 평화롭지 못합니다. 발전 불균형 문제가 여전히 심각하고, 세계경제는 조정기에 진입했으며, 회복이 어렵고 우여곡절이 넘쳐나고 있습니다. 국제 금융은 여전히 많은 위험에 노출되어 있으며, 다양한 형태의 보호주의가 심화되고, 각국의 경제구조 조정은 많은 어려움을 겪고 있으므로 글로벌 거버넌스 시스템은 더욱 개선되어야 합니다. 각국의 공동 발전을 실현하는 것은 여전히 장기적으로 수행해야 하는 어려운 과업입니다.

아시아는 오늘날 세계에서 가장 역동적이고 잠재력이 있는 지역 중 하나이며, 아시아의 발전은 다른 대륙의 발전과 밀접한 관련이 있습니다. 그동안 아시아 국가들은 자국의 실정에 맞는 발전 노선을 적극적으로 모색하여 자국의 발전을 이루면서 세계 발전에 힘이 되었습니다. 아시아는 세계 각 지역과 단결하여 어려움을 극복하고 서로 협력하여 글로벌 금융위기에 대처함으로써 세계경제의 회복과 성장을 이끄는 중요한 엔진이 되었습니다. 최근 몇 년간 세계경제 성장에 대한 기여율이 50%를 초과하여 전 세계의 지속적인 경제 발전에 대한 확신을 안겨주었습니다. 아시아와 세계 기타 지역 간 협력 및 서브 지역 간 협력이 활기차게 추진되어 밝은 전망을 보여주고 있습니다.

물론 아시아가 더 큰 발전을 도모하고 다른 지역과의 공동 발전을 촉진시키기 위해서는 여전히 많은 어려움과 도전에 직면해 있기 때문에, 언덕을 오르고 난관을 통과해야 한다는 사실도 잘 알고 있습니다.

— 아시아의 발전은 여세를 몰아 발전을 도모해야 하고 업그레이드와 변혁을 필요로 합니다. 아시아에게 발전은 여전히 최우선 과제이며 직면하고 있는 두드러진 갈등과 문제를 해결하는 관건이므로 아시아는 경제 발전 방식을 전환하고 경제구조를 조정하여 경제 발전의 수준과 효익을 높이고, 이를 바탕으로 인민의 생활 수준을 지속적으로 향상시켜야 합니다.

— 아시아의 안정은 공동으로 수호하고 어려운 문제를 함께 해결해야 합니다. 아시아의 안정은 새로운 도전에 직면해 있습니다. 뜨거운 이슈가 속출하고 전통적인 안보위협과 비전통적 안보위협이 모두 존재하고 있으므로 지역의 장기적인 안정을 위해서는 지역 내 국가들이 상호 신뢰와 협력을 강화해야 합니다.

— 아시아 국가 간 협력은 백척간두(百尺竿頭)에서 더 매진해야 합니다. 아시아 지역 간 협력을 강화하기 위한 시스템과 이니셔티브는 여러 가지가 있으며, 생각과 주장이 다르므로 국가들의 이익 요구를 조율하여 호혜윈윈을 보장할 수 있는 시스템을 형성하려면, 서로 이해를 증진하고 인식을 일치하며 협력을 내실화하고 강화해야 합니다.

신사 숙녀 여러분, 친구 여러분!

인류에게는 하나의 지구밖에 없고, 각국은 하나의 세계에서 공존하고 있습니다. 공동 발전은 지속 가능한 발전의 중요한 기반으로 각국 인민의 장기적인 이익과 근본적인 이익에 부합합니다. 하나의 지구촌에 살고 있는 우리는 운명공동체 의식을 확고히 수립하고, 시대의 흐름에 순응하며, 정확한 방향을 파악하고, 어려움 속에서 일심협력하여 아시아와 세계의 발전을 끊임없이 새로운 단계로 끌어올려야 합니다.

첫째, 혁신과 변혁을 과감히 진행하여 공동 발전을 촉진시키는 데 무한한 원동력을 제공해야 합니다. 오랫동안 아시아 국가와 각 지역은 안정을 유지하고 발전을 추진하면서 좋은 경험을 많이 쌓았고 좋은 방법을 많이 찾아냈습니다. 우리는 이러한 경험과 방법을 더욱 확대 발전시켜야 합니다. 한편 세상 만물은 머물러 있지 않고 끊임없이 변합니다. "현명한 자는 때에 따라 변하고, 지혜로운 자는 일에 따라 다스린다(明者因時而變, 知者隨世而制.)"고 했습니다. 시대에 맞지 않는 낡은 관념을 버리고 발전을 가로막는 낡은 틀을 깸으로써 각종 발전의 활력을 충분히 발휘해야 합니다. 경제 발전 방식의 전환과 경제구조 조정에 박차를 가하고 발전의 질적 수준과 민생 개선에 더 많은 관심을 기울여야 합니다. 국제 경제·금융 체제 개혁을 꾸준히 추진하고 글로벌 거버넌스 시스템을 완비하여 세계경제의 건전하고 안정적인 성장을 보장해야 합니다. 예로부터 자기변혁의 활력을 가지고 있는 아시아는 시대에 앞장서서 아시아의 변혁과 세계 발전이 상호 촉진되고 상부상조할 수 있도록 해야 합니다.

둘째, 한마음으로 평화를 수호하여 공동 발전을 촉진시키기 위한 안전보장을 제공해야 합니다. 평화는 사람들의 영원한 염원입니다. 평화는 공기와 햇빛과도 같습니다. 사람들은 공기와 햇빛의 소중함을 느끼지 못하지만, 그것을 떠나면 생존할 수 없는 것과 마찬가지로 평화 없이는 발전을 논할 수 없습니다. 모든 국가는 크기, 강약, 빈부와 상관없이 평화의 수호자이자 촉진자가 되어야 합니다. 한쪽에서 무대를 만들고 저쪽에서 무너뜨려서는 안 되며, 서로 무대를 보완하면서 좋은 연극이 이어지도록 해야 합니다. 또한 국제사회도 종합 안보·공동 안보·협력 안보의 이념을 제창하여 우리 지구촌을 서로 힘을 겨루는 경기장이나 자기 이익만을 위해 지역, 더 나아가 세계를 사리사욕으로 혼란시키는 곳이 아니라 공동 발전을 도모하는 큰 무대로 만들어야 합니다. 각국의 교류가 빈번해지면서 서로 간에 마찰과 분쟁이 생기는 것은 피할 수 없습니다. 중요한 것은 대화와 평화적인 협상을 통해 갈등과 이견(異見)을 적절하게 해결하여 관계발전이라는 큰 국면을 수호하는 것입니다.

셋째, 협력을 추진하고 공동 발전을 촉진시키는 효과적인 방법을 제공하기 위해 노력해야 합니다. "한 송이 꽃이 피었다고 봄이 온 것이 아니라, 온갖 꽃이 만발해야 비로소 봄기운이 완연한 것이다"라는 말이 있습니다. 세계 각국은 이익 면에서 밀접하게 연결되어 있으므로 유무상통(有無相通)하고 상호 보완하며 자국의 이익을 추구할 때, 타국의 합리적인 입장을 고려하여 각국의 공동 발전을 촉진시키고, 공동 이익의 합류점을 끊임없이 확대해나가야 합니다. 또한 남남협력과 남북대화를 강화하고, 발전도상국과 선진국의 균형적인 발전을 추진하여 세계경제의 장기적·안정적 발전을 위한 기반을 다져야 합니다. 더 많은 협력 기회를 적극적으로 창출하고, 협력 수준을 높이며, 발전 성과가 각국 인민에게 더 많이 골고루 돌아가게 함으로써 세계경제 성장 촉진을 위해 보다 많은 기여를 할 수 있도록 해야 합니다.

넷째, 개방과 포용을 견지하여 공동 발전을 촉진시키기 위한 넓은 공간을 제공해야 합니다. "바다는 모든 물을 받아들이기에 그 너그러움으로 거대합니다(海納百川, 有容乃大.)." 우리는 각국이 사회제도와 발전 노선을 스스로 선택할 권리를 존중하고 의심과 장벽을 허물어 세계의 다양성과 각국의 차이를 발전의 활력과 원동력으로 전환시켜야 합니다. 우리는 개방 정신을 견지하고 다른 지역의 발전 경험을 적극적으로 참조하며 발전 자원을 공유하여 지역 간 협력을 추진해야 합니다. 신세기에 진입한 이후 10여 년 동안 아시아 지역 내 교역규모는 8천억 달러에서 3조 달러로, 아시아와 세계 다른 지역의 교역규모는 1조 5천억 달러에서 4조 8천억 달러로 증가했습니다. 이는 아시아의 협력이 개방적이고 역내 협력과 다른 지역 간 협력이 병행되어도 서로 저촉되지 않으며, 모두 협력을 통해 이익을 얻었음을 보여줍니다. 아시아는 다른 지역 국가가 이 지역의 안정과 발전을 위해 건설적인 역할을 하는 것을 환영해야 하고, 동시에 다른 지역 국가도 아시아의 다양한 특성과 이미 형성된 협력 전통을 존중해야 하며, 아시아와 다른 지역의 발전이 긍정적인 방향으로 상호 작용하면서 나란히 전진하는 양호한 태세를 갖추도록 해야 합니다.

신사 숙녀 여러분, 친구 여러분!

중국은 아시아와 세계 대가족의 중요한 구성원입니다. 중국의 발전은 아시아와 세계를 떠나서는 안 되며, 아시아와 세계가 번영하고 안정이 유지되려면 중국이 필요합니다.

지난해 11월 중국공산당은 제18차 전국대표대회를 개최하여 향후 일정 기간 중국 발전의 청사진을 명확히 제시했습니다. 우리의 분투목표는 2020년까지 국내총생산과 도시·농촌 주민의 1인당 소득을 2010년의 두 배 늘려 샤오캉사회를 전면적으로 건설하고 본 세기 중반까지 부강하고 민주적이고 문명하고 조화로운 사회주의 현대화 국가를 건설하여 중화민족의 위대한 부흥이라는 '중국의 꿈'을 실현하는 것입니다. 우리는 우리의 미래에 대한 믿음으로 가득합니다.

물론 중국이 여전히 세계 최대의 개발도상국이며, 중국의 발전은 여전히 많은 어려움과 도전에 직면해 있기에 모든 중국 인민이 더 부유한 생활을 누리려면 장기적이고 끊임없는 노력이 필요하다는 것도 잘 알고 있습니다. 우리는 흔들림 없이 개혁개방을 견지하고 경제 발전 방식 전환이라는 주요 노선을 확고히 파악하며 우리의 일에 집중하여 사회주의 현대화를 지속적으로 추진할 것입니다.

"친척은 친척이 잘 되기를 바라고, 이웃은 이웃이 잘 되기를 바라는 법입니다(親望親好, 鄰望鄰好.).” 중국은 이웃과 잘 지내고 이웃을 동반자로 삼으며 선린우호 관계를 진전시키고, 호혜협력을 심화하여 자국의 발전이 주변국가에 더 많은 혜택을 가져다주도록 노력할 것입니다.

우리는 아시아와 세계의 발전과 번영을 적극적으로 촉진시킬 것입니다. 신세기에 진입한 이후 중국과 주변국가 간의 교역규모는 약 1,000억 달러에서 1조 3,000억 달러로 증가했고, 중국은 많은 주변국가의 최대 무역 파트너, 최대 수출시장, 중요한 해외투자 대상국이 되었습니다. 중국과 아시아 및 세계의 이익 융합은 양적·질적으로 전례 없는 수준에 도달했습니다. 현재와 향후 일정 기간 중국 경제는 계속해서 건전한 발전 추세를 유지할 것이며, 국내 수요, 특히 소비 수요는 계속 확대되고 해외투자도 크게 증가할 것입니다. 향후 5년간 중국은 10조 달러 안팎의 상품을 수입하고, 해외투자 규모는 5,000억 달러에 달하며, 해외 관광자 수는 4억 명을 넘어설 것으로 전망합니다. 중국이 발전할수록 아시아와 세계의 발전에 더 많은 기회를 제공할 수 있습니다.

우리는 아시아와 세계 평화와 안정을 확고히 지킬 것입니다. 중국 인민은 전쟁과 동란으로 인한 고난에 대해 뼈저린 기억을 갖고 있는 만큼 평화를 더욱 간절히 추구하고 있습니다. 중국은 평화로운 국제 환경을 쟁취함으로써 스스로 발전하고, 또 자국의 발전으로 세계 평화를 수호하고 촉진할 것입니다. 중국은 관련 국가와의 이견과 마찰을 끊임없이 적절히 처리하고, 국가의 주권·안보·영토보전을 확고히 수호하는 것을 전제로 주변국가와의 관계와 지역의 평화·안정을 수호하기 위해 노력할 것입니다. 중국은 국제사회와 지역의 중요한 쟁점에서 건설적인 역할을 지속적으로 발휘할 것이며, 화해를 권하고 대화를 촉진시키며, 대화와 협상을 통해 관련 문제를 타당성 있게 처리하기 위해 꾸준히 노력할 것입니다.

우리는 아시아와 세계적 범위에서의 지역 간 협력을 적극적으로 추진할 것입니다. 중국은 주변국가와의 호연호통(互聯互通, 서로 연결하고 서로 통하는 것을 뜻함) 건설을 가속화하고, 지역적 자금 융자 체제 구축을 적극적으로 논의하며, 지역 내 경제 융합을 촉진시키고, 지역 경쟁력을 제고시킬 것입니다. 중국은 아시아 지역 간 협력에 적극적으로 참여하고 아시아를 제외한 다른 지역 및 국가들과의 지역 간 협력 및 서브 협력을 지속적으로 추진할 것입니다. 중국은 무역과 투자 자유화의 편리화를 계속 이끌고 추진하며, 여러 국가와의 양방향 투자를 강화하여 협력의 새로운 성장점을 만들어낼 것입니다. 중국은 다른 지역에 대한 아시아 지역의 개방과 협력을 확고히 지지하고 이 지역과 세계의 다른 지역의 공동 발전을 더 효과적으로 촉진케 할 것입니다. 중국은 남북 간의 격차를 줄이기 위해 노력하며 개발도상국의 자주적 발전 능력 증진을 지지할 것입니다.

신사 숙녀 여러분, 친구 여러분!

“어진 사람과 친해지고 이웃 나라와 사이좋게 지내는 것(親仁善鄰)”은 중국이 예로부터 지켜온 전통입니다. 아시아와 세계의 평화적 발전·협력윈윈을 위한 사업에는 새로운 출발점이 있을 뿐 종착점이 없습니다. 중국은 5대주의 여러 벗들과 함께 아시아와 세계의 아름다운 미래를 열어나가고 아시아와 세계 인민에게 행복을 가져다주기 위해 노력할 것입니다!

끝으로, 연례회의의 원만한 성공을 기원합니다!

# 중·미 간 신형 대국관계(新型大國關系)를 구축하자[8)]

●● 2013년 6월 7일 ●●

방금 저는 오바마(Barack Obama) 대통령님과 첫 회동을 가졌고, 각기 자국의 대내외 정책, 중·미 간 신형대국관계, 그리고 공동 관심사인 중대한 국제문제와 지역 현안에 대해 심도 있고 진솔한 의견을 교환했으며 중요한 합의를 이루었습니다.

저는 오바마 대통령께 중국은 평화적 발전 노선을 확고히 견지할 것이며, 개혁을 심화하고 개방을 확대하여 중화민족의 위대한 부흥이라는 '중국의 꿈'을 실현하고 인류의 평화적 발전이라는 숭고한 사업을 힘써 추진할 것이라고 분명히 밝혔습니다.

'중국의 꿈'은 국가의 부강, 민족의 부흥, 인민의 행복을 실현하는 평화·발전·협력·상생의 꿈이며, 이는 미국의 꿈을 포함한 세계 각국 인민의 아름다운 꿈과도 일치합니다.

저와 오바마 대통령님은 급속한 경제 글로벌화와 각국이 한 배를 탄 운명공동체라는 객관적 요구에 직면하여 중·미 양국은 역사상 강대국들이 충돌

8) 이는 시진핑 동지가 오바마 미국 대통령과 캘리포니아주 애너버그 저택에서 회동을 가진 후, 공동 기자회견에서 연설한 내용의 요지이다.

하고 대립하던 것과는 다른 새로운 길을 걸어야 하며 또한 걸어갈 수 있다는 데 의견을 같이했습니다. 이에 양국은 신형 대국관계를 구축하고, 상호 존중하며, 협력윈윈하며, 양국 국민과 세계 인류를 행복하게 하자는 데 합의했습니다. 국제사회에서도 중·미 관계가 지속적으로 개선·발전할 것으로 기대하고 있습니다. 양국은 협력을 통해 세계의 안정을 지키는 '압창석(壓艙石, 선박의 안전 운항을 위해 배가 균형을 잃지 않도록 선내를 누르는 돌을 뜻함)', 세계 평화를 추진하는 '부스터(booster)'가 될 수 있을 것입니다.

양측은 여러 채널을 통한 대화와 소통을 강화하고, 상호 이해와 신뢰를 지속적으로 증진하기로 했습니다. 저와 오바마 대통령님은 앞으로도 상호 방문·회동·통화·통신 등의 형태로 계속 긴밀히 연락을 취하기로 했습니다. 저는 적절한 시기에 오바마 대통령께서 중국을 방문해줄 것을 요청했습니다. 저와 오바마 대통령님은 가능한 한 빠른 시일 내에 상호 방문할 것입니다. 양측의 협상팀은 새로운 중·미 간 전략과 경제 대화, 인문교류와 관련한 고위급 협의가 긍정적인 성과를 거둘 수 있도록 긴밀히 협조할 것입니다. 그리고 중국 국방부장과 외교부장이 초청에 동의하여 곧 미국을 방문하게 됩니다.

양측은 경제무역·에너지·환경·인문·지역 등을 포함한 광범위한 분야에서 협력을 강화하여 전방위적인 이익 융합 구도(利益交融格局)를 심화시키고, 양국의 군사관계를 개선·발전시켜 신형 군사관계(新型軍事關系)를 구축하며, 거시경제정책 조정을 강화하고, 양국의 경제 발전 과정에서 협력을 확대하여 아시아-태평양 지역과 글로벌 경제의 강력하고 지속 가능하며 균형 잡힌 성장을 추진하기로 합의했습니다.

"일의 성공 여부는 사람의 노력에 달려 있습니다(事在人爲.)." 저는 중·미 양국이 신형 대국관계를 구축하는 것에 확신을 가지고 있습니다. 그 이유는 다섯 가지로 말씀드릴 수 있습니다. 첫째, 양측은 모두 신형 대국관계를 구축하려는 정치적 염원을 갖고 있습니다. 둘째, 40여 년의 협력을 통해 양측은 협력에 유리한 기반을 마련했습니다. 셋째, 양측은 전략 및 경제 대화·인문교류와 관련한 고위급 협의 등 90여 개의 대화·소통 체제를 구축함으로써 신형 대국관계의 구축을 위한 체제보장을 마련했습니다. 넷째, 양측은 220여 개의 우호 성시(省市)를 설립했고, 19만에 가까운 중국 학생들이 미국에서 유학하고 2만여 명의 미국 학생들이 중국에서 유학하고 있는 실정입니다. 이와 같이 중·미 간 신형대국관계 구축은 두터운 민간적 기반을 가지고 있습니다. 다섯째, 양측은 다양한 분야에서 협력의 잠재력을 갖고 있습니다.

중·미 신형 대국관계 구축은 전례가 없고, 후발주자도 없습니다. 그러므로 중·미 양국은 대화를 강화하고, 신뢰를 증진하고, 협력을 추진하고, 이견을 통제하는 과정에서 신형 대국관계 구축을 지속적으로 추진해야 합니다.

중화민족과 아메리카 민족은 모두 위대한 민족이고, 양국 인민은 모두 위대한 인민입니다. 저는 양측이 굳은 의지와 강한 자신감, 인내심을 가지고 지혜를 발휘하면서 거시적인 안목으로 목표를 세우되 작은 일부터 조금씩 해나간다면 이 사업을 잘 해낼 수 있으리라 굳게 믿습니다.

# 개방형 세계경제를 수호하고 발전시키자[9)]

●● 2013년 9월 5일 ●●

존경하는 푸틴 대통령님,

동료 여러분:

아름다운 상트페테르부르크에서 여러분을 뵙고 세계경제 성장과 일자리 창출 방안을 함께 논의하게 되어 대단히 기쁩니다. 먼저 이번 정상회담을 위해 적극적인 노력을 기울이고 빈틈없이 준비해주신 푸틴 대통령님과 러시아 정부에 진심으로 감사를 드립니다!

현재 세계경제는 곤경에서 벗어나 점차 양호한 방향으로 발전하고 있지만, 국제 금융위기의 부정적 영향이 여전히 남아 있습니다. 일부 국가의 경제는 침체에서 벗어나지 못했으며 세계경제 회복은 여전히 갈 길이 멉니다.

형세에 따라 임무가 결정되고 행동에 따라 성과가 결정됩니다. 이에 우리는 장기적인 안목을 가지고 멀리 내다보면서 각국의 발전과 혁신·연동식 성장·이익 융합을 지향하는 세계경제를 구축하기 위해 힘쓰고, 개방형 세계경제를 확고히 수호하고 발전시켜야 합니다.

— 발전과 혁신은 세계경제의 지속 가능한 성장을 위해 필요합니다. 단순히 경기부양책(刺激政策)과 정부의 대규모 직접 개입에 의존하는 성장은

9) 이는 시진핑 동지가 러시아 상트페테르부르크(Saint petersburg)에서 개최된 G20 지도자 정상회담 첫 공식 회합에서 세계경제 형세에 관해 발언한 내용이다.

임시방편에 불과하며 근본적으로 문제를 해결할 수 없습니다. 막대한 자원 소비와 환경오염을 기반으로 한 성장은 더구나 오래 지속될 수 없습니다. 단순히 국내총생산 성장률에 의해 승부를 가르지 말고 경제 성장의 질과 효율성을 높여야 합니다. 그러므로 각국은 적극적인 구조적 개혁을 통해 시장을 활성화하고 경제의 경쟁력을 제고시켜야 합니다.

— 연동식 성장은 세계경제의 역동적 성장을 위해 필요합니다. 역동적으로 성장하는 세계경제는 각국의 공동 성장에서 비롯됩니다. 각국은 운명공동체 의식을 가지고 "하나가 잘되면 모두가 번영하고, 하나가 잘못되면 다 같이 망한다(一榮俱榮, 一損俱損.)"는 연대효과를 진정으로 인식하고 경쟁 속에서 협력하고 협력을 통해 상생을 이끌어내야 합니다. 자국의 이익과 발전을 추구할 때 다른 나라에 대해 합리적인 배려를 해야 합니다. 모든 국가가 서로 도우면서 상대국이 직면한 문제를 공동으로 해결하는 것은 세계경제 발전의 객관적인 요구입니다. 모든 국가의 발전이 다른 국가의 성장과 연동되어 서로 부정적이 아닌 긍정적인 파급효과(spillover effect)를 가져오도록 해야 합니다.

— 이익의 융합은 세계경제의 균형 잡힌 성장을 위해 필요합니다. 균형성장은 성장을 이전하는 영합게임이 아니라 각국이 혜택을 함께 누리는 성장입니다. 각국은 비교우위(comparative advantage)를 충분히 발휘하여 세계경제 자원 배분을 공동으로 최적화하고 글로벌 산업 배치를 개선하며, 이익을 공유하는 글로벌 가치사슬(global value chain)을 형성하고, 모든 당사자에게 혜택이 돌아가는 글로벌 대규모 세계시장을 만들어 호혜윈윈을 실현해야 합니다.

그러기 위해서는 G20 회원국들이 보다 긴밀한 경제동반자 관계를 구축하여 책임감을 지녀야 합니다.

첫째, 책임 있는 거시경제정책을 실시해야 합니다. 각각의 주요 경제 주체는 먼저 자국의 일을 잘 처리하여 자국의 경제에 큰 혼란이 없도록 해야 합니다. 이는 우리의 최소한의 책임입니다. 우리는 거시경제정책 조정 시스템을 완비하고 상호 소통과 조정을 강화해야 합니다.

거시경제정책과 사회정책은 하나의 완전체로 각국은 사회정책으로 경제정책을 뒷받침하고 거시적·미시경제정책을 실시할 수 있는 여건을 마련해야 합니다. G20 재무장관 및 고용노동장관 연석회의에서 경제정책과 고용정책의 조율을 강화하기로 한 것은 정확한 조치이므로 이를 흔들림 없이 추진해야 합니다.

중국은 중국 경제뿐만 아니라 세계경제에 대해 책임지는 경제정책을 실시했습니다. 중국 경제는 펀더멘털(fundamental)이 양호해 올 상반기 국내총생산이 7.6% 성장했습니다. 한편 중국은 지방정부의 부채·일부 산업의 과잉생산 등 문제에 직면해 있습니다. 이러한 문제는 통제 가능한 범위 내에 있으며, 현재 조치를 취하여 해결하고 있습니다.

우리는 경제의 장기적인 발전 문제를 근본적으로 해결하기 위해서는 성장 속도를 늦추더라도 반드시 구조적 개혁을 확고히 추진해야 한다는 점을 인식하게 되었습니다. 모든 사업은 먼 곳과 가까운 곳을 모두 고려하고 주도면밀하고 원대한 계획을 세워야 합니다. "닭을 잡아 달걀을 얻고(殺雞取卵), 못의 물을 말려 고기를 잡는(竭澤而漁)" 식의 발전은 오래가지 못할 것입니다.

중국 경제는 세계경제와 밀접히 융합되어 있습니다. 중국 경제가 보다 안정적이고 성장 수준이 더 제고되고, 성장 전망이 보다 지속 가능하다면, 이는 세계경제 발전에 장기적인 호재(好材)로 작용할 것입니다. 중국은 경제의 지속적이고 건강한 발전을 실현할 여건과 능력을 갖추고 있어, 각국을 위해 더 넓은 시장과 발전 잠재력을 마련해 주며, 세계경제에 더 긍정적인 유출효과를 제공할 것입니다.

둘째, 개방형 세계경제를 함께 수호하고 발전시켜야 합니다. “한 송이 꽃이 피었다고 봄이 온 것이 아니라, 온갖 꽃이 만발해야 비로소 봄기운이 완연한 것입니다.” 세계 각국의 경제는 서로 개방하면 함께 발전하고 서로 봉쇄하면 모두 후퇴합니다. 우리는 시대의 흐름에 순응하여 다양한 형태의 보호주의를 반대하고, 국내외 시장과 자원을 종합적으로 활용해야 합니다.

우리는 자유롭고 개방적이며 비차별적인 다자간 무역 시스템을 유지하고 배타적인 무역 표준, 규칙 및 시스템을 사용하지 않으며, 세계시장 분할과 무역 시스템의 분화를 방지해야 합니다. 글로벌 투자 규칙을 논의하고 개선하며 글로벌 개발 자본의 합리적인 흐름을 안내하고 개발 자원을 보다 효과적으로 할당해야 합니다.

셋째, 글로벌 경제 거버넌스를 보다 공정하게 개선해야 합니다. G20은 선진국과 개발도상국이 국제 경제 문제에 대해 충분히 협의하는 중요한 플랫폼입니다. 우리는 G20을 세계경제의 안정·국제 금융 안전망 구축·글로벌 경제 거버넌스 개선의 중요한 축으로 만들어야 합니다.

우리는 국제금융기구(international financial institutions)를 계속해서 개혁해야 합니다. 모든 관련 국가는 국제통화기금(international monetary fund)의 쿼터와 운영개혁 방안을 더욱 신속하게 시행해야 합니다. 세계경제에서 각국의 경제 총량의 가중치를 반영하는 새로운 쿼터 공식을 만들어야 합니다. 국제금융시장(international financial market)에 대한 감독을 계속해서 강화하여 금융 시스템이 실물경제 발전에 의존함과 동시에 실물경제 발전을 촉진할 수 있도록 만들어야 합니다. 안정적이고 리스크에 대처할 수 있는 국제 통화 시스템을 구축하고, 특별인출권 통화바스켓(特別提款權貨幣籃子) 구성을 개혁하며, 국제 및 지역 금융 협력 체제 연계를 강화하고 금융 리스크의 방화벽(金融風險防火牆)을 구축해야 합니다.

중국은 조세회피 방지를 강화하기 위한 다자간 협력을 지지하며, 국제조세 관리 체제의 정비를 위해 힘을 보태고자 합니다.

여기서 강조하고 싶은 것은 중국 경제와 사회의 지속적이고 건전한 발전을 위해 중국은 개혁을 흔들림 없이 추진해 나갈 것이라는 점입니다. 우리는 전면적인 개혁 심화에 대한 총체적인 연구를 진행하여 경제·정치·문화·사회·생태문명 분야의 체제 개혁을 종합적으로 계획·추진하고 사회의 생산력을 더욱 해방·발전시키고, 사회 전체에 창조적 활력을 불어넣을 것입니다. 중국은 시장의 체제 구축을 강화하고 거시적 조절, 재정과 세무, 금융, 투자, 행정 관리 및 기타 분야의 체제 개혁을 추진하며 자원 배분에서 시장의 기본 역할을 더욱 충분히 발휘하도록 할 것입니다. 중국은 금리·환율 시장화 개혁을 심화하고, 위안화 환율의 탄력성을 강화하여 위안화 자본을 점진적으로 환산할 수 있도록 노력할 것입니다. 중국은 호혜윈윈의 개방 전략을 견지하고 투자 및 무역의 체제 개혁을 심화하며, 법률과 법규를 보완하고 중국에 진출한 각국 기업이 공평하게 기업을 운영을 할 수 있는 법치 환경을 마련하고, 협상을 통해 관련 국가와의 무역 분쟁을 해결할 것입니다.

동료 여러분!

우리가 손을 잡고 노력하여 더욱 긴밀한 동반자 관계를 구축한다면, G20은 더 안정적으로, 더 훌륭하게, 더 장기적으로 지속될 수 있으며 각국 인민들은 세계경제와 미래의 생활에 대해 더욱 믿음을 갖게 될 것입니다.

감사합니다!

# "실크로드 경제벨트(絲綢之路經濟帶)"를 공동으로 건설하자[10)]

●● 2013년 9월 7일 ●●

2100여 년 전 중국 한나라(漢)의 장건(張騫)은 평화와 친선의 사명을 갖고 중앙아시아로 두 차례 출사(出使)하여 중국과 중앙아시아 각국 간의 우호적 교류의 물꼬를 틔웠고, 이로부터 동서를 횡관하고 유라시아를 연결하는 실크로드를 개척했습니다.

제 고향 산시(陝西)는 고대 실크로드의 시작점에 있습니다. 여기에 서서 역사를 돌이켜보면 마치 산 속에서 울려 퍼지는 낙타 방울 소리가 들리는 듯하고, 사막에서 모락모락 피어오르는 외로운 연기가 보이는 듯하여 각별히 다정하게 느껴집니다.

카자흐스탄은 고대 실크로드가 지나간 곳으로 동서양 문명과 소통하고 서로 다른 민족과 문화의 교류와 협력을 촉진시키는 데 중요한 기여를 했습니다. 동서양의 사절, 상단(商團), 관광객, 학자, 장인들이 이 지역을 끊임없이 오갔으며, 실크로드 주변국가들은 상호 교류· 학습을 통해 인류문명의 진보를 함께 추진했습니다.

10) 이는 시진핑 동지가 카자흐스탄 나자르바예프대학(Nazarbayev University)에서 한 연설의 일부이다.

고대 실크로드의 도시 알마티(Almaty)에는 셴싱하이(冼星海) 거리가 있는데, 이 거리와 관련하여 다음과 같은 이야기가 전해지고 있습니다. 1941년 태평양전쟁이 발발하자 중국의 유명한 음악가 셴싱하이가 여기저기 전전하다가 알마티에 당도했습니다. 일가친척이 없는 곳에서 가난과 병고에 시달리고 있을 때 카자흐의 음악가 바이카다모프(Baykadamov)가 가족으로 받아들였다고 합니다.

알마티에서 셴싱하이는 『민족해방(民族解放)』, 『신성한 전쟁(神聖之戰爭)』, 『만강홍(滿江紅)』 등 유명한 음악 작품을 썼고, 카자흐 민족의 영웅 아만겔디 ( Amangeldy)의 사적을 바탕으로 교향시 『아만겔디』를 창작하여 파시즘에 맞서 싸우도록 독려해 현지인들로부터 큰 환영을 받았습니다.

수천 년 동안 이 실크로드에서 각국 인민은 천고에 전해지는 친선의 이야기를 함께 만들었습니다. 2000여 년의 교류역사는 단결과 상호 신뢰·평등 호혜·포용과 교류·협력과 상생의 원칙을 견지한다면 인종·신앙·문화적 배경이 다른 국가는 반드시 평화와 공동 발전을 공유하고 함께 발전할 수 있음을 증명합니다. 이는 고대 실크로드가 우리에게 남긴 귀중한 계시입니다.

20여 년 동안 중국과 유라시아 국가 간의 관계가 급속하게 발전함에 따라 역사가 유구한 실크로드가 나날이 활기를 띠게 되었고, 새로운 형태로 중국과 유라시아 국가 간의 호혜협력을 끊임없이 새로운 역사적 단계로 이끌고 있습니다.

먼 친척보다 가까운 이웃이 낫다는 말이 있습니다. 중국과 중앙아시아 국가는 산과 물이 연결된 우호적인 이웃국가로 중국은 중앙아시아 각국과의 우호·협력 관계를 고도로 중시하며 외교의 우선적인 방향으로 간주하고 있습니다.

현재 중국과 중앙아시아 국가 간의 관계발전은 드문 기회에 직면해 있습니다. 우리는 중앙아시아 국가들과 함께 끊임없이 신뢰와 우호를 증진하고 협력을 강화하며 공동 발전과 번영을 촉진시키고, 각국 인민의 복지를 도모하기를 희망합니다.

— 우리는 대대로 우호적이고 화목한 좋은 이웃이 되어야 합니다. 중국은 평화적 발전 노선을 견지하고 독립적이고 자주적인 평화적 외교정책을 견지하고 있습니다. 우리는 각국 인민이 자주적으로 발전 노선과 대내외 정책을 선택하는 것을 존중하며, 중앙아시아 국가의 내정에 절대 간섭하지 않습니다. 중국은 해당 지역 주변의 주도권을 추구하지 않고 세력권을 형성하지 않을 것입니다. 우리는 러시아와 중앙아시아 각국과의 교류와 협력을 강화하여 조화로운 지역을 건설하기 위해 부단한 노력을 기울이기를 원합니다.

— 우리는 서로를 확고히 지지하고 서로 믿어 주는 진실한 친구가 되어야 합니다. 국가의 주권·영토 보존·안보와 안정과 같은 중대하고 핵심적인 이익과 관련된 문제에서 서로 지지하는 것은 중국과 중앙아시아 국가 간의 전략적 동반자 관계의 실질적이고 중요한 부분입니다. 우리는 각국과 양자 및 상하이협력기구(上海合作組織)의 틀 내에서 상호 신뢰를 강화하고 협력을 심화시키며, 힘을 합쳐 '3대 세력(三股勢力, 3대 해악 세력 즉 테러리즘, 분리주의, 종교적 극단주의를 뜻함)', 마약 밀매, 다국적 조직범죄를 척결함으로써 지역경제 발전과 인민의 안정된 생활을 위한 양호한 환경을 마련하기를 희망합니다.

— 우리는 실질적인 협력을 대대적으로 강화하여 호혜윈윈의 좋은 동반자가 되어야 합니다. 중국과 중앙아시아는 전례 없는 기회와 도전에 직면한 중요한 발전단계에 있습니다. 우리는 모두 자국의 국정에 맞는 중장기 발전 목표를 제시했습니다. 경제의 장기적이고 안정적인 발전을 보장하고 국가의 번영과 부강과 민족 부흥을 실현하는 우리의 이 전략적 목표는 일치합니다. 우리는 실질적인 협력을 전면적으로 강화하고 정치 관계의 우위·지정학

적 우위·경제적 상호 보완성을 실질적인 협력에 유리한 조건으로 활용하여 협력을 지속적으로 발전시킴으로써 호혜윈윈하는 이익공동체를 만들어야 합니다.

— 우리는 더 넓은 도량과 더 넓은 안목으로 지역 간 협력을 확대하여 새로운 발전을 도모해야 합니다. 현재 세계경제의 융합적 발전이 가속화되고 지역 간 협력이 빠르게 발전하고 있습니다. 유라시아 지역에는 이미 여러 지역 간 협력조직이 설립되었습니다. 유라시아 경제공동체(歐亞經濟共同體)와 상하이협력기구 회원국 및 옵서버 국가들이 유라시아, 남아시아, 서아시아에 걸쳐 있으므로 상하이협력기구와 유라시아 경제공동체 간의 협력을 강화함으로써 우리는 더 큰 발전 잠재력을 끌어낼 수 있습니다.

유라시아 국가들의 경제 관계가 더욱 긴밀해지고 상호 협력을 더욱 강화하고 발전 잠재력을 더욱 확대하기 위해 우리는 혁신적인 협력 모델을 도입하여 '실크로드 경제벨트'를 공동으로 건설할 수 있습니다. 이는 주변 각국 인민을 행복하게 하는 위대한 사업입니다. 우리는 다음 몇 가지를 우선적으로 실행함으로써 작은 것으로 전체를 이끌어 지역의 큰 협력 구도를 점진적으로 형성할 수 있습니다.

첫째, 정책적 소통을 강화하는 것입니다. 각국은 경제 발전 전략과 대책에 관해 충분한 교류를 할 수 있습니다. 구동존이(求同存異)의 원칙에 따라 지역 간 협력을 촉진시키기 위한 계획을 협의하고 조치를 취함으로써 정책적·법률적 측면에서 지역경제 융합의 '녹색등'을 켜야 합니다.

둘째, 도로 연결을 강화하는 것입니다. 상하이협력기구는 교통 편리화 협정을 협상하고 있습니다. 가능한 한 빨리 이 협정에 서명하고 나서 정식 시행되면, 태평양에서 발트해로 가는 주요 교통통로가 열릴 것입니다. 이를 기반으로 우리는 모든 당사국과 국경을 넘는 교통 인프라 건설을 적극적으로 논의하여 동아시아, 서아시아, 남아시아를 연결하는 교통 운송망을 구축함으로써 각국의 경제 발전과 인적교류에 편의를 제공하고자 합니다.

셋째, 원활한 무역을 강화하는 것입니다. 실크로드 경제벨트의 총 인구는 거의 30억이며 시장 규모와 잠재력은 유일무이합니다. 각국은 무역과 투자 분야에서 거대한 협력 잠재력을 가지고 있습니다. 따라서 모든 당사국은 무역 및 투자 원활화 문제에 대해 논의하고 적절한 조치를 취해 무역 장벽을 제거하고 무역과 투자비용을 절감하며 지역경제 순환의 속도와 수준을 제고하여 호혜윈윈을 실현해야 합니다.

넷째, 화폐유통을 강화하는 것입니다. 중국과 러시아 등 국가는 자국통화 결제(dynamic currency conversion)에 있어 양호한 협력을 추진하여 좋은 성과를 거두었고 풍부한 경험도 쌓았습니다. 앞으로 이런 식의 협력이 더욱 확대될 필요가 있습니다. 각국이 경상계정(current account)과 자본계정(capital account)에서 자국 통화의 교환 및 결제를 실현하면 유통 비용과 금융 리스크를 크게 줄이고 지역경제의 국제 경쟁력을 향상시킬 수 있습니다.

다섯째, 민심 상통을 강화하는 것입니다. 국가 간의 교류가 잘 이루어지려면 우선 인민들의 마음이 서로 통해야 합니다. 위에서 말씀드린 분야에서 협력을 효과적으로 실현하려면 각국 인민의 지지를 얻어야 하며 민간 차원의 우호적인 교류를 강화하고 상호 이해와 전통적 우정을 증진하여 지역 간 협력을 위한 민의와 사회적 기반을 마련해야 합니다.

# '상하이 정신'을 널리 떨쳐 공동 발전을 촉진시키자[11)]

●●2013년 9월 13일●●

존경하는 아탐바예프(Atambayev) 대통령님,

존경하는 동료 여러분:

상하이협력기구 비슈케크 정상회의에 참석하게 되어 대단히 기쁩니다. 이번 정상회의의 순조로운 개최를 위해 세심하게 준비해 준 개최국 키르기스스탄에 감사드립니다. 중국은 지난 1년 동안 키르기스스탄이 상하이협력기구의 발전을 위해 많은 일을 해온 것에 대해 높이 평가하고 있습니다.

국제정세와 지역정세의 최신 발전 변화에 직면하여, 회원국의 안정 유지·경제 발전·민생 개선이라는 공동의 요구에 따라 이번 정상회의는 「상하이협력기구 회원국 장기 선린우호협력 조약(上海合作組織成員國長期睦鄰友好合作條約)」의 실천을 주제로 조약의 실시 요강을 비준할 것입니다. 또한 상하이협력기구의 보다 밝은 미래를 위해 향후 5년간의 청사진을 계획할 것입니다.

현재 상하이협력기구의 발전은 기회를 맞이하고 있는 동시에 심각한 도전

---

11) 이는 시진핑 동지가 키르기스스탄(Kyrgyzstan) 비슈케크(Bishkek)에서 열린 상하이협력기구 회원국 정상이사회 제13차 회의에서 한 연설이다.

에 직면해 있습니다. '3대 세력', 마약 밀매, 다국적 조직범죄가 이 지역의 안전과 안정을 위협하고 있습니다. 또한 국제 금융위기의 영향으로 각국의 경제는 크고 작은 어려움을 안고 조정기와 회복기에 접어들었습니다.

이러한 도전들은 어느 나라도 독자적으로 대응하기에는 어려움이 따르므로 우리는 반드시 협력을 강화하여 연합을 통해 자국의 힘을 길러야 합니다. 상기의 상황에 근거하여 상하이협력기구는 협력 강화 방안을 몇 가지 제시하고자 합니다.

첫째, '상하이 정신'을 고취해야 합니다. '상하이 정신'을 시행하고 회원국의 상호 신뢰를 지속적으로 증진하며 평등·협상·상호 이해와 양보를 기반으로 호혜협력을 추진하는 것은 평화와 발전의 시대적 흐름에 순응하고 모든 회원국의 이익과 요구에 부합되는 것입니다.

우리는 이 기치를 높이 들고 「상하이협력기구 회원국 장기 선린우호협력조약」을 성실히 이행하고, 본 기구 틀 내의 각 분야의 협력을 진심으로 추진하여 회원국이 서로 화목하게 지내는 좋은 이웃, 어려움 속에서 일심협력하는 좋은 친구·동반자가 될 수 있도록 해야 합니다.

둘째, 지역의 안전과 안정을 공동으로 수호해야 합니다. 안전하고 안정적인 환경은 호혜협력과 공동 번영·발전을 실현하는 필요한 조건입니다. 「테러리즘, 분열주의 및 극단주의 퇴치에 관한 상하이 공약(打擊恐怖主義, 分裂主義和極端主義上海公約)」 및 협력 요강을 실행하고 상하이협력기구 법집행안보협력체제(執法安全合作機制)를 정비하여 지역 반테러 기관에 마약단속 권한을 부여하며, 이를 기반으로 안전 위협과 도전에 대응하기 위한 종합센터를 설립해야 합니다.

각 회원국 관련 부서도 일상적인 정보 소통 경로를 강구하고 연합행동방식을 검토하여 '3대 세력'에 공동으로 대응함으로써 지역 내 각국 인민의 생산과 생활에 양호한 환경을 마련해야 합니다.

상하이협력기구의 옵서버 국가인 아프가니스탄의 정세는 이 지역의 안보, 안정과 긴밀하게 연관되어 있습니다. 상하이협력기구는 아프가니스탄 민족의 화해를 적극 지지하고 아프가니스탄이 조속히 평화와 안정을 이루도록 도와서 지역 안보를 공동으로 수호해야 합니다.

셋째, 실질적인 협력에 주력해야 합니다. 실질적인 협력은 상하이협력기구의 발전을 위한 물질적 기초이자 원동력입니다. 상하이협력기구의 6개 회원국과 5개 옵서버 국가는 모두 옛 실크로드 연선에 위치하고 있습니다. 상하이협력기구의 회원국이자 옵서버 국가로서 우리는 실크로드 정신을 계승하고 확대·발전시킬 책임이 있습니다.

(1) 교통과 물류의 큰 통로를 개척해야 합니다. 가능한 한 빨리 「국제 도로운송 편리화 협정(國際道路運輸便利化協定)」을 조속히 체결한 이후 많은 옵서버 국가들이 자발적으로 참여하도록 이끌어 발트해에서 태평양까지, 중앙아시아에서 인도양과 페르시아만에 이르는 교통·운송 회랑을 연결할 것을 건의합니다.

(2) 무역과 투자 편리화 협정을 추진해야 합니다. 각 당사국의 이익과 합리적 입장을 충분히 고려하여 무역과 투자 분야의 광범위한 협력 방안을 모색해야 합니다. 회원국 간의 협력 잠재력을 충분히 발휘하여 상호 보완적인 이점을 달성하고 공동 번영과 발전을 촉진시켜야 합니다.

(3) 금융 분야의 협력을 강화해야 합니다. 상하이협력기구 개발은행 설립을 추진하여 상하이협력기구의 인프라 건설과 경제무역 협력 프로젝트에 필요한 자금을 조달하고 결제 플랫폼을 구축하는 동시에, 상하이협력기구 전용계좌를 조속히 개설하여 상하이협력기구 내 프로젝트 연구와 교류, 연수를 위한 자금 지원을 확보해야 합니다. 상하이협력기구 은행 컨소시엄 메커니즘을 잘 활용하여 지역 내 각국 금융기관 간의 교류와 협력을 강화해야

합니다.

(4) 에너지 클럽을 창설해야 합니다. 상하이협력기구 내에서 에너지 협력을 조율하고 안정적인 수급관계를 구축하여 에너지 안보를 확보하는 동시에, 에너지 효율 향상 및 신에너지 개발 분야에서 광범위한 협력을 전개해야 합니다.

(5) 식량 안보 협력 체제를 구축해야 합니다. 농업 생산, 농산물 무역, 식품 안전 등 분야에서 협력을 강화하여 식량 안보를 확보해야 합니다.

넷째, 인문교류와 민간교류를 강화하여 상하이협력기구의 발전을 위한 여론 기반과 사회 기반을 다져야 합니다. 우리는 문화, 교육, 영상, 보건, 스포츠, 관광 분야에서 광범위한 협력을 전개해야 합니다.

중국은 베이징 정상회의에서 향후 10년 동안 기타 회원국의 3만 명에 이르는 학생들에게 정부 장학금을 제공하겠다고 밝힌 바가 있습니다. 우리는 각 회원국과 긴밀히 협력하여 이 프로젝트를 효과적으로 실천하고자 합니다.

중국은 상하이정법대학교(上海政法學院)에 '중국-상하이협력기구 국제사법 교류 합동 양성 기지'를 설립하여 기타 회원국을 위해 사법 인재를 양성하고자 합니다.

전통의학은 새로운 협력 분야입니다. 중국은 각 회원국과 협력하여 중의의료기관(中醫醫療機構)을 설립하고 전통의학 자원을 최대한 활용하여 회원국 국민의 건강 증진에 기여하고자 합니다.

각국과의 합의에 따라 중국은 상하이협력기구 선린우호협력위원회를 설립했습니다. 각 회원국과 옵서버 국가도 이와 유사한 사회단체를 설립하여 각국 국민 간의 상호 이해와 전통적 우의를 증진시킬 것을 건의합니다.

이번 정상회의에서 발표한 「비슈케크 선언(比什凱克宣言)」은 시리아 문제에 관해 상하이협력기구 회원국의 입장을 밝혔습니다. 저는 중국이 시리아 정세를 고도로 중시하고 있다는 사실을 강조하고 싶습니다. 중국은 국제사회가 전쟁과 폭력을 멈추고 화평과 대화를 권하는 것을 적극 지지하며, 대립하는 시리아 양측이 정치적 경로를 통해 위기를 해결할 것을 호소합니다. 중국은 국제사회의 감독하에 시리아의 화학무기를 폐기시키도록 해야 한다는 러시아의 제안을 지지하며, 유엔 안전보장이사회를 통해 관련 당사자와의 소통과 조율을 강화함으로써 시리아 문제의 정치적 해결을 촉진시키기 위해 지속적으로 노력할 것입니다.

감사합니다.

# 21세기 '해상 실크로드'를 공동으로 건설하자[12)]

●●2013년 10월 3일●●

중국과 아세안 국가는 지리적으로 가깝고 혈연적으로 밀접한 나라입니다. 올해는 중국과 아세안이 전략적 동반자 관계를 맺은 지 10주년이 되는 해이며 중국과 아세안의 관계는 새로운 역사적 출발점에 서 있습니다.

중국은 인도네시아의 아세안 내 위상과 영향력을 중시하고 있으며, 인도네시아 및 기타 아세안 국가와 협력하여 양측이 성쇠와 안위를 함께하며, 어려움을 함께 헤쳐나가는 좋은 이웃, 좋은 친구, 좋은 동반자가 되도록 하며 더욱 긴밀한 중국-아세안 운명공동체를 구축하여 양측과 이 지역 국민들에게 더 많은 혜택을 가져다주고자 합니다.

이를 위해 우리는 다음과 같은 몇 가지에 주력해야 합니다.

첫째, 서로 신뢰하는 화목한 관계를 유지하도록 해야 합니다. 사람과의 교제에 있어 말에 믿음이 있어야 하듯이 나라와 나라의 관계에서는 신용을 지키는 것이 무엇보다 중요합니다. 중국은 아세안 국가들을 성실하고 우호적으로 대하며 정치와 전략적 상호 신뢰를 지속적으로 공고히 하고자 합니다.

세상에는 표준화된 발전모델이 없고 고정불변한 발전 노선도 없습니다. 중국과 아세안 국가의 국민들은 변혁과 혁신을 과감하게 도모하고 끊임없이 개척·전진하며 시대의 흐름에 순응하고 자신의 현실에 부합하는 발전 노선을 모색하고 개척함으로써 경제·사회 발전을 위한 광활한 비전을 제시

12) 이는 시진핑 동지가 인도네시아 국회에서 한 연설의 일부이다.

했습니다.

우리는 서로가 사회제도와 발전 노선을 스스로 선택할 권리를 존중하고, 경제·사회 발전을 추진하고 인민 생활을 개선하기 위해 진행하고 있는 각자의 탐색과 실천을 존중하며, 상대방의 전략적 방향에 대한 신뢰를 확고히 하고, 상대방의 주요 관심사에 대해 상호 지지하면서 중국-아세안 전략적 협력의 큰 방향을 굳건히 지켜야 합니다.

중국은 아세안 국가와 선린우호협력 조약을 협상·체결하여 선린우호의 아름다운 청사진을 함께 그려나가려 합니다. 중국은 변함없이 아세안의 발전과 성장을 지지하고, 아세안 공동체 구축을 지지하며, 아세안이 지역 간 협력에서 주도적인 역할을 발휘하는 것을 지지할 것입니다.

둘째, 협력과 상생을 견지해야 합니다. "이익을 따지려면 천하에 이익이 될 것인지를 따져야 한다(計利當計天下利.)"는 말이 있습니다. 중국은 평등호혜를 기초로 아세안 국가들에 대한 개방을 확대하여 중국의 발전으로 아세안 국가에 혜택이 돌아가도록 할 것입니다. 중국은 중국-아세안 자유무역지대(自由貿易區)의 수준을 높이고 2020년까지 쌍방의 무역 규모가 1조 달러에 도달할 수 있도록 노력할 것입니다.

중국은 아세안 국가들과의 호연호통 건설 강화에 주력할 것입니다. 중국은 아시아인프라투자은행(Asia Infrastructure Investment Bank)의 설립을 제창하고 아세안 국가를 포함한 이 지역 개발도상국의 인프라 호연호통을 지지할 것입니다.

동남아 지역은 예로부터 '해상 실크로드'의 중요한 요충지였습니다. 중국은 아세안 국가와 해상 협력을 강화하고 중국 정부가 설립한 중국-아세안 해상협력기금을 효과적으로 이용하여 해양 협력 동반자 관계를 구축하고 21세기 '해상 실크로드'를 공동으로 건설하고자 합니다. 중국은 아세안 국가와의 실질적인 협력을 확대하고, 상호 보완하여 아세안 국가와 기회를 공유하고 함께 도전하면서 공동 발전과 공동 번영을 실현하고자 합니다.

셋째, 위험이 닥쳤을 때 서로 도와야 합니다. 중국과 아세안 국가들은 입술과 이처럼 서로 의지하는 관계로 지역의 평화와 안정을 수호하는 공동 책임을 지고 있습니다. 역사적으로 중국과 아세안 국가 국민들은 민족의 운명이 걸린 투쟁에서 함께 싸우며 고난을 함께했습니다. 최근 몇 년 동안 아시아 금융위기와 국제 금융위기, 인도양 쓰나미 및 중국 원촨 대지진에 대응하는 과정에서 각국 국민들은 어깨와 손을 맞잡고 강력한 힘을 형성했습니다.

우리는 냉전 시대의 사고를 버리고 종합 안보·공동 안보·협력 안보의 새로운 이념을 제창하면서 이 지역의 평화와 안정을 공동으로 수호해야 합니다. 우리는 재난 예방과 구조, 사이버 안보, 다국적 범죄 단속, 법에 대한 연합 집행 등 분야에서 협력을 강화하여 이 지역 국민들을 위해 더욱 평화롭고 안정되고 따뜻한 삶의 터전을 마련해야 합니다.

중국은 중국-아세안 국방장관 회의 체제를 보다 완비하여 지역 안보 문제에 관해 정기적인 대화를 거행하고자 합니다.

중국과 일부 동남아 국가 간 영토 주권과 해양 권익을 둘러싼 이견과 분쟁에 대해 쌍방은 항상 평화적인 방식으로 평등한 대화와 우호적인 협상을 통해 적절하게 해결함으로써 쌍방의 관계와 지역 안정이라는 큰 국면을 수호해야 합니다.

넷째, 서로 의기투합해야 합니다. "아름드리 나무는 작은 싹에서 시작되고, 아주 높은 산대는 작은 흙더미에서 축조된다(合抱之木, 生於毫末; 九層之台, 起於累土.)"라는 말이 있습니다. 중국-아세안 친선의 나무를 오래도록 가꾸려면 쌍방 관계의 사회적 토양을 잘 다져야 합니다. 지난해 중국과 아세안의 인적 왕래는 1,500만 명에 달했으며 매주 1,000편 이상의 항공편이 중국과 아세안 국가를 오갔습니다. 이처럼 자주 왕래하면서 정이 두터워져야 마음도 더욱 가까워질 수 있는 것입니다.

우리는 청년, 싱크탱크, 의회, 비정부기구, 사회단체 등의 친선 교류를 촉진시키고 중국-아세안 간 관계발전을 위해 더 많은 지적 지원을 제공하고 국민들의 이해와 우의를 증진시켜야 합니다. 중국은 아세안 국가에 더 많은 자원봉사자들을 파견하여 아세안 국가의 문화, 교육, 보건, 의료 등 사업의 발전을 지원하려 합니다. 중국은 2014년을 '중국-아세안 문화 교류의 해'로 정할 것을 제안합니다. 향후 3~5년간 중국은 아세안 국가의 학생 15,000명에게 정부 장학금을 제공할 것입니다.

다섯째, 개방과 포용적 태도를 가져야 합니다. "바다가 수많은 물줄기를 수용할 수 있는 것은 그만큼 포용력이 크기 때문입니다." 오랜 역사를 통해 중국과 아세안 국가의 국민들은 다채롭고 풍부한, 세계적으로 유명한 빛나는 문명을 창조했습니다. 중국과 아세안은 다양성이 넘치는 지역으로 각종 문명이 서로 영향을 주면서 융합되고 발전해왔습니다. 이는 중국과 아세안 국가 국민들이 서로 배우고, 서로를 거울로 삼으며 서로 발전하도록 힘을 가하는 데에 중요한 문화적 기반을 제공해주었습니다.

우리는 다른 지역의 발전 경험을 적극적으로 참조하고, 다른 나라가 이 지역의 발전과 안정을 위해 건설적인 역할을 발휘하는 것을 환영해야 합니다. 또한 다른 국가들도 이 지역의 다양성을 존중하고 지역의 발전과 안정에 도움이 되는 일을 많이 해야 합니다. 중국-아세안 운명공동체와 동아시아 공동체는 밀접하게 연관되므로 각자의 장점을 충분히 발휘하고 다양함 속에서 공생하고 포용하며 발전함으로써 이 지역 주민과 전 세계 국민을 복되게 해야 합니다.

보다 긴밀한 중국-아세안 운명공동체는 평화를 추구하고 발전을 도모하며 협력을 촉진시키고 상생을 도모하는 시대의 흐름에 부합하고 아시아와 세계 각국 국민의 공동 이익에도 부합하므로 발전 공간이 넓고 발전 잠재력이 큽니다.

# 아시아-태평양 지역의 선도적 역할을 발휘하고, 개방형 세계경제를 유지하고 발전시키자[13)]

●● 2013년 10월 7일 ●●

존경하는 수실로(Susilo) 대통령님,

동료 여러분:

아름다운 발리에서 여러분과 세계경제 대계(大計)를 함께 논의하고 아시아-태평양 지역 간 협력의 미래를 함께 모색할 수 있게 되어 매우 기쁩니다. 우선, 이번 회의를 위해 주도면밀하게 준비해주신 수실로 대통령님과 인도네시아 정부에 진심으로 감사드립니다!

현재 전 세계경제 상황은 대체로 좋은 방향으로 발전하고 있으나, 불안정하고 불확실한 요소들은 여전히 두드러지게 나타나고 있습니다. 국제 금융위기의 깊은 영향은 여전히 사라지지 않았으며 국경을 넘나드는 금융 위험은 간과할 수 없습니다. 주요 선진국의 구조적 문제는 해결되지 않았으며 거시경제정책 조정을 강화할 필요성이 두드러집니다. 일부 아시아-태평양 지역 신흥 시장경제 주체는 외부적 위험과 압력이 증가하는 현실에 직면해 있고 이로 인해 금융시장이 파동을 거듭하면서 경제 성장률이 둔화되었습니다. 「세계무역기구 도하 라운드 협상(Doha Round of World Trade Talks

13) 시진핑 동지가 인도네시아 발리에서 열린 아시아태평양경제협력체(Asia-Pacific Economic Cooperation) 정상회의 1단계 회의에서 글로벌 경제 상황과 다자간 무역체제에 대해 한 연설이다.

or Doha Round negotiations)」이 더딘 진전을 보이며 무역 및 투자 보호주의가 신장되고 있습니다. 세계경제의 전반적인 회복과 건강한 성장을 달성하는 것은 여전히 심각한 도전에 직면해 있습니다.

아시아태평양경제협력체는 지역 및 글로벌 발전을 촉진시키는 중요한 사명을 지니고 있으며 위의 도전에 직면하여 용기와 결의를 보여주고 선도적이고 조정적인 역할을 발휘하여 개방된 세계경제를 유지하고 발전시킴으로써 아시아-태평양 지역의 지속적인 세계경제 회복을 촉진시키는 데 엔진 역할을 해야 합니다.

첫째, 거시경제정책 조정을 강화하고 아시아-태평양 지역의 공동 발전을 추진해야 합니다. 경제 글로벌화 속에서 모든 경제 주체는 승패영욕(勝敗榮辱)을 함께하게 되므로 거시경제정책 조정을 통해 연동에 의한 긍정적인 효과를 확대하고 부정적인 파급효과를 방지하고 줄이기 위해 노력해야 합니다. 우리는 개방적이고 포용적인 협력윈윈의 정신을 견지해야 하며 서로 짓밟거나 상쇄해서는 안 됩니다. 주요 본원통화(reserve money) 발행국은 책임성을 가지고 거시경제정책을 시행해야 하고 관련 정책, 특히 화폐정책 조정에 주의를 기울여야 하며, 진입하든 퇴출하든 아시아-태평양 지역에 미치는 영향을 고려하고 다른 경제와의 소통과 조정을 강화해야 합니다.

아시아태평양경제협력체도 이와 같은 역할을 발휘하여 아시아-태평양 지역의 정책 조정, 성장 연동 및 이익 융합의 개방적인 발전 패턴을 구축해야 합니다.

둘째, 정세를 객관적으로 판단하고 도전에 침착하게 대응하여 아시아-태평양 지역 경제의 금융 안정을 유지하기 위해 최선을 다해야 합니다. 현재 세계경제의 변화는 아시아-태평양 지역의 금융시장, 자금 유동 및 환율 안정에 도전장을 던져 아시아-태평양 지역 경제의 금융 리스크를 증가시켰습니다. 우리는 다양한 위험으로 인해 아시아-태평양 지역의 경제와 금융 불안정이 빚어지는 결과를 사전에 예방하고 사회적 정책을 펼쳐 경제와 금융 위험이 정치와 사회 문제로 발전하는 것을 방지해야 합니다.

또한 아시아-태평양 지역의 평화와 안정을 유지하고 발전을 촉진시키는 공동의 열망이 변하지 않았고, 세계 정치·경제 구도에서의 아시아-태평양 지역의 위상과 역할 상승의 역사적 추세가 변하지 않았으며, 아시아-태평양 지역 경제의 지속적이고 빠른 성장의 원동력과 잠재력이 변하지 않았습니다. 아시아-태평양 지역의 경제는 과거 경험에서 교훈을 얻었기 때문에 위험에 대처하는 능력이 크게 향상되었습니다. 우리는 아시아-태평양 지역의 발전 전망에 대해 확신을 가질 이유가 있습니다.

셋째, 장기적인 관점에서 회원국이 경제구조 조정을 강화하도록 이끌어 아시아-태평양 지역의 지속 가능한 발전에 더 큰 힘을 불어넣어야 합니다. "앞날을 고려하지 않으면 반드시 가까운 데 우환이 생기기 마련입니다(人無遠慮, 必有近憂.)." 따라서 당면한 문제를 해결하는 동시에 장기적인 계획을 세워야 합니다. 장기적인 발전을 이끄는 데 있어 관건은 개혁과 혁신입니다. 즉 경제 발전 방식을 전환하고 경제구조를 조정하며 개혁과 혁신을 추진하고 내수 잠재력·혁신 동력·시장 활력을 키워 지속 가능하고 건강한 경제 발전을 위해 내생적 동력을 제공해야 합니다. 개혁의 길은 종래로 평탄하지 않습니다. 선진국이든 발달국가이든 개혁에 필요한 준비가 되어 있어야 합니다. "고난과 우여곡절을 겪어야만 용기와 끈기가 돋보이며, 실행에 전념하기 때문에 더욱 소중해지는 것입니다(惟其艱難, 才更顯勇毅; 惟其篤行, 才彌足珍貴.)."

아시아-태평양 지역의 모든 경제 주체는 자체 경제에 대한 구조조정을 가속화하고 산업사슬과 가치사슬의 통합을 심화하여 아시아-태평양 지역이 세계에서 처음으로 새로운 성장 산업 그룹을 형성하도록 이끌고 세계경제에 대한 엔진 같은 역할을 지속적으로 발휘해야 합니다.

동료 여러분!

두 달 뒤에 개최되는 세계무역기구 제9차 각료회의는 도하 라운드 협상의 운명, 다자간 무역체제의 미래에 중요한 영향을 미칠 것입니다. 또한 지역무역은 규칙과 기준이 다양하고 다양한 방식으로 이루어지게 될 것입니다. 이에 대해 저는 다음과 같은 생각을 제시하고자 합니다.

(1) 아시아-태평양 지역 경제 통합 프로세스를 공동으로 추진하기 위해 힘을 합치는 것입니다. 중국은 아시아-태평양 지역 통합에 도움이 되는 모든 체제와 방식에 대해 개방적인 태도를 취합니다. 이러한 체제와 방식은 대립이 아닌 협력 관계 구축이어야 하고, 폐쇄가 아닌 개방적인 이념을 전제로 해야 하며, 영합게임이 아닌 상생의 결과를 가져와야 하고, 파편화가 아닌 통합이라는 목표를 달성해야 한다고 생각합니다. 서로 배우고 촉진시켜 통합을 이루고 상호 보완하는 국면을 형성해야 합니다.

아시아태평양경제협력체 구성원은 개방성, 포용성, 투명성의 원칙을 견지하고 유연성을 발휘하여 자유무역지대의 정보교환체제를 신속히 구축하고 아시아태평양경제협력체의 주도적·조정적 역할을 발휘하여 해당 지역의 지역무역 상황을 아시아태평양경제협력체 담당자에게 보고되도록 소통과 교류를 강화함으로써 아시아-태평양 지역 자유무역지대의 설립을 위해 유리한 조건을 마련해야 합니다.

(2) 개방적인 발전을 추진하는 데에 주력하고 보호무역주의를 단호히 반대해야 합니다. 각 구성원은 개방하면 함께 발전하고 폐쇄하면 곤궁에 빠지게 됩니다. 올해 회의가 '보고르 목표'[14)]가 탄생한 곳에서 개최된 것은 특별

14) 1994년 인도네시아 보고르(Bogor)에서 열린 제2차 아시아태평양경제협력체 정상회의 선언문에 포함된 내용이다.

한 의미가 있습니다. 우리는 보고르 목표 정신을 견지하고 개방적인 지역주의를 견지해야 하며 “각자 자기 집 앞의 눈만 쓸고 다른 집 기와에 맺힌 서리를 생각하지 않는(各家自掃門前雪, 莫管他人瓦上霜.)” 식으로 각자의 발전에만 전념해서는 안 됩니다. 선진국 회원국은 시장 개방의 확대에 모범을 보이고 경제 및 기술 협력을 더욱 중시하며 개발도상국 회원국이 경쟁력을 높일 수 있도록 도와야 합니다.

(3) 자신감을 확고히 하고 다자간 무역체제에 새로운 활력을 불어넣어야 합니다. 아시아태평양경제협력체는 ‘우루과이 라운드 협상(Uruguay Round)’을 타결하는 데 중요한 역할을 발휘했으며 도하 라운드의 강력한 지지자이기도 합니다. 역사는 같은 시기에 와 있습니다. 우리는 도하 라운드 협상의 진전을 위해 강력한 정치적 신호를 보내고 무역 주관 장관들에게 더 많은 정치적 지도와 유연성을 부여하여 양측이 조기 수확을 이룰 수 있도록 촉구함으로써 도하 라운드 협상을 전면적으로 체결하기 위한 결의를 확고히 하고 또한 구체적인 로드맵을 확정해야 합니다.

동료 여러분!

아시아태평양경제협력체는 새로운 발전 시기에 접어들고 있습니다. 역사의 새로운 출발점에 서서, 우리는 힘을 합쳐 개방적이고 포용적이며 협력상생하는 이념을 갖고 아시아태평양경제협력체가 더 큰 역할을 발휘할 수 있도록 노력해야 합니다.

감사합니다.

# 아시아-태평양 운명공동체(亞太命運共同體) 의식을 확고히 수립하자[15)]

●● 2013년 10월 7일 ●●

아시아-태평양 지역은 대가족이고 중국은 그 중의 일원입니다. 중국의 발전은 아시아-태평양 지역과 불가분의 관계에 놓여 있고, 반대로 아시아-태평양 지역의 번영도 중국과 불가분의 관계에 놓여 있습니다. 중국 경제의 지속적이고 건전한 발전은 아시아-태평양 지역의 발전에 더 큰 기회를 안겨줄 것입니다.

중국은 지역의 평화와 안정을 확고히 수호하고 아시아-태평양 지역의 공동 번영을 위해 기반을 다질 것입니다. 저는 올해 아시아 보아오포럼 등 여러 곳에서 평화는 즐길 때는 깨닫지 못하지만, 잃으면 생존조차 어려운 공기·햇빛과 같다고 말한 바가 있습니다. 평화가 없으면 발전은 원천이 없는 물과 나무와 같습니다. 가화만사흥(家和萬事興)이라는 말이 있듯이 중국은 아시아-태평양 지역 대가족의 일원으로서 모든 가족 구성원과 화목하게 지내며 서로 도울 것이고, 또한 아시아-태평양 지역 국가들이 어렵게 얻은 평화와 안정을 소중히 여기고, 항구적인 평화와 공동 번영이 지속되는 조화로운 아시아-태평양 지역을 건설하는데 힘을 모으기 바랍니다.

중국은 지역의 발전과 번영을 적극적으로 추진하여 아시아-태평양 지역

---

15) 이는 시진핑 동지가 인도네시아 발리에서 열린 아시아태평양경제협력체 최고경영자 정상회의에서 한 연설의 일부이다.

의 상생을 위한 기회를 확대할 것입니다. 중국은 아시아-태평양 지역의 많은 경제 주체 가운데 가장 큰 무역 파트너이고 수출시장이며 주요 투자처입니다. 2012년 중국의 아시아 경제 성장 기여율은 이미 50%를 넘었습니다. 2012년 말까지 중국은 총 76만 개 이상의 외국인 투자기업을 승인했으며, 외국인은 약 13,000억 달러를 직접 투자했습니다. 중국은 20개 국가 및 지역과 12개의 자유무역협정을 체결했고, 6개가 협상 중에 있으며, 대부분의 자유무역 파트너는 아시아태평양경제협력체 회원국입니다. 향후 5년간 중국은 10조 달러 이상의 상품을 수입하고 5,000억 달러 이상의 해외투자가 이루어질 것이며 해외여행자가 4억 명이 넘을 것으로 전망합니다. 중국의 내수, 특히 소비와 투자수요의 확대는 외국인 투자자들에게 더 많은 협력 기회를 제공할 것입니다.

중국은 태평양 양안을 가로지르는 각국에 혜택이 돌아가게 하는 지역 간 협력의 틀을 구축하는 데 주력할 것입니다. 태평양이 넓은 이유는 자연적인 장벽이 없기 때문입니다. 우리는 인위적인 장벽을 설정해서는 안 됩니다. 우리는 아시아태평양경제협력체의 주도적·조정적 역할을 충분히 발휘하고, 개방적이고 포용적이며 호혜원윈의 이념을 견지하면서 거시경제 정책 조정을 강화하고, 아시아-태평양 지역의 자유무역협정 조정을 촉진시켜 지역통합(regional integration)을 가속화하고 '스파게티 그릇' 현상('Spaghetti bowl' phenomenon)을 방지하며 태평양 양안에서 더 긴밀한 파트너십 구축을 추진하고 아시아-태평양 지역의 장기적인 발전을 도모해야 합니다.

"협력과 조화로운 발전이라는 공동의 목표를 향해 같은 배를 타고 넓은 바다를 항해합시다(浩渺行無極, 揚帆但信風.)." 아시아-태평양 지역은 우리가 함께 발전하는 곳이고, 우리는 모두 아시아-태평양이라는 바다를 항해하는 돛을 단 배입니다. 아시아-태평양 지역의 미래는 아시아태평양경제협력체 회원국의 모든 이익과 관련이 있습니다.

중국은 이번 아시아태평양경제협력체 최고경영자 정상회의의 개최로 인해 기대에 부풀어 있으며, 아시아-태평양 지역 파트너들과 함께 힘을 합쳐 세계를 선도하고, 여러 국가에 혜택이 돌아가게 하며, 자손들을 복되게 하는 아름다운 아시아-태평양 지역을 만들고자 합니다. 이와 관련하여 저는 네 가지 비전을 여러분과 공유하고 싶습니다.

첫째, 아시아-태평양 지역은 동반성장을 도모해야 합니다. 아시아-태평양 지역의 모든 경제 주체는 긴밀하게 연결되어 있고 이해관계가 서로 얽혀 있으므로 각자의 장점을 충분히 발휘하고 경제적 자원 배분을 최적화하며 산업구조를 개선하여 이익을 공유하는 아시아-태평양 지역 가치사슬을 구축하고, 모든 당사자에게 이익이 되는 아시아-태평양 시장을 육성해야 합니다. 선진국은 개발도상국에 더 많은 지원과 도움을 제공해야 하며, 개발도상국도 선진국을 따라잡아야 합니다. 발전 격차를 줄여야 아시아-태평양 지역이 물살을 탈 수 있습니다.

둘째, 아시아-태평양 지역은 개방적인 발전을 견지해야 합니다. 제2차 세계대전 이후 세계 13개 경제 주체가 25년 이상 고속성장을 달성했습니다. 그들의 공통적인 특징은 개방적 정책을 채택했다는 것입니다. 우리는 시대의 흐름에 순응하여 자유롭고 개방적이며 비차별적인 다자간 무역체제를 수호해야 하고 다양한 형태의 보호주의에 반대해야 합니다. 우리는 개방형 경제, 지역 협력의 틀을 구축하고 개방적이고 포용적인 정신으로 아시아-태평양 지역의 자유무역지대 건설을 추진해야 합니다.

셋째, 아시아-태평양 지역은 혁신적인 발전을 추진해야 합니다. 재정 부양책과 비상식적인 통화정책에만 의존하는 성장은 지속 가능하지 않으며 과도한 자원 소비와 환경오염을 기반으로 한 성장은 득보다 실이 많습니다. 우리는 발전과 관련한 마인드뿐만 아니라 구체적인 방식도 혁신해야 합니다. 낡은 사고방식과 틀을 깨고 녹색·순환·저탄소 발전을 견지해야 합니다. 혁신 수준을 지속적으로 향상시키고 혁신으로 신흥산업을 육성하며 혁신으로 성장 동력을 발굴하고 혁신으로 핵심 경쟁력을 높여야 합니다.

넷째, 아시아-태평양 지역의 연동식 발전을 모색해야 합니다. 아시아-태평양 지역의 여러 경제 주체는 이해관계가 서로 얽혀 있고 운명을 같이하며 승패영욕을 함께하고 있습니다. 이 역동적인 사슬에서 여러 경제 주체의 발전은 서로 간에 영향을 미치는 연쇄반응을 일으킬 것입니다. 우리는 아시아 태평양 운명공동체에 대한 인식을 확고히 확립하고 자체 발전으로 타국의 발전을 이끌고 상호 연동적으로 각자의 장점을 최대한 발휘하고, 긍정적인 에너지를 전달함으로써 각각의 경제 주체가 긍정적인 상호작용과 조화로운 발전 패턴을 형성하도록 해야 합니다.

현재 아시아 국가, 특히 신흥시장과 개발도상국의 인프라 건설에 필요한 자금조달 수요가 매우 크며, 특히 최근에는 경기침체의 위험이 증가하고 금융시장의 불안정과 같은 심각한 도전에 직면해 있습니다. 따라서 인프라 건설에 더 많은 자금을 동원하여 경제의 지속적이고 안정적인 성장을 유지하고 지역의 상호 연결과 경제 통합을 촉진할 필요가 있습니다. 이를 위해 중국은 아시아인프라투자은행을 설립하여 아세안 국가를 포함한 해당 지역의 개발도상국의 인프라 건설을 위한 재정적 지원에 힘이 되고자 합니다. 새로운 아시아인프라투자은행은 해당 지역과 다른 지역의 다자개발은행과 함께 협력하고 상호 보완하여 아시아 경제의 지속 가능하고 안정적인 발전을 촉진할 것입니다.

# 우호·성실·호혜·관용(親·誠·惠·容)에 입각한 주변국 외교 이념을 견지하자[16)]

●●2013년 10월 24일●●

주변국과 외교업무를 잘 수행하는 것은 '두 개의 100년' 분투목표를 실현하고, 중화민족의 위대한 부흥이라는 '중국의 꿈'을 실현하기 위함입니다. 주변국 외교 추진에 분발하고 노력하여 중국의 발전을 위해 양호한 주변 환경을 만들어야 하고, 중국의 발전이 주변국가에 더 많은 혜택을 가져다주어 공동 발전을 이룰 수 있도록 해야 합니다.

신중국이 건립된 이후 마오쩌동 동지를 핵심으로 하는 당의 제1세대 중앙 지도집단, 덩샤오핑 동지를 핵심으로 하는 당의 제2세대 중앙 지도집단, 장쩌민 동지를 핵심으로 하는 당의 제3세대 중앙 지도집단, 후진타오 동지를 총서기로 하는 당 중앙은 모두 주변국 외교를 중시하고 일련의 중요한 전략사상과 방침정책을 제시하여 중국의 전반적으로 유리한 주변 환경을 개척하고 발전시켜 우리가 주변국 외교를 계속 잘 추진할 수 있도록 견고한 토대를 마련해 주었습니다. 중국공산당 제18차 전국대표대회 이후 당 중앙은 외교정책의 지속성과 안정성을 바탕으로 외교 전반에 대한 방책을 강구하

16) 이는 시진핑 동지가 '주변국 외교 실무 간담회(周邊外交工作座談會)'에서 한 연설의 요지이다.

여 중국의 전반적인 발전과 외교 전반에서 주변국가의 중요한 역할을 강조하고 일련의 중대한 외교활동을 전개해왔습니다.

지리적 위치, 자연적 환경 또는 양자의 상호 관계로부터 볼 때 주변국가는 중국에 매우 중요한 전략적 의미를 가집니다. 주변국 문제를 생각하고 주변국 외교를 추진하려면 입체적이고 다원적이며 시공간을 초월한 시각을 가져야 합니다. 중국의 주변 정세를 살펴보면 주변 환경이 크게 바뀌었습니다. 주변국가와의 경제무역 관계가 더욱 긴밀해졌고 상호작용이 전례 없이 밀접해졌습니다. 이는 우리의 주변적 외교 전략과 업무가 시대에 발맞추고 더 능동적일 것을 요구합니다.

우리의 주변국가는 활력이 넘치고 장점과 잠재력이 뚜렷하며 대체로 안정적입니다. 선린우호와 호혜협력은 주변국가와 대중관계(對華關系)의 주류입니다. 우리는 대세를 도모하고 전략을 중시하며 주변국 외교를 더 효과적으로 추진해야 합니다.

주변국 외교의 전략적 목표는 '두 개의 100년' 목표 달성과 중화민족의 위대한 부흥 실현에 이바지하고, 주변국가와의 관계를 전면적으로 발전시키며, 선린우호 관계를 튼튼히 다지고 호혜협력 관계를 심화하며, 중국 발전의 중요한 전략적 기회를 잘 활용하여 국가의 주권·안보·발전적 이익을 수호하고, 주변국가와의 정치적 관계를 더욱 우호적으로 발전시키고 경제적 유대를 더욱 공고히 하며, 안보 협력을 더욱 심화시키고 인문적 관계가 더욱 긴밀해지도록 노력하는 것입니다.

주변국 외교의 기본방침은 "이웃에 착한 일을 하고(與鄰爲善)", "이웃과 동반자가 되어(以鄰爲伴)" 이웃의 화목·안정·부강을 견지하고 우호·성실·호혜·관용의 이념을 강조하는 것입니다. 주변국가와의 선린우호 관계를 발전시키는 것은 중국 주변국 외교의 일관된 방침입니다. 우리는 선린우호 관계를 견지하고 서로 도와야 하며, 평등과 정을 중시해야 하고, 자주 만나고 자주 왕래해야 하며, 좋은 일을 많이 하여 인심을 얻고 주변국가 국민들의 마음을 따뜻하게 덥혀 주변국가들이 우리를 더 우호적이고 친근하게 느끼고 우리를 인정하고 지지하도록 함으로써 우리의 친화력·호소력 및 영향력을 강화해야 합니다. 주변국가를 성심성의껏 대해야 하고 더 많은 친구와 파트너를 쟁취해야 합니다. 호혜호리(互惠互利)의 원칙에 입각하여 주변국가와 협력하고 보다 긴밀한 공동 이익 네트워크를 구축하여 쌍방의 이익을 더 높은 수준으로 승화함으로써 주변국가가 중국과의 관계발전에서 이익을 얻음과 동시에 중국도 주변국가의 공동 발전에서 도움을 받을 수 있도록 해야 합니다. 포용적 사상을 선도하고 아시아-태평양 지역의 포용적 발전을 강조하며 더욱 개방적이고 긍정적인 자세로 지역 간 협력을 추진해야 합니다. 이러한 이념은 먼저 우리가 스스로 실천하고 나아가 지역 및 국가가 따르고 견지하는 공통 이념 및 행동 지침이 되도록 해야 합니다.

새로운 상황에서 주변국 외교를 효과적으로 추진하기 위해서는 전략적 관점에서 문제를 분석·처리하고 전반적인 상황을 제어하고 전반적인 계획을 수립하고 실제 실행할 수 있는 능력을 향상시키며 주변국 외교를 전면적으로 추진해야 합니다. 주변의 전반적인 평화와 안정을 수호하는 데 주력해야 합니다. 평화적 발전 노선은 중국공산당이 시대 발전의 흐름에 발맞춰 중국의 근본 이익에서 출발하여 내린 전략적 결정이고 주변국가와 지역의 평화와 안정을 수호하는 것은 주변국 외교의 중요한 목표입니다.

호혜윈윈을 심화시키기 위해 노력해야 합니다. 경제무역·과학기술·금융 등 분야의 자원을 전반적으로 계획하고 비교우위의 시각에서 주변국가와의 호혜협력을 심화하기 위한 전략적 접점을 찾으며 지역경제 협력에 적극적으로 참여해야 합니다. 관련 국가와 협력하여 인프라 상호 연동을 가속화하고 실크로드 경제벨트, 21세기 해상 실크로드 건설에 노력을 기울여야 합니다. 주변국가와 지역을 기반으로 자유무역지대 설립을 가속화하여 무역 및 투자 협력 공간을 확장하고 지역경제 통합의 새로운 패턴을 구축해야 합니다. 지역의 금융협력을 지속적으로 심화하고 아시아인프라투자은행 설립을 적극적으로 준비하며 지역 금융 보안 네트워크를 완비해야 합니다. 국경 지역의 개방을 가속화하고 국경의 성, 구와 주변국가의 호혜협력을 심화해야 합니다.

지역안보 협력을 추진하는 데 주력해야 합니다. 중국은 주변국가와 인접해 있어 안보 협력을 추진하는 것은 양측에 모두 필요합니다. 상호 신뢰, 상호 이익, 평등과 협력을 선도하는 새로운 안보관을 견지하고 전면적 안보·공동 안보·협력 안보 이념에 입각하여 주변국가와의 안보 협력을 전개하고 지역 간 안보 협력 및 서브 안보 협력에 적극적으로 참여하면서 관련 협력 체제를 개선하고 전략적 상호 신뢰를 강화해야 합니다.

주변국을 대상으로 홍보사업, 공공외교, 민간외교, 인문교류를 강화하고 주변국가와의 관계발전을 위한 사회적·여론적 기반을 다지고 확대해야 합니다. 친밀한 관계를 만드는 데 있어 민심이 관건입니다. 인문교류를 전면적으로 전개하고, 관광·과학 및 교육·지역 간 협력을 비롯한 우호적인 교류를 심화시키며, 친구를 널리 사귀고 좋은 인연을 널리 맺어야 합니다. 대외적으로 중국의 대내외 정책을 정확하게 소개하고, 중국의 이야기를 잘하며, 중국의 목소리를 널리 알리고, '중국의 꿈'과 주변국가의 국민들이 더 나은 삶을 살기를 바라는 중국의 열망과 지역 발전에 대한 청사진을 연결하여 운명공동체 의식이 주변국가에 뿌리내릴 수 있도록 해야 합니다.

정책과 전략은 당의 생명이자 외교업무의 생명입니다. 외교업무를 잘 수행하려면 국내외 대국을 염두에 두어야 합니다. 국내 대국은 '두 개의 100년' 분투목표를 실현하고, 중화민족의 위대한 부흥이라는 '중국의 꿈'을 실현하는 것입니다. 국제 대국은 중국의 개혁과 발전 그리고 안정을 수호하기 위해 양호한 외부 환경을 마련하고, 국가 주권·안보·발전적 이익, 세계 평화와 안정을 수호하고 공동 발전을 추진하는 것입니다. 이익의 공통점과 접점을 찾고, 올바른 의리관을 견지하며, 원칙·정의·의리를 중시하고, 개발도상국에 할 수 있는 더 많은 도움을 제공해야 합니다. 외교업무의 개혁과 혁신을 촉진시키고 외교 활동의 기획과 설계에 신경을 기울이며 최대의 결과를 도출해 내기 위해 노력해야 합니다. 외교업무를 총괄적으로 고려하고 모든 측면을 조직·조정하며 각자의 장점을 최대한 활용하여 외교업무를 더 효과적으로 수행해야 합니다.

주변국 외교의 임무는 어렵고 무겁습니다. 외교업무에 종사하는 동지들은 책임감·사명감·긴박감을 높이고, 외교 인원으로서의 취지를 명심하고 능력을 향상시키며 외교적 풍격을 갖추도록 노력하고, 헌신정신·책임감·혁신정신을 지녀야 하며, 주변국 외교업무를 더욱 적극적으로 수행해야 합니다.

# 이성적이고 협조적이며 함께 나아가는 핵 안보관을 견지하자[17)]

●●2014년 3월 24일●●

존경하는 마르크 뤼터(Mark Rutte) 총리님,

동료 여러분!

오늘 우리는 헤이그에서 핵 안보 대책 강화를 논의하게 되었습니다. 이는 매우 의미 있는 회의입니다. 우선, 저는 이번 정상회의를 주도면밀하게 준비해주신 뤼터 총리님과 네덜란드 정부에 진심으로 감사를 드립니다!

지난 세기 동안 원자의 발견과 원자력 에너지의 개발 및 이용은 인류 발전에 새로운 원동력이 되었고 세계를 이해하고 개조하는 인간의 능력을 크게 향상시켰습니다. 동시에 원자력 발전은 핵 안보 위험과 도전을 수반하기도 했습니다. 인류가 원자력을 더 잘 활용하고 더 큰 발전을 이루려면 핵 안보를 위협하는 각종 위험에 대처하고 핵 물질과 핵 시설의 안전을 수호해야 합니다.

동료 여러분!

핵 안보를 강화하는 것은 지속적인 과정입니다. 원자력 사업이 멈추지 않는 한 핵 안보를 강화하기 위한 노력 또한 멈출 수 없습니다. 2010년 워싱턴과 2012년 서울에 이어 오늘 헤이그에서 개최되는 핵 안보 정상회의는

17) 이는 시진핑 동지가 네덜란드 헤이그 핵 안보 정상회의에서 한 연설이다.

각국의 공감대가 모여 있고, 핵 안보를 위한 노력을 강화해야 한다는 중요한 사명이 담겨 있습니다. 우리는 이성적이고 협조적이며 함께 나아가는 핵 안보관을 견지하여 핵 안보 프로세스를 굳건하고 지속 가능한 발전의 궤도에 올려놓아야 합니다.

첫째, 발전과 안보를 똑같이 중시하면서 안전 확보를 전제로 원자력 사업을 발전시켜 나가야 합니다. 원자력을 에너지 안보와 기후변화에 대처하는 중요한 방법으로 활용한다면 프로메테우스가 인간에게 불씨를 가져다주었듯이 우리는 밝은 미래를 개척할 수 있을 것입니다. 그러나 원자력의 안전을 효과적으로 보장하지 못하고 핵 물질과 핵 시설의 잠재적인 위험에 적절하게 대응하지 못한다면, 이 장밋빛 비전에 어두운 그림자를 드리우게 되고 심지어 재앙을 초래할 수 있습니다. 원자력 사업의 발전이라는 희망의 불씨를 영원토록 지피려면 안전제일 원칙을 흔들림 없이 지켜나가야 합니다.

우리는 발전을 위해 안보를 추구하고, 안보로 발전을 촉진시키는 이념을 견지하고 발전과 안보라는 두 가지 목표를 유기적으로 융합하여 각국 정부와 원자력 기업으로 하여금 안보적 희생을 담보로 한 원자력 발전은 지속되기 어렵고 진정한 발전이 아니라는 사실을 인식하도록 해야 합니다. 오로지 실질적인 조치를 취해야만 위험을 제대로 통제할 수 있고 안보가 확보되어야 원자력이 지속적으로 발전할 수 있습니다.

둘째, 권리와 의무를 똑같이 중시하면서 각국의 권익을 존중하는 기초위에서 국제적 핵 안보 프로세스를 추진해야 합니다. 규범이 없으면 일을 추진할 수 없습니다. 모든 국가는 핵 안보에 관한 국제법률문서에 규정된 의무를 성실히 이행하고, 유엔 안전보장이사회의 관련 결의를 전면적으로 집행하며, 기존의 핵 안보에 관한 법적 체제를 공고히 하고 발전시킴으로써 국제 핵 안보를 위한 제도적 보장과 보편적으로 따를 수 있는 지도 원칙을 제공해야 합니다. 중국은 더 많은 국가들이 핵물질방호협약(核材料實物保

護公約) 및 그 개정안, 핵테러억제협약(制止核恐怖主義行爲國際公約)의 비준을 적극적으로 고려할 것을 호소합니다.

각국의 국정이 다르고 원자력 발전도 각기 다른 발전단계에 있으며 직면한 핵 안보 문제도 각기 다릅니다. 따라서 그 해법도 각각 달라야 합니다. 핵 안보 관련 국제적 의무를 이행할 것을 각국에 강조함과 동시에 자국의 실정에 가장 적합한 핵 안보정책과 조치를 취할 권리를 존중하고, 핵 안보에 민감한 정보를 보호할 권리를 존중해야 합니다. 공평의 원칙과 실무적인 정신에 입각하여 국제 핵 안보 프로세스를 적극적이고 타당하게 추진해야 합니다.

셋째, 자주와 협력을 똑같이 중시하면서 호혜윈윈에 입각한 보편적 핵 안보 방안을 찾아야 합니다. 핵 안보는 우선 국가적 과제이므로 1차적 책임은 각국 정부가 져야 합니다. 각국 정부는 책임을 인식하고 핵 안보 의식을 강화하고 핵 안보 문화를 육성하며 핵 안보 체제를 구축하고 기술 수준을 향상시켜야 합니다. 이는 자국에 대한 책임일 뿐만 아니라 세계에 대한 책임이기도 합니다.

핵 안보는 세계적인 과제이기도 합니다. 물을 담을 수 있는 나무통의 높이는 그 중 가장 짧은 나무 조각판에 의해 결정됩니다. 한 나라에서 핵물질이 유실되면 전 세계가 위협에 직면하게 됩니다. 보편적인 핵 안보를 실현하기 위해서는 각국이 협력해서 노력해야 합니다. 우리는 더 많은 국가가 국제 핵 안보 프로세스에 참여하도록 이끌어 각국이 혜택을 받고 기여할 수 있도록 핵 안보 프로세스의 글로벌화를 실현해야 합니다. 우리는 교류를 강화하고, 서로의 경험을 공유하며 관련 다자 간 체제와 창의에 대해 통일적으로 계획하여 조율하고 노력함으로써 다른 출발선상에 있는 나라라도 낙오되지 않도록 해야 합니다.

넷째, 시급한 일을 해결하는 것과 근본을 다스리는 것을 모두 중시하고 근원 제거를 목표로 핵 안보를 위한 노력을 전면적으로 추진해야 합니다.

핵 안보는 포괄적인 것으로 과학적이고 효과적인 관리뿐만 아니라, 선진적이고 안전한 원자력 기술의 개발, 핵 테러리즘과 핵 확산에 대한 적절한 대처도 포함됩니다. 핵 안보 관련 정책 및 조치를 보완하면서 현대화되고 위험도가 낮은 원자력 기술을 개발하며 핵 물질 수요와 공급의 균형을 맞추고 핵 확산방지 및 수출 통제를 강화하며 핵 테러리즘 퇴치를 위한 국제협력을 강화하는 것은 핵 안보에 대한 위험과 핵 확산의 위험을 제거하는 직접적이고 효과적인 방법입니다.

시급한 일을 해결하는 동시에 근본을 다스려야 합니다. 오직 평화적이고 안정적인 국제 환경을 조성하고, 화합과 선린의 국가관계를 발전시켜 나가며, 화목하고 개방적인 문명 간 교류를 전개해야만 핵 테러리즘과 핵 확산 문제를 근본적으로 해결할 수 있으며, 원자력의 항구적인 안전과 발전을 실현할 수 있습니다.

동료 여러분!

중국은 항상 핵 안보 문제를 원자력의 평화적인 이용에서 최우선 순위에 두고, 가장 엄격한 기준에 따라 핵 물질과 핵 시설을 관리해왔습니다. 원자력 사업이 발전된 이후 50여 년 동안 중국은 양호한 핵 안보 기록을 유지해왔습니다.

네덜란드의 철학자 에라스뮈스(Erasmus)는 예방이 치료보다 낫다고 말했습니다. 최근 몇 년간 국제적으로 발생한 중대한 핵 안전사고는 각국에 경종을 울리고 있습니다. 우리는 반드시 역사적 비극의 재발을 막기 위해 가능한 모든 노력을 다해야 합니다.

중국은 사고를 미연에 방지하기 위해 핵 안전보장 조치를 전면적으로 취했습니다. 핵 안보기술 수준과 핵 안보 비상 대응 능력 제고에 주력하여 전국의 핵 물질 및 핵 시설에 대한 안전 검사를 전면적으로 실시함으로써 모든 핵 물질과 핵 시설의 안전을 효과적으로 보장하고 있습니다. 또한 핵 안보에 관한 중장기 계획을 수립·실시했고, 국가 핵 안보 규정체제를 정비했으며, 현재 국가 핵 안보 조례를 제정하고 있습니다. 우리는 체계적이고 법제화된 핵 안보 작업을 착실하게 추진하고 있습니다.

중국은 핵 안보 분야에서 국제협력을 적극적으로 추진하고 있습니다. 미국과 공동으로 건설한 핵 안보 시범센터의 기공식을 거행했으며, 현재 프로젝트가 순조롭게 진행되고 있습니다. 이 센터는 지역과 국제 핵 안보 기술 교류 및 협력에 기여할 것입니다. 중국은 핵 물질의 불법적인 반입과 거래 행위를 단속하기 위해 러시아, 카자흐스탄 등 나라와 일련의 협력 프로젝트를 가동했습니다. 중국은 경제와 기술이 허락하는 한도 내에서 고농축 우라늄 사용을 최소화하도록 주장하고 있으며, 국제원자력기구가 정한 틀 안에서 현재 가나의 고농축 우라늄 연구용 원자로를 저농축 연료를 사용하는 것으로 개조하는 작업을 돕고 있습니다. 중국은 국제원자력기구에 핵 안보 기금을 기부했으며, 양성과정을 개설하는 등 방식으로 아시아-태평양 지역 나라들의 핵 안보 능력을 향상시키고 있습니다.

동료 여러분!

광명이 한 걸음 앞으로 나아가면 어둠은 그만큼 물러나기 마련입니다. 우리가 핵 안보 분야에서 더 많은 노력을 기울일수록 테러리즘이 발붙일 기회는 그만큼 줄어듭니다. 지속적인 핵 안보를 실현하기 위해 중국은 계속해서 노력하고 기여할 것입니다.

첫째, 중국은 자체의 핵 안보 능력을 확고히 강화하고 핵 안보에 대한 정부의 관리·감독 능력을 강화하는 데 진력하며, 핵 안보 기술 관련 연구개발과 인적자원에 대한 투자를 늘리고 핵 안보 문화를 육성 및 발전시켜 나갈 것입니다.

둘째, 중국은 국제 핵 안보 체제 구축에 확고부동하게 참여하고, 세계 여러 국가와 함께 공평, 협력, 상생의 국제 핵 안보 체제를 구축해나가며, 원자력의 평화적 이용 사업의 성과를 각국과 공유할 것입니다.

셋째, 중국은 핵 안보 관련 국제협력을 확고부동하게 지지할 것이며, 이를 위해 기술과 경험을 공유하고 자원과 플랫폼을 기여함으로써 지역 및 국제적 차원에서의 핵 안보 협력을 촉진할 것입니다. 중국은 국제원자력기구가 주도적인 역할을 수행하는 것을 지지하고 개발도상국이 핵 안보 능력을 향상할 것을 권장합니다. 중국은 계속해서 핵 안보 활동에 적극적으로 참여할 것이고, 국제원자력기구를 초청하여 핵 물질 방호 관련 자문서비스를 수행할 것입니다.

넷째, 중국은 지역과 세계의 평화와 안정을 확고부동하게 수호하고, 평화발전, 협력윈윈의 원칙을 견지하며 대화와 우호적인 협상을 통해 갈등과 분쟁을 적절하게 처리하고, 각국과 함께 핵 테러리즘과 핵 확산의 근원을 제거하기 위해 노력할 것입니다.

동료 여러분!

핵 안보를 강화하는 것은 우리의 공동의 약속일뿐만 아니라 공동의 책임이기도 합니다. 각국 인민에게 항구적인 핵 안보 실현에 대한 확신과 원자력 사업이 인류에게 도움이 될 것이라는 확신을 가질 수 있도록 우리 함께 손을 맞잡고 협력합시다!

감사합니다.

# 유네스코 본부에서 한 연설

●●2014년 3월 27일●●

존경하는 보코바(Bokova) 사무총장님,

신사 숙녀 여러분, 친구 여러분!

안녕하십니까? 유네스코 본부에 오게 되어 대단히 기쁩니다. 먼저 보코바 여사가 유네스코 사무총장에 재선되신 것을 진심으로 축하드립니다! 유네스코가 인류의 문명교류와 상호 학습을 추진하는 데 있어 탁월한 공헌을 한 것에 진심으로 경의를 표합니다!

유네스코는 세계 반파시즘 전쟁의 포연이 막 걷힌 69년 전에 탄생했습니다. 전쟁이 인류에게 가져다준 참혹한 결과에 직면하여, 인류는 다시 한 번 전쟁과 평화의 참뜻을 반성하고 있습니다. 수천 년 동안 인류는 항구적인 평화를 꿈꿔왔으나, 전쟁은 항상 유령처럼 인류의 발전을 수반해왔습니다. 지금 이 순간에도 세계의 많은 아이들이 전란의 공포 속에서 살고 있습니다. 우리는 반드시 전쟁을 인류로부터 멀리 떨어지도록 하고 전 세계 어린이들이 평화로운 햇살 아래 행복하게 자랄 수 있도록 노력해야 합니다.

유네스코 본부 건물 앞의 비석에는 “전쟁은 인간의 생각에서 비롯되기 때문에, 인간의 생각에서 평화를 지키는 장벽을 세워야 한다(戰爭起源於人之思想, 故務需於人之思想中築起保衛和平之屛障)”는 글귀가 여러 언어로 새겨져 있습니다.

세계인들이 마음속에 평화의 이념을 굳히고 평화의 돛을 올린다면 전쟁을 방지하고 반대하는 강력한 힘이 형성될 수 있습니다. 사람들은 문명교류, 평등 교육, 과학의 대중화를 통해 장벽, 편견, 적개심을 없애고 평화라는 개념의 씨앗을 뿌리고 싶어 합니다. 이것이 유네스코의 설립 취지입니다.

이와 같은 기대, 이와 같은 동경은 우리가 오늘도 지키고 수호해야 할 것입니다. 굳건히 지켜나가야 할 뿐만 아니라 국경을 초월한, 시공간을 초월한, 문명을 초월한 교육, 과학기술, 문화 활동을 통해 세계인의 마음속에 평화이념의 씨앗이 뿌리내리게 하고, 우리가 함께 살아가는 이 행성에 하나 또 하나의 평화의 숲을 만들어야 합니다.

유네스코는 1945년에 설립된 이후 자신의 사명을 충실히 이행했습니다. 세계인의 상호 이해를 증진하고 서로 간에 신뢰를 구축하며, 인류의 문명교류와 상호 학습을 추진하기 위해 끊임없는 노력을 기울였습니다. 중국은 유네스코와의 협력을 중시하고 유네스코의 다양한 활동에 참여할 것입니다. 아프리카에 대한 지원과 도움을 보여주기 위해 유네스코를 통해 아프리카 국가를 포함한 개발도상국에 제공하는 만리장성 장학금의 수혜자 정원을 연간 25명에서 75명으로 확대하기로 했으며, 유네스코와 함께 아프리카 신탁기금 지원 활동도 계속해나갈 것입니다.

신사 숙녀 여러분, 친구 여러분!

문명은 교류를 통해 다채로워지고, 상호 학습을 통해 풍부해지는 것입니다. 문명교류와 상호 학습은 인류문명의 진보, 세계의 평화와 발전을 촉진시키는 중요한 원동력입니다.

문명교류와 상호 학습을 촉진시키기 위해서는 올바른 자세와 원칙이 필요합니다. 가장 중요한 것은 다음과 같은 점이라고 생각합니다.

첫째, 문명은 다채롭습니다. 인류문명은 다양하기 때문에 교류와 상호 학습의 가치가 있는 것입니다. 햇빛이 일곱 가지 색상이 있는 것처럼 세계도 다채롭습니다. 한 나라와 한 민족의 문명은 그 국가와 민족의 집단적 기억입니다. 인류는 오랜 역사 속에서 다채로운 문명을 창조하고 발전시켜왔습니다. 새 짐승 따위를 털도 뽑지 않고 피도 씻지 않은 채 먹던 원시사회에서부터 농경사회에 이르기까지, 산업혁명에서 정보사회에 이르기까지, 웅장한 문명의 지도를 그렸고, 사람들의 마음을 격동시키는 문명의 화장(華章)을 쓰게 되었습니다.

"꽃 한 송이 피었다고 해서 봄이 아니라, 온갖 꽃이 만발해야 봄이 온 것입니다." 세상에 꽃이 한 종류뿐이라면 아무리 아름답다고 해도 단조롭습니다. 중화문명이든 세계에 존재하는 다른 문명이든 모두 인류의 문명이 만들어낸 성과입니다.

저는 프랑스 루브르 박물관과 중국 고궁 박물관을 모두 참관했습니다. 그곳에는 천만 점의 예술 진품을 소장하고 있습니다. 사람들의 관심을 끄는 것은 바로 그 곳에 전시되어 있는 다양한 문명의 성과입니다. 문명교류와 상호 학습은 특정 문명을 독존(獨尊)하거나 특정 문명을 비하하는 것을 전제로 해서는 안 됩니다. 중국 사람들은 2000여 년 전에 "만물이 서로 다른 것은 자연의 법칙(物之不齊, 物之情也.)"이라는 도리를 깨닫게 되었습니다. 문명교류와 상호 학습을 통해 인류문명을 풍부하게 하고 세상 사람들이 보다 내실 있는 정신적 생활을 향유하며 보다 선택권이 다양한 미래를 열 수 있습니다.

둘째, 모든 문명은 평등합니다. 인류문명은 오직 평등을 전제로 해야만이 상호 교류와 상호 학습이 가능한 것입니다. 모든 인류문명은 가치 측면에서 평등하며, 각각의 장점과 부족함을 갖고 있습니다. 세상에는 완전무결한 문명도 없고 전혀 쓸 데가 없는 문명도 없으며 문명에는 높고 낮음, 우월함과 열등함이 없습니다.

세계 여러 곳을 방문했을 때 제가 가장 좋아하는 일 중의 하나가 5대륙의 다양한 문명을 이해하고, 문명 간의 차이점과 독특함을 이해하고, 이 문명들 속에서 살아가는 사람들의 세계관, 인생관, 가치관을 이해하는 것입니다. 저는 고대 마야문명을 대표하는 치첸이트차(Chichèn-Itzá), 이슬람문명의 특징이 짙은 중앙아시아의 고대 도시 사마르칸트(Samarkand)도 가봤습니다. 그때 여러 문명의 참뜻을 이해하려면 평등하고 겸허한 자세가 필요하다는 것을 깊이 느꼈습니다. 높은 곳에서 어느 하나의 문명을 굽어볼 경우, 그 문명의 오묘함을 꿰뚫을 수 없을 뿐만 아니라, 겉돌기만 할 것입니다. 역사와 현실은 오만과 편견이 문명교류와 상호 학습의 가장 큰 장애물임을 일깨워줍니다.

셋째, 문명은 포용적입니다. 인류문명은 포용적이기에 상호 교류와 상호 학습이 원동력을 찾을 수 있는 것입니다. 바다가 수많은 물줄기를 수용할 수 있는 것은 그만큼 포용력이 크기 때문입니다. 인류가 창조한 각종 문명은 모두 노동과 지혜의 결정체입니다. 모든 문명은 독특합니다. 있는 것을 그대로 가져오거나 불합리한 방법을 억지로 적용하는 것은 불가능할 뿐만 아니라 매우 해롭습니다. 모든 문명이 이뤄낸 성과는 존중할 가치가 있으며, 소중히 여겨야 합니다.

역사는 우리에게 서로 교류하고 서로 배워야 만이 문명이 생명력으로 충만할 수 있다는 사실을 알려줍니다. 포용정신을 견지하는 한 '문명의 충돌'은 존재하지 않을 것이며, 문명의 화합을 실현할 수 있을 것입니다. 이것이 바로 중국 사람들이 흔히 말하는 "무와 야채도 각기 좋아하는 바가 있다(蘿蔔青菜, 各有所愛.)"라는 뜻입니다.

중화문명은 5,000여 년의 역사적 변천을 겪어왔으나, 민족의 정신은 일맥상통합니다. 그동안 중화민족의 가장 중요한 정신적 추구를 쌓아왔고 이는 중화민족의 독특한 정신적 지표로 중화민족이 끊임없이 번성하고 발전과 성장을 거듭할 수 있도록 풍부한 자양분을 제공해주었습니다. 중화문명은 중국의 대지에서 생겨난 문명이며, 또한 전 세계 여러 문명과 끊임없이 교류하고 상호 학습하여 형성된 문명입니다.

기원전 100여 년 전, 중국은 서역(西域)으로 가는 실크로드를 개척하기 시작했습니다. 한(漢)나라 장건은 기원전 138년과 119년에 두 차례 서역 원정에 출사하여 중국문화를 서역에 전파했고, 또한 포도, 목숙(苜蓿), 석류, 호마(胡麻), 참깨 등 서역의 문화도 들여왔습니다. 서한(西漢)시기 중국의 선단은 인도와 스리랑카에 도착하여 중국의 비단으로 유리(琉璃), 진주 등을 교환했습니다. 당(唐)나라는 중국 역사상 대외교류가 가장 활발했던 시기입니다. 당나라 때 중국의 통사(通使)들과 친교를 맺은 나라가 70여 개에 달했는데, 당시 수도였던 장안리(長安裏)에는 각국의 사신, 상인, 유학생들이 구름같이 무리를 지어 모여들었습니다. 이러한 대규모의 교류는 중국문화가 세계적으로 확산하도록 함과 동시에 여러 나라의 문화와 물산이 중국으로 유입되도록 했습니다. 15세기 초에 명나라의 유명한 항해가 정화(鄭和)는 7차례 항해하면서 동남아시아의 많은 나라와 아프리카 동해안의 케냐(Kenya)까지 가는 과정에서 중국과 연도의 여러 나라 사람들이 우호적으로 교류했다는 미담이 전해지기도 했습니다. 명나라 말기와 청나라 초에 중국 사람들은 현대 과학기술을 열심히 배웠습니다. 유럽의 천문학, 의학, 수학, 기하학 및 지리학 지식이 중국으로 유입되어 중국 사람들의 지식의 지평을 넓혀주었습니다. 그 후 중국과 외국의 문명교류와 상호 학습은 더욱 빈번하게 이루어졌습니다. 그 과정에서 충돌, 갈등, 의혹, 거절이 수반되었으나 학습, 소화, 융합 및 혁신이 더 많았습니다.

불교는 고대 인도에서 탄생했지만 중국에 전해진 이후 장기간의 진화를 거쳐 중국의 유가문화와 도가문화가 융합 발전하여 마침내 중국 특색의 불교문화를 형성하여 중국 사람들의 종교적 신념, 철학적 관념, 문학예술, 의

례와 풍습 등에 깊은 영향을 주게 되었습니다. 당나라의 현장(玄奘)이 불경을 구하기 위해 서역으로 가는 과정에서 온갖 고난을 겪은 이야기는 타지역이나 다른 나라의 문화를 배우려고 하는 중국 사람들의 강인한 정신을 보여줍니다. 현장의 이야기를 바탕으로 쓰여진 신화소설 『서유기(西遊記)』는 모두 알고 계시리라 생각합니다. 중국 사람들은 중국문화를 기반으로 불교사상을 발전시켰고, 독특한 불교이론을 형성했으며, 이후 불교는 중국에서 일본, 한국, 동남아 등지까지 전파되었습니다.

2000여 년 사이에 불교, 이슬람교, 기독교 등이 중국에 전해졌고, 중국의 음악, 그림, 문학 등도 외국문명의 장점을 지속적으로 흡수했습니다. 중국의 전통 화법과 서양의 유화가 융합 혁신되면서 독특한 매력을 지닌 중국의 사의유화(寫意油畫)가 탄생되었고 쉬뻬이훙(徐悲鴻)과 같은 거장의 작품은 널리 찬사를 받았습니다. 중국의 제지술, 화약, 인쇄술, 나침반의 4대 발명은 세계의 변혁을 주도했고 유럽의 르네상스를 촉진했습니다. 또한 중국의 철학, 문학, 의약, 비단, 도자기, 차 등이 서양에 전해져 서양 사람들의 일상에 녹아들었습니다. 『마르코 폴로 여행기(The Travels of Marco Polo)』는 수많은 사람이 중국을 동경하게 했습니다.

중국에는 '지하 군단'이라고 불리는 진용(秦俑)이 있다는 사실을 모두가 잘 알고 있을 것입니다. 시라크(Chirac) 프랑스 대통령은 병마용을 참관하고 나서 "피라미드를 보지 않고는 이집트에 가 봤다고 할 수 없듯이, 진용을 보지 않으면 중국에 가 봤다고 할 수 없다"고 했습니다. 1987년에 2,000여 년간 봉인되었던 이 중국문화의 진품이 세계문화유산으로 등재되었습니다. 중국에는 이밖에도 유네스코 세계문화유산, 세계무형문화유산, 세계기록유산으로 등재된 많은 문명의 성과를 보유하고 있습니다. 이 자리를 빌려 유네스코가 중화문명을 보존하고 전파하는 데 공헌한 것에 대해 진심으로 감사드립니다.

신사 숙녀 여러분, 친구 여러분!

오늘날 인류는 다양한 문화, 인종, 피부색, 종교 및 다양한 사회제도로 구성된 세계에 살고 있으며, 각국 국민들은 '네 속에 내가 있고 내 속에 네가 있는' 운명공동체를 형성했습니다.

중국 사람들은 일찍이 '화이부동'의 이치를 깨달았습니다. 2500년 전에 살았던 중국 사학자 좌구명(左丘明)은 『좌전(左傳)』에서 제(齊)나라의 대부 안자(晏子, 춘추시대 제나라 정치가)의 '화(和)'에 대한 구절을 기록했습니다. "물, 불, 장, 소금, 매실과 같은 다양한 조미료를 혼합하여 생선을 요리합니다(和如羹焉, 水, 火, 醯, 醢, 鹽, 梅, 以烹魚肉.)." "목소리는 맛처럼 하나의 기, 두 개의 체, 세 개의 종류, 네 개의 사물, 다섯 개의 음, 여섯 개의 율, 일곱 개의 음, 여덟 개의 음악 스타일, 아홉 개의 노래들이 서로 결합하여 하나가 됩니다(聲亦如味, 一氣, 二體, 三類, 四物, 五聲, 六律, 七音, 八風, 九歌, 以相成也.)." "물 대신 물을 쓰면 누가 견딜 수 있겠습니까? 음악이 거문고와 큰 거문고밖에 없다면 누가 감상하겠습니까(若以水濟水, 誰能食之? 若琴瑟之專壹, 誰能聽之?)?"

세계에는 200여 개의 국가와 지역, 2,500여 개의 민족과 다양한 종교가 있습니다. 이러한 세계에 단 한 가지의 생활방식, 언어, 음악, 의상만 존재한다면 그러한 세상은 상상조차 할 수 없습니다.

위고(Hugo)는 세상에서 가장 넓은 것은 바다, 바다보다 넓은 것은 하늘, 하늘보다 넓은 것은 사람의 마음이라고 말했습니다. 서로 다른 문명을 대할 때 우리는 하늘보다 더 넓은 마음이 필요합니다. 문명은 물과 같아 묵묵히 자신의 영향력을 드러내지 않습니다. 우리는 서로 다른 문명의 상호 존중과 화합 공존을 촉진시키고 문명교류와 상호 학습이 각국 국민들 간의 친선 증진의 교량이 되고, 인류사회의 발전을 추진하는 동력이 되며, 세계 평화를 수호하는 유대가 되도록 해야 합니다. 우리는 다양한 문명에서 지혜를 찾고 영양을 섭취하여 사람들에게 정신적 지지와 정신적 위안을 제공하고 함께 협력하여 인류가 직면한 다양한 도전에 맞서야 합니다.

1987년에 중국 산시(陝西)의 파먼쓰(法門寺) 지하궁전에서 아름다운 유리그릇(琉璃器) 20점이 출토되었는데, 이는 당나라 때 중국에 전해진 동로마와 이슬람의 유리그릇으로 확인되었습니다. 이러한 외국 문물을 감상할 때 저는 항상 다른 문명을 대함에 있어 그들이 만들어낸 아름다운 물건을 감상하는 데에서 그치는 것이 아니라, 그 안에 담겨 있는 인문정신을 이해해야 하고, 옛날 사람들의 삶에 대한 예술적 표현에 만족하는 것이 아니라, 그 안에 깃들어 있는 그들의 정신을 생생하게 살려야 한다고 말입니다.

신사 숙녀 여러분, 친구 여러분!

나폴레옹은 일찍이 세상에는 이검(利劍, 잘 드는 칼)과 사상이라는 두 가지 힘이 있으며 길게 보면 이검은 항상 사상에 의해 패한다고 했습니다. 우리는 교육을 적극적으로 발전시키고 교육을 대중화하여 정신을 계발하고 지식을 계승하고 정신을 도야하면서 사물의 이치를 연구하여 지식을 확실히 하는 과정에서 다양한 문명의 가치를 더 잘 이해하게 함으로써 교육이 문명의 계승과 창조에 기여할 수 있도록 해야 합니다. 우리는 과학기술을 적극적으로 발전시키고 과학기술의 진보와 혁신을 통해 자아와 세계를 이해하고 사회를 개조하여 천공개물(天工開物)의 과정에서 과학기술 지식과 기술을 더 잘 습득하고 과학기술이 인류에게 혜택을 가져다줄 수 있도록 해야 합니다. 우리는 문화사업의 발전을 적극적으로 추진하고 문화교류를 통해 서로 소통하고 시야를 넓히고 인식을 제고하여 문화인으로서의 소양을 갖추도록 하고 문화가 인류의 발전에 도움이 되도록 해야 합니다.

신사 숙녀 여러분, 친구 여러분!

중국 사람들은 중화민족의 위대한 부흥이라는 '중국의 꿈'을 실현하기 위해 분투하고 있습니다. 중화민족의 위대한 부흥이라는 '중국의 꿈'은 국가의 부강, 민족 진흥, 인민의 행복을 실현하는 것으로 오늘날 중국 사람들의 이상과 고대부터 끊임없이 진보를 추구해온 중국 사람들의 영광스러운 전통을 잘 보여주고 있습니다.

'중국의 꿈'을 실현하는 것은 물질문명과 정신문명의 균형 잡힌 발전과 상호 촉진의 결과입니다. 문명의 계승과 발전, 문화의 진흥과 번영 없이는 '중국의 꿈'의 실현도 있을 수 없습니다. 중화민족의 선조들은 오랫동안 사람들의 물질적 생활이 충실하고 근심 걱정이 없으며 도덕적 경계가 완전히 승화된 대동(大同)세계를 동경해왔습니다. 중국문명은 예로부터 인간의 정신적 생활을 인생과 사회적 이상에 포함시켰습니다. 따라서 '중국의 꿈'을 실현하는 것은 물질문명과 정신문명이 함께 발전하는 과정입니다. 중국의 경제와 사회가 지속적으로 발전함에 따라 중국 문명은 시대의 발전에 순응하면서 더욱 활기찬 생명력을 보여줄 것입니다.

모든 문명은 국가와 민족의 정신적 혈통을 이어받은 것으로 대대로 지켜나가야 할 뿐만 아니라, 시대에 발맞춰 용감하게 혁신해야 합니다. 중국 인민은 '중국의 꿈'을 실현하는 과정에서 시대의 새로운 진보에 따라 중국문명의 창조적 전환과 혁신적 발전을 촉진시키고, 생명력을 활성화하며, 시공간을 초월하고 국가를 초월하며 영원한 매력을 가지며 현대적 가치를 지닌 문화 정신을 고양하고, 박물관에 소장된 문화재와 광활한 대지에 진열된 유산과 고서에 쓰여진 문자를 모두 살려 중화문명을 세계 각국 인민이 창조한 다채로운 문명과 함께 인류를 위해 올바른 정신적 지도와 강력한 정신적 동력을 제공할 것입니다.

신사 숙녀 여러분, 친구 여러분!

"산들바람을 느끼면 봄의 특징을 알아볼 수 있고, 눈에 가득한 꽃들이 만개합니다(等閑識得東風面, 萬紫千紅總是.)." 내년은 유네스코 창립 70주년이 되는 해입니다. 보코바 사무총장님께서 이끄는 유네스코가 반드시 인류문명의 교류와 상호 학습을 촉진시키고, 세계 평화를 위한 새로운 장을 만들 수 있을 것이라 확신합니다.

감사합니다.

# '중국의 꿈'은 평화와 행복을 추구하고 세계를 위하는 꿈이다[18)]

●●2014년 3월 27일●●

꿈이 있고 기회가 있고 또한 끊임없이 분투한다면 모든 아름다운 것을 창조해낼 수 있습니다. 현재 중국 인민은 중화민족의 위대한 부흥이라는 '중국의 꿈'을 실현하기 위해 분투하고 있습니다. 프랑수아 올랑드(François Gérard Georges Nicolas Hollande) 대통령께서도 프랑스의 꿈을 말씀하셨습니다. 지난해 올랑드 대통령께서 중국을 방문하셨을 때, 양국 국민이 각자의 꿈을 실현하는 것을 기반으로 '중국-프랑스의 꿈'을 실현하기 위해 노력하자고 제안하기도 하셨습니다.

근대 이후 중화민족의 가장 큰 꿈은 바로 중화민족의 위대한 부흥을 실현하는 것입니다. 중국의 역사와 문화, 역사적 운명, 역사적 조건이 중국 인민은 반드시 자신이 선택한 길을 견지하면서 꿈을 실현하도록 만들어놓았습니다.

'중국의 꿈'은 평화를 추구합니다. '중국의 꿈'을 실현하기 위해서는 평화가 필요합니다. 오직 평화로운 환경 속에서만이 꿈을 이룰 수 있습니다. 천

18) 이는 시진핑 동지가 프랑스 파리에서 열린 중국 - 프랑스 수교 50주년 기념대회에서 한 연설의 일부이다.

하가 태평하고 대동을 공유하는 것은 수천 년 동안 이어져 온 중화민족의 이상입니다. 고난을 겪으면서 중국 인민은 평화를 소중히 여겨왔고, 세계 각국과 함께 평화를 도모하고 수호하며 공유하기를 희망해왔습니다. 역사는 '중국의 꿈'의 실현이 세계에 위협이 아니라 기회이고, 불안정이 아니라 평화이며, 후퇴가 아니라 진보라는 사실을 증명해줄 것입니다. 나폴레옹은 "중국은 잠자는 사자이다. 이 사자가 깨어나면 온 세상이 그로 인해 떨게 될 것이다"라고 말한 적이 있습니다. 중국은 이미 잠에서 깨어났습니다. 그러나 이 사자는 평화를 추구하는 사랑스러운 문명화된 사자입니다.

'중국의 꿈'은 행복을 추구합니다. '중국의 꿈'은 중화민족의 꿈이자 모든 중국인의 꿈입니다. 우리의 방향은 모든 사람이 자아를 발전시키고 사회에 헌신할 기회를 얻고, 함께 인생을 빛낼 기회를 누리며, 꿈을 이룰 기회를 공유하고, 국민의 평등적인 참여와 발전의 권리를 보장하며, 사회의 공평과 정의를 수호하고, 더 큰 발전을 이룩하여 더 공평하게 모든 국민에게 혜택이 돌아가게 하며, 공동 번영을 위해 꾸준히 나아가는 것입니다.

'중국의 꿈'은 세계를 위해 헌신하는 꿈입니다. "가난할 때는 자신의 처지를 개선하는 데 집중하고, 성공과 풍요가 있을 때는 사회와 타인을 더 폭넓게 돕는 것을 고려하는 것(窮則獨善其身, 達則兼善天下)"은 중화민족이 항상 숭상해 온 덕목이자 품성입니다. 중국이 자국의 일에 전념하는 것은 자신에 대해 책임지는 일이기도 하고 세계를 위하는 일이기도 합니다. 중국은 끊임없이 발전하면서 세계 평화와 발전을 수호하기 위해 할 수 있는 모든 것을 해왔으며 앞으로도 계속할 것입니다.

'중국의 꿈'을 실현하기 위해 우리는 '두 개의 100년' 분투목표를 설정했습니다. 즉, 2020년까지 국내총생산과 도시와 농촌 주민의 1인당 소득을 2010년의 2배로 늘림으로써 전면적으로 샤오캉사회를 건설하며, 금세기 중반까지 부강하고 민주적이고 문명하고 조화로운 사회주의 현대화 국가를 건설하여 중화민족의 위대한 부흥을 실현하는 것입니다.

우리는 '중국의 꿈'을 실현하기 위해서는 개혁을 전면적으로 심화하고 사상을 더욱 해방시키며, 사회 생산력을 해방·발전시키고 사회 활력을 해방시키고 강화해야 한다는 사실을 깨달았습니다. 작년 11월에 중국공산당은 제18기 중앙위원회 제3차 전체회의를 소집하여 개혁을 전면적으로 심화하는 것에 대한 총괄적인 방안을 수립했으며, 이로써 새로운 단계의 전면적인 개혁을 시작하게 되었습니다. 우리는 경제, 정치, 문화, 사회, 생태 문명 등 각 분야에 대한 개혁을 통해 중국 특색의 사회주의 제도를 개선 발전시키고, 국가 관리 시스템과 관리 능력의 현대화를 추진하여 시장이 자원 배분에서 결정적인 역할을 하고, 정부의 역할을 더 잘 수행할 수 있도록 할 것입니다. 현재 이러한 개혁 조치는 총대장(總台賬)을 만들고 책임제(責任制)를 명확히 하여 항목별로 실시해나가고 있습니다. 중국의 발전은 잠재력이 크고 전망이 밝습니다. 중국의 발전은 세계 각국에 더 큰 협력 공간을 제공할 것입니다.

"만물은 함께 자라면서도 서로 해치지 않고, 도는 함께 행해져도 서로 어긋나지 않습니다(萬物並育而不相害, 道並行而不相悖.)." '중국의 꿈'은 프랑스에 기회가 될 것이고, 마찬가지로 프랑스의 꿈도 중국에 기회가 될 것입니다. 긴밀하고 항구적인 중국과 프랑스의 전면적인 전략적 동반자 관계의 새로운 시대를 여는 것은 양국의 유일하고 올바른 선택이며, 이번 프랑스 방문 기간 올랑드 대통령님과 달성한 가장 중요한 전략적 합의입니다. 저는 중국과 프랑스 양국이 '중국의 꿈'과 프랑스의 꿈을 실현하는 과정에서 서로 이해하고 도우면서 '중국-프랑스의 꿈'을 함께 실현해나가기를 진심으로 바랍니다.

# 독일 쾨르버 재단(Körber Foundation)에서의 연설

●●2014년 3월 28일●●

존경하는 바이체커(Weizsäcke) 전 대통령님,

존경하는 슈미트(Schmidt) 전 총리님,

존경하는 웨이마이어(魏邁爾) 부주석님,

신사 숙녀 여러분, 친구 여러분:

구텐 탁(Guten Tag, 안녕하세요)! 바이체커 전 대통령님과 쾨르버 재단의 초청으로 여러분을 만나게 되어 대단히 기쁩니다. 우선 중유럽 국가 간의 상호 이해를 증진하기 위한 쾨르버 재단의 노력에 진심으로 감사를 드립니다!

5년 전에 저는 독일을 방문한 적이 있습니다. 당시 국제 금융위기의 영향이 아직 확장 중이고, 유럽의 부채 문제가 윤곽을 드러내기 시작했으며, 세계경제는 불안에 휩싸여 검은 구름이 도시를 짓누르고 있다는 느낌이 강했습니다. 당시 중부 독일은 다양한 분야의 협력을 더 높은 수준으로 추진하는 등 실제 행동으로 어려움을 극복하고자 했습니다.

5년 후 유럽이 국가부채 문제에 대처하는 데 긍정적인 진전을 이루었고, 경제회복의 징후가 뚜렷해져서 매우 기쁩니다. 독일은 유럽경제의 '안정닻'이고 유럽 통합의 추진자로서 중요한 역할을 하여 국제사회로부터 찬사를 받고 있습니다. 우리는 중국이 독일 유럽과 함께 국제 금융위기의 충격에 대처하여 거둔 성과를 기쁘게 생각합니다.

현재 중국과 독일의 관계는 역사상 가장 좋은 시기에 있으며 쌍방의 교류 협력의 폭, 깊이 및 열기는 전례 없는 수준에 도달해 있습니다. 중국과 독일의 상호 보완적인 우세와 공동 발전은 양국과 양국 국민에게 이익이 될 뿐만 아니라 세계 평화와 발전을 위해 중요한 촉진적 역할을 할 수 있음이 입증되었습니다.

신사 숙녀 여러분, 친구 여러분!

중국과 독일 양국의 교류 협력이 이와 같은 양호한 국면이 나타날 수 있는 이유는 무엇일까요? 중요한 이유는 양국이 오랜 노력을 통해 역사, 문화, 국정, 사회제도가 서로 다른 국가는 상호 간에 이해를 증진하고 진심으로 대하며 상대방의 의견을 들어주고 상대방의 관점에서 문제를 생각해야 한다는 사실을 깨달았기 때문입니다.

서로를 알아가고 이해를 증진하는 것은 국가 간 관계발전을 촉진시키는 기본적인 프로젝트입니다. 더 많이 알고 더 깊이 이해할수록 교류·협력의 기초가 더 견고해지고 더 넓어집니다.

여러분이 아시다시피 개혁개방 30여 년의 급속한 발전 끝에 중국의 경제 총량은 세계 2위를 차지하게 되었습니다. 중국의 영향력이 커지면서 어떤 사람들은 걱정하기 시작했고, 어떤 사람들은 항상 색안경을 끼고 중국을 바라보며, 중국이 발전하면 필연적으로 일종의 '위협'이 될 것이고, 심지어 중국을 무서운 '메피스토(Mephisto, 유혹자)'로 간주하여 언젠가 중국이 세계의 영혼을 흡수할 것 같다는 것입니다. 이런 논조는 어불성설 같지만 안타깝게도 일부 사람들은 이러한 논조를 즐깁니다. 이것은 편견이라는 것이 가장 떨쳐내기 힘들다는 사실을 재삼 증명해줄 뿐입니다.

인류 역사를 통틀어 사람들 사이를 멀어지게 만드는 것은 종종 산과 물, 깊은 바다나 계곡이 아니라 인지적 차이에 있습니다. 라이프니츠(Leibniz)는 각자의 재능을 서로 교류해야 지혜의 등불을 함께 켤 수 있다고 했습니다.

이번 기회에 「중국은 평화적 발전 노선을 견지한다」라는 제목으로 중국의 개혁과 발전에 관해 체득한 바를 나눔으로써 여러분이 중국에 대해 더 많이 알아가고 이해를 증진시키는 데 도움이 되기를 바랍니다.

중국은 일찍이 전 세계에 "중국은 평화적 발전 노선을 확고히 견지할 것이다. 세계의 평화를 수호하면서 자체의 발전을 도모하고 자체의 발전을 통해 세계의 평화를 수호할 것이다."라고 엄숙히 선언했습니다. 평화적 발전 노선을 견지하는 것은 중국의 발전 방향에 관심이 많은 국제사회에 대한 응답이고, 발전목표 달성에 대한 중국 인민의 자신감과 자각입니다. 이러한 자신감과 자각은 중국 문명의 깊은 근원, 발전목표 달성을 위해 갖추어진 조건에 대한 인지, 세계 발전의 전반적인 추세에 대한 파악에서 비롯됩니다.

중화민족은 평화를 사랑하는 민족입니다. 한 민족의 가장 깊은 정신적 추구가 무엇인지를 파악하기 위해서는 인종, 혈통, 문화 정신에 대한 계승을 비롯한 민족정신에서 그 염기서열을 분석해야 합니다. 5,000여 년의 역사를 가진 중화문명은 시종일관 평화를 숭상해온 것으로, 평화 화목 화합에 대한 추구가 중화민족의 정신세계에 깊이 뿌리박혀 있으며 중국 인민의 핏줄에 깊이 녹아 있습니다. 중국은 예로부터 "나라가 비록 강해도 전쟁을 좋아하면 반드시 망한다"는 잠언을 내걸고 있었습니다. '이화위귀(以和爲貴, 화합을 귀하게 여긴다는 뜻)', '화이부동', '화간과위옥백(化幹戈爲玉帛, 전쟁을 평화로 바꾼다는 뜻)', '국태민안(國泰民安)', '선린우방(睦鄰友邦)', '천하태평(天下太平)', '천하대동(天下大同)' 등의 이념이 대대로 전해 내려오고 있습니다. 중국은 역사적으로 오랫동안 세계에서 가장 강력한 국가 중 하나였지만 식민지와 침략에 대한 기록은 남아 있지 않습니다. 우리가 평화적 발전 노선을 견지하는 것은 수천 년 동안 평화를 사랑해온 중화민족의 문화적 전통을 계승하고 발전시키는 것입니다.

중국은 2020년까지 연간 국내총생산과 도시 농촌 주민의 1인당 소득을 2010년의 2배로 늘림으로써 전면적으로 샤오캉사회를 건설하고 금세기 중반까지 부강하고 민주적이고 문명하고 조화로운 사회주의 현대화 국가를 건설하는 미래 발전목표를 확정했습니다. 우리는 이 목표를 중화민족의 위대한 부흥을 실현하기 위한 '중국의 꿈'으로 형상화했습니다. 중국에는 13억이 넘는 인구가 살고 있기에 노선이 정확하기만 하면 전반적인 부의 수준과 행복 지수가 급격히 상승할 수 있지만, 각 개인의 부의 수준과 행복 지수를 높이는 것은 쉬운 일이 아닙니다. 같은 식탁에서 아무리 푸짐해도 8명이 먹는 것과, 80명이 먹는 것과, 800명이 먹는 것은 전혀 다릅니다. 우리는 중국이 오랫동안 여전히 세계에서 가장 큰 개발도상국이며, 13억이 넘는 사람들의 생활 수준과 삶의 질을 향상하기 위해서는 힘든 노력이 필요하다는 것을 잘 알고 있습니다. 중국이 건설에 집중하기 위해서는 조화롭고 안정적인 국내 환경과 평화롭고 안정된 국제 환경이라는 두 가지 기본 조건이 필요합니다.

역사는 최고의 스승입니다. 모든 나라가 걸어온 발자취를 충실히 기록하고, 모든 나라의 미래 발전에 계시를 전해줍니다. 1840년의 아편전쟁부터 1949년의 신중국이 건립되기까지 100여 년 동안 중국사회는 전쟁이 빈번하고 전쟁이 끊이지 않았으며, 내전과 외적의 침입이 순환적으로 발생하여 중국 인민에게 차마 돌이킬 수 없는 고통을 안겨주었습니다. 일본 군국주의가 일으킨 중국 침략전쟁만으로도 3천 5백만 명 이상의 사상자를 낸 인간 참극이 일어났었습니다. 이 비참한 역사는 중국인에게 뼈저린 기억을 남겼습니다. 중국 사람들은 "자신이 하기 싫은 일은 남에게도 시키지 말라(己所不欲, 勿施於人)"는 도리를 중시해왔습니다. 사람이 공기를 필요로 하는 것처럼, 만물이 자라기 위해 햇빛을 필요로 하는 것처럼 중국은 평화를 필요로 합니다. 평화적 발전 노선을 견지하고 세계 각국과 함께 세계 평화를 수호해야만 중국은 자신의 목표를 달성할 수 있고 세계에 더 큰 기여를 할 수 있습니다.

중국 민주혁명의 선구자인 쑨중산(孫中山) 선생은 "세계의 대조류는 호호탕탕하다. 이를 따르는 자는 번성하고 이를 거스르는 자는 망할 것이다"라고 했습니다. 역사는 한 나라가 번영하려면 세계 발전의 대세를 파악하고 거기에 순응해야 하며, 그렇지 못하면 역사로부터 버림받을 수밖에 없다는 도리를 깨닫게 해줍니다. 무엇이 현재 세계의 트렌드일까요? 답은 단 하나입니다. 바로 평화·발전·협력·상생입니다. 중국은 '국강필패(國強必霸)'의 낡은 논리에 동의하지 않습니다. 오늘날 세계에서 식민주의와 패권주의의 낡은 노선이 아직도 통할 수 있을까요? 통하지 않습니다! 이러한 노선은 통하지 않을 뿐만 아니라, 반드시 머리를 부딪쳐서 피가 흐를 것입니다. 오직 평화적 발전 노선만이 통할 수 있습니다. 따라서 중국은 평화적 발전 노선을 확고부동하게 견지해나갈 것입니다.

사실이 웅변보다 설득력이 있는 것입니다. 수십 년 동안 중국은 항상 독립적이고 자주적인 평화적 외교정책을 견지해왔고, 중국 외교정책의 취지는 세계의 평화를 수호하고 공동 발전을 촉진시키는 것이라고 시종 강조해왔습니다. 중국은 다양한 형태의 패권주의와 강권정치에 반대하고, 다른 나라의 내정에 간섭하지 않으며, 절대 패권을 차지하거나 확장하지 않을 것이라고 여러 차례 공개적으로 선언했습니다. 우리는 정책적으로 그렇게 규정하고, 제도적으로 그렇게 설계했으며, 실제로 그렇게 해왔습니다. 물론 중국은 자신의 주권·안보·발전적 이익을 확고히 수호할 것이며 그 어느 나라도 중국의 주권·안보·발전의 이익을 해치려고 해서는 안 됩니다.

요컨대 중국이 평화적 발전 노선을 견지하는 것은 미봉책도, 외교적 사령

(辭令)도 아닌 역사·현실·미래에 대한 객관적 판단에서 내려진 결론이고, 사상적 자신감과 실천적 자각의 유기적 통일체입니다. 평화적 발전 노선은 중국과 세계에 유리한 것으로 우리는 실천에 증명된 이 노선을 확고부동하게 견지하지 않을 이유를 찾아볼 수 없습니다.

신사 숙녀 여러분, 친구 여러분!

작년 11월에 중국공산당은 제18기 중앙위원회 제3차 전체회의를 개최하여 전략적 차원에서 향후 중국의 개혁개방에 대해 기획하고 개혁의 로드맵(路線圖)과 시간표를 제시했습니다. 우리의 총 목표는 중국 특색의 사회주의 제도를 보완 발전시키고 국가 관리 시스템과 관리 능력 현대화를 추진하여 중국의 장기적인 발전을 위한 더 나은 제도적 기반을 마련하는 것입니다.

중국은 새로운 산업화·정보화·도시화·농업 현대화를 가속화하고 있으며, 이는 막대한 투자와 소비 수요를 자극할 것입니다. 중국의 1인당 국내총생산은 이미 7,000달러에 육박하고 있으며, 주민들의 소비구조와 산업구조가 빠르게 고도화되는 시기에 접어들었습니다. 2013년에 중국은 처음으로 서비스 산업의 비중이 공업 제조업의 비중을 초과했습니다. 중국은 서비스 산업의 비중과 위상이 계속 증가할 것이고, 고부가가치 및 하이테크 산업의 비중도 계속 증가할 것이며, 새로운 인기 소비품과 경제 성장 주도 업종이 계속 나타날 것입니다. 향후 5년간 중국은 10조 달러 이상의 상품을 수입할 것이고, 해외투자 규모는 5,000억 달러를 초과할 것이며, 해외여행자가 5억이 넘을 것으로 예상됩니다.

중국의 선현 노자는 "대국은 강의 하류와 같다(大邦者下流.)"라고 했습니다. 즉 대국은 강이나 바다의 하류처럼 천하의 모든 하천을 포용할 수 있는 포부가 있어야 한다는 뜻입니다. 중국은 개방적이고 포용적인 마음으로 외부와의 대화와 소통을 강화하고 세계의 목소리에 귀를 기울이고자 합니다. 우리는 시간이 다양한 편견과 오해를 없애고 외부 세계가 중국을 객관적이고 역사적이며, 다차원적인 시각으로 더 많이 관찰하여 포괄적이고 진실하며 입체적인 중국을 진정으로 이해할 수 있기를 기대합니다.

중국의 발전은 결코 다른 나라의 이익을 희생시키지 않을 것이고, 결코 자신의 이익을 위해 남을 해치거나 화를 남에게 전가하지 않을 것입니다. 우리는 세계 평화와 발전의 대의에서 출발하여 국제관계의 정상화를 유지하기 위해 중국의 지혜를, 글로벌 거버넌스를 개선하기 위해 중국의 방안을 통해 기여하고, 인류사회가 21세기의 다양한 도전에 대처할 수 있도록 자신의 힘을 다할 것입니다.

신사 숙녀 여러분, 친구 여러분!

중화민족과 독일민족은 인류문명의 발전에 크게 기여한 바가 있는 위대한 민족입니다. 독일은 발달된 과학기술과 현대 제조업으로 세계적으로 유명할 뿐만 아니라 철학, 문학, 음악 등 분야에서 세계적으로 유명한 거물들이 많이 탄생했으며, 그들의 많은 작품들은 이미 중국 국민들에게 잘 알려져 있습니다. 그 중 괴테(Goethe), 실레(Schiele), 하이네(Heine) 등 철학자들의 문학 대작과 불후의 시가 있고 라이프니츠, 칸트(Kant), 헤겔(Hegel), 페르바하(Feuerbach), 마르크스(Marx), 하이데거(Heidegger), 마르쿠제(Marcuse) 등 학자들의 철학적 변론이 있으며, 바흐(Bach), 베토벤(Beethoven), 슈만(Schumann), 브람스(Brahms) 등 음악가들의 아름다운 선율이 있습니다. 저를 비롯한 많은 중국 독자들이 그들의 작품에서 기쁨을 얻고 사상의 힘을 느끼며 세계와 인생에 대한 이해가 더 깊어졌습니다.

독일 사람들은 산과 산은 서로 만나지 않고 사람은 서로 만나야 한다고 말합니다. 중국과 독일 양국은 오랜 교류의 역사가 있으며 깊은 친선 관계를 쌓아왔습니다. 이 순간 중국 인민이 사랑하는 독일인 친구가 생각났습니다. 그가 바로 존 라베(John H. D. Rabe)입니다. 70여 년 전에 일본 군국주의는 중국 난징시(南京市)에 침입하여 30여 만의 중국 군인과 민간인을 학살하는 참혹한 사건을 일으켰습니다. 그 위급한 상황에서 라베는 다른 재중 외국인 10여 명과 연락을 취하여 '난징 안전 구역'을 설치하고 20여 만의 중국인에게 거처를 제공했습니다. 라베는 일기에 난징대학살의 내막을 자세히 기록했으며 그동안의 연구에 중요한 증거가 되었습니다. 1996년에 중국과 독일이 공동으로 설립한 라베 기념관이 난징에서 대중들에게 개방되었습니다. 작년 말에는 난징시에서 지은 라베 묘지 복원공사가 완공되었습니다. 중국 사람들이 라베를 기리는 이유는 그가 생명을 소중히 여기고 평화를 추구했기 때문입니다.

이밖에 독일 포도 전문가인 노보(Nobo, 諾博)라는 독일 친구는 2000년부터 2009년까지 조수 한스(Hans, 漢斯)와 17번 중국 산둥(山東) 짜오장(棗莊)을 방문하여 현지 농부들에게 포도 재배, 접목 및 개선 기술을 전수하고 수백 년 동안 계승되어온 가족 상표를 현지의 와인 공장에서 무료로 사용할 수 있도록 했습니다. 또한 그들은 가정 형편이 어려운 8명의 현지 학생들을 학교에 다닐 수 있도록 지원했습니다. 2007년에 한스가 갑자기 암에 걸렸을 때, 자신이 지원한 두 학생이 고등학교를 졸업하지 못한 것을 잊지 않고, 노보에게 2,000위안의 장학금을 아이들에게 보내도록 부탁했습니다. 2008년 8월 1일에 노보가 아이들에게 돈을 쥐어주자 그 자리에 있던 모든 사람들이 감동의 눈물을 흘렸습니다.

이러한 이야기들은 중국과 독일 양국 국민의 친선을 보여주는 감동적인 한 장면일 뿐입니다. 오랫동안 많은 독일 친구들이 중국과 독일 관계의 발전과 중국의 개혁개방에 중요한 기여를 했습니다.

21세기는 협력의 시대입니다. 마음이 얼마나 넓으냐에 따라 협력의 무대도 그만큼 넓어집니다. 향후 5년에서 10년은 중국과 독일에게 개혁과 발전을 하는데 중요한 시기입니다. 개혁이 심화됨에 따라 양국 간의 협력은 더 많은 접점을 보이게 될 것이고, 끊임없이 새로운 동력을 얻게 될 것입니다. 저는 '독일 제조', '중국 제조'가 진정으로 손을 잡고 협력할 때 우리가 만들어내는 것은 고품질의 제품일 뿐만 아니라, 양국 국민의 행복과 이상이 될 것이라고 믿습니다. 아시아와 유럽이라는 두 개의 큰 경제체제로서 중국과 독일의 경제적 통합을 강화하여 아시아와 유럽의 강력한 연대를 실현하는 것은 세계경제에 긍정적인 영향을 미칠 것입니다.

신사 숙녀 여러분, 친구 여러분!

올해 제1차 세계대전 개전 100주년, 제2차 세계대전 개전 75주년을 맞이하게 되었습니다. 독일의 문학가 레싱(Lessing)은 "역사는 기억의 짐이 아니라 이성적인 깨달음이 되어야 한다"고 말했습니다. 독일의 브란트(Brandt) 전 총리는 "역사를 잊은 자는 영혼에 병이 생길 것"이라고 했습니다. 중국 사람들은 지난 일을 잊지 않으면 뒷일의 교훈이 된다고 합니다. 중국 인민은 자신의 경험에서 평화적 발전 노선을 자연스럽게 선택했습니다. 우리는 세계 각국이 마찬가지로 평화적 발전 노선을 선택하고, 항구적인 평화와 공동 번영의 조화로운 세계를 건설하기 위해 협력하기를 진심으로 바랍니다.

감사합니다!

# 브뤼허(Bruges) 유럽대학(The College of Europe)에서의 연설

●●2014년 4월 1일●●

존경하는 필립(Philippe) 국왕 부부,

존경하는 반 롬파이(Van Rompuy) 주석님,

존경하는 디 뤼포(Di Rupo) 수상님,

존경하는 드비고(devigo) 주석님, 모나르(Mornar) 학장님,

존경하는 사절 여러분,

선생님과 학생 여러분,

신사 숙녀 여러분, 친구 여러분!

안녕하세요! 유럽대학에 와서 여러분을 만나게 되어 대단히 기쁩니다. 우선 귀 대학의 선생님들과 학생들에게, 그리고 중국의 발전에 관심을 가져주시고 응원을 보내주신 유럽 친구들에게 진심어린 안부와 따뜻한 축원을 전합니다!

플라망어(Flamand language, 인도유럽어족의 게르만어파에 속하는 언어)에서 브뤼허는 '다리'를 의미합니다. 다리는 우리 모두의 삶을 편리하게 해줄 뿐만 아니라 소통·이해·우정의 상징이기도 합니다. 이번 유럽여행을 통해 유럽의 친구들과 함께 아시아와 유럽대륙 사이에 친선과 협력의 다리를 구축할 수 있었으면 좋겠습니다.

방금 필립 국왕 부부와 함께 겐트(Ghent)에 있는 볼보(Volvo) 자동차 공장을 참관했습니다. 벨기에 최대 자동차 생산 업체이자 중국·벨기에·스웨

덴 3자 경제·기술 협력의 본보기인 이 공장은 '중국의 투자'와 '유럽의 기술'을 이어준 상생의 다리입니다.

제2차 세계대전이 끝난 이후에 탄생한 유럽대학은 전쟁의 역사에 대한 반성과 평화에 대한 갈망 속에서 세워진 것입니다. 인류 역사에는 항상 전쟁이라는 저주가 따릅니다. 제2차 세계대전의 참혹함은 유럽 사람들의 마음을 아프게 했고, 장 모네(Jean Monnet), 로베르트 슈만(Robert Schumann)과 같은 정치인들의 지도 아래 지속적인 평화와 번영을 달성하기 위해 협력하고 자강하기 시작했습니다.

반세기가 넘는 발전을 거듭하여 유럽대학은 유럽연합(The European union)의 중요한 싱크탱크로 성장했을 뿐만 아니라, '유럽 정치 엘리트의 요람'으로 자리 잡았습니다. 반 롬파이 선생은 유럽대학은 "항상 유럽 통합의 핵심에 있다"며 "전쟁의 폐허에서 탄생한 유럽의 신념을 구현했다"고 하셨습니다.

선생님과 학생 여러분!

유럽대학이 설립된 1949년에 중화인민공화국이 건립되었습니다. 이로부터 중화민족의 발전은 새로운 역사적 시대를 열었습니다. 1975년에 저우언라이 총리와 솜스 기사는 시기와 형세를 판단하여 중국과 유럽의 수교 결정을 내렸습니다. 현재 중국과 유럽은 전면적인 전략적 동반자 관계를 구축했고, 60개 이상의 분야에서 대화 및 협상의 체제를 구축했으며 2013년에 쌍방의 무역액은 5,591억 달러에 달했고, 쌍방의 연간 인적교류는 500만 명 이상, 유학생 수는 거의 30만 명에 달했습니다. 중국과 유럽의 관계는 이미 세계에서 가장 영향력 있는 양자 관계 중 하나가 되었습니다.

한편, 우리는 중국과 유럽의 관계는 발전의 여지가 많고 잠재력이 아직 발휘되지 않았다는 사실을 알아야 합니다. 중국과 유럽의 관계를 발전시키기 위해서는 중국은 유럽에 대해, 유럽은 중국에 대해 더 많이 알아가야 합니다. 역사는 현실의 근원으로 그 어느 나라의 오늘도 모두 어제에서 비롯된 것입니다. 한 나라가 어디에서 왔는지 알아야만 오늘날 이 나라가 어떻게 그런 것이 아니라 이런 것인지 알 수 있고, 이 나라가 앞으로 어디로 가고 어디로 가지 않을 것인지도 알 수 있습니다.

이번 기회에 중국이 어떤 나라인지 말씀드리고 싶습니다. 저의 강연이 여러분이 중국을 관찰하고, 연구하고, 중국을 이해하는 데 도움이 되었으면 좋겠습니다. 중국을 소개하는 것은 매우 큰 과제이므로 저는 중국의 가장 돋보이는 특징을 몇 가지 선택하여 말씀드리겠습니다.

첫째, 중국은 오랜 문명을 갖고 있는 나라입니다. 세계 여러 고대문명 중에서 중국의 문명은 중단(中斷)되지 않고 오늘날까지 발전을 거듭하여 5,000여 년이라는 긴 역사를 갖게 되었습니다 . 우리 선조들이 수천 년 전에 창조한 문자는 지금도 사용되고 있습니다. 2000여 년 전에 중국에는 제자백가(諸子百家)가 출현하여 다양한 학파들이 성황을 이루었습니다. 노자, 공자, 묵자 등 사상가들은 천문, 지리를 탐구하고 인간과 인간, 인간과 사회, 인간과 자연의 관계에 대한 진리를 폭넓게 논의하면서 심오한 사상체계를 수립했습니다. 효제충신(孝悌忠信, 어버이에 대한 효도, 형제끼리의 우애, 임금에 대한 충성과 벗 사이의 믿음을 통틀어 이르는 말), 예의염치(禮義廉恥, 예절·의리·청렴·부끄러움을 아는 태도를 뜻함), 인자애인(仁者愛人, 인자는 타인을 사랑한다는 뜻), 여인위선(與人爲善, 선의로 남을 돕다는 뜻), 천인합일(天人合一), 도법자연(道法自然), 자강불식(自強不息, 스스로 힘쓰고 쉬지 않는다는 것을 뜻함) 등 그들이 제시한 많은 이념은 오늘날에도 여전히 중국 사람들의 삶에 깊은 영향을 미치고 있습니다. 중국 사람들은 세상, 사회, 인생에 대해 자신만의 독특한 가치체계를 가지고 있습니다. 중국 사람들의 이와 같은 독특하고 유구한 정신세계는 중국 사람들로 하여금 강한 민족적 자신감을 갖게 하고, 애국주의를 핵심으로 하는 민족정신을 함양하게 합니다.

둘째, 중국은 극심한 고난을 겪은 나라입니다. 산업혁명 이전의 수천 년 동안 중국의 경제, 과학기술, 문화는 줄곧 세계의 최전선에 있었습니다. 근대 이후 중국의 봉건 통치자들은 세상 물정 모르는 우물 안의 개구리였던 데다가 폐관쇄국(閉關鎖國) 정책을 고수한 탓에 중국은 시대의 발전에 뒤처져 점차 반식민지 반봉건 사회로 전락하게 되었습니다. 그 후 외국 열강의 침입이 끊이지 않았고, 중국사회는 불안정해졌으며, 인민의 생활은 극도로 빈곤해졌습니다. 가난하면 변화를 생각하게 되고, 혼란하면 결정을 생각하게 됩니다. 중국 인민들은 100여 년의 희생을 무릅쓴 불굴의 항쟁을 통해 수천만 명의 사상자를 내는 엄청난 희생을 치른 끝에 마침내 자신의 운명을 장악하게 되었습니다. 중국 사람들은 침략당하고 노예처럼 살던 역사를 생생하게 기억하고 있기에 오늘날의 삶을 특히 소중히 여깁니다. 중국 사람들은 평화를 원하고 전쟁을 반대하기에 항상 독립적이고 자주적인 평화적 외교정책을 추구하며 다른 나라의 내정에 간섭하지 않고, 마찬가지로 다른 나라가 중국의 내정에 간섭하는 것도 허용하지 않습니다. 저희는 그동안 그렇게 해왔고 앞으로도 그렇게 해나갈 것입니다.

셋째, 중국은 중국 특색의 사회주의를 건설하는 국가입니다. 1919년에 쑨중산 선생이 이끈 신해혁명(辛亥革命)은 수천 년 동안 중국을 통치해온 전제 군주제를 전복시켰습니다. 낡은 제도가 뒤집히고 중국은 어디로 가야 할지 중국 사람들은 중국의 국정에 적합한 길을 찾기 위해 고심하고 있었습니다. 입헌군주제, 군주제의 부활, 의회제, 다당제, 대통령제까지 생각하고 시도했으나 결국 통하지 않았습니다. 결국 중국은 사회주의 노선을 택했습니다. 사회주의 건설의 실천 속에서 우리는 성공과 실수를 거듭했고, 심지어 심각한 우여곡절을 겪기도 했습니다. 개혁개방 이후 덩샤오핑 선생의 지도 아래 우리는 중국의 국가 상황과 시대적 요구에 따라 국가의 발전 노선을 모색하고 개척하여 중국 특색의 사회주의를 형성했으며, 사회주의 시장경제·민주정치·선진문화·화합사회·생태문명을 건설하고, 사회의 공평과 정의를 수호하며, 국민의 전면적인 발전을 촉진시키고, 평화적 발전 노선을 견지하며, 전면적으로 샤오캉사회를 건설하고, 나아가 현대화를 실현하며, 점차 모든 국민의 공동 부유를 실현해야 한다고 제안했습니다. 특유의 문화적 전통·역사적 운명·국가 상황은 중국이 필연적으로 자신만의 특성에 맞는 길을 걸어야 할 것이라는 운명을 정해놓았습니다. 우리는 이러한 길을 성공적으로 잘 걸어왔습니다.

넷째, 중국은 세계에서 가장 큰 개발도상국입니다. 중국의 발전은 역사적인 발전을 이루었습니다. 경제 총량이 세계 2위로 올라섰고, 13억 이상의 인구를 가진 국가로서 선진국이 수백 년 동안 걸어온 과정을 수십 년 만에 완수했다는 사실은 의심할 여지없이 자랑스러운 일입니다. 한편 중국은 경제 총량이 크지만 그것을 13억 명 이상의 인구로 나눈 1인당 국내총생산은 여전히 세계에서 80위 안팎이라는 사실을 잘 알고 있습니다. 중국의 도시·농촌 최저생활보장제도(低保) 실행 대상 인구는 7,400만이 넘고, 매년 도시·향진(城鎮)의 신규 노동력은 1,000만이 넘으며, 몇 억에 달하는 농촌 노동력이 구직과 도시 정착을 기다리고 있으며, 이밖에 8,500여 만의 장애인이 있습니다. 세계은행 기준에 따르면 중국에는 여전히 2억이 넘는 사람들이 빈곤선 아래에 살고 있는데 이는 거의 프랑스·독일·영국의 인구를 합친 숫자에 해당한다고 합니다. 올해 설 전후 40일간 중국의 항공, 철도, 고속도로 이용자는 약 36억으로 매일 9천만이 이동한 셈입니다. 13억이 모두 잘 살 수 있도록 하기 위해서는 장기적인 노력이 필요합니다. 현재 중국의 가장 중요한 목표는 여전히 경제 건설이고 경제 발전을 기반으로 사회의 전반적인 발전을 촉진시키는 것입니다.

다섯째, 중국은 심각한 변화를 겪고 있는 나라입니다. 우리 선조들은 일찍이 "하늘의 행함이 강건하니 군자는 이를 본받아 스스로 강하여 쉬지 않는다(天行健, 君子以自強不息.)"는 사상을 내세워 "진실로 하루가 새롭게 되거든 나날이 새롭게 하고 또 날로 새롭게 하라(苟日新, 日日新, 又日新.)"고 강조했습니다. 치열한 국제경쟁에서 앞으로 나아가는 것은 물을 거슬러 배를 타는 것과 같아 전진하지 않으면 후퇴하기 마련입니다. 개혁은 현존하는 문제에 힘을 가해 진행 방향을 원하는 쪽으로 움직이게 하는 것이고, 끊임없이 문제를 해결하면서 개혁의 정도가 심화되는 것입니다. 우리는 개혁개방에는 진행형이 있을 뿐, 완성형은 존재하지 않음을 강조합니다. 중국의 개혁은 이미 수심 깊은 구역에 들어섰고 해결해야 할 문제들은 모두 갉아먹기 어려운 단단한 뼈(硬骨)가 되었습니다. 이때는 "산에 호랑이가 있는 줄 알면서도 일부러 산으로 가는(明知山有虎, 偏向虎山行.)" 용기가 필요하고 개혁을 지속적으로 추진해야 합니다. 개혁을 추진하는 우리의 원칙은 담력이 크고 걸음걸이가 안정적이어야 한다는 것입니다. "쉬울 때 어려운 일을 도모하고, 사소한 일에서 큰일을 성취합니다. 천하의 어려운 일은 쉬운 일부터 해야 하고, 천하의 큰일은 사소한 일부터 해야 합니다(圖難於其易, 爲大於其細. 天下難事, 必作於易; 天下大事, 必作於細.)." 중국의 개혁이 계속 진행됨에 따라 중국은 계속해서 심각한 변화를 겪게 될 것입니다. 동시에 개혁을 전면적으로 심화하는 것은 중국의 현대화 건설을 추진하는 강력한 힘이 될 수 있을 뿐만 아니라 세계에 새로운 발전 기회를 가져다줄 것이라고 믿습니다.

중국을 관찰하고 더 많이 알아가려면 역사와 현실뿐만 아니라 물질적인 것과 정신적인 것도 살펴보아야 합니다. 중화민족의 5000여 년의 문명사, 근대 이후 중국 인민의 170여 년의 투쟁사, 중국공산당의 90여 년의 투쟁사, 중화인민공화국의 60여 년의 발전사, 개혁개방 이후 30여 년의 탐험사,

이러한 역사는 일맥상통하며 불가분의 관계에 놓여 있습니다. 중국의 역사, 중국의 문화, 중국 사람들의 정신세계, 당대 중국의 깊은 변혁을 떠나서는 중국을 정확하게 이해하기 어렵습니다.

세계는 다방향적으로 발전해왔고 세계사는 더더욱 단선적으로 흘러가는 것이 아닙니다. 중국은 다른 나라의 정치제도와 발전모델을 그대로 옮겨올 수 없습니다. 그렇게 된다면 기후와 풍토에 적응하지 못할 뿐만 아니라, 재앙적인 결과를 초래할 것입니다. 2000여 년 전에 중국 사람들은 이미 이 사실을 깨달았습니다. "귤(나무)이 회수(淮水) 남쪽에서 나면 귤이 되지만, 회수 북쪽에서 나면 탱자가 됩니다. 잎만 비슷할 뿐, 그 열매의 맛은 같지 않습니다. 그렇게 된 까닭은 무엇일까요? 물과 흙(풍토)이 다르기 때문입니다(橘生淮南則爲橘, 生於淮北則爲枳, 葉徒相似, 其實味不同. 所以然者何? 水土異也.)."

프랑스 작가 로맹롤랑(Romain Rolland)은 "친구가 친구를 보는 것은 투명해야 한다. 그들은 피차 생명을 주고받는 사이기 때문이다(朋友看朋友是透明的, 他們彼此交換生命.)"라고 말했습니다. 이상의 소개를 통해 중국이 여러분의 눈앞에서 좀 더 투명해졌으면 좋겠습니다. 또한 유럽대학이 중국을 알고 이해하는 인재를 많이 양성하여 중국과 유럽의 관계발전을 위한 인재와 지적 지원을 지속적으로 제공할 수 있기를 진심으로 바랍니다.

선생님과 학생 여러분!

중국과 유럽은 멀리 떨어져 있지만 같은 시간, 같은 공간에서 생활하고 있습니다. 현재 중국과 유럽은 발전의 중요한 시기에 놓여 있으며 전례 없는 기회와 도전에 직면해 있습니다. 방금 유럽 친구들과 함께 유라시아 대륙에 우정과 협력의 다리를 구축했으면 좋겠다고 했습니다. 우리는 평화, 성장, 개혁, 문명 등 4개의 다리를 구축하고 중국과 유럽이 보다 세계적인 영향력을 가진, 전면적인 전략적 동반자 관계를 구축하기 위해 함께 노력해야 합니다.

— 우리는 평화적이고 안정적인 다리를 구축하여 중국과 유럽의 연대를 실현해야 합니다. 중국과 유럽연합은 세계 면적의 10분의 1, 세계 인구의 4분의 1을 차지하며 유엔 안전보장이사회에서 3개의 상임이사국을 보유하고 있습니다. 전쟁이 아닌 평화, 일방적인 강요가 아닌 다자간 관계, 대항이 아닌 대화를 수호하자는 것이 중국과 유럽의 공통된 인식입니다. 우리는 글로벌 문제에 대한 소통과 조정을 강화하고 세계 평화와 안정을 유지하는 데 핵심적인 역할을 해야 합니다. 문명과 문화가 전파될 수 있을 뿐만 아니라, 평화적 발전도 전파될 수 있습니다. 중국은 유럽연합과 함께 평화의 햇빛으로 전쟁의 그늘을 몰아내고 번영의 모닥불로 세계경제의 꽃샘추위(春寒)를 이겨내어 전 인류가 평화적 발전, 협력윈윈의 길로 나아가도록 할 것입니다.

— 우리는 성장과 번영의 다리를 구축하여 중국과 유럽의 두 시장을 연결해야 합니다. 중국과 유럽연합은 세계경제 총량의 3분의 1을 차지하는 것으로 세계에서 가장 중요한 두 개의 경제체제입니다. 우리는 공동으로 시장 개방을 견지하고, 투자 협정 및 협상을 가속화하며, 자유무역지대 건설을 적극적으로 논의하고, 2020년까지 쌍방의 무역 규모가 1조에 달하는 위대한 목표를 실현해야 합니다. 또한 중국과 유럽 간의 협력을 실크로드 경제벨트 건설과 연결시켜 아시아-유럽 시장을 구축하는 것을 목표로 아시아와 유럽의 인원, 기업, 자금, 기술을 활성화하여 중국과 유럽연합이 세계경제 성장의 이중 엔진으로 만들어야 합니다.

— 우리는 개혁과 진보의 다리를 구축하여 중국과 유럽의 개혁과정을 연결해야 합니다. 중국과 유럽연합은 인류 역사상 유례없는 개혁과정을 거친 것으로 모두 전인미답의 길을 걷고 있습니다. 쌍방은 거시경제, 공공정책,

지역 발전, 농촌 발전, 사회민생 등 분야에서 대화와 협력을 강화하고 쌍방의 개혁 경로를 존중하며, 쌍방의 개혁 경험을 거울삼아 자체 개혁으로 세계의 발전과 진보를 추진해야 합니다.

— 우리는 문명 공영의 다리를 구축하여 중국과 유럽 두 문명을 연결해야 합니다. 중국은 동방문명의 중요한 대표이고, 유럽은 서양문명의 발상지입니다. 중국 사람들은 차를 좋아하고 벨기에 사람들은 맥주를 좋아하는 것처럼, 차의 함축성과 술의 열정·분방함은 생명을 음미하고 세계를 읽는 두 가지 다른 방법을 의미합니다. 그러나 차와 와인이 어울리지 않는 것은 아닙니다. 나를 알아주는 술은 천 잔이라도 적고, 차를 마시면서 인생을 음미할 수도 있습니다. 중국은 '화이부동'의 사상을, 유럽연합은 '다원일체'를 강조합니다. 중국과 유럽은 인류문명의 다양한 꽃들이 경쟁적으로 피어나도록 함께 노력해야 합니다.

국제정세가 아무리 바뀌어도 중국은 항상 유럽 통합 프로세스를 지원하고, 국제 문제에서 더 큰 역할을 하는 통합되고 안정적이며 번영된 유럽연합을 지속적으로 지원할 것입니다. 중국은 곧 유럽연합에 대한 두 번째 정책문서를 발표할 예정입니다. 이로써 유럽연합과 중국-유럽의 관계발전에 대한 중국의 높은 관심을 재확인시키고자 합니다. 지난해 중국과 유럽은 「중국-유럽 협력 2020 전략계획(中歐合作2020戰略規劃)」을 공동으로 수립하여 100개에 가까운 분야에서 일련의 야심 찬 협력목표를 제시했습니다. 양측은 가능한 한 빨리 청사진을 현실화하고, 향후 10년 동안 중국과 유럽의 관계발전을 위해 노력해야 합니다.

선생님과 학생 여러분!

최근 몇 년 동안 유럽대학은 중국에 점점 더 많은 관심을 기울여왔습니다. 유럽-중국 관계 관련 과정을 개설했을 뿐만 아니라, 유럽-중국 연구센터를 설립하여 유럽-중국 관계 연구에 전념해왔습니다. 중국은 유럽대학과 공동으로 유럽연합 국가에 중국의 첫 번째 '중국관'을 건설하기로 했고, 학술연구에 사용할 수 있도록 중국의 역사, 문화 등 각 분야의 발전 상황을 소개하는 도서와 영상물 만 권을 지원하기로 했습니다.

"수많은 책을 읽어야 할 뿐만 아니라, 수많은 곳을 다녀야 합니다(讀萬卷書, 還要行萬裏路.)." 학생 여러분께 중국에 많이 가볼 것을 권장합니다. 귀로 들은 것은 거짓이지만, 눈으로 본 것은 확실합니다. 중국은 유럽과 함께 「2020년 중국-유럽 학생 연간 양방향 교류 30만 명 돌파」를 위해 노력할 것입니다.

청년시절은 가장 생기가 넘치고 꿈이 많은 시기입니다. 중국과 유럽과 세계의 미래는 젊은 세대의 것입니다. 중국과 유럽의 학생들이 평등·존중·사랑으로 세상을 바라보고, 감상·포용·상호 이해의 자세로 세계의 다양한 문명을 바라보면서 중국과 유럽 사람들이 서로를 알아가고 이해를 증진할 수 있도록 노력하고, 중국과 유럽과 세계의 다른 나라 사람들이 서로를 알아가고 이해를 증진할 수 있도록 노력하며, 젊음의 활력과 젊음의 분투로 우리가 사는 이 행성을 더욱 아름답게 만들어가기를 바랍니다.

감사합니다!

# 중국 인민은 '국강필패'의 논리를 받아들이지 않는다[19]

●●2014년 5월 15일 ●●

세계 각국 국민 간의 친선은 세계 평화와 발전을 촉진시키는 기초적인 동력이고, 협력과 상생을 실현하기 위한 기본 전제 조건이며, 서로 신뢰하고 평등하게 대하는 것은 협력을 추진하고 이익과 혜택을 얻기 위한 전제 조건입니다. 세계 각국 국민이 우호적인 이념과 친선 관계로 단결해야만 평화와 발전을 위한 공동의 염원을 실현할 수 있습니다.

다극화, 경제 글로벌화, 사회 정보화가 끊임없이 가속화되면서 세계 각국은 이익이 긴밀한 사이가 되었고, 흥망성쇠와 안위를 같이하게 되었으며, 네 속에 내가 있고 내 속에 네가 있는 운명공동체를 이루었습니다. 복잡하고 변화무쌍한 국제정세와 심각하고 두드러진 글로벌 문제에 직면하여 세계 각국 국민은 친선 교류를 강화하고 어려움 속에서 일심협력해야 합니다.

중국은 현재 발전과 개혁을 하는 가운데 전진하고 있습니다. 우리는 '두 개의 100년'이라는 목표를 확정했습니다. 즉 2020년까지 국내생산총액과 도시·농촌 주민의 1인당 소득을 2010년으로 2배 늘려 전면적으로 샤오캉

19) 이는 시진핑 동지가 중국국제우호대회(中國國際友好大會)와 중국인민대외우호협회(中國人民對外友好協會) 창립 60주년 기념행사에서 한 연설의 일부이다.

사회를 건설하고 금세기 중반까지 부강하고 민주적이고 문명하고 조화로운 사회주의 현대화 국가를 건설하여 중화민족의 위대한 부흥을 실현하는 '중국의 꿈'을 실현하고자 하고 있습니다. '중국의 꿈'은 중국 사람들의 행복을 추구하는 꿈일 뿐만 아니라, 세계인의 꿈과 밀접한 관련이 있습니다. 중국은 '중국의 꿈'을 실현하는 과정에서 세계 각국과 함께 세계 각국 국민이 자신의 꿈을 더 잘 실현하도록 추진할 것입니다.

'중국의 꿈'을 실현하기 위한 중국 인민의 노력은 세계에 큰 기회를 가져다줄 것입니다. 2013년 11월에 중국공산당은 제18기 중앙위원회 제3차 전체회의를 개최하여 개혁을 전면적으로 심화하기 시작했습니다. 중국은 이미 수립한 개혁의 청사진을 실행하고 있으며, 새로운 개혁은 중국의 발전에 강력한 원동력이 될 것입니다. 이는 세계경제 발전에 틀림없이 중대한 호재로 작용할 것입니다.

바다가 수많은 물줄기를 수용할 수 있는 것은 그만큼 포용력이 크기 때문입니다. 중국은 계속해서 대외개방을 전면적으로 실행하고, 세계 각국과의 호혜협력 추진에 진력하며, 실크로드 경제벨트와 21세기 해상 실크로드 건설을 촉진시켜 각국의 발전을 위한 기회를 공유하고 공동으로 창조할 것입니다. 중국은 더 열린 마음, 더 포용적인 마인드, 더 넓은 안목으로 중국과 외국의 문화교류를 적극적으로 추진하고 상호 학습을 통해 인류문명의 발전에 기여할 것입니다.

최근 몇 년 동안 중국의 급속한 발전과 함께 일부 사람들은 중국이 '국강필패'의 길을 걸을 것이라고 우려하고 있으며, 일부는 소위 '중국 위협론(中國威脅論)'을 제기했습니다. 이러한 견해와 생각은 인지적 오독에서 비롯된 것이 일반적입니다. 물론 극히 소수의 사람들은 뿌리 깊은 편견을 갖고 있기 때문인 것 또한 사실입니다.

중화민족은 예로부터 평화를 사랑하는 민족입니다. 중국문화는 화합을 숭상합니다. 오랜 역사를 가진 이 '화(和)' 문화에는 천인합일의 우주관, 만방으로 협조하는 국제관, 화이부동의 사회관, 선량을 베푸는(人心和善) 도덕관이 담겨 있습니다. 중화 문명은 5000여 년간 발전하면서 평화·화목·화합의 확고한 이념을 줄곧 추구해왔습니다. 화합을 귀하게 여기고, 선의로 남을 도우며, 자신이 원하지 않는 일은 남에게도 강요하지 않는 이념은 중국에서 대대로 전해져 사람들의 머릿속에 깊이 뿌리 박혔고, 매사에 그대로 지켜지고 있습니다.

중국의 선조들은 '나라가 비록 강해도 전쟁을 좋아하면 반드시 망한다'는 도리를 오래전부터 잘 알고 있었습니다. 예로부터 중화민족은 대외침략과 확장이 아닌 대외교역을 활발히 전개해왔으며, 영토를 개척하는 식민주의보다는 집과 나라를 지키는 애국주의에 집착해왔습니다. 2100여 년 전에 중국 사람들은 실크로드를 개척하여 동서양의 평등한 문명교류를 촉진함으로써 호혜협력의 발자취를 남겼으며, 연로에 있는 각국 국민이 많은 혜택을 받았습니다. 600여 년 전에 중국의 정화는 당시 세계에서 가장 강력한 선단을 이끌고 태평양과 서인도양을 7차례나 원항하여 30여 개의 국가와 지역을 방문했습니다. 그는 단 한 치의 땅도 차지하지 않고 평화와 친선의 씨앗을 뿌렸으며, 연도에 있는 사람들과 우호적으로 왕래하고 문명을 전파하는 미화를 남겼습니다. 중국 근대사는 재난으로 가득 찬 비참한 굴욕의 역사이자, 외세의 침략에 저항하여 민족의 독립을 실현한 중화민족의 위대한 투쟁사입니다. 고난을 겪은 중국 사람들은 평화를 소중히 여기며 자신이 겪었던 비참한 경험을 절대 다른 민족에게 강요하지 않습니다.

중화민족의 피에는 남을 침략하고 세계를 제패하는 유전자가 없으며, 중국 사람들은 '국강필패'의 논리를 받아들이지 않습니다. 우리는 세계 각국의 인민과 화목하게 지내며, 조화롭게 발전하여 평화를 도모하고 평화를 수호하며 평화를 공유할 것입니다.

역사는 우리에게 전쟁은 악마와 악몽과 같아서 인민에게 심각한 재난과 고통을 가져다주기 때문에 반드시 고도로 경계해야 하고, 평화는 공기와 햇빛과 같아서 사람들은 공기와 햇빛의 소중함을 느끼지 못하지만, 그것을 떠나면 생존할 수 없기 때문에 전력(全力)을 다해 수호해야 한다는 가르침을 주었습니다. 오늘날 세계에는 전쟁과 전쟁의 위험이 여전히 존재합니다. 많은 국가와 지역의 사람들이 여전히 포성과 포연 속에 살고 있으며, 수많은 여성과 어린이의 생명이 심각한 위협에 직면해 있습니다. 양심과 평화를 사랑하는 모든 사람은 전쟁을 멈추고 평화를 유지하기 위해 함께 행동해야 합니다.

중국은 평화적 발전 노선을 견지하는 동시에 세계 각국이 이 노선을 함께 견지하도록 추진할 것입니다. 중국은 더 많은 국제적 책임을 적극적으로 지고, 세계 각국과 함께 인류의 양심과 국제 공리(公理)를 수호하며, 세계 및 지역 업무에서 정의를 주장하고 정의를 펼치며, 더 적극적으로 이슈 문제 해결에 참여하여 세계 평화를 유지함과 동시에 스스로를 발전시키고 또한 자체 발전으로 세계 평화를 추진할 것입니다. 중국은 계속해서 평등한 협상을 통해 갈등과 이견을 해결하고 최대한의 성의와 인내를 갖고 대화를 통해 이견을 해소할 것입니다.

2015년은 세계 반파시스트 전쟁이 승리한 지 70주년이 되는 해입니다. 평화를 사랑하는 각국 국민의 오랜 공동 노력으로 제2차 세계대전의 승리를 거두었고 국제질서가 유지되었으며 평화적 발전이 시대적 주제가 되었습니다. 이는 각국의 발전에 필요한 환경을 마련해 주었습니다. 중국 사람들은 세계 각국의 국민과 함께 이 위대한 승리를 기념하고 어렵게 얻은 평화를 소중히 여기고 보호할 것입니다.

"국가 간의 교류는 국민 간의 친화에 있고, 국민 간의 친화는 마음이 서로 통함에 있습니다(國之交在於民相親, 民相親在於心相通.)." 얼마 전 유네스코 본부를 방문했는데 건물 앞 비석에 "전쟁은 인간의 생각에서 비롯되기 때문에, 인간의 생각에서 평화를 지키는 장벽을 세워야 한다"는 말이 여러 나라 언어로 새겨져 있었습니다. 이 말에는 세계 평화를 수호하는 것도, 각국의 공동 발전을 촉진시키는 것도, 핵심은 모든 국민이 평화적 발전이 인류에게 갖는 의미를 충분히 이해하도록 하는 것입니다. 따라서 우리는 문명교류와 상호 학습을 적극적으로 추진해야 합니다. 민간외교는 문명교류와 상호 학습을 촉진케 하는 가장 강력한 힘입니다.

문명은 교류로써 다채로워지고, 상호 학습으로 풍부해지는 것입니다. 문명교류와 상호 학습은 인류문명의 진보와 세계의 평화적 발전을 촉진시키는 중요한 원동력입니다. 우리는 국경을 초월한 시공간적 다양한 문명의 교류와 상호 학습을 추진하여 세계 각국 국민이 서로를 알아가고, 이해를 증진하고, 서로를 응원하고, 서로 도우면서 평화적 이념과 공동 발전의 이념을 확고히 함으로써 전쟁을 예방하고 반대하며, 공동 발전을 촉진시키는 강력한 힘을 형성하도록 이끌어야 할 것입니다.

# 아시아 안보관을 적극적으로 수립하여, 안전 협력의 새로운 국면을 함께 창조하자[20]

●● 2014년 5월 21일 ●●

내외 귀빈 여러분, 동료 여러분,

신사 숙녀 여러분, 친구 여러분:

터키(Turkey) 대통령께서 특별히 다부토을루(Davutoğlu) 외무부 장관을 대표하여 발언해 주신 데 대해 감사를 전합니다. 중국이 아시아 교류 및 신뢰구축 회의(Conference on Interaction and Confidence Building Measures in Asia) 의장국을 맡게 된 이 시점에 즈음하여 각국의 대표 특히 아시아 교류 및 신뢰구축 회의의 발의국인 카자흐스탄(Kazakhstan)과 전임 의장국인 터키가 중국에 신뢰와 지지를 보내준 것에 대해 진심으로 감사를 표합니다!

이제 중화인민공화국을 대표하여 발언하겠습니다.

오늘 아시아 교류 및 신뢰구축 회의 회원국, 옵서버, 손님으로 참석한 분들을 포함한 47개 국가 및 국제기구의 지도자와 대표들이 상하이에 모여 「대화, 신뢰 및 협력을 강화하고 평화, 안정 및 협력으로 대표되는 새로운

20) 이는 시진핑 동지가 상하이에서 열린 아시아 상호 협력 및 신뢰조치회의 제4차 정상회의(亞洲相互協作與信任措施會議第四次峰會)에서 한 연설이다.

아시아를 공동으로 건설하자」는 주제로 함께 안보와 협력의 대계를 논의하고, 장기적인 안보를 위한 좋은 계책을 모색하며, 발전과 번영을 도모하게 됩니다. 이는 아시아와 세계의 안보에 큰 의미가 있습니다.

오늘날 아시아에는 전 세계 67%의 인구가 살고 있고, 세계경제 총량에서 아시아가 3분의 1을 차지합니다. 아시아는 극히 다양한 문명과 민족이 한데 어우러지고 모여 있는 곳입니다. 아시아의 평화적 발전은 인류의 미래와 운명과 밀접하게 연결되어 있는 것으로 아시아의 안정은 세계 평화에, 아시아의 번영은 세계 발전에 이바지할 것입니다.

오늘날 아시아에는 위험과 도전이 증가하고 있으나, 여전히 세계에서 가장 역동적이고 잠재력이 있는 지역이고 평화·발전·협력·상생은 아시아 정세의 주류이며, 협상과 담판을 통해 이견과 분쟁을 처리하는 것 역시 아시아 국가의 주요 정책적 방향입니다. 세계 전략 전반에서 아시아의 위상은 계속 상승하고 있으며, 세계의 다극화 및 국제관계의 민주화 과정에서 점점 더 중요한 역할을 발휘하고 있습니다. 아시아의 양호한 국면은 쉽게 이루어진 것이 아니므로 더욱 소중히 여길 가치가 있습니다.

오늘날 아시아에서는 지역경제 협력은 바야흐로 힘차게 발전하고 있는 반면에 안보 협력은 어려움을 겪고 있으며, 다양한 협력 메커니즘은 더욱 활성화되는 가운데 지역안보 협력은 지나간 것을 이어받아 미래의 것을 창조해나가야 하는 관건적인 시점에 와 있습니다.

"총명한 자는 때에 따라 변하며, 아는 자는 세상의 흐름에 따라 계획을 세웁니다." 정세는 발전하고 시대는 진보하고 있습니다. 시대의 흐름을 따라가려면 몸과 마음이 함께 움직여야 합니다. 즉 머리는 여전히 냉전 사고와 영합게임의 구시대에 머무른 채, 몸만 21세기에 접어들어서는 안 된다는 뜻입니다. 우리는 공동·종합·협력·지속 가능한 아시아 안보관을 적극적으로 창도하고 안보 이념을 혁신하며 지역 안보와 협력을 위한 새로운 구도를 구축하여 공동 건설(共建)·공유·상생의 길을 개척해나가야 합니다.

'공동'이라 함은 모든 국가의 안보를 존중하고 보장해야 한다는 의미입니다. 아시아는 다양성의 특징이 매우 두드러집니다. 각국은 크기, 빈부, 강약에 있어 차이가 크고 역사와 문화적 전통, 사회제도 역시 천차만별하며 안보적 이익과 안보에 대한 수요도 다양합니다. 이러한 국가들이 아시아라는 큰 정원에서 함께 생활하고, 이익과 안위를 함께하며, 나날이 하나가 잘되면 모두가 번영하고 하나가 잘못되면 다 같이 망하는 운명공동체가 되고 있습니다.

안보는 보편적이어야 합니다. 하나의 국가 또는 일부 국가만 안보를 실현해서는 안 된다는 것입니다. 다른 나라의 안보를 희생시키는 것으로 한 나라의 절대적 안보를 실현하는 것은 더더욱 용납할 수 없는 일입니다. 카자흐스탄에서 전해지는 속담처럼 남의 불을 끄다가 자신의 수염이 타버릴 수 있습니다.

안보는 평등해야 합니다. 모든 국가는 지역안보를 위한 사무에 평등하게 참여할 권리가 있으며 지역안보에 이바지할 책임이 있습니다. 그 어느 국가든 지역안보 문제를 독점하고 다른 나라의 정당한 권익을 침해해서는 안 됩니다.

안전은 포용적이어야 합니다. 아시아의 다양성과 각국의 차이를 지역안보 협력을 촉진시키는 활력과 동력으로 전환하고, 주권·독립·영토보전을 존중하고 내정을 간섭하지 않는 등 국제관계의 기본 준칙을 준수하며, 각국이 자주적으로 선택한 사회제도와 발전 노선을 존중하고, 각국의 "합리적인 안보 우려(合理安全關切)"를 존중하고 배려해야 합니다. 제3자에 대한 군사동맹을 강화하는 것은 지역의 공동 안보를 수호하는 데 도움이 되지 않습니다.

'종합'이라 함은 전통 분야와 비전통 분야의 안보를 조정하고 유지해야 한다는 의미입니다. 아시아의 안보 문제는 매우 복잡합니다. 이슈와 민감한 문제, 민족 및 종교적 갈등, 테러리즘, 다국적 범죄, 환경 안보, 사이버 안보,

에너지 자원 안보, 중대한 자연재해로 인한 도전이 뚜렷하게 상승하고 있고, 전통적인 안보에 대한 위협과 비전통적인 안보에 대한 위협이 서로 얽혀 있으며, 안보 문제의 의미와 외연이 더욱 확장되고 있습니다.

우리는 아시아 안보 문제의 역사적 맥락과 현실을 종합적으로 고려하고 다각적이고 포괄적인 조치를 취하여 지역 안보 관리를 조화롭게 진행해야 합니다. 현재의 두드러진 지역 안보 문제를 해결하기 위해 노력해야 할 뿐만 아니라, 머리가 아프면 머리만 치료하고 발이 아프면 발만 치료하는 식이 아닌, 잠재적인 안보 위협에 대처하기 위한 전반적인 계획을 수립해야 합니다.

테러리즘, 분열주의, 극단주의의 '3대 세력'에 대해 무관용 태도를 취하고, 국제 및 지역 협력을 강화하며, 단속을 강화하여 아시아 인민들이 평안하고 화목한 땅에서 행복하게 살 수 있도록 해야 합니다.

'협력'이라 함은 대화와 협력을 통해 국가와 지역의 안보를 촉진시켜야 한다는 의미입니다. "힘은 팔에 있는 것이 아니라 단합에 있다(力量不在胳膊上, 而在團結上.)"는 속담이 있듯이 솔직하고 깊은 대화를 통해 전략적 신뢰를 높이고, 의심을 줄이고, 구동화이(求同化異, 공동의 이익을 추구하되, 이견이 있는 부분까지 공감대를 확대한다는 뜻)하고, 화목하게 지내야 합니다. 각국의 공통적인 안보 이익에 중점을 두고, 덜 민감한 부분에서 시작하여 함께 안보위협에 대처하기 위한 인식을 점차 제고하고, 협력 분야를 지속적으로 확장하고 협력 방법을 혁신하여 평화를 모색하고 안전을 촉진시켜야 합니다. 분쟁의 평화적 해결을 견지하고, 툭하면 무력을 사용하거나 무력으로 위협하거나, 사리사욕을 위해 문제를 일으키고 갈등을 격화하거나, 화를 남에게 전가하고 남에게 손해를 끼치고 자기의 이익만을 도모하는 행위를 반대해야 합니다.

아시아의 일은 결국 아시아 사람들에게 달려 있고, 아시아의 문제는 결국 아시아 사람들이 해결해야 하며, 아시아의 안보는 결국 아시아 사람들이 수호해야 합니다. 아시아 사람들은 협력을 강화함으로써 아시아의 평화와 안정을 실현할 수 있는 능력과 지혜를 가지고 있습니다.

아시아는 열린 아시아입니다. 아시아 국가는 자체 협력을 강화하는 동시에 다른 지역 국가, 다른 지역 및 국제조직과의 협력을 추진하기 위해 힘써야 합니다. 또한 협력 쌍방, 나아가 관련된 모두가 더 나아가 세계 각국이 함께 이익을 얻을 수 있도록 세계 각국이 아시아의 안보와 협력을 위해 적극적이고 건설적인 역할을 발휘하는 것을 환영합니다.

'지속 가능'이라 함은 항구적인 안보를 실현하기 위해 발전과 안보를 모두 중시해야 한다는 의미입니다. "나무가 높이 자라게 하려면 뿌리를 튼튼히 해야 하고, 물을 멀리 흐르게 하려면 샘을 깊이 파야 합니다(求木之長者, 必固其根本; 欲流之遠者, 必浚其泉源.)." 발전은 안보 실현의 기초이고, 안보를 유지하는 것은 발전의 조건입니다. 척박한 땅에서는 평화로운 나무가 자라지 못하고, 봉화(烽火)가 그칠 날이 없으면 발전의 열매를 맺지 못합니다. 대부분의 아시아 국가에게 발전은 가장 큰 안보이자, 지역안보 문제를 해결하는 총 열쇠이기도 합니다.

비바람을 견뎌낼 수 있는 아시아 안보의 빌딩을 건설하려면, 발전이라는 주제에 중점을 두어야 합니다. 민생을 적극적으로 개선하고, 빈부 격차를 줄여 안보의 기반을 끊임없이 다져야 합니다. 공동 발전과 지역 통합 과정을 가속화하여 지역 경제 협력과 안보 협력이 원활하게 상호 작용하며 함께 나아가는 선순환을 이뤄냄으로써 지속 가능한 발전으로 항구적인 안보를 촉진시켜야 합니다.

신사 숙녀 여러분, 친구 여러분!

아시아 교류 및 신뢰구축 회의는 아시아에서 가장 규모가 크고 가장 많은 회원 수를 보유하고 있는 가장 대표적인 지역 안보 포럼입니다. 20여 년간 상호 신뢰와 협력을 증진하고, 아시아의 안보와 안정을 도모하는 것을 자신의 임무로 삼고, 협상을 통한 합의 원칙을 준수하면서 이해를 증진하고 공감대를 형성하며 협력을 심화하는 데 중요한 기여를 했습니다.

현재 아시아 사람들은 평화와 안정에 대한 열망이 더 강하고 안보 도전에 대처하기 위한 협력에 대한 요구가 더 시급합니다.

중국은 아시아 교류 및 신뢰구축 회의가 전체 아시아의 안보를 위한 대화와 협력의 플랫폼이 될 수 있도록 적극적으로 추진할 것이며, 이를 기반으로 새로운 지역안보와 협력을 위한 새로운 구도를 모색할 것입니다. 중국은 상황 발전의 필요에 따라 아시아 교류 및 신뢰구축 회의 외무부 장관 회의 심지어 정상회담의 횟수를 적절하게 증가하여 아시아 교류 및 신뢰구축 회의의 정치적 리더십을 강화하고 발전계획을 수립하는 것도 고려해 볼만 하다고 생각합니다.

중국은 아시아 교류 및 신뢰구축 회의의 기능을 강화하고 체제를 개선할 것을 제안합니다. 즉 사무국의 기능을 개선하고, 회의 내부에 회원국 국방사무 협의 체제 및 역내 신뢰를 위한 조치 실시·감독 전담팀을 만들어 대테러, 경제무역, 관광, 환경보호, 인문 등 분야의 교류 및 협력을 심화한다는 것입니다.

중국은 아시아 교류 및 신뢰구축 회의 비정부 포럼 등을 통해 민간교류 네트워크를 구축하여 아시아 교류 및 신뢰구축 회의의 안보 이념을 널리 알리고, 영향력을 높이며, 지역안보 거버넌스를 촉진시키기 위한 견고한 사회 기반을 마련할 것을 제안합니다.

중국은 아시아 교류 및 신뢰구축 회의의 포용성과 개방성을 강화하기 위해 역내의 다른 협력 조직과의 조정과 협력을 강화할 뿐만 아니라 다른 지역 및 관련 국제기구와의 대화와 소통을 확대하여 지역 평화와 안정 유지에 이바지할 것을 제안합니다.

중국은 아시아 교류 및 신뢰구축 회의 의장국의 역할을 충실히 수행할 것입니다. 각국과 협력하여 아시아 교류 및 신뢰구축 회의의 위상과 역할을 더욱 강화하고 아시아 안보 협력의 새로운 구도를 구축할 것입니다.

신사 숙녀 여러분, 친구 여러분!

중국은 확고부동하게 지역 및 세계 평화를 수호하고 공동 발전을 촉진시키는 데 이바지해 왔고 앞으로도 이를 위해 지속해서 노력할 것입니다. 중국이 인도, 미얀마와 공동으로 발표한 평화공존 5원칙은 국가 간 관계를 지도하는 기본 준칙이 되고 있습니다. 중국은 관련국과의 영토주권 및 해양권익 분쟁을 평화적으로 처리하기 위해 노력해왔으며, 우호적인 협상을 통해 14개 이웃국가 중 12개국과 육상 국경 문제를 완전히 해결했습니다. 중국은 지역안보 협력에 적극적으로 참여해왔고, 관련 국가들과 상하이협력조직 설립을 개시했으며, 서로 신뢰하고 서로 이익을 얻고 평등하게 대하고 서로 협조하는 새로운 안보관을 발표하여 동남아국가연합, 남아시아지역협력연합, 아랍연맹 등 지역의 문제를 해결하기 위해 적극적인 역할을 발휘했습니다. 중국과 러시아는 아시아-태평양 지역의 안보와 협력을 확보할 것을 제안함으로써 아시아-태평양 지역 평화와 안정을 수호하기 위해 중요한 역할을 발휘하도록 합의했습니다. 중국은 6자회담 프로세스를 추진하고, 아프가니스탄의 평화재건을 지지했으며, 대화와 협상을 통해 국제 및 지역 이슈를 해결하기 위해 끊임없이 노력해왔습니다. 중국은 역내 국가 및 국제사회와 협력하여 아시아 금융위기와 국제 금융위기에 대처했고 지역 및 세계경제 성장을 촉진시키는 데 힘써왔습니다.

중국은 평화적 발전 노선을 확고히 견지해왔고, 호혜윈윈하는 개방 전략을 일관되게 실시해왔으며 평화공존 5원칙을 기반으로 세계 국가와의 우호적인 협력을 발전시켜왔습니다. 중국의 평화적 발전 노선은 아시아에서 시작되었고, 또한 아시아에 의존하여 아시아를 이롭게 해왔습니다.

"친척은 친척이 잘 되길 바라고, 이웃은 이웃이 잘 되길 바란다"는 옛말이 있듯이, 중국은 이웃에 착한 일을 하고 이웃과 동반자가 되어 선린우호 관계를 계속해서 발전시켜나가며 우호·성실·호혜·관용의 이념을 실천하면서 자신을 더 발전시킴으로써 아시아 국가에 혜택이 돌아가게 할 것입니다. 중국은 모든 국가와 협력하여 실크로드 경제벨트와 21세기 해상 실크로드 건설을 가속화하고 가능한 한 빨리 아시아인프라투자은행을 설립하고 지역협력 과정에 더 깊이 참여하여 아시아의 발전과 안보가 상호 촉진시키고 상부상조할 수 있도록 할 것입니다.

"산은 흙과 돌이 나날이 쌓여 높이 솟아 있고, 장강의 큰 강은 점적(點積聚)의 물이 오랫동안 축적되어 형성된 것입니다(山積而高, 澤積而長.)." 중국은 아시아 안보관을 발표했고 확고히 실천해왔습니다. 중국은 모든 국가들과의 안전한 대화와 협력을 점차적으로 강화하고 「지역안보행동지침(地區安全行爲准則)」과 「아시아안보동반자계획(亞洲安全夥伴計劃)」을 공동으로 논의하고 공식화하여 아시아 국가가 상호 신뢰하고 평등하게 협력하는 동반자 되도록 할 것입니다. 중국은 역내 국가와 정상화된 교류 및 협력 체제를 구축하여 '3대 세력'을 공동으로 단속하고, '아시아집법안전협력포럼(亞洲執法安全合作論壇)', '아시아안보비상센터(亞洲安全應急中心)' 설립을 논의할 것이며 집법 안전 협력을 강화하여 역내 국가들이 비상사태에 보다 효과적으로 대처하도록 할 것입니다. 중국은 아시아 국가 간 문명대화회의 등을 개최하여 다양한 문명·종교 간의 교류와 상호 학습, 장단점 보완, 공동 진보를 촉진할 것을 제안합니다.

신사 숙녀 여러분, 친구 여러분!

중국 인민은 중화민족의 위대한 부흥이라는 '중국의 꿈'을 실현하기 위해 노력하고 있습니다. 또한 중국은 아시아 각국의 인민들이 아름다운 꿈을 실현하도록 지지하고 도움으로써 각국과 함께 항구적인 평화, 공동 발전이라는 아시아의 꿈을 실현하기 위해 노력할 것이며, 인류의 평화와 발전을 촉진시키는 숭고한 사업에 새롭고 더 큰 공헌을 할 것입니다!

감사합니다.

# 실크로드의 정신을 고양하여 중국과 아랍의 협력을 심화시키자[21)]

●● 2014년 6월 5일 ●●

존경하는 자베르(Jaber) 총리님,

나빌 엘아라비(Nabil Al-Arabi) 아랍연맹 사무총장 및 대표단장님,

신사 숙녀 여러분, 친구 여러분!

앗살라무 알라이쿰(As-salāmu 'alaykum)[22)]! 안녕하세요! 오늘 아랍의 친구들과 한자리에 모여 중국-아랍 국가협력포럼 창설과 중국과 아랍 간 관계발전 계획을 논의하게 되어 매우 기쁩니다. 먼저 중국 정부와 인민을 대표하여, 그리고 저 개인적으로 회의에 참석하신 내빈 여러분께 환영의 인사를 드립니다! 중국-아랍 국가협력포럼 제6차 장관급 회의 개최를 진심으로 축하드립니다!

아랍 친구를 만나면 늘 옛 친구를 만난 것 같은 느낌이 듭니다. 이러한 친근감은 서로를 대하는 우리의 열정과 진정성에서 우러나온 것이며, 중국과 아랍 국가 민족의 오랜 교류에서 비롯된 것입니다.

---

21) 이는 시진핑 동지가 베이징에서 열린 중국-아랍협력포럼 제6차 장관급 회의 개막식에서 한 연설이다.

22) 아랍어로 '안녕하세요'라는 뜻임.

중국과 아랍 인민의 교류역사를 돌이켜 보면 우리는 육상 실크로드와 해상 향신료의 길을 떠올리게 됩니다. 드넓은 고비사막에서는 "명을 받고 달리는 역마(驛馬)가 끊이지 않았고(馳命走驛, 不絕於時月.)" "망망대해에서는 돛을 높이 올린 배들이 밤낮으로 항해했습니다(雲帆高張, 晝夜星馳.)." 우리 선조들은 세계 여러 민족과의 친선 교류의 선두에 섰습니다. 감영(甘英), 정화, 이븐 바투타(ibn Baṭūṭah)는 우리가 잘 아는 중국과 아랍의 친선 교류를 이어 준 사자(使者)들입니다. 실크로드는 중국의 제지술, 화약, 인쇄술, 나침반을 아랍 지역을 거쳐 유럽에 전했고 아랍의 천문, 역법, 의약품을 중국에 소개하여 문명 교류사에 중요한 한 페이지를 남겼습니다.

수천 년 동안 실크로드에 깃든 평화 협력, 개방과 포용, 상호 학습, 호혜윈윈 정신은 대대로 전해졌습니다. 중국-아랍 인민은 민족의 존엄을 수호하고 국가 주권을 지키는 투쟁에서 서로를 지지했고, 발전 노선을 모색하고 민족 진흥을 실현하는 과정에서 서로 도움을 주었고 인문교류를 심화하고 민족 문화를 번영시키는 사업에서 서로의 거울로 삼았습니다.

우리는 60년 전에 열린 반둥회의(Bandung Conference)에서 중국이 아직 수교하지 않은 아랍 국가에 팔레스타인 인민의 투쟁을 지지하겠다고 약속한 것을 잊지 않을 것이며, 40여 년 전 13개의 아랍 국가가 아프리카와 함께 신중국이 유엔 의석 복귀에 찬성표를 보낸 것을 잊지 않을 것입니다. 우리는 만 명에 가까운 중국 의사들이 아랍 국가의 마을과 시골을 분주히 오가며 죽어 가는 생명을 구하고 부상당한 사람들을 치료한 일을 잊지 않을 것이며, 쓰촨성 원촨 대지진 이후 가장 아낌없는 지원이 아랍 형제들에게서 보내 왔다는 사실도 잊지 않을 것입니다.

신사 숙녀 여러분, 친구 여러분!

향후 10년은 중국-아랍 쌍방의 중요한 발전 시기입니다. 중국은 이미 전면적으로 샤오캉사회를 건설하는 결정적인 시기에 진입했습니다. 이 목표를 실현하는 것은 중화민족의 위대한 부흥이라는 '중국의 꿈'을 실현하는데 있어 결정적인 한 걸음이 될 것입니다. 이를 위해 우리는 개혁을 전면적으로 심화하기 위한 총체적인 계획을 세웠으며, 그 중 역점을 두는 부분 중 하나는 보다 완벽하고 역동적인 개방형 경제체제를 마련하여 전방위적이고 다차원적인 국제협력을 추진하고, 각국, 각 지역 이익과의 접점과 호혜윈윈을 확대하는 것입니다. 중동은 전대미문의 큰 변화를 겪고 있으며, 아랍 국가들은 자주적인 변화를 모색하고 있습니다. 민족 진흥의 공동 사명을 수행하고 도전에 대응하기 위해 우리는 실크로드 정신을 드높여 발전을 위한 동력을 증대하고 협력에 활력을 불어넣음으로써 전면적으로 협력하고 공동으로 발전하는 중국-아랍지역의 전략적 협력 관계를 지속적으로 심화해야 합니다.

— 실크로드의 정신을 고양시킨다는 것은 문명 간의 상호 학습을 촉진시켜야 한다는 것입니다. 인류문명은 우열을 가릴 수 없으며, 평등한 교류를 통해 풍부해지고 다채로워지는 것입니다. 이는 "다섯 가지 색깔이 서로 눈부시게 비추어 서로를 돋보이게 하고, 여덟 가지 소리가 함께 연주되어 서로 조화와 균형을 이루는(五色交輝, 相得益彰; 八音合奏, 終和且平)" 것과 같습니다. 중국과 아랍은 개방적이고 포용적인 자세로 서로를 대하며 충돌과 대항이 아닌 대화와 교류로써 다양한 사회제도·신앙·문화적 전통을 가진 국가가 조화롭게 공존하는 모범을 보여주었습니다. 중국은 앞으로도 아랍 국가들이 민족 문화와 전통을 지키는 것을 계속 지지하고 특정 민족과 종교에 대한 모든 차별과 편견에 반대할 것입니다. 우리는 함께 문명 간의 관용을 제창하고 극단주의 세력과 사상이 문명 간의 교류를 단절시키는 행위를 막기 위해 노력해야 합니다.

— 실크로드의 정신을 고양시킨다는 것은 서로의 발전 노선을 존중해야 한다는 것입니다. “신발은 똑같을 필요 없이 자신의 발에 맞으면 되고, 나라를 다스리는 방법은 같을 필요 없이 백성에게 이로우면 된다(履不必同, 期於適足; 治不必同, 期於利民.)”는 말이 있습니다. 한 나라의 발전 노선이 적합한지 그 여부에 대해서는 그 나라 국민만이 압니다. 우리가 모든 꽃이 제비꽃으로 변하도록 요구할 수 없는 것처럼, 문화적 전통, 역사적 경험, 국정이 서로 다른 국가들에 동일한 발전모델을 요구할 수는 없습니다. 그럴 경우 이 세상은 너무 단조로워질 것입니다. 아랍 국가들은 지금 독자적으로 각자의 발전 노선을 모색하고 있습니다. 우리는 아랍과 국정운영 경험을 공유하고 각자의 유구한 문명과 발전 관행에서 지혜를 찾고자 합니다.

— 실크로드의 정신을 고양시킨다는 것은 협력윈윈을 견지해야 한다는 것입니다. 중국이 지향하는 것은 공동 발전입니다. 우리는 중국뿐만 아니라 다른 나라도 잘 살 수 있도록 해야 합니다. 향후 5년 동안 중국은 10조 달러 이상의 상품을 수입하고 5,000억 달러 이상의 대외 직접투자를 진행할 것입니다. 2013년 중국이 아랍 국가로부터 1,400억 달러에 달하는 상품을 수입했지만, 이는 향후 연간 수입액 2조 달러의 7%에 불과하고, 아랍 국가에 대한 직접투자는 22억 달러로 이는 향후 연간 1,000억 달러에 달하는 대회 직접투자 총액의 2.2%에 불과합니다. 이러한 사실은 잠재력과 기회가 있다는 것을 말해주고 있습니다. 중국은 자체의 발전을 아랍 국가의 발전과 연결하여 아랍 국가의 취업 확대, 산업화 추진, 경제 발전 추진을 지원할 것입니다.

— 실크로드 정신을 고양시킨다는 것은 대화와 평화를 제창해야 한다는 것입니다. 중국은 중동의 평화 프로세스를 확고히 지지하고 1967년의 국경을 기초로 동예루살렘을 수도로 하는, 온전한 주권을 가진 독립된 팔레스타인 국가의 건립을 지지합니다. 각 당사자들이 효과적인 조치를 취하여 평화

회담을 가로막는 장애물을 제거하고 평화적 회담의 교착상태를 조속히 타개하기를 바랍니다. 중국은 시리아 국민의 합리적인 요구를 존중하고 제네바선언이 조속히 시행되어 포용력 있는 정치적 과도기를 열고 시리아 문제가 정치적으로 해결되기를 바랍니다. 중국은 시리아의 인도주의 상황을 고도로 중시하며, 인도주의적 재난을 막기 위해 요르단, 레바논 등에 머무르고 있는 시리아 난민들에게 인도주의적 원조를 추가로 제공할 것입니다. 중국은 중동 비핵무기지대의 출범을 지지하고 중동의 정치 판도를 바꾸려는 어떠한 시도에도 반대합니다. 중국은 건설적인 자세로 지역 업무에 참여할 것이고, 공평하게 일을 처리할 것이고, 정의를 주장할 것이며, 아랍 국가들과 함께 대화를 통해 각자의 관심사에서 최대 공약수를 찾고, 지역 이슈의 적절한 해결을 위해 보다 많은 공공재를 제공할 것입니다.

신사 숙녀 여러분, 친구 여러분!

'일대일로'는 호혜적으로 윈윈하는 길로서 각국의 경제를 더욱 긴밀하게 통합하고, 국가 인프라 건설과 체제의 혁신을 추진하며, 새로운 경제와 취업 성장 포인트를 창출하고 국가 경제의 내생적 원동력과 리스크 대처 능력을 증강시킬 것입니다.

중국과 아랍 국가는 실크로드를 통해 서로 알게 되었고, 교류해 왔으므로 우리는 '일대일로'를 공동으로 구축하는 천연적인 협력 동반자입니다.

— 중국과 아랍이 '일대일로'를 공동으로 구축하는 데 있어 공동 협상(共商)·공동 건설(共建)·공동 향유(共享)의 원칙에 따라야 합니다. 공동 논의란 여러 사람의 의견을 모은다는 의미로, 좋은 일을 함께 의논하고 추진하여 '일대일로' 건설이 쌍방의 이익과 관심 사안을 두루 고려할 수 있도록 하고, 쌍방의 지혜와 창의성을 반영하는 것입니다. 공동 건설이란 각자의 능

력을 다하고 쌍방의 장점과 잠재력을 충분히 발휘한다는 것을 의미하므로 모래가 쌓여 탑이 만들어지고 물이 고여 큰 못이 만들어지듯이 끈기 있게 추진하는 것입니다. 공동 향유란 건설성과가 중국과 아랍 인민에게 더 많이 더 공평하게 돌아가게 하여 중국-아랍 이익공동체와 운명공동체를 구축하는 것입니다.

— 중국과 아랍 '일대일로'를 공동건설하려면 높은 곳에 올라 멀리 바라보는 등고망원의 안목이 필요할 뿐만 아니라, 매사에 착실하게 임하는 자세도 필요합니다. 등고마원의 안목이란 전략적 차원에서 전체의 국면을 기획하고 방향과 목표를 설정하며 '1+2+3' 협력 구도를 구축하는 것입니다. '1'은 에너지 협력을 주축으로 오일가스(油氣) 분야의 전체 산업체인 협력을 심화하고 에너지 운송 통로의 안전을 수호하여 호혜적이고 안전하고 신뢰할 수 있고 장기적으로 우호적인 중국-아랍 에너지의 전략적 협력 관계를 구축하는 것입니다. '2'는 인프라 건설, 무역 및 투자 편리화를 양 날개로 하여 중국-아랍의 중대 개발 프로젝트와 대표적인 민생 프로젝트 간의 협력을 강화하여 양자 간 무역과 투자를 촉진시키기 위한 제도적 장치를 마련하는 것입니다. 중국은 중국 기업이 아랍에서 더 많은 비 석유 제품을 수입하도록 권장하고 무역 구조를 최적화하여 중국과 아랍의 무역 규모를 지난해의 2,400억 달러에서 향후 10년 안에 6,000억 달러로 늘리기 위해 노력할 것입니다. 중국은 중국 기업이 아랍 국가의 에너지, 석유 화학, 농업, 제조업, 서비스 산업 및 기타 분야에 투자하도록 권장하고 비금융 분야에 대한 중국의 투자 재고를 지난해의 100억 달러에서 향후 10년 안에 600억 달러 이상으로 늘리기 위해 노력할 것입니다. '3'은 원자력, 우주위성, 신에너지 등 3대 하이테크 분야를 돌파구로 삼아 중국과 아랍 간의 실질적인 측면에서의 협력 수준을 향상시키기 위해 노력하는 것입니다. 쌍방은 중국-아랍 기술이전센터(中阿技術轉移中心)와 아랍 원자력 평화적 이용 훈련센터(阿拉伯

和平利用核能培訓中心) 설립을 검토하고, 중국 베이더우위성항법시스템(北鬥衛星導航系統)이 아랍 지역에 적용되도록 하는 협력 프로젝트를 연구할 것입니다.

매사에 착실하게 임하는 자세란 조속히 성과를 거두기 위해 노력하는 것입니다. 아랍에는 "행동에 의해 증명된 언어가 가장 유력(有力)한 언어이다(被行動證明的語言是最有力的語言.)"라는 속담이 있습니다. 중국과 아랍 간에 합의가 이루어지고 이미 기반이 다져진 프로젝트, 이를테면 중국-걸프만 아랍 국가 협력위원회 자유무역지대, 중국-아랍에미리트 공동투자기금, 아랍 국가의 아시아인프라투자은행 설립 참여 등은 협상과 추진에 박차를 가하고 이미 성숙한 프로젝트는 하나하나 실천에 옮겨야 합니다. '일대일로' 건설이 일찍 실질적인 성과를 거둘수록 각 당사국의 열정을 불러일으켜 선도적 작용과 시범적 효과를 발휘하도록 할 수 있을 것입니다.

— 중국과 아랍이 '일대일로'를 공동으로 건설하기 위해서는 중국과 아랍의 전통적인 친선 관계에 의지하고 이를 증진해야 합니다. 민심이 통하는 것이 '일대일로' 건설의 중요한 내용이자 핵심적 기반입니다. 저는 이 자리에서 중국과 아랍 쌍방이 2014년과 2015년을 '중국과 아랍 국가 친선의 해'로 정하고 이 틀 안에서 일련의 친선 교류 활동을 전개할 것임을 알립니다. 우리는 아랍 측과 예술 축제 공동 개최 등 문화교류 활동 규모를 확대할 것입니다. 더 많은 학생이 상대국에 유학하거나 교류하도록 권장하고 관광·항공·신문출판 등 분야에서 협력을 강화할 것입니다. 향후 3년 동안 우리는 아랍 국가 각 분야의 인재 6,000명을 추가로 양성하고 발전과 빈곤 감소에 대한 경험을 아랍과 공유하며, 중국의 선진적인 적용 가능한 기술을 교류할 것입니다. 향후 10년 동안 우리는 10,000명의 중국-아랍 예술가의 상호 방문과 교류를 추진하고 200개의 중국-아랍문화기구 간 협력을 추진하며, 아랍의 문화, 예술 분야 인재 500명을 중국에 초청하여 연수하도록 지원할 것입니다.

신사 숙녀 여러분, 친구 여러분!

중-아랍 국가 협력포럼의 창설은 우리가 중국-아랍 관계의 장기적인 발전에 초점을 맞춘 전략적 선택입니다. 지난 10년간의 발전을 거쳐 이 포럼은 이미 중국-아랍 관계의 전략적 함의를 풍부히 하고, 중국-아랍 간의 실질적인 측면에서의 협력을 촉진시키는 효과적인 수단이 되었습니다. '일대일로'의 공동 건설은 포럼이 발전을 이룰 수 있는 새로운 기회이자, 새로운 출발점입니다. 이 기회를 잡아야만 현재의 발전이 멈추지 않고 미래의 발전이 지속될 수 있습니다. 이 새로운 출발점에 서야만 더 큰 발전 공간을 얻을 수 있고 더 지속적인 발전 동력을 자극할 수 있습니다. 한마디로 포럼은 실질적인 사업의 거점이 되어야 합니다.

— 우리는 포럼을 중심으로 정책 소통을 강화해야 합니다. 우리는 서로 솔직하고 성실하게 대하며 의견의 차이를 두려워하거나 문제점을 회피하지 않는 태도로 각자의 외교정책과 발전 전략에 대해 충분히 교류하고 정치적인 상호 신뢰를 강화하며 전략적 연계를 촉진함으로써 정책적 차원에서 중국-아랍의 협력을 지원해야 합니다.

— 우리는 포럼을 중심으로 실질적인 측면에서의 협력을 심화해야 합니다. 중국과 아랍 간의 발전은 상호 보완성이 강하기에 우리는 자원 공유의 잠재력과 장점을 취하고 단점을 보완할 수 있는 공간을 충분히 이용하여 가장 명확한 언어로 대화하고 가장 친밀한 방식으로 협력해야 합니다. 다자간 협력은 일시적인 센세이션을 일으키는 것보다는 기반을 착실히 다지고 장기적인 조치를 취하는 것이 중요합니다.

— 우리는 포럼을 중심으로 끊임없이 개척하고 혁신해야 합니다. 포럼의 생명력은 혁신에 있습니다. 우리 쌍방은 새로운 사고로 새로운 조치를 취하고 새로운 체제를 구축하며 실질적인 측면에서의 협력을 추진하는 과정에

서 직면한 다양한 난제를 원만히 해결하여 개혁과 혁신의 정신으로 현실적인 난관을 타파하고 협력의 잠재력을 방출해야 합니다.

신사 숙녀 여러분, 친구 여러분!

중국-아랍 관계의 급속한 발전은 양측 일반인들의 운명을 더욱 밀접하게 연결해놓았습니다. 제가 근무한 적이 있는 저장(浙江)에 이런 이야기가 있습니다. 아랍 상인들이 몰려드는 이우(義烏)시에 무하마드(Muhamad)라는 요르단 상인이 아랍 전통 식당을 차렸습니다. 그는 전통 그대로 아랍의 음식문화를 이우로 가져 왔고 이우의 번영과 발전에 힘입어 성공을 거두었으며 그 후 중국 아가씨와 결혼하여 중국에 정착하게 되었습니다. 평범한 아랍 젊은이는 자신의 꿈을 행복을 지향하는 중국 일반인들의 꿈과 접목했고, 부단히 노력하여 화려한 인생을 연출하고 '중국의 꿈'과 아랍 꿈의 완벽한 조화를 이뤄냈습니다.

중화민족과 아랍민족은 찬란하게 빛나는 문명을 창조했으며 근대 이후의 시대적 변화 속에서 우여곡절을 겪어왔습니다. 민족 부흥의 실현은 시종일관 우리 쌍방이 지향하는 바입니다. 우리 함께 손잡고 실크로드 정신을 드높이고 중국-아랍 협력을 심화하여 '중국의 꿈'과 아랍의 진흥을 위해 노력합시다. 그리고 인류의 평화와 발전이라는 숭고한 사업을 위해 분투합시다!

슈크란(Shukran)[23]! 감사합니다!

23) 아랍어로 "감사합니다"라는 뜻.

# 평화공존 5원칙을 고양하여 협력윈윈하는 아름다운 세상을 건설하자[24)]

●● 2014년 6월 28일 ●●

존경하는 테인 세인(Thein Sein) 대통령님,

존경하는 안사리(Ansari) 부통령님,

존경하는 사절과 내외 귀빈 여러분,

신사 숙녀 여러분, 친구 여러분:

오늘 우리는 이곳에 모여 평화공존 5원칙 발표 60주년을 맞아 성대한 기념행사를 거행하게 되었습니다. 이는 중국, 인도, 미얀마 3국 그리고 국제사회가 함께하는 성대한 행사로 평화공존 5원칙을 널리 알리고, 각국의 친선과 협력을 증진하며, 세계 평화와 발전을 촉진케 하는 데 중요한 의의가 있습니다.

저는 중국 정부와 중국 국민을 대표하여, 그리고 저 개인적으로 여러분이 대회에 참석한 것에 대해 열렬하게 환경을 표합니다!

방금 테인 세인 대통령, 안사리 부통령께서 열정이 넘치는 중요한 연설을 하셨는데, 이에 높은 찬사를 보내 드리고 싶습니다.

60년 전 제2차 세계대전이 끝난 후 시작된 탈식민지화 운동에서 아시아-

24) 이는 시진핑 동지가 베이징에서 개최된 평화공존 5원칙 발표 60주년 기념대회 한 연설이다.

아프리카-라틴 아메리카민족의 독립운동과 해방운동이 활발히 진행되었고, 새로 건립된 국가 간에는 평등한 국제관계 구축을 열망했습니다. 중국, 인도, 미얀마는 이러한 역사적 흐름에 따라 “주권과 영토보전의 상호 존중, 상호 불가침(互不侵犯), 상호 내정 불간섭(互不幹涉內政), 평등호혜, 평화공존(和平共處)”의 5원칙을 공동으로 발표했습니다.

1954년 6월 28일과 29일에 중국-인도, 중국-미얀마는 각각 공동 성명을 발표하여 이 5원칙이 상대국과 아시아 및 세계 각국과의 관계에서 적용될 것임을 밝혔습니다. 이는 국제 관계사에서의 중대한 창조물이며, 공정하고 합리적인 신형 국제관계 수립을 촉진시키는 데 역사적인 공헌을 해왔습니다.

과거를 회상하며, 우리는 평화공존 5원칙을 함께 발표한 3국의 전 세대 지도자들에게 깊은 추념을 표하며, 오랫동안 평화공존 5원칙을 선양해 온 각국의 유식한 인사들에게, 숭고한 경의를 표합니다!

오늘 우리가 평화공존 5원칙 발표 60주년을 맞아 기념행사를 거행하게 된 이유는 새로운 상황에서 어떻게 이 5원칙을 더 널리 알리고 신형 국제관계 수립을 촉진시켜 협력윈윈하는 아름다운 세상을 건설할 수 있는지를 모색하기 위함입니다.

신사 숙녀 여러분, 친구 여러분!

평화공존 5원칙이 아시아에서 탄생하게 된 이유는 평화를 숭상하는 아시아인들의 사상적 전통을 계승했기 때문입니다. 중화민족은 항상 화합을 귀하게 여기고, 화합하되 자신의 중심과 원칙을 잃지 않고, 만방으로 화합하고, 겸애(兼愛)와 비공(非攻)의 평화론을 숭상해왔습니다. 인도, 미얀마 등 아시아 국가의 인민은 항상 인애(仁愛), 자선(慈善), 평화 등의 가치관을 숭상해왔습니다. 인도의 위대한 시인 타고르(Tagore)는 “전쟁으로 우정을 얻을 수 있다고 생각합니까? 봄은 눈앞에서 느릿느릿 지나가 버립니다(你以

爲用戰爭可以獲取友誼? 春天就會從眼前姗姗而去.).” 미얀마 인민은 평화의 탑을 세워 세계 평화를 기원했습니다.

평화공존 5원칙은 유엔헌장의 취지와 원칙을 보여주었으며, 이러한 취지와 원칙은 가시적이고 실현 가능하며 견지할 수 있다는 사실을 증명해주었습니다. 평화공존 5원칙에는 4개의 '호(互)'자와 1개의 '공(共)'자가 포함되어 있는데, 이는 국제관계에 대한 아시아 국가들의 새로운 희망을 의미할 뿐만 아니라 동일한 권리, 의무, 책임을 이행하는 각국의 국제적 법치주의 정신(國際法治精神)을 의미합니다.

1950년대에는 평화공존 5원칙의 지도 아래 중국과 인도의 친선의 바람이 두 나라의 광활한 지역을 휩쓸었습니다. 그해 저우언라이 총리가 인도를 방문했을 때 곳곳에서 '판차히라 킨다바(Pancasila)' 즉 5원칙 만세, “인도와 중국 인민은 형제입니다(印地秦尼巴伊巴伊)”라는 환호성이 곳곳에서 들렸습니다. 중국과 미얀마는 평화공존 5원칙의 지도 아래 국경 문제를 적절하게 해결했고, 1960년에 양국은 국경조약을 체결했습니다. 이는 신중국이 주변국가들과 체결한 첫 번째 국경조약입니다. 중국과 미얀마는 또 아시아 국가 간 첫 평화우호조약인 중국-미얀마 우호 불가침조약도 체결했습니다.

60년 동안 평화공존 5원칙은 중국, 인도, 미얀마에서 뿌리를 내리고, 3국 인민들의 가슴 깊이 스며들었을 뿐만 아니라 아시아로, 세계로 널리 알려졌습니다. 이 과정에서 3국은 큰 공헌을 했습니다. 중국은 국제관계의 실천에서 평화공존 5원칙이 강력한 생명력을 가지고 있다는 결론을 내릴 수 있다고 생각합니다. 인도는 평화공존 5원칙이 모든 국가 간의 관계에서 지켜진다면, 세계는 어떤 충돌이나 전쟁도 존재하지 않을 것이고 생각합니다. 미얀마는 평화공존 5원칙이 모든 국가에 적용될 수 있는 지도원칙이라고 밝혔습니다.

신사 숙녀 여러분!

60년 동안 국제 풍운 속에서 평화공존 5원칙은 개방적이고 포용적인 국제법이라는 원칙으로 주권·정의·민주·법치의 가치관을 집중적으로 보여주었습니다.

— 평화공존 5원칙은 국제관계와 국제법의 기본 원칙이 되었습니다. 평화공존 5원칙은 신형 국제관계의 본질적 특성을 보여주고, 상호 연결되고 상호 보완적이며 불가분의 통일체로서 다양한 사회제도, 발전 수준, 대규모 국가 간의 관계에 적용될 수 있습니다. 1955년에 반둥회의에서 채택된 10가지 원칙은 평화공존 5원칙을 확대하고 발전시킨 것입니다. 1960년대에 시작된 비동맹 운동(不結盟運動)은 5원칙을 지도원칙으로 삼았습니다. 1970년과 1974년 유엔 총회에서 채택된 관련 선언은 모두 평화공존 5원칙을 수용했습니다. 평화공존 5원칙은 오늘날 세계의 많은 국제기구와 국제문서에 의해 채택되었으며 국제사회의 찬성을 받으며 지켜지고 있습니다.

— 평화공존 5원칙은 개발도상국의 권익을 효과적으로 보호해주었습니다. 평화공존 5원칙의 정수는 모든 국가는 주권이 평등하다는 것을 견지하고, 특정 국가가 국제 문제를 독점하는 것을 반대하는 것입니다. 이는 개발도상국의 국가 주권과 독립을 수호하기 위한 강력한 사상적 무기를 제공해주었고, 개발도상국의 단결, 자강의 기치가 되었으며, 개발도상국 간의 상호이해를 증진하고 신뢰를 강화했으며, 남남협력을 촉진시켰고, 남북관계의 개선과 발전도 촉진케 했습니다.

— 평화공존 5원칙은 보다 공정하고 합리적인 국제정치와 경제 질서의 수립을 촉진시키는 데 긍정적인 역할을 해왔습니다. 평화공존 5원칙은 약육강식의 정글 법칙을 버리고 반제국주의와 반식민지의 세력을 강화하며 식민지 체제의 붕괴를 가속화했습니다. 동서 냉전의 대치를 배경으로 이른바

'대가족(大家庭)', '집단정치(集團政治)', '세력범위(勢力範圍)' 등은 국가 간 관계를 제대로 처리하지 못하고 오히려 갈등을 빚어 정세를 격화시켰습니다. 이와는 대조적으로 평화공존 5원칙은 국가 간 과거사 문제와 국제분쟁을 평화적으로 해결할 수 있는 새로운 길을 개척했습니다.

신사 숙녀 여러분, 친구 여러분!

오늘날 세계는 심각하고 복잡한 변화를 겪고 있으며, 평화·발전·협력·상생에 대한 염원이 갈수록 커지고 있습니다. 국제사회는 나날이 "네 속에 내가 있고, 내 속에 네가 있다"는 운명공동체가 되고 있습니다. 한편 국제관계에서 불공정과 불평등이 여전히 두드러지고, 세계적인 도전이 끊임없이 등장하며, 다양한 지역적 분쟁과 국지전이 발생하고 있고, 많은 국가의 인민, 특히 어린이들이 여전히 전쟁의 불길 속에 살고 있으며, 많은 개발도상국 인민들은 여전히 굶주림과 추위에 시달리고 있습니다. 세계 평화를 수호하고 공동 발전을 촉진케 하는 것은 여전히 멀고도 험난합니다.

새로운 국제정세 속에서 평화공존 5원칙의 정신은 시대에 뒤떨어진 것이 아니라 오랜 시간을 거쳐 활기와 가치를 더하게 되었고, 평화공존 5원칙의 의의는 희미해진 것이 아니라 오랜 시간을 거쳐 한층 깊어졌으며, 평화공존 5원칙의 역할은 약화된 것이 아니라 오랜 시간을 거쳐 강화되었습니다.

"무릇, 더해줌의 도라는 것은 때와 더불어서 함께 행한다(凡益之道, 與時偕行.)"라는 말이 있습니다. 방금 테인 세인 대통령, 안사리 부통령께서 모두 새로운 국제정세 속에서 평화공존 5원칙을 견지하고 그 정신을 드높이며 신형 국제관계와 더 나은 세상을 만들기 위해 노력하는 것에 대한 좋은 생각과 주장을 말씀해주셨습니다. 이 문제에 대해 중국, 인도, 미얀마는 폭넓은 공감대를 가지고 있습니다. 이와 관련하여 아래와 같은 몇 가지 생각을 말씀드리고 싶습니다.

첫째, 주권의 평등을 견지하는 것입니다. 주권은 국가 독립의 근본적인 상징이자 국가 이익의 근본적인 구현이고 국가 이익 확보의 확실한 담보물입니다. 주권과 영토보전은 상호 불가침한 것으로 각국은 서로의 핵심 이익과 중대한 관심사를 존중해야 합니다. 이는 각국이 엄격히 지켜야 할 도리로 언제까지나 버려서도, 흔들려서도 안 됩니다.

크기, 강약, 빈부를 막론하고 각국은 국제사회의 평등한 구성원이며 국제 문제에 평등하게 참여할 권리가 있습니다. 각국의 업무는 반드시 각국 국민이 스스로 처리해야 합니다. 우리는 각국이 자주적으로 선택한 사회제도와 발전 노선을 존중하고, 자국의 이익을 위해서, 또는 사사로운 견해에서 불법적인 수단으로 다른 나라의 합법적인 정권을 전복시키는 행위를 반대해야 합니다.

둘째, 공동 안보를 수호해야 합니다. 안보는 보편적이어야 합니다. 모든 국가는 국제 및 지역 안보 관련 사무에 동등하게 참여할 권리가 있으며 국제 및 지역 안보를 수호할 책임이 있습니다. 우리는 공동·종합·협력·지속가능한 안보 개념을 창도하고 모든 국가의 안보를 존중하고 보장해야 합니다. 한 나라 또는 일부 국가만 안전하거나, 일부 국가의 안보를 수호하기 위해 다른 나라를 희생시켜 소위 절대적 안보를 확보하는 행위는 더더욱 용납할 수 없습니다. 우리는 국제 및 지역 협력을 강화하고 나날이 증가하는 비전통적 안보위협에 공동으로 대응하며 모든 형태의 테러리즘을 단호히 퇴치하고 테러리즘 번식의 토양을 제거해야 합니다.

국가 간의 의견 불일치와 분쟁은 대화를 통한 협상에 의해 평화적으로 해결해야 합니다. 대화로 신뢰를 증진하고, 분쟁을 해결하며, 안보를 촉진시켜야 합니다. 툭하면 무력을 행사하거나 무력으로 위협해서는 안 됩니다. 무력을 사용하는 것은 국가의 강대함을 보여주는 것이 아니라, 도덕적 빈곤과 창백한 이념의 표현입니다. 도의(道義)와 이념에 기초한 안보만이 기초가 튼튼하고 진정으로 지속 가능한 안보라고 할 수 있습니다. 우리는 개방적이고 투명하며 평등한 아시아-태평양 안보 협력의 새로운 구도를 구축하여 각국이 함께 지역과 세계의 평화 및 안보를 공동으로 수호하도록 추진해야 합니다.

셋째, 공동 발전을 견지해야 합니다. 하늘은 충분히 넓고, 지구는 충분히 크며, 세계는 각국이 함께 발전하고 번영할 수 있을 만큼 충분히 큽니다. 일부 국가는 점점 더 부유해지는 반면에 일부 국가는 오랫동안 가난하고 낙후한 현실은 지속 가능하지 않습니다. 물이 불어나면 배가 뜨기 마련이고, 작은 강에 물이 가득 차면 큰 강이 차듯이 모두가 발전해야 모두를 발전시킬 수 있는 것입니다. 각국이 자체 발전을 추구할 때 다른 국가의 공동 발전을 적극적으로 촉진시켜 자체의 발전성과가 더 많은 국가에 더 많은 혜택을 줄 수 있도록 해야 합니다.

우리는 함께 개방적인 세계경제를 유지 및 발전시키고, 세계경제의 빠르고 지속 가능하며 균형 잡힌 성장을 추진함으로써 무역과 투자의 자유화와 편리화를 촉진시키고, 개방적인 지역 협력을 위해 노력하는 한편, 다양한 형태의 보호주의를 반대하고, 이웃에 화와 위기를 전가하려는 모든 의도와 행위를 반대해야 합니다.

우리는 남남협력과 남북대화를 촉진시켜야 합니다. 개발도상국의 자주적 발전능력을 강화하고, 선진국이 더 많은 책임을 지도록 하여, 남북 격차를 줄이기 위해 노력함으로써, 보다 평등하고 균형 잡힌 신형 글로벌 발전 동반자 관계를 구축하고, 세계경제의 항구적이고 안정적인 발전기반을 튼튼히 다져야 합니다.

넷째, 협력윈윈을 지향해야 합니다. "서로 연합하면 강대해지고, 고립되면 약해지는 법입니다(合則強, 孤則弱.)" '협력윈윈'은 각국이 국제 문제를 다루는 기본 정책적 지향점이 되어야 합니다. 협력윈윈은 경제뿐만 아니라 정치, 안보, 문화 등 다른 분야에도 보편적으로 적용되는 원칙입니다.

우리는 자국의 이익과 각국의 공동 이익을 연결하여 각국의 공동 이익의 합류점을 확대하기 위해 노력해야 합니다. 한쪽에서는 무대를 만들고 있는데 저쪽에서는 무대를 허무는 식이 아닌, 무대를 함께 만들고 멋진 무대를 끊임없이 보여주어야 합니다. 협력 쌍방, 나아가 관련된 모두가, 더 나아가 세계 각국이 함께 이익을 얻도록 하는 새로운 이념을 적극적으로 수립하고 '너 죽고 나 살자', '승자독식'의 낡은 사고를 버리고 "각자의 문화를 전승·발전시키고, 다른 나라의 문화를 존중하며, 세계의 문화를 풍부하게 하여 인류문명의 공동 번영을 이룩해야 합니다(各美其美, 美人之美, 美美與共, 天下大同.)."

우리는 어려움 속에서 일심협력하고 권리와 책임을 함께 하면서 기후변화, 에너지 안보, 사이버 안보, 중대 자연재해와 같은 나날이 증가하고 있는 전 지구적인 문제에 대처함으로써 인류가 살고 있는 지구촌을 함께 보호해야 합니다.

다섯째, 서로 포용하고 상호 학습하는 자세를 견지하는 것입니다. 문명의 다양성은 인류사회의 기본 특징입니다. 오늘날 세계에는 70억의 인구, 200여 개의 국가 및 지역, 2,500여 개의 민족, 5,000여 개의 언어가 공존하고 있습니다. 세계의 여러 민족과 문명은 다채롭고 각자 자신의 특색을 지니고 있을 뿐, 우열의 차이가 없습니다.

"만물은 서로 해치지 않고 함께 성장하며, 서로 충돌하지 않고 각자의 길을 걷는다"는 말이 있듯이 우리는 자신만 잘났다고 자신하거나 자신과 상이(相異)한 문명을 얕잡아보는 것이 아니라 다양한 문명 간의 대화, 평화적 공존, 조화로운 공생을 추진하면서 문명의 다양성을 존중해야 합니다. 인류 역사는 우리에게 단일 문명으로 천하를 통일하려 하는 시도는 비현실적인 환상일 뿐이라는 가르침을 주었습니다.

"사람마다 장단점이 있는 법입니다(尺有所短, 寸有所長.)." 우리는 국가와 민족 간의 교류와 상호 학습을 창도해야 합니다. 세계 각국 및 각 민족이 창조한 문명의 우수한 성과를 흡수하여 장점을 취하고 단점을 보완하며, 겸수병축의 자세로 인류문명의 아름다운 그림을 함께 그려나가야 합니다.

여섯째, 공평·정의를 견지해야 합니다. "대도가 행해지면 천하가 천하 사람들에 의해 공유됩니다(大道之行也, 天下爲公.)." 즉 모든 사람이 공통의 이익을 추구하며 협력하면 세상이 공동체가 될 것이라는 말입니다. 공평·정의는 국제관계 분야에서 세계 각국 국민이 추구하는 숭고한 목표입니다. 오늘날 국제관계에서 공평·정의는 아직 실현되지 않았습니다.

우리는 국제관계의 민주화를 공동으로 추진해야 합니다. 세계의 운명은 반드시 각국 국민이며 공동으로 결정해야 하며 세계가 직면하고 있는 문제는 각국 정부와 국민이 함께 협의하여 처리해야 합니다. 국제 사무를 독점하려는 것은 시대에 뒤떨어진 생각이며, 그러한 생각에서 나오는 행동 역시 분명히 성공할 수 없습니다.

우리는 국제관계의 법치화를 공동으로 추진해야 합니다. 각국이 국제관계에서 국제법과 국제관계의 기본 원칙을 준수하도록 해야 하고, 통일되고 적용 가능한 규칙으로 옳고 그름을 명확히 하고 평화를 촉진시키며 발전을 도모해야 합니다. "법은 천하의 기준입니다(法者, 天下之准繩也.)." 국제사회에서 법은 공통의 잣대가 되어야 합니다. 다른 사람에게만 적용되거나 자신에게만 적용되는 법은 없습니다. 법을 실행함에 있어서는 이중 기준을 허용하지 않습니다. 우리는 국제법과 국제질서의 권위와 위엄을 함께 수호해야 하고, 각국은 법에 따라 권리를 행사하고 국제법의 왜곡을 반대하며 '법치'라는 이름으로 다른 나라의 정당한 권익을 침해하고 평화와 안정을 파괴하는 행동을 반대해야 합니다.

우리는 국제관계를 객관적 이론이나 이치에 합당한 방향으로 발전하도록 해야 합니다. 새로운 국제질서와 체계를 파악하여 글로벌 거버넌스 시스템(全球治理體系) 개혁을 추진함으로써 각국의 합리적인 입장과 요구를 반영하고 개발도상국의 정당한 권익을 보호해야 합니다.

신사숙녀 여러분, 친구 여러분!

중국은 평화공존 5원칙의 적극적인 창도자이자 확고한 실천자입니다. 평화공존 5원칙은 중국 헌법에 명시되어 있으며, 중국 외교정책의 초석입니다. 중국은 현대 국제질서와 체계의 참여자이고 건설자이며 기여자입니다.

— 중국은 평화적 발전 노선을 확고히 견지할 것입니다. 평화적 발전 노선을 견지하는 것은 중국이 시대 발전의 흐름과 자신의 근본적인 이익에 따라 내린 전략적 선택입니다. 중국 인민은 "자신이 원하지 않는 일은 남에게도 강요하지 않는다"는 이치를 숭상합니다. 중국은 '국강필패론(國強必霸論, 국력이 강해지면 반드시 패권을 추구한다는 뜻)'에 찬성하지 않으며 중국인의 핏줄에는 군림하고 호전적인 유전자가 없습니다. 중국은 평화적 발전 노선을 확고히 견지할 것입니다. 이는 중국에 유리하고, 아시아에 유리하며, 세계에도 유리합니다. 그 어떤 힘도 중국의 평화적 발전 노선을 견지할 신념을 흔들 수 없습니다. 중국은 자신의 주권·안보·발전적 이익을 확고히 수호하는 동시에 다른 국가, 특히 많은 개발도상국이 자신의 주권·안보·발전적 이익을 수호하도록 도울 것입니다. 중국은 다른 나라의 내정에 간섭하지 않는다는 원칙을 고수하고 있으며, 자신의 의지를 남에게 강요하지 않으며, 아무리 강해도 영원히 패권을 차지하지 않습니다. 중국은 세계 각국이 모두 평화적 발전 노선을 견지하고 함께 손잡고 이 노선을 순조롭게 견지해 내가기를 진심으로 바랍니다.

— 중국은 평화공존 5원칙을 바탕으로 세계 각국과의 우호적 협력 관계를

구축해나갈 것입니다. “무릇 교제는 주변의 친구에 대해서는 반드시 서로 신뢰해야 하며, 멀리 있는 친구에 대해서는 반드시 자신의 약속에 충실해야 한다(凡交, 近則必相靡以信, 遠則必忠之以言.)”는 말이 있듯이 중국은 우호·성실·호혜·관용의 이념에 따라 주변국과의 호혜협력을 발전시키고, 자체 발전으로 주변국에 더 많은 혜택이 돌아가도록 노력하고 있습니다. 중국은 개발도상국을 대외정책의 기초로 삼고 올바른 의리관을 견지하며, 영원히 개발도상국의 신뢰할 수 있는 친구이자 진실한 파트너가 될 것입니다. 한편 중국은 대국들의 위상과 역할을 중시하고, 대국들과의 전면적인 협력관계를 발전시켜 나가기 위해 노력하고 있습니다. 미국과 새로운 대국 관계를 적극적으로 발전시키고, 러시아와 전면적인 전략적 협력 동반자 관계, 유럽과 평화·성장·개혁·문명을 목표로 하는 동반자 관계를 구축함으로써 각국이 함께 세계 평화를 유지하고 공동 발전을 도모할 수 있도록 힘을 다하고 있습니다.

— 중국은 호혜윈윈하는 개방 전략을 확고히 견지할 것입니다. 중국은 실크로드 경제벨트, 21세기 해상 실크로드, 방글라데시-중국-인도-미얀마 경제회랑(Bangladesh-China-India-Myanmar Economic Corrido), 중국-아세안 운명공동체 등 주요 협력 이니셔티브의 이행을 추진하고 있으며, 이를 계기로 중국은 새로운 대외개방을 전면적으로 추진하고 개방형 경제 시스템을 발전시켜 아시아와 세계의 발전에 새로운 기회와 공간을 마련해줄 것입니다.

현재 중국 인민은 샤오캉사회를 전면적으로 건설하고 중화민족의 위대한 부흥이라는 ‘중국의 꿈’을 실현하기 위해 노력하고 있습니다. 중국의 꿈은 세계 각국 인민의 아름다운 꿈과 밀접히 연결되어 있으며, 중국 인민은 각자의 꿈을 실현하는 과정에서 서로 지지하고 도울 것이며 중국은 각국, 특히 주변의 이웃국가와 함께 발전하고 번영해질 것입니다.

신사 숙녀 여러분, 친구 여러분!

더 많은 인사와 단체가 평화공존 5원칙을 견지하고 선양하도록 표창하고 격려하기 위해 중국 정부는 '평화공존 5원칙 우의상(和平共處五項原則友誼獎)'과 '평화공존 5원칙 우수 장학금(和平共處五項原則卓越獎學金)'을 만들었음을 이 자리에서 알려드리고자 합니다.

중국에는 "천리 길도 한 걸음부터 시작된다(千裏之行, 始於足下.)"는 속담이 있고, 인도 속담에도 "수많은 물방울이 모이면 개울이 되고, 수많은 벼 이삭이 모이면 묶을 수 있게 된다(水滴彙成溪, 稻穗集成束.)"는 말이 있으며, 미얀마 사람들은 흔히 "포부는 원대해야 하고 일은 착실하게 해야 한다(想, 要淩雲壯志; 幹, 要腳踏實地.)"고 합니다. 중국은 평화공존 5원칙의 모범을 계속 보여줄 것이며, 인도와 미얀마 그리고 국제사회와 함께 항구적인 평화와 공동 번영이 유지되는 조화로운 세상을 만들기 위해 노력할 것입니다!

감사합니다!

# 협력을 강화하고 포용을 실현하며 자신감을 보여주어야 한다[25)]

●●2014년 7월●●

**질문** 브릭스 국가가 협력 관계를 구축한 지 5년이 되었는데, 지난 5년에 대해 어떻게 생각하시며, 앞으로 협력을 어떻게 강화할 것인지 들어보고 싶습니다. 브릭스 국가 지도자 포르탈레자(Fortaleza) 회담에 대해 어떠한 기대를 안고 계십니까? 선진국의 경제 발전이 둔화되고 심지어 침체된 지금 세계는 브릭스 국가들에 대한 기대가 큽니다. 브릭스 국가가 내부 차이를 극복하고 세계경제 발전의 엔진이 되는 방법은 무엇이라고 생각하십니까?

**답변** 지난 5년 동안 브릭스 국가들은 지도자 회담을 중심으로 다층적이고 광범위한 분야의 협력 구조를 형성했습니다. 회원국 간의 정치적 신뢰가 계속해서 강화되어 왔고, 경제, 금융, 무역, 개발 등 다양한 분야에서 실질적인 협력이 꾸준히 깊어지고 있습니다. 또한 주요 국제 문제에 있어 대화와 조정이 지속적으로 강화되고 있습니다.

세계 인구의 42.6%를 차지하는 브릭스 국가의 경제 발전, 사회 안정, 조정 및 협력, 공동 성장은 평화·발전·협력·상생의 시대적 흐름에 부응하고, 이는 세계 경제가 더 균형 잡히고, 글로벌 거버넌스가 더 효과적이며, 국제관계가 더 민주적인 방향으로 발전하는 데 이롭습니다.

---

25) 이는 시진핑 동지가 중남미 4개국 언론과의 공동 인터뷰에서 한 질의응답의 일부이다.

브라질 작가 파울로 코엘료(Paulo Coelho)는 "세상은 자신의 재능으로 꿈을 이룰 용기를 가진 사람들에 의해 지배된다"고 했습니다. 현재 국제정세는 계속해서 심각하고 복잡한 변화를 겪고 있으며, 세계경제는 점차 안정을 되찾고 있지만 여전히 많은 위험과 도전에 직면해 있습니다. 이러한 맥락에서 포르탈레자 회담은 브릭스 국가 간 협력에 있어 지난 시간을 되돌아보고 미래를 계획하는, 역사와 미래를 연결해주는 중요한 의미를 지닙니다. 저는 이번 회담이 협력을 강화하고 포용력을 실현하며 자신감을 보여주는 자리가 되기 바랍니다.

협력을 강화한다는 것은 브릭스 국가들의 미래발전을 전략적으로 계획한다는 의미입니다. 지난해 저는 더반 회담에서 브릭스 국가들이 "일체화된 대시장·다층적인 대유통·육해공이 연계되는 물류·문화 대교류"라는 목표를 향해 나아가야 한다고 제안했습니다. 저는 브릭스 국가들이 더욱 긴밀한 경제 동반자 관계를 발전시켜 나가기를 진심으로 기대합니다. 새로운 지도자 회담을 계기로, 새로운 협력의 비전을 계획하고, 새로운 협력 동력을 발굴하여 브릭스 국가 협력 체제를 효과적으로 개선하고 보다 성숙한 자세로 정책 조정을 계획하고 실질적인 협력을 강화하여 브릭스 국가 간 협력의 기반을 다지기를 바랍니다.

포용을 실현한다는 것은 대내적으로 서로 배우고 서로 거울로 삼으며, 장점을 취하고 단점을 보완하며, 대외적으로는 개방을 확대하고, 상생을 추구하는 것입니다. 브릭스 국가들은 국내 상황과 문화적 측면에서 차이를 보이고 일부 문제에 대한 견해가 다릅니다. 이러한 다양성과 차이는 협력의 걸림돌이 될 것이 아니라 브릭스 국가들이 장점을 보완하고 포용적인 협력을 이루는 중요한 원동력이 될 수 있어야 합니다. 브릭스 국가 간의 협력은 독선(獨善)이 아니라 세계 각국과 함께 발전하고자 하는 의지를 반영하고 있습니다. 포르탈레자 회담 기간 동안, 브릭스 국가와 남미 국가 간의 지도자 대화가 예정되어 있습니다. 양측은 공통의 관심사인 국제 및 지역 문제에 대해 의견을 충분히 나누고 이해를 증진하며 협력을 촉진시키는 한편 경제, 무역, 인문 분야에서의 실질적인 협력에 대해 논의하기 바랍니다.

자신감을 보여준다는 것은 브릭스 국가 간의 결속력과 상호 신뢰를 향상시키며, 브릭스 국가의 발전 전망에 대한 신뢰를 공고히 하고, 브릭스 국가 경제에 대한 시장과 대중의 신뢰를 확고히 하는 것입니다. “풍경은 멀리 내려다보는 것이 좋습니다(風物長宜放眼量.).” 브릭스 국가들은 경제의 구조적 개혁과 혁신적 발전을 촉진시켜야 하는 공통의 임무를 안고 있으며, 국제사회의 공정과 정의, 신흥 시장국과 개발도상국의 공동 이익을 수호하려는 욕망을 품고 있습니다. 브릭스 국가 간에 정치적 신뢰를 증진하고 전략적 합의를 모아 더 많은 목소리를 내고 더 많은 대책을 세운다면 세계경제 성장을 촉진시키고, 세계경제 거버넌스를 개선하며, 세계 평화와 발전을 촉진시키는 데 더 많은 긍정적인 에너지를 발휘할 수 있습니다.

브릭스 국가 간 협력에 적극적으로 참여해온 브라질은 포르탈레자 회담 준비를 위해 의미 있는 노력을 많이 기울였습니다. 앞으로 브라질이 이끄는 포르탈레자 회담이 브릭스 국가 협력사에 새로운 장을 열 것이라 믿습니다.

# 새로운 시작, 새로운 비전, 새로운 동력[26)]

●●2014년 7월 15일 ●●

존경하는 호세프 대통령님, 푸틴 대통령님, 모디(Narendra Damodardas Modi) 총리님, 주마 대통령님,

신사 숙녀 여러분, 친구 여러분!

아름다운 항구도시 포르탈레자에서 여러분을 만나게 되어 대단히 기쁩니다. 호세프 대통령님과 브라질 정부가 오늘 만남을 주도면밀하게 준비해주셔서 감사합니다. 모디 총리께서 브릭스 국가 지도자 회담에 참석하신 것을 환영합니다. 브라질이 성공적이고 멋진 월드컵 축구 경기를 개최한 것을 축하합니다.

5년 동안 브릭스 지도자 회담이 개최되면서 브릭스 국가들은 다양한 주요 국제 및 지역 문제에 대해 공동으로 입장을 표명하고 힘을 모으며, 세계경제 성장을 촉진시키고 글로벌 경제체제를 개선하는 데 기여해왔습니다. 또한 국제관계의 민주화를 촉진하면서 국제사회에서 중요한 역할을 수행하게 되었고 국제 체계의 적극적인 구축자로 부상했습니다.

그동안 브릭스 국가는 경제, 금융, 무역, 사회, 인문, 과학기술 등 다양한 분야에서 포괄적인 협력을 펼쳐 각국 국민에게 실질적인 이익을 가져다주었으며, 이로써 협력의 기반은 더욱 튼튼해졌습니다.

26) 이는 시진핑 동지가 브라질 포르탈레자에서 열린 브릭스 국가 지도자 6차 회담에서 한 연설이다.

우리 5개국은 비록 멀리 떨어져 있지만, 5년 동안 같은 목소리로 서로 호응하고 같은 기상을 추구해왔으며 이러한 실천은 우리가 지향하는 의지는 뚫지 못할 장벽이 없다는 사실을 증명해주었습니다.

동료 여러분!

브릭스 국가 간의 협력은 끊임없이 전진하는 역사적인 과정입니다. 우리는 경험을 총화하여 협력의 새로운 청사진을 설계해야 합니다. 이 청사진은 브릭스 국가들 간에 보다 긴밀하고 포괄적이며 견고한 동반자 관계를 구축해나가는 것입니다.

이는 우리가 브릭스 국가의 독특한 파트너 정신을 발휘할 것을 요구합니다. 우선 개방적인 마음가짐으로 각자의 비교우위를 최대한 발휘하며, 상호 경제 협력을 강화하고, 글로벌 시장을 육성하며, 글로벌 가치사슬을 개선하며, 개방형 세계경제의 건설자가 되어야 합니다. 그리고 포용의 정신을 갖추어 서로 다른 사회제도, 서로 다른 문화·문명에 대한 상호 이해를 촉진시키고, 서로 다른 발전모델을 통한 상호 혜택을 증진하여 국제관계 민주화의 구현자가 되어야 합니다. 또한 협력정신을 견지하며, 단결을 더욱 강화하고, 서로의 입장을 존중하며, 실질적인 협력을 심화하고 협력을 통해 여러 국가의 경제 성장을 촉진시키고, 글로벌 거버넌스를 개선하는 데 기여해야 합니다. 마지막으로 상생의 정신을 갖추어 자국의 이익을 추구하는 동시에 다른 국가의 이익을 고려하여 자국과 세계를 동시에 유익하게 하는 길을 추진해야 합니다.

구체적으로 아래의 몇 가지 부분에서 노력을 기울여야 합니다.

첫째, 경제의 지속 가능한 성장을 단호히 추진해야 합니다. 최근 브릭스 국가들의 경제 성장이 둔화되었는데, 이는 외부요인과 각국의 경제 구조조정에 의한 객관적인 결과입니다. 다음 단계에서는 필요한 경제개혁을 통해 내생적 동력을 강화하여 안정적인 경제 성장을 유지해야 합니다. 우선 포용적 성장 이념을 고수하고 사회적 정책 시행을 통해 거시경제정책을 뒷받침하여 사회 안전망을 견고히 구축함으로써 경제가 양적 성장에서 질적 향상으로 전환하도록 추진해야 합니다. 그리고 경제 발전, 사회 발전, 환경보호 이 3자 간의 관계를 조화롭게 조정하여 보다 큰 경제 발전 공간을 확보해나가야 합니다.

둘째, 전 방위적인 경제 협력을 확고히 전개해나가야 합니다. 브릭스 국가는 천혜의 자원을 보유하고 있고, 산업구조가 다양하며, 상호 보완적이기 때문에 협력의 잠재력이 큽니다. 이러한 점에서 우리는 더 긴밀한 경제 동반자 관계를 구축해야 합니다. 무역 및 투자 분야에서 일체화된 대 시장을, 통화 및 금융 측면에서 다차원적 대유통을, 인프라 건설 분야에서 육해공 연결망을 구축하며, 인문 분야에서는 각국 국민의 대규모 교류를 촉진시켜야 합니다. 우리는 실질적인 협력을 확고히 추진하고, 비상 비축 준비를 가능한 한 빨리 가동하며, 상공이사회(Business Council)와 싱크탱크이사회(Think-tank Cooperation)의 역할을 충분히 발휘하여 다양한 분야의 협력이 더 많은 결실을 거두어 각국 국민에게 실질적인 이익을 가져다주도록 노력해야 합니다.

각국의 공동 노력으로 오늘 브릭스 국가 개발은행을 설립하는 것에 대해 합의가 이루어졌습니다. 이는 브릭스 국가들의 단결 의지와 공동 발전에 대한 염원을 반영하는 것으로 브릭스 국가 간의 협력을 추진하는 과정에서 중요하고 깊은 의미가 담겨 있는 성과입니다. 브릭스 국가 개발은행은 국제 금융 문제에 대한 브릭스 국가의 발언권 향상에 도움이 될 뿐만 아니라, 브릭스 국가와 개발도상국 국민들에게 혜택을 가져다줄 수 있습니다. 브릭스 개발은행이 중국 상하이에 정착할 수 있도록 지원해주셔서 감사합니다. 우리는 브릭스 국가들과 긴밀히 협력하여 은행이 가능한 한 빨리 가동될 수 있도록 충분한 준비를 할 것입니다.

셋째, 최선을 다해 유리한 외부 환경을 만들어나가야 합니다. 세계경제가 서서히 침체에서 벗어나면서 브릭스 국가들의 발전에 더 좋은 외부 조건을 제공하고 있습니다. 또한 세계경제는 글로벌 금융위기의 그늘에서 아직 벗어나지 못했기 때문에, 국제사회는 브릭스 국가들이 지속적인 발전을 유지할 것을 기대하고 있습니다. 우리는 경제 총량, 대외무역, 국제투자가 전 세계에서 차지하는 비중을 계속 증가시켜 활발하고 지속 가능하며, 균형 잡힌 세계경제 성장을 이끌어야 하고, 개발도상국의 발언권을 대표하는 관련 합의와 결정이 이행될 수 있도록 글로벌 경제 거버넌스를 개선하고, 각국이 국제경제 협력에서 기회·규칙·권리가 평등하게 보장받을 수 있도록 해야 하며, 중요한 경제체제와 경제정책의 변화가 브릭스 국가에 미치는 부정적인 파급 효과를 사전에 방지할 수 있도록 글로벌 거시경제정책 조정을 추진해야 합니다.

넷째, 도의적 자질을 갖출 수 있도록 끊임없이 노력해야 합니다. 브릭스 국가들은 정의를 주장하고 공평하고 공정한 세상을 만들기 위해 노력하고 있습니다. 이는 국제관계 구축에 긍정적인 에너지를 제공합니다. 우리는 이러한 긍정적인 에너지를 증폭시켜 국제 사안에 공동으로 대안을 제시하고 정의를 실천하며 평등을 증진해나가야 합니다. 또한 세계 반파시스트 전쟁 승리 70주년 기념행사에 적극적으로 참여하여 국제적 공리(公理)를 지키며 어떠한 세력도 침략 역사를 왜곡하는 것을 용납하지 말아야 합니다. 그리고 세계 빈곤층의 삶을 변화시킬 수 있도록 글로벌 발전 동반자 관계 구축을 촉진시켜야 합니다. 브릭스 국가 국민이 전 세계 국민과 손을 맞잡고 힘을 합치면 브릭스 국가 간 협력, 남남 협력, 인류 발전의 길은 더 넓고 안전한 방향으로 나아갈 것입니다.

어떤 브라질 친구가 인류문명에 대한 아름다운 희망을 담은 베스트셀러

『브라질: 미래의 나라』라는 책을 이야기해준 적이 있습니다. 브릭스 국가들이 미래에 이 책에서 동경하는 것처럼 번영하고 부강하고 민주적이고 문명한 국가로 발전하여 세계경제 성장의 다원화와 국제관계의 민주화가 강화된 아름다운 미래를 열어나갈 수 있기를 바랍니다.

동료 여러분!

중국은 개혁을 전면적으로 심화하며, 자원 배분에서 시장의 결정적 역할을 발휘하고 정부의 역할을 충분히 발휘하여 새로운 개방형 경제체제를 구축하기 위해 노력하고 있습니다. 2013년에 중국은 세계 128개국의 최대 무역 파트너가 되어 연간 상품 수입이 2조 달러에 가까웠고, 대외 비금융 투자는 900억 달러를 초과했으며, 해외여행자는 1억에 가까웠습니다. 이 숫자는 여전히 증가하고 있으며, 이는 세계경제 성장에 더 많은 수요와 기회를 창조해 줄 것으로 전망합니다.

중국은 외교적으로 원칙을 지키고, 우정을 중요시하며, 도덕적이고, 공정을 주장합니다. 대국과의 관계에 있어 중국은 충돌과 대립을 반대하고, 상호존중, 협력윈윈, 평화적 발전을 추구합니다. 중국은 브릭스 국가와의 협력을 특히 중시하여 외교 문제의 우선적인 순위에 놓고 있으며, 앞으로 브릭스 국가와 계속해서 좋은 친구, 좋은 형제, 좋은 동반자가 될 것입니다.

보다 발전한, 포용적이고 지속 가능한 중국, 국제관계에서 평화·발전·협력·상생을 창도하는 중국, 브릭스 국가 간 협력에 적극적으로 참여하는 중국은 세계 평화를 유지하고 공동 발전을 촉진시키는 데 반드시 더 큰 기여를 할 것이라고 믿습니다.

감사합니다.

# 손을 잡고 함께 나아가는 운명공동체를 구축하자[27)]

●●2014년 7월 17일●●

존경하는 호세프 대통령님,

존경하는 Ottón Solís 대통령님,

존경하는 동료 여러분!

안녕하세요! 여러분과 함께 중국과 라틴아메리카·카리브해 국가 간의 관계를 발전시킬 데 대한 대안을 논의하게 되어 대단히 기쁩니다. 호세프 대통령님의 열정적인 축사에 감사드리고, 라틴아메리카·카리브해 국가의 오랜 친구들을 만나 뵙게 되어 기분이 좋습니다. 오늘 오후는 '중국과 라틴아메리카·카리브해 국가'만의 시간입니다. 양국의 지도자들이 한자리에 모인다는 것 자체가 세계적으로 주목할 만한 역사적 사건입니다.

이 자리를 빌려 중국 정부와 중국 인민을 대표하여 그리고 저 개인적으로 여러분을 통해 라틴아메리카·카리브해 국가 인민들에게 진심 어린 안부와 뜨거운 축복을 전합니다.

27) 이는 시진핑 동지가 브라질의 브라질리아(Brasilia)에서 열린 중국-라틴아메리카·카리브해 국가 지도자 회담에서 한 기조연설이다.

동료 여러분!

이번 방문은 중국 국가주석 취임 1여 년 만에 두 번째로 라틴아메리카·카리브해 국가를 방문한 것이며, 처음으로 중국과 라틴아메리카·카리브해 국가 정상회담에 참석하는 것입니다. 중국이 이번 회담을 제안하게 된 이유는 각국 간의 대화와 공감대를 강화하여 최고 수준에서 중국과 라틴아메리카·카리브해 국가 간의 관계를 한층 높은 수준으로 발전시키기 위함입니다. 이는 양측의 현실적 이익과 장기적인 이익에 부합할 뿐만 아니라, 남남 협력을 촉진시키는 데에 도움이 됩니다.

호세프 여사와 브라질 정부가 월드컵과 브릭스 국가 지도자 회담을 주최하면서 의미 있는 이번 회담을 중요시하고 정성을 담아 준비한 것에 감사드립니다. 라틴아메리카·카리브해 공동체(Comunidad de Estados Latinoamericanos y Caribeños)의 '사두마차(四頭馬車)'로 간주되는 네 개의 회원국은 그동안 많은 조정 작업을 수행해왔습니다. 여러분이 이번 회담에 참석하여 중국과 라틴아메리카·카리브해 국가 간의 관계 증진과 협력 강화에 대한 지지를 충분히 보여주었습니다. 이에 높은 찬사를 보내며 깊은 감사를 표합니다.

동료 여러분!

공동의 목표를 향해 "힘을 모은다면 지리적인 거리는 중요하지 않습니다(志合者, 不以山海爲遠.)." 중국과 라틴아메리카·카리브해 국가의 거리는 먼 것이 사실이지만, 양측의 국민들은 천연적으로 가까운 유대감을 가지고 있습니다. 1949년 중화인민공화국 창건 이후, 몇 세대에 걸쳐 양측의 관계는 하나하나 확실하게 해나가면서 60여 년의 역사를 함께 해왔습니다. 새로운 세기가 시작된 이후, 양측의 관계는 종합적이고 빠른 발전의 양호한 흐름을 보여주고 있습니다. 특히 2008년 국제 금융위기 이후, 각자의 강점을 충분히 발휘하여 함께 어려움을 극복하며 비약적으로 발전했습니다.

현재 양측의 관계는 역사상 가장 좋은 시기에 와 있으며 새로운 역사적 출발점에 서 있습니다. 양측 정부가 호혜협력의 관계를 전면적으로 강화할 수 있는 기회, 기반, 조건이 갖추어져 있으므로 보다 큰 발전을 이룰 수 있을 것입니다.

이번 회담을 통해 평등호혜, 공동 발전을 지향한 전면적인 협력 동반자 관계를 수립하고 정치적으로 서로 성실성을 보여주고 상호 신뢰하며, 경제와 무역에 있어 협력윈윈하며, 인문적으로 서로 배우고 거울로 삼으며, 국제 문제에서 긴밀하게 협력함으로써 협력과 양측 관계발전이 서로 촉진되는 '오위일체(五位一體)'의 새로운 구조를 구축할 것을 제안합니다. 이에 아래의 5가지 의견을 말씀드리고자 합니다.

첫째, 서로 평등하게 대하고 시종일관 성실하게 도와야 합니다. 길이 운명을 결정합니다. 중국과 라틴아메리카·카리브해 국가는 상대방이 각자의 국가 상황에 맞는 발전 노선을 견지하도록 지지하며, 국정운영 경험 교류와 전략적 상호 신뢰를 강화하며, 국가 주권·영토보전·안정적인 발전과 관련된 핵심 이익과 주요 입장을 서로 이해하고 지지해야 합니다. 중국은 라틴아메리카·카리브해 국가가 지역 일체화를 추진하여 힘을 키움으로써 지역 및 국제문제에서 더 큰 역할을 발휘할 수 있도록 지지할 것입니다.

둘째, 호혜협력을 견지하고 공동 발전을 촉진시켜야 합니다. 중국과 라틴아메리카·카리브해 국가는 경제적으로 강한 상호 보완성을 갖추고 있으며, 발전 전략이 잘 맞아 협력 강화에 있어 자연스러운 장점을 가지고 있습니다. 양측이 '1+3+6'이라는 새로운 협력 모델을 공동으로 구축하고, 양측 간의 실질적인 협력이 급행차선에서 포괄적이고 심층적으로 발전할 것을 제안합니다.

'1'은 '하나의 계획' 즉 포용적 성장과 지속 가능한 발전을 목표로 「중국-

라틴아메리카·카리브해 국가 협력 계획(2015-2019)」을 수립하여 각각의 발전 전략과 연계하는 것입니다.

'3'은 '3대 엔진'이라는 뜻으로, 무역·투자·금융 분야의 협력을 통해 양측의 실질적인 협력을 전면적으로 끌어올리는 것입니다. 이를 위해 양측 경제성장에서 무역의 역할이 충분히 발휘되도록 무역 구조를 최적화하여 라틴아메리카·카리브해 국가의 전통적인 제품과 고부가가치 제품의 대중국 수출을 촉진시키고, 서비스무역(service trade) 및 전자상거래 분야에서 협력을 확대함으로써 10년 이내에 양측 무역 규모가 5,000억 달러에 이르도록 노력해야 합니다.

또한 상호적으로 투자 규모를 확대하고 투자 다원화를 촉진시켜 자금이 생산적인 분야로 더 많이 향하도록 이끌어야 합니다. 중국 정부는 더 많은 중국 기업이 라틴아메리카·카리브해 국가에 투자하여 사업을 일으키도록 장려하고 지원함으로써 10년 이내에 라틴아메리카·카리브해 국가에 대한 투자 재고를 2,500억 달러에 달하도록 노력할 것입니다.

그리고 금융 분야의 협력을 강화하고, 중앙은행 간의 긴밀한 조정과 협력을 지원하며, 무역에서의 결제통화(currency of settlement)와 통화스와프(currency swap)의 확대를 추진하며, 상대국에 각자의 은행지점을 활발히 설립해야 합니다.

'6'은 '6대 분야'라는 뜻으로, 에너지 자원, 인프라 건설, 농업, 제조업, 과학기술 혁신, 정보기술 분야 협력에 중점을 두고 양측의 산업 연결을 촉진시키고 호혜협력 관계를 한층 발전시켜야 한다는 것입니다.

이러한 분야에서의 호혜협력을 추진하기 위해 중국은 100억 달러의 인프라 전용 대출을 공식적으로 제공할 뿐만 아니라, 대출 한도를 200억 달러로 늘릴 것을 선언합니다. 또한 라틴아메리카·카리브해 국가에 100억 달러의 우대 대출을 제공하여 중국과 라틴아메리카·카리브해 국가 협력 기금을 전면적으로 가동시킴과 동시에 50억 달러를 투자할 것을 약속드립니다. 이 자금은 주로 에너지 자원, 농업, 제조업, 첨단기술 및 지속 가능한 개발 분야의 협력에 사용될 것입니다. 이밖에 5천만 달러에 달하는 중국-라틴아메리카·카리브해 국가 전용 자금을 투자하여 「중국-라틴아메리카·카리브해 국가 과학기술 동반자 계획(中拉科技夥伴計劃)」과 「중국-라틴아메리카·카리브해 국가 청년 과학가 교류 계획(中拉青年科學家交流計劃)」을 설립하여 적절한 시기에 첫 번째 중국-라틴아메리카·카리브해 국가 과학기술 혁신 포럼을 개최할 것입니다.

셋째, 계속해서 교류하고 서로 배우면서 대대로 이어온 우호 관계를 발전시켜 나가야 합니다. 국가 간의 교류는 민심이 서로 통하는 데 있습니다. 중국은 라틴아메리카·카리브해 국가들과 정부·입법기관·정당·지역 간의 교류, 교육·문화·스포츠·뉴스·관광 분야 교류와 협력을 강화하고 문명적인 대화로 양측 국민들이 문화적으로 서로 끌리고 마음속으로 친근하게 느끼게 하여 중국과 라틴아메리카·카리브해 국가 간의 관계가 오래도록 발전할 수 있는 민심 기초를 다질 것입니다.

향후 5년 안에 중국은 라틴아메리카·카리브해 국가에 6,000개의 정부 장학금을 지급하고, 6,000명의 학생들이 중국에 와서 다양한 양성과정을 이수할 수 있도록 하며, 400명의 직장인에게 직장과 학위과정을 병행할 수 있는 석사과정에 진학할 수 있도록 할 것입니다. 또한 천명의 라틴아메리카·카리브해 국가 정당 지도자들을 중국으로 초청하고, 2015년에 '미래의 다리(未來之橋)'라는 '중국-라틴아메리카·카리브해 국가 청년지도자천인양성계획(中拉青年領導人千人培訓計劃)'을 가동시키며, 2016년에 '중국-라틴아메리카·카리브해 국가 문화교류의 해'를 개최할 것을 제안합니다.

넷째, 국제협력을 견지하고 공동의 권익을 수호해야 합니다. 중국과 라틴아메리카·카리브해 국가가 세계 사무에서 조정과 협력을 강화하는 것은 국제관계의 민주화를 촉진시키고 국제질서를 보다 공정하고 합리적인 방향으로 발전시키는 데 매우 중요합니다.

중국은 라틴아메리카·카리브해 국가와 함께 유엔, 세계무역기구, 아시아태평양경제협력체, G20, G77 및 기타 국제기구와 다자체제의 틀 내에서 글로벌 거버넌스, 지속 가능한 발전, 기후변화 대응, 사이버 안보와 같은 글로벌 의제와 이슈에 대한 소통과 협력을 강화하고 개발도상국의 공동 이익을 보호할 것입니다. 아시아-태평양 지역과 라틴아메리카·카리브해 국가 문제를 위해 중국은 라틴아메리카·카리브해 국가와 대화와 협력을 강화할 것이고, 두 지역의 평화와 번영을 위해 적극적으로 노력할 것입니다.

다섯째, 전반적인 협력을 견지하며 양측의 관계발전을 추진해야 합니다. 전반적인 협력을 추진하는 것은 중국과 라틴아메리카·카리브해 국가의 오랜 희망입니다. 올해 1월에 열린 제2차 라틴아메리카·카리브해 공동체 정상회의는 「중국-라틴아메리카·카리브해 공동체 포럼 설립을 지지하는 데에 관한 특별 성명」을 채택하여 중국-라틴아메리카·카리브해 공동체 포럼을 설립하고 양측의 전반적인 협력을 촉진시키기 위한 중요한 토대를 마련했습니다. 이번 정상회담을 통해 중국-라틴아메리카·카리브해 공동체 포럼의 공식 설립을 공동으로 발표하고, 베이징에서 포럼의 첫 번째 장관급 회의를 조속히 개최할 것입니다. 이는 향후 중국-라틴아메리카·카리브해 국가 간의 관계발전에 지대한 영향을 미칠 것이고, 중국-라틴아메리카·카리브해 국가 간의 단결 및 협력이 강화되고, 남남 협력이 촉진되고 있다는 강력한 신호를 전 세계에 널리 전할 것입니다.

중국은 라틴아메리카·카리브해 국가와 함께 이 포럼을 충분히 이용하여 정치, 경제, 무역, 인문, 사회, 외교 등 여러 분야에서 집단적인 대화를 전개하고, 협력 방법을 혁신하며, 협력 잠재력을 발견하고, 협력 규모를 확장하며, 협력 수준을 높이고, 우수성을 상호 보완하며, 공동 발전을 촉진케 할 것입니다.

그리고 이 포럼의 틀 내에서 라틴아메리카·카리브해 지역 조직 및 서브 조직과 대화와 협력을 전개하여 중국-라틴아메리카·카리브해 국가의 경제무역 협력 포럼을 성공적으로 이끌어나갈 것이며 균형 잡힌 중국-라틴아메리카·카리브해 전반적인 협력 네트워크를 구축해나갈 것입니다.

동료 여러분!

현재 중국 인민은 중화민족의 위대한 부흥이라는 '중국의 꿈'을 실현하기 위해 분투하고 있으며, 라틴아메리카·카리브해 국가 인민들도 단결과 협력, 발전과 진흥이라는 라틴아메리카·카리브해의 꿈을 실현하기 위해 노력하고 있습니다. 이러한 꿈과 희망은 우리를 긴밀하게 연결시켜줍니다. 기회를 놓치지 않고, 진취적으로 노력하여 손잡고 함께 발전하는 운명공동체를 구축하여 중국-라틴아메리카·카리브해 국가 관계의 아름다운 미래를 창조하도록 노력합시다!

감사합니다.

# 중국 발전의 열차에 탑승하는 것을 환영한다[28)]

●● 2014년 8월 22일 ●●

현재 중국 인민은 2020년까지 샤오캉사회를 전면적으로 건설하고, 금세기 중엽까지 부강하고 민주적이고 문명하고 조화로운 사회주의 현대화 국가를 건설하는 '두 개의 100년'이라는 목표를 달성하기 위해 노력하고 있습니다. 우리는 이 목표를 중화민족의 위대한 부흥이라는 '중국의 꿈'으로 형상화했습니다. 몽골 국민 역시 국가 개혁과 경제·사회 발전에 전념하고 있으며, 따라서 몽골 국민에게도 몽골의 꿈이 있다고 할 수 있습니다.

중국은 개혁개방과 현대화 건설을 추진하여 몽골을 포함한 주변국가에 선도적인 깊은 영향을 미칠 것입니다. 중국과 몽골의 발전 전략은 효과적으로 연계 가능하고, 그렇게 함으로써 공동 발전을 촉진시키고 공동 번영을 실현할 수 있습니다.

한편 '두 개의 100년'이라는 목표를 달성하는 것은 13억 명이 넘는 인구가 살고 있는, 발전이 불균형한 중국에 있어 결코 쉬운 일이 아니라는 것도 잘 알고 있습니다. 책임이 막중하고, 해야 할 일도 많기 때문에 오랜 시간의 분투와 노력이 필요합니다. 또한 이 목표를 달성하기 위해서는 반드시 양호한 주변 환경이 마련되어야 합니다. 집 앞이 태평해야 안심하고 자신의 일

28) 시진핑 동지가 몽골 국가 의회(Parliament Of Mongolia)에서 한 연설의 일부이다.

을 해나갈 수 있는 것입니다.

중국이 지속적으로 발전하면서 앞으로 중국이 자국의 발전에 위협이 될 것이라는 의구심을 갖는 사람들이 있는데 이는 오해 아니면 왜곡입니다.

중국은 평화적 발전 노선을 확고히 견지할 것이며, 세계 각국이 함께 이 노선을 걸어 나가도록 노력할 것이라고 여러 차례 공식적으로 밝혔습니다. 중국은 앞으로 더 많은 국제적 책임을 적극적으로 질 것이고, 세계 각국과 함께 인류의 양심과 국제 공리를 수호할 것이며, 세계 및 지역 문제에서 정의를 주장하고 정의를 펼칠 것입니다. 중국은 계속해서 최대한의 성의와 인내심을 가지고 대화와 협상을 통해 이견과 분쟁을 평화적으로 해결하기 위해 노력할 것입니다.

또한 각국 국민이 자주적으로 자국의 발전 노선을 선택할 권리를 존중한다고 여러 차례 공식적으로 밝혔습니다. 중국은 자신의 의지를 남에게 강요하지 않으며, 마찬가지로 누구도 중국 인민에게 그들의 의지를 강요하는 것을 허용하지 않습니다. 우리는 평화적인 방법으로 국제적 분쟁을 해결하고, 모든 형태의 패권주의와 강권 정치를 반대하며, 영원히 패권을 추구하지 않고 영원히 확장하지 않을 것입니다.

중화민족은 예로부터 평화를 사랑하는 민족이며, 중화문화는 화합을 중요하게 생각합니다. 5,000여 년의 문명사에서 중화민족은 항상 평화·화목·화합의 확고한 이념을 추구해왔습니다. 화합을 귀하게 여기고, 선의로 남을 도우며, 자기가 하기 싫은 일은 남에게도 시키지 않는 관념과 전통은 중국에서 대대로 전해져 중국 인민의 마음속에 깊이 자리 잡게 되었고 이는 중국 인민의 행동에서 잘 나타나고 있습니다. 예로부터 중화민족은 대외침략과 확장이 아닌 대외교류와 통상을 활발히 전개해왔고, 영토개척을 목적으로 하는 식민주의가 아닌 나라를 지키는 애국주의에 열중해왔습니다. 중국 근대사는 재난으로 가득 찬 비참하고 굴욕적인 역사이며, 외래 침략에 저항하고 민족의 독립을 실현하기 위한 위대한 투쟁의 역사였습니다. 고난을 겪어온 중국 인민은 평화를 소중히 여기고, 자신들이 겪었던 비참한 경험을 다른 민족에게 절대 강요하지 않을 것입니다. 중국 인민은 세계 각국의 인민들과 화목하게 공존하고, 조화롭게 발전하며, 함께 평화를 모색하고 평화를 수호하며 평화를 공유하려 합니다.

중국이 추진해온 30여 년의 개혁개방의 역사가 보여주는 바와 같이, 평화적 발전 노선은 중국의 국정, 사회제도, 문화·전통에 기초한 전략적 선택으로 이는 시대 흐름, 중국의 근본 이익, 주변국가의 이익, 세계 각국의 이익에 부합합니다. 따라서 우리는 이 노선을 바꿀 이유가 없습니다.

중국은 항상 몽골을 포함한 주변 이웃국가들을 공동 발전을 촉진케 하는 동반자이자, 평화와 안정을 유지하는 진정한 친구로 여기며, 대부분의 이웃국가들과 다양한 형태의 동반자 관계를 구축했습니다. 우리는 계속해서 "이웃에 착한 일을 하고, 이웃과 동반자가 되자"는 정책과 선린(睦鄰)·안린(安鄰)·부린(富鄰)의 정책을 견지할 것이며, 이웃과의 교류에서 우호·성실·호혜·관용의 원칙을 확고히 지킬 것입니다.

"여러 사람이 힘을 합쳐 땔감을 모아 태우면 불꽃이 거세어집니다(眾人拾柴火焰高.)." 중국은 몽골을 포함한 주변국에 공동 발전의 기회와 공간을 가져다줄 것입니다. 중국의 발전이라는 열차에 탑승하는 것을 환영합니다. '급행열차'를 타든 '완행열차'를 타든 모두 환영합니다. 중국이 개발도상국과 협력을 전개해나가는 과정에서 올바른 의리관을 견지해나갈 것이라고 여러 번 강조한 바가 있습니다. 내가 이기고, 많이 갖는 인식을 버리고 구체적인 문제에서 상대국의 이익을 고려할 것입니다. 중국은 반드시 약속을 지킬 것입니다.

몽골에는 "이웃은 서로 마음이 통하고 운명을 함께 한다(鄰裏心靈相通, 命運與共.)"라는 속담이 있고, 중국 사람들은 "좋은 이웃은 금으로도 바꿀 수 없다(好鄰居金不換)"고 합니다. 중국은 세계에서 이웃 나라가 가장 많은 국가로, 우리는 이를 귀중한 자산으로 여깁니다.

오늘날 아시아는 세계적으로 경제 발전이 가장 역동적인 지역이자, 이슈와 민감한 문제가 많은 지역입니다. 아시아 국가들이 이웃국가와의 관계를 올바르게 처리하여 이웃국가와 화목하게 지내고 공동 발전을 실현하며 분쟁과 모순을 적절하게 해결하는 것은 중대한 과제입니다. 이 과제를 해결하기 위해서는 시대의 흐름과 민심의 흐름에 순응하여 서로 존중하고, 서로 다른 점을 인정하면서 공동의 이익을 추구하고, 미래 지향적이고, 협력하고 상생하는 원칙을 견지하면서 동양의 지혜로 문제를 해결하고, 갈등을 해소하며, 화합을 촉진케 하는 것이 관건이라고 생각합니다.

60년 전에 중국, 인도, 미얀마는 "평화공존 5원칙"을 공동으로 발표했습니다. 이는 국가 간 관계의 기본 준칙이 되었으며, 이로써 아시아 국가는 국제관계 발전을 촉진시키는 데 중요한 공헌을 했습니다. 지역 간 협력을 추진하는 과정에서 아시아 국가들은 서로 교류하고 서로 배우며, 상호 존중하고 협상 일치를 이끌어내고 각국의 입장을 배려하는 전통을 견지해 왔습니다. 이는 아시아의 특징에 잘 맞는 방식입니다. 이는 아시아 국가들이 이웃과 지내는 도리로서 앞으로도 계속 발전시켜 나가야 하며, 아시아 국가뿐만 아니라 특정 지역의 평화·발전·협력을 위해 끊임없는 내생적 동력을 더해 줄 것입니다. 이 전통을 이어나가고 실천하기 위해서는 다음과 같은 몇 가지 요소를 고려해야 합니다.

— 상호 존중과 상호 신뢰의 원칙을 견지하는 것입니다. 역사적으로 아시아의 많은 국가들은 외부로부터 괴롭힘을 당해 국가의 독립과 자주성의 소중함을 깊이 느낀 바가 있습니다. 독립·주권·영토보전을 존중하고, 각국이 사회제도와 발전 노선을 자주적으로 선택하는 것을 존중하며, 서로의 내정

에 간섭하지 않고, 서로의 주요 입장을 배려하는 것은 아시아 국가가 우호적으로 공존하는 중요한 기초입니다. 아시아는 다양성이 강하고, 개방적이고 포용적인 전통을 가지고 있습니다. 따라서 모든 국가는 평등하게 다양한 문명 간의 교류를 촉진시키고, 상호 이해를 증진하고 서로 인정하며, 아시아의 안정과 번영을 위해 튼튼한 기반을 구축해야 합니다.

— 같은 점은 모으고, 다른 점은 변화시키는 것입니다(聚同化異). 아시아 국가 간의 교류사에서 우호 협력은 주류를 이루어왔지만, 해결되지 않은 문제들도 남아 있습니다. 이웃국가 간의 충돌은 불가피하지만, 중요한 것은 어떻게 대하며 처리하느냐에 있습니다. 대화와 협력으로 합의를 모으고 이견을 해소하는 것만이 지역의 장기적인 안정을 위한 가장 효과적인 방법입니다. 우리는 대국을 파악하고 우호적인 협상에 집중하며, 국제 및 지역 거버넌스에 참여하면서 국제정치와 경제 질서가 보다 공정하고 합리적인 방향으로 발전하도록 적극적으로 노력해야 합니다.

— 협력하고 상생하는 것입니다. 경제를 발전시키고 민생을 개선하는 것은 아시아 각국이 직면한 최우선 과제이며, 호혜협력을 강화하는 것은 아시아 국가가 화목하게 공존할 수 있는 중요한 접착제입니다. 아시아 각국은 연합하여 자강하고, 수망상조(守望相助, 외침이나 재난을 예방하기 위해 인접한 마을 간에 서로 감시해 주고 비상시에는 상호 협조하여 대처한다는 뜻)하는 방식을 확고히 견지하며, 서로 돕고 장점으로 단점을 보완하고 이익 접점을 확대하며, 함께 자유무역지대 및 호연호통 건설을 추진하고, 지역경제 일체화를 강화하여 공동 발전을 실현함으로써 공동의 이익 케이크를 확대하여 아시아 각국 인민의 복지 수준을 향상해야 합니다.

# '일대일로' 양 날개로 남아시아 국가와 함께 도약하자[29)]

●●2014년 9월 18일●●

중화민족은 평화를 사랑해왔으며 평화·화목·화합을 지향하는 것은 중화민족의 정신세계에 굳게 자리잡았습니다. 중국은 예로부터 "강자는 약자를 괴롭히지 않고, 부자는 가난한 사람을 괴롭히지 않는다(強不執弱, 富不侮貧.)"는 도리를 지켜왔으며, 그 과정에서 "나라가 비록 강해도 전쟁을 좋아하면 반드시 망한다"는 잠언을 얻어냈습니다. '이화위귀', '화이부동', '화간과위옥백', '천하대동' 등의 이념은 중국에서 대대로 계승되어 왔습니다. 고대 중국은 오랫동안 세계 강대국이었지만 대외적으로는 평화적 이념을 강조하면서 비단, 차, 도자기 등 풍부한 생산물을 수출했습니다. 중화민족이 주장하는 '천하대동'과 인도 인민이 추구하는 '세계일가(世界一家)', 중화민족이 추앙하는 '겸애'와 인도 인민이 제창하는 '불해(不害)'는 상통하며, 우리는 모두 '화(和)'를 천하의 대도로 간주하고 만국의 평화와 화합을 기원합니다.

중화민족은 항상 학습을 중요시해왔습니다. "폭넓게 두루 읽고 가려 취하며 두텁게 쌓되 천천히 풀어 나가라(博觀而約取, 厚積而薄發.)", "세 명이

29) 시진핑 동지가 인도 세계사무위원회에서 한 연설의 일부이다.

함께 하면 그 중 꼭 나의 스승이 있다. 그에게서 좋은 점은 가리어 본받고 그의 좋지 않은 점으로는 나 자신을 바로잡는 것이다(三人行, 必有我師焉. 擇其善者而從之, 其不善者而改之.)"는 도리를 강조하며 "널리 배우고 자세하게 묻고 신중하게 생각하고 명확하게 분별하고 성실하게 수행할 것(博學之, 審問之, 慎思之, 明辨之, 篤行之.)"을 제창해왔습니다. 중화민족이 수천 년 동안 끊임없이 생장하고 번성해오게 된 이유는 바로 "어질고 재능이 있는 사람을 보면 본받고(見賢思齊)" 포용력이 크기 때문입니다. 저는 중국이 공부 대국이 되어야 한다고 항상 강조해왔습니다. 자만하지 말고, 분별도 없이 함부로 잘난 척하지 말며, 겸손하고 신중하며, 부지런히 공부하여 더 큰 고통과 위기를 극복할 수 있는 힘을 준비해야 합니다.

중화민족은 친지를 후대하고 이웃과 화목하게 지내는 것을 중요하게 여겨왔습니다. 신뢰로써 화목하게 지내고 만방으로 화합하는 것은 중국의 일관된 외교적 이념입니다. 중국은 주변을 안식처와 발전·번영의 근간으로 간주합니다. 따라서 이웃과 성심성의껏 지내고, 공동 발전을 함께 탐구하며, 손잡고 협력을 강화하고, 발전의 성과를 공유하는 우호·성실·호혜·관용에 입각한 주변국 외교 이념을 제시했습니다.

13억이 넘는 인구가 살고 있는 국가로서 중국은 선진국이 수백 년 동안 걸어온 발전 과정을 수십 년에 걸쳐 완수했으며, 이는 역사에 기록될 만한 커다란 성과입니다. 하지만 우리는 중국이 세계 최대의 개발도상국이고, 사회주의 초급단계에 있으며, 중국의 경제 총량은 크지만 1인당 국내총생산은 여전히 세계 80위 정도밖에 안 된다는 사실도 잘 알고 있습니다. 13억이 잘 살 수 있게 하기 위해서는 오랜 기간의 노력이 필요합니다.

오랜 기간 중국의 핵심 임무는 경제 건설과, 경제 발전에 기초한 사회의 전반적인 발전을 촉진시키는 것이었습니다. 중국은 2020년에 국내총생산과 도시·농촌 주민의 1인당 소득을 2010년의 2배로 늘려 전면적인 샤오캉사회를 건설하고, 금세기 중엽까지 부강하고 민주적이고 문명하고 조화로운 사회주의 현대화 국가를 건설하는 발전목표를 발표했습니다. 우리는 이 목표를 중화민족의 위대한 부흥이라는 '중국의 꿈'으로 형상화했습니다.

'중국의 꿈'을 실현하기 위해서는 장기적이고 평화적이며 안정적인 외부적 환경이 필요합니다. 중국은 평화적 발전 노선을 견지해야만 자체의 발전목표를 달성할 수 있습니다. 중국 인민은 근대 이후 100여 년이라는 전란의 쓰라린 역사를 겪었습니다. 우리는 이러한 비극이 그 어느 곳에서든 다시 일어나지 않기를 간절히 바랍니다. 중국은 절대 "자신이 원하지 않는 것은 남에게도 강요하지 않을 것이며", 평화를 소중히 여기고 평화를 유지하고자 하는 우리의 입장은 확고부동합니다.

네팔에서 몰디브, 아프가니스탄에서 방글라데시에 이르기까지 남아시아 사람들의 더 나은 삶에 대한 열망과 국가 진흥에 대한 추구는 남아시아 발전의 밝은 전망을 보여주고 있습니다. 남아시아는 희망적이고 잠재력이 무궁무진한 아대륙(亞大陸)이며 아시아는 물론 세계경제의 새로운 성장 극점이 될 것이라고 확신합니다.

평화적이고 안정적이며, 발전하고 번영해지는 남아시아는 이 지역 국가와 인민의 이익에 부합할 뿐만 아니라, 중국의 이익에도 부합합니다. 중국은 남아시아 국가와 화목하게 지낼 것이며, 남아시아 발전에 힘을 더하려고 합니다. 중국이 제안한 '일대일로'의 창의는 육상·해상 실크로드 연선 국가 간의 상호 연결을 강화하여 공동으로 발전하고, 무역에서의 장점으로 단점을 보완하고, 민심이 서로 통하도록 하기 위한 것입니다. 중국은 '일대일로' 양 날개로 남아시아 국가와 함께 도약할 것입니다.

중국과 남아시아 각국은 중요한 협력 파트너로 양측의 협력은 발굴을 기다리는 거대한 보물처럼 동경의 대상이 되고 있습니다. 중국은 남아시아 국가와 협력하여 향후 5년 동안 양측의 무역액을 1,500억 달러로, 남아시아에 대한 중국의 투자를 300억 달러로 늘리고, 남아시아 국가에 200억 달러의 우대 대출을 제공하기 위해 노력할 것입니다. 또한 남아시아 국가와의 인문 교류를 확대하여 향후 5년 동안 10,000명의 남아시아 학생들에게 장학금을 지급하고, 5,000명의 학생들에게 중국에서 다양한 양성과정을 이수할 수 있는 기회를 제공하며, 5,000명의 남아시아 청년들이 중국과 교류하고 양성과정을 이수할 수 있는 기회를 제공하고, 5,000명의 중국어 교사를 양성할 것입니다. 중국은 남아시아 국가와 함께 중국-남아시아 과학기술 협력 파트너 프로그램을 실시하여 중국-남아시아 박람회의 역할을 충분히 발휘하고 호혜협력의 새로운 플랫폼을 만들 것입니다.

중국은 남아시아에서 가장 큰 이웃국가이고 인도는 남아시아에서 가장 큰 국가입니다. 중국은 인도와 함께, 히말라야 산맥의 양쪽에 살고 있는 30억 인민들이 평화·친선·안정·번영을 공유할 수 있도록 지역 발전에 더 큰 힘을 보탤 것입니다.

# 인류의 다양한 문명교류와 융합, 상호 학습을 추진하자[30)]

●●2014년 9월 24일 ●●

인류는 수천 년의 문명사를 가지고 있습니다. 지구상의 모든 국가와 민족은 선대(先代)를 계승 발전시키고 지난날의 사업을 계승하여 앞길을 개척하며 오늘에 이르렀으며, 세계는 인류 다양한 문명의 교류와 함께 오늘날의 모습을 갖추게 된 것입니다. 따라서 인류의 다양한 문명교류와 융합, 상호 학습을 촉진케 하는 것은 세상을 더 아름답게 만들고 각국 국민이 더 나은 삶을 살 수 있는 유일한 방법입니다.

다양한 국가와 민족의 문명, 전통문화와 대중문화를 정확하게 바라보는 것은 우리에게 중요한 과제입니다. 이를 위해 다음과 같은 원칙을 견지하는 데 중점을 두어야 한다고 생각합니다.

첫째, 세계문명의 다양성이 유지되어야 합니다. 화이부동의 원리에 따르면 "무릇 사물은 다 같지가 않다. 그게 사물의 본질이다"라는 것은 자연의 이치입니다. 세계는 항상 천차만별하고 이채로운 것으로 이는 모든 사물이 발전하고 발생하는 법칙입니다. 이러한 다양성이 없다면 모든 사물은 발전

30) 시진핑 동지가 공자 탄생 2565주년 기념 국제학술심포지엄 및 국제유학연맹 제5차 회원총회 개막식에서 한 연설의 일부이다.

을 멈추게 되고 세계는 진보하지 않을 것입니다. 한편 모든 국가와 민족의 문명은 자국과 본 민족을 토대로 형성되었습니다. 따라서 각자의 고유한 특성과 장점을 가지고 있습니다. 우리는 문명의 다양성이 유지되도록 노력해야 하며, 상호 교류, 상호 학습·참고를 강화해야 합니다. 다양한 문명이 분리되거나 상호 대체되면 안 되고, 배제되어서도 안 됩니다. 이렇게 함으로써 세계문명의 정원이 무궁무진하고 생기가 넘치게 될 것입니다.

풍부하고 다채로운 인류문명은 모두 자신의 존재적 가치가 있습니다. 우리는 자국과 타국의 문명 간의 차이를 합리적으로 바라보아야 합니다. 모든 국가와 민족의 문명이 독특하다는 것을 깨닫고 공통점을 추구하며 장점을 취하고 단점을 보완하며 다른 문명을 공격하거나 훼손해서는 안 됩니다. 자국의 문명과 다르다는 이유로 불쾌해하고 모든 방법을 동원하여 바꾸거나, 동화시키거나 심지어 자국의 문명으로 상대국의 문명을 대체하려고 해서는 안 됩니다. 역사가 거듭 증명하듯이 문명 간의 차이를 강제적으로 해결하려는 어떤 시도도 성공할 수 없으며, 오히려 세계문명에 재앙을 가져올 수 있습니다.

둘째, 모든 국가와 민족의 문명을 존중해야 합니다. 문명, 특히 사상과 문화는 한 국가와 민족의 영혼입니다. 어느 국가와 민족이든 자체의 사상과 문화를 소중히 여기지 않고 버린다면 그 국가와 민족은 제대로 발전할 수 없습니다. 자신만의 사상과 문화를 소중히 여기고 유지해야 할 뿐만 아니라, 다른 국가와 민족의 사상과 문화도 인정하고 존중해야 합니다. 특정 국가와 민족의 사상과 문화는 각자의 고유의 특성을 가지며, 현란하고 화려할 뿐, 여기에는 우열의 구분이 없습니다. 국가와 민족의 강약, 크기와 상관없이 모든 사상과 문화를 인정하고 존중해야 합니다.

자국이나 본 민족의 문명 성과를 인정하고 강조하는 것은 폐쇄적이거나, 유아독존을 뜻하는 것이 아닙니다. 모든 국가와 민족은 겸허하게 배우고 다른 국가와 민족의 사상·문화적 장점과 정수를 적극적으로 배워야 하며, 이는 자국과 본 민족의 사상·문화의 자존감, 자신감, 자립성을 높이는 중요한 조건입니다.

셋째, 다양한 문명을 올바르게 배우고 참고해야 합니다. 문명은 교류함으로써 다채로워지고, 상호 참고함으로써 풍부해지는 것입니다. 문명은 전파되고 발전하는 존재이기 때문에 어느 국가, 어느 민족에서 만들어진 문명이라 할지라도 유동적이고 개방적인 특징을 지닙니다. 장기간의 진화를 거쳐 중국문명은 다른 문명과의 교류를 통해 풍부해졌고 인류문명의 발전에 중요한 기여를 했습니다. 실크로드의 개척, 견수사·견당사(遣隋使·遣唐使)의 중국 방문, 법현(法顯)과 현장의 서행취경(西行取經), 정화의 일곱 차례 서양 항해 등은 모두 중국과 외국문명의 교류와 상호 학습의 생생한 사례들입니다. 유학(儒學)은 본래 중국의 학문이었지만, 일찍이 세계로 뻗어 나가 인류문명의 일부가 되었습니다.

"홀로 배우기만 하고 벗이 없으면 고루해지고 견문이 적다(獨學而無友, 則孤陋而寡聞)"는 말이 있습니다. 고대의 중화문명, 그리스문명, 로마문명, 이집트문명, 량허(兩河)문명, 인도문명 등 인류사회가 창조한 각종 문명은 물론 현재의 아시아문명, 아프리카문명, 유럽문명, 아메리카문명, 오세아니아문명 등을 막론하고 우리는 배우는 자세를 취해야 하고, 그 속의 유익한 성분을 적극적으로 흡수하여 인류가 창조한 모든 문명의 우수한 문화유전자를 현대문화에 적응시키고 현대사회와 조화를 이루도록 함으로써 시간을 초월하고 국가를 초월하며 영원한 매력과 현대적 가치를 지닌 우수한 문화적 정신을 고양시켜야 합니다. 문명에 대한 상호 학습과 상호 참고를 실행하기 위해서는 본 민족의 현실에서 출발하고, 장점은 취하고 단점은 보완하며, 좋은 것을 택하여 그대로 따라야 합니다. 대추를 통째로 삼키듯이 기계적으로 받아들이는 것이 아니라 잡물을 버리고 정수를 취하고 가짜를 버리고 진짜를 남겨야 합니다.

넷째, 문화와 전통을 과학적인 시선으로 바라보아야 합니다. 역사를 잊지 않아야 미래를 개척할 수 있고, 계승에 능해야 혁신에 능할 수 있습니다. 우수한 전통과 문화는 특정 국가와 민족이 선대의 우수성을 계승하고 발전하는 근간으로, 이를 버리면 정신적 명맥이 끊어지는 것입니다. 우리는 우수한 전통과 문화를 진흥시키는 것과 대중문화를 발전시키는 이 양자를 유기적으로 통합하고 밀접하게 결합하여 계승하면서 발전을 이루고 발전하면서 계승하는 데에 익숙해야 합니다.

전통과 문화는 형성되고 발전하는 과정에서 사람들의 인식 수준, 시대적 조건, 사회제도의 제약과 영향을 받게 되므로 낡고 시대에 뒤떨어지거나, 이미 찌꺼기가 된 부분이 있기 마련입니다. 따라서 우리는 전통과 문화를 배우고, 연구하고, 적용할 때에는 옛것을 그대로 가져오는 것이 아니라, 쓸모없는 것은 버리고 새로운 실천과 시대적 요구에 근거하여 올바르게 선택해야 합니다. 옛것을 활용하고 참고하되, 옛것만 중시하고 현재를 경시하거나 옛일을 인용하여 현재를 비난하고 공격하는 것을 지양하면서, 전통과 문화에 대한 창조적 전환과 혁신적인 발전을 실현하고 전통문화와 대중문화를 융합시킴으로써 문화인으로서의 시대적 임무를 완성하기 위해 함께 노력해야 합니다.

# 연결은 발전을 이끌어나가고 동반자는 협력에 초점을 둔다[31)]

●●2014년 11월 8일●●

존경하는 하미드(Abdulla Hameed) 대통령님,

존경하는 추말리(Choummaly Sayasone) 회장님,

존경하는 엘벡도르지(Tsakhiagiin Elbegdorj) 대통령님,

존경하는 테인 세인 대통령님,

존경하는 라흐몬(Emomali Rahmon) 대통령님,

존경하는 훈센(Samdech Hun Sen) 총리님,

존경하는 아리프(Arif Alvi) 총리님,

신사 숙녀 여러분, 친구 여러분:

여러분이 특별히 베이징에 오셔서 「'호연호통 동반자 관계 강화' 주최국 동반자 대화」에 참석하신 것은 우리의 깊은 친선과 우호 협력을 보여주며, 중국에서 주최하는 아시아태평양경제협력체 제22차 정상회의에 대한 적극적인 지지를 보여주심을 뜻합니다. 자리에 앉아 계신 여러분께 진심으로 감사를 표합니다!

31) 시진핑 동지가 베이징에서 열린 「'호연호통 동반자 관계 강화' 주최국 동반자 대화("加強互聯互通夥伴關系"東道主夥伴對話會)」에서 한 연설이다.

"친구와 이웃은 자주 다닐수록 가까워지는 법입니다." 이웃국가 간에는 중대한 문제와 관련하여 머리를 맞대고 의견을 교환할 필요가 있습니다. 중국은 아시아태평양경제협력체 제22차 정상회의 주최국으로서 아시아-태평양 지역 간의 호연호통을 주제 중 하나로 채택했습니다. 호연호통이 중대한 문제이므로 아시아 국가들과 국제기구에서는 매우 큰 관심을 보이고 있었으며, 이에 중국은 각국과 의논하여 이번 회담을 주최하게 되었고, 이를 계기로 아시아의 발전 대계를 협의하게 되었습니다.

중국에는 우공이산(愚公移山)이라는 우화가 있습니다. 수천 년 전 교통이 불편한 산촌에 우공이라는 노인이 있었는데 그는 집 앞을 가로막고 있던 두 산을 옮기기로 결심했습니다. 친척과 이웃 모두 불가능하다고 말했지만, 우공은 그들의 말을 듣지 않고 자손들을 데리고 날마다 땅을 팠습니다. 우공은 산은 높아지지 않으나, 자손은 무궁하니 끈기만 있다면 언젠가는 큰 산을 옮길 것이라고 하셨습니다. 우공의 정신은 하늘 신을 감동시켰고, 두 산은 사람과 신의 공동 노력으로 옮겨졌습니다. 그때부터 우공의 고향은 외부 세계로 연결되었습니다.

호연호통은 인류가 예로부터 추구해오던 바입니다. 우리 조상들은 매우 어려운 환경에서 호연호통의 기적을 만들어냈습니다. 실크로드는 그 중의 모범 사례로 아시아 각국 인민들에게 호연호통의 개척자라고 불립니다.

인간은 발전하고 사회는 진보합니다. 국제 금융위기의 영향이 여전히 남아 있는 오늘, 세계경제와 국제무역의 성장 속도는 둔화되고 있는 반면에, 새로운 산업혁명과 과학기술혁명이 충분한 준비를 마치고 대기 중에 있고, 지역 간의 자유무역이 속속 등장하고 있으며, 구조조정과 개혁·혁신이 세계적인 흐름이 되었습니다. 아시아 국가는 자원·제조·저장·공장을 기반으로 아시아의 가치·창조·투자·시장을 발전시켜야 하고, 새로운 경제 성장 포인트와 경쟁 우위를 공동으로 육성해 내기 위해 적극적으로 노력해야 합니다.

이러한 목표를 달성하기 위해 호연호통은 관건적인 일환입니다.

오늘날 우리가 건설해야 할 호연호통은 도로 건설, 다리 건설, 평면화와 단선 연결을 포함할 뿐만 아니라 인프라, 제도·규정, 인적교류 측면에서 삼위일체를 이루어야 하며, 정책적 소통, 인프라 연결, 무역의 원활화, 자금의 연결, 민심 상통의 5대 영역이 병행되어야 합니다. 이는 전 방위적이고 입체적이며 네트워크 형태의 대 연통으로 활기차고 군책군력(群策群力)의 개방적인 시스템입니다.

아시아의 호연호통을 실현함에 있어 기회도 많겠으나 어려움도 적지 않습니다. 각국의 제도와 법률이 상당히 다를 뿐만 아니라, 각자의 요구 사항도 다양하며, 체제 조정이 마음과 같이 잘 되고 있지 않습니다. 그 중에서 자금 문제가 가장 두드러지는데, 아시아 개발은행의 통계에 따르면 2020년 이전에 아시아 지역의 연간 인프라 투자 수요는 7,300억 달러에 달했습니다. 이는 일부 국가의 노력만으로는 해결할 수 있는 문제가 아닙니다. 각국이 광범위한 동반자 관계를 맺고 함께 생각하고 함께 노력해야만 지속적이고 긍정적인 결과를 가져올 수 있습니다.

— 아시아 국가의 연동 발전을 실현해야 합니다. 아시아 국가들은 호연호통을 매우 중시하며 많은 국가는 자체 인프라 건설계획을 가지고 있습니다. 이제 각국의 전략과 계획을 연결하고, 우선순위와 프로젝트를 찾아내고, 자원을 집중시켜 공동으로 발전해야 합니다. 이렇게 함으로써 물류비용을 절감하고, 수요와 고용을 창출하며, 비교우위와 후발우위를 충분히 발휘할 수 있으며, 글로벌 공급사슬, 산업사슬, 가치사슬에서 유리하게 되어 종합경쟁력을 높임으로써 강력하고 지속 가능하며 균형 잡힌 성장을 이루는 아시아 발전의 새로운 기상을 만들 수 있습니다. 아시아 각국은 하나하나의 등불과 같이 직렬로 연결되어야만 아시아의 밤하늘을 밝게 비출 수 있습니다.

— 더욱 개방적인 아시아 경제 구도를 구축해야 합니다. 세계의 다극화, 경제 글로벌화, 문화의 다양화, 사회의 정보화라는 시대의 흐름에 직면하여 문을 닫고 나라를 건설할 수는 없는 것입니다. 폐쇄는 출로가 없으며, 개방만이 발전을 가져올 수 있습니다. 아시아 국가들은 개방적인 지역주의를 견지하고, 폐쇄적인 집단에 참여하지 않으며, 제3국을 겨냥하지 않고, 지역 내부와 외부 국가들이 각자의 능력을 발휘하고 장점으로 단점을 보완하며 이익을 공유하도록 추진해야 합니다. 교통·무역·투자 편리화 협정의 체결을 포함하여 국경 간 인프라 연결, 각종 규칙·규정의 연결 등 이웃국가에 더 많이 개방되어야 합니다.

가장 시급한 과제는 협상을 통해 호연호통 건설에 영향을 미치는 제도·정책·기준적 문제를 해결하고 국경 간의 인원·상품·자금교류에 필요한 비용과 시간을 줄이는 것입니다. 이에 정보 교환, 감독 및 상호 인정과 집법 차원의 상호 지원을 위한 세관 간 협력을 추진해야 하고 국경 간 커우안(口岸)에 '단독 창구'를 만들어 관광객들이 특정 장소에서 출입국 수속을 밟는 '1장소, 2검사(一地兩檢)'식의 통관방식을 추진해야 합니다. 개방을 추진함에 있어서 반드시 각국의 주권과 영토보전을 존중하고, 모든 국가의 입장을 배려하며, 다른 나라의 내정에 간섭하지 않아야 합니다. 또한 쉬운 데에서 어려운 데로, 하나부터 전체로, 적은 데서 많은 데로 점진적으로 확대해 나감으로써 아시아 경제가 개방 과정에서 안정적이고 멀리 나아가게 하고, 아시아 각국 간에 전략적 상호 신뢰를 증진하도록 해야 합니다.

— 아시아 국민의 꿈을 이루어야 합니다. 모든 새로운 교통 노선은 사람들의 행복한 꿈을 담아야 합니다. 우리는 아시아의 호연호통을 추진하여 사람들이 세계를 관찰하고, 이상을 펼치며, 빈곤에서 벗어나 부자가 되게 해야 합니다. 한편 인간본위 사상을 견지하고, 대중들의 의견을 경청하며, 대중들의 소득을 높이고, 전기, 식수, 의료, 교육, 고용, 인터넷 사용과 같은 현실 문

제를 해결하기 위해 노력해야 합니다. 또한 생태환경을 보호하여 아름다움과 발전이 병행되도록 해야 합니다.

그리고 아시아의 호연호통 건설을 통해 각국 인민의 사상적 교류와 문명의 상호 참고를 추진하고, 국민들이 서로 잘 알고 신뢰하고 존중하면서 조화롭고 평화로운 삶을 창조하고 향유하도록 하며, 평화적이고 부강하고 진보적인 아시아의 꿈을 함께 엮어나가야 합니다.

— 아시아 특색의 협력 플랫폼을 구축해야 합니다. 아시아의 호연호통을 위해 국제·지역 관련 기구는 획기적이고, 기초적인 작업을 수행해왔으며, 중요한 성과를 이뤄냈습니다. 중국은 이를 매우 중요하게 여기며 높은 찬사를 보냅니다. 세계 각국이 아시아와 함께 아시아의 현실에 입각하여 협력하고 힘을 합치기 바랍니다. 또한 국제정세 발전의 필요에 따라 체제적인 혁신도 고려해야 하는 부분입니다.

지난달 20여 개의 아시아 국가들이 베이징에 모여 아시아인프라투자은행 설립을 위한 정부 간 양해각서에 서명했는데, 이는 아시아 각국이 금융 분야에서 이뤄낸 중요한 성과입니다. 아시아인프라투자은행은 세계은행, 아시아개발은행 등 기존의 금융기관을 보완해주는 역할을 하게 되며 아시아 호연호통 건설에 중요한 기여를 할 것입니다.

동료 여러분!

지난해 가을, 중국 정부를 대표하여 실크로드 경제벨트와 21세기 해상 실크로드 공동 건설을 제안한 이후, 국제사회 특히 이 자리에 계시는 각국 지도자들의 긍정적인 반응을 얻었습니다. '일대일로'와 호연호통은 융합적이고 상호 보완적입니다. '일대일로'를 아시아 도약의 양 날개에 비유한다면, 호연호통은 양 날개의 핏줄과 같습니다. 현재 '일대일로'는 실질적인 협력 단계에 진입했으며, 협력을 강화하기 위해 다음과 같은 몇 가지 제안을 말씀드리고자 합니다.

첫째, 먼저 아시아 국가를 중심으로 아시아 호연호통을 실현하는 것입니다. 아시아에서 기원한 '일대일로'는 아시아를 기반으로 추진되며, 따라서 역내 국가들을 이롭게 하고, 역내 국가 간의 호연호통에 관심을 기울이며 공동 이익을 확대하기 위해 노력합니다. '일대일로'는 중국과 아시아 이웃국가들의 공동 사업으로, 중국은 주변 국가들을 외교정책의 앞 순위에 놓고 우호·성실·호혜·관용의 이념을 실천할 것이며, 호연호통을 통해 아시아 이웃국가들에게 더 많은 공공 제품을 제공할 것입니다. 또한 여러분이 중국 발전의 열차에 탑승하는 것을 환영합니다.

둘째, 경제회랑에 의존하여 아시아 호연호통의 기본 틀을 구축하는 것입니다. 현재 중국이 제정한 '일대일로' 계획은 기본적으로 완성되었습니다. 여기에는 각국과의 충분한 소통을 통해 구축 중인 육상경제협력회랑과 해상경제협력회랑이 포함됩니다. 각국의 수요에 근거하여 육지와 해상의 두 방향을 모두 총괄한 이 계획은 포괄적이고 포용적이며 그 영향력이 큽니다. 중국은 관련 국가들과 함께 이 협력의 청사진을 보완하고 협력의 기반을 튼튼히 다져나갈 것입니다.

셋째, 교통 인프라를 돌파구로 삼아 아시아 호연호통의 조기 수확을 달성하는 것입니다. 실크로드 계획을 실행하기 위해서는 먼저 길이 있어야 합니다. 길은 사람과 물류의 흐름을 원활하게 할 수 있습니다. 따라서 중국과 파키스탄, 방글라데시, 미얀마, 라오스, 캄보디아, 몽골, 타지키스탄 등 인접 국가들을 연결하는 철도 및 도로 공사에 중점을 두고 '일대일로' 계획에서 우선적으로 추진할 것입니다. 모두가 가능한 한 빨리 성과를 공유할 수 있어야 '일대일로'가 매력적이고 생명력이 있는 계획으로 거듭날 수 있습니다.

넷째, 자금조달 플랫폼 구축을 출발점으로 아시아 호연호통의 좁은 공간을 넓혀가는 것입니다. 아시아 국가들은 다수가 개발도상국이고 건설 자금이 부족합니다. 이러한 국가에 있어 재고를 활성화하고, 증량을 잘 사용하며, 귀중한 자금을 칼날에 사용하는 것이 가장 중요합니다. 저는 이 자리를 빌려 중국이 400억 달러를 투자하여 '일대일로' 연선 국가의 인프라, 자원 개발, 산업 협력, 금융 협력과 같은 호연호통 추진 프로젝트에 투자 및 자금 지원을 제공하기 위한 실크로드 기금을 설립할 것을 선언합니다. 실크로드 기금은 개방되어 있으며 지역, 다양한 산업 또는 프로젝트 유형에 따라 하위기금을 설정할 수 있는 것으로, 아시아 역내·역외 투자자들의 적극적인 참여를 환영합니다.

다섯째, 인적교류를 통해 아시아 호연호통의 사회적 기반을 다지는 것입니다. 중국은 다양한 문명과 종교 간의 대화와 여러 국가 간의 문화적 교류·민간적 교류의 강화, 실크로드 연선 국가의 세계문화유산 공동 신청을 지지하며, 아시아 국가 간에 성·자치구·도시 차원의 협력 관계를 더 많이 구축하는 것을 지지합니다. 아시아는 관광자원이 풍부하고 갈수록 많은 사람이 해외여행을 선택하고 있습니다. 이에 실크로드 특색 관광 노선을 개발하여 관광 협력과 호연호통이 윈윈할 수 있도록 해야 합니다. 호연호통을 추진하기 위해서는 많은 인재가 필요합니다. 앞으로 5년 안에 주변국가의 200만에 달하는 국민에게 중국에 와서 관련 분야 양성과정을 이수할 수 있는 기회를 제공하여 각국에서 전문가를 양성하도록 도울 것입니다. 또한 유학생, 전문가를 주변국가에 파견하여 학습하고 교류하도록 할 것입니다.

동료 여러분!

중국에는 '지동도합(志同道合, 의기가 투합하고 지향하는 바가 같다는 뜻)'이라는 고사성어가 있습니다. 우리 함께 원대한 포부를 가지고 착실하게 호연호통 동반자 관계를 강화하고, 아시아의 지역 협력을 최적화하며, 발전을 도모하고 운명공동체를 구축해나갑시다!

감사합니다!

# 지속적인 발전을 도모하고, 아시아-태평양 지역의 꿈을 함께 구축하자[32)]

(2014년 11월 9일)

존경하는 칠레 대통령 바첼레트(Michelle Bachelet) 여사님,

존경하는 세계무역기구 아제베도(Roberto Azevedo) 사무총장님,

신사 숙녀 여러분, 친구 여러분:

안녕하세요! 아시아-태평양 상공업계 여러분을 환영합니다! 작년에 우리는 발리에서 베이징에서 만날 것을 약속했습니다. 오늘 여러분과 다시 만나 뵙게 되어 대단히 기쁩니다.

중국의 절기에 따르면 이틀 전이 입동(立冬)이었습니다. 가을과 겨울이 만나는 시기는 "산 좋고 물 맑고 밤 서리 내려앉고, 이곳저곳 진홍빛 나뭇잎에 옅게 시든 누른 잎 돋보이는(山明水淨夜來霜, 數樹深紅出淺黃) 다채로운 계절입니다. 1년간의 노력 끝에 중국은 아시아태평양경제협력체 회원국들과 함께하게 되었습니다. 곧 시작되는 제22차 비공식 정상회담에서 결실을 맺기를 기대합니다.

32) 이는 시진핑 동지가 베이징 아시아태평양경제협력체 최고경영자 정상회의 개막식에서 한 연설이다.

신사 숙녀 여러분, 친구 여러분!

고대문명과 신흥 역량이 집중되어 있는 아시아-태평양 지역은 유구한 역사와 찬란한 문화를 창조해냈습니다. 부지런한 지역 주민과 아름다운 산과 강을 품은 이 지역은 강력한 발전 동력과 밝은 미래를 보이고 있습니다.

오늘날 세계인구의 40%, 경제 총량의 57%, 무역 총량의 48%를 차지하는 아시아-태평양 지역은 세계에서 경제 발전 속도가 가장 빠르고, 잠재력이 가장 크며, 협력이 가장 활발한 지역으로 세계경제 회복과 발전을 이끄는 중요한 엔진입니다.

아시아-태평양 지역은 현재 새로운 발전단계에 진입했습니다. 자본·기술·정보·인력 이동이 상당히 활발하며, 아시아-태평양 지역 역내 시장이 윤곽을 갖추기 시작했으며, 다양한 지역 협력 체제가 활발하게 구축되고 있으며, 이니셔티브와 아이디어가 끊임없이 새롭게 속출하고 있습니다.

아시아-태평양 지역은 세계 구도에서 그 위상이 지속적으로 향상되고 있습니다. 세계적인 새로운 과학기술혁명, 산업혁명, 에너지혁명이 충분히 준비되어 대기 중에 있으며, 아시아-태평양 지역의 경제체제는 갈수록 긴밀하게 연결되고 있으며, 지역경제 일체화의 필요성과 시급성이 더욱 두드러지고 있습니다.

아시아-태평양 지역은 다양한 도전에 직면해 있습니다. 국제 금융위기의 후속 영향이 아직 남아 있으며, 일부 경제체제의 회복, 아시아-태평양 지역 경제의 품질과 효율성 향상, 신구 성장 포인트 전환 작업은 모두 어려움에 직면해 있습니다. 또한 지역경제 일체화 프로세스의 방향과 초점이 다르고 다양한 지역 간 자유무역협정으로 인해 선택의 혼란을 겪고 있습니다.

아시아-태평양 지역은 현재 "세상을 계속 이끌며 밝은 미래를 만들 것인가? 아니면 발전 속도를 늦추어 다른 지역이 자신을 초월하기를 기다릴 것인가? 일체화 프로세스를 강화할 것인가 아니면 파편화의 소용돌이에 빠질 것인가? 개방적이고 포용적인 이념을 실천하고 아시아-태평양 지역의 세기를 함께 열어갈 것인가? 아니면 몸체만 21세기에 들어서고 사고방식은 여전히 과거에 머물러 있을 것인가?" 하는 중요한 갈림길에 와 있습니다.

'큰 시대'에는 큰 그림이 필요하고 큰 그림을 그리기 위해서는 큰 지혜가 필요합니다. 아시아-태평양 지역의 발전은 오늘의 결단과 행동에 달려 있습니다. 우리는 이 지역 주민들을 위해 아시아-태평양 지역의 꿈을 창조하고 실현할 책임이 있습니다. 이 꿈은 아시아-태평양 지역 주민이 한 가족이고 운명공동체라는 인식을 견지하고, 평화·발전·협력·상생의 시대적 흐름에 순응하며, 아시아-태평양 지역의 번영과 진보에 함께 힘을 다하는 것과, 세계 발전의 대세를 계속 이끌며 인류의 복지에 더 크게 공헌하는 것과, 활기찬 경제·자유로운 무역·편리한 투자·원활한 발전·활발한 인적교류를 한 층 이끌어내는 것과 지역 주민들이 더 평화롭고 풍요로운 삶을 누릴 수 있도록 하는 것입니다.

이 목표를 이루기 위해 더 많은 노력을 기울여야 합니다.

— 신뢰·포용·협력·상생에 입각한 아시아-태평양 지역 동반자 관계를 구축해야 합니다. 뜻이 같고 길이 일치하면 동반자입니다. 서로 다른 점을 인정하면서 공동의 이익을 추구하는 경우도 마찬가지로 동반자입니다. 친구가 많아야 더 쉽게 걸어나갈 수 있는 것입니다. 동반자는 서로 솔직하고 심층적인 소통을 통해 신뢰를 증진하고 서로에 대한 의심을 풀어야 하며, 화기애애한 이념을 견지하고 각자의 발전 노선을 선택할 수 있도록 서로 존중해야 하며, 각자의 장점을 충분히 발휘하여 공동 발전을 촉진시킬 수 있도록 해야 하며, 승자독식에서 다양한 측면의 협력으로 이끌어 큰 아시아-태평양 지역의 발전을 도모함으로써 아시아-태평양 지역의 번영을 공동으로 촉진케 해야 합니다.

— 손잡고 개방형 아시아-태평양 지역경제 구조를 구축해나가야 합니다. 개방은 진보를 가져오고 폐쇄는 후퇴를 초래합니다. 개방은 과거·현재·미래를 막론하고 아시아-태평양 지역의 지속 가능한 성장을 실현하는 중요한 전제 조건입니다. 내부적으로는 개방을 강화하여 노동·지식·기술·관리·자본의 활기가 서로 경쟁적으로 폭발하도록 하는 한편, 외부적으로는 개방을 확대하여 역내 국가의 다양성과 차이점을 발전의 잠재력과 원동력으로 전환해야 합니다. 또한 지역경제 일체화를 새로운 수준으로 끌어 올려 아시아-태평양 지역의 자유무역 프로세스를 가동시키는 한편, 개방적인 지역주의 이념을 견지하고 새로운 개방형 경제체제와 지역 협력의 프레임워크를 구축하여 아시아-태평양 지역의 문이 항상 전 세계로 열려 있도록 해야 합니다.

— 경제 성장의 새로운 동력을 끊임없이 찾아내야 합니다. 삶은 전통을 고수하고 현실에 만족하는 자에게는 결코 눈길을 주지 않고, 개혁과 혁신에 용기를 가지고 노력하는 이들에게는 더 많은 기회를 남겨 줍니다. 새로운 글로벌 성장 앞에서, 오직 개혁하는 자만이 진보하고 혁신하는 자만이 강해집니다. 우리는 세상을 먼저 위하는 자세로 개혁을 실행하고 혁신을 강조하며 자체 발전에 필요한 새로운 길과 모델을 찾으면서 성장의 새로운 기회와 원동력을 모색해야 합니다.

— 전방위적인 호연호통의 청사진을 구체적으로 그려야 합니다. 아시아-태평양 지역 간의 호연호통 및 인프라 건설은 지역경제 일체화를 이루기 위한 전제 조건일 뿐만 아니라, 장기적인 발전과 관련되는 문제입니다. 우리는 태평양 양안을 포함한 아시아-태평양 지역의 호연호통 구도를 구축해야 합니다. 즉 하드웨어를 통한 호연호통으로 여러 경제체제의 차이를 좁혀 아시아-태평양 지역을 연결하고 세계로 통하는 길을 개척하는 한편, 소프트웨어를 통한 호연호통으로 정책·법률·규제적 연결과 융합을 강화함으로써 편

리하고 효율적인 아시아-태평양 지역 공급망을 구축해야 하며, 인적교류를 통한 호연호통으로 각국 인민들의 친선 교류를 촉진시키고 신뢰와 우정을 증진해나가야 합니다.

위에서 말씀드린 바에 근거하여 중국은 올해 아시아태평양경제협력체 회의의 주제를 「미래지향적 아시아-태평양 지역 동반자 관계 구축(共建面向未來的亞太夥伴關系)」으로 확정하고 지역경제 일체화 촉진, 경제의 혁신적 발전·개혁과 성장 촉진, 전방위적인 인프라 및 호연호통 강화를 핵심 의제로 삼을 것입니다.

아시아태평양경제협력체 정상회의를 통해 위에서 말씀드린 문제에 대해 합의를 이루고 아시아-태평양지역의 지속 가능한 발전에 새로운 동력을 제공할 것이라고 확신합니다.

신사 숙녀 여러분!

지난해 아시아태평양경제협력체 상공계정상회의에서 저는 중국 경제 발전에 대한 믿음과 개혁을 지속적으로 심화하는 데에 관한 결의를 소개했습니다. 1년이 지난 오늘 저의 결의가 사실에 의해 증명되어 매우 기쁩니다.

올해 1~3분기 중국의 국내총생산은 전년 동기 대비 7.4% 증가했으며 주요 경제 지표는 합리적인 범위에 있습니다. 현재 중국 경제는 안정적인 발전 추세를 유지하고 있으며, 도시 고용은 계속 증가하고 있으며, 주민 소득·기업 효율성·재정 수입은 꾸준히 증가하고 있습니다. 더 중요한 것은 구조조정이 긍정적인 변화를 가져왔고, 서비스 산업이 뚜렷한 성장세를 보이고 있으며, 내수가 끊임없이 확대되고 있습니다.

중국 경제는 뉴노멀 시대에 접어들었고, 다음과 같은 몇 가지 주요 특징을 보이고 있습니다. 첫째는 고속 성장에서 중고속 성장으로 전환한 것이고 둘째는 경제구조가 지속적으로 최적화되고 업그레이드되며, 3차 산업과 소비자 수요가 점차 주체가 되며, 도시와 농촌의 지역 격차가 점차 줄어들고, 주민 소득의 비율이 증가하고, 발전 성과로 인해 더 많은 사람들에게 혜택이 돌아간다는 것이며 세 번째는 생산요소, 투자 중심에서 과학기술 혁신 중심으로 전환한 것입니다. 뉴노멀은 중국에 발전의 새로운 기회를 가져다 줄 것입니다.

첫째, 뉴노멀 시대에 중국의 경제 성장 속도는 둔화되었지만 실제 성장률은 여전히 상당히 높습니다. 30여 년의 고속성장을 거쳐 중국 경제 체량(體量)은 이미 예전 같지 않습니다. 2013년 1년 동안 중국의 경제 성장률은 1994년 연간 경제 총량과 맞먹으며, 세계에서 17위입니다. 7% 정도밖에 성장하지 않았으나 속도나 총체적인 체량으로 볼 때 세계 상위권에 들어가 있습니다.

둘째, 뉴노멀 시대에 중국의 경제 성장은 더욱 안정되고 성장 동력은 더욱 다양해졌습니다. 일각에서는 중국의 경제 성장률이 더 떨어질지, 고비를 넘길 수 있을지 우려하고 있습니다. 위험은 있지만 그렇게 무섭지는 않습니다. 중국 경제의 강인성은 위험을 예방하는 가장 강력한 버팀목입니다. 거시적 조절 방법을 혁신한다면, 현재 확정된 전략과 보유하고 있는 정책으로 볼 때, 곧 부딪히게 될 다양한 위험에 대응할 수 있다고 확신합니다. 현재 새로운 산업화·정보화·도시화·농업 현대화를 협동적으로 추진하고 있으며, 이는 경제 성장에 수반되는 다양한 문제점을 해결하는 데 도움이 됩니다. 중국 경제는 내수에 더 많이 의존해야 하며, 이로써 수출에 의존하는 외부 위험을 피해야 합니다.

셋째, 뉴노멀 시대에 중국의 경제구조는 최적화 및 업그레이드되어 발전 전망이 더 안정적입니다. 올해 1~3분기 중국 최종 소비의 경제 성장 기여율은 48.5%로 투자의 기여율을 초과했고, 서비스 산업의 증가 비율은 46.7%

로 계속해서 2차 산업을 초과했으며, 첨단 산업과 장비 제조업의 성장률은 각각 12.3%, 11.1%로 이는 산업의 평균 성장률에 비해 훨씬 높으며, 단위 국내총생산 에너지 소비량은 4.6% 감소했습니다. 이러한 데이터는 중국 경제가 보다 양호하고 구조적으로 업그레이드되는 심각한 변화를 겪고 있음을 시사합니다.

넷째, 뉴노멀 시대에 중국 정부는 적극적으로 행정력을 간소화하고 권력을 이양하여 시장에 더 많은 활력을 부여하게 되었습니다. 즉 '보이지 않는 손'인 시장의 기능을 풀어 주고, '보이는 손'인 정부의 기능을 효과적으로 발휘하도록 하는 것입니다. 예를 들어, 기업등록제도(企業登記制度)를 개혁한 것입니다. 이 제도에 따라 지난 3분기 동안 전국적으로 920만 개의 시장이 신규 등록되었으며, 신규 기업은 전년 대비 60% 이상 증가했습니다.

한편 뉴노멀 시대에 새로운 갈등과 문제가 수반되고, 일부 잠재적 위험 요인들이 점차 드러나게 된다는 사실도 잘 알고 있습니다. 이러한 시대에 적응해나갈 수 있는지 그 여부는 개혁을 전면적으로 심화하느냐에 달려 있습니다.

작년에 개최된 상공계정상회의에서 중국 개혁은 수심 깊은 어려운 구역에 들어선 만큼, 난관을 돌파하고 용감하게 도전하며 수년간의 고질병을 치료하기 위해 과감히 메스를 대야 한다고 말한 바가 있습니다. 중국공산당 제18기 중앙위원회 제3차 전체회의는 개혁을 전면적으로 심화시키는 데에 대한 총체적 계획을 발표했습니다. 이 계획에는 15개 분야와 30여 개의 중대한 개혁과 조치가 포함됩니다. 현재 이러한 개혁과 조치들이 하나씩 실행되고 있습니다. 활시위를 당겼으니 화살은 되돌아오지 않는 법입니다. 우리는 개혁을 깊이 추진하고 확고부동하게 견지해나갈 것입니다.

개혁을 전면적으로 심화하기 위해서는 잠재되어 있는 시장의 활력을 자극해야 합니다. 시장의 활력은 사람, 특히 기업가 정신에서 비롯됩니다. 시장의 활력을 자극한다는 것은 권한을 위임하고, 운영 환경을 조성하며, 기업가가 유용하게 사용될 수 있도록 규칙을 제정하는 것입니다. 또한 정부가 관리자에서 기업, 경제·사회 발전 촉진을 위한 봉사자로 역할을 전환함으로써 보다 효과적으로 정부 역할을 수행할 것을 강조합니다.

또한 혁신을 위해 길을 넓혀줘야 합니다. 혁신이 중국 발전의 새로운 엔진이라고 한다면 개혁은 필수 불가결한 점화기입니다. 혁신 엔진을 최대한 빨리 가동하기 위한 보다 효과적인 조치를 취해야 합니다. 혁신 중심의 원동력의 역할을 발휘하여 혁신 기업과 경영 효율성이 높은 중소기업을 더 많이 지원함으로써 전통 산업의 전환 및 업그레이드를 촉진시키고 가능한 한 빨리 새로운 성장 포인트와 추진력을 형성하기 위해 노력해야 합니다.

그리고 대외개방을 보다 높은 수준에서 적극적으로 추진해야 합니다. 중국은 새로운 개방형 경제체제 구축, 시장진입 확대, 자본 시장을 포함한 서비스 산업의 대외개방 확대, 내륙과 국경 간 개방 확대에 주력해왔으며, 혁신을 발전시키고 연동적으로 성장하며 이익융합을 창도하는 개방형 아시아-태평양 지역 경제 구도를 구축하여 올해 안으로 아시아-태평양자유무역지대(Free Trade Area of the Asia-Pacific) 프로세스를 가동하며 아시아-태평양자유무역지대 로드맵을 제정하기 위해 힘써왔으며, 외국인 투자 진입 허가 전의 국민의 혜택과 손해를 목록화하여 중국의 개혁개방을 전면적으로 심화시키는 데에 대한 새로운 방법을 모색하고 새로운 경험을 쌓아야 합니다.

마지막으로 인민의 복지를 증진하고 사회의 공정성과 정의가 지켜지도록 해야 합니다. 모든 개혁은 결국 국민을 위한 것이고, 백성을 잘살게 하기 위한 것입니다. 중국은 인민 소득의 지속적인 증가를 위해 보다 적극적인 고용 및 창업 정책을 시행하고 있습니다. 올해 1~3분기에 도시 신규 고용 수는 1082만 명을 기록했고, 주민 소비 가격 지주는 전년 동기 대비 21% 상승했으며, 도시와 농촌 주민의 1인당 소득은 각각 6.9%, 9.7% 증가했습니다. 중국은 보다 공정하고 지속 가능한 사회 보장 시스템을 구축하고, 공공 서비스 시스템을 개선하며, 사회관리 시스템을 혁신하고 있습니다.

요컨대 우리가 추진하고 있는 개혁의 전면적인 심화는 사회 생산력의 해방을 의미할 뿐만 아니라 사회에 활력을 불어넣는 것이기도 한 것으로 이는 반드시 중국 경제·사회 발전의 강력한 원동력이 될 것입니다.

신사 숙녀 여러분, 친구 여러분!

중국 경제와 아시아-태평양 지역 및 세계경제의 상호 연결 및 상호 의존성은 갈수록 밀접해지고 있습니다. 중국은 자신의 일에 집중하면서 아시아-태평양 지역과 세계에 더 많은 혜택이 돌아가도록 노력할 것입니다. 중국은 이웃에 착한 일을 하고 이웃과 동반자가 되는 주변국 외교방침, 선린·안린·부린의 주변국 외교정책, 우호·성실·호혜·관용의 주변국 외교 이념을 관철하며 모든 이웃과 화목하게 지낼 것입니다.

통계에 따르면 2005년부터 2014년 상반기까지 중국 투자를 유치한 상위 10개 경제 집단 중 6개가 아시아태평양경제협력체 회원국 소속으로 총액이 2,000억 달러가 넘습니다. 향후 10년 동안 중국의 해외투자는 12,500억 달러에 달할 것으로 예상됩니다. 향후 5년 동안 중국의 총 수입품은 10조 달러를 초과하고 해외 관광객은 5억 명을 초과할 것입니다. 중국의 발전이 아시아-태평양 지역과 세계에 가져다주는 기회와 이익은 거대하고 비즈니스 기회는 지속적이고 무한합니다.

종합국력이 강해지면서 중국은 아시아-태평양 지역과 세계에 더 많은 공공재를 제공할 수 있으며, 특히 지역 협력의 심층 발전을 촉진시키기 위해 새로운 창의와 구상을 제안할 것입니다. 중국은 각국과 함께 '일대일로' 건설을 추진하고, 지역 협력 과정에 보다 적극적으로 참여하면서 아시아-태평양 지역의 호연호통과 번영, 발전을 위해 노력할 것입니다.

현재 아시아인프라투자은행 설립작업이 실질적인 진전을 이뤘으며, 창립 시 회원국들은 얼마 전에 베이징에서 정부 간 양해각서에 서명했습니다. 또한 중국은 4백억 달러의 실크로드 기금(絲路基金)을 만들어 '일대일로' 연선 국가의 인프라 건설, 자원개발, 산업협력 등 관련 프로젝트에 투자 및 융자를 제공할 것입니다. 중국은 각국과 함께 아시아인프라투자은행의 조기 가동을 추진하여 호연호통, 금융 등 분야에서의 각국 간의 협력을 위한 새로운 플랫폼이 되도록 노력하겠습니다.

신사 숙녀 여러분, 친구 여러분!

상공업계는 아시아-태평양 지역과 세계경제 발전의 중요한 원동력으로 아시아-태평양 지역의 경제 성장을 촉진시키고 세계경제 회복을 이끄는 데 적극적인 역할을 했으며 중국의 개혁개방과 현대화에도 크게 기여했습니다. 중국은 아시아-태평양 지역의 상공업계 인사들이 중국의 개혁개방과 현대화 과정에 적극 참여함으로써 개혁의 성과를 함께하는 것을 환영합니다.

아시아-태평양 지역 국가 간의 경제적 협력이 실질적인 방향으로 활발히 발전함에 따라 아시아태평양경제협력체의 일부 협력 이니셔티브가 꽃을 피우고 열매를 맺고 있으며, 이는 역내 기업을 위해 실질적인 혜택을 많이 가져다주고 있습니다. 각국이 자국의 정보, 기술, 자본 등 분야의 고유한 장점을 적극적으로 활용하여 상공업계의 실제 수요로부터 무역·투자 자유화와 지역경제 통합의 촉진, 아시아태평양경제협력체의 장기적인 발전과 같은 중대한 문제에 대해 의견과 대책을 적극적으로 내놓기 바랍니다.

신사 숙녀 여러분, 친구 여러분!

앞으로 세계와 아시아-태평양 지역은 전례 없는 기회를 마주하게 될 것이지만, 더 복잡한 위험에 직면하게 될 것입니다. 아시아-태평양 지역의 각국은 시대의 흐름에 순응하고 협력하여 미래 지향적인 아시아-태평양 동반자 관계를 구축함으로써 지역 협력의 큰 성과를 이루고 아시아-태평양 지역의 아름다운 미래를 함께 창조해나가야 합니다!

마지막으로 이번 회의의 원만한 성공을 기원합니다!

감사합니다.

# 미래지향적인 아시아-태평양 지역 동반자 관계를 함께 구축하자[33)]

●●2014년 11월 11일●●

동료 여러분:

베이징 옌치호(雁栖湖) 호반에서 모이게 되어 대단히 기쁩니다. 먼저 여러분의 방문을 진심으로 환영합니다!

이곳은 해마다 봄가을이 되면 수많은 기러기 떼가 이곳을 찾아오므로 옌치호라는 이름을 얻게 되었습니다. 아시아태평양경제협력체의 21개 회원국은 마치 21마리의 기러기와 같습니다. "바람에 뒤집힌 흰 물결은 천 조각의 꽃잎이 흩날리는 것 같고, 푸른 하늘에 점들로 보이는 기러기 떼는 한 줄의 글씨 같습니다(風翻白浪花千片, 雁點青天字一行.)." 오늘 우리가 옌치호에 모이게 된 것은 협력을 강화하고 날개를 펴고 함께 날며 아시아-태평양 지역 발전의 새로운 비전을 만들기 위함입니다.

올해는 아시아태평양경제협력체 창립 25주년으로 그동안 아시아-태평양 지역은 큰 발전과 번영을 이뤄냈습니다. 아시아태평양경제협력체는 아시아-태평양 지역 발전의 성과를 증명해주며, 아시아-태평양 지역의 발전은

33) 이는 시진핑 동지가 베이징에서 열린 아시아태평양경제협력체 제22차 정상회의에서 한 개회사의 일부이다.

아시아태평양경제협력체에 새로운 사명을 부여했습니다.

현재 세계경제의 회복은 여전히 많은 불안정성과 불확실성에 직면하고 있습니다. 아시아-태평양 지역의 발전 역시 기회와 도전이 공존하는 새로운 단계에 진입했습니다. 역내 국가 간 경제적 협력의 파편화 극복, 국제 금융위기의 후 단계에서 새로운 성장 동력 탐색, 호연호통 건설이 직면하고 있는 자금조달 문제 해결 등 다양한 과제에 직면해 있습니다. 이러한 문제에 대한 깊이 있는 고찰과 적극적인 대응이 필요합니다.

새로운 상황에 직면하여 우리는 지역경제 통합을 더욱 촉진시켜 장기적인 발전에 이바지하는 개방적인 체제를 구축해야 합니다. 이 과정에서 아시아태평양경제협력체는 주도적이고 조정적인 역할을 수행하여 다양한 제약을 극복함으로써 아시아-태평양 지역 간의 보다 넓고 깊고 수준 높은 개방·교류·융합의 새로운 시대를 맞이해야 합니다. 또한 아시아-태평양의 지역적 한계를 넘어서 세계를 향해 문을 열어야 하며, 보고르목표(Bogor Goals)를 추진하는 동시에 아시아-태평양자유무역지대 프로세스를 적극적으로 추진하여 목표, 방향, 로드맵을 명확히 함으로써 비전을 가능한 한 빨리 현실화하고 태평양 양안을 가로지르는 고도로 개방된 지역 일체화를 실현해야 합니다.

새로운 상황에 직면하여 우리는 개혁과 혁신을 총력으로 추진하여 새로운 성장점과 동력을 발굴하고 강력하고 지속 가능한 성장 패턴을 구축해야 합니다. 국제 금융위기의 후 단계에서 성장 동력은 의심할 여지없이 개혁과 혁신과 조정에서 나올 수밖에 없습니다. 따라서 우리는 전통적인 생산 중심, 수출 중심의 패러다임을 과학기술 창조와 개혁 주도의 방향으로 바꾸고 구조조정을 통해 내생적 성장 동력을 끌어내야 합니다. 더불어 시장이 자원할당에서 결정적인 역할을 하도록 하고 정부가 역할을 더 효과적으로 수행하도록 해야 합니다. 또한 과학기술 혁신을 촉진시켜 에너지·소비혁명을 선도함으로써 아시아-태평양 지역이 신기술 혁명의 실현에 앞장서도록 추진해야 합니다. 올해 인터넷 경제, 도시화, 해양 경제 등 분야에서의 협력을 촉진시키고 '중진국 함정'에서 벗어나기 위한 해결책을 모색함으로써 우리는 세계적인 경제 이슈에 대처하는 성공적인 시작을 보였습니다.

새로운 상황에 직면하여 우리는 인프라 건설을 가속화하고 전방위적인 호연호통 체제를 구축해야 합니다. 호연호통은 발밑에 있는 길입니다. 도로, 철도, 항로 그리고 네트워크를 막론하고 길이 있는 곳이라면 우리의 협력도 가능합니다. 호연호통은 규칙의 길이기도 합니다. 조정과 협력이 많고 규제와 장애가 적을수록 물류가 더 원활해지고 교류가 더 편리해집니다. 호연호통은 마음의 길이기도 합니다. 상대를 이해하고 서로를 잘 알수록 논리를 더 잘 이해하고 일이 점점 더 쉬워집니다. 아시아-태평양 지역의 전방위적인 호연호통을 실현하는 것은 발밑의 길, 규칙의 길, 마음의 길로 태평양 양안의 모든 회원국을 연결하여 자금조달이 어렵고 비싼 문제를 해결하고 민관 동반자 관계 건설을 강화하여 연동식 발전을 실현하고자 하는 것입니다.

동료 여러분!

아시아태평양경제협력체는 하나의 대가족으로 발전과 혁신, 연동식 성장, 이익융합의 개방형 아시아-태평양 경제 구도를 구축하는 것은 모든 회원국의 공동 이익에 부합합니다. 이 목표를 달성하기 위해 아시아-태평양 경제체제는 상호 신뢰·포용·협력·상생을 기반으로 하는 아시아-태평양 동반자 관계를 구축해나가야 합니다. 이를 통해 아시아-태평양 지역과 세계경제의 발전에 동력을 더할 수 있습니다.

첫째, 아시아태평양경제협력체의 비전을 공동으로 계획해야 합니다. 아시아-태평양 지역의 미래 발전은 모든 회원국의 이익과 연결되어 있습니다. 아시아-태평양자유무역지대 프로세스를 가동하고 호연호통을 추진하며 혁신적 발전을 모색하는 것과 관련하여 합의를 이루었습니다. 이를 실제로 이행하며 향후 5년, 10년, 심지어 25년 동안의 발전 청사진을 계획하여 한걸음 한걸음 추진해 나가야 합니다.

둘째, 글로벌 도전에 공동으로 대응해야 합니다. 국제 금융위기 후 단계에서 경제 성장이라는 핵심 문제를 고려하고 거시적 정책 조정을 강화해야 할 뿐만 아니라 전염병, 식량 안보, 에너지 안보와 같은 글로벌 이슈에 적절하게 대응하고, 정보 공유를 통해 상호 이해를 증진하고, 경험을 교류하여 모범 사례를 공유하며, 소통과 조정으로 집단행동을 촉진시키며, 서로 도우면서 지역 협력을 강화해야 합니다.

셋째, 협력의 플랫폼을 함께 만들어나가야 합니다. 동반자란 사나이가 세 패가 되어 함께 좋은 일을 하고 큰일을 하는 것을 의미합니다. 우리는 아시아태평양경제협력체를 통합된 제도적 플랫폼으로 만들어야 합니다. 즉 경험 교류를 강화하는 정책적 플랫폼, 보호무역주의를 반대하는 개방적 플랫폼, 경제·기술 협력을 발전시키는 발전적 플랫폼, 호연호통을 추진하는 연결적 플랫폼을 만들어야 합니다. 아시아태평양경제협력체의 발전은 모두의 공동 지원에 달려 있습니다.

중국은 아시아태평양경제협력체 체제와 역량을 강화하고 다양한 분야에서 실질적인 협력을 추진하도록 천만 달러를 기부할 것입니다.

넷째, 연동식 발전을 모색해야 합니다. 동반자는 협력과 상생, 서로 배우는 것을 의미합니다. 현재 아시아-태평양 지역의 일부 개발도상국은 많은 어려움에 직면해 있습니다. 그들의 발전 없이는 아시아-태평양 지역의 지속가능한 발전을 유지할 수 없습니다. 우리는 이러한 국가에 대한 자본과 기술 지원을 강화하고 아시아-태평양 지역 국가의 다양성을 충분히 살려 상호 보완적인 이점을 활용하고 연동식 성장을 극대화함으로써 공동 발전을 이뤄내야 합니다.

향후 3년 동안, 중국 정부는 아시아태평양경제협력체 개발도상국 국민 1,500명에게 무역·투자 분야 능력 개발 양성과정을 개설할 것입니다.

동료 여러분,

「미래지향적인 아시아-태평양 동반자 관계 구축」이라는 주제로 우리는 '지역경제 통합 촉진', '경제의 혁신적 발전·개혁·성장 촉진', '전방위적인 인프라와 호연호통 건설 강화'라는 세 가지 핵심 의제를 중심으로 토론할 것입니다. 이번 회의가 아시아-태평양 지역의 발전에 새로운 활력을 불어넣을 것으로 기대하고 있습니다.

"꽃 한 송이로는 봄이 오지 않으며, 외로운 기러기는 무리를 이루지 못합니다(一花不是春, 孤雁難成行.)." 베이징 옌치호를 새로운 시작점으로 세계경제를 이끄는 기러기 떼가 더욱 푸르고 드넓은 하늘로 날아오르기를 기원합니다.

감사합니다.

# 혁신적 발전을 추진하고 연동식 성장을 실현하자[34)]

●●2014년 11월 15일●●

존경하는 애벗(Tony Abbott) 총리님,

동료 여러분:

G20은 국제경제 협력을 추진하는 주요 포럼으로 세계경제의 안정과 성장을 촉진시키는 중요한 임무를 맞이하고 있습니다. 지난 몇 년 동안 우리의 공동 노력으로 세계경제가 점차 침체에서 벗어나 좋은 방향으로 발전해왔습니다. 또한 우리는 경제 회복력이 강하지 않고, 금융시장에 여전히 위험이 존재하며, 국제무역이 여전히 낮은 수준을 유지하고 있음을 알아야 합니다. 국제기구는 올해 세계경제 성장률이 3.3%, 국제무역 성장률이 3.1%로 모두 국제금융 위기 이전 수준보다 낮을 것으로 예상하고 있습니다.

물길을 거슬러 가는 배는 전진하지 못한다면 뒤로 물러나는 것입니다(逆水行舟, 不進則退.). 현재 우리의 주요 임무는 거시경제정책을 조정하여 발전의 어려움을 해결하고 경제적 위험을 줄이고, 경제 번영, 금융 안정, 무역 발전, 고용 및 삶의 질 개선을 실현하는 것입니다.

얼마 전에 아시아태평양경제협력체는 아시아-태평양 지역의 성장을 촉진

34) 이는 호주 브리즈번(Brisbane)에서 열린 주요 G20 정상회의 9차 1단계 회의에서 한 연설이다.

시키기 위한 계획을 세웠습니다. 대단히 기쁜 것은 G20 역시 앞으로 5년간 현 정책 수준에서 2%의 추가 성장을 목표로 설정하는 전면적인 성장전략을 수립했다는 것입니다. 이는 중요한 의미가 있습니다.

전면적인 성장전략을 실현하기 위해서는 장기적인 성장 동력을 발굴하고 육성하여 각국이 발전과 혁신, 이익융합, 연동식 성장을 이루는 새로운 국면을 형성하는 것이 중요합니다. 이에 G20은 다음 세 가지 측면에서 노력할 것을 제안합니다.

첫째, 발전모델을 혁신하는 것입니다. 국제 금융위기에 대응하기 위해 우리는 역주기적 부양정책(逆周期的刺激政策)을 사용하여 경기 불황을 완화했습니다. 단기효과는 분명했으나 대부분은 근본적인 해결책이 아니었습니다. 우리는 반드시 발전 이념, 발전 정책, 발전 방식을 혁신하고 성장의 질과 효율성에 신경을 기울여야 합니다. 특히 재정, 금융, 투자, 경쟁, 무역, 고용 등 분야의 구조 개혁과 거시경제정책, 사회정책의 결합을 통해 부의 창출을 극대화하고, 시장의 역할을 충분히 발휘하여 경제의 주기적 회복에서 지속 가능한 성장으로 전환해야 합니다.

이와 관련하여 인프라 건설이 경제에 미치는 영향에도 주의를 기울여야 합니다. 중국이 아시아태평양경제협력체 정상회의를 개최하는 동안 호연호통을 핵심 의제 중 하나로 채택한 것은 새로운 성장점을 개척하기 위함입니다. 우리는 G20의 글로벌 인프라 센터 설립, 세계은행의 글로벌 인프라 기금 설립을 지원하며 실크로드 경제벨트, 21세기 해상 실크로드, 아시아인프라투자은행, 실크로드 기금 건설을 통해 글로벌 인프라 투자에 기여할 것입니다.

둘째, 개방형 세계경제를 구축해야 합니다. 세계 무역이 확대되면 각국이 모두 이익을 얻게 됩니다. 반대로 세계 시장이 축소되면 각국에 이로울 것이 없습니다. 우리는 계속해서 세계 자유무역의 선두주자 역할을 수행하고 다자간 무역 시스템을 유지하며 호혜윈윈의 글로벌 가치사슬을 구축하고 세계 대 시장을 육성해야 합니다. 한편 보호무역주의에 반대하고 도하 라운드를 추진해야 합니다. 또한 다양한 자유무역협정이 개방성, 포용성, 투명성을 유지하고 차별화하지 않도록 해야 하며, 이를 통해 시장의 분할과 무역 시스템의 분화를 피해야 합니다.

셋째, 세계경제 거버넌스를 개선해야 합니다. 브레튼우즈 회의(Bretton Woods Conference)가 올해로 70주년을 맞으며 각국은 브레튼우즈 시스템의 경험을 총화하고 세계경제 거버넌스를 더욱 개선하는 데 힘쓰고 있습니다. 우리는 이를 계기로 공평하고 공정하고 포용적이고 질서 있는 국제 금융 시스템을 구축하고 신흥 시장과 개발도상국의 대표성과 발언권을 강화함으로써 국제 경제 협력에서 각국의 권리, 기회, 규칙이 동등하게 적용되도록 해야 합니다. 또한 국제통화기금 개혁안을 가속화하고 실질적으로 시행하여 글로벌 금융안전망을 강화해야 합니다. 브릭스 국가는 은행 설립을 발표하고 「브릭스 국가 비상준비금 약정(關於建立金磚國家應急儲備安排的條約)」을 체결했습니다. 아시아 20여 개국이 참여한 아시아인프라투자은행은 국제 금융 시스템에 유익한 보완책입니다.

동료 여러분,

중국의 경제 성장은 세계경제 성장의 중요한 원동력입니다. 국제기구의 추산에 따르면 중국은 G20의 전반적인 성장 전략 중 가장 큰 기여자 중 하나입니다. 이러한 기여는 안정적인 성장, 구조조정, 개혁 촉진, 민생 개선 정책과 조치에서 비롯된 것입니다. G20에 제출한 성장 전략에는 134개의 이러한 정책과 조치가 포함되어 있으며, 이는 개혁으로 성장을 촉진시키겠다는 중국의 의지와 이념, 조치를 충분히 보여줍니다.

중국 경제는 계속해서 빠르고 지속 가능하며 균형 잡힌 성장을 유지할 것입니다. 매년 성장률은 하나의 중진국의 경제 규모에 해당합니다. 앞으로 5년 동안 우리는 10조 달러가 넘는 상품을 수입하고 5천억 달러 이상을 해외에 투자할 것입니다. 이는 세계경제에 더 많은 수요를 제공하고 더 많은 시장, 투자, 성장의 기회를 창출할 것입니다. 2016년 G20 정상회의 주최국으로서 중국은 세계경제 성장을 촉진시키는 데 더 많은 기여와 역할을 할 것입니다.

이 자리를 빌려 중국이 국제통화기금 데이터 공개에 관한 특별 기준을 채택할 것임을 선언합니다.

동료 여러분,

혼자 간다면 빠르겠지만, 함께 간다면 멀리 갈 수 있습니다(獨行快, 衆行遠). 세계경제가 다양한 위험과 도전에 직면해 있는 현시점에서 G20 회원국은 이익공동체와 운명공동체 의식을 확립하고 좋은 친구, 좋은 동반자 관계를 유지하는 데 주력하고 거시경제정책을 적극적으로 조정하여 각국의 성장과 함께 공동으로 성장하고, 호혜윈윈하는 국면을 형성해야 합니다. 이러한 노력을 통해 G20가 세계경제의 안정을 이끌고, 세계 성장의 촉진자로서, 세계경제 거버넌스의 발전을 추진함으로써 각국 국민에게 더 많은 혜택을 주는 진정한 역할을 수행하도록 해야 합니다.

감사합니다.

# 중국은 어떻게 발전할 것이고, 중국이 발전한다면 어떠한 국가가 될 것인가?[35)]

●●2014년 11월 17일 ●●

현재 중국 인민은 중화민족의 위대한 부흥이라는 '중국의 꿈'을 실현하기 위해 끊임없이 노력하고 있습니다. '중국의 꿈'은 국가의 부강, 민족의 진흥, 국민의 행복을 실현하는 것입니다. 우리의 발전목표는 2020년까지 국내총생산과 도시와 농촌 주민의 1인당 소득이 2010년의 2배로 늘리고, 전면적으로 샤오캉사회를 건설하며, 금세기 중반까지 부강하고 민주적이고 문명하고 조화로운 사회주의 현대화 국가를 건설하는 것입니다. '중국의 꿈'을 실현하기 위해 우리는 개혁개방을 전면적으로 심화하고 법에 따라 나라를 다스리며 현대화 건설을 계속해서 추진하고 인민의 생활 수준을 계속해서 향상시킬 것입니다.

중국은 어떻게 발전할 것이며, 중국이 발전한다면 어떠한 국가가 될까요? 많은 사람들이 이 문제에 관심을 갖는 것처럼, 이 자리에 계신 여러분께서도 관심이 있으리라 생각합니다.

이 두 가지 문제에 대해 국제사회에서는 다양한 의견이 있습니다. 중국을 충분히 인정하거나 신뢰하는 사람이 있는가 하면, 중국에 대해 우려하는 사람도 있고, 항상 중국을 못마땅하게 생각하는 사람도 있습니다. 중국은 13억이 넘는 인구를 가진 대국으로 그 움직임이 자국에 영향을 미치지 않을

35) 시진핑 동지가 호주 연방의회에서 한 연설의 일부이다

지, 자국의 길을 막지는 않을지, 자국의 영역을 차지하지 않을지 지켜보는 것이 당연지사이므로 이는 예상 중에 있던 일입니다. 여기서 여러분이 관심 있는 문제에 대해 몇 가지 의견을 나누고자 합니다.

첫째, 중국은 평화적 발전 노선을 확고히 견지할 것입니다. 중국 인민은 평화를 소중히 여기며, 중화민족은 예로부터 평화를 선호해 왔습니다. 중국 인민은 예로부터 '이화위귀', '자신이 하기 싫은 일은 남에게도 시키지 말라'는 덕목을 중시해왔습니다. 근대 이후 100여 년의 혼란과 전쟁을 겪은 중국은 그동안 국가 발전과 국민 행복을 논할 수조차 없었습니다. 이러한 고통을 겪은 중국 인민은 결코 자신이 걸어온 비참한 역사를 다른 나라와 민족에게 강요하지 않을 것입니다.

중국은 평화를 필요로 합니다. 중국에게는 조화롭고 안정적인 국내 환경과 평화로운 국제 환경이 무엇보다 필요합니다. 어떠한 혼란이나 전쟁도 중국 인민의 근본 이익에 부합하지 않습니다. 중국은 비록 거대한 국가이지만, 2,000여 년 전 중국 선조들은 "나라가 비록 강해도 전쟁을 좋아하면 반드시 망한다"는 이치를 깨달았습니다. 역사를 거슬러 올라가면, 어떤 국가든 무력을 통해 발전목표를 이루려 했을 때 결국 실패했고, 역사상 가장 위대한 제국들도 오늘날 연기처럼 사라져 버렸습니다. 이는 불멸의 진리입니다.

중국은 평화를 계속해서 수호할 것입니다. 오늘날 세계의 흐름은 평화·발전·협력·상생입니다. 역사와 현실이 보여주듯이, 흐름을 따르는 자는 번영하고, 흐름을 거스르는 자는 멸망할 것입니다. 평화는 소중한 것이며, 따라서 유지되어야 합니다. 평화를 파괴하는 요인들은 항상 경계해야 합니다. 모두가 평화를 누리려고만 하고, 지키려는 의지가 없다면 평화는 더이상 존재하지 않을 것입니다. 중국 인민은 평화적 발전 노선을 확고히 견지할 것입니다. 또한 세계 각국이 이에 동참하고 평화를 위협하고 파괴하는 다양한 요인에 공동으로 대응하고, 항구적인 평화와 공동 번영이 함께하는 조화로운 세계를 건설하기 위해 협력하기를 진심으로 바랍니다.

둘째, 중국은 공동 발전의 이념을 확고히 견지할 것입니다. 오늘날 세계 각국 국민은 동고동락해야 하는 운명공동체이며 시장, 자금, 자원, 정보, 인재 등은 모두 고도로 국제화되어 있습니다. 세계가 발전해야만 각국이 발전할 수 있고, 각국이 발전해야만 세계가 발전할 수 있습니다.

여러 사람이 힘을 합쳐 땔감을 모아 태우면 불꽃이 거세어집니다. 중국은 각국과 공동으로 발전하고 번영해질 것이며, 호혜윈윈의 개방 전략을 확고히 실천하며, 올바른 의리관을 견지하며, 개방적인 경제체제를 발전시키며, 세계 각국과의 호혜협력을 모든 분야에서 강화하고 확장할 것입니다. 중국의 발전은 다른 나라의 이익을 희생하는 대가로 이루어지지 않으며, 결코 남에게 손해를 끼치고 화를 전가하는 일을 하지 않을 것입니다.

중국의 발전은 세계 각국에 중요한 기회가 될 것입니다. 중국은 신형 산업화·정보화·도시화·농업 현대화를 가속화하고 있으며, 새로운 경제 성장점이 계속해서 나타날 것입니다. 13억이 넘는 인구를 보유하고 있는 중국 시장은 무한한 잠재력을 가지고 있으며 중국 경제의 구조조정과 산업 최적화 및 업그레이드는 막대한 수요를 창출할 것입니다. 앞으로 5년 동안 중국은 10조 달러 이상의 상품을 수입할 것이고, 해외투자 규모는 5천억 달러를 초과할 것이며, 해외 관광객 수는 5억을 초과할 것으로 예상됩니다. 이는 국제 및 지역 동반자에게 보다 넓은 시장, 보다 충분한 자본, 보다 풍부한 제품, 보다 소중한 협력의 기회를 제공할 것입니다.

셋째, 중국은 아시아-태평양 지역의 협력과 발전을 계속해서 추진할 것입니다. 아시아-태평양 지역은 중국의 안식처입니다. 아시아-태평양 지역의 평화와 번영 없이는 중국의 안정과 발전을 보장할 수 없습니다. 중국은 개혁개방 이후 30여 년간 큰 성과를 거두었고, 이는 중국의 노력뿐만 아니라 포용적이고 개방적인 아시아-태평양 지역의 환경 덕분입니다. 중국은 진정으로 역내 국가와 함께 큰 이익 케이크를 만들어 호혜윈윈을 실현하기를 희망합니다.

중국은 이웃에 착한 일을 하고, 이웃과 동반자가 되어 우호·성실·호혜·관용의 이념을 실천하고 공동·종합·협력이 지속 가능한 아시아 안전관을 창도하며, 주변국가와 아시아-태평양 지역 국가들에 더 나은 혜택을 주기 위해 노력할 것입니다. 중국은 관련 국가들과 함께 아시아태평양경제협력체, 동아시아 정상회의(East Asia Summit), 아세안지역포럼(ASEAN Regional Forum) 등 플랫폼을 효과적으로 활용하여 역내 경제 파트너십 협정을 예정대로 추진하고, 실크로드 경제벨트와 21세기 해상 실크로드 건설을 가속화하여 아시아-태평양 지역의 발전과 안보가 상호 촉진, 보완되도록 할 것입니다.

해상 통로는 중국의 대외무역과 에너지 수입의 주요 경로로 해상 항해의 자유와 안전은 중국에 매우 중요합니다. 중국 정부는 관련 국가와의 소통과 협력을 강화하여 해상 항행의 자유와 통로 안전을 공동으로 유지하고 평화적이고 협력윈윈하는 해양질서를 구축할 것입니다.

중국 인민은 또한 중국의 주권, 안보 및 영토보전과 관련된 핵심 이익을 확고히 수호할 것입니다. 유엔헌장과 국제관계의 기본 준칙은 모든 국가에 적용됩니다. 우리는 빈부·강약·크기에 관계없이 모든 국가가 평등하다고 주장하며, 이는 권리상의 평등뿐만 아니라, 국제 규범상의 평등을 의미하기도 합니다.

중국은 영토주권 및 해양권익 분쟁을 대화와 협상을 통해 평화적으로 처리할 것입니다. 중국은 이미 우호적인 협상을 통해 14개 이웃국가 중 12개국과 육상 국경 문제를 완전히 해결했으며, 이러한 노력을 지속할 것입니다. 중국은 역내 국가들과 함께 조화로운 아시아-태평양을 구축하고 아시아-태평양을 공동으로 건설하고자 합니다.

# 영원히 남태평양 도서국 인민의 진실한 친구가 될 것이다[36)]

●● 2014년 11월 21일 ●●

중국 사람들에게 피지는 "태평양의 에메랄드"로 칭송되고 있습니다. 5년 전에 저는 피지를 방문하여 그림같이 아름다운 열대 풍경과 정이 많고 친절한 주민들이 남겨 준 잊지 못할 즐거운 추억을 안고 돌아왔습니다.

5년 뒤에 다시 이 아름다운 땅을 밟게 되었습니다. 피지의 경제가 계속해서 호전되고, 사회가 안정적으로 발전하며, 주민들의 삶이 계속해서 향상되고, 국제교류가 더 활발해지면서 번창하는 모습을 보이고 있음을 기쁘게 생각합니다. 불과 얼마 전에 피지가 성공적으로 대선을 치렀다는 소식을 들었습니다. 피지 국민이 국가 건설과 경제·사회 발전에서 새로운 큰 성과를 계속해서 이뤄내기를 진심으로 기원합니다.

피지는 남태평양 도서국 중에 가장 먼저 중국과 수교한 나라로 중국과의 우정이 깊습니다. 수교 이후, 양국의 각 분야 교류는 빈번하고, 실질적인 협력은 괄목할 만한 성과를 거두었으며, 다자간 사안에서 서로를 지지하고 있습니다. 이번 방문을 통해 정치적 신뢰를 증진하고 경제무역, 농림어업, 관

36) 이는 시진핑 동지가 《피지타임스(Fiji Times)》와 《피지태양보(Fiji Sun)》에 기고한 기고문이다.

광 분야에서의 협력을 강화하고, 인문교류를 확대하며, 다자간 조정과 협력을 강화하여 중국과 피지의 전통적 우의를 새로운 수준으로 끌어올리기를 기대합니다.

이번 방문 동안 저는 중국과 수교한 남태평양 도서국 지도자들을 피지에 초대하여 중국과 각국 간 관계발전에 대해 의논하고, 국가 간 우호적인 교류와 호혜 협력을 위한 미래 계획을 함께 그려보려고 합니다.

남태평양 도서국은 아시아-태평양 대가족의 중요한 구성원이며 개발도상국의 중요한 구성부분입니다. 독립 이후, 각국은 국가 건설과 경제·사회 발전 분야에서 중요한 성과를 거두었으며, 지역 협력 과정을 추진하는 데 확고한 걸음을 내딛었습니다.

중국 인민과 남태평양 도서국 주민들은 일찍부터 친선 교류를 시작했으며, 자연스럽게 친밀감이 형성되었습니다. 수십 년 동안 상호 존중, 상호 지원, 진심 어린 우정, 호혜협력, 공동 발전이 항상 중국과 남태평양 도서국 간 관계의 주제였습니다. 각국의 진정한 친구로서 중국은 상호 존중과 평등을 기반으로 양측 간 호혜 협력을 심화시키고, 각국의 발전을 지원하여 공동 발전과 공동 번영을 실현하고자 합니다.

우리는 동고동락하고 서로를 돕는 좋은 형제가 되어야 합니다. "마음으로 만나는 사람은 오래갑니다(以心相交者, 成其久遠.)." 중국은 항상 국가의 크기, 강약, 빈부와 상관없이 모든 국가가 국제사회의 평등한 구성원임을 주장해왔습니다. 중국과 남태평양 도서국은 비슷한 역사적 경험이 있고, 깊은 우정을 쌓아왔으며, 모두 아름다운 삶을 추구하고 있습니다.

중국의 주요 핵심 이익과 관련된 문제에 대해 남태평양 도서국이 오랫동안 소중한 지지를 보내준 것에 감사드립니다. 중국 또한 남태평양 도서국이 자국의 상황에 맞는 발전 노선을 견지하고 국가 주권과 발전 이익을 수호하며, 국제 및 지역 사안에 동등하게 참여할 수 있도록 지원할 것입니다.

우리는 협력윈윈하며 함께 발전하는 좋은 파트너가 되어야 합니다. "최선을 다해 남을 보살피면 그 자신이 더 넉넉하고, 최선을 다해 베풀면 그 자신이 더 풍요롭습니다(既以爲人, 己愈有; 既以與人, 己愈多.)." 현재 중국 인민은 중화민족의 위대한 부흥이라는 '중국의 꿈'을 실현하기 위해 확고부동하고 전면적으로 개혁을 심화하고 법치를 전면적으로 추진하며 경제·사회 발전을 착실히 추진하고 있습니다. 도서국 인민들 또한 민족 경제 활성화와 지역 협력 추진에 힘쓰고 있습니다. 양측은 서로의 발전 전략을 연결하고, 서로의 장점을 보완하며, 호혜윈윈을 이룰 수 있습니다.

중국은 계속해서 남태평양 국가들을 지원하고 도울 것이며 더 많은 중국 기업이 남태평양에 투자하여 각국의 가장 현실적이고 시급한 문제를 해결하는 데 도움을 줄 것입니다. 또한 기후변화에 특별한 주의를 기울이면서, 남태평양 국가들이 자원, 환경 및 인적자원의 장점을 충분히 활용하여 공동으로 번영할 수 있도록 도울 것입니다.

우리는 서로를 알고 이해하며, 자주 왕래하는 좋은 친구가 되어야 합니다. 역사적으로 많은 중국인들이 남태평양에 와서 현지인들과 함께 일하고 화목하게 지내며 우정과 희망의 씨앗을 뿌려놓았습니다. 신중국 건국 이후, 중국의 많은 의료진, 교사, 농업 전문가, 공학 기술인들이 이곳에 와서 현지 주민들과 함께 쌍방의 경제·기술적 협력을 이루었고 현지인들과 깊은 우정을 쌓았습니다. 최근 몇 년 동안 남태평양의 푸른 바다와 백사장, 야자수 그늘, 독특한 풍습과 문화가 점점 중국 관광객들의 사랑을 받으며 명성을 떨치고 있습니다.

더 많은 남태평양 도서국 친구들이 중국에 와서 여행하고, 공부하며, 투자하고 사업하는 것을 환영합니다. 중국은 남태평양 국가들과 문화, 교육, 보건, 스포츠 분야 교류 그리고 청년 교류, 지역 간 교류와 협력을 지속적으로 확대하여 양측 인민의 상호 이해와 우정을 돈독히 하고, 우호적인 사업이 대대로 계승되고 더욱 번영하고 발전하기를 바랍니다.

남태평양 도서국 인민들은 흔히 세계는 하나의 섬이라고 말합니다. 넓고 끝없는 태평양은 중국과 피지를 포함한 섬나라를 끈끈하게 연결하고 마음의 거리를 좁혀주었습니다. 중국은 영원히 남태평양 인민의 진실한 친구가 될 것이며, 남태평양 국가들과 함께 양측의 관계를 더욱 빛나는 미래로 이끌기 위해 노력할 것입니다.

# 중국은 반드시 자신만의 특색 있는 대국외교를 추진해야 한다[37)]

●●2014년 11월 28일●●

평화·발전·협력·상생의 원칙을 높이 들고 국내와 국제의 중요한 문제를 종합적으로 고려하며 발전을 촉진케 하는 동시에 안보 문제에도 주목하고, 평화적 발전과 민족의 부흥이라는 핵심 가치를 단호하게 실천하며, 국가 주권·안보·발전적 이익을 보호하고 평화적 발전을 위한 유리한 국제 환경을 조성하며, 중국 발전의 중요한 전략적 기회를 유지하고 연장하여 '두 개의 100년'이라는 분투목표와 중화민족의 위대한 부흥이라는 중국의 꿈을 실현하기 위해 강력한 기반을 만들어야 합니다.

중국공산당 제18차 전국대표대회가 개최된 이후 당중앙은 국내와 국제의 중요한 문제를 종합적으로 고려하여 외교와 국정 방침의 연속성과 안정성을 유지하면서 적극적으로 계획하고 노력하여 외사사업(對外事業)에서 상당한 성과를 거두었습니다. 우리는 새로운 상황과 과제에 주목하여 외사사업 이론과 실천을 적극적으로 추진하고, '중국의 꿈'의 세계적 의미를 강조하고, 평화적 발전의 전략적 사상을 보완하며, 협력윈윈을 핵심으로 하는 신형 국제관계 구축을 강조하고, 올바른 의리관을 제시하고 관철하며, 공

37) 이는 시진핑 동지가 중앙외사업무회의(中央外事工作會議)에서 한 연설의 요지이다.

동·종합·협력·지속 가능한 안보관을 창도하고, 신형대국관계 건설을 촉진시키며, 우호·성실·호혜·관용에 기반한 주변 외교의 이념과 진실하고 친절하고 성실한 아프리카와의 외교방침을 제시하고 실천했습니다. 이러한 성과는 외사사업 종사자 특히 주외 대사관에서 근무하는 분들의 노고와 떼려야 뗄 수 없습니다.

세계 발전의 대세와 시대 흐름을 이해하고 따라가는 것은 매우 중요하고 항상 새롭게 다가오는 과제입니다. 중국이 발전하려면 반드시 세계 발전의 흐름을 따라야 합니다. 세계적인 안목을 가져야 하고 시대적 흐름을 파악해야 하며, 다양한 현상 속에서 본질을 이해해야 합니다. 특히 장기적인 흐름을 명확히 인식해야 합니다. 국제 구도 변화의 복잡성, 세계경제 조정의 휘청거림, 국제적 갈등과 대립의 신랄함, 국제질서를 둘러싼 장기적인 싸움, 우리 주변 환경의 불확실성을 충분히 예측하는 한편 다극화와 경제 글로벌화가 계속 진행될 것이라는 사실, 평화와 발전의 시대적 주제는 변하지 않는다는 사실, 국제 시스템의 변화 방향이 바뀌지 않는다는 사실, 아시아-태평양 지역의 전반적인 번영과 안정적인 상황이 변하지 않는다는 사실을 알아야 합니다.

오늘날 세계는 변화를 거듭하고 있습니다. 새로운 기회와 도전이 끊임없이 나타나며, 국제 시스템과 국제질서가 많은 변화를 겪고 있으며, 국제사회의 세력구도가 크게 바뀌는 한편 평화적 발전에 이로운 방향으로 변하고 있습니다. 우리는 세상을 바라볼 때 혼란스러운 것에 눈이 멀어서는 안 되고, 구름에 눈이 가려서는 안 됩니다. 역사의 법칙이라는 망원경을 들고 세심하게 바라보아야 합니다. 총체적으로 볼 때 중국의 발전은 여전히 큰 성과를 거둘 수 있는 중요한 전략적 기회를 마주하고 있습니다. 우리에게 가장 큰 기회는 자신의 지속적인 발전과 성장이며 다양한 위험과 도전에 주의를 기울이고 위기를 기회로 전환하며, 평화적 발전을 촉진시키는 데 능숙해야 합니다.

중국은 이미 중화민족의 위대한 부흥을 실현하는 중요한 단계에 들어섰습니다. 중국과 세계의 관계는 큰 변화를 겪고 있으며, 중국과 국제사회 간의 상호 연결 및 작용은 전례 없이 긴밀해졌습니다. 중국이 세계에 대한 의존도와 국제 사무에 대한 참여가 계속해서 강화되고 있는 반면에, 세계도 중국에 대한 의존도와 영향력이 점차적으로 심화되고 있습니다. 우리는 개혁과 발전을 관찰하고 계획할 때 반드시 국제와 국내 시장, 자원 그리고 규제라는 두 가지 영역을 종합적으로 고려하고 활용해야 합니다.

중국은 반드시 자체적이고 특색 있는 대국외교를 추진해야 합니다. 우리는 실무 경험을 종합하여 외사사업 이론을 보완하고 발전시켜 중국의 외교 활동이 중국 특색이 있고, 중국적이고, 중국인의 기상이 돋보이도록 해야 합니다. 우리는 중국공산당의 지도와 중국 특색의 사회주의를 견지하고 중국의 발전 노선, 사회제도, 문화전통, 가치관을 견지해야 합니다. 또한 독립적이고 자주적인 평화적 외교정책을 견지하고, 국가와 민족의 발전을 국가 역량의 핵심으로 삼고, 확고부동하게 평화적 발전 노선을 견지해야 합니다. 한편 우리의 정당한 권익을 포기해서는 안 되며 국가의 핵심 이익을 희생해서는 안 됩니다. 또한 국제관계에서 민주화와 평화공존 5원칙을 견지하며, 국가의 크기, 힘, 부와 상관없이 세계 각국은 국제사회의 평등한 구성원임을 주장하고, 세계의 운명은 각국 국민이 결정하며, 국제적 공정과 정의를 수호해야 합니다. 특히 개발도상국을 위해 목소리를 내야 합니다.

우리는 협력윈윈의 원칙을 견지하고, 이 원칙을 핵심으로 하는 신형 국제관계 구축을 추진하며, 호혜윈윈에 기반한 개방 전략을 견지하고, 협력윈윈의 이념을 정치, 경제, 안보, 문화 등 대외 협력 추진에 적용해야 합니다. 또한 올바른 의리관을 견지하고, 이익을 추구하면서 도덕과 정의도 지키며, 신의(信義)를 중시하고 정의(情義)를 중시하며, 정의(正義)를 발전시키고 도의를 세워야 합니다. 다른 나라의 내정에 간섭하지 않는다는 원칙을 견지하고, 각국 국민이 자주적으로 선택한 발전 노선과 사회제도를 존중하며, 대화와 협상을 통해 국가 간의 이견과 분쟁을 평화적으로 해결할 것을 견지하고 전쟁을 도구로 사용하거나 군사력으로 위협하는 것을 반대해야 합니다.

현재와 향후 일정 기간 우리의 외사사업은 전반적인 국가안보관을 관철하고 중국 특색 사회주의 노선에 대한 전국 인민의 자신감, 이론적인 자신감, 제도적 자신감을 높여 국가의 장기적인 안정을 유지해야 합니다. 또한 세계 각국이 '중국의 꿈'을 이해하고 지지하도록 노력해야 합니다. '중국의 꿈'은 평화·발전·협력·상생의 꿈입니다. 우리가 추구하는 것은 중국 인민의 복지뿐만 아니라 전 세계 인민의 공통 복지입니다. 그리고 영토와 해양권익을 단호히 수호하고 국가 통일을 수호하며 영토 및 섬을 둘러싼 분쟁을 적절히 처리해야 합니다. 발전의 기회와 공간을 유지하고 경제 및 무역 기술 분야의 광범위한 호혜협력을 적극적으로 확대하여 통합된 협력 네트워크를 형성하기 위해 노력해야 합니다. 중립 원칙을 유지하면서 다방면으로 친구들과 네트워크를 형성하여 전 세계적인 파트너십을 구축해야 합니다. 국가의 소프트 파워를 강화하고 중국 이야기를 세계에 잘 알리며 대외 홍보를 잘해야 합니다.

주변국 외교를 실질적으로 강화하여 주변국가와의 운명공동체를 구축하고, 우호·성실·호혜·관용에 기반한 주변국 외교 이념을 채택하여 이웃에 착한 일을 하고 이웃과 동반자가 되며, 선린·안린·부린의 원칙을 견지하며, 주변국가와의 호혜협력과 호연호통을 강화해야 합니다. 우선 대국과의 관계를 효과적으로 조율하여 안정적인 관계를 구축하고, 큰 개발도상국과의 협력을 확대해나가야 합니다. 둘째는, 중국의 발전을 대다수 개발도상국의 발전과 밀접하게 연결시켜 개발도상국과의 연대와 협력을 효과적으로 강화해야 합니다. 셋째는, 다자외교를 효과적으로 추진하고 국제 시스템과 글로벌 거버넌스 개혁을 추진하며 중국과 대다수 개발도상국의 대표성과 발언권을 높여야 합니다. 넷째는, 실질적 측면에서의 협력을 강화하고 '일대일로' 건설을 적극적으로 추진하며 각국의 이익 접점을 찾기 위해 노력하고 실질적 협력을 통해 협력윈윈을 촉진케 해야 합니다. 다섯째는, 올바른 의리관을 확립해야 합니다. 대외 원조를 효과적으로 추진하여 정의를 발전시키는 것과 이익 추구가 병행되도록 해야 합니다. 여섯째는, 중국의 해외 이익을 실질적으로 유지하고 보호 능력과 수준을 지속적으로 강화하며 보호 정책을 강화해야 합니다.

새로운 상황에서 외사사업을 전면적으로 펼쳐나가기 위해서는 당의 집중적이고 통일된 지도력을 강화하고, 관련 제도와 체제를 개혁하고 개선하며, 각 분야와 부서 그리고 지방의 외사사업을 전반적으로 계획하고 조정하는 것이 필요합니다. 또한 전략적 투자를 확대하고, 관리를 표준화하며, 외사사업 전문가를 양성하고, 외사사업의 새로운 국면을 개척하기 위한 지원을 제공해야 합니다.

# 운명공동체를 구축하여 아시아의 새로운 미래 열어나가자[38)]

●● 2015년 3월 28일 ●●

존경하는 원수, 정부 수반 여러분,

장관님, 국제 및 지역 단체 관계자분들,

보아오포럼 이사회의 회원 여러분,

신사 숙녀 여러분, 친구 여러분:

오늘의 보아오는 바다가 넓게 펼쳐지고, 하늘이 높고 맑으며, 바람이 따뜻합니다. 이 아름다운 계절에 여러분이 함께 모여 아시아와 세계 각 지역의 발전에 대해 논의하는 것은 매우 중요한 의미를 지니고 있습니다.

먼저, 중국 정부와 인민을 대표하여, 그리고 저 개인적으로 보아오아시아포럼 2015년 연례회에 참석하신 여러분께 진심 어린 환영을 전합니다! 그리고 연례회의 개최를 축하합니다!

「아시아의 새로운 미래: 운명공동체 구축」을 주제로 하는 이번 보아오포럼 연례회는 중요한 현실적·역사적 의미를 지닙니다. 여러분이 의견을 충분히 나누면서 아시아와 세계의 평화와 발전에 이바지하시기 바랍니다.

38) 이는 시진핑 동지가 보아오포럼 2015년 연례회에서 한 기조연설이다.

신사 숙녀 여러분, 친구 여러분!

역사는 언제나 중요한 시기에 우리에게 지난 일들을 되돌아보고 깊이 반성하게끔 합니다. 올해는 제2차 세계대전과 중국 항일전쟁 승리 70주년, 유엔 창설과 아세안공동체 건설 70주년이 되는 해이자, 반둥회의 개최가 60주년을 맞이하는 해입니다. 이는 우리가 기념해야 할 중요한 시간이며, 역사를 기억하고 과거를 돌아보며 배우는 데에 깊은 의미가 있는 중요한 순간입니다.

70년 동안, 세계는 전례 없는 중대한 변화를 겪었으며, 이는 인류의 운명을 역사적으로 바꿔 놓았습니다. 세계적인 식민체제가 붕괴되었고, 냉전이 사라졌으며, 국가 간의 연결과 의존이 강화되어 평화·발전·상생을 지향하는 시대의 흐름이 빠르게 추진되고 있으며, 국제사회 세력 구도가 세계 평화 유지에 이로운 방향으로 발전하고 있습니다. 이러한 변화와 흐름은 전반적으로 안정적인 국제정세를 유지하고 각국의 공동 발전을 촉진시키는 데 더 유리한 조건을 제공하고 있습니다.

70년 동안 아시아의 정세도 전례 없는 변화를 겪었습니다. 역내 국가들은 자국의 독립을 달성하고 자주적으로 운명을 결정하면서 아시아와 세계 평화를 유지하는 데 힘을 실어주었습니다. 아시아 국가들은 평화공존 5원칙을 선도하고, 아프리카 국가들과 함께 반둥회의에서 국가 간 관계에 적용해야 할 10원칙을 제시했습니다. 냉전 종료 이후, 아시아 국가들은 역내 국가 간 협력을 촉진케 하면서 서로 존중하고, 협상을 통해 합의를 이루며, 각국의 합리적 입장을 고려하는 '아시아의 방식'을 형성했습니다. 이러한 노력은 국가 간 관계를 올바르게 처리하고, 신형 국제관계 구축을 촉진시키는 데 역사적인 기여를 했습니다.

70년 동안, 아시아 각국은 점차 자국 상황에 맞는 발전 노선을 찾아 빈곤하고 낙후하던 데에서 발전을 거듭하여 경제 급성장 단계에 들어섰습니다.

역내 및 지역 간 협력이 빠르게 추진되고 호연호통 건설이 가속화되어 "마치 수천 척의 배가 동시에 다퉈 출발하고, 수백 척의 배가 앞다퉈 흘러가는 듯한 모습(千帆競發, 百舸爭流)"을 보이고 있습니다. 아시아는 세계경제 총량의 3분의 1을 보유하고 있으며, 오늘날 세계에서 가장 활기차게 발전하고 있는 지역 중 하나로, 세계 전략 전반에서 더욱 높은 위상을 보이고 있습니다.

70년 동안 아시아 국가들은 이념과 사회제도의 차이를 넘어 폐쇄적인 관계에서 개방적· 포용적인 관계로 발전하고 서로 불신하던 데에서 상호 신뢰가 증진되면서 네 속에 내가 있고 내 속에 네가 있는 운명공동체가 되었습니다. 민족의 독립을 달성하기 위한 투쟁 속에서, 아시아 금융위기와 국제 금융위기에 대처하는 어려운 시기, 인도양의 쓰나미와 중국의 원촨 대지진 등의 자연재해에 맞서 싸우는 긴요한 시기에 아시아 각국이 서로 돕고 하나하나의 어려움과 도전을 이겨내며, 같은 배를 타고 시련을 함께 극복해나가는 강력한 힘을 보여주었으며, 어려움 속에서 진정한 친구를 알게 되는 사실을 입증했습니다. 한편 아시아에는 여전히 역사적 문제와 현실적 갈등이 남아 있으며, 전통적 및 비전통적인 안보위협에 직면하고 있으며, 각국은 경제 발전, 민생 개선, 빈곤 퇴치와 같은 어려운 과제를 짊어지고 있습니다.

70년의 역사를 되돌아보면, 오늘날 아시아가 이룬 성과는 아시아 각국 국민이 대대로 분투해 온 결과이며, 많은 정치가와 어진 이들의 노력의 결실입니다. 내일 싱가포르에서 리광야오(李光耀) 선생을 위해 국가장(國葬)을 거행할 것입니다. 리광야오 선생은 국제사회로부터 존경받는 전략가이자 정치인으로 아시아 평화와 발전, 아시아와 세계 간의 교류와 협력을 추진하는 데 탁월한 공헌을 하셨습니다. 이 자리를 빌려 리광야오 선생을 비롯한 아시아의 평화와 발전에 기여한 모든 선현들께 숭고한 경의를 표합니다.

신사 숙녀 여러분, 친구 여러분!

아시아는 세계의 일부입니다. 아시아가 운명공동체를 구축하여 새로운 미래를 개척하기 위해서는 세계의 발전 속도에 맞춰야 하며, 세계 발전의 흐름 속에서 발전해나가야 합니다.

현재 국제정세는 계속해서 심각하고 복잡한 변화를 겪고 있습니다. 세계 다극화와 경제 글로벌화가 심화되고, 문화 다양화와 사회 정보화가 지속적으로 추진되며, 국제 구도 및 국제질서의 조정과 변화가 가속화되고 있습니다. 세계 각국은 각자의 발전 전략을 신속하게 조정하고, 변화와 혁신을 거듭하며, 경제 발전모델을 바꾸고, 경제구조를 조정하고, 새로운 발전 공간을 개척하고 있습니다. 또한 세계경제는 여전히 심각한 조정기에 있습니다. 저성장, 저인플레이션, 저수요와 고실업률, 고부채, 고거품 등의 위험이 교차하고 있으며, 주요 경제체제의 발전 동향과 정책적 방향은 계속해서 분화되고, 경제 환경의 불확실성은 여전히 두드러집니다. 이밖에 지정학적 요인이 더욱 두드러지고, 국지적으로 불안정하며, 테러리즘, 사이버 안보, 에너지 안보, 식량 안보, 기후변화 및 중대한 전염병과 같은 비전통적 안보위협 및 글로벌 도전은 여전히 증가하고 있으며, 남북의 발전 격차는 여전히 큽니다. 인류의 평화와 발전을 촉진케 하는 위대한 사명은 여전히 무거우면서도 멀고도 험한 길이 남아 있습니다.

각국은 하나뿐인 지구에서 공존하고 있으며, 세계와 아시아는 운명을 함께하고 있습니다. 변화무상한 국제 및 지역 정세에 직면하여 우리는 세계의 대세를 파악하고 시대의 흐름에 발맞추어 아시아와 세계에 이로운 지역 질서를 조성하고, 아시아의 운명공동체를 구축함으로써 인류운명공동체 건설을 추진해야 합니다. 이 자리를 빌려 여러분과 의견을 나눠보고자 합니다.

— 운명공동체를 구축하기 위해서는 각국이 서로 존중하고 평등하게 대

해야 합니다. 각국은 크기, 국력, 발전 정도에 있어 차이를 보이지만, 모두 국제사회의 구성원입니다. 각국은 지역 및 국제 사무에 평등하게 참여할 권리가 있습니다. 모든 일은 각국이 공동으로 협의하여 처리해야 합니다. 강대국은 지역과 세계의 평화와 발전을 유지하는 데 더 큰 책임이 있다는 것을 의미하지, 지역·국제 문제를 독점한다는 것을 의미하지 않습니다.

서로 존중하고 평등하게 대하기 위해서는 먼저 각국이 자주적으로 선택한 사회제도와 발전 노선을 존중하고, 서로의 핵심 이익과 합리적 입장을 존중하며, 다른 나라의 발전과 성장, 정책적 이념을 객관적이고 합리적으로 바라보며, 서로 다른 점을 인정하면서 공동의 이익을 추구하는 한편, 같은 점을 모아내고 다른 점은 변화시켜야 합니다. 아시아가 어렵게 얻은 평화와 안정, 양호한 발전을 유지하기 위해 노력하고, 다른 나라의 내정 간섭을 반대하며, 자신의 이익을 위해 지역 정세를 혼란시키는 것에 반대해야 합니다.

— 운명공동체를 구축하기 위해서는 협력윈윈, 공동 발전의 원칙을 견지해야 합니다. 동남아시아의 속담에는 "물이 불어나면 연꽃이 높아진다(水漲荷花高)", 아프리카 속담에는 "혼자 가면 빨리 가지만, 무리지어가면 더 멀리 갈 수 있다", 유럽 속담에는 "나무 한 그루는 찬 바람을 막을 수 없다(一棵樹擋不住寒風)", 중국 속담에는 "큰 강에 물이 차야 작은 하천에 물이 고이고, 작은 하천에 물이 차야 큰 강에 물이 가득하게 된다(大河有水小河滿, 小河有水大河滿)"라는 말이 있습니다. 이 모든 말에는 일리가 있습니다. 협력윈윈의 원칙을 견지해야만 큰일, 좋은 일, 장기적인 일을 할 수 있는 것입니다. 영합게임, 서로 이기고 지는 구태의연한 사고를 버리고 상생의 새로운 이념을 확립하고 자신의 이익을 추구하면서 다른 사람의 이익을 고려하고, 자신의 발전을 추구하면서 공동 발전을 촉진시켜야 합니다. 협력

윈윈의 이념은 경제 분야뿐만 아니라 정치, 안보, 문화 등 다양한 분야에 적용되며, 역내뿐만 아니라 지역 간의 협력에도 적용됩니다. 따라서 거시경제 정책 조정을 강화하고, 다양한 경제체제의 정책적 변동으로 인해 발생할 수 있는 부정적인 파급효과를 방지하고, 세계경제 거버넌스 개혁을 적극적으로 추진하고, 개방형 세계경제체제를 유지하고, 세계경제의 위험과 도전에 공동으로 대응해야 합니다.

중국과 아세안 국가들은 더욱 강화된 중국-아세안 운명공동체를 구축하기 위해 협력하고 있으며, 아세안과 중국, 일본, 한국은 2020년까지 동아시아 경제공동체를 구축하기 위해 힘을 모으고 있습니다. 우리는 아시아 자유무역 네트워크를 적극적으로 구축하고, 2015년까지 중국-아세안 자유무역지대의 업그레이드를 위한 협상과 지역 종합경제 동반자 협정을 체결하기 위한 협상을 이뤄내기 위해 노력해야 합니다. 또한 아시아의 경제 통합을 촉진시키는 동시에, 개방적인 지역주의를 유지하고, 아시아태평양경제협력체를 포함한 지역 간 협력을 적극적으로 추진해야 합니다.

우리는 역내 금융 협력시스템 구축을 적극적으로 추진해야 하고, 아시아 금융기관 교류 및 협력 플랫폼 구축을 의논하며, 아시아인프라투자은행과 아시아개발은행, 세계은행 및 기타 다자간 금융기관의 상호 보완적이고 조화로운 발전을 촉진시켜야 합니다. 또한 통화 안정, 투자 및 융자, 신용등급 등 분야에서 실질적인 협력을 강화하고, 치앙마이 이니셔티브(Chiang Mai Initiative) 다자체제 구축을 촉진케 하며, 역내 금융 안전망을 구축해야 합니다. 그리고 아시아 에너지 자원 협력 체제의 건설을 촉진시켜 에너지 자원 안보를 보장해야 합니다.

중국은 동아시아 및 아시아의 호연호통 계획의 수립을 가속화하고 인프라, 정책 및 규제, 인적교류의 전면적인 통합을 촉진케 할 것을 제안합니다. 해상 호연호통 건설을 강화하고, 아시아 해양협력 체제 구축을 촉진시켜 해양 경제, 환경보호, 재해 관리, 어업 등 분야에서 협력을 추진함으로써 바다가 아시아 국가 간의 평화, 친선, 협력의 연결 매개체가 되도록 해야 합니다.

— 운명공동체를 구축하기 위해서는 공동·종합·협력·지속 가능한 안보가 유지되도록 해야 합니다. 오늘날 안보의 의미와 외연이 더 다양해졌고, 시공간적 범위가 더 넓어졌으며, 영향 요인이 더 복잡해졌습니다. 각국 국민은 운명을 같이하고 긴밀한 관계에 놓여 있습니다. 그 어떤 나라도 세계의 안보를 떠나 자체만의 안보를 이룰 수 없으며, 다른 나라의 불안정을 기반으로 한 안보도 존재하지 않았습니다. 우리는 냉전적 사고를 버리고, 안보의 개념을 혁신하며, 함께 이루고 공유하며 상생하는 아시아 안보관을 수립해야 합니다.

각국은 지역 안보 문제에 평등하게 참여할 권리가 있으며, 지역 안보 유지를 위해 노력할 책임이 있으며, 안보 문제에서의 각국의 합리적인 입장을 존중하고 보호해야 합니다. 아시아 안보 문제의 역사적 경위와 실제 상황을 종합적으로 고려하여 다양하고 종합적으로 조치를 취하며, 지역 안보 거버넌스를 조정하고 촉진시키며, 전통적인 안보위협과 비전통적인 안보위협에 모두 대응해야 합니다. 또한 대화와 협력을 통해 역내 국가 및 아시아의 안보를 촉진시키고, 협력으로 평화를 도모하고, 협력으로 안전을 촉진시키고, 평화적인 방법으로 분쟁을 해결해야지, 군사적인 위협에 반대해야 합니다. 그리고 발전과 안보가 모두 유지되도록 하여 지속 가능한 발전을 통해 지속 가능한 안보를 촉진시켜야 합니다. 아시아 각국은 역외 국가 및 관련 조직과의 협력을 강화해야 합니다. 역외 각국이 아시아의 발전과 안보를 유지하기 위해 적극적이고 건설적인 역할을 수행하는 것을 환영합니다.

— 운명공동체를 구축하기 위해서는 문명의 다양성을 수용하고 서로 학습하는 데 주안점을 두어야 합니다. 아시아의 황하(黃河)와 창장(長江) 유

역, 인더스강(Indus River)과 갠지스강(Ganges River) 유역, 유프라테스강(Euphrates River)과 티그리스강(Tigris River) 유역, 동남아시아 등 지역은 오랜 역사 속에서 수많은 고대문명을 탄생시켰고 이들은 서로 조화롭게 어우러져 그 아름다움이 한층 빛나고 있으며, 인류문명의 발전에 중대한 역할을 했습니다. 오늘날 아시아는 다양한 문명, 민족, 종교가 함께 모여 다채로운 대가족을 이루고 있습니다.

중국 고대의 사상가 맹자는 사물이 다양한 것은 그 특성 때문이라고 했습니다. 문명에는 우열이 없습니다. 서로 다를 뿐입니다. 문명 간, 다양한 발전 모델 간의 교류와 대화를 촉진케 하고, 경쟁과 비교를 통해 장점을 취하고 단점을 보완하며, 교류하고 학습하면서 함께 발전함으로써 문명교류와 상호 학습이 국가 간의 우정을 증진하는 매개체, 인류사회의 발전을 촉진시키는 원동력, 세계 평화를 유지하는 연결 고리가 되도록 해야 합니다.

중국은 아시아 문명 간의 대화를 위한 회의를 개최할 것을 제안합니다. 이를 통해 청소년, 민간단체, 지역, 언론 등 각계각층의 교류를 강화하고, 싱크탱크 교류와 협력 네트워크를 구축하여 아시아 각국 국민들이 보다 풍부한 정신적인 삶을 누리고 지역 발전과 협력이 활발하게 이루어지도록 할 것입니다.

신사 숙녀 여러분, 친구 여러분,

중국 인민은 전면적으로 샤오캉사회를 건설하고, 개혁을 심화하며, 법치를 철저히 실시하고, 엄격히 당을 다스림으로써 힘을 합쳐 '두 개의 100년'이라는 목표를 달성하고 중화민족의 위대한 부흥이라는 '중국의 꿈'을 실현하기 위해 노력하고 있습니다. 이번 기회에 중국은 평화적 발전 노선을 확고부동하게 견지하고, 공동 발전을 지향하며, 아시아-태평양 지역 국가 간의 협력과 발전을 추진하겠다는 의지를 다시 한 번 선언합니다.

중국의 경제 발전은 뉴노멀 시대에 접어들었습니다. 고속 성장에서 중고속 성장으로, 대규모 속도형 조방적 성장(規模速度型粗放增長)에서 품질 기반 효율형 집약적 성장(質量效率型集約)으로, 투자 중심에서 혁신 중심으로 전환하고 있습니다. 2014년에 중국 경제는 7.4% 성장했고, 노동 생산율은 7% 증가했으며, 단위 국내총생산 에너지 소비는 4.8% 감소했으며, 국내 소비 기여도는 증가했으며, 서비스 산업의 발전이 가속화되고, 발전의 질과 효율성이 지속적으로 향상되었습니다. 중국 경제를 평가할 때 성장률만 고려해서는 안 됩니다. 중국의 경제 규모는 계속해서 증가하고 있으며, 현재 약 7%의 경제 성장률은 상당히 주목할 만 것입니다. 이에 따른 경제 규모는 과거의 두 자릿수 성장률에도 도달할 수 없는 수준입니다. 중국은 경제 규모가 크고, 유연성이 좋으며, 잠재력이 충분하고, 회전할 여지가 많고, 정책 수단이 다양합니다. 따라서 중국은 경제 발전의 뉴노멀에 능동적으로 대응하고 주도하며, 경제 발전의 품질과 효율성 향상에 중점을 두고, 전환 방식을 보다 중요한 위치에 놓아, 경제 발전을 더욱 착실하게 추진하며, 개혁개방을 더욱 확고히 심화하고, 창조 활력을 더욱 충분히 자극하며, 공정과 정의를 더욱 효과적으로 유지하며, 민생을 더욱 효과적으로 보장하고 개선하며 경제·사회의 안정적이고 건강한 발전을 촉진케 할 것입니다.

중국의 경제 발전은 뉴노멀 시대에 진입했으며, 아시아를 포함한 세계 각국에 더 많은 시장, 성장, 투자, 협력의 기회를 제공할 것입니다. 앞으로 5년 동안 중국의 수입품은 10조 달러를 초과하고, 해외투자는 5천억 달러를 초과하며, 해외로 나가는 관광객 수는 5억을 초과할 것으로 예상됩니다. 중국은 대외개방 정책을 견지하고, 국내의 투자 환경을 계속해서 개선하며, 투자자의 합법적 권익을 보호함으로써 여러분과 함께 아시아의 발전을 공동으로 추진하여 더욱 밝은 미래로 나아가도록 할 것입니다.

중국에게는 조화롭고 안정적인 국내 환경과 평화로운 국제 환경이 무엇보다 필요합니다. 어떠한 혼란이나 전쟁도 중국 인민의 근본 이익에 부합하지 않습니다. 중화민족은 예로부터 평화를 선호해 왔습니다. "이화위귀", "자신이 하기 싫은 일은 남에게도 시키지 말라"는 덕목을 중시해왔습니다. 근대 이후 100여 년의 혼란과 전쟁을 겪은 중국은 그동안 국가 발전과 국민 행복을 논할 수조차 없었습니다. 이러한 고통을 겪은 중국 인민은 결코 자신이 걸어온 비참한 역사를 다른 나라와 민족에게 강요하지 않을 것입니다. 중화민족은 예로부터 평화를 선호하여 "이화위귀", "협화만방(協和萬邦)", "세상 사람들은 모두 형제이다(四海之內皆兄弟也)" 등의 사상을 숭상해왔습니다. 중국은 근대 이후 100여 년의 혼란과 전쟁을 겪었지만, 중국인들은 결코 자신들이 겪은 비참한 경험을 다른 나라와 민족에게 강요하지 않을 것입니다. 역사를 거슬러 올라가면, 어떤 국가든 무력을 통해 발전목표를 이루려 했을 때 결국 실패했습니다. 중국은 독립적이고 자주적인 평화적 외교정책을 견지하고, 평화적 발전 노선을 견지하며, 상호 이익을 지향한 개방전략을 견지하고, 올바른 의리관을 견지하며, 협력윈윈을 핵심으로 하는 신형 국제관계 구축을 추진하며, 언제나 세계 평화를 수호하고, 공동 발전을 촉진시키는 확고한 힘이 될 것입니다.

먼 친척보다 가까운 이웃이 낫습니다. 이는 중국인들이 오래전부터 알고 있던 소박한 삶의 지혜입니다. 중국은 이웃에 착한 일을 하고 이웃과 동반자가 되는 정책과 선린·안린·부린의 정책을 견지할 것이며, 이웃과의 교류에서 우호·성실·호혜·관용의 원칙을 확고히 지킬 것이며, 주변국가와의 호혜협력과 호연호통을 계속해서 강화하고, 주변국가에 더 많은 혜택이 돌아가도록 하기 위해 노력할 것입니다. 중국은 8개의 주변국가와 선린우호 협력조약을 체결했고 중국-아세안 선린 우호 협력조약 체결을 논의하고 있습니다. 중국은 모든 주변국가와 선린우호 협력조약을 체결하여 양측 관계의 발전, 지역의 번영과 안정을 유지하는 데 강력한 보장을 제공하고자 합니다.

2013년에 카자흐스탄과 인도네시아를 방문했을 때 실크로드 경제벨트 건설과 21세기 해상 실크로드 협력 이니셔티브를 제안했습니다. '일대일로' 협력 이니셔티브는 중국, 그리고 일대일로 연선 국가 및 지역의 발전 수요에 부합하고, 각국의 공동 이익에 부합하며, 지역 및 글로벌 협력의 흐름에 부응합니다.

'일대일로' 건설은 공동 협상·공동 건설·공동 향유의 원칙을 따르기에 폐쇄적인 것이 아니라 개방적이고 포용적입니다. 이는 중국만의 독주가 아니라 연선 국가들의 협력입니다. '일대일로' 건설은 기존의 지역 협력 체제와 이니셔티브를 대체하려는 것이 아니라 기존 체제를 바탕으로 연선 국가의 발전 전략을 서로 연결하고 상호 보완적인 이점을 실현하는 것입니다. 현재 60여 개 연선 국가 및 국제기구가 '일대일로' 건설에 적극적으로 참여하겠다는 긍정적인 태도를 표명하고 있습니다. '일대일로' 건설과 아시아인프라투자은행은 모두 개방되어 있습니다. 우리는 연선 국가와 아시아 국가들의 적극적인 참여를 환영하며, 다른 대륙의 국가들도 환영하고 있습니다.

'일대일로' 건설은 공허한 구호가 아니라, 보이고 만질 수 있는 실질적인 조치입니다. 이는 연선 국가들에게 실질적인 이익을 가져다줄 것입니다. 현재 각국의 공동 노력으로 '일대일로' 건설의 비전과 행동 문서가 공식화되었으며, 아시아인프라투자은행 건설이 실질적인 진전을 이루었고, 실크로드 기금이 순조롭게 가동되었으며, 다수의 인프라 호연호통 프로젝트가 꾸준히 진행되고 있습니다. 이러한 초기 성과들은 '일대일로'의 넓은 전망을 보여주고 있습니다.

신사 숙녀 여러분, 친구 여러분,

인류의 평화와 발전을 유지하는 것은 숭고하고 도전적입니다. 앞으로 나아갈 길은 순탄치 않을 것이고, 기대하는 결과는 쉽게 얻을 수 없을 것입니다. 아무리 우여곡절이 많고 오랜 시간이 걸리더라도 포기하지 않고 불굴의 의지를 갖고 함께 나아가는 사람들이 승리하게 되는 것입니다. 우리가 목표를 정확히 인식하고 끈질기게 노력한다면, 반드시 운명공동체를 구축하여 아시아의 새로운 미래를 열어나갈 수 있다고 확신합니다!

끝으로 연례회가 원만한 성공을 거두기를 기원합니다!

감사합니다.

# 공동 이익을 키워 공동 번영을 실현하자[39)]

●●2015년 4월 21일●●

중화민족은 예로부터 평화를 선호해왔습니다. 중국 사람들은 2,000여 년 전에 벌써 "나라가 비록 강해도 전쟁을 좋아하면 반드시 망한다"는 이치를 깨달았으며, "자신이 하기 싫은 일은 남에게도 시키지 말라"는 덕목을 중시해왔습니다. 중국은 '국강필패'의 낡은 논리에 동의하지 않습니다. 평화적 발전 노선은 중국, 아시아, 세계에 모두 이롭습니다. 어떠한 힘도 평화적 발전 노선을 확고부동하게 견지하려는 중국의 신념을 흔들 수 없습니다. 중국은 다른 나라의 내정에 간섭하지 않는다는 원칙을 굳게 견지하며, 자신의 의지를 남에게 강요하지 않으며, 아무리 강해도 세계에 영원히 패권을 추구하지 않을 것입니다.

중국은 협력윈윈의 이념을 확고히 견지하고, 세계 각국과 우호적인 협력을 확고히 발전시키며, 우호·성실·호혜·관용의 이념에 따라 주변국가와의 호혜협력을 강화하고, 자국의 발전이 주변국가에 더 많은 혜택이 돌아가도록 노력할 것이며, 영원히 개발도상국의 신뢰할 수 있는 친구, 진정한 동반자가 될 것입니다. 중국은 호혜윈윈을 지향하는 개방 전략을 확고히 펼쳐나가고, 대외개방을 전면적으로 추진하며, 개방형 경제체제를 발전시켜 아시

39) 이는 시진핑 동지가 파키스탄(Pakistan) 의회에서 한 연설의 일부이다.

아와 세계 발전에 새로운 기회와 공간을 제공하기 위해 노력할 것입니다.

중국은 실크로드 경제벨트와 21세기 해상 실크로드의 구상을 제기했습니다. 실크로드 이니셔티브는 새로운 상황에서 개혁개방을 전면적으로 확대하기 위한 중요한 조치이며, 더 많은 국가가 발전의 기회와 성과를 공유하는 것을 목표로 합니다. 중국은 '일대일로' 연선 국가와 협력을 강화하여 도로, 무역, 자본, 정책, 민심의 소통을 실현하고 개방·협력 플랫폼을 구축하여 지역의 지속 가능한 발전을 위한 새로운 동력을 제공할 것입니다.

'일대일로'에서 바다와 육지가 만나는 지점에 위치하고 있는 남아시아는 '일대일로' 건설의 핵심이자 중요한 파트너입니다. 중국-파키스탄 경제회랑과 몽골-중국-인도-미얀마 경제회랑은 '일대일로'와 밀접한 관련이 있으며, 현재 순조롭게 추진되고 있습니다. 두 개의 회랑 건설은 관련 국가의 경제성장을 효과적으로 촉진시키고, 남아시아의 지역 협력을 강화하는 데 새롭고 강력한 동력을 제공할 것입니다.

평화·발전·협력은 시대의 주제입니다. 광활하고 풍요로운 남아시아 지역은 무한한 발전의 활력을 가지고 있으며 근면하고 지혜로운 남아시아 인민들은 지역 발전의 새로운 상황을 개척하고, 세계경제의 새로운 성장극을 만들기 위해 노력하고 있습니다.

중국은 남아시아의 가장 큰 이웃 나라입니다. 평화롭고 안정적이며 번영하는 남아시아는 중국의 이익에 부합합니다. 중국은 남아시아 국가의 발전전략과 효과적으로 연결하고, 상호 발전과 공동 번영을 실현할 것입니다. 작년에 남아시아 3국을 방문했을 때, 중국과 남아시아의 협력을 강화하기 위한 일련의 이니셔티브를 제안했으며, 현재 꾸준히 시행되고 있습니다. 중국은 남아시아의 독특한 문화와 역사적 전통을 존중하고, 남아시아 국가의 진정한 동반자가 될 것이며, 지역 국가들과 상호 존중하고 평등하게 대하며 서로의 합리적인 입장을 고려하면서 양측 관계의 장기적이고 건강한 발전을 추진하기 위해 노력할 것입니다.

상호 협력과 호혜윈윈의 원칙을 견지해야만 공동의 이익을 키울 수 있고 공동 번영의 방향으로 나아갈 수 있습니다. 우리는 남아시아를 서쪽으로 개방하는 핵심 지역으로 삼고 남아시아 국가들과 발전 과정에서의 경험을 서로 학습하고, 장점으로 단점을 보완할 것입니다. 중국은 남남협력의 틀 내에서, 남아시아 국가에 할 수 있는 모든 도움과 지원을 제공할 것입니다.

중국과 남아시아 국가들은 오랜 역사를 자랑하며, 선의와 우정을 선호하고, 포용과 상호 학습, 화합과 공생을 숭상해왔습니다. 중국은 아시아 문명 간 대화의 중요한 구성부분으로서 남아시아 국가들과 함께 문명 간 대화를 강화하고, 동양의 지혜를 널리 알리며, 아시아의 가치를 드높이기 위해 노력할 것입니다.

개방과 포용, 연합과 자강은 아시아 국가들이 발전과 번영, 민족의 부흥을 이루는 과정에서 얻어 낸 성공적인 경험이며, 앞으로 더 큰 발전을 이루기 위한 필수적인 길이기도 합니다. 중국은 남아시아 국가들과 협력을 강화하고, 남아시아 및 아시아의 지역 협력 프로세스를 함께 추진할 것입니다. 또한 '남아시아 지역 협력 연합(South Asian Association For Regional Cooperation, SAARC)'과의 협력 수준을 향상시키고, 남아시아 국가들과 다자 프레임워크 내에서 국제 협력을 강화하여, 광범위한 개발도상국의 이익을 함께 지키고자 합니다.

# 반둥 정신을 드높이고 협력윈윈을 추진하자[40)]

●● 2015년 4월 22일 ●●

존경하는 조코(Joko Widodo) 대통령님,

신사 숙녀 여러분, 친구 여러분:

오늘 아시아와 아프리카 정상들이 아름다운 자카르타에 모여 반둥회의 60주년을 기념하고 아시아와 아프리카의 우호적인 협력과 발전의 활성화를 위한 계획을 논의하는 것은 매우 중요한 의미를 지닙니다. 먼저 조코 대통령님과 인도네시아 정부에 진심으로 감사드립니다! 그리고 여러분께 중국 인민의 진심 어린 안부와 깊은 축원을 전합니다!

60년 전, 아시아와 아프리카의 29개 국가 및 지역의 지도자들이 반둥회의에 참석하여 단결, 우정, 협력의 반둥 정신을 형성했고, 이는 아시아·아프리카 민족 해방 운동을 추진하고, 세계 식민체제의 해체를 가속화하는 데 기여했습니다. 평화공존의 5원칙에 기초하여 회의에서는 국가 간 관계를 처리하는 10원칙을 제시하여 국제관계를 올바른 방향으로 발전시키고, 아시아-아프리카 간 협력과 남남협력과 남북협력을 촉진시키는 데 중요한 역사적 기여를 했습니다. 따라서 반둥회의는 아시아와 아프리카 사람들의 단

40) 이는 시진핑 동지가 인도네시아 자카르타(Jakarta)에서 열린 아시아·아프리카 정상회의에서 한 연설이다.

결과 협력의 이정표입니다.

지난 60년 동안, 아시아와 아프리카 두 고대 대륙은 다양한 분야에 걸쳐 중대한 변화를 겪었습니다. 아시아와 아프리카의 국민들은 자주적으로 운명을 결정하게 되었고, 정치적 독립을 이뤄냈으며, 경제·사회 발전에 힘쓰면서 과거 가난하고 낙후된 지역에서 거대한 발전 가능성을 지닌 지역으로 전환했습니다. 반둥 정신의 고무 아래, 아시아와 아프리카 국가들은 연합하고 자강하며, 지역 및 서브 지역 간의 협력이 활발하게 이루어지며, 지역 및 국제 사안에서 점점 더 중요한 역할을 수행하고 있으며, 세계 전략 전반에서의 위상이 지속적으로 상승하고 있습니다.

60년이 지난 지금 평화·발전·협력·상생의 시대적 흐름은 더 심화되었으며, 각국은 갈수록 네 속에 내가 있고 내 속에 네가 있는 운명공동체가 되고 있습니다. 한편 세계는 여전히 평화롭지 않다는 점을 인식해야 합니다. 국지적으로 불안정하며, 테러리즘, 중대한 전염병 등 세계적인 문제가 계속해서 증가하고 있으며, 남북 간의 격차가 여전히 크며, 아시아와 아프리카 국가의 주권, 안보, 단결 및 협력, 공동 발전은 여전히 많은 어려움과 도전에 직면해 있습니다.

새로운 정세 속에서 반둥 정신은 여전히 강한 생명력을 지니고 있습니다. 우리는 반둥 정신을 적극적으로 선양하고, 계속해서 새로운 시대적 함의를 부여하며, 협력윈윈을 핵심으로 하는 신형 국제관계 건설을 촉진시키고, 국제질서와 국제 시스템이 보다 공정하고 합리적인 방향으로 발전하도록 촉진시켜야 하며, 인류운명공동체 구축을 추진함으로써 아시아·아프리카와 다른 지역의 인민들에게 더 나은 삶을 살도록 해야 합니다. 이를 위해 다음과 같은 제안을 드리고자 합니다.

첫째, 아시아-아프리카 간의 협력을 강화해야 합니다. 아시아와 아프리카 두 대륙 모두 인류문명의 중요한 발원지로, 전 세계 인구의 4분의 3이 이 지역에 거주하고 있으며, 유엔 회원국의 반수 이상이 이 지역에 속해 있습니다. 따라서 아시아와 아프리카 간의 협력은 전 세계적인 의미를 더욱 지니고 있는 것입니다. 새로운 기회와 도전에 직면하여 아시아와 아프리카 국가들은 안위를 같이하고 어려울 때 서로 협조하여 대처하며, 기회를 포착하고 도전에 함께 대응함으로써 아시아와 아프리카 간의 협력 수준을 높이는 것이 중요합니다. 이를 통해 좋은 친구, 좋은 파트너, 좋은 형제가 친구가 되어야 합니다.

아프리카 속담에 "한 그루의 나무로는 집 한 채를 짓지 못한다(一根原木蓋不起一幢房屋)"는 말이 있고, 중국 속담에는 "홀로서는 일을 이루기 어렵고, 함께하는 자는 쉽게 이룬다(孤擧者難起, 眾行者易趨)"는 말이 있습니다. 아시아와 아프리카 국가들이 호혜협력을 강화한다면 시너지효과를 가져올 수가 있습니다. 우리는 상호 이익과 공동 발전을 원칙으로 삼아야 합니다. 발전 전략을 연결하고, 인프라 시설의 호연호통을 강화하여 산업, 농업, 인적자원 개발 등 분야의 실질적인 협력을 촉진시키고, 친환경 에너지, 환경보호, 전자상거래 등 새로운 협력 분야를 개척함으로써 아시아·아프리카 경제의 상호 보완성을 발전을 추진하는 동력으로 전환해야 합니다. 지역 내 및 지역 간 협력을 강화하고, 기존의 지역 및 서브 지역 간의 협력 체제를 충분히 활용하며 새로운 협력 플랫폼을 적시에 구축하고, 무역 및 투자의 자유화, 편리화를 촉진시키고 넓은 영력, 다층적, 전방위적인 아시아-아프리카 간 협력 패턴을 구축해나가야 합니다.

아시아와 아프리카 지역에는 100개가 넘는 국가가 있으며, 사회제도, 역사와 문화, 가치관이 다양하여 다채롭고 풍부한 문명을 이루고 있습니다. 우리는 서로 다른 점을 인정하면서 공동의 이익을 추구하며, 개방과 포용을 지향하며, 상호 교류와 배움을 통해 각자의 장점으로 단점을 보완하고, 공통점을 찾고 다른 점을 보존하면서 함께 나아가야 합니다. 아시아-아프리카 간의 협력은 폐쇄적이고 배타적인 것이 아니라, 개방적이고 상생적입니다. 우리는 다른 지역 국가들이 적극적으로 참여하고 건설적인 기여를 하는 것을 환영합니다.

둘째, 남남협력을 확대해나가야 합니다. 중국 개혁개방의 총설계사인 덩샤오핑 선생은 남남협력이라는 표현이 매우 좋다며 발명자에게 훈장을 수여해야 한다고 말씀하셨습니다. 대다수의 개발도상국은 발전을 가속화하고 인민 생활을 향상시켜야 하는 공동의 사명에 직면해 있으며, 이를 위해 단합하여 함께 나아가야 하며, 우리 각자의 발전 비전을 실현하기 위해 다양한 분야에서 적극적으로 협력해야 합니다. 또한 아시아-아프리카 간의 협력을 효과적으로 추진하는 것은 남남협력에 중요한 시범적 의미와 주도적 역할을 합니다.

아시아와 아프리카 국가는 협력을 강화함과 동시에 라틴아메리카, 남태평양 및 기타 개발도상국과의 단합과 협력을 강화하고, 국가 관리 측면에서의 대화와 교류를 확대하며, 중대한 국제·지역 사안에 대한 긴밀한 소통과 조율을 통해 세계 평화를 유지하고 공동 발전을 추진하는 힘을 강화해야 합니다.

남남협력을 강화하기 위해서는 관련 기구 건설을 강화해야 합니다. 비동맹 운동, 77그룹 등 기구의 역할을 충분히 발휘하고, '아시아 교류 및 신뢰구축 회의', '브릭스' 등 협력 플랫폼을 구축하여 개발도상국 지역 조직 간의 대화와 교류를 촉진시키고, 남남협력의 새로운 구도를 모색해야 합니다. 중국은 인도네시아의 아시아-아프리카 센터 설립 제안을 지지합니다. 국제 시스템에서 개발도상국의 대표성과 발언권을 높이고, 2015년 이후 개발어젠다(發展議程) 협상이 개발도상국 특히 아프리카와 최빈국(Least developed country)이 직면한 어려움과 도전에 주목하도록 하여 개발도상국의 정당한 권익을 보다 효과적으로 보호해야 합니다.

셋째, 남북협력을 추진해야 합니다. 반둥 정신은 아시아-아프리카 간 협력과 남남협력에 적용될 뿐만 아니라, 남북협력을 촉진시키는 데 중요한 시사점을 주며 참고적인 의미를 지니고 있습니다. 세계의 균형적인 발전은 일부 국가가 점점 더 부유해지고, 다른 일부 국가가 오랫동안 가난하고 낙후한 상황에서 이루어질 수 없습니다. 인류운명공동체 구축의 전략적 관점에서 남북관계는 경제 발전 문제일 뿐만 아니라, 세계 평화와 안정과 관련된 전반적인 문제이기도 합니다.

서로 존중하고 평등하게 대하는 것이 남북협력의 정치적 기초입니다. 협력윈윈의 기초는 평등이며, 평등 없이는 협력윈윈을 이루기 어렵습니다. 국가는 크기, 강약, 빈부와 상관없이 국제사회의 평등한 구성원이며, 지역 및 국제 사안에 평등하게 참여할 권리가 있습니다. 각국의 주권, 독립, 영토보전을 존중하고, 각국이 독자적으로 선택한 사회제도와 발전 노선을 존중하며, 다른 나라의 내정 간섭을 반대하고, 자신의 의지를 다른 사람에게 강요하는 것을 반대해야 합니다.

개발도상국의 발전을 돕고 남북 격차를 줄이는 것은 선진국의 책임이고 의무입니다. 선진국이 공식적인 지원 약속을 성실히 이행하도록 추진하고, 정치적 조건을 추가하지 않고 개발도상국에 대한 지원을 늘리도록 하며, 개발도상국의 자주적 개발 능력을 강화하고, 보다 평등하고 균형 잡힌 새로운 글로벌 발전 파트너십을 구축해야 합니다. 개방형 세계경제를 유지하고 발전시키며, 공정하고 정의롭고 포용적이며 질서 있는 국제 경제 금융 시스템의 건설을 촉진시키며 개발도상국의 발전을 위한 좋은 외부 환경을 조성해야 합니다.

냉전적 사고, 영합게임의 낡은 관념을 버리고 공동·종합·협력·지속 가능한 아시아 안보관을 적극적으로 창도하고, 대화와 협상을 통해 분쟁을 평화적으로 해결하며, 테러리즘, 공공 보건, 사이버 안보, 기후변화 등 비전통적 안보 문제와 글로벌 도전에 공동으로 대응하고, 운명공동체를 구축하며 공동 건설·공동 향유·상생의 길을 개척하여 지역과 세계 평화와 안정을 공동으로 유지해야 합니다.

신사 숙녀 여러분, 친구 여러분!

중국은 아시아-아프리카의 단결 및 협력의 적극적인 지지자이자 추진자이며, 언제나 민족의 해방을 위한 아시아·아프리카 국가의 정의로운 사업을 확고히 지지하고, 아시아·아프리카 국가의 공동 발전을 확고히 촉진시키며, 아시아·아프리카 국가에 진실하고 사심 없는 지원을 제공해왔습니다. 중국은 또한 국가 주권을 수호하고 국가 통합을 촉진시키며 국가 발전을 실현하는 과정에서 아시아 및 아프리카 국가의 큰 지지와 도움을 받았습니다. 중국인들은 이것을 영원히 잊지 않을 것입니다.

새로운 상황에서 중국은 아시아-아프리카 간의 협력을 확고히 추진할 것입니다. 중국은 이미 주변의 8개 국가와 선린 우호 협력조약을 체결했으며, 모든 주변국가와 선린우호 협력조약을 체결하고자 합니다. 그렇게 함으로써 아프리카 국가들과의 평화·안보 협력을 강화하여 평화유지, 반테러, 해적 퇴치 등의 능력을 강화하도록 도울 것입니다. 그리고 아시아 및 아프리카 국가와 생산능력 협력을 추진하고, 아프리카 국가가 고속철도, 고속도로, 지역·항공 네트워크를 건설하도록 지원하며, 아시아·아프리카 산업화 과정을 촉진시키고자 합니다. 또한 올해 안에 중국과 수교한 최빈국을 대상으로 97개 관세 품목에 대해 무관세 혜택을 부여하고 정치적 조건 없이 개발도상국에 지원을 지속적으로 제공할 것입니다. 관련 국가와 함께 '일대일로' 건설을 추진하고, 아시아인프라투자은행을 공동으로 건설하며, 실크로드 기금의 역할을 충분히 발휘하도록 할 것입니다. 그리고 관련 국가들과 협력하여 중국-아세안, 중국-아랍협력포럼, 상하이협력기구 등 협력 플랫폼을 개선하고, 올해 안에 남아프리카에서 열리는 제6차 중국-아프리카협력포럼 부장급회의를 개최할 것입니다. 중국은 남남협력과 남북협력을 계속해서 추진하고, 지역 및 세계 평화와 안정을 공동으로 유지하기 위해 노력할 것이며, 공동 발전과 번영을 촉진케 할 것입니다.

중국이 향후 5년 동안 아시아-아프리카 개발도상국에 10만 명의 훈련 쿼터를 제공하고, 중국에서 아시아-아프리카 청년 축제를 지속적으로 개최하고 총 2,000명의 아시아·아프리카 청년을 초청할 것입니다. 또한 중국-아프리카 협력 센터를 설립하여 아시아-아프리카 국가 간 교류와 협력을 촉진케 할 것이며, 중국-아시아-아프리카 법률협회 국제법 교류 및 연구 프로젝트를 설립하고, 올해 안에 반둥 정신 선양을 주제로 하는 국제 세미나를 개최할 것을 선언합니다.

신사 숙녀 여러분, 친구 여러분!

중국 인민은 현재 전면적으로 샤오캉사회를 건설하고, 개혁을 심화하며, 법치를 철저히 실시하고, 엄격히 당을 다스림으로써 힘을 합쳐 '두 개 100년'이라는 목표를 달성하고 중화민족의 위대한 부흥이라는 '중국의 꿈'을 실현하기 위해 노력하고 있습니다. '중국의 꿈'은 아시아·아프리카 국민과 세계 국민의 아름다운 꿈과 밀접히 연결되어 있으며 이는 중국 인민뿐만 아니라 세계 각국 인민들에게도 이롭습니다.

중화민족은 평화를 사랑하는 민족으로 예로부터 '이화위귀'의 이념을 숭상해왔습니다. 중국은 평화적 발전 노선을 견지하고, 독립적이고 자주적인 평화적 외교정책을 견지하며, 호혜윈윈을 지향하는 개방 전략을 견지하고, 올바른 의리관을 견지하며, 평화공존 5원칙에 기초하여 각국과의 우호적 협력을 발전시키고, 언제나 세계 평화를 유지하고, 공동 발전을 촉진시키는 확고한 힘이 되어왔습니다. 어디까지 발전하든, 국제정세가 어떻게 바뀌든,

중국은 언제나 개발도상국의 든든한 친구이자 진정한 동반자가 될 것입니다. 이는 중국 대외정책의 근간이며 과거에도, 지금도, 앞으로도 변하지 않을 것입니다.

신사 숙녀 여러분, 친구 여러분!

중국인들은 60년을 하나의 기년(紀年)으로 육십갑자의 '갑(甲)'이 되돌아온다고 합니다. 아시아-아프리카 간의 협력은 60년의 세월을 지나 새로운 시작점에 이르렀습니다. 지난 60년을 돌아보면, 중국은 아시아와 아프리카 국가들과 함께 비바람을 이겨 내며, 서로의 관계는 창장, 소로강(Solo River), 나일강(Nile River)처럼 끝없이 흐르고 있습니다. 앞으로 우리는 반둥 정신을 고양하고 아시아·아프리카 부흥의 꿈을 공동으로 실현하며, 아시아·아프리카 사람들에게 더 많은 행복을 가져다주며, 인류의 평화와 발전에 새롭고 더 큰 공헌을 해야 합니다!

감사합니다.

# 브릭스 국가들의 이익공동체를 구축하자[41)]

●● 2015년 7월 9일 ●●

현재 국제정세는 복잡합니다. 브릭스 국가들은 기회와 도전을 동시에 마주하고 있습니다. 우리는 협력을 강화하고 함께 세계 발전을 주도하는 중요한 역할을 해야 합니다. 작년에는 브라질 포르탈레사(Fortaleza)에서 개방·포용·협력·상생의 정신을 바탕으로 브릭스 국가 간의 파트너십을 더욱 강화하기로 합의했습니다. 이번에는 주최국인 러시아에서 '브릭스 국가 간 파트너십'을 회의의 주제로 채택했는데, 이는 이러한 이념이 이미 깊이 인식되고 있음을 보여줍니다.

브릭스 국가 간 파트너십 강화에 대해 몇 가지 견해를 말씀드리겠습니다.

첫째, 세계 평화를 유지하기 위한 파트너십을 구축해야 합니다. 현재 평화적 발전의 시대적 흐름은 더욱 강조되고 있지만, 세계는 여전히 평화롭지 않습니다. 국지적 불안정이 계속되고 있으며, 테러리즘, 마약 위협, 중대한 전염병, 자연재해와 같은 비전통적인 안보 도전이 계속해서 발생하고 있습니다. 브릭스 국가는 공동·종합·협력·지속 가능한 안보관을 창도하고 협력하여 함께 세계적인 문제에 대처해야 합니다. 우리는 모든 형태의 테러리

41) 시진핑 동지가 러시아 우파(Uphaz)에서 열린 브릭스 국가지도자 7차 회담에서 한 연설의 일부이다.

즘을 공동으로 예방하고 퇴치하며, 대테러 경험 교류, 정보 공유, 단서 검증, 집법 등 분야에서 협력을 강화해야 합니다. 중국은 브릭스 국가 간 '마약 금지 협력 체제 프로세스'의 가속화를 지지하고 다른 회원국과 함께 지역 및 세계적인 마약 문제 해결을 촉진케 할 것입니다.

역사를 잊는다는 것은 배신을 의미합니다. 올해는 제2차 세계대전 승리와 유엔 창설 70주년입니다. 브릭스 국가들은 평화를 사랑하는 세계의 모든 국가와 인민과 함께 제2차 세계대전의 역사를 부정, 왜곡, 변조하려는 시도와 행동에 단호히 반대하고, 제2차 세계대전의 승리와 국제 공정과 정의를 공동으로 수호해야 합니다. 동시에 역사를 교훈 삼아 냉전 사고를 버리고, 영합게임을 거부하며, 지역 및 세계의 평화와 안정을 공동으로 유지하기 위해 노력해야 합니다.

우리는 국제관계의 민주화를 촉진시키기 위해 계속해서 노력해야 합니다. 국제관계에서 무력을 사용하거나, 무력으로 협박하는 것은 문제 해결에 도움이 되지 않습니다. 대화와 협상을 통해 평화적이고 정치적인 방식으로 갈등을 해결할 수 있도록 이끌어야 합니다.

둘째, 공동 발전을 위한 파트너십을 구축해야 합니다. 브릭스 국가 간의 협력이 활발히 이루어지기 위해서는 기반을 단단히 다지고 브릭스 국가들의 이익공동체를 구축해야 합니다. 우리는 이익을 공유하는 가치사슬과 이익이 융합되는 대형 시장 건설을 목표로 하여 보다 긴밀한 경제 파트너십을 구축해야 합니다. 자원과 산업구조에서 회원국의 상호 보완적인 이점을 최대한 활용하고, 발전 공간을 확장하기 위해 협력해야 합니다. 브릭스 신개발 은행 본부와 아프리카 지역 센터 건설을 동시에 추진하여 조속히 운영되도록 하고 초기 성과를 이루도록 노력해야 합니다. 브릭스 국가 간 경제 파트너십 전략을 시행하여 새로운 협력 포인트를 발굴해야 합니다.

우리는 계속해서 개발도상국의 공동 발전과 번영을 촉진시키기 위해 노력해야 합니다. 올해는 국제 발전의 해이자, 기후변화의 해로 브릭스 국가들은 조정과 협력을 강화하여 2015년 이후 개발어젠다, 기후변화 등 중대한 국제 발전 문제에서 신흥시장 국가와 개발도상국의 공통 이익을 수호하며, 2015년 이후 개발어젠다 협상은 개발도상국, 특히 아프리카 국가 및 최빈국이 직면한 어려움과 도전에 초점을 맞추도록 이끌어야 합니다.

셋째, 다양한 문명을 유지하기 위한 파트너십을 구축해야 합니다. 브릭스 국가 간 협력의 성공은 다른 사회제도가 서로 수용되고, 다른 발전모델이 상호 협력 가능하며, 서로 다른 가치와 문화가 상호 교류할 수 있음을 충분히 입증합니다. 우리는 개방과 포용의 원칙을 견지하고, 교류와 학습을 통해 장점을 취하고 단점을 보완하며, 공통점을 찾고 차이점을 보존자면서 함께 나아가야 합니다.

브릭스 국가는 4개 대륙에 분포되어 있고, 남북 두 반구에 걸쳐 있어 독특한 지리적 이점을 가지고 있습니다. 우리는 이러한 장점을 잘 활용하여 다른 국가 및 국제기구와 적극적으로 대화하고 교류하며, 협력 결과를 공유해야 합니다. 또한 다른 신흥시장 국가 및 개발도상국과의 단합 및 협력을 강화하고, 우리의 힘을 지속적으로 강화하며 브릭스 국가들의 대표성과 영향력을 확대해나가야 합니다.

넷째, 글로벌 경제 거버넌스 강화를 위한 파트너십을 구축해야 합니다. 국제경제 규칙은 글로벌 성장 패턴의 새로운 변화에 적응하고 책임과 능력을 조화시키기 위해 지속적으로 혁신되어야 합니다. 우리는 세계 거버넌스 시스템에서 브릭스의 위상과 역할을 강화하기 위해 함께 노력하고, 국제 경제 질서가 신흥시장 국가와 개발도상국의 역량 상승의 역사적 추세에 맞도록 이끌어야 합니다. 국제통화기금의 관리구조 개혁을 추진하고 신흥시장 국가와 개발도상국의 대표성과 발언권을 증진시켜야 합니다. 개방형 세계경제를 구축하고, 다자간 무역 시스템을 지원하며 도하 라운드 협상을 촉진시켜 신흥시장 국가와 개발도상국의 정당한 권익을 보호하고, 국제경제 및 무역 활동에서 기회의 평등, 규칙의 평등 및 권리의 평등을 보장해야 합니다.

브릭스 국가들은 정보 보안과 인터넷 관리 측면에서 협력을 강화해야 하며 평화롭고 안전하며 개방적이고 협력적인 네트워크 공간을 공동으로 구축하고, 인터넷 거버넌스에 평등하게 참여할 권리를 위해 노력합니다. 이민 문제는 브릭스 국가의 경제 발전 및 사회적 안정과 밀접한 관련이 있으므로, 이 분야의 교류와 협력도 강화해야 합니다.

# 중국 인민의 항일전쟁 및 제2차 세계대전 승리 70주년 기념 대회에서의 연설

●● 2015년 9월 3일 ●●

전국 동포 여러분,

존경하는 각국 정상, 정부 수반, 유엔을 비롯한 국제기구 대표 여러분,

존경하는 내외 귀빈 여러분,

전체 열병식 장병들,

신사 숙녀 여러분, 친구 여러분:

오늘은 세계인이 영원히 기념해야 하는 날입니다. 70년 전, 중국 인민은 14년에 걸친 지극히 어렵고 힘든 투쟁 끝에 항일전쟁의 위대한 승리를 거두었고 제2차 세계대전의 승리를 선언했으며 평화의 햇살이 다시 대지를 비추게 되었습니다.

여기에서 저는 중국공산당 중앙위원회, 전국인민대표대회, 국무원, 전국인민정치협상회의, 중앙군사위원회를 대표하여 항일전쟁에 참전하셨던 전국의 원로전사, 옛 동지, 애국인사, 항일장교들에게, 그리고 중국 인민 항일전쟁을 위해 크게 공헌한 국내외 중화민족의 아들딸들에게 숭고한 경의를 표합니다! 또한 중국 인민을 지원하고 도와준 외국 정부와 국제 우호인사들께 진심 어린 감사의 말씀을 전합니다! 오늘 대회에 참석하신 각국 내외 귀빈 여러분과 군인 여러분께 또한 뜨거운 환영 인사를 드립니다!

신사 숙녀 여러분, 동료 여러분, 친구 여러분!

중국 인민 항일전쟁과 제2차 세계대전은 정의와 악, 빛과 어둠, 진보와 반동의 대결이었습니다. 그 비참한 전쟁에서 중국 인민 항일전쟁은 가장 일찍이 시작되었고, 가장 오래 지속되었습니다. 침략자들에게 맞서, 중화민족은 굴하지 않고 피땀을 흘려 싸워 일본 군국주의 침략자를 물리쳤으며, 중화민족이 5천여 년 동안 쌓아온 문명의 성과를 보존하고 인류 평화를 지켰습니다. 이는 인류 전쟁사 상의 희극이자, 중화민족의 위업입니다.

중국 인민 항일전쟁의 승리는 근대 이후 중국이 외적 침입에 맞서 이긴 최초의 승리였습니다. 이 위대한 승리는 일본 군국주의의 중국 식민지화 시도를 철저히 분쇄하고, 근대 이후 중국이 외부침략에 맞서 연전연패하던 민족의 치욕을 씻어주었습니다. 항일전쟁 승리 이후 중국은 세계에서 대국 지위를 다시 확립하고, 중국 인민들은 세계 평화를 사랑하는 사람들로부터 존경을 받게 되었습니다. 또한 중화민족의 위대한 부흥이라는 밝은 미래를 개척하게 되었으며, 중국의 봉황이 불태워져 다시 태어날 수 있는 새로운 여정을 시작했습니다.

항일전쟁에서 중국 인민은 거대한 민족의 희생으로 제2차 세계대전의 동양 주전장을 지탱하는 큰 기여를 했습니다. 또한 이 전쟁은 국제사회로부터 커다란 지지를 얻었습니다. 중국 인민은 각국 인민의 공헌을 영원히 기억할 것입니다!

신사 숙녀 여러분, 동료 여러분, 친구 여러분!

전쟁을 겪어본 사람들은 평화의 소중함을 더 잘 압니다. 우리가 중국 인민의 항일전쟁과 제2차 세계대전 승리 70주년을 기념하는 것은 역사를 기억하고, 선열들을 추모하며, 평화를 소중히 여기고, 미래를 개척하기 위함입니다.

항일전쟁의 불길은 아시아, 유럽, 아프리카, 오세아니아에까지 확산되었으며, 군대와 민중을 포함한 사상자가 1억 명을 넘었습니다. 그 중에는 중국인이 3,500여 만 명, 소련인이 2,700여 만 명이 포함됩니다. 역사적 비극의 재발을 막는 것은 인류의 자유와 정의, 평화를 위해 희생된 영혼, 학살당한 무고한 망령에 대한 우리의 가장 좋은 기념입니다.

전쟁은 사람들에게 평화의 소중함을 더 잘 알려주는 거울입니다. 오늘날 평화와 발전은 시대적 주제가 되었지만, 세상은 여전히 평화롭지 못합니다. 전쟁의 다모클레스 칼(Sword of Damokles)은 여전히 인류의 머리 위에 걸려 있습니다. 우리는 역사를 교훈 삼아 평화를 수호하는 결의를 굳건히 해야 합니다.

평화를 유지하기 위해 우리는 인류운명공동체 의식을 확고히 수립해야 합니다. 편견과 차별, 증오와 전쟁은 재앙과 고통만 가져올 뿐입니다. 서로를 존중하고, 평등하게 지내며, 평화적으로 발전하고, 함께 번영하는 것이야말로 인류가 걸어가야 하는 올바른 길입니다. 세계 각국은 유엔헌장의 취지와 원칙을 핵심으로 하는 국제질서와 국제 시스템을 공동으로 유지하고, 협력과 상생을 핵심으로 하는 신형 국제관계를 적극적으로 구축하며, 세계 평화와 발전을 위한 숭고한 사명을 함께 추진해야 합니다.

평화를 유지하기 위해 중국은 시종일관 평화적 발전 노선을 견지할 것입니다. 중화민족은 예로부터 평화를 선호해왔습니다. 어디까지 발전하든 중국은 결코 패권을 행사하지 않을 것이며 확장하지 않을 것이며, 자신이 겪었던 비참한 경험을 다른 민족에게 강요하지 않을 것입니다. 중국 인민은 전 세계 인민과 우호적으로 지내며 중국 인민 항일전쟁과 제2차 세계대전 승리의 성과를 단호하게 수호하며 인류에 새롭고 더 큰 공헌을 하기 위해 노력할 것입니다.

중국인민해방군은 인민의 자식으로, 전군 장병들은 인민을 위해 성심성의껏 봉사하는 근본 취지를 명심하고, 조국의 안전과 인민의 평화로운 삶을 수호하는 신성한 의무를 성실히 수행하며, 세계 평화를 유지하는 신성한 사명을 성실히 이행할 것입니다. 저는 중국이 앞으로 30만 명의 군인을 감축할 것을 선언합니다.

신사 숙녀 여러분, 동료 여러분, 친구 여러분!

무슨 일이든 처음에는 누구나 노력하지만, 끝까지 관철해내는 사람은 적습니다(靡不有初, 鮮克有終.). 중화민족의 위대한 부흥을 이루기 위해서는 세대를 거치며 계속된 노력이 필요합니다. 중화민족은 5천여 년의 역사를 가진 찬란한 문명을 창조했으며, 더 찬란한 내일을 만들어나갈 수 있을 것입니다.

이 과정에서 전국 여러 민족 인민은 중국공산당의 지도 아래에서 마르크스-레닌주의, 마오쩌둥 사상, 덩샤오핑 이론, '3개 대표'의 중요 사상, '과학발전관'을 지도 사상으로 하며, 중국 특색 사회주의 노선을 따라, '4개 전면(四個全面)' 전략 구도에 근거하여, 위대한 애국주의 정신을 고취하고, 위대한 항일전쟁 정신을 발휘하며, 만민이 한마음으로, 비바람이 몰아치더라도 우리가 설정한 목표를 향해 힘차게 나아가야 합니다!

정의는 반드시 승리할 것이고, 평화는 반드시 승리할 것이며, 인민은 반드시 승리할 것이라는 역사가 보여주는 위대한 진리를 기억해야 합니다!

# 워싱턴 현지 정부와 미국 우호단체 합동 환영 연회(美國友好團體聯合歡迎宴會)에서의 연설

●● 2015년 9월 22일 ●●

존경하는 키신저(Henry Kissinger) 박사님,

존경하는 인즐리(Jay Robert Inslee) 주지사님, 프리츠커(Penny Pritzker) 장관님, 머리 (Ed Murry) 시장님,

존경하는 힐스(希爾斯主席) 주석님, 필츠(菲爾茨主席) 주석님,

신사 숙녀 여러분, 친구 여러분:

안녕하세요! 키신저 박사님의 소개에 감사드립니다. 항상 참신한 관점을 제시하시는 키신저 박사님의 소개로 저도 새로운 시각을 얻게 되었습니다. 워싱턴주와 시애틀은 이번 국빈 방문의 첫 번째 목적지로 이곳에서 친구 분들과 만나게 되어 대단히 기쁩니다. 먼저, 이 자리에 계신 여러분과 미국 국민에게, 진심 어린 안부와 따뜻한 축원을 전합니다!

저에게 워싱턴주와 시애틀은 낯설지 않습니다. 흔히 워싱턴주는 '늘 푸른 주', 시애틀은 '에메랄드 도시'라고 불립니다. 이곳에는 웅장하고 우뚝 솟은 레이니어산(Rainier Mount)과 비늘 모양의 눈부신 물결이 출렁이는 워싱턴호(Lake Washington)가 있습니다. 영화 '시애틀의 잠 못 이루는 밤(Sleepless in Seattle)'으로 시애틀은 중국인들 사이에서 큰 인기를 끌고 있습니다. 현재 워싱턴주의 대중국 수출은 미국 내 1위이며, 중국은 시애틀항의 최대 무역 파트너가 되었습니다. 워싱턴주와 시애틀은 중미 인민의 우정과 호혜협력의 중요한 상징이 되었습니다.

여러 사람이 힘을 합쳐 땔감을 모아 태우면 불꽃이 거세어집니다. 중미 관계의 발전은 양국의 정부, 지방단체, 우호단체, 그리고 각계 인사들의 노고와 적극적인 참여 없이는 이루어질 수 없습니다. 특히 미중관계전국위원회(National Committee on United States-China Relations), 미중무역전국위원회(US-China Business Council), 미중정책기금회(The U.S.-China Policy Foundation), 미국상공회(AmCham China-American Chamber of Commerce in China), 미국중국총상회(China General Chamber of Commerce-U.S.A.), 백인위원회(Committee of 100), 화미협진사(China Institute in America), 대외관계위원회(Councilon Foreign Relations), 아시아 소사이어티(Asia Society), 브루킹스연구소(Brookings Institution) 등 우호 단체와 많은 우호 인사들이 양국의 우호 협력을 촉진시키기 위해 오랜 기간 헌신해왔습니다. 중미 관계의 지속적인 발전은 모두의 피와 땀으로 얻어진 결과입니다. 이 자리를 빌려 중미 우호 사업에 힘써온 모든 지방정부, 사회단체, 대학 및 싱크탱크 그리고 각계 인사들에게 진심으로 경의와 감사를 표합니다!

신사 숙녀 여러분, 친구 여러분!

신중국 건국 이후, 특히 개혁개방 이후, 중국은 매우 특별한 여정을 거쳤고, 우리 세대의 중국인들은 이를 몸소 체험해왔습니다.

1960년대 말에 겨우 10대였던 저는 베이징에서 중국 산시성(陕西省) 옌안시(延安市)의 량자허(梁家河)라는 작은 마을의 생산대(生産隊)에 들어가 7년을 보냈습니다. 그 당시에 저와 마을 사람들은 모두 흙집에서 살며, 흙으로 만든 온돌에서 잤습니다. 매우 가난했던 마을 사람들은 몇 달 동안

고기 한 점 먹지 못하는 경우가 많았습니다. 저는 그들이 가장 필요로 하는 것을 잘 알고 있었습니다! 그 후 저는 마을의 당지부서기가 되어 마을 사람들과 함께 생산을 발전시켰습니다. 저는 인민들이 무엇을 원하는지 알고 있었습니다. 제가 갈망했던 것 중 하나는 마을 사람들이 고기를 한 끼 배불리 먹을 수 있고, 자주 고기를 먹을 수 있는 것이었습니다. 그러나 그 소원은 당시에는 이루기가 매우 어려웠습니다.

이번 설에 저는 그 마을을 다시 찾았습니다. 량자허는 아스팔트 도로가 건설되었고, 마을 사람들은 벽돌집에서 살고 있었으며, 인터넷을 사용했고, 의료 보험 혜택을 받고 있었습니다. 노인들은 기본적인 노후를 보장받고 있었고, 아이들은 양호한 교육을 받을 수 있었습니다. 물론 이제는 고기를 먹는 것도 문제가 되지 않았습니다. 이러한 변화를 통해 '중국의 꿈'은 인민의 꿈이며, 성공을 위해서는 더 나은 삶에 대한 중국 인민의 열망과 결합되어야 한다는 사실을 더욱 깊이 깨달았습니다.

량자허 마을의 변화는 개혁개방 이후 중국사회 발전의 한 측면을 보여줍니다. 우리는 30여 년간의 노력으로 중국의 경제 총량을 세계 2위로 끌어올렸으며, 13억 이상의 인구가 물질적인 어려움에서 벗어나 샤오캉 수준에 이르렀습니다. 중국인들의 삶에 큰 변화가 일어났으며, 이는 인류문명의 큰 발전이고, 세계 평화와 발전에 중요한 공헌을 한 것입니다.

한편 중국이 여전히 세계에서 가장 큰 개발도상국이라는 사실을 잘 알고 있습니다. 중국의 1인당 국내총생산은 세계 평균 총생산의 3분의 2에 그치며, 미국의 7분의 1 수준에 불과하며, 세계 순위에서는 80위 내외에 위치하고 있습니다. 중국의 기준에 따르면 빈곤층 인구는 약 7천만 명에 이르며, 세계은행의 기준에 따르면 중국에는 아직 약 2억 명의 사람들이 빈곤선 아래에 살고 있습니다. 중국 도시·농촌의 최저생활보장제도 실행 대상 인구는 약 7천만 명이며, 추가로 약 8천 5백만 명의 장애인이 있습니다. 지난

2년 동안, 저는 중국의 다양한 빈곤 지역을 방문하여 많은 가난한 가정을 찾았습니다. 행복한 삶을 갈망하는 그들의 눈빛은 여전히 제 마음에 깊이 남아 있습니다.

이러한 사실은 중국인들이 더 나은 삶을 살기 위해서는 계속해서 열심히 노력해야 함을 잘 보여줍니다. 발전은 여전히 현대 중국의 최우선 과제이며, 중국 지도자들의 주요 임무는 인민의 삶의 수준을 높이고, 점진적으로 공동 부유를 실현하는 데 집중하는 것입니다. 이를 위해 우리는 2022년까지 국내총생산과 도시·농촌 주민의 1인당 소득을 2010년의 2배로 늘려 전면적인 샤오캉사회를 건설하며, 금세기 중반까지 부강하고 민주적이고 문명하고 조화로운 사회주의 현대화 국가를 건설하여 중화민족의 위대한 부흥을 실현하는 '두 개의 100년'이라는 목표를 제시했습니다. 우리가 현재 추진하고 있는 모든 것은 이 목표를 실현하기 위한 것입니다. 전면적인 샤오캉사회를 건설하기 위해서는 개혁을 전면적으로 심화하고, 법치를 철저히 실시하며, 엄격히 당을 다스려야 합니다. 이것이 바로 우리가 제시한 '4개 전면' 전략적 구도입니다.

여러분 모두 중국의 발전 방향과 정책에 대해 관심이 많습니다. 여기서 몇 가지 주요 문제에 대해 의견을 나누고자 합니다.

— 중국 경제는 안정적이고 빠른 속도로 발전할 것입니다. 중국의 경제 운영은 여전히 합리적인 범위 내에서 유지되고 있으며, 올해 상반기 중국의 경제 성장률은 7%로 여전히 세계 선두에 있습니다. 세계경제가 전반적으로 복잡하고 변화를 거듭하고 있는 현 상황에서 이러한 성장률을 유지한다는 것은 쉽지 않습니다. 현재 각국의 경제도 어느 정도의 하향 압력에 직면하고 있지만, 이는 전진하는 과정에서의 일시적인 문제입니다. 우리는 안정적으로 성장할 수 있도록 개혁을 촉진시키고, 구조를 조정하고, 민생을 이롭

게 하고, 위험을 예방하고, 거시적 조절을 강화하고 혁신하여, 중고속 경제 성장을 유지할 것입니다. 현재 중국의 신형 산업화, 정보화, 도시화, 농업 현대화가 계속되고 있으며, 주민 저축률이 높고, 소비 잠재력이 크며, 인민들은 열심히 일하고 있으며, 중산층의 비중이 높아지고 있으며, 서비스 산업의 발전 잠재력이 크며, 시장 공간과 잠재력이 큽니다. 앞으로 중국은 경제 발전의 질과 효율성을 향상시키는 데 더 많은 관심을 기울이고, 경제 발전 방식의 전환을 가속화하며, 경제구조를 조정하며, 혁신 주도에 더욱 중점을 두고, 소비 촉진에 더욱 중점을 두며, 경제 발전의 불균형, 부조화, 불 지속성 문제를 해결하는 데 더 많은 관심을 기울여, 중국 경제가 화려하게 부활하여 강력한 발전 동력을 유지하도록 할 것입니다.

최근에 중국 주식시장이 이례적인 동요를 보이면서 많은 관심을 받았습니다. 주식시장의 변동에는 고유한 운영 규칙이 있습니다. 정부의 책임은 개방적이고 공정하며 공평한 시장 질서를 유지하고 대규모 공황을 방지하는 것입니다. 중국 정부는 이번 주식시장 동요를 안정시키기 위한 조치를 취하여 주식시장의 공포심을 억제하고 시스템적인 위험을 피했습니다. 성숙한 주식시장을 가진 다른 국가에서도 비슷한 접근 방식이 채택되었습니다. 중국 주식시장은 이미 자가 복구 및 자가 조절 단계에 접어들었습니다. 8월 11일, 중국은 위안화 환율 중심가격표시체제를 완벽하게 개선했으며, 환율 결정에 대한 시장의 역할을 강화했습니다. 현재 위안화 환율 편차 보정은 이미 초창기 성과를 거두었습니다. 국제 및 국내 경제 ·금융 상황으로 볼 때, 위안화 환율이 계속해서 하락할 기초가 없습니다. 우리는 시장 수급이 환율을 결정하는 개혁 방향을 유지할 것이며, 위안화의 양방향 변동을 허용할 것입니다. 또한, 화폐 경쟁적 평가절하 및 화폐전쟁을 반대하며, 수출 촉진을 위해 위안화 환율을 인위적으로 낮추지 않을 것입니다. 자본시장을 발전시키고 위안화 환율 시장가격 결정 체제를 개선하는 것은 중국의 개혁 방향입니다. 이번 주식 및 외환시장의 변동으로 인해 이 방향이 바뀌지 않을 것입니다.

— 중국 발전의 근본적인 해법은 개혁에 있습니다. 우리의 개혁 목표는 국가 관리 시스템과 관리 능력의 현대화를 촉진시켜 시장이 자원 배분에서 결정적인 역할을 발휘하고 정부의 역할을 더 효과적으로 수행하도록 하여 사회주의 시장경제·민주정치·선진문화·화합사회·생태문명의 발전을 가속화하는 것입니다. 2013년에 개최된 중국공산당 제18기 중앙위원회 3중전회에서는 개혁을 전면적으로 심화시키는 데에 관한 총괄적인 방안을 수립했으며, 330여 가지 개혁 조치를 제안했습니다. 2014년에는 우리가 설정한 80가지 핵심 개혁 과제가 기본적으로 완료되었습니다. 올해 상반기에는 우리가 70여 가지 중요한 개혁 방안을 발표했으며, 그 효과는 점차 시각화될 것입니다. 개혁의 어려운 순간에서 용감한 자가 승리합니다. 우리는 위험을 감수하고, 단호하게 개혁을 추진해나갈 것입니다. 우리는 시장경제개혁 방향을 확고히 견지하고, 시장, 재정, 재정, 금융, 투자·자금조달, 가격, 대외개방, 민생 등 분야에서 강력하고 실질적인 개혁 방안을 계속 발표할 것입니다.

— 중국은 개방의 문을 영원히 닫지 않을 것입니다. 대외개방은 중국의 기본 국가 정책입니다. 중국은 외자 활용 정책을 변함없이 추진하며, 외국인 투자 기업의 정당한 권익을 보호하고, 각국의 기업을 위해 더 나은 서비스를 제공할 것입니다. 중국은 비차별적인 국제 비즈니스 관행을 존중하고, 국민 대우와 같은 세계무역기구(World Trade Organization) 원칙을 준수하며, 외국인 투자 기업을 포함한 모든 시장 주체를 공정하고 공평하게 대할 것입니다. 또한 중국은 다국적 기업이 중국 기업과 다양한 형태로 협력을 추진하는 것을 환영합니다. 우리는 외국 투자자의 합리적인 입장을 적시에 해결하고, 합법적 권익을 보호하며, 개방적이고 투명한 법률·정책 시스템과 효율적인 행정 서비스, 평등한 경쟁환경을 조성할 것입니다. 특히 지

식재산권을 보호하여 미국을 비롯한 세계 각국과의 협력을 위한 보다 넓은 공간을 열어가겠습니다.

— 중국은 의법치국(依法治國)을 기본 전략으로 채택하고 있습니다. '법은 다스림의 시작입니다(法者, 治之端也). 전면적인 의법치국은 의법치국, 의법집권, 의법행정의 공동 추진을 견지하고, 법치국가, 법치정부, 법치사회의 통합 건설을 견지하며, 사법의 공신력을 지속적으로 향상시키고, 인권을 실질적으로 존중하고 보장하는 것입니다. 중국은 입법, 법집행, 사법 등 분야에서 외국 기관과 기업을 공정하게 대할 것입니다. 법치 문제에 대해 미국 측과 교류하고 서로 배우고, 함께 개선하고자 합니다.

중국은 사이버 안보를 엄격히 유지하는 국가입니다. 또한 중국 역시 해커 공격의 피해를 입는 국가 중 하나입니다. 중국 정부는 어떤 형태의 상업 비밀 도용 행위에도 개입하지 않으며, 그러한 행위를 격려하거나, 지지하지 않습니다. 인터넷을 통한 비즈니스 비밀 유출이나, 정부 네트워크에 대한 해킹은 모두 불법적인 범죄 행위로 간주되며, 법과 관련 국제 협약에 따라 처벌되어야 합니다. 국제사회는 상호 존중과 신뢰를 기반으로 한 평화·안전·개방·협력적인 사이버 공간을 함께 구축해야 합니다. 중국은 미국과 함께 사이버 범죄에 대응하기 위한 고위급대화 체제를 구축하고자 합니다.

중국은 해외 비영리 기구의 긍정적인 역할을 인정하며, 이러한 기구의 활동이 중국 인민에게 이로울 경우에는 그들의 활동을 제한하거나 금지하지 않을 뿐만 아니라, 법적으로 보호하고, 중국 내에서의 합법적인 권리를 보장할 것입니다. 해외 비영리 기구는 중국 내에서 활동할 때 중국 법을 준수해야 합니다.

— 중은 반부패투쟁(反腐敗鬥爭)을 계속 추진할 것입니다. 저는 "망치로 쇠를 두들길 때 망치 자체가 반드시 쇠보다 더 단단해야 한다(打鐵還需自身硬)"고 말했습니다. 여기서 말하는 망치를 잡는 사람이 바로 중국공산당

입니다. 중국공산당의 근본적인 취지는 전심전력으로 인민을 위해 봉사하는 것입니다. 중국공산당에는 8천 7백만 명의 당원이 있으며, 당 내에는 여러 가지 문제가 있을 수밖에 없습니다. 만약 우리가 존재하는 문제를 해결하지 못하고 그대로 방치한다면, 인민들은 우리를 믿고 지지하지 않을 것입니다. 그러므로, 우리는 나라를 다스리려면 먼저 당을 다스리고, 당을 다스리려면 엄격해야 한다고 강조합니다. 최근 몇 년간, 우리는 부패 사건을 강력하게 조사하고 처리했습니다. '호랑이'와 '파리'를 함께 때려야 한다고 주장한 것은 바로 인민의 요구에 부응하기 위한 것입니다. 이 과정에서 권력투쟁이나, '하우스 오부 카드(紙牌屋)'는 없었습니다. 중국은 국제사회와 함께 부패 척결을 적극적으로 추진하고자 합니다. 중국인들은 부패한 사람들이 해외에서 '범죄자 천국'을 만들지 못하도록 이 분야에서 미국의 지원과 협력을 받고자 합니다.

— 중국은 평화적 발전 노선을 견지할 것입니다. 우리는 방금 중국 인민 항일전쟁 승리 및 제2차 세계대전 승리 70주년을 기념했습니다. 역사가 우리에게 준 중요한 교훈은 평화적 발전은 인류의 올바른 길이며, 무력 침략을 통해 강권과 패권을 얻으려는 모든 시도는 역사의 흐름에 역행하는 것이며, 결국 실패한다는 것입니다. 중국인들은 2,000여 년 전에 "나라가 비록 강해도 전쟁을 좋아하면 반드시 망한다"는 이치를 깨달았습니다. 중국은 지금까지 방어적 국방정책과 적극적인 방어적 군사 전략을 채택해왔습니다. 저는 여기에서 재차 강조하고자 합니다. 어디까지 발전하든, 중국은 영원히 패권을 주장하지 않을 것이며, 영원히 확장하지 않을 것입니다. 중국이 평화적 발전을 추구하는 결단을 보이기 위해 저는 최근 중국이 30만 명의 군인을 감축할 것이라고 발표했습니다. 우리는 모든 나라와 함께 협력윈윈을 핵심으로 하는 신형 국제관계를 구축하고, 대립을 협력으로 대체하고, 독점을 상생으로 대체하며, 건설적인 동반자 관계의 새로운 방향을 제시하고,

공동 발전의 새로운 전망을 열어나가며, 공유형 안보의 새로운 국면을 조성하고자 합니다.

중국은 현재 국제 시스템의 참가자, 건설자, 기여자입니다. 우리는 유엔헌장의 취지와 원칙을 핵심으로 하는 국제질서와 국제 시스템을 단호히 수호합니다. 세계의 많은 국가, 특히 대다수의 개발도상국은 국제 시스템이 보다 공정하고 합리적인 방향으로 발전하기를 희망합니다. 이는 기존의 시스템을 복구하거나, 다시 만들거나 하는 뜻하는 것이 아니라, 시대에 발맞추어 발전시키고 개혁·개선해야 한다는 뜻입니다. 이것은 세계 각국과 전 인류의 공동 이익에 부합합니다.

중국은 국제사회의 지지를 받아 발전했으며, 중국 또한 세계 발전에 기여해야 합니다. 우리는 '일대일'로 건설, 실크로드 기금 설립, 아시아인프라투자은행 설립 등을 추진하고 있습니다. 그 목적은 정치적 세력권을 구축하기 위함이 아니라, 각국의 공동 발전을 지원하기 위함입니다. '일대일로'는 개방과 포용의 원칙을 기반으로 합니다. 우리는 미국을 포함한 세계 각국과 국제기구가 동참하는 것을 환영합니다. 우리가 아시아-태평양 지역 경제 통합 프로세스를 적극적으로 추진하고, 아시아-태평양 지역의 자유무역지대를 구축하는 것은 자유롭고 개방적이며, 편리하고 빠르며, 역동적인 아시아-태평양 지역의 발전 공간을 조성하기 위함입니다. 우리가 공동·종합·협력·지속 가능한 안보관을 수립하고자 하는 것은 지역 및 국제사회와 함께 아시아-태평양 지역의 평화와 안전을 유지하기 위함입니다.

신사 숙녀 여러분, 친구 여러분!

2013년에 저는 오바마 대통령님과 서니랜드(Sunnylands)에서 회동하여 중미 신형대국관계를 구축하기 위해 함께 노력하자는 데 중요한 합의를 이루었습니다. 이는 양측이 역사적 경험을 촉매로, 중미 양국의 국정과 세계

대세를 고려하여 함께 내린 중대한 전략적 결정입니다.

지난 2년 동안, 양측은 합의에 따라 각 분야에서의 조정과 협력을 지속적으로 진전시켜 왔으며 중요한 발전을 이루어왔습니다. 우리는 국제 금융위기의 영향에 대응하여 세계경제 회복을 촉진시키기 위해 함께 노력을 기울여 왔습니다. 또한 각 분야에서의 실질적인 교류와 협력을 더욱 심화시켜 양국 국민에게 현실적인 이익을 가져다주었습니다. 작년에는 양국 간 교역액, 양방향 투자 재고, 인적교류가 사상 최고치를 기록했습니다. 그리고 이란(Iran) 핵, 북핵, 남수단(South Sudan), 아프가니스탄(Afghanistan), 중동(Middle East) 등 국제·지역적 이슈와 에볼라 바이러스(Ebola virus) 대응, 테러리즘과 같은 전 세계적 문제에 대한 긴밀한 소통과 협력을 유지해왔습니다. "복숭아(桃)와 오얏(李)은 꽃이 곱고 열매가 맛있어 오라고 하지 않아도 찾아오는 사람이 많아 그 나무 밑에는 길이 저절로 생깁니다(桃李不言, 下自成蹊)." 태평양을 횡단한 풍성한 성과는 중미 관계발전의 역동성과 엄청난 잠재력을 강력히 보여주고 있습니다.

새로운 시작점에서 중미 신형대국관계를 어떻게 추진할지, 양국이 어떻게 손을 잡고 협력하여 세계 평화와 발전을 촉진시킬 것인지에 대한 답은 중미 신형대국관계의 올바른 방향을 구축하고 차근차근 나아가는 것입니다. 중국의 고대 선인들은 "과거, 미래, 평소에 일어나는 일을 검토하여 결정할 수 있다(度之往事, 驗之來事, 參之平素, 可則決之.)"라고 했습니다. 그 중에서도 특히 몇 가지를 잘해야 한다고 생각합니다.

첫째로는, 서로의 전략적 의도를 정확하게 이해해야 할 것입니다. 미국과 함께 신형대국관계를 구축하고, 양측이 충돌하지 않고 대결하지 않으며, 상호 존중하고, 협력윈윈하는 것은 중국 외교정책의 최우선 방향입니다. 중미 양국은 서로의 전략적 방향과 발전 노선을 심층적으로 이해하고, 상호 간의 이해를 증진하며, 장벽을 줄이며, 신뢰를 강화하며, 의혹을 해소하여 전략적인 오해를 사전에 방지해야 합니다. 또한, 사실에 기반하여 판단하고, 세 사람이 호랑이가 되는 것을 방지하며, 이웃을 의심하지 않고, 상대를 편향된 시각으로 바라보지 않아야 합니다. 세상에는 '투키디데스 함정(Thucydides's trap)' 같은 것은 없었지만, 대국 간에 전략적인 오해가 반복되면 스스로가 '투키디데스 함정'에 빠질 수 있습니다.

둘째로는, 협력윈윈의 원칙을 확고히 추진해야 할 것입니다. 협력은 이익을 실현하는 유일한 올바른 선택입니다. 협력을 이루기 위해서는 상호 이익과 관심사를 고려하여 협력의 최대 공약수를 찾아야 합니다. 중미 양국의 협력이 강화되면 세계 안정을 유지하는 압창석, 세계 평화를 유지하는 부스터가 될 수 있습니다. 중미 양국의 갈등과 대립은 두 나라와 세계에 재앙을 초래할 것입니다. 중국과 미국은 협력 가능한 분야가 매우 다양합니다. 글로벌 거버넌스 시스템의 개선을 촉진시키고, 세계경제의 안정적인 성장을 공동으로 촉진시키며, 세계 금융시장의 안정을 공동으로 유지해야 합니다. 또한, 가능한 한 빨리 양측의 균형을 확보할 수 있는 높은 수준의 양자 투자협정을 체결하고, 중미 신형 군사관계 구축을 심화하며, 청정에너지 및 환경보호 분야에서의 실질적인 협력을 확대하고, 법집행과 반부패, 보건, 지방단체 등 분야에서의 교류와 협력을 강화하여 인프라 건설 측면의 협력 잠재력을 발굴해야 합니다. 그리고 유엔, 아시아태평양경제협력체, G20과 같은 다자간 기구와 국제·지역 문제, 세계적 도전에 대한 소통과 협력을 더욱 강화하여 세계 평화·안정·번영을 유지하고 촉진시키는 데 더 큰 기여를 해야 합니다.

셋째로는, 의견 차이를 적절하고 효과적으로 관리해야 할 것입니다. "해와 달은 빛이 다르고 낮과 밤이 따로 있습니다(日月不同光, 晝夜各有宜.)." 차이가 있기에 세상은 다채롭고, 차이가 있기에 닮은 것을 모아 다른 것을 조화시켜야 합니다. 모순은 보편적으로 존재하며, 순수하고 순수한 세계는 존재하지 않습니다. 중미 양국이 일부 문제에 대해 서로 다른 견해와 이견을 보이는 것은 불가피하지만, 관건은 어떻게 관리하느냐에 있습니다. 가장 중요한 것은 상호 존중하고, 서로 다른 점을 인정하면서 공동의 이익을 추구하면서 건설적인 방법을 채택하여 이해를 증진하고 합의를 확대하며 모순점을 협력점으로 전환하기 위해 노력해야 한다는 것입니다.

넷째로는, 인민 간의 우정을 깊이 다져야 합니다. 국가 간 관계는 근본적으로 국민 간의 관계입니다. 중미 양국은 물리적으로 멀리 떨어져 있지만, 양국 국민의 우호적인 교류는 오랜 역사를 가지고 있습니다. 230여 년 전에는 미국의 상선 '중국 황후 호(Empress of China)'가 바다를 건너 중국으로 최초 항해를 시작했으며, 150년 전에는 수많은 중국 노동자들이 미국 국민과 함께 태평양을 가로지르는 미국 태평양 철도를 건설했습니다. 또한, 70년 전에 중미 양국은 제2차 세계대전의 동맹국으로 함께 싸워 세계 평화와 정의를 수호했습니다. 그 전쟁에서 수많은 미국 장병들이 중국 국민의 정의로운 사업에 귀중한 생명을 바쳤습니다. 우리는 자유와 독립을 위해 침략에 맞서 싸우고 있는 중국 인민에게 보내준 미국 국민의 도덕적 지원과 귀중한 원조를 잊지 않을 것입니다.

중국 인민은 미국 인민의 진취 정신과 창조 정신을 줄곧 존경해왔습니다. 청년 시절에 저는 『연방주의자 논집(Federalist Papers)』, 토머스 페인(Thomas Paine) 『상식(Common Sense)』 등을 읽었고, 워싱턴(George Washington), 링컨(Abraham Lincoln), 루스벨트(Franklin Delano Roosevelt) 등 미국 정치인들의 생애와 사상을 알아가는 것을 즐겼습니다. 그리고 소로(Henry David Thoreau), 휘트먼(Walt Whitman), 마크 트웨인(Mark Twain), 잭 런던(Jack London) 등의 작품도 읽었습니다. 헤밍웨이(Ernest Hemingway)의 『노인과 바다(The Old Man and the Sea)』는 광풍과 폭우, 거친 파도와 작은 배, 노인과 상어에 대한 묘사가 인상적이었습니다. 처음으로 쿠바에 갔을 때, 헤밍웨이가 『노인과 바다』를 썼던 잔교 옆에 특별히 찾아갔습니다. 두 번째로 쿠바에 갔을 때는 헤밍웨이가 자주 갔던 바를 찾아 그가 즐겨 마셨던 럼주에 민트 잎과 얼음을 넣은 술을 주문했습니다. 헤밍웨이가 그런 이야기를 쓸 때의 정신세계와 현장 분위기를 경험해보고 싶었던 것입니다. 우리는 서로 다른 문화와 문명에 대해 깊이 이해해야 한다고 생각합니다.

한자에서 '人(인)'이라는 글자는 서로 받쳐주는 모양을 하고 있습니다. 중미 간의 친선은 국민 간의 우정에 기반을 두고 있으며, 희망은 청년들에게 있습니다. 이 자리를 빌려 앞으로 3년 동안 중미 양국이 5만 명의 유학생을 상대국에 파견하고, 중미 양국이 2016년에 '중미 관광의 해'를 개최할 것을 선언합니다. 중국은 양국 국민의 우호적인 왕래를 위해 더욱 편리한 조건을 만들어갈 것입니다.

신사 숙녀 여러분, 친구 여러분!

키신저 박사님은 그의 저서 『세계질서(World Order)』에서 "각 세대를 평가할 때, 그들이 인간 사회의 가장 거대하고 중요한 문제를 직시하고 있는지를 봐야 한다"고 했으며, 마틴 루터 킹(Martin Luther King, Jr) 선생은 "옳은 일은 언제나 할 수 있다(做對的事, 任何時機都是好時機)"라고 했습니다. 오늘, 우리는 다시 한 번 역사적인 중요한 순간에 서 있습니다. 우리는 함께 손을 잡고, 중미 관계의 더욱 밝은 미래를 만들기 위해 노력하고, 중미 양국 국민과 세계 각국 인민의 행복을 위해 더욱 큰 기여를 하기 위해 노력해야 합니다!

감사합니다.

# 백안관 남쪽 잔디밭 환영식에서의 축사

●● 2015년 9월 25일 ●●

존경하는 오바마 대통령님과 미셸(Michelle Obama) 여사님,

신사 숙녀 여러분, 친구 여러분:

아름다운 황금 가을에 저와 저의 부인은 기쁨 가득한 마음으로 아름다운 워싱턴에 오게 되었습니다. 먼저, 오바마 대통령님의 열렬한 초대와 따뜻한 환대에 감사드립니다. 이 자리를 빌려 13억 중국 인민의 진심 어린 인사와 뜻깊은 축원을 미국 국민 여러분께 전합니다!

중국과 미국은 모두 위대한 나라이며, 중국인과 미국인은 모두 위대한 국민입니다. 36년 전 중미 양국이 외교관계를 수립한 이래, 양국 간의 관계는 항상 돌풍을 몰고 파도를 헤치며 역사적인 진전을 이루어왔습니다.

2013년 여름 저는 오바마 대통령님과 함께 서니랜드에서 중미 신형 대국 관계 구축을 위한 전략적 결정을 내렸습니다. 그 이후 약 2년간 양국 간의 각 분야 교류와 협력은 중요한 진전을 이루었으며, 두 나라 국민과 세계 국민들로부터 환영받았습니다.

중미 양국의 협력은 시너지효과를 가져올 수 있습니다. 새로운 상황에서 양국 관계를 발전시키기 위해서는 유연하게 대응하고, 시대적 흐름을 따라야 합니다. 이번 미국 방문은 평화와 협력을 위해 이루어졌으며, 우리는 미국과 함께 노력하여 중미 관계를 더욱 발전시켜 양국 국민과 세계 국민에게 더 큰 행복을 가져다줄 것입니다.

— 양국은 신형 대국관계 구축의 올바른 방향을 견지해야 합니다. 평화·존중·협력을 항상 중미 관계의 주축으로 삼으며, 양국 관계가 건전하고 안정된 궤도에서 계속해서 발전하도록 해야 합니다.

— 양국은 전략적 상호 신뢰를 강화해야 합니다. 상호 이해를 증진하며, 서로의 이익과 관심사를 존중하고 넓은 마음으로 이견과 차이를 대하며, 우호와 협력에 대한 양국 국민의 믿음을 확고히 해야 합니다.

— 양국은 호혜윈윈을 지향한 협력 이념을 견지해야 합니다. 협력의 방식을 혁신하고 범위를 넓혀 구체적인 행동과 협력을 통해 얻은 성과로 양국 인민과 세계 인민에게 더 많은 이익을 가져다주어야 합니다.

— 양국은 국민 간의 친선을 계속해서 강화해야 합니다. 민간교류를 추진하고, 사회 각계각층이 같은 목표를 향해 나아가도록 하여 중미 관계의 사회적 기반을 끊임없이 다져야 합니다.

— 양국은 세계 평화와 발전을 끊임없이 추진해야 합니다. 주요 국제 및 지역 문제에 대한 조정을 강화하며, 함께 글로벌 도전에 대응하며, 각국 인민과 힘을 합쳐 더 나은 세계를 건설하기 위해 노력해야 합니다.

30년 전에 제가 처음으로 미국에 갔을 때 아이오와주(Iowa) 머스카틴(Muscatine County)에 있는 어느 평범한 가정집에서 함께 살았습니다. 열정적이고 우호적이며 마음으로 대해주던 그들의 모습, 따뜻한 대화를 나누며 헤어질 때 서로를 껴안던 장면을 잊을 수 없습니다. 3년 전에 머스카틴으로 돌아와서 옛 친구들을 다시 만났습니다. 그들은 우정은 대사(大事)라고 말했습니다. 옛 친구들, 그리고 많은 미국인 친구들로부터, 저는 중국과 미국 양국 인민들의 진심 어린 감정을 진정으로 느꼈고, 이로 인해 중미 관계의 미래에 대해 충분한 확신을 갖게 되었습니다.

신사 숙녀 여러분, 친구 여러분!

성공은 개인의 노력에 달려 있습니다. 중미 관계는 21세기의 새로운 역사적 시작점에 서 있습니다. 협력윈윈은 중미 관계발전의 유일한 올바른 선택입니다. 확고한 신념을 갖고 함께 협력하여 중미 관계의 새로운 장을 쓰도록 합시다!

# 영원한 공동 발전을 도모하고 협력윈윈하는 동반자가 되자[42)]

●● 2015년 9월 26일 ●●

사무총장님, 동료 여러분:

오늘 정상회의에 참석하게 되어 대단히 기쁩니다. 유엔 창설 70주년을 맞아 각국 지도자들이 뉴욕에 모여 발전 큰 그림을 논의하는 것은 중요한 의미를 지닙니다.

각국 국민에게 발전은 생존과 희망을 의미하며, 존엄과 권리를 상징합니다. 바로 이러한 소망으로 15년 전에 우리는 새천년개발목표(Millennium Development Goals)를 수립하여 수억 명의 사람들이 더 나은 삶을 살 수 있기를 희망했습니다.

지난 시간을 돌아보면, 우리는 세계경제의 지속적인 성장을 경험했지만, 국제 금융위기의 심각한 충격을 겪었으며, 개발도상국의 부상을 목격했지만, 남북의 불균형한 발전의 현실에 직면해 있으며, 11억의 사람들이 빈곤에서 벗어나는 것을 보면서 감격스러워했지만, 8억이 넘는 사람들이 여전히 굶주리고 있다는 사실에 깊은 우려를 표하기도 했습니다.

---

42) 시진핑 동지가 미국 뉴욕 유엔 본부에서 열린 유엔발전정상회의(the UN Development Summit)에서 한 연설이다.

세계를 둘러보면 평화와 발전은 여전히 시대의 두 가지 주요 주제입니다. 최근 유럽에서 발생한 난민 위기를 포함한 다양한 세계적 도전들을 잘 해결해나가려면 평화와 발전을 도모하는 것이 근본적인 탈출구입니다. 거듭되는 도전과 난관에 직면하여 우리는 발전의 열쇠를 움켜쥐어야 합니다. 발전해야만 갈등의 근원을 없앨 수 있습니다. 오직 발전해야만 인민의 기본 권리를 보호할 수 있습니다. 발전해야만 더 나은 삶에 대한 사람들의 열망을 충족시킬 수 있습니다.

사무총장님, 동료 여러분!

이번 정상회의에서 채택된 2015년 이후의 개발어젠다는 세계 발전에 대한 새로운 비전을 제시하고 국제적 발전과 협력에 새로운 기회를 제공해주었습니다. 우리는 이를 새로운 시작점으로 삼아 공평하고, 개방적이며, 포괄적이고, 혁신적인 발전 노선을 함께 걸어나가야 하며, 각국의 공동 발전을 실현하기 위해 노력해야 합니다.

— 공평한 발전을 위해 노력하여 발전의 기회를 더욱 균등하게 해야 합니다. 모든 국가는 글로벌 발전의 참여자, 기여자, 수혜자가 되어야 합니다. 특정 국가나 지역만이 발전하는 것은 바람직하지 않습니다. 또한, 각국의 능력과 수준이 다르기 때문에 동일한 목표 아래에서, 공통적이면서도 다양한 책임을 지도록 해야 합니다. 그리고 세계경제 거버넌스를 개선하여 개발도상국의 대표성과 발언권을 강화함으로써 모든 국가가 규칙 제정에 평등하게 참여할 권리를 부여해야 합니다.

— 개방적인 발전을 견지하여 발전성과가 각국에 이익을 가져다주도록 해야 합니다. 경제 글로벌화 시대에, 각국은 문을 열고 건설에 전념해야 하며, 생산요소가 전 세계적으로 자유롭고 편리하게 이동하도록 해야 합니다.

각국은 다자간 무역 시스템을 공동으로 유지하고, 개방형 경제를 구축하여 공동 협상·공동건설·공동 향유를 실현해야 합니다. 서로의 발전 노선을 존중하고, 발전 경험을 서로 참고하며, 상이한 발전모델이 성공적인 결과를 이룰 수 있도록 하고, 발전 성과를 각국 국민이 함께 누릴 수 있도록 해야 합니다.

— 전면적인 발전을 추진하여 발전 기반을 튼튼히 다져야 합니다. 발전의 궁극적인 목적은 인민을 위한 것입니다. 빈곤을 퇴치하고, 민생을 보호하면서, 사회적 공평과 정의를 수호하고, 모든 사람이 발전의 기회를 얻고 발전의 성과를 누릴 수 있도록 보장해야 합니다. 경제, 사회, 환경의 조화로운 발전을 실현하고, 인간과 사회, 인간과 자연이 조화롭게 공존할 수 있도록 노력해야 합니다.

— 혁신적인 발전을 촉진시켜 발전 잠재력을 충분히 발휘토록 해야 합니다. 혁신은 생명력을 가져다주고, 발전에 원동력을 제공합니다. 발전 과정에서 나타나는 문제는 발전을 통해서만이 해결할 수 있습니다. 각국은 개혁과 혁신을 통해 발전 잠재력을 자극하고, 성장 동력을 강화하며, 새로운 핵심 경쟁력을 육성해야 합니다.

사무총장님, 동료 여러분!

2015년 이후 개발어젠다는 높은 수준의 과제이자 묵직한 서약서입니다. "일이 착실하게 이루어지고 실행 효과가 좋은지 아닌지 관건은 실행하는 데 있습니다(一分部署, 九分落實)." 국제사회가 협력을 강화하고, 2015년 이후 개발어젠다를 공동으로 이행하며, 협력윈윈을 위해 노력할 것을 제안합니다.

첫째, 각국의 발전 능력을 증진해야 합니다. 발전은 결국 본국의 노력에 달려 있습니다. 중국인들은 "배고픔을 헤아려 양만큼 먹고, 몸을 헤아려 필요한 만큼 옷을 입는다(量腹而受, 量身而衣.)”고 말합니다. 각국은 고유의 특징에 근거하여 자국의 국정에 맞는 발전 전략을 제정해야 할 것입니다. 국제사회는 개발도상국의 역량 강화를 도와주고, 그들의 실제 수요에 따라 맞춤형 지원과 도움을 제공해야 합니다.

둘째, 국제 발전 환경을 개선해야 합니다. 평화와 발전은 상호 보완적인 관계에 있습니다. 각국은 공동으로 세계 평화를 유지해야 하며, 이를 통해 발전을 촉진시키고, 발전을 통해 평화를 견고하게 해야 합니다. 발전을 위해서는 양호한 외부 제도 환경도 필요합니다. 국제금융기구는 거버넌스 개혁을 가속화하며, 다자간 개발 기구는 발전에 필요한 자원을 늘려야 합니다.

셋째, 파트너십을 최적화하고 발전시켜야 합니다. 선진국은 적시에 약속을 이행하고 의무를 수행하며, 국제사회는 남북협력의 주요 채널 위치를 견지하고, 남남협력과 3자 협력을 강화하며, 민간 부문과 같은 이해 관계자가 파트너십에서 더 큰 역할을 발휘할 수 있도록 지원해야 합니다.

넷째, 조정 메커니즘을 개선하고 강화해야 합니다. 각국은 거시경제정책 조정을 강화하여 부정적인 파급효과를 피해야 합니다. 지역적 기구는 지역 일체화를 가속화하고 역내 국가들이 장점으로 단점을 보완하면서 전반적인 경쟁력을 향상시켜야 합니다. 이 과정에서 유엔은 계속해서 지도적 역할을 해야 합니다.

사무총장님, 동료 여러분!

개혁개방 30여 년 동안 중국은 자국 상황을 고려하여 중국 특색의 발전 방향을 선택했습니다. 중국은 새천년개발목표를 기본적으로 실현했으며, 빈곤 인구가 4억 3,900만이 감소했으며, 교육, 보건, 여성 등 분야에서 주목할 만한 성과를 거두었습니다. 중국의 발전은 13억이 넘는 중국 인민의 복지를 향상시키는 데 그치지 않고, 세계 발전을 강력히 촉진했습니다.

60여 년 동안 중국은 국제적 발전·협력에 적극적으로 참여하여 166개 국가와 국제기구에 4000억 위안에 가까운 경제적 지원, 60여만 명의 인력 지원을 제공했습니다. 지원 인력 중 700여 명의 우리 아들딸이 다른 나라의 발전을 위해 귀중한 생명을 바쳤습니다.

앞으로, 중국은 계속해서 도의·정의와 이익의 균형을 유지하되 도의와 정의를 최우선으로 여기는 원칙을 굳건히 견지할 것입니다. 또한 2015년 이후의 개발어젠다를 실현하기 위해 각국과 함께 노력할 것입니다. 이를 위해 다음과 같이 선언합니다.

— 중국은 '남남협력원조기금(南南合作援助基金)'을 설립할 것입니다. 20억 달러의 1차 지원금을 제공하여, 개발도상국이 2015년 이후 개발어젠다를 실현하는 데 도움을 줄 것입니다.

— 중국은 계속해서 최빈국에 대한 투자를 늘려, 2030년까지 120억 달러에 달하도록 노력할 것입니다.

— 중국은 2015년까지 상환해야 할 최빈국, 내륙개발도상국, 군소도서개발도상국(Small Island Developing States)의 정부 간 무이자 대출 채무를 면제할 것입니다.

— 중국은 국제적 발전을 위한 지식 센터를 설립하여 각국이 자국 상황에 맞는 발전 이론과 발전모델을 연구하고 교류하도록 할 것입니다.

— 중국은 글로벌 에너지 네트워크를 구축을 논의하고 친환경적인 방식으로 세계 전력 수요를 충족시킬 것을 제안합니다.

중국은 관련 국가와 함께 '일대일로' 건설을 계속해서 추진하고, 아시아인프라투자은행과 브릭스신개발은행(New Development Bank)이 조기에 운영되고 역할을 수행하도록 하여 개발도상국의 경제 성장과 민생 개선에 기여할 것입니다.

사무총장님, 동료 여러분!

중국은 2015년 이후 개발어젠다를 중국의 임무로 간주하며, 각국과 단결하고 협력하여 지속적인 세계 발전을 촉진할 것을 정중히 약속드립니다!

감사합니다.

# 협력윈윈의 새로운 동반자를 만들고 한마음 한뜻으로 인류운명공동체를 구축하자[43)]

●● 2015년 9월 28일 ●●

사무총장님, 동료 여러분:

70년 전 우리 선조들은 피로 물들인 투쟁 끝에 제2차 세계대전의 승리를 거두었으며, 인류 역사의 어두운 한 페이지를 넘겼습니다. 이 승리는 쉽게 얻어진 것이 아니었습니다.

70년 전 우리 선조들은 탁월한 식견으로 유엔이라는 가장 보편적이고 대표적이며 권위 있는 국제기구를 설립하여 인류의 새로운 비전을 담아 협력의 새 시대를 열었습니다. 이 창조적인 일은 전례가 없었습니다.

70년 전 우리 선조들은 다양한 지혜를 모아, 유엔헌장을 제정하여 현대 국제질서의 초석을 다지고, 현대 국제관계의 기본 원칙을 확립했습니다. 이러한 성취는 깊은 영향을 미쳤습니다.

사무총장님, 동료 여러분!

9월 3일 중국 인민은 세계 각국과 함께 중국 인민 항일전쟁 및 제2차 세

43) 시진핑 동지가 미국 뉴욕 유엔 본부에서 열린 제70차 유엔 총회(第七十屆聯合國大會) 일반토론에서 한 연설이다.

계대전 승리 70주년을 기념하는 행사를 성대하게 거행했습니다. 동방의 주요 전선으로서 중국은 약 3,500만 명의 희생자를 치르면서 일본 군국주의의 주력에 맞서 국가와 민족의 생존을 지켜냈으며, 유럽과 태평양 전선을 강력하게 지원하여 제2차 세계대전 승리에 역사적인 공헌을 했습니다.

역사는 거울입니다. 역사를 거울로 삼아야만 실패를 되풀이하지 않을 수 있습니다. 역사에 대해서는 경외심을 가져야 하며, 양심을 가져야 합니다. 역사는 바꿀 수 없지만, 미래는 창조할 수 있습니다. 역사를 기억하는 것은 원한을 이어가기 위한 것이 아니라, 함께 교훈으로 삼기 위한 것입니다. 역사를 계승하는 것은 과거를 고민하는 것이 아니라, 미래를 열어 평화의 불씨가 대대로 전해지도록 하는 것입니다.

사무총장님, 동료 여러분!

유엔은 70년의 온갖 시련을 겪으며, 세계 각국이 평화 유지, 국가 건설, 국가 간 협력을 위해 노력하는 모습을 목격했습니다. 새로운 역사적 시작점에서 유엔은 21세기에 세계 평화와 발전이라는 주요 과제를 어떻게 보다 효과적으로 해결할지에 대해 깊이 고민해야 합니다.

세계는 급격히 변화하는 역사적 시기를 맞고 있습니다. 평화, 발전, 진보를 향한 열망은 전쟁, 빈곤, 낙후의 그늘을 밝히기에 충분합니다. 세계의 다극화가 더욱 발전하고 있으며, 신흥시장 국가와 개발도상국의 부상은 막을 수 없는 역사적 흐름이 되었습니다. 경제 글로벌화와 사회 정보화는 사회 생산성을 크게 증가시키고, 전례 없는 발전의 기회를 제공하면서 동시에 신중히 다루어야 할 새로운 위협과 새로운 도전을 던져주었습니다.

"대도가 행해지면 천하가 천하 사람들에 의해 공유됩니다." 평화, 발전, 공평, 정의, 민주, 자유는 인류의 공통적인 가치이자 유엔의 숭고한 목표입니다. 이 목표는 아직 완성되지 않았으며, 우리는 여전히 노력해야 합니다.

오늘날 세계 각국은 서로 의존적인 동반자 관계에 있습니다. 우리는 유엔헌장의 취지와 원칙을 계승하고 널리 알리며, 협력윈윈을 핵심으로 하는 신형 국제관계를 구축하여 인류운명공동체를 만들어나가야 합니다. 이를 위해서는 다음과 같은 노력이 필요합니다.

— 서로 평등하게 대하고 서로 협상하고 이해하는 파트너십을 구축해야 합니다. 유엔헌장은 주권 평등의 원칙을 내포하고 있습니다. 세계의 미래와 운명은 반드시 각국이 공동으로 결정해야 합니다. 국가의 크기, 강약, 빈부와 상관없이 세계 각국은 평등합니다. 이러한 유엔 원칙은 국가의 주권과 영토보전은 침범할 수 없으며, 내정은 간섭할 수 없다는 데에서, 그리고 각국이 사회제도와 발전 노선을 스스로 선택할 수 있는 권리가 보호되어야 한다는 데에서 반영되어야 하며, 경제·사회 발전을 촉진시키고 사람들의 삶을 개선하는 노력이 존중되어야 한다는 데에서 반영되어야 합니다.

우리는 다자주의를 견지하고 일방주의를 주장하지 않으며, 협력 쌍방, 나아가 관련된 모두가, 더 나아가 세계 각국이 함께 이익을 얻을 수 있는 새로운 이념을 견지하고, 내가 이기고, 많이 갖는 낡은 인식을 버려야 합니다. 협상은 민주주의의 중요한 형태로 이는 현대 국제 거버넌스의 중요한 방법이 되어야 합니다. 대화를 통해 분쟁을 해결하고 협상을 통해 의견을 조율해야 합니다. 또한 국제 및 지역 수준에서 글로벌 파트너십을 구축하고 "대립이 아닌 대화, 동맹이 아닌 협력"이라는 새로운 국가 간 교류 방식을 개척해야 합니다. 대국 간의 관계는 충돌, 대결 없이 서로 존중하고 상호 협력적으로 이루어져야 합니다. 대국과 소국 간의 관계에서는 평등하게 대하고 올바른 의리관을 실천하며, 도덕·정의와 이익의 균형을 유지하되, 도덕과 정의를 최우선으로 여겨야 합니다.

— 공정하고 정의로우며 공동 건설·공동 향유의 안보관을 수립해야 합니다. 경제 글로벌화 시대에 각국의 안보는 서로 연관되어 있으며, 서로 영향을 미칩니다. 어느 나라도 혼자 힘으로 절대 안보를 도모할 수 없고, 다른 나라의 불안으로부터 안정을 얻을 수 있는 나라도 없습니다. 약육강식은 정글의 법칙이지 국가 간 관계에서는 통하지 않습니다. 무력을 남용하는 것은 횡포한 방법으로, 자기 발등을 찍을 수밖에 없습니다.

우리는 모든 형태의 냉전적 사고를 버리고 공동·종합·협력·지속 가능한 새로운 안보관을 확립해야 합니다. 우리는 유엔 및 안전보장이사회가 휴전과 평화 유지에서 핵심적인 역할을 발휘하도록 적극적으로 활용하고, 평화적 해결과 강제적 조치를 병행하여 전쟁의 굴레를 평화로 바꾸어야 합니다. 또한, 경제와 사회 분야에서의 국제적 협력을 촉진시키고 전통적 안보위협 및 비전통적 안보위협에 대응하여 전쟁의 재앙을 미리 예방해야 합니다.

— 개방적이고 혁신적이며 호혜적인 발전을 지향해야 합니다. 2008년 국제 금융위기는 우리에게 이익 추구에 눈이 멀면 또 다른 위기를 초래한다는 교훈을 주었습니다. 도덕성이 결여된 시장은 세계의 번영과 발전을 위한 건물을 지탱하기 어렵습니다. 부익부 빈익빈 현상은 지속하기 어려울 뿐만 아니라 이는 공정과 정의에도 위배되는 것입니다. 우리는 '보이지 않는 손'과 '보이는 손'을 잘 활용하여 시장 기능과 정부 역할을 유기적으로 통합하고 상호 촉진하도록 하여, 효율성과 공정성이 유지되는 규범 체계를 구축해야 합니다.

모두가 함께 발전하는 것이 진정한 발전이고 지속 가능한 발전이 좋은 발전입니다. 이 목표를 위해서는 개방적인 정신으로 서로 돕고 호혜적인 원칙을 견지해야 합니다. 오늘날 세계에는 여전히 8억의 사람들이 극도의 빈곤 속에서 살고 있으며, 매년 600만에 가까운 아이들이 5세 이전에 사망하고,

6천만에 가까운 아이들이 교육을 받지 못하고 있습니다. 이제 막 폐막한 유엔 지속 가능한 발전 정상회의는 2015년 이후의 개발어젠다를 제정했습니다. 우리는 약속을 행동으로 전환하여 모두가 빈곤에서 벗어나 발전하고 존엄을 누릴 수 있는 밝은 미래를 함께 만들어나가야 합니다.

— 화이부동, 겸수병축의 문명교류를 촉진시켜야 합니다. 인류문명의 다양성은 세계에 다양한 색채를 부여했습니다. 문명의 다양성은 국가 간의 교류를 촉진시키고, 이러한 교류는 국가 간의 융합을 이루고, 이는 세계의 발전을 가져왔습니다.

문명 간의 교류는 화이부동의 정신이 필요합니다. 오로지 다양성 속에서 서로 존중하고, 배우며, 화합하고 공존할 수 있으며, 이를 통해 세계가 다채롭고 번영해질 수 있습니다. 서로 다른 문명은 각각의 민족의 지혜와 공헌이 담겨 있으며, 문명 간에는 등급이나 우열이 존재하지 않습니다. 문명 간에는 대화를 통해 서로 배우고, 교류하며, 대체해서는 안 됩니다. 인류의 역사는 서로 다른 문명이 교류하고, 서로 배우고, 융합되는 위대한 과정입니다. 우리는 다양한 문명을 존중하고 평등하게 대하며 서로 배우고 수용해야 합니다. 이를 통해 인류문명의 창조적 발전을 촉진시켜야 합니다.

— 자연을 존중하고 녹색발전을 지향하는 생태계를 구축해야 합니다. 인간은 자연을 이용하고 개조할 수는 있지만, 궁극적으로는 자연의 일부로서 자연을 보호하고 존중해야 합니다. 우리는 산업 문명이 가져온 모순을 해결하고 인간과 자연의 조화로운 공존을 목표로 세계의 지속 가능한 발전과 인간의 종합적 발전을 실현해야 합니다.

생태문명 건설은 인류의 미래와 관련된 문제입니다. 국제사회는 함께 협력하여 글로벌 생태문명 건설을 위한 길을 모색하며, 자연을 존중하고 순응하며 보호하는 의식을 확고히 확립해야 합니다. 또한 녹색·저탄소·순환·지속 가능한 발전을 견지해야 합니다. 이와 관련하여 중국은 자신의 역할을 계속해서 이행할 것입니다. 동시에 선진국에 역사적 책임을 다해 온실가스 배출 약속을 이행하도록 촉구하고, 개발도상국이 기후변화에 대응하고 적응할 수 있도록 도와야 합니다.

사무총장님, 그리고 동료 여러분!

13억이 넘는 중국 인민은 중화민족의 위대한 부흥이라는 '중국의 꿈'을 실현하기 위해 분투하고 있습니다. 중국 인민의 꿈은 각국 인민의 꿈과 밀접하게 연결되어 있습니다. '중국의 꿈'의 실현은 평화로운 국제 환경, 안정적인 국제질서, 그리고 각국 인민의 이해, 지지, 도움이 필요합니다. 중국 인민이 꿈을 이루면, 세계 각국에 더 많은 기회를 제공하고, 세계 평화와 발전을 더욱 촉진케 할 것입니다.

중국은 언제나 세계 평화의 건설자가 될 것이며, 평화적 발전 노선을 확고히 견지할 것입니다. 국제정세가 어떻게 변하든, 자신이 어떻게 발전하든, 중국은 절대 패권을 추구하거나, 확장하거나, 세력범위를 추구하지 않을 것입니다.

중국은 언제나 글로벌 안보 유지를 위해 노력하고, 공동 발전의 길을 견지하고, 호혜윈윈의 개방 전략을 채택할 것입니다. 중국은 자신의 발전 경험과 기회를 세계 각국과 공유하며, 각국이 중국 발전의 열차에 탑승하여 함께 공동 발전을 실현하는 것을 환영합니다.

중국은 언제나 국제질서의 수호자가 될 것이며, 협력적 발전을 추진할 것입니다. 유엔헌장에 가장 먼저 서명한 국가인 중국은 유엔헌장의 취지와 원칙을 핵심으로 하는 국제질서와 시스템을 계속해서 지킬 것입니다. 중국은 계속해서 개발도상국과 함께 국제 거버넌스 시스템에서의 개발도상국 특히 아프리카 국가의 대표성과 발언권 강화를 확고히 지지할 것입니다. 유엔에서 중국의 한 표는 영원히 개발도상국을 위한 것입니다.

여기에서 저는 중국이 10억 달러의 중국-유엔 평화·발전 기금을 10년 동안 설립하고 지원할 것을 선언합니다. 이를 통해 유엔 사무를 지원하고 다국적 사무를 촉진시킴으로써 세계 평화와 발전에 기여할 것입니다. 또한, 중국이 새로운 유엔 평화유지능력 대기체제에 가입하고, 이를 위해 상비 성건제평화유지군(成建制維和警隊)을 창설하고, 8천명 규모의 평화유지군을 건설하기로 선언합니다. 그리고 앞으로 5년 안에 아프리카연합(African Union)에 총 1억 달러의 무상 군사원조를 제공하여 아프리카 상비군과 위기 대응을 위한 기동타격대(Quick Reaction Force) 건설을 지원할 것을 선언합니다.

사무총장님, 동료 여러분!

유엔이 또 하나의 10년을 맞을 즈음에, 우리는 더욱 긴밀하게 단결하여 협력윈윈의 새로운 동반자 관계를 구축하여 한마음으로 인류운명공동체를 만들어나갑시다. 전쟁을 종식시키고 민생에 힘쓰며, 발전과 번영, 공정과 정의의 이념을 실현하도록 노력합시다!

감사합니다.

# 공동 협상·공동 건설·공동 향유를 강조하는 글로벌 거버넌스 이념을 널리 보급하자[44)]

●● 2015년 10월 12일 ●●

우리가 글로벌 거버넌스에 참여하는 근본적인 목적은 '두 개의 100년'이라는 목표를 달성하고 중화민족의 위대한 부흥이라는 '중국의 꿈'을 실현하기 위한 것입니다. 시대의 흐름을 파악하고, 기회를 포착하며, 도전에 적절하게 대응하고, 국내와 국외의 상황을 종합적으로 통괄하여 글로벌 거버넌스 시스템이 공정하고 합리적인 방향으로 발전하도록 촉진시킴으로써 중국의 발전과 세계 평화에 더 유리한 조건을 조성해야 합니다.

글로벌 거버넌스 시스템의 변화가 역사적 전환점에 머물러 있다는 것이 국제사회의 일반적인 관점입니다. 신흥시장 국가와 많은 개발도상국이 급속한 발전을 이루어 그 국제 영향력이 지속적으로 강화되고 있습니다. 이는 근대 이후 국제사회 세력구도의 가장 혁명적인 변화입니다. 수백 년 동안 열강들은 전쟁, 식민지화, 세력권 분할 등을 통해 이익과 패권을 경쟁해왔으며, 제도적으로 관계와 이익을 조율하는 식으로 각국을 지배해왔습니다. 오늘날 세계적인 문제는 각국이 공동으로 논의하여 결정해야 합니다. 국제

44) 이는 시진핑 동지가 중국공산당 제18기 중앙정치국 제27차 집단학습을 주재하면서 한 연설의 요지이다.

기구가 설립되고, 국제규칙을 준수해야 하며, 다수의 국가들은 국제적 정의를 실현하기 위해 합의했습니다. 경제 글로벌화의 발전은 세계 각국의 이익과 운명을 더욱 긴밀하게 연결하여 네 속에 내가 있고 내 속에 네가 있는 이익공동체를 형성했습니다. 많은 문제는 더이상 한 나라의 내부 문제에 국한되지 않으며, 많은 도전은 더 이상 한 나라의 노력만으로는 대응할 수 없으며, 세계적인 도전에는 각국의 협력이 필요합니다.

세계적인 도전이 증가함에 따라, 글로벌 거버넌스를 강화하고 글로벌 거버넌스 시스템을 개혁하는 것이 대세가 되었습니다. 이는 다양한 글로벌 도전에 대응하고, 국제질서와 국제 시스템의 규칙과 방향을 제시하는 문제일 뿐만 아니라, 발전의 고지를 놓고 경쟁하고, 국제질서와 국제 시스템의 장기적인 제도적 배치와 그 안에서의 각국의 역할에 관련된 문제입니다. 우리는 '일대일로' 이니셔티브 제안하고, 협력윈윈을 핵심으로 하는 신형 국제관계를 구축하며, 올바른 의리관을 수립하고, 인류운명공동체를 구축하는 등 이념과 조치를 제안했습니다. 이는 시대의 흐름에 부응하며, 각국의 이익과 부합하며, 중국과 각국의 이익을 결합하는 지점을 더욱 강화했습니다.

오늘날 세계에서 벌어지고 있는 온갖 대립과 불공정은 유엔헌장의 취지와 원칙이 시대에 뒤떨어져서가 아니라, 바로 그 취지와 원칙이 제대로 지켜지지 않고 있기 때문입니다. 우리는 유엔헌장의 취지와 원칙을 핵심으로 하는 국제질서와 국제 시스템을 단호히 유지하고 강화하며, 제2차 세계대전 승리의 성과를 보존하며, 개방형 세계경제체제를 적극적으로 유지하고, 보호무역주의에 반대하는 입장을 분명히 해야 합니다. 우리는 우리의 국가 상황을 출발점으로 삼아야 하며 개발도상국이라는 입장을 인식하고 중국과 개발도상국의 이익을 연결하며 각국의 권리와 의무의 균형을 유지해야 합니다. 세계가 우리의 발전에 대한 중요성, 국제사회가 우리에 대한 기대치를 모두 고려해야 합니다.

글로벌 거버넌스 시스템의 불공정함과 불합리함을 바꾸고 국제통화기금, 세계은행 등 국제 경제·금융기구가 국제 구도의 변화를 효과적으로 반영하도록 촉진시켜야 하며, 특히 신흥시장 국가 및 개발도상국의 대표성과 발언권을 강화하여 국제 경제적 협력에서 평등한 권리와 기회를 누리고, 규칙의 적용 대상이 되도록 하며, 글로벌 거버넌스 규칙의 민주화와 법치화를 촉진시켜 글로벌 거버넌스 시스템이 다수 국가의 의지와 이익을 보다 균형 있게 반영하도록 노력해야 합니다. 국제 경제·금융, 신흥 분야, 주변 지역 간 협력 등 분야에서의 새로운 체제와 규칙의 구축, 지역 간 협력 체제 구축을 추진하고 주변 지역 간 협력을 강화하여 자원·에너지 안보, 식량 안보, 인터넷 안보, 기후변화 대응, 테러리즘 방지, 중대한 전염병 퇴치 등 세계적인 도전에 대한 국제사회의 대응 능력을 강화해야 합니다.

글로벌 거버넌스 시스템의 변화는 정확한 이념의 지도 아래에서만이 완성될 수 있는 것입니다. 보다 공정하고 합리적인 글로벌 거버넌스 시스템은 인류의 다양한 문명 성과를 기반으로 이루어질 수 있습니다. 글로벌 거버넌스 이념의 혁신과 발전을 촉진시키고, 중국문화에서의 긍정적인 처세 지도·거버넌스 이념과 현시대의 공감대를 적극적으로 발견하며, 인류운명공동체 구축 등 관점을 계속해서 보완하고, 공동 협상·공동건설·공동 향유를 강조하는 글로벌 거버넌스 이념을 널리 보급해야 합니다. 또한, 역량 강화와 전략적 투자를 강화하고, 글로벌 거버넌스에 대한 이론적 연구를 강화하며, 글로벌 거버넌스 인재 양성을 중시해야 합니다.

# 함께 빈곤을 퇴치하고 공동 발전을 촉진케 하자[45)]

●● 2015년 10월 16일 ●●

존경하는 데비(إدريس ديبي) 대통령님,

존경하는 키타로비치(Kolinda Grabar-Kitarovic) 대통령님,

존경하는 훈센 총리님,

존경하는 파니(Pany Yathotu) 주석님,

존경하는 가르시아(Garcia) 부통령님,

존경하는 클라크(Helen Elizabeth Clark) 총재님,

존경하는 천펑푸전(陳馮富珍) 사무총장님,

존경하는 카마트(President Kamat) 은행장님,

존경하는 진리췬(金立群) 차기 은행장님,

존경하는 사절 여러분, 내외 귀빈 여러분,

신사 숙녀 여러분, 친구 여러분:

빈곤 퇴치는 예로부터 인류가 꿈꿔온 이상이며, 행복한 삶을 추구하기 위한 각국 인민의 기본 권리입니다. 제2차 세계대전이 끝난 이후, 빈곤 퇴치는

45) 이는 시진핑 동지가 베이징에서 개최한 '2015 빈곤 퇴치 및 발전 고위급 포럼'에서 한 기조연설이다.

시종 많은 개발도상국이 직면한 중요한 문제였습니다.

2000년에 열린 유엔 밀레니엄 정상회의(United Nations Millennium Summit)에서 각국 지도자들은 빈곤 퇴치를 주요 목표로 하는 새천년개발목표를 채택했습니다. 그 이후 각국은 새천년개발목표 달성을 위한 행동을 취하여 끊임없는 노력을 해왔습니다. 올해까지 전 세계는 빈곤 퇴치, 교육 대중화, 말라리아·결핵과 같은 전염병 예방과 치료, 깨끗한 식수 공급, 빈민굴 주거 조건 개선 등 분야에서 긍정적인 진전을 이루었습니다. 특히 빈곤 퇴치 목표는 기본적으로 완료되어 전 세계적으로 큰 성과를 거두었습니다.

지난달 유엔 지속 가능한 발전 정상회의에서 빈곤 퇴치를 최우선 목표로 하는 2015년 이후 개발어젠다를 채택함으로써 빈곤 퇴치를 위한 국제사회의 의지와 자신감을 다시 한 번 세계에 보여주었습니다.

다양한 이유로 빈부 격차와 남북 격차가 확대되고 있으며 빈곤과 함께 굶주림, 질병, 사회적 갈등 등 일련의 문제는 여전히 많은 개발도상국을 힘들게 하고 있습니다. "발이 찬바람을 맞으면 심장이 상하고, 백성이 가난하면 나라가 위험해집니다(足寒傷心, 民寒傷國.)." 11억의 인구가 빈곤에서 벗어나 기쁘지만, 8억의 인구가 여전히 굶주리고 있어 걱정이 큽니다. 세계 빈곤 퇴치 목표를 달성하려면 여전히 임무가 막중합니다.

오늘 우리가 베이징에 모인 것은 빈곤 퇴치와 발전을 이루기 위해 교류와 협력을 강화하고 서로 배우고 경험을 공유하며 2015년 후 개발어젠다를 적극적으로 추진할 것이라는 사실을 세계에 보여주기 위한 것입니다.

신사 숙녀 여러분, 친구 여러분!

중국은 세계 최대의 개발도상국이며 언제나 세계 빈곤 퇴치 사업의 적극적인 옹호자이자 강력한 추진자입니다. 개혁개방 30여 년 동안 중국인들은 적극적으로 탐색하고 분투하여 중국 특색의 빈곤 퇴치 방법을 찾았습니다.

우리는 개혁개방을 견지하고 경제의 빠른 성장을 유지하면서 빈곤 지역과 빈곤 인구의 발전에 도움이 되는 정책을 지속적으로 만들어 대규모의 빈곤 퇴치를 위한 토대와 조건을 마련했습니다. 우리는 정부 주도로 빈곤 퇴치를 국가 전체 발전 전략에 포함시켜 대규모의 빈곤 퇴치 전문 활동을 수행하며 특정 집단을 대상으로 여성·어린이, 장애인, 소수민족 발전계획을 시행해왔습니다. 우리는 개발식 빈곤 퇴치 정책을 견지하고, 발전을 빈곤 퇴치의 기본 방법으로 삼으며, 빈곤 퇴치 대상에 대한 열정을 동원하는 한편, 자기개발능력을 향상시켜 인민이 주체적 역할을 수행하도록 도왔습니다. 우리는 사회 전체 구성원의 참여를 지속적으로 동원하고, 중국의 제도적 장점을 최대한 발휘하여 정부, 사회, 시장이 빈곤 퇴치 사업에 함께하는 구도를 구축함으로써 지역 간, 부서와 부문 간의 연대를 강화하여 전체 사회적 구성원이 참여하는 다원적 주체의 빈곤 퇴치 시스템을 형성했습니다. 우리는 포용정책과 특혜정책을 결합하여 「국가 87 빈곤 구체 공격 계획(1993~2000년)(國家八七扶貧攻堅計劃 1993~2000年)」, 「중국 농촌 빈곤 구제 개발 강요(2011~2000년)(中國農村扶貧開發綱要 2011~2000年)」, 「중국 농촌 빈곤 구제 개발 강요(2011~2020년)(中國農村扶貧開發綱要 2011~2020年)」를 시행하고 농촌, 농업, 농민에 대한 우대정책을 확대하고 빈곤층에 대한 우대정책을 시행하여 최대한 구제하고 최대한 보호해왔습니다.

중국 정부, 사회 각층, 빈곤 지역의 간부와 대중의 공동 노력과 국제사회의 적극적인 도움에 힘입어 6억이 넘는 중국인이 빈곤에서 벗어났습니다. 2015년, 유엔 밀레니엄 새천년 개발목표는 중국에서 기본적으로 실현되었습니다. 중국은 세계 최초로 밀레니엄 새천년개발 목표 중 빈곤 퇴치 목표를 달성한 개발도상국이며, 세계 빈곤 퇴치 사업에 크게 기여했습니다.

수십 년 동안의 빈곤 퇴치 사업을 통해 저는 깊은 깨달음을 얻었습니다. 1960년대 말, 16살도 안 된 저는 베이징에서 산시성(陝西省) 북부의 작은 마을에 농민으로 가게 되었고 그 곳에서 7년을 보내게 되었는데 당시 중국 농촌의 빈곤 상황은 저에게 뼈저린 기억을 남겼습니다. 저는 마을 사람들과 힘들게 일하면서 삶을 좀 나아지게 하려 했으나, 그러한 바람은 하늘의 별 따기처럼 어려웠습니다. 40여 년 동안 저는 중국의 현, 시, 성 그리고 중앙 정부에서 근무한 바가 있습니다 . 빈곤 구제는 항상 업무의 중요한 내용이었고 가장 많은 시간과 노력을 들였던 부분입니다 . 저는 산시, 간쑤(甘肅), 닝샤(寧夏), 구이저우(貴州), 윈난(雲南), 광시(廣西), 티베트, 신장(新疆) 등 지역을 비롯한 중국에서 가장 가난한 지역의 대부분을 방문했습니다. 지난 2년 동안 저는 십여 개의 빈곤 지역을 찾아 마을 사람들의 집에 가서 그들과 이야기를 나누었습니다. 그들의 삶은 어려웠고, 그로 인해 저는 가슴을 졸였습니다. 그들의 생활이 조금 나아질 때마다 저는 기뻤습니다.

25년 전, 저는 중국 푸젠성(福建省) 닝더(寧德) 지역에서 일했습니다. 저는 "국가를 위해 선행하는 자는 백성을 자기 자식처럼 대한다. 그들의 굶주림과 추위를 듣고 애처롭게 여기며, 그들의 수고와 고생을 보며 슬퍼한다(善爲國者, 遇民如父母之愛子, 兄之愛弟, 聞其饑寒爲之哀, 見其勞苦爲之悲.)"는 중국 고대 선인의 말이 기억납니다. 이 말은 지금도 제 마음속에 남아 있습니다.

신사 숙녀 여러분, 친구 여러분!

현재 중국인들은 전면적인 샤오캉사회 건설과 중화민족의 위대한 부흥이라는 '중국의 꿈'을 실현하기 위해 노력하고 있습니다. 전면적으로 샤오캉사회를 건설하고 '중국의 꿈'을 실현하는 것은 바로 인민을 행복하게 하는 것입니다. 중국이 주목할 만한 성과를 거두었지만 여전히 세계에서 가장 큰 개발도상국이며, 도시와 농촌 간의 격차를 줄이는 것은 여전히 우리가 직면한 주요 과제입니다. 전면적인 샤오캉은 모든 중국 인민의 샤오캉이며, 누구도 낙오해서는 안 됩니다. 앞으로 5년 동안 우리는 현재 중국의 기준으로 7천여 만의 빈곤 인구를 빈곤에서 벗어나게 할 것입니다. 이는 중국이 2015년 이후 개발어젠다를 실현하는 중요한 단계입니다.

이 어려운 싸움에서 승리하기 위해 우리는 빈곤 구제 개발을 경제·사회 발전계획의 주요 내용으로 삼고 빈곤 구제에 대한 투자를 크게 늘리고 빈곤 지역과 빈곤층에 더 많은 혜택을 주는 정책과 조치를 도입하고 시장 체제의 빈곤자부양(益貧性) 기능을 강화하고 포괄적인 경제·사회 발전을 촉진시키고, 특정 대상을 위한 중대한 발전 조치를 시행해야 합니다.

현재 중국이 빈곤 구제 작업에서 취한 중요한 조치는 정확한 빈곤 구제(精准扶貧方略) 전략을 실시하여 빈곤의 근본을 찾아 적절한 약을 처방하고 표적 치료를 시행하는 것입니다. 중국의 제도적 장점을 발휘하여 성, 시, 현, 향, 촌 등 5개 행정구역의 빈곤 구제 작업을 통합하고 행정구역별 책임제도를 만들어 각자 관리하는 모델을 구축한 것입니다. 그리고 구제 대상, 프로젝트 배정, 자금 사용, 가구별 조치 시행, 마을별 인원 파견, 빈곤 퇴치 효과, 빈곤 구제 대상별 정책 실시 등 6가지 정확성에 중점을 두었으며, 지역·원인·유형별 정책을 실시하고 생산과 취업, 타 지역으로의 이사, 생태보호, 교육 실시, 최저 생활 보장 제도 도입 등 조치를 시행했습니다. 또한 사회적으로 널리 동원하여 다양한 형태로 빈곤 구제 작업에 참여하도록 지원하고 장려했습니다.

"사람에게 물고기를 주는 것은 그에게 물고기 잡는 방법을 가르쳐주는 것만 못합니다. 가난에서 벗어나려면 반드시 지혜가 도와야 합니다. 빈곤지역의 아이들이 좋은 교육을 받을 수 있도록 하는 것은 빈곤 구제 개발의 중요한 과제이자, 빈곤의 세대 간 확산을 차단하는 중요한 방법입니다. 빈곤 지역의 아이들이 모두 좋은 교육을 받아 다른 지역 아이들과 같은 출발선에

서서 더 나은 삶을 향해 힘차게 달릴 수 있도록 일련의 조치를 취하고 있습니다.

신사 숙녀 여러분, 친구 여러분!

빈곤 퇴치는 인류의 공통된 사명입니다. 중국은 빈곤 퇴치를 위해 노력하는 한편, 남남협력을 적극적으로 추진하고 다른 개발도상국에 정치적 조건 없이 지원을 제공하며 개발도상국, 특히 최빈국의 빈곤 퇴치를 돕고 지원하고 있습니다. 60여 년 동안 중국은 166개 국가와 국제기구에 4000억 위안에 가까운 경제적 지원, 60여 만 명의 인력 지원을 제공했습니다. 지원 인력 중 700여 명의 우리 아들딸이 다른 나라의 발전을 위해 귀중한 생명을 바쳤습니다. 그리고 일곱 차례에 걸쳐 과다채무빈국(Heavily Indebted Poor Countries)과 최빈국의 만기 정부 무이자 대출을 면제하겠다고 선언했습니다. 또한 아시아, 아프리카, 라틴아메리카 및 카리브해 지역, 오세아니아의 69개 국가에 의료 지원을 적극적으로 제공하고 120여 개의 개발도상국이 새천년개발목표를 달성하도록 도움을 주었습니다.

빈곤 퇴치는 여전히 오늘날 세계가 직면한 가장 큰 글로벌 과제입니다. 앞으로 15년은 중국과 기타 개발도상국 모두에게 중요한 발전 시기입니다. 이 과정에서 서로 공감대를 형성하고, 어려움 속에서 일심협력하고, 어려움을 극복하고, 협력윈윈을 위해 노력하여 인류운명 공동체 구축을 촉진케 함으로써 각국 인민에게 더 많은 행복을 가져다주어야 합니다. 이를 위해 저는 다음과 같은 제안을 말씀드리고자 합니다.

첫째, 전 세계 빈곤 퇴치를 가속화하는 데 중점을 두어야 합니다. 앞으로 15년 이내에 극도의 빈곤을 퇴치하여 하루 소득이 1.25달러 미만인 빈곤 인구를 0으로 줄이는 것이 2015년 이후 개발어젠다의 최우선 목표입니다. 이 목표를 예정대로 달성하려면 선진국은 개발도상국에 대한 지원을 확대하고, 개발도상국은 내생적 발전 동력을 강화해야 합니다. 얼마 전에 열린 몇 차례의 유엔급 정상회의에서 저는 중국 정부를 대표하여 중국은 '남남협력 지원 기금'을 설립하여 20억 달러의 1차 지원금을 제공하여, 개발도상국이 2015년 이후 개발어젠다를 실현하는 데 도움을 줄 것이며, 계속해서 최빈국에 대한 투자를 늘려, 2030년까지 120억 달러에 달하도록 노력할 것이며, 2015년까지 상환해야 할 최빈국, 내륙개발도상국, 군소도서개발도상국의 정부 간 무이자 대출 채무를 면제할 것이며, 앞으로 5년 동안 개발도상국에 100개의 빈곤 퇴치 프로젝트, 100개의 농업 협력 프로젝트, 100개의 무역 촉진 원조 프로젝트, 100개의 생태보호 및 기후변화 대응 프로젝트, 100개의 병원과 진료소, 100개의 학교와 양성센터 등 '6개 100(六個一百)'이라는 프로젝트 지원을 제공할 것이며, 개발도상국 국민 12만 명이 중국에서 양성과정을 이수하고, 15만 명이 장학금 혜택을 누릴 수 있도록 하며 개발도상국을 위해 50만 명의 기술인원을 양성하며 남남협력·발전대학을 설립하는 등 개발도상국의 경제 발전과 민생 개선을 돕기 위한 일련의 새로운 조치를 제안했습니다.

어짊과 올바름, 충성과 믿음을 가지고 선을 행하기를 게을리하지 않는(仁義忠信, 樂善不倦) 자세로 중국 인민은 항상 우정, 책임, 신의를 중시해왔으며, 중국 문화는 항상 빈곤 가정과 빈곤 지역을 구제하고 선행에 앞장서며 남을 돕는 우수한 전통을 지니고 있습니다. 전 세계 빈곤 퇴치 사업에 대한 중국의 확고한 약속을 다시 한 번 강조하고 싶습니다.

둘째, 빈곤 퇴치를 위한 발전·협력 강화에 중점을 두어야 합니다. 협력윈윈을 핵심으로 하는 신형 국제 빈곤 퇴치 교류 협력 관계 구축을 촉진시키는 것은 빈곤 퇴치를 위한 중요한 기반입니다. 중국은 다자주의를 옹호하고 실천하며 다자간 문제에 적극적으로 참여하고 유엔과 세계은행이 국제 빈곤 퇴치 사업에서의 중요한 역할을 계속 수행하도록 지지할 것이며, 각국과 함께 글로벌 발전 파트너십을 최적화하고 남북협력을 촉진시키고 남남협력을 강화하며 전 세계 빈곤 퇴치 사업에 충분한 자원과 강력한 동력을 제공할 것이며, 「중국과 아프리카연합 간 빈곤 퇴치 협력 강화 강요(中國與非洲聯盟加強減貧合作綱要)」, 「동아시아 빈곤 퇴치 협력 창의(東亞減貧合作倡議)」를 효과적으로 실행하여 각국의 발전이 각 지역민에게 더 큰 행복을 가져다주도록 할 것입니다. 또한 중국국제빈곤구제센터(中國國際扶貧中心) 등 국제 빈곤 퇴치 교류 플랫폼의 역할을 충분히 발휘하고, 중국의 계획과 지혜를 제안하고 공유하여 개발도상국이 보다 효과적으로 빈곤 퇴치 경험을 공유하도록 추진할 것입니다.

셋째, 다원적이고 자주적이며 지속 가능한 발전을 위해 노력해야 합니다. 중국은 개발도상국의 빈곤 퇴치 사업을 확고히 지원하고, 더 높은 수준에서 지역 간 협력을 깊이 확대해 나가면서 발전 전략을 서로 연결할 것이며, 산업, 농업, 인적자원 개발, 녹색 에너지, 환경보호 등 분야의 실용적인 협력을 촉진케 함으로써 개발도상국이 자원 이점을 발전의 기회로 전환하도록 도울 것입니다. 얼마 전에 유엔에서 남남협력 라운드테이블을 주재하여 20여 명의 국가 지도자 및 국제기구 책임자들과 함께 남남협력의 경험을 교류하고 광범위하고 심도 있는 합의를 이루었습니다. 중국은 개발도상국과 빈곤 퇴치 등 분야의 남남협력을 지속적으로 강화하여 각국 인민에게 더 많은 행복을 가져다줄 것입니다.

넷째, 국제적 발전 환경 개선에 중점을 두어야 합니다. 개방형 세계경제를 유지하고 발전시키며, 공평하고 정의롭고 포용적이며 질서 있는 국제 경제·금융 시스템 구축을 촉진시켜 개발도상국의 발전을 위해 양호한 외부적 환경을 조성하는 것은 빈곤 퇴치를 위한 중요한 전제 조건입니다. 이에 중국은 실크로드 경제벨트와 21세기 해상 실크로드를 공동으로 건설할 것을 제안하고, 아시아인프라투자은행과 실크로드 기금을 설립할 것을 제안했습니다. 이는 개발도상국이 인프라의 호연호통을 실현하여 자체 개발 능력을 향상하도록 도움으로써 글로벌 공급망, 산업 및 가치사슬에 더 효과적으로 참여할 수 있도록 하여 국제 빈곤 퇴치 사업을 위해 새로운 활력을 불어넣기 위한 것입니다.

빈곤 없이 함께 발전하는 인류운명공동체를 건설하기 위해 우리 함께 노력합시다!

이번 포럼의 원만한 성공을 기원합니다!

감사합니다.

# 중국은 책임감이 있는 대국이다[46)]

●● 2015년 10월 21일 ●●

오늘날 세계는 개방과 포용, 다원성과 상호 학습을 지향하는 것이 중요한 주제입니다. 21세기 인류문명의 거대한 공동체 속에서 비록 나라마다 역사, 문화, 사회제도가 다르지만 모두가 조화롭게 살아가며 서로를 동등하게 대하고 서로 존중하고 상호 학습하며 모든 오만과 편견을 버려야 합니다. 그래야만 모든 나라가 함께 발전하고 번영할 수 있습니다.

오늘날 세계에서는 상호 연결과 상호 의존이 큰 흐름입니다. 상품, 자본, 정보, 인재 등의 유동이 많아지면서 가까운 이웃이든 먼 친구이든, 대국과 소국, 선진국과 개발도상국을 막론하고 서로 이해관계가 얽히고 안위를 같이하는 이익공동체, 운명공동체가 되었습니다. 냉전 사고방식과 진영 간의 대립은 더이상 시대의 요구에 부합하지 않습니다.

오늘날 세계는 평화, 발전, 협력, 상생이 주된 주제입니다. 세계경제의 회복 과정은 국제적, 지역적 이슈가 계속해서 나타나는 등 험한 과정을 거치고 있으며, 테러, 사이버 안보, 기후변화, 중대한 전염병 등 글로벌 도전이 여전히 큰 영향을 미치고 있습니다. 전례 없는 도전에 직면하여 어떤 국가도 자신만 생각해서는 안 됩니다. 세계 각국은 책임감 있는 정신으로 함께

46) 시진핑 동지가 영국 시티오브런던(City of London) 시장 만찬에서 한 연설의 일부이다.

협력해야 합니다.

복잡하고 변화무쌍한 세계 상황에서 중국의 발전은 점차 각국의 관심을 받고 있습니다. 한동안 국제적으로 중국을 보는 시선과 평가가 다양했는데 과대·과소평가하거나 부정적으로 평가하는가 하면, 칭찬과 이해와 신뢰를 보여 주기도 하며, 혼란과 의심과 오해를 던지기도 했습니다.

물론 5,000여 년의 문명, 56개 민족, 13억 인구를 가진 대국을 알아 가고 깊이 이해하는 것은 결코 쉬운 일이 아니겠으나, 판단의 가장 좋은 기준은 사실에 근거하는 것입니다. 안개 속에서 꽃을 보는 것이 아니라 물속에서 달을 구경해야 합니다. 저는 여러분이 가장 흥미로워하는 몇 가지 문제에 대하여 이야기를 나누고자 합니다.

첫째, 중국 인민은 역사가 선택한 길을 따르고 있습니다. 길이 운명을 결정합니다. 국가나 민족은 자신의 실정에 맞는 길을 찾아야만 그 발전목표를 이룰 수 있습니다. 개혁개방 이후 37년 동안 중국 경제는 연평균 10%에 가까운 성장을 이루며 세계 2위의 경제 대국이 되었고, 6억이 넘는 사람들이 빈곤에서 벗어났으며, 1인당 국내총생산이 7,000달러를 넘어섰습니다. 선진국이 수백 년에 걸쳐 완성한 성과를 중국은 몇 십 년 만에 이뤄냈습니다. 이는 중국 인민이 올바른 길로 가고 있음을 충분히 보여줍니다.

역사는 현실의 근원입니다. 근대 이후, 중국은 전쟁과 동란으로 고통 받았으며 1세기 넘게 시련을 겪었습니다. 100년 전, 중국 인민은 눈을 뜨고 세계를 바라보기 시작했으며, 국가와 민족을 구하기 위한 길을 모색하기 시작했습니다. 중국 민주주의 혁명의 선구자인 쑨중산 선생은 영국에서 학문을 탐구했습니다. 군주제, 의회제, 대통령제 등 실패를 거듭한 이후, 중국은 결국 사회주의 길을 선택했습니다. 이는 역사의 선택이자 인민의 선택입니다. 영국의 철학자 버트런드 러셀(Bertrand Arthur William Russell)이 말했듯이, "오직 중국인만이 자신을 가장 잘 이해하며", "그들 스스로 천천히 찾아낸 해결책만이 장기적인 대책이 될 수 있습니다.”

중화민족은 언제나 변혁과 혁신을 중시해왔습니다. 중국의 사회주의는 교과서 속의 교리가 아니며, 경직되고 융통성이 없는 규율이 아니라 실천 속에서 지속적으로 발전하고 변화하는 생명체입니다. 우리는 실천 속에서 지속적으로 보완하고 발전 속에서 지속적으로 변혁하면서 중국 특색의 사회주의를 형성하고 발전시켰습니다. 중국 특색의 사회주의는 사회주의 시장경제, 민주주의 정치, 선진적인 문화, 조화로운 사회, 생태문명을 건설하고, 인간의 전면적 발전을 촉진시키며, 사회의 공정과 정의를 촉진시키고, 전체 인민의 공동 부유를 점진적으로 실현하는 것입니다.

“신발이 반드시 같을 필요는 없으나, 발에 맞아야 합니다. 정치가 반드시 같을 필요는 없으나, 백성에게 이로워야 합니다.” 세계에는 모든 곳에 적용될 수 있는 발전모델이 없습니다. 오직 지속적으로 인민에게 이익을 가져다주는 발전모델만이 가장 생명력이 있는 길입니다.

둘째, 중국 인민이 추구하는 것은 더욱 아름다운 삶입니다. 현재, 중국 인민은 중화민족의 위대한 부흥이라는 ‘중국의 꿈’을 실현하기 위해 노력하고 있습니다. 우리는 2020년까지 국내총생산과 도시 및 농촌 주민의 1인당 소득을 2010년의 2배로 늘려 전면적인 샤오캉사회를 실현하며, 21세기 중반에 부유하고 민주적이고 문명하고 조화로운 사회주의 현대화 국가를 건설하는 ‘두 개 100년’이라는 목표를 설정했습니다. 우리는 중국이 여전히 세계에서 가장 큰 개발도상국임을 잘 알고 있습니다. 중국의 기준에 따르면, 아직 7천만의 인구가 빈곤에서 벗어나지 못했고, 유엔의 기준에 따르면, 약 2억의 인구가 빈곤선 이하에서 생활하고 있습니다. 더욱 아름다운 삶을 위해 중국 인민은 여전히 오랜 시간의 노력이 필요합니다.

‘중국의 꿈’은 중국 인민이 추구하는 행복의 꿈이며, 또한 세계 각국 인민의 아름다운 꿈과 밀접하게 연결되어 있습니다. 중국의 발전은 반드시 세계 발전과 함께하며, 세계 각국의 공동 발전에 더 많은 활력을 더해주고 더 많은 기회를 가져다줄 것입니다. 중국은 책임감이 있는 대국으로서, 국제 금융위기를 겪으면서 국제사회와 어려움을 함께하고 세계경제의 회복에 '안정제'와 '엔진'의 역할을 했습니다. 현재, 중국의 경제 성장이 세계경제 성장에 기여하는 비율은 여전히 30%에 가깝습니다. 우리는 신형 산업화, 정보화, 도시화, 농업 현대화를 가속화하고 있으며, 자본시장을 발전시키고, 개방형 경제의 수준을 향상시키고 있습니다. 중국의 수입과 수출, 외국인 투자 유치 및 해외투자는 더욱 균형을 이룰 것입니다. 중국은 혁신 주도 발전 전략을 적극적으로 추진하고 있습니다. 조지프 니덤(Joseph Terence Montgomery Needham)이 그의 대작 『중국과학기술사(中國科技史)』에서 중국 고대 과학기술 발전의 성과를 심도 있게 요약했습니다. 중국은 새로운 과학기술 혁명의 흐름을 따라 일류의 과학기술 성과를 창출하기 위해 노력해야 합니다. 앞으로 5년 동안 중국은 10조 달러가 넘는 상품을 수입하고, 해외투자 규모는 5천억 달러를 초과하며, 5억이 넘는 사람들이 해외로 나가 관광, 쇼핑을 할 것으로 예상됩니다. 이는 세계경제 발전에 의심할 여지 없이 큰 호재로 작용할 것입니다. 중국은 영국을 포함한 국제사회와 함께, 실질적인 행동으로 더 많은 잠재력을 발휘하고 더 나은 발전을 이룰 것입니다.

셋째, 중국 인민이 바라는 것은 평화롭고 발전하는 세계입니다. 이화위귀, 화이부동, 협화만방 등 이념은 중국에서 대대로 전해져왔으며, 평화의 유전자는 중화민족의 정신세계에 깊이 뿌리박혀 있습니다. 근대 이후, 중국 인민은 많은 고난을 겪었기 때문에 평화를 더욱 소중히 여기며, 발전을 중요시하기 때문에 평화를 더욱 필요로 하며, 아름다운 미래를 기대하기 때문에 평화를 더욱 아끼고 있습니다. 중국은 평화적 발전 노선을 견지하며, "국강필패"의 논리를 받아들이지 않습니다. 어떤 사람도, 어떤 일도, 어떤 이유도 중국이 평화적 발전 노선을 견지하려는 결심과 의지를 흔들 수 없습니다.

중국은 국제사회가 인류운명공동체를 함께 구축하고, 협력윈윈을 핵심으로 하는 신형 국제관계를 구축하며, 국제관계의 민주화를 견지하고, 올바른 의리관을 견지하며, 대화와 협상을 통해 평화적인 방식으로 국가 간의 차이와 분쟁을 해결할 것을 제안합니다. 우리는 세계 각국과 함께 세계 평화를 유지하고, 공정과 정의를 수호하며, 공동 번영을 추진할 것입니다.

중국의 발전은 국제사회와 떼어놓을 수 없으며, 따라서 반드시 국제사회에 보답할 것입니다. 언제나 국제협력의 창도자이자, 국제적 다자주의의 적극적인 참여자로 역할을 해온 중국은 앞으로도 호혜윈윈의 개방 전략을 굳건히 견지할 것입니다. 실력 향상과 함께 중국은 점진적으로 더 많은 책임을 질 것입니다. 세계경제 성장을 촉진시키고 글로벌 거버넌스 개선에 중국의 지혜와 중국의 힘을 기여하기 위해 노력할 것입니다. 중국의 발전은 다른 나라의 이익을 희생시키지 않을 것이며, 오직 공동의 이익을 증진시킬 것입니다. 중국은 모든 나라와 함께 산을 만나면 길을 내고, 강을 만나면 다리를 놓을 것입니다. 세상의 길은 걷는 이가 많아야 더 넓어질 수 있는 것입니다.

# 중국은 언제나 주변국을 외교 전반의 최우선으로 간주한다[47)]

●● 2015년 11월 7일 ●●

중국은 언제나 주변국을 외교 전반의 최우선으로 간주하고 평화, 안정, 발전을 촉진시키는 것을 자신의 임무로 여깁니다. 중국은 글로벌 거버넌스 시스템이 더욱 공정하고 합리적인 방향으로 발전하도록 추진하고, 국제관계의 민주화를 촉진시키며, 협력윈윈을 핵심으로 하는 신형 국제관계 구축하고, 인류운명공동체를 구축하는 것을 추진하는 과정에서 주변국에서부터 실천할 것입니다.

중국은 이웃에 착한 일을 하고 이웃과 동반자가 되며, 선린·안린·부린의 주변국 외교정책을 견지하며, 우호·성실·호혜·관용의 주변국 외교 이념을 실천하며, 공동·종합·협력이 지속 가능한 아시아 안보관을 견지하면서 보다 긴밀한 중국-아세안 운명공동체를 구축하여 아시아 운명공동체 건설을 추진하는 데 전념할 것입니다.

평화적 발전 이념은 중화 문화에 내재되어 있는 유전자이고 신뢰를 바탕으로 이웃과 의좋게 지내고, 만방으로 화합하는 것은 중국 주변국 외교의 기본 내용입니다. 근대 이후, 외적의 침략과 내부의 전란은 중국 인민에게

47) 시진핑 동지가 싱가포르 국립대에서 한 연설의 일부이다.

엄청난 재난을 가져다주었습니다. 중국 인민은 평화의 소중함을 잘 알고 있으며, 평화를 유지하려는 결심과 바람을 결코 포기하지 않을 것이며, 자신이 겪었던 고통을 다른 사람에게 강요하지 않을 것입니다. 앞으로 중국은 갈수록 번영해지고 강대해질 것이지만, 국가가 강대해지면 반드시 패권을 추구한다는 것은 역사의 법칙이 아닙니다. 중국은 고대부터 "강자는 약자를 괴롭히지 않고, 부자는 가난한 사람을 괴롭히지 않는" 원칙을 숭상해왔으며, "나라가 비록 강해도 전쟁을 좋아하면 반드시 망한다"는 이치를 잘 알고 있습니다. 일부 사람들이 '중국 위협론'을 부추기는 것은 중국의 역사와 문화, 정책에 대해 잘 모르거나, 오해와 편견이 있거나, 은밀한 목적이 있기 때문입니다. 중국은 평화적 발전 노선을 확고히 견지하며, 독립적이고 자주적인 평화적 외교정책을 추구하는 것은 임시방편이 아니라 전략적 선택이고 엄숙한 약속입니다.

근대 이후, 중국은 한 세기 남짓한 동안 가난하고 쇠약했으며, 시국이 매우 불안정했습니다. 우리는 발전의 중요성과 안정의 소중함을 누구보다도 잘 알고 있습니다. 중국의 발전 과정은 주변국가의 도움과 지지를 받았으며, 중국의 발전성과 역시 주변국가와 함께 나누고 있습니다. 중국은 자신의 발전을 주변국가의 발전과 더 밀접하게 연결할 것입니다. 우리는 주변국가가 중국 발전의 '고속 열차'에 탑승하거나 얻어타는 것을 환영하며, 중국의 발전 성과가 주변에 더 많은 혜택을 가져다주고 모두가 함께 행복한 삶을 살 수 있도록 하려고 합니다.

2년 전, 저는 중앙아시아와 동남아시아를 방문하면서 '일대일로'의 구상을 제안했습니다. 이는 발전·협력·개방을 위한 제안이었으며, 공동 협상·공동건설·공동 향유에 기반한 평등호혜의 원칙을 강조합니다. 현재, 이 제안은 역동적으로 진행되고 있습니다. 중국은 비전과 행동에 관한 주요 문서를 발표했으며, 60여 개 국가와 국제기구가 적극적으로 참여할 의사를 표명했습니다. 중국은 많은 국가와 협력 협정을 체결했으며, 아시아인프라투자은행 협정이 서명되었으며, 실크로드 기금은 구체적인 프로젝트 실시 단계에 들어갔으며, 다양한 다자간 또는 양자 간 대형 프로젝트가 안정적으로 진행되고 있습니다. '일대일로' 이니셔티브의 주요 협력 파트너는 주변 국가이며, 주요 수혜자도 주변국가입니다. 우리는 주변국가가 협력에 참여하여 '일대일로' 건설을 공동으로 추진하고 평화·발전·협력의 비전을 함께 실현해나가는 것을 환영합니다.

시대의 흐름은 호호탕탕합니다. 현재, 중국과 주변국가 간의 관계는 새로운 역사적 시작점에 있습니다. 세계경제 발전의 고지인 아시아는 거시경제 기초가 안정적이고 양호한 방향으로 발전하고 있으나, 내외적인 영향을 받아 크게 하락하고 있습니다. 아시아는 정치적으로 안정적이고 국민이 화목하며, 사회적으로 안정되어 있어 세계적으로 볼 때 안정적인 지역이지만 안보 문제가 매우 복잡합니다. 테러리즘, 극단주의, 국제 범죄, 사이버 안보, 중대한 자연재해 등 비전통적인 안보 도전이 늘어나고 있습니다. 아시아 대부분의 국가는 갈등 및 분쟁을 협상을 통해 처리하고 있으나 일부 국가들은 서로 간에 신뢰가 부족하며 때로는 갈등을 겪고 있습니다. 아시아 국가들 간의 상호 의존성이 더욱 깊어지고 있으며, 지역 통합 프로세스는 계속 가속화되고 있지만, 지역 협력의 길은 다양하며, 안보 협력은 경제 협력에 비해 장기간 뒤떨어져 있습니다. 이러한 문제들은 우리가 함께 대응하고 해결해야 할 문제입니다.

새로운 상황에서 중국과 동남아시아를 포함한 주변국가들과의 협력과 발전 대계를 심층적으로 고민해왔으며, 여기에서 몇 가지 생각과 주장을 말씀드리고자 합니다.

— 공동으로 평화와 안정을 수호하는 것입니다. 아시아 평화를 유지하는 것은 중국과 주변국가들의 역사적 책임이고 공동 과제입니다. 아시아 국가

들은 세대에 걸쳐 우호적이고 영원히 적이 되지 않아야 하며, 신뢰를 쌓으며, 함께 아시아의 평화와 안정을 수호하여 아시아 국가들의 발전과 사람들의 평화로운 삶을 위해 양호한 조건을 마련해야 합니다.

— 각국의 발전 전략을 밀접하게 연결하는 것입니다. 아시아 국가들은 발전을 촉진시키고 민생을 개선하며, 서로 돕고, 자국의 발전 전략에서 새로운 협력 동력을 찾고, 새로운 협력 비전을 계획하며, 새로운 협력 성과를 확보하여 호혜협력의 '케이크'를 더 크게 만들어 쌍방의 경제 성장을 위해 더 많은 힘을 보태야 합니다.

— 안보 협력을 적극적으로 추진하는 것입니다. "실 한 올로는 실을 감을 수 없고, 한 손바닥으로는 소리를 낼 수 없습니다(單絲不線, 孤掌難鳴.)." 아시아 국가들은 아시아 안보관을 실천하고, 지역 안보 관리를 조율하고 추진하며, 전통적 및 비전통적 안보 문제에 공동으로 대응하며, 우호적인 협상을 통해 갈등과 불일치를 해결하며, 발전과 안보를 동시에 추진함으로써 서로 존중하고 신뢰하며 같은 점은 모아내고 다른 점은 변화시키는 개방과 포용 그리고 협력윈윈하는 이웃국가 간 관계발전을 위해 노력해야 합니다.

— 인맥을 다지고 사이좋게 지내는 것입니다. 아시아 국가들은 오랜 역사와 문명을 바탕으로 아시아 가치에 대한 공동체 의식을 확립하고, 인문교류와 협력을 확대하며, 이웃과 우호적인 사회·여론적 기초를 튼튼히 다지며, '화합'과 '협력'을 지향한 전통적 이념이 국가 간의 대화에 옮겨지도록 하여 이웃과 의좋게 지내고 협력하는 전통을 대대로 이어가야 합니다.

한동안 많은 분들이 난하이(南海) 문제에 대한 중국의 정책에 관심이 많았습니다. 말씀드리고 싶은 것은, 난하이 제도(the South China Sea Islands)는 예로부터 중국의 영토이며, 자국의 영토주권과 합법적이고 정당한 해양권익을 수호하는 것은 중국 정부가 반드시 맡아야 할 책임입니다.

중국 난하이 정책의 출발점과 끝점은 난하이 지역의 평화와 안정을 유지하는 것입니다. 중국과 난하이 연안 국가들의 공동 노력으로 항해·상공 비행의 자유는 언제나 문제없이 보장되어왔으며 앞으로도 정상화가 유지될 것으로 보며, 이와 같이 난하이는 전반적으로 평화로운 상황입니다. 그 이유는 난하이에서의 원활한 항행은 중국이 가장 필요로 하는 항로이기 때문입니다. 비록 중국 주권 범위에 있는 난하이의 일부 섬과 암초가 타국에 의해 점령되었지만, 우리는 항상 평화적인 협상을 통해 문제를 해결하자는 입장을 견지해왔습니다. 중국은 관련 국가와 함께 역사적 사실을 존중하는 전제하에, 국제법에 따라, 협상과 협의를 통해 관련 분쟁을 해결하기 위해 노력할 것입니다. 우리는 아세안 국가들과 함께 난하이 지역의 평화와 안정을 유지하기에 충분한 실력을 갖추고 있습니다. 그리고 아시아의 평화와 발전을 유지하기 위해 역외 각국이 동참하여 적극적인 역할을 발휘하는 것을 환영합니다. 현재, 아시아 각국 정부가 직면한 가장 중요한 과제는 어떻게 지속 가능하고 빠른 발전을 이뤄낼 것인가 하는 것이며, 이 목표를 이루기 위해서는 평화롭고 안정된 환경이 필요합니다. 이는 역내 국가들의 가장 큰 소망이며, 역외 국가들도 이를 이해하고 존중하며 건설적인 역할을 발휘해야 합니다.

# 아시아-태평양 지역의 선도적인 역할을 발휘하여 세계경제의 도전에 대응해야 한다[48]

●● 2015년 11월 18일 ●●

천줴중(陳覺中, Tony Tan Caktiong) 주석님,

아시아-태평양 상공업계 대표 여러분,

신사 숙녀 여러분, 친구 여러분:

안녕하세요! 다시 여러분과 만나게 되어 대단히 기쁩니다. 지난해 11월, 우리는 베이징에서 모여 아시아-태평양 지역 경제 협력의 방향과 조치에 대해 함께 논의했습니다. 그날의 장면이 아직도 생생히 기억납니다.

아시아태평양경제협력체는 이 지역에서 가장 중요한 경제무역 포럼이자, 아시아-태평양 지역 공상계가 가장 적극적으로 참여하는 다자간 협력 플랫폼입니다. 우리는 변화의 시대에 살고 있으며, 지도자이든 기업가이든 현재 상황에 근거하여 장기적인 시각으로 세계 대세를 정확히 파악하여 대응 전략을 계획해야 합니다.

이틀 전에, 저는 안탈리아(Antalya)에서 개최된 G20 정상회담에 참석했습니다. 회의에서 각국 지도자들은 현재 세계경제 형세가 직면한 주요 도전

48) 이는 시진핑 동지가 필리핀 마닐라(Manila)에서 열린 아시아태평양경제협력체 정상회의에서 한 기조연설이다.

과 대응 조치에 대해 심도 있게 논의했습니다. 세계경제가 비록 완만하게 회복되고 있지만, 기반이 견고하지 않고, 많은 불안정성과 불확실성이 존재한다는 것이 각국 지도자들의 공통한 견해였습니다. 많은 국가는 선진국 및 선진적 경제체제의 화폐정책 분화로 인해 자본이 무질서하게 유동하고, 글로벌 부채가 고공 행진하여 시장 기능이 약화되고, 게다가 국제 금융 및 대량의 상품 시장의 변동이 신흥시장 국가와 개발도상국에 더 큰 충격을 줄까 우려하고 있습니다. 글로벌 경제 성장이 지속적으로 예상치를 밑돌고, 잠재성장률이 하락하며, 국제 무역과 투자가 침체되어 세계경제는 여러 엔진이 동시에 고장 나게 되며 나아가 정체 상태에 빠질 가능성이 있습니다. 세계경제가 제3의 상태(亞健康)에서 건강한 상태로 나아가기 위해서는 아마도 장기적이고 복잡한 과정을 겪을 가능성이 큽니다.

세계경제가 다양한 도전에 직면해 있는 가운데, 아시아-태평양 지역 경제도 많은 현실적 및 잠재적 어려움과 위험에 직면하고 있습니다. 아시아-태평양 지역 경제가 올바른 발전 방향을 유지하는 방법, 새로운 경제 성장점을 찾고 성장 엔진의 위치를 굳히려면 깊이 생각해 볼 필요가 있습니다.

세계경제의 급류와 위험에 직면하여, 아시아-태평양 지역은 항로를 정확하게 조절하고, 조타륜을 틀어잡아야 하며, 아시아-태평양 지역 경제체제는 반드시 용기를 내어 책임을 지고 어려움 속에서 일심협력하여 전 세계 성장을 적극적으로 추진해야 합니다.

첫째, 개혁과 혁신을 지속적으로 추진해야 합니다. 세계경제의 깊은 문제를 해결하기 위해서는 단순히 화폐 통화부양책(貨幣刺激政策)만으로는 부족하며, 경제의 구조적 개혁을 추진하는 데 더 큰 노력을 기울여 공급 체계가 수요 구조의 변화에 더 잘 적응하도록 해야 합니다. 아시아-태평양 지역이 이 부분에서 세계 다른 지역보다 앞서기 위해서는 발전 이념, 발전모델, 발전 경로의 혁신을 위해 노력해야 합니다. 산업의 세대교체를 가속화하고,

과학기술 혁신을 통해 제품, 관리, 상업 모델 혁신을 추진하며, 글로벌 공급망에서의 아시아-태평양 지역 경제체제의 위치를 향상시켜, 조화롭고 개방적이며 포용적인 글로벌 가치망을 공동으로 구축하고 공유해야 합니다. 선진국 및 선진적 경제체제는 우수한 경험을 적극적으로 공유하고, 기술을 자발적으로 이전해야 하며, 개발도상국 및 비슷한 발전 과정에 있는 경제체는 과감하게 탐구하며, 투자를 확대하고, 노력하여 선두를 따라잡아야 합니다. 아시아-태평양경제협력체의 정책적 플랫폼과 부화기 기능을 발휘하여 인터넷 경제, 해양 경재, 녹색 경제, 도시화 등 분야에서 협력을 강화하고 자체 혁신 능력을 향상시켜야 합니다.

둘째, 개방형 경제를 견지해야 합니다. 수년간 아시아-태평양 지역은 대개방·대융합·대발전을 추진하며, 특색 있는 활기찬 지역 경제 협력을 추진해왔으며, 경제 발전 격차가 큰 경제체제가 협력하여 일체화를 추진하는 모범을 보여주었습니다. 지난해, 아시아태평양경제협력체 지도자들은 베이징에서 아시아-태평양 자유무역지대 프로세스를 가동했으며 이로써 역사적인 한 걸음을 내디뎠습니다. 현재 새로운 지역에서 자유무역 체제가 계속해서 등장하면서 파편화 경향에 대한 다양한 우려가 나타나고 있습니다. 우리는 아시아-태평양 지역 자유무역지대 건설을 가속화하여 지역 경제 통합을 추진해야 합니다. 이 틀 안에서 각국은 평등하게 참여하고, 충분히 협의하며, 자유무역 체제의 개방성과 포용성을 최대한으로 향상시켜 아시아-태평양 지역의 개방형 경제 수준을 높이고 다자간 무역 시스템을 유지해야 합니다. 협력윈윈을 지향하고, 보호무역주의를 반대하며, 공정한 경쟁을 촉진시켜야 합니다.

셋째, 지속 가능한 발전을 위한 2030 의제를 실행에 옮겨야 합니다. 중국의 고대 철학자는 "나라를 다스리는 길은 반드시 먼저 국민을 부유하게 해야 합니다(凡治國之道, 必先富民.)"라고 했습니다. 발전의 궁극적인 목적은 국민을 위한 것이며, 발전 성과가 모든 국민에게 더 많은 혜택을 가져다주어야 합니다. 얼마 전에 개최된 유엔 지속 가능한 발전 정상회의에서 지속 가능한 발전을 위한 2030 의제(2030 Agenda for Sustainable development)가 채택되었습니다. 안탈리아에서 개최된 G20 지도자정상회의에서 저는 G20 회원국에 지속 가능한 발전을 위한 2030 의제를 실행에 옮길 것을 제안했습니다. 이를 위해서는 지속 가능한 발전을 위한 2030 의제를 각국의 발전 전략에 포함시켜 효과적으로 실천해야 합니다. 전면적인 발전 파트너십을 구축하고 정부, 기업, 민단 등 다양한 분야의 힘을 동원하여 2030 의제 실행에 기여해야 합니다. 포용적이고 조화로운 발전을 촉진시키고, 가능한 한 빨리 2030 의제의 각 지표를 실현하고, 이와 함께 발전의 수준과 효과를 향상시켜 새로운 발전 공간을 창조하고, 상호 촉진을 이루어야 합니다.

넷째, 호연호통을 계속해서 추진해야 합니다. 호연호통의 궁극적인 목표는 아시아-태평양 지역의 경제 혈맥을 더욱 원활하게 만들어 경제·사회의 발전 잠재력을 확대하는 것입니다. 호연호통은 인프라, 제도·규제, 인적교류의 삼위일체를 강조하며, 정책적 소통, 인프라 연결, 무역의 원활화, 자금의 연결, 민심 상통의 5대 영역이 병행되어야 합니다. 호연호통을 통해 각국의 발전 전략과 계획을 연결하여 우선 분야와 프로젝트를 찾아야 하고, 지역·국가별 생산요소 그리고 산업 및 생산능력에서의 유무를 상통하고, 발전 경험을 서로 배우고 교류해야 합니다. 또한 아시아-태평양 지역 공급망, 산업사슬, 가치사슬을 최적화하여 역내에서 규모의 경제(Economies of scale), 연동식 성장이 이루어지도록 해야 합니다. 이로써 아시아-태평양 지역 경제의 전체적 부흥을 실현해야 합니다. 지난해, 우리는 베이징에서 아시아태평양경제협력체 호연호통 건설의 청사진을 채택했습니다. 이를 철저히 추진하여 구체적인 성과를 거두어야 합니다.

“비록 길이 가까울지라도 가지 않으면 도달할 수 없고, 비록 작은 일이라도 하지 않으면 이룰 수 없습니다(道雖邇, 不行不至; 事雖小, 不爲不成.).” 어떤 비전도 자동으로 현실이 되지 않으며, 위의 목표를 달성하기 위해서는 아시아-태평양 지역 구성원이 함께 노력해야 합니다. 먼저, 정책적 대화와 조정을 강화해야 합니다. 아시아태평양경제협력체를 플랫폼으로 삼아 협력을 강화해야 합니다. 그리고 발전을 핵심으로 해야 합니다. 발전에 이로운 평화적 환경을 조성하며, 어떤 일도 아시아-태평양 지역의 발전을 방해하지 않도록 해야 합니다. 또한 협력윈윈의 이념과 운명공동체 의식을 견지하고, 경쟁 속에서 협력하고 협력을 통해 공동 발전을 이루어야 합니다. 마지막으로 다원적인 발전을 견지해야 합니다. 상호 간의 발전 노선을 존중하고, 대화와 협상을 통해 이견을 해결해야 합니다. 저는 넓고 평화로운 태평양이 아시아-태평양 지역 협력의 다리, 우정의 유대, 공동의 정원이 될 것이라고 믿습니다.

신사 숙녀 여러분, 친구 여러분!

세계 2위의 경제 대국인 중국의 경제 동향은 여러분의 주목을 받고 있습니다. 올해는 세계경제 성장이 둔화되는 가운데, 중국은 다양한 어려움과 도전에 대응하고, 거시적 조절을 강화하며, 개혁을 적극적으로 추진하고 있습니다. 일부 경제적 지표는 월별 및 분기별로 변동이 있었지만, 경제는 여전히 합리적인 범위 내에서 안정적이고 빠른 발전을 유지하고 있습니다. 올해 상반기 중국 경제는 6.9% 성장하여, 세계경제 성장에 대한 기여율이 약 30%에 이르렀습니다. 이는 10조 달러 수준의 높은 기준 수에 기초한 성장이며, 구조조정과 방식 전환 과정에서 이뤄낸 성장입니다. 이러한 결과는 쉽게 얻어진 것이 아닙니다.

전반적으로 볼 때, 중국 경제는 오랜 기간 긍정적인 발전 추세를 보일 것이며, 탄력성이 좋고 잠재력이 있으며 유연성이 큰 기본 특징, 지속적인 성장에 필요한 기반과 조건, 경제의 구조조정에 대한 최적화의 흐름이 유지될 것입니다. 한편 중국 경제는 여전히 복잡한 내외 환경의 압력을 받으며 비교적 크게 하락하는 등 개혁에 따른 진통을 겪고 있습니다. 중국 경제는 전례 없는 기회와 도전에 마주하고 있습니다.

중국공산당 제18차 중앙위원회 제5차 전체회의에서 '제13차 5개년 계획(十三五規劃)'이 채택되었으며 혁신·조정·녹색·개방·공유의 발전 이념을 제시하고, '제13차 5개년' 기간 중 중국 경제·사회 발전을 위한 일련의 중요한 개혁 조치를 제시했습니다. '제13차 5개년'은 전면적으로 샤오캉사회를 실현하는 대마루입니다. 우리는 개혁과 혁신을 가속화하고, 발전 방식과 구조를 전환하며, 발전 과정에서의 문제를 해결하고, 발전의 새로운 동력을 육성하며, 발전의 새로운 장점을 발견하고, 발전의 새로운 기회를 만들 것입니다.

— 우리는 효율과 품질에 더욱 주의를 기울일 것입니다. 경제 발전 방식을 전환하고, 경제를 규모 확장에서 구조의 최적화로 전환할 것입니다. 생산요소 중심에서 과학기술 혁신 중심으로 전환하고, 주로 투자와 수출에 의지하던 데에서 소비와 투자와 수출을 적절히 조정하여 의지하는 데로 전환할 것입니다. 정보화와 산업화의 융합, 산업화와 도시화의 선순환, 도시화와 농업현대화의 상호 촉진을 추진할 것입니다. 분명히 이 모든 것은 새로운 발전 동력과 성장 공간을 창출할 것입니다.

— 우리는 과학기술 혁신에 주의를 기울일 것입니다. 과학기술 혁신을 중심으로 하는 발전 전략을 적극적으로 실행하여 발전의 주력을 과학기술 혁신에 집중시키고, 과학기술 혁신이 경제 성장을 자극하는 승수효과(multiplier effect)를 발휘하도록 할 것입니다. 체제와 장치적 장애를 철폐하여 시장이 과학기술 혁신 자원을 배치하는 데 결정적인 역할을 하도록 할 것이

며, 기업이 과학기술 혁신 진정한 주체가 될 수 있도록 할 것입니다.

— 우리는 공정과 정의에 주의를 기울일 것입니다. 인민에게 가장 중요하고, 직접적이고, 현실적인 이익을 중심으로 공평하고 공정하고 공동 건설·공동 향유의 새로운 발전 메커니즘을 구축하여 경제 발전이 더욱 포용력을 갖도록 할 것입니다. 앞으로 5년 동안 우리는 중국 기준으로 7억 이상의 농촌 빈곤 인구를 빈곤에서 벗어나게 하고, 빈곤 현도 모두 없애는 어려운 문제 해결에 중점을 둘 것입니다. 이는 지속 가능한 발전을 위한 2030 의제를 실현하기 위한 중요한 한 걸음입니다.

— 우리는 녹색발전에 주의를 기울일 것입니다. 생태문명 건설을 경제·사회 발전의 모든 측면과 전반 과정에 포함시켜 지속 가능한 발전을 이루기 위해 노력할 것입니다. 기후변화에 대한 적응 능력을 전반적으로 향상시키고, 자원 절약과 환경보호의 기본 정책을 견지하며 하늘이 맑고, 땅이 푸르고, 물이 깨끗한 아름다운 중국을 건설할 것입니다.

— 우리는 대외개방에 주의를 기울일 것입니다. 더욱 적극적인 개방 전략을 실시하여 새로운 개방형 경제체제를 구축하고, 개방형 경제 수준을 높일 것입니다. 또한 높은 수준의 자유무역지대 구축을 가속화할 것입니다. 중국-아세안 자유무역지대 업그레이드를 위한 협상이 거의 마무리되어 긍정적인 영향을 미칠 것으로 예상됩니다. 그리고 중국-호주 자유무역협정, 중국-한국 자유무역협정은 올해 안에 발효될 것으로 전망되며, 이는 경제 성장을 촉진시키는 새로운 동력으로 작용할 것입니다. 우리는 각국과 함께 지역 간 전면적인 경제 파트너십 협상을 조속히 체결하고자 하며, 중·일·한 자유무역지대 협상 프로세스를 가속화하고자 합니다. 또한 외국인 투자 관리체제 개혁을 계속해서 추진할 것입니다. 외국 자본의 중국 진출 제한을 대폭 간소화하고, 지식재산권 보호를 강화하여 개방적이고 투명하며 효과적이고 평등한 시장 환경을 조성할 것입니다.

이 자리를 빌려 다시 한 번 강조하고 싶은 것은 중국의 외국 자본 이용정책은 변하지 않을 것이며, 중국은 변함없이 외국기업의 합법적인 권익을 보호할 것이며, 중국은 외국 기업에 대해 더 나은 서비스를 제공하기 위해 노력할 것이며, 중국의 대외개방은 영원히 지속될 것입니다!

신사 숙녀 여러분, 친구 여러분!

중국은 아시아-태평양 지역 대가족의 일원입니다. 중국의 발전은 아시아-태평양 지역에서 출발하여 지역과 더불어 발전했으며 앞으로 계속해서 아시아-태평양 지역에 발붙이고 이 지역에 더 많은 행복을 가져다줄 것입니다. 2년 전에 저는 '실드로드 경제벨트'와 '21세기 해양 실크로드'를 공동으로 건설할 것을 제안했습니다. 지난 2년 동안 '일대일로'는 60여 개 국가와 국제기구가 적극적으로 참여할 의사를 표명했습니다.

우리는 개방적인 지역주의를 견지하고 역내외의 많은 국가와 협력 협정을 체결하여 정책과 발전 전략을 연결함으로써 경제 요소의 조화로운 자유이동, 자원의 효율적인 배치, 시장의 융합을 촉진시키고 있습니다. '일대일로' 건설을 통해 더 넓은 범위, 더 높고 더 깊은 수준의 지역 간 협력을 추진하여 개방적이고 포용적이며 균형 있고 혜택이 골고루 돌아가게 하는 지역 간 협력의 틀을 만들 것입니다.

현재, 주요 경제회랑과 다양한 다자 간·양자 간 주요 프로젝트가 안정적으로 추진 중에 있습니다. 우리는 실크로드 기금을 설립하고 이미 운영에 들어갔습니다. 그리고 50여 개 국가와 함께 아시아인프라투자은행 설립하여 새로운 유형의 투자 및 자금조달 플랫폼을 만들었습니다. 아시아인프라투자은행이 연말까지 공식적으로 출범할 것으로 예상되며, 일부 중요한 프로젝트에 대한 자금 지원을 제공할 것입니다. 우리는 무역, 에너지, 투자, 인문 등 핵심 분야를 중심으로 점진적으로 새로운 플랫폼을 구축·개선하여 기존의 양자간·다자간 메커니즘에 새로운 활력을 불어넣고 있습니다.

신사 숙녀 여러분, 친구 여러분!

아시아-태평양 상공업계는 아시아-태평양 지역 발전의 주역이자 혁신과 창업의 선두주자입니다. 과거에 아시아-태평양 상공업계는 이 지역의 번영을 위해 중대한 기여를 했으며, 앞으로도 중요한 임무를 맡게 될 것입니다. 우리는 아시아-태평양 상공업계가 중국의 발전 과정에 참여하여 기회와 이익을 공유하는 것을 환영합니다. 또한 아시아-태평양 공상계가 아시아-태평양 경제의 장기적 발전과 세계경제의 강력하고 지속 가능하며 균형 잡힌 성장에 더 큰 기여를 할 것을 기대합니다.

내년 9월에 중국은 항저우에서 G20 최고경영자 정상회의를 주최할 예정입니다. 저는 아시아-태평양 상공업계가 중국에서 진행되는 다양한 행사에 적극적으로 참여하여 세계경제에 조언을 제시하고 힘을 보태기를 바랍니다.

감사합니다.

# 협력윈윈하고, 공평하고 합리적인 기후변화 관리 메커니즘을 구축하자[49)]

●● 2015년 11월 30일 ●●

존경하는 올랑드 대통령님,

존경하는 동료 여러분,

신사 숙녀 여러분, 친구들 여러분:

오늘 우리는 파리에서 모여 유엔 기후변화 파리 대회 개회식에 참석하게 되었습니다. 이는 테러리즘이 인류의 기후변화 대응과 미래를 향한 노력을 막을 수 없음을 보여줍니다. 이 기회를 빌려 프랑스 국민에게 진심으로 위로의 말씀을 전하며, 이번 대회를 위해 정성스럽게 준비한 올랑드 대통령님과 프랑스 정부에 감사의 인사를 전합니다.

「기후변화에 관한 국제연합기본협약(United Nations Framework Convention on Climate Change)」이 효력을 발생한 이후 20여 년 동안, 각국의 공동 노력으로 전 세계적으로 기후변화 대응에 대한 긍정적인 진전이 이루어졌지만, 여전히 많은 어려움과 도전에 직면하고 있습니다. 파리 대회는 협약의 실행을 강화하여 포괄적이고 균형 있고, 힘 있고, 구속력 있

49) 이는 시진핑 동지가 유엔 기후변화 파리대회(United Nations Climate Change Conference) 개막식에서 한 연설이다.

는 기후변화 협약으로 업그레이드되고, 공정하고 합리적이며 효과적인 세계적인 기후변화 대응 해결책을 제시하며, 인류의 지속 가능한 발전 노선과 관리 모델을 탐구하기 위한 것입니다. 프랑스 작가 위고(Victor Hugo)는 "가장 큰 결심이 가장 높은 지혜를 낳을 것이다(最大的決心會產生最高的智慧)"라고 했습니다. 저는 각자가 진심을 다하고 확고한 신념과 통일된 노력을 보여준다면, 파리대회가 국제사회의 간절한 기대에 부응하여 만족스러운 결과를 이룰 것이라고 믿습니다.

존경하는 동료 여러분, 신사 숙녀 여러분!

성공적인 국제 협정은 현재의 갈등을 해결하는 데 그치지 않고, 미래를 선도해야 합니다. 「파리협약」은 2020년 이후 글로벌 기후변화 대응을 강화하는 데 중점을 두어야 할 뿐만 아니라, 세계의 지속 가능한 발전을 추진하기 위한 원동력이 되어야 합니다.

— 「파리협약」(The Paris Agreement)은 협약이 설정한 목표를 이루고 녹색발전을 선도하는 데 도움이 되어야 합니다. 이 협정은 「파리협약」의 원칙과 규정을 준수하고, 협약의 종합적이고 효과적인 이행을 촉진시켜야 합니다. 대기 중 온실가스 농도의 상승을 효과적으로 제어하는 것뿐만 아니라 이익을 중심으로 한 인센티브 메커니즘을 구축하여 각국이 녹색·순환·저탄소 발전으로 나아가 경제 발전과 기후변화 대응을 양립할 수 있도록 해야 합니다.

— 「파리협약」은 세계 각국을 동원하여 참여하도록 하는 데 도움이 되어야 합니다. 이 협약은 각국이 어려움 속에서 일심협력하고 노력하도록 제도적 조치를 취해야 합니다. 정부뿐만 아니라 기업, 비정부기구 등 모든 사회적 자원이 국제협력 과정에 참여하도록 동원하여 공공의식을 높이고 힘을

모아야 합니다.

—「파리협약」은 투자를 증가시키고 행동을 강화하는 데 도움이 되어야 합니다. 자금 및 기술 지원을 확보하고, 대응 능력을 강화하는 것은 개발도상국이 기후변화에 대응하는 데 필수적입니다. 선진국은 2020년부터 매년 0.1조 달러를 동원하는 약속을 이행하고, 2020년 이후 개발도상국에 더 강력한 자금 지원을 제공해야 합니다. 또한, 개발도상국에 기후 친화적 기술을 이전하여 녹색 경제 발전을 지원해야 합니다.

—「파리협약」은 각국의 국정 상황을 고려하고 실용적이고 효과적이어야 합니다. 국내 정책, 능력 건설, 경제구조 등에서 각국의 차이 특히 개발도상국의 현 상황을 존중해야 합니다. 기후변화에 대한 대응은 개발도상국이 빈곤을 해소하고 국민 삶의 수준을 향상시키는 합리적인 요구를 방해해서는 안 됩니다. 개발도상국의 특별한 어려움을 고려해야 합니다.

존경하는 동료 여러분, 신사 숙녀 여러분!

「파리협약」은 종착점이 아니라 새로운 출발점입니다. 기후변화 대응을 위한 전 세계적 노력은 글로벌 거버넌스의 중요한 부분으로, 우리에게 미래의 글로벌 거버넌스 모델을 고민하고 탐구하며 인류운명공동체 건설을 추진하는 귀중한 교훈을 제공하는 거울과 같습니다.

— 우리는 각자의 역량에 따라 협력 상생하는 미래를 만들어야 합니다. 기후변화와 같은 글로벌 문제에 대해 만약 이기적인 사고로 접근하여 조금 더 이익을 보고 책임을 덜 지려 한다면, 결국 자신에게도 이롭지 않을 것입니다. 파리대회는 '영합게임'의 좁은 사고를 버리고, 특히 선진국이 더 많이 공유하고 더 많은 책임을 지도록 추진하여 상호 호혜윈윈을 실현해야 합니다.

— 우리는 법치를 추구하고 공정하며 정의로운 미래를 만들어야 합니다.

글로벌 거버넌스에서의 국제법의 지위와 역할을 향상하고 국제규칙의 효과적인 준수와 이행을 보장하며, 민주, 평등, 정의를 견지하고 국제 법치를 구축해야 합니다. 선진국과 개발도상국의 역사적 책임, 발전단계, 대응 능력은 모두 다르며, 공동하지만 차별화된 책임 원칙은 결코 구시대적이지 않으며 지켜져야 합니다.

— 우리는 포용하고 서로 배우며 공동으로 발전하는 미래를 만들어야 합니다. 글로벌 도전에 직면하여, 각국은 대화를 강화하고 우수한 경험을 교류하며 장점을 취하고 단점을 보완하여 서로 배우며 공동 발전을 실현해야 하며, 모든 사람에게 혜택이 돌아가도록 해야 합니다. 한편 다양성을 존중하고 각국이 자국의 상황에 가장 적합한 대응책을 찾을 수 있도록 해야 합니다.

존경하는 동료 여러분, 신사 숙녀 여러분!

중국은 항상 기후변화에 대응하는 글로벌 사업에 적극적으로 참여해왔으며, 파리 회의의 성공적인 개최를 위해 기여할 준비가 되어 있습니다.

지난 수십 년 동안, 중국 경제는 빠르게 발전했고, 인민들의 생활은 거대한 변화를 가져왔습니다. 하지만 그 과정에서 자원·환경적인 대가도 치렀습니다. 과거를 통해 배우면서, 중국은 생태문명 건설을 적극적으로 추진하고, 녹색·순환·저탄소 발전을 촉진시키고 있습니다. 중국은 기후변화 대응을 국가의 경제·사회 발전의 중장기 계획에 포함시키고, 발전의 완화와 기후변화 적응을 병행하며 법률, 행정, 기술, 시장 등 다양한 방법을 통해 제 분야 사업을 전력으로 추진하고 있습니다. 중국의 재생에너지 설치용량은 전 세계 총량의 24%, 새로 설치된 용량은 전 세계 증가량의 42%를 차지합니다. 중국은 세계에서 가장 큰 에너지 절약 국가이자, 신에너지 및 재생 가능 에너지를 이용하는 국가입니다.

“만물은 각자의 조화를 얻어 생명을 얻고, 각자의 양식을 얻어 완성됩니다(萬物各得其和以生, 各得其養以成.).” 중화 문명은 항상 천인합일 사상을 강조해왔고 자연을 존중해왔습니다. 앞으로 중국은 생태문명 건설을 ‘제13차 5개년 계획’의 중요한 내용으로 삼고, 혁신·조정·녹색·개방·공유의 발전 이념에 따라, 과학기술 혁신과 제도·메커니즘 혁신을 통해 산업구조 최적화, 저탄소 에너지 시스템 구축, 녹색 건축과 저탄소 교통발전, 전국 탄소배출 교역시장 설립 등 일련의 정책 조치를 취하여 인간과 자연이 조화롭게 발전하는 현대화 건설의 새로운 국면을 형성할 것입니다. 중국은 「국가 온실가스 감축 목표(nationally determined contributions)」에서 2030년을 전후로 이산화탄소 배출이 정점에 도달하도록 하되, 가능한 한 빨리 실현하려고 노력하며, 2030년 국내총생산 단위당 이산화탄소 배출량을 2005년 대비 60%에서 65% 감소시키며, 비화석 에너지가 1차 에너지 소비에서 차지하는 비중을 약 20%에 이르도록 하며, 삼림축적량이 2005년 대비 약 45억m3 증가하도록 할 것이라고 밝혔습니다. 비록 힘든 노력이 필요하지만, 우리는 약속을 이행할 수 있는 자신감과 의지가 있습니다.

중국은 올바른 의리관을 견지하며, 기후변화에 대응하기 위한 국제적 협력에 적극적으로 참여해왔습니다. 수년 동안, 중국 정부는 남남협력에서 채택하고 밝힌 기후변화 관련 정책과 약속을 성실히 실행하고 이행해왔으며, 개발도상국 특히 최빈국, 내륙개발도상국, 군소도서개발도상국이 기후변화 도전에 대응할 수 있도록 지원했습니다. 지원을 강화하기 위해, 중국은 올해 9월에 200억 위안의 ‘중국 기후변화 남남협력 기금(中國氣候變化南南合作基金)’ 설립을 선언했습니다. 중국은 내년에 개발도상국에서 10개의 저탄소 시범 구역, 100개의 발전 완화 및 기후변화 적응 프로젝트, 1000개의 기후변화 대응 교육 프로그램 협력 프로젝트를 가동하고, 청정에너지, 재난 방지·감소, 생태 보호, 기후 적응형 농업, 저탄소 스마트 도시 건설 등 분야에서의 국제적 협력을 계속해서 촉진시키고, 이에 필요한 자금조달을 위한 도움을 제공할 것입니다.

존경하는 동료 여러분, 신사 숙녀 여러분!

기후변화 대응은 인류 공동의 사업이며, 세계의 이목이 파리에 집중되고 있습니다. 공정하고 효과적인 글로벌 기후변화 대응 메커니즘을 촉진시키고, 더 높은 수준의 글로벌 지속 가능한 발전을 실현하며, 협력윈윈하는 국제관계를 구축하기 위해 함께 노력합시다!

감사합니다.

# 협력윈윈하고 공동으로 발전하는 중국-아프리카의 새로운 시대를 열어나가자[50)]

●● 2015년 12월 4일 ●●

존경하는 주마 대통령님,

아프리카연합 회의 순환 의장 무가베(Robert Gabriel Mugabe) 대통령님,

각국 정상과 정부 수장 여러분,

아프리카연합 위원회 위원장 주마(Nkosazana Clarice Dlamini-Zuma) 여사님,

존경하는 동료 여러분, 내외 귀빈 여러분,

신사 숙녀 여러분, 친구 여러분:

아름다운 '무지개 나라' 남아프리카 공화국(The Republic of South Africa)에서 이렇게 많은 아프리카 형제들과 친구들과 함께할 수 있어 대단히 기쁩니다. 회의의 공동 의장으로서, 중국-아프리카협력포럼 요하네스버그 정상회의에 참석하신 여러분을 진심으로 환영하며, 이번 회의를 정성스럽게 준비하시고 환대해 주신 남아프리카 공화국에 진심으로 감사드립니다.

이번에 저는 아프리카 대륙을 일곱 번째 방문하는 것이며, 중국 국가주석

50) 시진핑 동지가 중국-아프리카협력포럼 요하네스버그(Johannesburg) 정상회의 개막식에서 한 축사이다.

취임 후 두 번째 아프리카 방문입니다. 아프리카를 방문할 때마다 아프리카의 새로운 발전과 변화를 볼 수 있습니다.

오늘날의 아프리카는 활기차고 고무적인 새로운 모습을 보여주고 있습니다. 아프리카는 자신의 실정에 맞는 발전 노선을 적극적으로 모색하고 있으며, 자기만의 방법으로 문제를 해결하고 있습니다. 독립적이고 자주적인 추진력, 빠르고 지속 가능한 발전, 지역 통합 프로세스를 가속화하여 국제무대에서 하나의 목소리를 내는 연합자강의 정신은 기세가 당당하여 막을 수 없습니다.

저는 남아프리카 공화국 전 대통령이신 만델라(Nelson Rolihlahla Mandela) 선생이 하셨던 "우리는 아프리카 세기의 동트는 새벽에 와 있습니다. 이번 세기에 아프리카는 세계 속에서 자신만의 위치를 찾게 될 것입니다(我們正站立在非洲世紀的破曉時分, 在這一世紀裏, 非洲將在世界民族之林占據應有位置.)"라는 말씀을 존경합니다. 저는 아프리카 국가와 국민이 자신들만의 새 시대를 맞이하고 있다고 믿습니다!

중국 정부와 국민은 아프리카가 이룬 발전성과를 진심으로 기뻐하고 자랑스럽게 생각하며, 발전과 진보의 길에서 아프리카 국가와 국민이 더 큰 성취를 이루고 더욱 아름다운 미래를 맞이하기를 진심으로 바랍니다!

존경하는 동료 여러분, 신사 숙녀 여러분!

중국과 아프리카는 예로부터 인류운명공동체였습니다. 비슷한 불행의 역사와 노력의 여정을 갖는 중국과 아프리카 인민은 깊은 우정을 쌓아왔습니다.

오랜 기간 우리는 언제나 고난을 같이하고 서로를 지지해왔습니다. 중국이 지원하여 건설한 탄자니아-잠비아 철도(Tanzania Zambia Railway)와 아프리카연합 회의센터(The Conference Center of African Union)는 중국-아프리카 우정의 기념비가 되었습니다. 중국 정부와 인민은 아프리카의 에볼라(Ebola) 퇴치 지원 사업에서 선두에 섰으며, 국제사회를 이끌어 아프리카의 전염병 대응 지원 사업에 나섰습니다. 이를 통해 환난을 같이한 중국-아프리카의 형제애를 보여주었습니다. 아프리카 국가들은 중국의 UN 복귀를 사심 없이 지지했으며, 원촨, 위수(玉樹) 등 지역에서 중대한 지진 피해를 입었을 때 중국에 기부금을 보내왔습니다. 중국 인민은 이를 영원히 기억하고 있습니다.

중국과 아프리카 간의 우정은 깊고 생명력이 넘칩니다. 이는 양측이 서로 평등하게 대하고, 서로에게 진솔하고 우호적이며, 협력윈윈과 공동 발전의 원칙을 견지해왔기 때문입니다. 중국과 아프리카는 영원히 좋은 친구이고, 좋은 동반자이고, 좋은 형제입니다.

현재, 중국과 아프리카는 국가 발전과 민생 개선의 임무를 짊어지고 있습니다. 아프리카는 풍부한 자연·인적 자원을 보유하고 있으며, 산업화가 추진 중에 있습니다. 중국은 30여 년의 개혁개방을 통해 아프리카를 도와 자립적이고 지속 가능한 발전을 지원하기 위한 기술, 장비, 인재, 자금 등 물질적 장점을 보유하고 있을 뿐만 아니라, 아프리카 발전을 지원할 수 있는 강력한 정치적 이점도 갖추고 있습니다. 중국과 아프리카가 협력하여 공동 발전을 이루는 것은 양측에 모두 필요하며, 상호 보완적이며, 역사적 기회를 맞이하고 있습니다.

새로운 상황에서, 우리는 중국과 아프리카의 전통적인 우정을 계승·발전시키는 동시에 이러한 우호적인 관계를 단결, 협력, 발전의 원동력으로 전환하여 중국과 아프리카 국민에게 더 많은 현실적 성과를 가져다주고, 세계가 균형 있고 공정하며 포용적으로 발전할 수 있도록 협력윈윈을 핵심으로 하는 신형 국제관계를 구축하는 데 더 큰 기여를 할 것입니다.

존경하는 동료 여러분, 신사 숙녀 여러분!

현재 세계 구도는 거대한 변화를 겪고 있으며 경제 글로벌화, 사회 정보화와 함께 사회 생산력이 크게 해방되고 발전했습니다. 우리는 전례 없는 발전의 기회를 맞이하고 있는 한편 패권주의, 테러리즘, 금융 불안, 환경 위기 등 문제가 더욱 두드러져 우리에게 커다란 도전을 던져주었습니다.

중국은 아프리카와의 관계에 있어 진실하고 친절하고 성실한 정책적 이념과 올바른 의리관을 확고히 견지할 것이며, 아프리카와 함께 협력윈윈하고 공동 발전하는 새 시대를 열어나갈 것입니다. 이를 위해, 저는 중국-아프리카의 신형 전략적 동반자 관계를 전면적인 전략적 협력 동반자 관계로 승화하고, 먼저 '5대지주(五大支柱)'를 강화하고 다질 것을 제안합니다.

첫째, 정치적으로 평등하고 서로 신뢰해야 합니다. 정치적으로 많이 신뢰하는 것은 중국과 아프리카 친선의 기초입니다. 우리는 상대방의 발전 노선을 존중하고, 자신의 의지에 따라 상대방을 강요하지 말아야 합니다. 양측의 핵심 이익과 중대한 관심사에 있어 상호 이해하고 지지하며, 공정과 정의를 공동으로 수호해야 합니다. 중국은 언제나 아프리카가 아프리카 인민의 것임을 주장하며, 아프리카의 문제는 아프리카 인민이 결정해야 한다고 주장합니다.

둘째, 경제적으로 협력윈윈의 원칙을 견지해야 합니다. 중국 사람들은 "도덕·정의와 이익의 균형을 유지하되, 도덕과 정의를 최우선으로 여기는 것"을 중요시합니다. 중국과 아프리카 관계에서 가장 큰 '도덕·정의'는 중국의 발전을 통해 아프리카의 발전을 돕는 것이며, 그렇게 함으로써 양측의 호혜윈윈과 공동 발전을 이루는 것입니다. 우리는 중국과 아프리카의 정치적 신뢰와 경제적 상호 보완성의 이점을 최대한 활용하여 생산능력, 삼망일화(三網一化, 고속도로망, 고속철로망, 구역항공망, 그리고 기초시설의 공업화를 뜻함)를 중심으로 중국과 아프리카의 모든 분야에서 협력을 심화하여 국민이 협력 발전의 성과를 공유할 수 있도록 해야 합니다.

셋째, 문명을 교류하고 서로 학습해야 합니다. 세상은 다채롭기에 아름다운 것입니다. 우리는 중국과 아프리카가 모두 오랜 역사와 화려한 문명을 가지고 있어 자부심을 느낍니다. 중국과 아프리카 각국의 문명교류와 상호 학습을 강화하고 청년, 여성, 지식인, 언론, 대학 등 각계 인적교류를 강화하여 문화적 융합, 정책적 소통, 민심 상통을 촉진시키고 공동 발전을 촉진시켜 중국과 아프리카 국민이 대대로 우호적인 관계를 유지하도록 해야 합니다.

넷째, 어려울 때 서로 협조하여 대처해야 합니다. 빈곤은 사회 불안의 근본적 원인이며, 평화는 발전의 보장이며, 발전은 모든 문제를 해결하는 총열쇠입니다. 중국은 아프리카 사람들이 자신만의 방식으로 지역 문제를 해결하고, 안보 문제에 있어 지엽적인 것과 근본적인 것을 함께 다스려 종합적으로 시책해야 한다고 주장합니다. 중국은 아프리카의 평화와 안보 능력 강화를 위한 사업에 적극적으로 참여할 것이며, 아프리카의 발전 가속화, 빈곤 퇴치, 항구적인 평화 실현을 지지할 것입니다.

다섯째, 국제 사안에서 단결과 협력을 견지해야 합니다. 중국과 아프리카는 국제 사안에서 통하는 부분이 많고 공통의 이익이 많습니다. 우리는 협상과 협력을 강화하여 글로벌 거버넌스 시스템이 보다 공정하고 합리적인 방향으로 발전할 수 있도록 이끌어 공동 이익을 수호해야 합니다. 중국은 유엔 등에서 아프리카를 위해 정의를 펼치고, 아프리카가 국제무대에서 더 큰 역할을 발휘할 수 있도록 지지할 것입니다.

존경하는 동료 여러분, 신사 숙녀 여러분!

중국과 아프리카의 전면적인 전략적 협력 동반자 관계 구축을 추진하기 위해 중국은 앞으로 3년 동안 아프리카와 함께 '10대협력계획(十大合作計劃)'을 중점적으로 실시할 것입니다. 중국은 정부가 지도하고, 기업이 주체가 되며, 시장이 운영하고, 협력윈윈하는 원칙을 견지하고 인프라 후진, 인재 부족, 자금 부족이라는 아프리카의 3대 발전 난관을 지원하고 산업화와 농업 현대화 과정을 가속화하여 자주적이고 지속 가능한 발전을 실현할 것입니다.

첫 번째는 중국-아프리카의 산업화 협력 계획입니다. 중국은 중국과 아프리카 산업 연결과 생산능력 협력을 적극적으로 촉진시키고, 중국 기업이 아프리카에 투자하고 사업을 확장하는 것을 장려하며, 양측이 함께 산업 단지를 신설하거나 업그레이드하고, 아프리카에 정부 고급 전문가를 파견할 것입니다. 또한 지역직업교육센터를 설립하고 능력개발양성학원을 설립하여 아프리카를 위해 20만 명의 직업 기술 인력을 양성하고 4만 명의 아프리카 사람들에게 중국 교육 훈련 프로그램에 참가할 수 있도록 할 것입니다.

두 번째는 중국-아프리카 농업 현대화 협력 계획입니다. 중국은 아프리카와 농업 발전 경험을 공유하고, 농업 적용 기술을 이전하며, 중국 기업이 아프리카에서 대규모의 농작물을 재배하고, 축산업을 운영하고, 식량 저장·가공 산업을 운영하도록 하여 현지 농민들의 취업을 돕고 소득을 증대시킬 것입니다. 또한 중국은 아프리카에 100개의 향촌에서 "농업을 통한 부민 공정(農業富民工程)"을 시행하고 30회에 걸쳐 농업 전문가팀을 파견하여 중국-아프리카농업과학연구기관 '10+10' 협력 체제를 구축할 것입니다. 중국은 아프리카의 많은 국가가 엘니뇨(El Nino) 현상의 영향으로 곡물 부족을 겪는 것을 주의 깊게 바라보고 있으며, 재난 국가에 10억 위안의 긴급 곡물 지원을 제공할 것입니다.

세 번째는 중국-아프리카 인프라 협력 계획입니다. 중국은 아프리카와 인프라 계획, 설계, 구축, 운영, 유지 관리 등을 강화하고, 중국 기업이 아프리카의 철도, 도로, 지역 항공, 항구, 전력, 통신 등 인프라 구축에 적극적으로 참여하도록 지지하여 아프리카의 지속 가능한 발전 능력을 향상시킬 것입니다. 그리고 아프리카 국가가 다섯 개의 교통대학을 건립하는 것을 지지할 것입니다.

네 번째는 중국-아프리카 금융 협력 계획입니다. 중국은 아프리카 국가와 인민폐 결제 및 통화스와프 규모를 확대하고, 중국의 금융기관이 아프리카에 더 많은 지사를 설립하도록 장려하여 다양한 방법으로 아프리카에 대한 투자·융자 협력을 확대함으로써 아프리카의 산업화와 현대화를 위해 금융 지지와 서비스를 제공할 것입니다.

다섯 번째는 중국-아프리카의 녹색발전 협력 계획입니다. 중국은 아프리카가의 녹색·저탄소·지속 가능한 발전 능력 향상을 지지하고, 아프리카가 100개의 청정에너지 및 야생 동식물 보호, 환경친화적 농업 및 스마트 시티 건설 프로젝트를 추진하도록 지지할 것입니다. 우리는 생태환경과 장기적 이익을 희생시키는 것을 대가로 중국-아프리카 협력을 추진하지 않을 것입니다.

여섯째는 중국-아프리카 무역·투자 편리화 협력 계획입니다. 중국은 50개의 무역 촉진 원조 프로젝트를 시행하여 아프리카의 무역·투자 환경을 개선하고, 유형 무역(Visible Trade), 서비스무역, 투자 협력을 포함한 종합적인 자유무역협정에 대해 아프리카 국가 및 지역 단체와 협의하여 중국으로의 수출품 규모를 확대할 것입니다. 아프리카 국가가 세관, 품질 검사, 세무 등 법집행 능력을 향상하고 표준화와 인증승인, 전자상거래 등 분야에서 협력을 추진하는 것을 지지할 것입니다.

일곱 번째는 중국-아프리카 빈곤 퇴치와 인민 행복 증대를 위한 협력 계획입니다. 중국은 자국의 빈곤 퇴치를 위한 노력을 강화하면서 아프리카에 대한 지원을 증가하고, 아프리카에서 200개의 '행복한 삶을 위한 공정(幸福生活工程)'과 여성·어린이를 주요 수혜자로 하는 빈곤 퇴치 프로젝트를 시행할 것입니다. 또한 2015년 말까지 상환해야 하는 아프리카의 무이자 정부 간 대출을 면제할 것입니다.

여덟 번째는 중국-아프리카 공공보건사업 협력 계획입니다. 중국은 아프리카 질병관리센터(Center for Disease Control and prevention) 등 공공 보건 예방 시스템 건설에 참여할 것입니다. 그리고 양측에서 각각 20개의 병원을 선정하여 협력의 시범을 보이고, 진료과 건설을 강화하며, 의료팀 파견·'광명행(光明行)' 추진·모자보건 의료 지원을 지속할 것이며, 복합 아르테미신 항말라리아제를 제공할 것입니다. 또한 중국 기업이 의약품 현지화를 통해 아프리카에서 약품을 생산하고, 약품의 접근성을 높이도록 지지할 것입니다.

아홉 번째는 중국-아프리카의 인문 협력 계획입니다. 중국은 아프리카에 문화 센터 5개를 지어 10,000개의 마을에서 위성 TV 시청 프로젝트를 시행할 것입니다. 또한 중국에서의 대학교육수혜 정원을 2,000명, 정부 장학금 수혜 정원을 30,000명으로 할 것입니다. 그리고 매년 200명의 아프리카 학자와 500명의 아프리카 청년을 중국으로 초청하여 연수 프로그램에 참여하도록 하고, 매년 1,000명의 아프리카 방송인을 양성할 것이며, 중국과 아프리카 간의 직항 항공편을 늘려 관광 분야에서의 협력을 촉진시킬 것입니다.

열 번째는 중국-아프리카 평화와 안보 협력 계획입니다. 중국은 아프리카 연합에 6,000만 달러의 무상 지원을 제공하고, 아프리카의 상비군과 위기 대응을 위한 기동타격대의 건설을 지원할 것입니다. 또한 중국은 유엔의 아프리카국제평화유지활동에 계속해서 참여할 것이며, 아프리카가 국방, 테러 대응, 폭동 진압, 세관 감시, 이민 통제 등 능력을 강화하는 것을 지지할 것입니다.

'10대 협력 계획'의 원활한 실행을 보장하기 위해 중국은 총 600억 달러의 자금을 지원할 것입니다. 구체적으로 50억 달러의 무상 지원과 무이자 대출, 350억 달러의 우대적 대출 및 수출신용 한도 그리고 우대 대출 혜택을 포함하며 중국-아프리카발전기금과 아프리카 중소기업 발전 특별 대출을 각각 50억 달러씩 추가하고 최초 자금 100억 달러의 '중국-아프리카 생산능력 협력 기금'을 설립하는 등이 포함됩니다.

존경하는 동료 여러분, 신사 숙녀 여러분!

올해는 중국-아프리카협력포럼이 설립된 지 15주년이 되는 해입니다. 지난 15년 동안, 중국과 아프리카는 각 분야에서의 실질적인 협력이 풍성한 성과를 거두었습니다. 2014년 중국-아프리카 간 무역 총액과 중국의 아프리카 비금융 투자 잔액은 각각 2000년의 12배와 60배에 달하여 중국의 아프리카 경제 발전에 대한 기여율이 크게 상승했습니다. 중국-아프리카협력포럼은 양측의 협력을 주도하는 기념비적인 기념일이 되었으며, 남남협력의 모범 사례가 되었으며, 아프리카에 대한 국제사회의 관심과 투자를 확대하는 데에 선도적인 역할을 하고 있습니다.

현재, 중국과 아프리카 간의 관계는 역사상 최고의 시기에 있습니다. 우리는 등고망원의 자세로 활보해야 합니다. 손을 맞잡고 중국-아프리카 24억 인민의 지혜와 힘을 모아 협력윈윈하고 공동으로 발전하는 중국과 아프리카 간 협력의 새로운 시대를 공동으로 열어나갑시다!

감사합니다.

# 제2회 세계인터넷대회 개막식에서의 연설

●● 2015년 12월 16일 ●●

존경하는 후세인(Mamnoon Hussain) 대통령님,

존경하는 메드베데프(Dmitry Anatolyevich Medvedev) 총리님,

존경하는 마시모프(Karim Masimov) 총리님,

존경하는 사리에브(Temir Sariev) 총리님,

존경하는 라술조다(Rasulzoda Qohir) 총리님,

존경하는 아지모프(Rustam Azimov) 제1부총리님,

존경하는 소발레니(Siaosi Sovaleni) 부총리님,

존경하는 우훙보(吳紅波) 부비서장님,

존경하는 자오허우린(趙厚麟) 비서장님,

존경하는 슈밥(Klaus Schwab) 선생님,

그리고 여러 장관님, 대사님,

내외 귀빈 여러분, 친구 여러분:

아름다운 우진(烏鎭)에 오셔서 세계 인터넷 발전 대계를 논의하게 된 것을 환영합니다. 먼저 중국 정부와 중국 인민을 대표하여, 그리고 저 개인적으로 제2회 세계인터넷대회에 참석해 주신 여러분을 진심으로 환영합니다! 대회의 개최를 진심으로 축하합니다!

저는 저장에서 오랜 기간 근무했으며, 그때 우진을 여러 차례 방문했습니다. 오늘 다시 이곳에 오니 친숙하면서도 새롭습니다. 지난해 제1회 세계인터넷대회가 이곳에서 열려 네트워크 창커(互聯網+創客, Internet Maker), 온라인 병원, 스마트 관광 등의 빠른 발전을 추진했고, 이는 천년 고진(古鎮)의 백장대와(白牆黛瓦, 흰 벽과 검은 기와를 뜻함)에 새로운 매력을 불어넣었습니다. 우진의 네트워크화, 스마트화는 전통과 현대, 인문과 과학의 융합 발전을 생생하게 담아냈습니다. 이는 중국 인터넷 혁신 발전의 축소판이며, 전 세계 인터넷의 공동 발전 이념을 생동감 있게 보여주었습니다.

세계문명사를 돌아보면, 인류는 농업혁명, 산업혁명, 정보혁명을 차례로 경험했습니다. 모든 산업기술혁명은 인류의 생산과 생활에 거대하고 깊은 영향을 미쳤습니다. 현재 인터넷을 대표로 하는 정보기술은 날로 새롭게 발전하며 사회 생산의 새로운 변화를 이끌고, 인류 생활의 새로운 공간을 창조하고 있으며, 국가 거버넌스의 새로운 영역을 확장함으로써 인류가 세계를 인식하고 변혁하는 능력을 대폭 향상시켰습니다. 인터넷은 세계를 "옆집의 닭과 개 소리가 들릴 정도로 가까운(雞犬之聲相聞)" 지구촌으로 만들었으며, 수천 리 떨어진 사람들이 더이상 "서로 좀처럼 왕래하지 않는 것(老死不相往來)"이 아니게 만들었습니다. 즉 세계는 인터넷으로 인해 더 다채로워지고, 생활은 인터넷으로 인해 더 풍부해졌습니다.

중국은 정보화가 빠르게 발전하는 역사적 과정에 있습니다. 중국은 인터넷 발전을 매우 중요시합니다. 21년 전 국제 인터넷에 접속한 이후 적극적인 활용, 과학적 발전, 법에 의한 관리, 안전보장이라는 원칙에 따라 정보인프라시설(information infrastructure) 건설을 강화하고, 인터넷 경제(Internet Economy)를 발전시키며, 정보로 인민에게 더 많은 혜택을 가져다주었습니다. 또한 우리는 법에 따라 네트워크 환경 관리에 착수하여 네트워크 환경이 갈수록 안전해지고 있습니다. 현재 중국에는 6억7천만에 달하는 인터넷 사용자와 413여 만 개의 웹사이트가 있으며, 인터넷은 경제·사회 발전과 국민 생활에 깊은 영향을 미치고 있습니다.

중국공산당 제18차 중앙위원회 제5차 전체회의는 혁신·조정·녹색·개방·공유의 발전 이념을 제시했습니다. '제13차 5개년 계획' 기간 중 중국은 인터넷 강국 전략(網絡強國戰略), 국가 빅데이터 전략(國家大數據戰略), '인터넷+' 행동계획("互聯網+"行動計劃)을 대대적으로 실시하고, 긍정적이고 진취적인 인터넷 문화를 발전시키며, 인터넷 경제의 범위를 확장하고, 인터넷과 경제·사회의 통합 발전을 촉진케 할 것입니다. 우리의 목표는 인터넷 발전을 통해 이룬 성과로 13억의 중국 인민에게 혜택을 가져다주고, 다른 나라 국민의 삶을 더 풍요롭게 하는 것입니다.

내외 귀빈 여러분, 친구 여러분!

세계의 다극화, 경제의 글로벌화, 문화의 다양화, 사회의 정보화가 급속히 발전하면서 인터넷은 인류문명의 진보에 더 큰 촉진적 역할을 할 것입니다. 동시에 인터넷 분야의 발전이 불균형하고 규칙이 완비하지 않으며 질서가 비합리적이라는 등 문제가 점점 두드러지고 있습니다. 다른 나라와 지역 간의 정보 격차(信息鴻溝)가 계속 벌어지고, 기존의 인터넷 공간 거버넌스 규칙(網絡空間治理規則)은 대다수 국가의 의사와 이익을 반영하기 어렵습니다. 세계적으로 개인의 프라이버시 침해, 지식재산권 침해, 네트워크 범죄 등 사건이 빈번히 발생하고 있으며, 인터넷을 통한 감청, 공격, 테러리즘 등 사건이 세계적인 공해가 되었습니다. 이러한 문제와 도전에 직면하여, 국제사회는 상호 존중, 상호 신뢰를 기반으로 대화와 협력을 강화하고, 인터넷의 글로벌 거버넌스 시스템에 대한 변혁을 추진하여 평화롭고 안전하며 개방적이고 협력적인 인터넷 공간을 공동으로 구축하고, 다자주의, 민주주의, 투명한 글로벌 인터넷 거버넌스 시스템을 구축해야 합니다.

글로벌 인터넷 거버넌스 시스템의 변혁을 추진하기 위해 다음과 같은 몇 가지 원칙을 견지해야 합니다.

— 인터넷 주권을 존중해야 합니다. 유엔헌장이 확립한 주권 평등의 원칙은 현대 국제관계의 기본 준칙이며, 국가 간 교류 전반에 적용되어야 하며, 그 원칙과 정신은 인터넷 공간에도 적용되어야 합니다. 우리는 각국이 인터넷 발전 노선, 인터넷 관리 모델, 인터넷 공공정책을 자율적으로 선택하고, 국제 인터넷 공간 거버넌스에 평등하게 참여할 권리를 존중해야 합니다. 인터넷 패권을 추구하지 않고, 타국의 내정에 간섭하지 않으며, 타국의 국가 안보를 해치는 인터넷 활동에 참여하거나 이를 묵인하거나 지지하지 말아야 합니다.

— 평화와 안보를 유지해야 합니다. 안전하고 안정적이며 번영하는 인터넷 공간은 각국과 전 세계에 중대한 의미가 있습니다. 현실 공간에서는 전쟁의 불길이 아직 꺼지지 않았고, 테러리즘의 어두운 그림자를 제거하기 어려우며, 불법 범죄가 빈번히 발생하고 있습니다. 인터넷 공간은 국가 간 힘겨루기의 장이 되어서는 안 되며, 불법 범죄의 온상이 되어서는 더욱 안 됩니다. 각국은 공동으로 노력하여 인터넷 공간을 이용한 테러, 음란, 마약 거래, 돈세탁, 도박 등 범죄 활동을 방지하고 반대해야 합니다. 상업적 기밀 도용이든, 정부 인터넷(政府網絡)에 대한 해킹 공격이든 관련 법률과 국제 협약에 따라 단호히 대응해야 합니다. 인터넷의 안보 유지는 이중 기준을 적용해서는 안 되며, 특정 국가 또는 일부 국가의 안보만 고려해서는 안 되며, 타국의 안보를 희생시키는 대가로 자신의 소위 절대 안보를 추구해서는 더더욱 안 됩니다.

— 개방과 협력을 촉진시켜야 합니다. “세상 사람들이 서로 사랑할 수 있어야 태평하고, 서로 미워하면 혼란스럽습니다(天下兼相愛則治, 交相惡則亂.).” 글로벌 인터넷 거버넌스 시스템을 개선하고 인터넷 공간의 질서를 유

지하기 위해서는 어려움 속에서 일심협력하고, 상호 신뢰와 호혜협력의 이념을 견지하고, 영합게임과 승자독식의 낡은 관념을 버려야 합니다. 각국은 인터넷 분야의 개방과 협력을 촉진시키고, 개방의 내용을 풍부하게 하며, 개방의 수준을 높이고, 더 많은 소통과 협력의 플랫폼을 구축하여 더 많은 이익 접점, 협력 성장점, 상생의 새로운 기회를 창출하여 인터넷 공간에서 서로 장점으로 단점을 보완하고, 공동으로 발전하며, 더 많은 국가와 인민이 정보화 시대의 급행열차에 탑승하여 인터넷 발전의 성과를 공유할 수 있도록 해야 합니다.

— 건전한 질서를 확립해야 합니다. 인터넷 공간은 현실과 마찬가지로 자유로우면서 질서를 유지해야 합니다. 자유는 질서의 목적이며, 질서는 자유를 보장합니다. 우리는 네티즌들의 사상적 교류와 의사표현의 권리를 존중하는 동시에, 법에 따라 건전한 인터넷 질서를 확립해야 합니다. 이는 네티즌들의 합법적인 권리와 이익을 보호하는 데 도움이 됩니다. 인터넷 공간은 '법이 없는 곳'이 아닙니다. 인터넷 공간은 가상적이지만 그 공간을 이용하는 주체는 현실에 존재합니다. 우리는 법을 준수하고 스스로의 권리와 의무를 명확히 해야 합니다. 법에 따라 인터넷 공간을 관리하고 운영하며 이용함으로써 인터넷이 법치주의적으로 건전하게 운영되도록 해야 합니다. 또한 인터넷 윤리와 문화 건설을 강화하여 도덕적 교화 역할을 발휘할 수 있도록 이끌고, 우수한 인류문명으로 인터넷 공간을 발전시키고, 인터넷 생태계를 회복해야 합니다.

내외 귀빈 여러분, 친구 여러분!

인류의 공동 활동 공간인 인터넷 공간의 미래와 운명은 세계 각국이 공동으로 결정해야 합니다. 각국은 소통을 강화하고, 공감대를 넓히며, 협력을 강화하여 공동으로 인터넷 공간 운명공동체를 구축해야 합니다. 이에 대해 저는 다섯 가지 측면에서 말씀드리고자 합니다.

첫째, 글로벌 정보인프라 건설을 가속화하여 호연호통을 촉진토록 해야 합니다. 인터넷의 본질은 상호 연결되어 있는 것이고, 정보의 가치는 서로 통하는 데 있습니다. 정보인프라 건설을 강화하고 정보의 흐름을 원활하게 하기 위한 길을 열어야만 국가·지역·국민 간의 정보 격차를 줄일 수 있으며, 정보와 자원이 충분히 솟아나게 할 수 있습니다. 중국은 "브로드밴드차이나(Broadband China)" 전략을 실행하고 있으며, 2020년까지 중국의 광대역 네트워크는 모든 행정촌락(行政村, administrative village)에 보급되어 인터넷 인프라 건설이 완성될 것이며, 이로 인해 더 많은 사람들이 인터넷을 사용할 수 있을 것으로 예상됩니다. 중국은 각국과 함께 자금 투입을 늘리고, 기술 지원을 확대하여 글로벌 인터넷인프라 건설을 추진함으로써 더 많은 개발도상국과 인민들이 인터넷 발전의 성과를 공유하도록 할 것입니다.

둘째, 온라인 문화교류 및 공유 플랫폼을 구축하여 문화의 교류와 상호 학습을 촉진토록해야 합니다. 문화는 교류를 통해 다채로워지고, 상호 학습을 통해 풍부해지는 것입니다. 인터넷은 인류의 우수한 문화를 전파하고 긍정적인 에너지를 알리는 중요한 매개체입니다. 중국은 인터넷을 통해 국제적인 교류를 위한 다리를 놓고, 이를 통해 세계의 우수한 문화가 교류되고 상호 학습될 수 있도록 하고, 각국 인민이 마음으로 다가가도록 하게 할 것입니다. 우리는 각국과 함께 인터넷 전송플랫폼의 이점을 활용하여 각국 인민이 중국의 우수한 문화를 이해하고, 중국 국민이 각국의 우수한 문화를 이해할 수 있도록 하여 네트워크 문화의 번성과 발전을 공동으로 촉진케 할 것입니다. 이를 통해 인류문명의 진보를 촉진시킬 것입니다.

셋째, 인터넷 경제의 혁신적 발전을 추진하여 공동 번영을 촉진시켜야 합니다. 세계경제는 회복이 어렵고, 여러 곡절이 겹쳐 있으며, 중국 경제도 조금 하락하고 있는 실정입니다. 이러한 문제를 해결하는 데 있어서 핵심은 혁신 중심 발전을 견지하고, 새로운 발전 영역을 개척하는 것입니다. 중국은 '인터넷+' 행동계획을 추진하고, '디지털차이나(digital China)' 건설을 촉진시키고, 공유경제(分享經濟, Sharing economy)를 발전시키고, 인터넷을 기반으로 한 다양한 혁신을 지원하여 발전 수준과 효율성을 향상시키고 있습니다. 중국의 인터넷은 활발히 발전하여 다른 국가의 기업과 창업자들에게 넓은 시장 공간을 제공하고 있습니다. 중국의 외국 자본 이용 정책은 변하지 않을 것이며, 중국은 변함없이 외국 기업의 합법적인 권익을 보호할 것이며, 중국은 외국 기업에 대해 더 나은 서비스를 제공하기 위해 노력할 것이며, 중국의 대외개방은 영원히 지속될 것입니다. 중국의 법률을 준수한다면 각국의 기업과 창업자가 중국에서 투자하고 사업하는 것을 환영합니다. 우리는 각국과 협력을 강화하고, 국제전자상거래를 발전시키고, 정보경제시범구역을 만들어 세계적인 투자와 무역을 촉진시키고 글로벌 디지털 경제를 추진할 것입니다.

넷째, 인터넷 안보를 유지하여 질서 있는 발전을 촉진토록 해야 합니다. 안보와 발전은 하나의 몸체에 달린 양 날개, 움직이는 두 바퀴와 같습니다. 안보가 유지되어야만 발전할 수 있으며, 발전은 안보를 유지하는 목적입니다. 인터넷 안보를 유지하는 것은 세계적인 과제입니다. 어느 국가도 이에 무관심하거나, 자신만 생각해서는 안 되며, 이는 국제사회의 공동 책임입니다. 각국은 함께 노력하여 정보기술 남용을 제어하고, 인터넷 감청 및 공격에 반대하며, 인터넷 공간에서 무기 경쟁에 반대해야 합니다. 중국은 각국과 함께 대화와 교류를 강화하고, 의견을 조율하여 국제적으로 받아들일 수 있는 인터넷 공간 국제규칙을 제정하고, 인터넷 공간 국제테러 공약을 제정하여 인터넷 범죄 처벌을 위한 사법 지원 시스템을 정비하여 인터넷 공간의 평화와 안전을 공동으로 유지토록 할 것입니다.

다섯째, 인터넷 거버넌스 시스템을 구축하여 공정과 정의를 유지해야 합니다. 국제적인 인터넷 공간 거버넌스는 다자간·다국적 참여를 통해 모두의 의견을 모아서 이루어져야 합니다. 정부, 국제기구, 인터넷 기업, 기술 공동체, 시민단체, 개인 등 각 주체의 역할을 발휘해야 합니다. 각국은 소통과 교류를 강화하고, 인터넷 공간 대화·협상체제를 개선하며, 세계적인 인터넷 거버넌스 규칙을 제정하여 글로벌 인터넷 거버넌스 시스템이 보다 공정하고 합리적이고, 더 균형 있게 다수 국가의 의지와 이익을 반영하도록 해야 합니다. 세계인터넷대회를 개최하는 것은 세계적으로 인터넷을 공유하고 공동으로 관리할 수 있는 플랫폼을 구축하기 위한 것이며, 이를 통해 인터넷의 건전한 발전을 추진하기 위함입니다.

내외 귀빈 여러분, 친구 여러분!

"무릇 이로운 길은 때와 더불어 함께 가는 것이라고 했습니다." 인터넷은 비록 무형의 존재이지만, 인터넷을 이용하는 사람들은 현실에 유형적으로 존재하고 있습니다. 인터넷은 인류의 정원입니다. 이 정원을 더 아름답고, 더 깨끗하고, 더 안전하게 만드는 것은 국제사회의 공동 책임입니다. 우리 함께 손을 잡고, 인터넷 공간의 호연호통, 공동 향유·공동 관리를 촉진시켜 인류 발전의 아름다운 미래를 열어나가는 데 기여합시다!

마지막으로, 대회의 원만한 성공을 기원합니다!

감사합니다.

# 아시아인프라투자은행 개업식에서의 축사

●● 2016년 1월 16일 ●●

존경하는 대표단 단장님,

장관님,

그리고 내외 귀빈 여러분,

신사 숙녀 여러분, 친구 여러분:

오늘은 역사적 기록을 남기게 하는 순간입니다! 57개국 대표단이 베이징에 모여 아시아인프라투자은행 개업식 및 이사회, 동사회(董事會) 설립식을 개최하게 되었습니다. 저는 중국 정부와 중국 인민을 대표하여, 그리고 저 개인적으로도 먼 걸음 해주신 내외 귀빈 여러분을 진심으로 환영합니다! 아시아인프라투자은행의 개업을 진심으로 축하합니다! 아시아인프라투자은행 건립을 적극적으로 지원하고 참여해주신 모든 분들께 진심으로 감사의 말씀을 전합니다!

2013년 10월 중국은 아시아인프라투자은행 건립을 제안했으며, 오늘 공식적으로 개업하게 되었습니다. 2년이라는 짧은 시간 동안, 우리는 함께 특별한 여정을 걸어왔습니다.

2014년 10월에 아시아인프라투자은행 건립을 지지했던 최초의 22개 회원국 대표들이 「아시아인프라투자은행 건립 비망록(籌建亞洲基礎設施投資銀行備忘錄)」에 서명했습니다. 2015년 6월에는 은행 건립을 지지하는

50개 회원국 대표가 「아시아인프라투자은행 협정(亞洲基礎設施投資銀行協定)」에 공동으로 서명했으며, 그 후 7개 국가가 연말까지 순차적으로 서명했습니다. 2015년 12월에는 「아시아인프라투자은행 협정」이 법적 효력의 조건을 갖추어 아시아인프라투자은행이 공식적으로 건립되었습니다.

이러한 진전과 성과는 모든 회원국의 성실한 협력과 적극적인 지지 덕분입니다. 각 회원국은 개방적이고 포용적인 자세로 협력을 추진하고, 실질적인 행동으로 공동 발전을 모색하면서 규범적이고 효율적인 전문성으로 이러한 성과를 이뤄냈습니다. 회원국들은 협정 협상, 정책 수립, 고위 경영진 선발 등 과정에서 협력하는 정신을 견지하며, 핵심 문제에 있어 조기에 공감대를 형성하도록 촉진케 했습니다. 또한 내부 서명과 비준 절차를 가속화하여 협정이 예정대로 발효되도록 공동으로 추진함으로써 아시아인프라투자은행 설립에 대한 약속과 지지를 충분히 보여주었습니다. 회원국들은 다자 절차를 따르며 여러 준비 의제를 함께 추진하여 아시아인프라투자은행이 거버넌스 구조, 업무정책, 보장 및 구매정책, 인적자원 관리 등에서 국제성, 규범성, 높은 기준을 갖추도록 했습니다.

아시아인프라투자은행의 설립은 "뜻이 있는 자는 반드시 이뤄낸다"는 진리를 증명해주었습니다. 우리는 인류의 평화와 발전이라는 중대한 임무를 앞두고, 국제사회가 확고한 신념을 유지하고 공감대를 넓히며 협력하여 협력윈윈한다면 꿈을 가질 수 있고, 그 꿈을 반드시 이룰 수 있다고 확신합니다.

신사 숙녀 여러분, 친구 여러분!

아시아인프라투자은행의 공식 설립과 개업은 아시아 지역의 인프라 투자를 효과적으로 증가시키고, 다양한 자원, 특히 민간 부문 자금을 인프라 건설에 투자하도록 동원함으로써 지역 간 호연호통과 경제 통합과정을 촉진케 할 것입니다. 또한 아시아 개발도상국의 투자 환경을 개선하고, 일자리를 창출하며, 중장기 발전 잠재력을 향상시켜 아시아 및 세계경제 성장에 긍정적인 자극을 줄 것입니다.

아시아인프라투자은행의 공식 설립과 개업은 글로벌 경제 거버넌스 시스템의 개혁과 개선에 중대한 의미를 가지며, 세계경제 구도의 조정과 진화 추세에 부응하여 글로벌 경제 거버넌스 시스템이 더 공정하고 합리적이며 효과적인 방향으로 발전하는 데 도움이 될 것입니다.

우리는 모든 회원국이 단결과 협력의 정신을 견지하고, 적극적으로 투자를 늘려 아시아인프라투자은행이 조기에 업무를 시작하고 빠르게 성장하여 다자개발은행(Multilateral Development Bank)의 전체적인 힘을 강화시키면서 국제 발전에 더 큰 기여를 할 수 있기를 바랍니다.

신사 숙녀 여러분, 친구 여러분!

아시아인프라투자은행은 개방적인 지역주의를 실천하며 기존 다자개발은행과 상호 보완되어야 하며, 자체의 장점과 특징을 바탕으로 기존 다자체계에 새로운 활력을 불어넣어야 하며, 다자기구들의 공동 발전을 촉진시켜 호혜윈윈하고, 전문성과 효율성을 갖춘 인프라 투자 및 융자 플랫폼으로 거듭나 지역의 인프라 자금조달 수준을 높이고, 지역의 경제 및 사회 발전에 이바지토록 해야 합니다.

아시아의 인프라 자금의 수요는 막대합니다. 이는 넓은 블루오션이며, 신구(新舊)기구 간의 상호 보완 가능성이 큽니다. 자금조달 연동, 지식 공유, 능력 건설 등 다양한 형태의 협력 및 건전한 경쟁을 통해 상호 촉진시키고, 장점을 취하고, 서로를 보완하여 공동으로 발전할 수 있으며, 지역의 인프라 호연호통 및 지속 가능한 경제 발전에 대한 다자개발기구의 기여도를 높일 수 있습니다.

아시아인프라투자은행은 국제 발전 분야의 새로운 동향과 개발도상국 회원국의 다양한 요구에 근거하여 업무 방식과 자금조달 도구를 혁신하여 회원국이 보다 저렴한 비용으로 더 많은 양질의 인프라 프로젝트를 개발하도록 도와야 합니다. 아시아인프라투자은행은 개발도상국 회원국을 주체로 운영되게 하는 가운데, 다량의 선진국 회원국을 포함시키는 장점이 있으며, 이는 남남협력과 남북협력을 촉진시키는 다리와 연결 고리가 될 수 있습니다.

아시아인프라투자은행은 다자개발은행의 모델과 원칙에 따라 운영되어야 하며, 기존 다자개발은행의 관리구조, 환경 및 사회보장제도(Social security policy), 조달정책(procurement policy), 부채의 지속 가능성(債務可持續性) 등 측면에서의 좋은 경험과 사례를 충분히 참고하고, 상호 보완하고 장점을 취하여 높은 차원에서 운영되어야 할 것입니다.

신사 숙녀 여러분, 친구 여러분!

중국은 세계 발전의 적극적인 참여자이자 수혜자이며 건설적 기여자입니다. 아시아인프라투자은행의 설립 제안은 중국이 국제적 책임을 더 많이 짊어지고, 기존의 글로벌 경제시스템을 개선하고, 국제 공공 재화를 제공하기 위한 것으로, 이는 각국이 호혜윈윈을 실현하는 데 유리합니다.

중국은 아시아인프라투자은행 설립의 제안자로서 은행의 운영·발전을 확고히 지지할 것입니다. 기존의 주주자본(Equity)과 투자금(Capital) 이외에도 은행이 곧 설립할 프로젝트 준비 특별 기금에 5000만 달러를 출자하여 후진국 회원국의 인프라 프로젝트 준비를 지원할 것입니다.

2016년은 중국의 '제13차 5개년 계획'이 시작되는 해입니다. 중국은 혁신·조화·녹색·개방·공유의 발전 이념에 따라 혁신을 중심으로 발전을 추진하여 경제 발전의 새로운 원동력을 강화할 것이며, 공급 측면(Supply side)의 구조적 개혁을 촉진시켜 경제 발전의 뉴노멀에 능동적으로 대응하고 선도적 역할을 할 것입니다. 또한, 높은 수준의 양방향 개방을 적극적으로 추진하는 등 계속해서 대외개방을 확대해 나갈 것입니다. 중국은 경제의 지속적이고 건강한 발전을 유지하고 아시아와 세계 각국에 더 많은 기회를 제공하고 행복을 가져다줄 수 있습니다.

중국은 계속해서 세계 발전에 기여할 것이며 호혜윈윈을 지향하는 개방전략을 추진할 것입니다. 중국은 개방의 문을 영원히 닫지 않을 것이며, 각국이 중국 발전의 '열차'에 편승하는 것을 환영합니다. 중국은 각국과 함께 아시아인프라투자은행이 조속히 운영되어 기능을 발휘하도록 촉진케 함으로써 개발도상국의 경제 성장과 민생 개선에 기여할 것입니다. 중국은 아시아인프라투자은행을 포함한 신구 국제적 금융기관들이 함께 '일대일로' 건설에 참여할 것을 환영할 것입니다.

신사 숙녀 여러분, 친구 여러분!

여러 사람이 힘을 합쳐 땔감을 모아 태우면 불꽃이 거세어집니다. 아시아인프라투자은행은 각 회원국의 은행이며, 지역 및 세계의 공동 발전을 촉진시키기 위해 설립된 은행입니다. 아시아인프라투자은행이 성공하기 위해서는 각국의 힘을 모으고 단결해야 합니다.

저는 각 회원국이 손잡고 노력하여 21세기에 아시아인프라투자은행이 전문적이고 효율적이며 청렴한 신형 다자개발은행으로 거듭나 인류운명공동체 구축을 위한 새로운 플랫폼이 될 것입니다. 이를 통해 아시아와 세계의 발전과 번영에 기여하고, 세계경제 거버넌스를 개선하는 데 새로운 힘을 더할 것이라고 믿습니다!

감사합니다.

# 중국-아랍(Arab)의 아름다운 미래를 함께 열어가자[51)]

●● 2016년 1월 21일 ●●

존경하는 아라비(Nabil Al-Arabi) 사무총장님,

존경하는 이스마일(Sherif Ismail) 총리님,

존경하는 여러 장관님,

아랍 국가 사절 여러분,

신사 숙녀 여러분, 친구들 여러분:

아랍 국가 국민들과 만나게 되어 대단히 기쁩니다. 이는 중국 국가주석 취임 후 첫 방문입니다. 먼저, 저는 중국 정부와 국민을 대표하여, 그리고 저 개인적으로 아랍 국가와 인민에게 숭고한 경의와 뜨거운 축복을 전합니다!

"보지 않고도 친근하면 가히 찾아갈 만하고, 오래되어도 잊지 않으면 가히 찾아올 만하다(未之見而親焉, 可以往矣; 久而不忘焉, 可以來矣.)"고 했습니다. 저와 저의 동료들은 이번에 아랍 국가의 따뜻한 정을 느꼈습니다. 이는 시간과 공간을 초월하여 중국과 아랍 국가가 서로 꾸밈없이 지내왔기 때문입니다. 고대 실크로드에서 친구처럼 지내고, 민족의 독립을 위한 투쟁에서 고통과 기쁨을 함께하고, 국가 건설의 여정에서 서로 도왔습니다. 서로에 대한 신뢰는 금전으로 바꿀 수 없는 것입니다.

---

51) 이는 시진핑 동지가 이집트(Egypt) 카이로(Cairo) 아랍연맹(League of Arab States) 본부에서의 한 연설이다.

신사 숙녀 여러분, 친구들 여러분!

중동은 풍요로운 곳입니다. 우리가 안타까워하는 것은 이곳이 여전히 전쟁과 갈등에서 벗어나지 못하고 있다는 점입니다. '중동 어디로 가나'하는 '중동지문(中東之問)'은 아직까지 세계적으로 자주 언급되고 있습니다. 갈등과 고통을 줄이고 평화와 존엄을 더하는 것이 중동의 국민들이 갈망하는 것입니다.

어떤 아랍 시인이 다음과 같이 말했습니다. "태양을 향할 때, 당신은 희망을 볼 것이다(當你面向太陽的時候, 你定會看到自己的希望.)." 중동은 희망을 안고 있습니다. 각국은 대화와 발전의 길에서 희망을 찾아야 합니다.

— 갈등 해소의 핵심은 대화를 강화는 데 있습니다. 무력은 문제 해결의 길이 아니며, 영합게임은 영원한 안전을 가져다줄 수 없습니다. 대화는 긴 시간을 필요로 하고 때로는 되풀이될 수 있지만, 부작용이 가장 적고 결과가 가장 오래 지속됩니다. 갈등을 겪는 각국 간에는 대화를 시작하고 최대 공약수를 찾아 정치적 해결을 촉진시켜야 한다. 국제사회는 당사국, 주변국가, 지역기구의 의지와 역할을 존중해야 하고, 외부에서 해결 방안을 강요하는 대신 대화에 최대한의 인내심을 가지고 최대한의 공간을 확보해야 합니다.

— 난제 해결의 핵심은 발전을 가속화하는 데 있습니다. 중동 정세 불안의 근원은 발전이 느리기 때문이며, 탈출구도 결국 발전에 달려 있습니다. 발전은 인민의 삶과 존엄에 관한 문제입니다. 이 과정은 시간과의 경주이고, 희망과 실망의 대결입니다. 젊은이들이 발전 속에서 삶의 존엄성을 얻을 수 있을 때, 비로소 희망이 절망을 이겨낼 수 있고, 폭력을 거부하고 극단적인 사상과 테러리즘에서 벗어날 수 있습니다.

— 발전 노선 선택의 관건은 자국의 국정에 부합하는 것입니다. 현대화는 사지선단 문제가 아닙니다. 역사적 조건의 다양성으로 인해 각국은 자연스

럽게 다양한 발전 노선을 선택하게 될 것입니다. 아랍 속담에 "자신의 손톱만이 어디가 가려운지를 알 수 있다(自己的指甲才知道哪裏癢.)"는 말이 있습니다. 무작정 따르면 출로가 없으며, 모방하면 길을 잃기 쉬우며, 실천만이 참된 지식을 낳을 수 있습니다. 한 나라의 발전 노선은 그 나라만의 역사적 전통, 문화적 유산, 경제·사회의 발전 수준에 따라 국민에 의해 결정될 수밖에 없는 것입니다.

신사 숙녀 여러분, 친구 여러분!

아랍연맹은 아랍 국가들의 단결을 상징합니다. 팔레스타(Palestein)인 국민의 합법적인 민족 권익을 보호하는 것은 아랍연맹의 신성한 사명이자, 국제사회의 공동 책임입니다. 팔레스타인 문제는 소외되어서는 안 되며, 세상에서 잊혀져서도 안 됩니다. 팔레스타인 문제는 중동 평화의 근본적인 문제입니다. 국제사회는 재협상, 협약을 촉진시키고 실행해야 할 뿐만 아니라 정의를 주장하고 펼쳐야 합니다. 정의 없이는 협약이 차가운 평화만 가져올 뿐입니다. 국제사회는 정의를 염두에 두고 역사적 불공정을 시급히 바로잡아야 합니다.

저는 이 자리를 빌려 국제사회가 더 강력한 조치를 취할 것을 제안합니다. 정치적으로 협상 과정을 활성화하고, 경제적으로 재건 과정을 촉진시켜 팔레스타인 국민이 희망을 빨리 찾을 수 있도록 해야 합니다. 중국은 중동 평화 프로세스를 확고히 지지합니다. 즉 1967년에 확정한 경계를 기반으로 동예루살렘(East Jerusalem)을 수도로 완전한 주권을 가진 팔레스타인 국가 수립을 지지합니다. 우리는 팔레스타인이 국가적 신분으로 국제사회 사무에 참여하는 정당한 요구를 이해하고, 새로운 중동문제해결체제의 구축을 지지하며, 아랍연맹 및 이슬람협력기구의 노력을 지지합니다. 팔레스타인 국민의 삶을 개선하기 위해, 중국은 팔레스타인에 5000만 위안의 무상 지원을 결정했으며, 팔레스타인 태양광발전소 프로젝트를 지원할 것입니다.

충돌로 인해 지역 주민들이 고통 받고 있는 시리아(Syria)의 현 상황은 그대로 둘 수 없습니다. 문제를 해결하기 위해 휴전, 인도주의적 지원이 시급하며, 정치적 대화는 문제 해결의 근본적인 방법입니다. 중국은 올해 시리아, 요르단(ordan), 레바논(Lebanon), 리비아(Libya), 예멘(Yemen)에 2억 3천만 위안의 인도주의적 지원을 추가로 제공할 것입니다.

신사 숙녀 여러분, 친구 여러분!

2014년 6월에 저는 중국-아랍협력포럼 베이징 장관급 회의에서 중국과 아랍 국가는 '일대일로'를 건설하고, 에너지 협력을 주축으로 인프라 건설, 무역 및 투자 편리화를 양 날개로 삼아 핵에너지, 우주항공위성, 신에너지 3대 분야를 돌파구로 하는 '1+2+3' 협력 구도를 구축할 것을 공동으로 제안했습니다. 아랍 국가는 이에 뜨거운 지지를 보내주었습니다. 이로써 우리는 이미 조기성과를 이루었습니다.

— 점차 전략적 차원에서 전체의 국면을 기획하고 있습니다. 중국과 아랍 국가는 정치 전략적 대화 체제를 설립했습니다. 중국은 이미 8개의 아랍 국가와 전략적 동반자 관계를 맺었으며, 6개의 아랍 국가와 '일대일로' 공동 건설 협약을 체결했으며, 7개의 아랍 국가가 아시아인프라투자은행의 창립 회원이 되었습니다.

— 실용적인 협력이 활발하게 이루어지고 있습니다. 중국은 아랍 국가의 제2의 무역 파트너입니다. 새로 체결된 아랍 국가 공사 수급 계약액은 464억 달러에 달하며, 걸프협력회의(Gulf Cooperation Council)가 중국과의 자유무역지대 협상을 재가동하고 실질적인 진전을 이루었고 아랍 국가에 인민폐결제센터(人民幣清算中心)가 2개 설립되었고 중국과 아랍 국가

는 두 개의 공동 투자 기금을 설립했습니다. 그리고 중국-아랍 국가 기술이전센터가 공식적으로 개소되었으며, 양측은 핵에너지 평화적 이용 교육 센터, 청정에너지 교육 센터, 베이더우위성항법시스템 등을 설립·설치하는 데 합의를 이루었습니다. 제2회 중국-아랍 국가 박람회(China Arab States Expo)에서 합의된 협력 프로젝트 금액은 1,830억 위안으로, 중국-아랍 국가의 '일대일로' 공동 건설을 위한 중요한 플랫폼이 되었습니다.

— 인문교류가 다채롭게 이루어지고 있습니다. 우리는 '중국-아랍 국가 친선의 해'라는 기념행사를 개최했으며, 첫 번째 연합대학을 함께 설립하는 것에 대한 협약을 체결했으며, 100개의 문화 기구 간 협력이 가동되었으며, 중국의 아랍인 유학생은 1만 4000명으로 늘었으며, 아랍 국가 공자아카데미는 11개로 증가했으며, 중국-아랍 국가 간 주간 항공편이 183편으로 늘었습니다.

신사 숙녀 여러분, 친구 여러분!

중국은 평화적 발전 노선을 확고히 견지하고 독립적이고 평화적인 외교 정책을 추진하며 호혜윈윈을 지향한 개방 전략을 실행하고 있습니다. 그 중에서도 글로벌 거버넌스에 적극적으로 참여하여 호혜협력을 지향한 국제 구도를 구축하고 국제적 책임을 이행하며 국가 간의 이익 접점을 확대하여 인류운명공동체를 구축하는 것이 중점적으로 추진하는 과제 가운데 하나입니다.

우리는 관건적인 앞으로의 5년을 효과적으로 계획하여 '일대일로' 건설을 공동으로 추진하며 평화·혁신·인도(引導)·관리·융합을 원칙으로 하는 이념을 확립하여 중동의 평화를 선도하고 중동의 발전을 촉진시키고 중동의 산업화를 추진하고 중동의 안정을 지원하며 중동 인민에게 마음으로 다가가는 협력 파트너가 될 것입니다.

중국은 아랍 국가와 '일대일로' 공동 건설을 추진하고 양측의 부흥이 서로에게 더 많은 이익 접점을 창출하도록 추진할 것입니다.

첫째, 평화적 대화라는 기치를 높이 들고 안정을 도모하기 위한 노력을 기울여야 합니다. '일대일로' 건설은 민족·문화 간의 '교류와 소통'을 촉진시키기 위한 것입니다. 따라서 장벽을 무너뜨리고, 대화를 '황금법칙(黃金法則)'으로 삼아 서로가 이웃처럼 다녀야 합니다.

중국의 고대 성현 맹자는 "천하의 바른 자리에 서면 천하의 가장 큰 도를 행한다(立天下之正位, 行天下之大道.)"고 했습니다. 중동에 대한 중국의 정책과 조치는 사리의 옳고 그름, 중동 인민의 근본적인 이익을 우선으로 고려합니다. 우리는 중동에서 대리인을 찾는 것이 아니라 중재와 대화를 촉진케 할 것이며, 세력범위를 구축하는 것이 아니라 함께 '일대일로' 건설에 동참하도록 도울 것이며, '진공(真空)'을 채우는 것이 아니라 호혜윈윈을 지향한 협력 파트너 네트워크를 구축할 것입니다.

중국에는 '궁변통구(窮變通久, 궁하면 변하게 되고 변하게 되면 두루두루 통해서 오래간다는 뜻)'의 철학이 있고 아랍에는 "변하지 않는 상태(常態)는 없다(沒有不變的常態)"는 말이 있습니다. 우리는 변혁에 대한 아랍 국가의 바람을 존중하고 아랍 국가가 독자적으로 발전 노선을 탐구하는 것을 지지합니다. 개혁·발전·안정 3자 간의 균형을 잘 유지하는 것이 중요합니다. 이는 아랍 사람들이 즐겨 하는 낙타경주와도 같습니다. 전반부에서 빠르게 달리면 후반부에서 힘들어지고, 전반부에서 느리게 달리면 후반부에 따라가기 힘들 수 있습니다. 기수는 속도와 인내력을 균형 있게 유지해야만 완주할 수 있습니다.

테러리즘과 극단주의의 만연은 평화와 발전에 대한 가혹한 시련을 겪게 하고 있습니다. 테러리즘과 극단주의를 타격하기 위해서는 공감대를 형성해야 한다. 테러리즘은 국가 간의 경계를 넘나드는 글로벌 문제이며, 좋고 나쁨의 구분이 없으며, 이중 기준이 적용되어서는 안 됩니다. 또한, 테러리즘을 특정 민족이나 종교와 연결시킬 경우 민족, 종교 간의 갈등만을 초래할 뿐입니다. 어떤 정책도 독자적으로 완전한 효과를 발휘할 수 없으며, 반테러 행동은 종합적으로 시행되어야 하며, 근본적인 문제를 해결해야 합니다.

이를 위해 중국은 중국-아랍 국가 개혁·발전연구센터를 설립할 것입니다. 중국-아랍국가협력포럼의 틀 안에서 문명 간 대화 및 극단주의 극복을 위한 라운드테이블을 개최하고, 100명의 유명한 종교 지도자를 상호 방문하도록 할 것이며, 중국-아랍 국가 사이버 안보 협력을 강화하여 폭력적인 테러 음악·비디오의 인터넷 전파 경로를 차단하고 국제 사이버 공간 반테러 조약에 공동으로 참여할 것이며, 법집행 협력 및 경찰 교육 등 프로젝트에 3억 달러의 지원을 제공하여 역내 국가가 안정 유지 능력을 강화하도록 도울 것입니다.

둘째, 구조조정을 촉진시키고 혁신적 협력을 추진할 것입니다. 점차 격화되는 국제 발전 경쟁에서 버텨 내기 위해서는 협력 수준을 높여야 합니다. '에너지+' 협력이라는 새로운 모델을 촉진시켜 협력의 새로운 잠재력을 발굴해야 합니다. 중국은 아랍 국가와의 상·중·하 차원에서의 산업사슬 간의 협력을 강화하고, 석유 구매 장기 계약을 갱신하고, 호혜호리를 지향한 안전·신뢰·우호적인 중국-아랍 국가 간 에너지 전략적 협력 관계를 구축할 것입니다. 무역 및 투자 체제를 혁신하여 새로운 협력 공간을 확대해나갈 것입니다.

중국의 해외투자는 이미 급행차선에 진입했으며, 아랍 국가의 국부펀드(國家主權基金, Sovereign Wealth Funds)는 자금이 충족합니다. 양국은 통화스왑, 상호투자협정 등을 더 많이 체결하여 인민폐 결제 업무 규모를 확대하고, 투자 편리화를 가속화하여 양측 투자 기금 및 사회 자금이 '일대일로' 핵심 프로젝트에 참여하도록 유도할 수 있습니다. 양측은 고신기술 분야에서의 협력을 강화하고 새로운 협력 분야를 개발해야 합니다. 기존에 설립한 기술이전, 양성센터 등을 바탕으로 고속철(高鐵), 원자력, 우주, 신에너지, 유전자 공학 등 고신기술을 신속하게 현지화 하여 중국과 아랍 국가의 실질적인 협력을 강화할 수 있습니다.

이를 위해 중국은 혁신적 협력을 추진할 것입니다. 아랍 국가와 함께 '석유·대출·공정' 종합적 협력 모델을 탐구하고, 전통적인 석유·천연가스 협력 사슬을 확장하고, 신에너지, 재생가능에너지를 함께 개발할 것입니다. 중국은 중동산업단지 구축에 참여하여 수에즈(Suez) 경제무역협력지대 건설에 주력할 것이며 인력 교육, 공동 계획, 공동 공장 건설 등을 통해 가공과 제조, 운송과 수출을 통합할 것입니다. 또한, 중국-아랍 국가의 과학기술 파트너십 계획을 가동하여 현대 농업, 정보 통신, 인간 건강 등 분야에서 10개의 연합 실험실을 개설할 것입니다. 그리고 중국-아랍 국가 베이더우협력포럼(北鬥合作論壇)을 개최할 것입니다.

셋째, 중동 산업화를 촉진시키고 생산능력 교류를 추진할 것입니다. 생산능력 협력은 중동 국가 경제 다원화의 큰 흐름에 부합합니다. 이는 중동 국가가 경제적으로 발달하고, 국민 중심적이고, 친환경적인 산업화의 새로운 길을 개척할 수 있도록 도울 것입니다.

중국 장비는 가성비가 높고 기술이전, 인재 양성, 강력한 자금 지원을 통해 중동 국가가 적은 비용으로 철강, 비철금속, 건설자재, 유리, 자동차 제조, 발전소 등 시급히 필요한 산업을 구축하는 데 도움을 줄 수 있습니다. 중국의 우수한 생산능력과 중동의 인력 자원이 결합된다면 더 많고 더 좋은 일자리를 창출할 수 있습니다.

오늘 오전에 저는 중국-이집트수에즈경제무역협력지대 2단계(中埃蘇伊士經貿合作區二期) 기공식에 참석했습니다. 이 프로젝트는 섬유 의류, 석유 장비, 오토바이, 태양광 등 100여 개 기업을 유치하여 이집트에 1만여 개의 일자리를 창출해줄 것입니다.

중동 산업화를 촉진시키기 위해 중국은 아랍 국가와 협력하여 중동 지역에서의 생산능력 교류를 위한 사업을 공동으로 추진할 것입니다. 즉 150억 달러의 중동 산업화 특별 대출을 설립하여 생산능력 협력 및 인프라 건설을 지원하며, 100억 달러의 상업용 대출을 제공하여 생산능력 협력을 지원하며, 100억 달러의 우대 조건 대출을 제공하고 우대 조건을 높일 것이며, 아랍 에미리트 연합(United Arab Emirates)과 카타르(Qatar)와 함께 200억 달러에 달하는 공동 투자 기금을 설립하여 중동의 전통형 에너지 자원(conventional energy), 인프라 건설, 첨단제조업(advanced manufacturing) 등에 투자할 것입니다.

넷째, 문명 간의 교류와 상호 학습을 촉진시키고, 우호 관계를 증진할 것입니다. 문명은 다채롭습니다. 마치 자연계의 다양한 종들처럼 지구상의 생명의 근원을 이루고 있습니다. 중동은 인류의 고대문명이 합류한 곳으로, 다채로운 문명과 문화 다양성을 가지고 있습니다. 중국은 중동과 아랍 국가가 민족의 문화와 전통을 보호하고 특정 민족이나 종교에 대한 차별과 편견을 반대하는 데 변함없는 지원을 이어갈 것입니다.

중화문명과 아랍문명은 각각의 체계와 특징을 가지고 있지만, 인류 발전과 진보를 위해 쌓아온 공통의 이념과 목표를 포함하고 있으며, 모두 중도(中道)와 평화사상, 충서관용(忠恕寬容, 남을 진실하고 너그럽게 대하며 관용하는 것), 자제(自制) 등 가치관을 중시합니다. 우리는 문명 간의 대화를 추진하고, 포용과 상호 학습을 촉진시키며, 민족 문화의 긍정적 가치와 현대의 공감대를 함께 찾아야 합니다.

'일대일로' 연선 지역은 인문교류가 활발했던 지역입니다. 국민 간에 가까워지려면 꾸준한 노력이 필요합니다. 어제 저는 '중국-아랍국가우호공헌상(中阿友好傑出貢獻獎)'을 수상한 열 명의 아랍 친구들을 만났습니다. 대대로 걸쳐 우정을 키워온 이분들의 노고 덕분에 중국-아랍 국가 우정의 나무가 그늘이 짙고 사계절 내내 녹색을 유지할 수 있었던 것입니다.

인재와 사상이 '일대일로'에서 움직일 수 있도록 하기 위해 우리는 '백천만(百千萬)' 우호증진 사업을 추진할 것입니다. 즉 '실크로드 책의 향기(絲路書香)' 사업을 실시하여 중국과 아랍 국가의 고전을 상호 번역하며, 싱크탱크 협력을 강화하여 100명의 전문가와 학자를 상호 초청하며, 1000명의 아랍 국가 청년에게 지도자 교육의 기회를 제공하며, 1500명의 아랍 국가 정당 지도자를 중국으로 초청하며, 중국-아랍 국가 청년 사절과 정치 리더를 육성하며, 장학금 수혜 정원을 만 명으로 양성과정 수혜 정원을 만 명으로 하며, 만 명의 중국-아랍 국가 예술가가 상호 방문하는 것입니다.

신사 숙녀 여러분, 친구 여러분!

이집트 속담에 "시간보다 영원한 것은 피라미드이다(比時間永恒的是金字塔.)"라는 말이 있습니다. 제가 보기에 가장 영원한 것은 이집트인들이 변화를 추구하고 자유를 추구하는 위대한 정신입니다. 오늘날 이집트는 문명을 계승할 수 있다는 희망을 안고 부흥의 길을 모색해야 할 사명을 안고 있습니다. 중국은 이집트 정부와 국민의 노력을 확고히 지지하며 이집트가 지역 안정의 기둥이자 발전의 벤치마크가 되기를 기대합니다.

민족 부흥의 꿈을 향해 나아가는 과정에는 우여곡절과 고통이 따르기 마련이지만, 그 길이 옳다면 먼 길도 두렵지 않습니다. 중국과 아랍 국가들은 서로 손을 맞잡고 나란히 등반하여 중국-아랍 국가 우호 협력을 강화하기 위해 노력해야 합니다! 인류의 평화와 발전을 위한 숭고한 사업을 위해 함께 분투합니다!

슈크란[52]! 감사합니다!

---

52) 아랍어로 감사하다는 뜻임.

# 국제 핵 안보 체제를 강화하고 국제 핵 안보 거버넌스를 추진하자[53)]

●● 2016년 4월 1일 ●●

존경하는 오바마 대통령님,

동료 여러분:

여러분과 함께 워싱턴에 모여 국제 핵 안보 대계를 논의하게 되어 대단히 기쁩니다. 오바마 대통령님과 미국 정부의 세심한 배려에 감사드립니다.

60년 전 인류의 평화적 핵 이용 사업이 시작되었고, 그 이후로 핵 안보를 강화하기 위한 조치를 취했습니다. 지난 60년 동안 국제사회의 공동 노력으로 핵 안보의 개념은 사람들의 마음에 깊이 뿌리내렸고, 핵 안보 협력은 결실을 맺었으며, 각국의 핵 안보 능력이 크게 향상되었습니다.

2010년에 시작된 핵 안보 정상회의는 국제 핵 안보 사업의 부스터를 가동했습니다. 6년 동안 우리는 공동의 목표를 설정하고, 업무의 중점을 설정하고, 미래의 청사진을 계획하는 데까지 각자 노력을 기울여왔습니다.

2년 전 네덜란드(Netherlands) 헤이그(hague)에서 열린 제3차 '핵 안보 정상회의'에서 저는 이성적이고 협조적이며, 병행하는 핵 안보관을 견지하고 '핵 안보 프로세스를 지속 가능하고 건강한 발전의 궤도에 올려놓아야

53) 시진핑 동지가 미국 워싱턴 핵 안보 정상회의(Nuclear Security Summit)에서 한 연설이다.

한다고 제안했습니다. 지난 2년 동안 전 세계의 핵 안보 수준이 다시 향상되어 기쁩니다.

하지만 "머뭇거리면서 앞으로 나아가지 못하면 안 됩니다(故步自封, 裹足不前.)." 현재 세계 구도가 전례 없이 심각한 변화를 겪고 있으며, 안보 분야의 위협과 도전이 끝없이 등장하고 있으며, 테러리즘의 근원이 아직까지 제거되지 않았으며, 핵 테러리즘은 여전히 국제 안보에 대한 중대한 위협이 되고 있습니다.

미래를 바라보면서 국제 핵 안보 체제를 강화하는 것은 핵에너지 산업의 건전한 발전을 위한 기본 전제 조건이며, 국제 안보 거버넌스를 촉진시키고, 신형 국제관계를 구축하며, 세계질서를 개선하는 중요한 일환입니다. 핵 안보 정상회의는 곧 막을 내리지만, 이제부터 새로운 여정이 시작됩니다.

동료 여러분!

저는 헤이그 정상회담에서 공정·협력·상생을 지향한 국제 핵 안보 체제 구축을 주장했습니다. 즉 공정의 원칙을 기반으로 기초를 다지고, 협력을 통해 발전을 이끌며, 상생의 미래를 생각하며 자신감을 높여 핵에너지 안보가 인류에게 더 큰 행복을 가져다주도록 강력하고 지속 가능한 제도적 보장을 제공하는 것입니다. 이 원대한 목표를 실현하기 위해 우리는 손잡고 새로운 노력을 기울여야 합니다.

— 정치적 노력을 강화하여 지엽적인 것과 근본적인 것을 함께 다스릴 수 있는 방향을 파악해야 합니다. 국가지도자로서 우리는 핵 안보가 충분한 주의를 받도록 강조해야 하는 책임이 있으며, 국제 핵 테러 대응 상황을 정기적으로 검토해야 하며, 핵 안보에 대한 국제적 공감대를 형성하고, 핵 테러에 대해 무관용 원칙(zero tolerance)과 무차별 원칙을 견지하며, 핵 안보에

관한 법적 의무와 정치적 약속을 이행하며, 새로운 도전과 위협에 효과적으로 대응해야 합니다.

"나무를 잘 기르려면 그 뿌리를 튼튼하게 해야 합니다(求木之長者, 必固其根本,)." 근본적인 해결책을 찾는 것은 항상 우리의 목표입니다. 우리는 인류에게 행복을 가져다줘야 하는 책임을 기억하며, 협력윈윈을 핵심으로 하는 신형 국제관계를 구축하고, 국제 안보 거버넌스를 굳건히 추진하여 평화롭고 안정적인 국제 환경을 유지하고, 각국의 보편적인 발전과 번영을 촉진시키고, 화이부동·겸수병축의 자세로 문명교류를 펼쳐나가야 합니다. 그렇게 해야만 핵 테러의 뿌리를 조속히 제거할 수 있습니다.

— 국가적 책임을 강화하여 빈틈없고 지속적인 방어선을 구축해야 합니다. 핵에너지 개발은 각국의 자율적 선택이며, 핵 안보는 각국이 이행해야 할 의무입니다. 각국은 자국의 상황에 맞는 국가 차원의 핵 안보 전략을 확립하고, 중장기 핵 안보 발전계획을 수립하며, 핵 안보에 관한 법률·감독 체제를 완성하며, 관련 업무에 충분한 투입과 지원을 해야 합니다.

전략적 배치는 구체적인 조치에 의존합니다. 핵 테러는 비대칭성과 불확실성이 강하기에 일상적인 예방과 위기 대응이 필요합니다. 한편으로는 "싹트기 전에 대비하고 천하가 어지러워지지 않았을 다스리는 식(見之於未萌, 治之於未亂.)"으로 미연에 예방·처치하고 기본 방어선을 확립하여 국제 인터넷과 금융 시스템을 악용하는 테러리스트의 새로운 위험을 제거해야 합니다. 다른 한편으로는 전 방위적이고 단계적인 위기 대응 계획을 수립하고, 위험을 정확히 평가하고, 사태에 결연히 대응하여 상황을 적시에 파악해야 합니다.

— 국제적 협력을 강화하여 조정하며 함께 발전하도록 해야 합니다. 핵 테

러는 전 인류의 공통적인 적이며, 핵 안보는 국경을 넘어서는 문제입니다. 호연호통의 시대에는 어떤 나라도 혼자서 대응할 수 없으며, 어떤 나라도 사태에서 벗어날 수 없습니다. 각국은 주권을 존중받는 전제하에 핵 안보 사업에 참여해야 하며, 개방적이고 포용적인 정신으로 핵 안보 운명공동체를 구축하기 위해 노력해야 합니다.

기존의 국제조직과 기구는 미래의 핵 안보 국제협력을 위한 든든한 플랫폼으로 기능할 수 있습니다. 우리는 국제원자력기구(International Atomic Energy Agency)를 중심으로 전 세계의 핵 안보 자원을 조정하고 통합하며, 국제원자력기구의 전문성을 충분히 이용하여 각국을 위해 역할을 발휘하도록 해야 합니다. 가장 보편성을 지닌 국제기구인 유엔은 계속해서 중요한 역할을 할 수 있습니다. 다른 조직과 기구도 법집행 등 분야에서의 실질적인 협력을 촉진시키는 데 보완적인 역할을 발휘할 수 있습니다. 이 과정에서 개발도상국의 합리적인 요구를 고려해야 하며, 그들에게 지원을 제공해야 합니다.

— 핵 안보 문화를 강화하여 공동 향유의 분위기를 조성해야 합니다. 국제 핵 안보 체제를 강화하는 데 있어 사람들이 의무와 책임을 얼마나 효과적으로 이행하느냐가 가장 중요합니다. 법치 의식, 위험 인식, 자율 의식, 협력 의식은 핵 안보 문화의 핵심이며, 핵 안보 분야 전문인력이 이러한 문화를 인지하고, 자신이 맡은 책임을 인식하고 의무를 다할 수 있도록 독려해야 합니다.

학계와 대중이 핵 안보 의식을 형성하는 것도 매우 중요합니다. 우리는 각국의 싱크탱크가 국제 핵 테러 대응 상황을 주의 깊게 바라보고, 핵 안보에 관한 학술적 연구를 적극적으로 추진하며, 국제 핵 안보 체제 강화 및 각국의 핵 안보 촉진 사무에 대한 더 많은 가치 있는 제안을 제시하도록 촉구해야 합니다. 또한 핵 안보 지식의 보급을 강화하여 대중이 핵 안보를 이해하고 중요시할 수 있도록 해야 합니다.

동료 여러분!

최대의 개발도상국인 중국은 안보가 보장되는 전제하에 핵에너지 개발과 이용에 힘쓰고 있습니다. 이는 에너지 수요 공백을 메우고 기후변화에 대응하기 위함입니다. 중국은 원자력(Nuclear Power) 발전 분야에서 세계적으로 가장 빠른 국가이며, 우수한 핵 안보 기록을 유지하고 있습니다. 헤이그 정상회담을 이후 중국은 핵 안보 분야에서 새로운 진전을 이루었습니다.

— 중국은 정익구정(精益求精, 훌륭한데도 더 훌륭하게 하려 하는 것을 뜻함)의 이념을 추구하면서 핵 안보 강화의 효과적인 방법을 모색하기 위해 노력하고 있습니다. 우리는 이미 핵 안보를 국가의 전반 안보 체계에 포함시켰고, 국가보안법에 핵 안보의 전략적 위치를 명확히 제시했으며, 앞으로 지속적으로 핵 안보 국가 법률체계를 개선할 것이며, 현재 원자력법과 핵 안보법을 만들고 있습니다. 그리고 핵 안보 중장기 계획을 확립·시행하여 감독 및 법집행 체제를 계속 강화하고, 관련 전문 인력 양성을 전면적으로 실시하고, 시뮬레이션 훈련을 조직하여 긴급 대응 능력을 향상시키고 있습니다.

— 중국은 말한 대로 행동하며, 국제적 의무와 정치적 약속을 충실히 이행하고 있습니다. 중국은 이미 핵 안보 분야의 모든 국제 법률 문서를 승인하고, 안전보장이사회의 관련 결의를 엄격하게 시행하며, 핵 안보 국제제안(核安全國際倡議)을 적극적으로 지지하고 관련 사무에 참여하고 있습니다. 헤이그 정상회담에서 제가 제안한 국가 핵 안보 시범센터(國家核安全示範中心)는 이미 약속한 시간에 비해 1년 앞당겨 공사를 끝내고 베이징에서 이미 가동 중에 있습니다. 그리고 중국의 고농축 우라늄 마이크로 원자로(高濃鈾

微堆)의 개조가 성공적으로 완료되었으며, 보다 안전한 저농축 우라늄 연료를 사용하기 시작했습니다. 가나(Ghana)를 도와 추진하고 있는 고농축 우라늄 마이크로 원자로 개조 프로젝트 또한 긍정적인 진전을 보였습니다.

— 중국은 협력윈윈을 지향하며 국제교류와 협력을 적극적으로 추진하고 있습니다. 중국은 국제원자력기구가 핵 안보 행동계획(核安全行動計劃) 실행을 확고히 지지하며, 핵 안보 기금에 더 많은 기부를 할 것입니다. 중국과 국제원자력기구는 올해 첫 물리적 방호 자문서비스((International Physical Protection Advisory Service, IPPAS)를 공식적으로 가동하기로 합의했습니다. 올해 2월에는 중국과 미국이 성공적으로 첫 연례 '핵 안보 대화'를 개최했습니다. 우리는 다른 나라 및 유엔, 핵 테러리즘 퇴치를 위한 글로벌 이니셔티브(打擊核恐怖主義全球倡議) 등과의 교류와 협력을 강화할 것입니다.

중국은 국내의 핵 안보 체제를 강화할 뿐만 아니라 국제 핵 안보 협력을 적극적으로 추진할 것이며, 기술과 경험을 공유하고 자원과 플랫폼을 제공할 것입니다. 저는 다음과 같이 선언합니다.

첫째, 중국은 핵 안보 능력 강화를 위한 네트워크를 구축할 것입니다. 우리는 '국가 핵 안보 시범센터', '중국 세관 방사선 감지 훈련센터(中國海關輻射探測培訓中心)' 등 플랫폼을 이용하여 핵 안보 인력양성, 핵 안보 기술 훈련 및 교류 등 활동을 추진할 것입니다. 아시아-태평양 지역 국가, '일대일로' 연선 국가 그리고 기타 개발도상국이 관련 프로젝트에 참여하는 것을 환영하며, 국제원자력기구 등과의 긴밀한 협력을 유지할 것입니다.

둘째, 중국은 고농축 우라늄 감소를 위한 협력 모델을 널리 확대할 것입니다. 각국이 경제적 및 기술적 조건이 허용되는 경우 자국의 필요에 따라 고농축 우라늄 사용을 최소화하는 것을 지지합니다. 그리고 '가나 모델'을 기반으로, 자발적이고 실질적인 원칙에 따라 중국에서 수입된 고농축 우라늄 마이크로 원자로를 개조하는 국가들을 도울 것입니다. 또한 고농축 우라늄 마이크로 원자로 개조에 관한 다자간 협력 모델을 요약하여 다른 관심 있는 국가에 참고하도록 제공할 것입니다.

셋째, 중국은 '방사 원 안보 강화 행동계획(放射源安全行動計劃)'을 실행할 것입니다. 각국의 대량 방사선원이 테러리스트들에 의해 노림수에 올라가지 않도록, 앞으로 5년간 국내 방사선원 상황을 더욱 철저히 조사하고, 안보체제를 강화하며, 고위험 이동 방사선원에 대한 실시간 모니터링을 중점적으로 실시할 것입니다. 또한 다른 국가들과 경험을 공유하며, 함께 방사선원 안보 감독 수준을 향상시킬 것입니다.

넷째, 중국은 핵 테러 위기에 대응하기 위한 기술 지원 이니셔티브를 가동할 것입니다. 우리는 이를 찬성하는 국가 및 기관과 함께 민간핵물질분석 및 추적 등 분야의 과학적 연구를 진행하고, 적극적으로 시뮬레이션 훈련을 조직하여 위기 대응 능력을 공동으로 향상시킬 것입니다.

다섯째, 중국은 '국가 원자력 안보 감독시스템(國家核電安全監管體系)'을 널리 확대할 것입니다. 중국은 가장 엄격한 안전 감독을 시행하여 국내용 및 수출용 원자력 발전소의 안전성을 확보할 것입니다. 우리는 '국가 핵 방사선 안전감독 기술개발센터(國家核與輻射安全監管技術研發中心)'를 활용하여 필요한 국가들이 안보 감독 능력을 향상하도록 도우며, 전 세계적인 원자력 안보 수준 향상에 기여할 것입니다.

동료 여러분!

봄에 싹트고 여름에 자라고 가을에 수확하고 겨울에 저장하듯이 노력에는 반드시 보상이 따르는 법입니다. 우리가 진실하게 협력하고 핵 안보를 지속적으로 강화한다면, 핵에너지가 인류에게 가져다줄 미래는 더욱 빛날 것입니다!

# 합의를 도출하고 대화를 촉진시켜 아시아 평화와 번영의 아름다운 미래를 함께 열어가자[54)]

●● 2016년 4월 28일 ●●

존경하는 외교장관 여러분, 내외 귀빈 여러분,

신사 숙녀 여러분, 친구 여러분:

"봄과 여름이 만나는 때는, 초목이 하늘에 닿을 정도로 우거집니다(春夏之交, 草木際天.)." 생명이 약동하는 계절에 베이징에 오신 것을 환영합니다. 먼저 중국 정부와 인민을 대표하여, 그리고 저 개인적으로 신뢰조치협의기구 회원국, 옵서버 외교장관과 대표 그리고 관련 국제기구 책임자와 대표 여러분께 진심 어린 환영의 인사를 드립니다! 이번 회의의 성공적인 개최를 축하합니다!

이번 회의는 중국에서 개최되는 첫 신뢰조치협의기구 외교장관회의로, 새로운 정세하에서 아시아의 안보와 발전을 촉진시키고, 신뢰조치협의기구 건설을 추진하는 중요한 행사이기도 합니다. 「대화를 통한 안보 증진(以對話促安全)」을 주제로 한 이번 회의는 각국의 합의를 도출하고, 아시아의 안보를 증진하며, 공동 발전을 모색하고, 신뢰조치협의기구의 역할을 강화하

54) 이는 시진핑 동지가 베이징에서 열린 제5차 '신뢰조치협의기구(Conference on Interaction and Confidence-Building)' 외교장관회의 개막식에서 한 연설이다.

고, 신뢰와 협력을 촉진시키는 것을 목표로 하고 있습니다. 이 회의는 아시아와 전 세계의 안보와 번영에 매우 중요한 의미를 지닙니다.

오늘날 세계는 전례 없는 역사적 변화를 겪고 있습니다. 평화·발전·협력·상생의 시대적 흐름은 멈출 수 없으며, 우리가 살고 있는 지구는 평화롭지 않으며, 세계 평화를 수호하고 공동 발전을 도모하기 위해서는 아직 갈 길이 멉니다.

세계 평화와 발전을 수호하는 과정에서 아시아는 독특하고 중요한 위치를 차지하고 있습니다. 오늘날의 아시아에서는 평화와 안정이 큰 흐름이며, 발전과 번영이 지역 주민들의 염원입니다. 아시아 경제는 세계를 선도하고 있으며, 지역 간 협력 및 통합 프로세스가 가속화되고 있으며, 전반적인 글로벌 발전에서 아시아의 전략적 위치는 지속적으로 상승하고 있습니다. 또한 아시아의 국지적 불안정과 충돌 등 전통적 안보 문제가 여전히 존재하고, 테러리즘과 같은 비전통적 안보위협이 나날이 두드러지고 있어 지역 안보 협력을 시급히 강화해야 합니다.

2014년 상하이에서 개최된 신뢰조치협의기구 정상회의에서 저는 공동·종합·협력이 지속 가능한 아시아 안보관을 확립하여 공동 건설·공동 향유·상생을 지향한 아시아 안보체제를 구축할 것을 제안했습니다. 지난 2년간 국제 및 지역 정세의 발전과 변화는 지역 안보를 수호하기 위해서는 우리 모두의 공동의 노력이 필요하다는 것을 보여주었습니다. 우리는 아시아 안보관을 견지하고 실천하며 합의를 도출하고, 대화를 촉진시키며, 협력을 강화하여 아시아 특색의 안보 거버넌스 모델 구축을 추진하여 아시아의 평화와 번영의 아름다운 미래를 공동으로 열어나가야 합니다. 이를 위해 우리는 다음과 같은 측면에 노력을 집중해야 합니다.

첫째, 방향을 파악하고 아시아 운명공동체를 구축해야 합니다. 아시아 각국은 안위를 같이하고, 운명을 함께하고 있습니다. 우리는 협력윈윈의 신형 동반자 관계를 발전시키고, 서로를 존중하고, 서로를 평등하게 대하고, 어려울 때 서로 협조하여 대처하고, 어려움 속에서 일심협력하고, 자국의 이익을 추구하면서 각국의 합리적인 입장을 고려하고, 자국의 발전을 추구하면서 각국의 공동 발전을 촉진시키며, 자국의 안보를 수호하면서 각국의 안보를 존중해야 하면서 아시아의 평화와 안정, 번영을 도모해야 합니다. 또한 군사와 정치, 새로운 위협과 도전, 경제, 인문, 환경보호 등 분야에서의 안보와 신뢰 조치 구축에 관한 협력을 강화하여 아시아 안보와 발전에 기여해야 합니다.

둘째, 기반을 튼튼히 다지고, 문명 간의 교류와 상호 학습을 추진해야 합니다. 아시아는 민족, 종교, 문화가 다양하고 사회제도, 발전 노선, 경제 발전 수준에서 차이를 보이며, 안보 관련 문제에 대한 인식과 관심 분야가 다릅니다. 이러한 상황에서 우리는 교류와 소통을 강화하고, 아시아의 다양성을 교류·협력 확대의 원동력으로 삼고, 문명 간의 포용, 상호 학습, 공동 발전을 촉진시켜 지역의 평화와 안정을 유지하는 데 긍정적으로 작용하도록 해야 합니다. 각국은 '아시아 문명 대화 대회(Conference on Dialogue of Asian Civilizations)'에 참여하는 등 방식으로, 그리고 다양한 플랫폼을 통해 지혜와 힘을 모아 지역안보 종합관리(地區安全綜合治理)를 위해 더 튼튼한 기반을 마련해야 합니다.

셋째, 우리는 서로 이해하고 양보하며, 대화에 의한 협상을 통해 분쟁을 평화적으로 해결해야 합니다. "덕을 믿는 자는 창성하고 힘을 믿는 자는 망합니다(恃德者昌, 恃力者亡.)." 약육강식은 시대의 흐름에 어긋나며, 무력을 남용하여 전쟁을 일삼아서는 평화를 이룰 수 없습니다. 서로 이해하고 양보해야만 안정을 가져올 수 있으며, 도덕과 정의를 확고히 실천해야만 항구적인 안보를 얻을 수 있습니다. 우리는 대화에 의한 협상을 통해 국제법에 따라 평화적인 방식으로 분쟁을 해결해야 하며, 대화를 통해 상호 신뢰를 증진하고, 분쟁을 해결하고, 안보를 유지해야 합니다. 복잡한 지역 이슈에 있어 관련 국가는 침착한 자세와 평화적인 방식을 견지해야 합니다. 상황을 악화시키는 행동은 삼가야 하며, 규칙을 만들어 위기에 대응하고, 상호 신뢰를 강화하여 긴장을 완화하고, 정치적 방법을 통해 위기를 완화하여 문제를 점차 해결해야 합니다.

넷째, 지역의 특성에 맞는 안보시스템 구축을 단계적으로 모색해야 한다. 아시아에는 다양한 안보 협력 체제가 있으며, 이러한 체제는 지역 안보를 수호하는 데 일정한 역할을 발휘하고 있습니다. 우리는 아시아 국가들이 오랫동안 지켜온 서로 존중하고 협상을 통해 합의를 이루고 각국의 합리적인 입장을 배려하는 아시아의 방식을 견지하고 확대·발전시키고, 역내의 다양한 안보체제에 대한 조정을 강화하고, 국가 간에 동일하거나 유사한 목표를 중심으로 점진적으로 협력을 추진하여 힘을 모아 실질적인 결과를 이뤄야 합니다. 이를 바탕으로 점차 아시아의 특성에 맞는 지역안보 협력을 위한 새로운 시스템을 모색할 수 있습니다. 신뢰조치협의기구 비정부포럼을 비롯한 다양한 플랫폼을 통해 이 문제를 논의하고, 지역 안보 협력의 원칙과 핵심 방향에 대한 구상과 제안을 제시할 수 있습니다.

오늘날 세계에는 협력의 흐름이 힘차고 강하며, 포용의 이념이 사람들의 마음속에 깊이 뿌리내려 있습니다. 아시아 국가와 국민은 대화와 협력을 통해 아시아의 안보와 발전이 유지되도록 할 수 있으며, 또한 그렇게 해야만 합니다. 아시아는 언제나 개방적이고 포용적인 전통을 가지고 있으며, 높이 올라 멀리 볼 수 있는 지혜를 가지고 있습니다. 우리는 역외 국가들이 아시아의 평화와 발전에 긍정적인 에너지를 기여하고, 아시아 국가와 함께 아시아의 안보, 안정, 발전 및 번영을 증진시키는 것을 환영합니다. 아시아가 안정되고 발전한다면 세계에 이롭지만, 아시아가 혼란스럽고 쇠퇴한다면 세계에 이롭지 않을 것입니다. 이는 근대 이후 아시아의 역사가 우리에게 알려준 중요한 도리입니다.

신사 숙녀 여러분, 친구 여러분!

중국은 평화적인 외교정책을 추진하면서 공동·종합·협력이 지속 가능한 아시아 안보관을 제시하고 실천하는 데 앞장서며, 언제나 국제 및 지역 안보의 수호자, 건설자, 기여자로 노력을 기울여왔습니다. 중국은 확고부동하게 평화적 발전 노선을 견지하고, 유엔헌장의 목적과 원칙을 핵심으로 하는 국제질서를 확고히 수호하며, 협력윈윈을 핵심으로 하는 신형 국제관계 구축을 확고히 추진하며, 인류운명공동체 건설에 전력해왔습니다. 중국은 오랫동안 국제사회와 함께 국제 및 지역안보에 대한 위험, 도전, 위기에 대응하기 위해 기여해왔습니다.

세계는 아시아에 주목하고 아시아는 세계에 영향을 미칩니다. 현재 아시아의 안보 상황에 관한 뜨거운 이슈가 국제사회의 큰 관심을 끌고 있습니다. 중국은 이러한 문제를 해결하기 위해 적극적인 노력을 기울여왔습니다.

올해 초부터 한반도 정세는 계속해서 긴장 상태에서 벗어나지 못하고 있습니다. 중국은 상황을 통제하고 해당 국가 간의 대화와 협상을 촉진시키기 위해 커다란 노력을 기울였습니다. 우리는 한반도의 비핵화, 한반도의 평화와 안정의 정착, 대화와 협의를 통한 문제 해결에 주력하고 있습니다. 중국은 유엔 안전보장이사회 상임이사국으로서 관련 유엔 안전보장이사회 결의를 전면적으로 이행할 것입니다. 한반도의 가까운 이웃으로서 우리는 한반도에서 전쟁과 혼란이 일어나는 것을 절대 용납하지 않을 것입니다. 그러한 상황이 발생하면 누구에게도 이익이 되지 않기 때문입니다. 해당 국가는 자제하면서 서로를 자극하여 갈등을 심화시키는 것이 아니라, 한반도 핵문제를 대화와 협상으로 해결하는 방향으로 이끌어 동북아의 장기적인 평화와 안정이 정착되기를 추진하기 위해 노력을 기울이기 바랍니다.

중대한 전환기에서 다양한 도전에 직면해 있는 아프가니스탄(Afghanistan)은 국제사회의 강력한 지원이 필요합니다. 중국은 아프가니스탄 문제에 대한 이스탄불(İstanbul) 프로세스에 적극적으로 참여했고, 아프가니스탄이 평화를 되찾아 "아프가니스탄이 주도하고, 소유하는 포용적 정치적 화해 프로세스"를 지지해왔습니다. 중국은 아프가니스탄이 조속히 평화·안정·발전을 이룩할 수 있기를 진심으로 희망하며, 국제사회와 함께 아프가니스탄의 평화 회복, 정치적 화해, 순조로운 전환을 위해 계속해서 지지와 도움을 제공할 것입니다.

시리아, 팔레스타인-이스라엘 문제의 조기 해결은 해당 국가들의 이익에 부합하며, 이는 국제사회의 공통된 염원이기도 합니다. 중국은 언제나 정치적 협상을 통한 평화적 해결을 주장하면서 다양한 방법으로 평화적 협상을 적극적으로 추진해왔으며, 앞으로도 이를 위해 노력할 것입니다. 중국은 이란(Iran) 핵문제 해결을 위한 포괄적 공동행동계획(이란 핵합의, Joint Comprehensive Plan of Action, 이하 'JCPOA'라 함) 체결에 건설적인 역할을 해왔으며, 해당 국가들과 함께 JCPOA의 후속 이행을 계속해서 촉진할 것입니다.

한동안 해당 국가들은 남중국해 문제에 대해 우려해왔습니다. 다시 말씀드리자면, 중국은 항상 남중국해의 평화와 안정을 수호하기 위해 노력해왔으며, 남중국해에 대한 주권과 관련된 권리를 수호해왔으며, 관련 국가와 우호적인 협의와 협상을 통해 분쟁을 평화적으로 해결하는 것을 확고히 견지해왔습니다. 중국은 아세안 국가들과 함께 남중국해를 평화, 우호, 협력의 바다로 만들기 위해 노력할 것입니다.

신사 숙녀 여러분, 친구 여러분,

2014년에 신뢰조치협의기구 의장국을 맡은 이후, 성실하게 책임을 다하고, 신뢰조치협의기구의 다양한 분야에서 대화와 협력을 추진하여 긍정적인 성과를 거두었습니다. 앞으로 2년 동안 중국이 의장국을 연임하게 되었습니다. 중국은 각국과 함께 지역 안보 및 발전 문제에서 신뢰조치협의기구가 더 큰 역할을 발휘하도록 추진할 것입니다. 이 자리에서 저는 의장국을 맡은 중국에 강력한 지지와 협조를 아끼지 않은 각국에 진심 어린 감사를 드립니다!

현재 중국 인민은 전면적인 샤오캉사회를 건설하여 중화민족의 위대한 부흥이라는 '중국의 꿈'을 실현하기 위해 함께 노력하고 있습니다. 중국의 발전은 계속해서 각국에 더 많은 기회를 창출하고, 각국 국민에게 더 많은 혜택을 가져다줄 것입니다. '중국의 꿈'을 실현하는 과정에서 중국 인민은 각국 인민이 자신의 아름다운 꿈을 이루고, 항구적인 평화와 공동 번영을 지향한 아시안 드림을 함께 실현하여 아시아의 아름다운 미래를 함께 열어 나갈 것입니다!

마지막으로, 이번 대회의 원만한 성공을 기원합니다!

감사합니다.

# '일대일로' 건설을 추진하여, 개혁·발전을 위한 새로운 공간을 넓혀나가야 한다[55)]

●● 2016년 4월 29일 ●●

'일대일로'는 새로운 역사적 상황에서 중국이 대외개방을 전면적으로 실행하기 위한 중대한 조치이고, 호혜윈윈을 추진하기 위한 중요한 플랫폼입니다. 우리는 더 높은 곳에서 더 넓은 안목으로 역사적 경험에 기초하여 혁신적인 이념과 사고방식을 가지고 빈틈없이 업무를 수행함으로써 일대일로 연선 국가 인민들이 일대일로의 장점을 느낄 수 있도록 해야 할 것입니다.

중앙정치국이 이 제목을 학습과제로 결정한 것은 실크로드와 해상 실크로드의 역사와 문화를 이해하고, 역사적 경험을 총화하여 새로운 상황에서 '일대일로' 건설을 촉진시키기 위해 참고적인 자료를 제공하기 위함입니다. '일대일로' 이니셔티브가 제안된 이후, "한 돌이 천 방울의 물결을 일으키는 식"으로 커다란 호응을 얻어 많은 국가의 주목을 받고 있습니다. '일대일로' 이니셔티브가 시대적 요구와 발전을 촉진시키려는 각국의 의지와 부응하기 때문이며, 튼튼한 역사적·인문적 기반을 가지고 있기 때문입니다. 우리의 상황에서 볼 때, 이 이니셔티브는 우리의 내생적 경제 성장을

55) 이는 시진핑 동지가 중국공산당 제18기 중앙정치국 제31차 집단학습(中共十八屆中央政治局第三十一次集體學習)을 주재하면서 한 연설의 요지이다.

추진하는 데 이로우며, 국경에 있는 소수민족 지역의 발전을 촉진시키는 데 도움이 됩니다.

'일대일로' 이니셔티브는 연선 국가들이 역사를 되새기도록 도와주었습니다. 고대의 실크로드는 무역의 통로였을 뿐만 아니라, 우정의 지평을 열어주기도 했습니다. 중화민족은 다른 민족과 친선 교류를 추진하는 과정에서 평화적이고, 협력적이고, 개방적이고, 포용적이고, 상호 학습하고, 호혜윈윈을 지향하는 실크로드 정신을 형성했습니다. 새로운 역사적 조건에서 '일대일로' 이니셔티브를 제안한 것은 실크로드 정신을 계승·발전시키고, 우리의 발전을 '일대일로' 연선 국가들과 연결하고, 중국의 꿈과 일대일로 연선 국가 인민들의 꿈을 연결하여 고대 실크로드에 새로운 시대적 의미를 부여하고자 함입니다.

'일대일로' 건설을 촉진시키기 위해서는 중국의 이익과 일대일로 연선 국가의 이익 간의 관계, 정부·시장·사회의 3자 간의 관계, 경제무역과 인문교류 간의 관계, 대외개방과 국가안보 수호 간의 관계, 실질적인 추진과 홍보 촉진 간의 관계, 국가의 전반적인 목표와 지역별 구체적 목표 간의 관계를 잘 다뤄야 합니다.

중국은 '일대일로' 이니셔티브의 주도자이자 추진자이지만, '일대일로' 건설은 우리만의 일이 아닙니다. '일대일로' 건설은 우리의 자체 발전뿐만 아니라, 더 많은 국가가 우리의 급행열차를 얻어탐으로써 자국의 발전목표를 실현하는 데도 도움을 줄 수 있어야 합니다. 우리는 자체의 이익 추구와 함께 다른 국가의 이익을 고려해야 합니다. 올바른 의리관을 견지하며, 도덕을 최우선으로 여기며, 이익을 추구하면서 도덕과 정의도 지키며, 눈앞의 성공과 이익에만 급급하지 않으며, 모두를 위한 원대한 타산이 없이 눈앞만 보는 행위를 하지 않을 것입니다. 우리는 중국과 일대일로 연선 국가의 공통 이익과 차이점에 대해 종합적으로 고려하고, 더 많은 이익 접점을 찾아

일대일로 연선 국가의 적극적인 참여를 촉진시켜야 합니다. 우리 기업이 해외로 진출할 때에는 투자에서 얻는 이익뿐만 아니라, 좋은 명성과 평판을 얻어야 하며, 주재국 법률을 준수하고 더 많은 사회적 책임을 져야 합니다.

'일대일로' 건설을 추진하기 위해서는 정부가 방향 제시와 조정의 역할을 발휘하는 동시에 시장의 기능을 발휘해야 합니다. 정부는 홍보 및 소개, 조정 강화, 체제 구축 등 측면에서 주도적인 역할을 발휘하는 한편 시장을 기반으로, 기업을 주체로 하는 지역경제 협력 체제를 구축하고, 다양한 기업의 참여를 촉진시켜 더 많은 사회적 자원을 '일대일로' 건설에 참여하도록 하여 정부 주도, 기업 참여, 시민 촉진의 삼면체제(三面體制)를 형성하도록 노력해야 합니다.

인문적 교류와 협력 또한 '일대일로' 건설의 중요한 내용입니다. '일대일로'가 이루어지기 위해서는 연선 국가 국민 간에 서로 호감을 갖고, 서로 이해하고, 서로 존중하는 인문적 마인드가 형성되어야 합니다. 국민 간에 가까워지는 것은 '일대일로' 건설의 중요한 내용이자 '일대일로' 건설의 인문적 기반입니다. 따라서 경제 협력과 인문교류를 동시에 추진하는 가운데, 인문 분야에서의 긴밀한 협력에 정성을 들여야 하며, 각국 국민의 문화와 역사, 관습을 존중하며, '일대일로' 연선 국가 국민 간의 친선 교류를 강화하여 '일대일로' 건설에 튼튼한 사회적 기반을 마련해야 합니다. 또한 '일대일로' 연선 국가 간의 안보 분야에서의 협력을 강화해야 합니다. 연선 국가와 함께 이익공동체, 책임공동체, 운명공동체를 구축하여 양호한 환경을 조성해야 합니다. 그리고 언론의 중요성을 인지하고 다양한 방식으로 '일대일로'에 관한 이야기를 전하고, '일대일로'에 관한 소식을 널리 알려 '일대일로' 건설에 이로운 언론 환경을 조성해야 합니다.

'일대일로' 건설은 국가 차원의 총 목표를 확립해야 할 뿐만 아니라, 지방의 적극성을 발휘해야 합니다. 지역의 계획과 목표는 국가의 총 목표를 따르고, 대국과 전국(全局)을 고려해야 합니다. 대외개방 수준을 높이며, 국제 경쟁력을 강화하며, 경제 발전 방식의 전환과 경제의 구조조정이 함께 추진되도록 하는 데 주력해야 합니다. 현 상황에 기초하여, 위치를 명확히 하고, 장점을 발휘하여 실질적인 결과를 이룸으로써 개혁과 발전의 새로운 공간을 넓혀나가야 합니다.

# 중·미 간 신형 대국관계 구축을 위해 부단히 노력할 것이다[56)]

●● 2016년 6월 6일 ●●

케리(John Forbes Kerry) 국무장관님,

제이콥 루(Jacob Lew) 재무장관님,

존경하는 내외 귀빈 여러분,

신사 숙녀 여러분, 친구 여러분:

오늘은 베이징에서 제8차 중미 전략경제대화와 제7차 중미 인문교류고위급협상이 열렸습니다. 대화와 협상의 개막을 진심으로 축하드립니다! 멀리 미국에서 오신 친구들에게 뜨거운 환영의 인사를 드립니다!

3년 전 같은 계절에 저는 오바마 대통령님과 서니랜드에서 회동하여 양국이 전략적 대화를 강화하고 실질적인 협력을 확대해나가며, 의견 차이를 적절히 해결하여 중미 간 신형 대국관계를 구축하기 위해 함께 노력하자는 데 중요한 합의를 이루었습니다.

뿌린 만큼 거둔다는 말이 있듯이, 3년간의 노력 끝에 우리는 많은 성과를

56) 이는 시진핑 동지가 베이징에서 열린 제8차 중미 전략경제대화(U.S.-China Strategic and Economic Dialogue)와 제7차 중미 인문교류고위급협상(第七輪中美人文交流高層磋商) 공동개막식에서 한 연설이다.

이뤘습니다. 양측의 노력으로 중미 양국은 양자, 지역, 국제적 차원의 다양한 분야에서 협력을 확대하고 양국 관계는 새로운 발전을 가져왔습니다. 교역액과 양방향 투자는 역사적으로 최고치를 기록했으며, 인문 및 지역 간 교류는 더욱 밀접해지고, 네트워크와 법집행 등 분야의 협력과 양국 간 군사교류는 새로운 진전을 이루었습니다. 양국은 기후변화에 관한 세 개의 공동선언을 발표하고, 국제사회와 함께 역사적 의미를 지니는 「파리협약」을 체결했습니다. 양국은 한반도 핵문제, 이란의 핵문제, 아프가니스탄, 시리아 등 이슈에 대한 효과적인 소통과 조정을 달성했습니다. 이러한 협력은 중미 양국에 현실적인 이익을 가져다주었으며 아시아-태평양 지역과 세계의 평화·안정·발전에 크게 공헌했습니다.

3년간의 성과는 쉽게 얻어진 것이 아니며, 우리에게 많은 교훈을 주었습니다. 그 중 가장 근본적인 교훈은 양측이 충돌과 대립을 피하고, 서로 존중하며, 협력윈윈의 원칙을 견지하며, 중미 간 신형대국관계 구축을 견지해야 한다는 것입니다. 이 선택은 중미 양국과 인민의 근본적 이익을 충족시키며, 각국 인민의 공통적인 바람입니다. 국제정세가 어떻게 변하든 우리는 이 방향을 견지하고 이를 유지하기 위해 흔들림 없이 노력해야 합니다.

지금 우리는 급격한 변화를 겪고 있는 시대에 살고 있습니다. 세계의 다극화, 경제 글로벌화, 사회의 정보화가 심화되고, 다양한 도전이 잇따라 등장하며, 각국의 이익이 밀접하게 연결되어 있습니다. 영합게임, 갈등과 대결은 시대에 뒤떨어진 지 오랩니다. 어려움 속에서 일심협력하고 협력윈윈을 지향하는 것이 시대적 요구가 되었습니다. 세계에서 가장 큰 개발도상국, 가장 큰 선진국이자 세계경제 1위, 2위를 차지하는 중미 양국은 양국과 세계 각국 인민의 근본적인 이익에서 출발하여, 책임감 있게, 중미 신형대국관계 구축을 향해 끊임없이 노력해야 합니다.

— 우리는 양국 간의 신뢰를 증진해야 합니다. 중국인은 예로부터 '신의'를 중시해왔습니다. 약 2000년 전에 공자는 "사람이 믿음이 없다면 가능성을 알 수 없다"고 말했습니다. 신뢰는 인간관계의 기초이자, 국가 간 교류의 전제입니다. 우리는 잘못된 전략적 판단을 피하기 위해 정기적인 소통을 통해 전략적 신뢰를 쌓아야 합니다. 이 문제를 잘 해결하면 중미 간 협력의 기반이 더욱 견고해지고, 추진력이 더욱 강해질 것입니다.

— 양국 간 호혜협력을 적극적으로 확대해나가야 합니다. 중미 수교 이후 지난 37년 동안 중미 협력의 내용과 범위가 계속해서 확대되어 양국 국민들이 그 혜택을 누리고 있습니다. 중미 양국은 상생의 이념을 확고히 견지하고, 협력 수준을 지속적으로 향상시켜야 합니다. 현재는 거시경제정책 조정을 강화하고, 관련 국가들과 함께 항저우에서 개최될 G20 정상회의가 긍정적인 결과를 이루도록 노력하여 국제사회에 우리의 자신감을 전하고, 세계경제에 활력을 불어넣어야 합니다. 또한 호혜윈윈을 지향한 중미 투자협정을 조속히 체결하여 경제무역 협력의 새로운 지점을 만들어야 합니다. 그리고 기후변화, 발전, 사이버, 대테러, 비확산, 양국 군대, 법집행 등 분야에서 양국 간 교류 및 협력을 강화하고, 양국 간의 주요 국제·지역·글로벌 현안에 대한 양측의 소통과 조율을 강화하여 양국 국민에게 보다 실질적인 혜택을 주고 세계 평화·안정·번영을 위한 공공재를 더 많이 제공해야 합니다.

— 이견과 민감한 문제를 적절하게 관리해야 합니다. 중미 양국은 역사, 문화, 사회제도, 국민 요구 등 측면에서 차이를 보이기 때문에 약간의 의견 차이가 있을 수밖에 없습니다. 세계는 다채롭습니다. 차이가 없으면 이 세계도 존재하지 않습니다. 한 가정 내부에도 종종 다양한 의견 충돌이 있기 마련입니다. 의견 차이가 있다고 해서 두려울 것은 없습니다. 중요한 것은 그것을 대립의 이유로 간주하지 않는 것입니다. 일부 차이는 노력을 통해 해결할 수 있기 때문에 양측은 이러한 차이를 해결하기 위해 노력해야 합니

다. 일부 차이는 한동안 해결되지 않을 수도 있지만, 서로 상대국의 구체적 상황을 고려하여 실질적이고 건설적인 자세로 관리해야 합니다. 양측이 서로 존중하고, 평등하게 대하며, 서로 다른 점을 인정하면서 공동의 이익을 추구하며, 같은 점은 모아내고 다른 점은 변화시킨다면 극복하지 못할 장애물이 없을 것이며 중미 관계는 큰 혼란을 피할 수 있을 것입니다.

— 아시아-태평양 지역 사안에 관한 소통과 협력을 강화해야 합니다. 넓은 태평양은 각국이 경쟁을 치르는 경기장이 아닌, 포용과 협력의 큰 무대가 되어야 합니다. 중국은 우호·성실·호혜·관용의 주변국 외교이념을 확고히 실천하며, 언제나 아시아-태평양 지역의 평화·안정·발전을 촉진시키기 위해 노력해왔습니다. 중미 양국은 아시아-태평양 지역에서 이익 접점이 많습니다. 정기적인 대화를 유지하고, 더 많은 협력을 추진하며, 각종 도전에 대응하여 양국 간 배타가 아닌 공동의 '우호 국가'를 육성하기 위해 노력하며, 지역 번영과 안정을 위한 건설자이자 수호자가 되어야 합니다.

— 양국 국민 간의 우정을 증진시켜야 합니다. 우호적인 인적교류는 국가 간 관계의 원천입니다. 중미 관계발전은 양국 인민 간의 상호 이해와 우정을 기반으로 합니다. 저는 미국을 여러 차례 방문했습니다. 아이오와주에서 온 오랜 친구든, 타코마(Tacoma, Washington)에 있는 링컨 중학교의 사랑스러운 아이들이든 중국 인민에 대해 우호적이어서 깊은 감명을 받았습니다. 작년에 거의 500만 명이 두 나라를 오갔다는 사실을 듣고 저는 대단히 기뻤습니다. 양측은 더 많은 플랫폼을 구축하여 양국 간의 다양한 교류에 더 많은 편의를 제공해야 하며, 이를 통해 중미 친선의 횃불이 대대로 전해질 수 있도록 해야 합니다.

신사 숙녀 여러분, 친구 여러분!

올해는 중국의 제13차 5개년 계획이 가동되는 해입니다. 중국은 전면적으로 샤오캉사회를 건설하고, 개혁을 심화하며, 법치를 철저히 실시하고, 엄격히 당을 다스림으로써 혁신·조정·녹색·개방·공유의 발전 이념을 관철하고, 공급 측면의 구조적 개혁을 촉진시키며, 방식 전환과 구조조정을 추진하며, 대외개방을 계속해서 개선할 것입니다. 우리는 중국의 경제·사회 발전목표를 실현할 수 있을 것이며, 중국은 세계에 더 많은 발전 기회를 제공하고 미국을 포함한 세계 각국과 보다 긴밀한 협력을 펼쳐나갈 것입니다.

중국은 확고부동하게 평화적 발전 노선을 견지할 것입니다. 세계 각국 또한 이 노선을 견지하며, 협력윈윈을 핵심으로 하는 신형 국제관계 구축을 추진하며, 인류운명공동체를 건설할 것을 제안합니다. 우리는 세계 각국과 협력을 강화하고, 유엔헌장의 취지와 원칙을 핵심으로 하는 국제질서와 국제체제를 공동으로 수호하며, 국제질서가 보다 공정하고 합리적인 방향으로 발전할 수 있도록 추진하여 우리가 살고 있는 지구를 더 아름다워지게 할 것입니다.

신사 숙녀 여러분, 친구 여러분!

중미 전략경제대화와 인적교류고위급협상 체제는 양국 간에 전략적 상호신뢰를 강화하고, 호혜 협력을 확대하며, 양국 인민 간의 우정을 증진하는데 중요한 역할을 발휘해왔습니다. 양측의 실무팀과 대화와 협상에 관심을 가져주시고 지지를 보내주신 양측의 각계 인사들께 진심 어린 감사를 전합니다! 양측 관계자분들께서 소통을 심화시키고, 공감대를 형성하여 실질적인 성과를 이룰 수 있도록 애써주시기를 바랍니다.

중국 송나라의 시인 신기질(辛棄疾)은 "청산은 강물을 붙들지 못하고 끝내 강은 동쪽으로 흘러간다(青山遮不住, 畢竟東流去.)"는 유명한 명구를 남겼습니다. 이는 세상의 큰 강은 천 번을 돌고 돌면서 우여곡절 끝에 결국 바다로 흘러간다는 뜻입니다. 방향을 확고히 하고, 인내심을 갖고 그만두지 않는 한 우리는 반드시 중미 간 신형 대국관계 건설에서 더 큰 발전을 이룰 수 있을 것이며, 두 나라 인민 그리고 각국 인민에게 더 큰 이익을 가져다줄 수 있을 것입니다.

끝으로, 이번 중미 전략경제대화와 인적교류고위급협상의 원만한 성공을 기원합니다!

감사합니다.

# 중국-중앙아시아-서남아시아 경제회랑 건설을 공동으로 추진해야 한다[57]

●● 2016년 6월 22일 ●●

2013년 중앙아시아 방문 기간에 실크로드 경제벨트 공동 건설을 제안하여 우즈베키스탄(Uzbekistan)을 비롯한 국제사회의 전폭적인 지지와 긍정적인 호응을 얻었습니다. 그 이후 저는 21세기 해상 실크로드 건설을 제안했습니다.

실크로드는 역사가 우리에게 남겨준 위대한 유산입니다. '일대일로' 이니셔티브는 고대의 실크로드가 남겨준 소중한 경험에 근거하여 세계의 공동 번영과 발전을 위해 제안된 계획으로 여기에는 동양의 풍부한 지혜가 깃들어 있고, 평화와 발전을 추구하는 세계 각국 인민의 공통된 꿈을 이루는 데 중점을 둡니다.

지난 3년 동안 '일대일로' 이니셔티브는 탐구를 통해 발전을 가져왔고, 발전하면서 보완·개선되었으며, 협력을 통해 성장을 이루어왔습니다. 우리는 공동 협상·공동 건설·공동 향유의 원칙을 견지하면서 평화와 협력, 개방과 포용, 상호 학습과 호혜윈윈의 실크로드 정신으로 운명공동체와 이익공동체라는 협력의 목표를 만들어 '일대일로' 연선 국가들로부터 널리 받아들여

57) 이는 시진핑 동지가 우즈베키스탄 최고 회의 입법원에서 한 연설의 일부이다.

지고 있습니다. 지금까지 70여 개 국가와 국제기구가 '일대일로' 건설에 적극적으로 참여하고 있으며, 중국은 '일대일로' 공동 건설에 관한 비전과 행동 문서를 제정했으며, 30여 개 국가가 '일대일로' 공동 건설을 위한 협력과 협정을 체결했습니다. '일대일로' 건설에 참여하는 국가의 범위는 점점 더 넓어지고 있으며, '일대일로' 건설은 점차 연선 국가 인민들의 공통된 꿈이 되었습니다.

지난번 우즈베키스탄을 방문했을 때, 카리모프(Islom Abdug' aniyevich Karimov) 대통령께서는 우즈베키스탄에는 "빈 주머니는 일어설 수 없다(空口袋立不起來.)"는 속담이 있다고 말했습니다. 지난 3년간 '일대일로' 연선 국가들은 정책적 소통, 인프라 연결, 무역의 원활화, 자금의 연결, 민심 상통의 5대 영역에서 지속적으로 협력을 강화했으며, 긍정적인 성과를 거두었습니다. 중국은 20개 국가와 생산능력 협력 협정을 체결했으며, 17개의 '일대일로' 연선 국가와 함께 46개의 해외협력지대를 건설하여 중국 기업의 누적 투자액이 140억 달러를 넘어 현지인들에게 6만 개의 일자리를 창출케 했습니다. 또한 아시아인프라투자은행이 공식적으로 가동되었으며, 이에 57개 국가가 적극적으로 참여하고 있습니다. 뿐만 아니라 실크로드 기금, 중국-유라시아 경제협력 기금이 성공적으로 설립되어 중국은 해마다 '일대일로' 연선 국가에서 10,000명의 신입생을 후원하여 중국에서 유학하거나 어학연수를 받도록 하고 있으며, 2015년에는 중국과 '일대일로' 참여 국가와의 교역액이 1조 달러를 넘어 중국 전체 대외무역의 25%를 차지했으며, 49개의 '일대일로' 연선 국가에 대한 중국 기업의 직접투자는 전년 대비 18% 증가한 약 150억 달러에 달했으며, '일대일로' 참여 국가의 대중국 투자는 전년 동기 대비 25% 증가한 82억 달러를 넘어섰습니다. '일대일로' 건설은 계획을 앞당겨 완성했으며, 뿌리 내리고 정성껏 가꾸어 지속적인 발전 단계로 나아가고 있습니다.

이로부터 볼 때 '일대일로' 연선 국가의 시장 규모와 자원적 장점이 뚜렷하고 상호 보완의 가능성이 크며, 잠재력이 거대하고, 전망이 넓습니다. "지혜로운 자는 계략에 능하지만 그때만도 못하다(智者善謀, 不如當時.)"는 말이 있습니다. 중국은 우즈베키스탄을 포함한 관련 국가와 함께 역사적 기회를 포착하고, 다양한 위험과 도전에 대응하며, '일대일로' 건설을 더 높은 수준과 더 넓은 공간으로 추진할 것입니다.

첫째, '일대일로'의 호혜협력 네트워크를 구축할 것입니다. 중국은 '일대일로' 연선 국가들과 함께 시대의 흐름에 부응하고, 실크로드 정신을 계승하며, 상호 신뢰를 강화하고, 우정을 돈독히 하며, 협력을 강화하고, 상호 지원을 늘리며, 자발적이고 평등하고 호혜적인 원칙을 기반으로 실용적이고 진취적이며 포용적이고 상호 학습하며 개방적이고 혁신적인 '일대일로' 호혜협력 네트워크를 구축하여 세계경제를 활성화시키기 위해 노력할 것입니다.

둘째, '일대일로'의 신형 협력 모델을 함께 구축할 것입니다. 중국은 공동 협상·공동 건설·공동 향유의 원칙에 따라 '일대일로' 연선 국가의 발전계획을 서로 연결시키고 이를 기반으로 무역과 투자의 자유화와 편리화를 활성화하며, 호연호통과 생산능력 분야에서의 협력, 인적교류를 중점적으로 추진하며, 금융 측면에서의 호혜협력을 이용하여 양자·지역 간 협력을 적극적으로 추진하고, '일대일로'의 신형 협력 모델을 구축하기 위해 노력할 것입니다. 또한 계속해서 투자를 늘리고 '일대일로' 건설을 위해 전방위적인 지지를 제공함으로써 협력의 성과가 각국에 혜택을 가져다주도록 할 것입니다.

셋째, '일대일로'의 다차원적 협력 플랫폼을 구축할 것입니다. 중국은 협력 국가와 함께 정부, 기업, 사회기관, 민간단체 간의 다양한 호혜협력을 추진하고, 기업의 자주적 참여 의지를 강화하며, 사회적 자본을 유치하여 협력 프로젝트에 참여하도록 하여 '일대일로' 연선 국가 간의 전방위적이고 다양한 분야에서의 호혜협력을 위한 플랫폼을 구축할 것입니다.

넷째, ‘일대일로’의 핵심 분야 프로젝트를 추진할 것입니다. 중국은 협력 국가와 함께 6대 국제경제협력회랑(六大國際經濟合作走廊) 건설을 적극적으로 추진하고, 더 많은 산업집결지(産業集聚區)과 경제무역협력지대(經貿合作區)를 만들어 핵심 분야에서의 협력을 추진할 것입니다. 또한 협력 국가와 함께 인프라 네트워크를 계속해서 개선하고, 지역 내 협력의 전반적 수준을 높일 수 있는 호연호통 프로젝트를 확정하여 검문소의 업무 효율 향상을 위한 프로젝트(提高口岸工作效率工程, ‘대통관(大通關)’은 약칭임)를 개발·추진할 것입니다. 그리고 생산능력의 국제적 협력을 전면적으로 추진하고, 각국에 고품질의 환경친화적인 생산능력과 선진기술 및 장비를 계속해서 제공하여 협력 국가가 산업 배치를 최적화하고, 산업화 수준을 높일 수 있도록 지원할 것입니다. 또한 금융 측면에서의 혁신과 협력을 강화하고, 협력 국가와 자국 통화의 결제 규모와 범위를 확대하여 ‘일대일로’ 연선 국가의 역외 위안화 업무(離岸人民幣業務)를 촉진시키고, 금융 상품을 혁신할 것입니다. 그리고 인문학 분야에서의 협력을 강화하고 교육, 과학기술, 문화, 체육, 관광, 보건, 고고학 등 분야에서 깊이 있는 협력을 추진하여 빅데이터 교류 플랫폼을 구축함으로써 ‘일대일로’ 싱크탱크 협력 네트워크를 구축할 것입니다.

그 중에서도 환경보호, 의료보건, 인재양성, 안보 분야에서의 협력을 강화해야 합니다. 환경보호 분야에서는 녹색발전 이념을 실천하며, 생태환경보호를 강화하여 ‘녹색 실크로드’를 구축해야 합니다. 의료보건 분야에서는 전염병 통보, 질병 예방 및 통제, 의료 구조, 전통의약 분야에서의 호혜협력을 강화하여 ‘건강한 실크로드’를 구축해야 합니다. 인재양성 분야에서는 ‘일대일로’ 직업기술협력연맹(職業技術合作聯盟)을 설립하여 전문인력을 양성함으로써 ‘지적 실크로드’를 구축해야 합니다. 안보 분야에서는 공동·종합·협력·지속 가능한 아시아 안보관을 확립하여 아시아 특색의 안보 거버넌스 모델 구축을 추진함으로써 '평화로운 실크로드'를 구축해야 합니다.

중앙아시아는 고대 실크로드에서 꼭 거쳐야 할 곳이었습니다. 지난 3년 동안, 중앙아시아 국가들은 '일대일로' 건설에 적극적으로 참여하여 중요한 성과를 거두었으며 모범적인 역할을 해왔습니다. 중국과 중앙아시아 국가들이 공동으로 건설하고 있는 '일대일로'는 역사적·전통적 이점, 지정학적·문화적 이점, 정치적·법적 이점을 가지고 있으며, 따라서 각국 국민의 커다란 지지와 찬성을 얻었습니다. 중국은 중앙아시아 지역을 '일대일로' 건설의 핵심 협력 지역이자, 중요한 협력 파트너로 간주할 것입니다. 양측은 발전 전략과 계획을 연결하여 협력의 가능성을 모색하고 협력 수준을 지속적으로 향상해야 합니다. 우리는 중앙아시아 국가들과 함께 중국-중앙아시아-서남아시아 경제회랑 건설을 추진할 것입니다.

2017년에 중국은 '일대일로' 국제정상회의를 개최할 예정입니다. 이번 포럼이 협력 국가들과 솔직한 교류를 나누면서 의견을 모으고, 합의를 도출하여 '일대일로' 건설 대계를 논의하는 장이 되기 바랍니다.

# 중국-러시아 관계의 더 나은 내일을 함께 만들어가자[58)]

●● 2016년 6월 25일 ●●

존경하는 푸틴 대통령님,

신사 숙녀 여러분, 친구 여러분:

오늘 우리는 「중국-러시아 선린우호협력조약」 체결 15주년 기념행사를 성대하게 개최하게 되었습니다. 먼저 중국 정부와 인민을 대표하여, 그리고 저 개인적으로 오랫동안 중국-러시아 우호 관계를 추진하기 위해 헌신해온 양국 각계 인사들께 진심 어린 인사를 전합니다.

15년 전 중국과 러시아는 양국 관계의 역사적 발전 경험과 성과를 전면적으로 분석하여 「선린우호협력조약」을 체결했습니다. 이 조약을 통해 비동맹·비대결·제3자 비적대(不結盟·不對抗·不針對第三方) 원칙의 신형 국가관계와 대대적으로 우호 관계를 유지한다는 이념이 법적으로 확정되었고, 이로써 21세기 양국 관계의 장기적인 발전을 위한 견고한 법적 토대가 마련되었습니다. 이 조약의 목적과 원칙에 따라 역사적으로 해결하지 못했던 국경 문제를 신속하고 철저하게 해결했으며, 양국은 평등과 신뢰, 상호 지지,

58) 이는 시진핑 동지가 베이징에서 개최된 「중국-러시아 선린우호협력조약(中俄睦鄰友好合作條約)」 체결 15주년 기념대회에서 한 연설이다.

공동 번영을 지향한 대대로 우호적인 전면적인 전략적 협력 동반자 관계를 구축하여 두 나라 인민들에게 실질적인 이익을 가져다주고 지역과 세계의 평화·안보·안정에 기여해왔습니다.

지난 15년 동안 중국과 러시아는 이 조약의 정신에 따라 전면적인 전략적 협력 동반자 관계가 높은 수준에서 빠르게 발전했으며, 다양한 분야에서 풍부한 성과를 거두었습니다.

— 양측은 자국 외교에서 서로를 최우선으로 여기며, 화목하고 평등하게 대해왔으며, 서로의 핵심 이익에 관한 문제에서 서로를 확고히 지지하며, 서로를 존중하고 자국 실정에 맞는 발전 노선을 견지하도록 확고히 지지하며, 높은 수준의 정치적 상호 신뢰를 쌓아왔습니다.

— 양측은 서로의 발전을 자국 발전의 기회로 여기고, 각자 자국의 국정을 운영하는 데 전념하도록 그리고 서로가 발전하고 강해지도록 굳건히 지지하였으며, 서로에게 힘을 실어주고 도움을 주고받으며 공동 발전과 공동 번영에 주력해왔습니다.

— 양측은 고위급 교류를 위한 완전한 체제를 구축하여 공동 관심사가 되는 중대한 문제에 대해 적시에 긴밀한 소통과 심도 있는 협의, 솔직한 교류를 수행하고, 협력 과정에서 발생하는 어려움과 문제를 해결함으로써 양국 관계가 높은 수준에서 추진되도록 보장했습니다.

— 양측은 상생의 원칙에 따라 서로 이익과 혜택을 얻는 경제 협력을 추진해왔습니다. 지난 15년 동안, 양측의 교역액은 10배 이상 증가했으며, 협력 분야는 단순 무역에서 투자, 금융, 에너지, 항공우주, 하이테크, 농업, 지방 등 다양한 분야로 확대되었으며, 단순한 매매 관계에서 연구개발과 생산 차원의 협력으로 승화시켰으며, 변경지역 간 무역에서 다자간 대형 프로젝트로 발전함으로써 경제적 이익의 깊은 융합이 이루어졌습니다.

— 양측의 인적교류, 문화교류가 활발히 이루어지고 있습니다. '국가의 해', '언어의 해', '관광의 해', '중국-러시아 청소년 우호 교류의 해'가 잇달아 성황리에 개최되었으며, '미디어 교류의 해'가 본격적으로 추진 중에 있습니다. 이러한 기념행사를 통해 양국 인민은 서로에 대한 호감이 증대되고 우정이 돈독해지고 있습니다.

— 양측은 국제 및 지역 문제에서 서로 긴밀히 협조해왔습니다. 유엔, 상하이협력기구, 신뢰조치협의기구, 브릭스, 중국-러시아-인도(中俄印), G20 등 국제기구와 지역기구에서 서로 지지하고 협력하며 국제 및 지역 분쟁의 정치적 해결 과정을 공동으로 추진하고, 글로벌 거버넌스 시스템을 개선해오면서 세계 평화·안정을 추진하는 핵심 요소이자 건설적인 힘이 되어왔습니다.

지난 15년 동안의 실천은 「중국-러시아 선린우호협력조약」의 목적과 원칙이 중·러와 두 나라 인민의 근본적 이익에 부합하고, 평화적 발전의 시대적 흐름에 부합하며, 국제정세 변화에 맞설 수 있는 강한 생명력을 갖고 있음을 시사해주고 있습니다. 이는 중국과 러시아의 전면적인 전략적 협력 동반자 관계가 지속적이고 건강하며, 안정적으로 발전할 수 있는 근본적인 보장이고 원동력입니다.

신사 숙녀 여러분, 친구 여러분!

「중국-러시아 선린우호협력조약」을 체결한 지 15년이 지난 오늘, 양국 인민은 양국 관계발전에 대한 새로운 요구를 제기했습니다. 푸틴 대통령님과 저는 양국 인민의 염원과 정세 발전의 요구에 따라, 조약에서 확립된 대대적으로 우호 관계를 유지한다는 이념에 기초하여, 중국과 러시아의 전면적인 전략적 협력 동반자 관계의 심도 있는 발전을 위한 새로운 계획을 세웠습니다.

— 조약 체결 15주년 공동 기념행사를 계기로 긴밀한 고위급 교류를 유지하고, 정치적·전략적 상호 신뢰를 계속해서 공고히 하여 서로에 대한 지지를 강화하고 서로에 대한 확고한 전략적 지지를 구축해야 할 것입니다.

— 4,300km 남짓한 양국의 국경지대에서 평화와 안정이 유지되도록 하고, 국경지역 간의 협력을 적극적으로 추진하여 우정과 협력의 유대가 되는데 주력해야 합니다.

— 이미 이뤄낸 경제 협력의 성과를 더욱 발전시켜야 합니다. 양측의 발전 전략을 '일대일로' 건설, 유라시아경제연합(Eurasian Economic Union) 건설과 연결시켜 유라시아 대륙에서 더 높고 깊은 경제 협력 관계를 발전시킴으로써 중·러 관계발전이 양국 인민뿐만 아니라 역내 국가 인민에게도 혜택이 돌아가도록 할 것입니다.

— 인적교류 특히 중국-러시아 우호·평화·발전위원회(中俄友好, 和平與發展委員會)의 핵심 채널 역할을 충분히 발휘하여 민간교류를 강화하고, 조약에서 확립된 평화이념을 널리 알려 양측의 사회 각계각층 간의 상호 친분과 이해를 증진함으로써 중·러 간 우호 관계를 대대로 계승해야 할 것입니다.

— 유엔헌장의 목적과 원칙, 국제관계의 기본 규범을 수호하고 국제 전략적 공조를 강화하며 국제질서를 보다 공정하고 합리적인 방향으로 이끌어 현안의 정치적 해결 과정을 공동으로 추진하고 세계 평화·안보·안정을 수호해야 할 것입니다.

신사 숙녀 여러분, 친구 여러분!

양국 관계의 선구적인 이니셔티브인 「중-러 선린우호협력조약」은 국제사회에서 긍정적인 영향을 미쳤습니다. 국제정세의 복잡한 변화와 함께 「중-러 선린우호협력조약」의 모범적 효과와 강한 생명력은 더욱 돋보일 것이라고 믿습니다.

역사의 대조류는 거세고 강하게 흘러가고 있습니다. 시대의 요구와 세계 인민의 염원은 거스를 수 없으며, 평화와 발전의 대세는 막을 수 없습니다. 우리는 계속해서 손을 잡고 「중-러 선린우호협력조약」의 방향을 확고히 따르며, 적극적으로 진취적이고 새로운 길을 개척하며, 중러 관계의 더 나은 내일을 공동으로 열어나감으로써 우리 후손들이 살고 있는 세상이 언제나 평화, 우정, 햇살이 함께하도록 해야 할 것입니다!

감사합니다.

# ‘일대일로’ 건설이 연선 국가 인민들에게 혜택을 가져다주도록 해야 한다[59)]

●● 2016년 8월 17일 ●●

경험을 총화하고 자신감 강화하고 착실하게 추진하며, 정책적 소통·인프라 연결·무역의 원활화·자금의 연결·민심 상통의 5대 영역, 호혜협력의 네트워크·새로운 협력 모델·다양한 협력 플랫폼 구축, 녹색 실크로드·건강한 실크로드·지적 실크로드·평화로운 실크로드 건설에 주력하며, 못을 박는 정신으로 ‘일대일로’ 건설을 한 걸음 한 걸음 추진하여 ‘일대일로’ 건설이 연선 국가 인민에게 혜택을 가져다줄 수 있도록 해야 합니다.

중국공산당 제18차 전국대표대회 이후 중국공산당 중앙위원회는 중국의 ‘제13차 5개년 계획’ 기간 및 더 오랜 시간 동안에 초점을 맞추고 ‘일대일로’ 건설, 베이징-톈진-허베이 지역의 공동발전(Coordinated Development of the Beijing-Tianjin-Hebei Region), 창강 경제벨트(the Yangtze River Economic Belt) 발전의 3대 발전 전략을 점차 제시했습니다. 2014년에는 「실크로드 경제벨트와 21세기 해상 실크로드 건설 전략 계획(絲綢之路經濟帶和二十一世紀海上絲綢之路建設戰略規劃)」을 채택했고, 2015년에는 「실크로드 경제벨트와 21세기 해상 실크로드 공동 건설 추진에 관한 비전

---

59) 이는 시진핑 동지가 ‘일대일로’ 건설을 추진하기 위한 업무회의에서 한 연설의 요지이다

과 행동(推動共建絲綢之路經濟帶和二十一世紀海上絲綢之路的願景與行動)」을 반포했으며, 관련 지역 및 부서에서도 지원 계획을 발표하여 국제적으로 큰 반향을 일으켰습니다.

현재 100여 개 국가와 국제기구가 이미 참여하고 있으며, 우리는 30여 개 연선 국가와 '일대일로' 공동 건설 협력을 체결했으며, 20여 개 국가와 국제 생산능력 협력을 추진하고 있으며, 유엔 등 국제기구에서도 긍정적으로 바라보고 있으며, 아시아인프라투자은행과 실크로드를 비롯한 금융 측면에서의 협력 또한 심도 있게 추진되고 있으며, 영향력이 있는 일부 랜드마크 프로젝트가 점진적으로 추진되고 있습니다. '일대일로' 건설은 '무'에서 '유'를 창조했고, 범위가 점차 확대되었으며, 발전 속도와 취득한 성과는 예상을 뛰어넘고 있습니다.

한 나라가 강성해야 자신감이 넘치고, 개방은 나라가 강성해지도록 합니다. 중국공산당 중앙위원회 제11기 3중전회 이후 중국 개혁개방의 성과는 대외개방이 중국의 경제·사회 발전을 촉진시키는 중요한 원동력임을 충분히 증명해주었습니다. 중국의 경제 총량이 세계 2위로 도약함에 따라 중국의 경제 발전이 뉴노멀 시대에 진입하게 되었습니다. 지속 가능하고 건강한 경제 발전을 유지하려면 세계적 안목을 확립하고 국내와 국외의 대국을 통괄하며 전방위적인 대외개방 전략을 전면적으로 계획하여 보다 적극적이고 능동적인 자세로 세계로 나아가야 합니다.

'일대일로' 건설을 계기로 국가 간 호연호통을 추진하고, 무역·투자 협력 수준을 높여 국제 생산능력과 장비제조 협력을 추진하는 것은 유효한 공급을 증가시켜 새로운 수요를 창출함으로써 세계경제가 다시 균형을 찾도록 하는 것입니다. 특히 현재 세계경제가 계속해서 침체되는 가운데, 경기순응적(pro-cyclical) 전략을 통해 생성된 엄청난 생산능력과 건설 능력을 해외로 진출시켜 연선 국가의 산업화, 현대화 및 인프라 수준 향상을 촉진시키는 절박한 수요를 충족시킨다면 세계경제 상황을 안정화하는 데 도움이 될 것입니다.

'일대일로' 건설을 촉진시키기 위해서는 먼저 사상적으로 통일되어야 합니다. 각국이 공동 협상·공동 건설·공동 향유의 원칙을 견지하고, 서로 평등하게 대하고, 상호 이익을 지향하며, 핵심 방향을 따라 주요 지역, 주요 국가, 핵심 프로젝트에 집중하여 발전이라는 가장 큰 공약수를 기반으로 중국 및 연선 국가 인민들에게 혜택을 가져다주어야 합니다. 중국은 각국이 중국 발전의 '급행열차'에 탑승하거나 얻어타는 것을 환영하며, 세계 각국 및 국제 구기가 협력에 동참하는 것을 환영합니다. 둘째, 계획이 실행되도록 착실하게 추진해야 합니다. 주도면밀하게 조직하고, 목표 중심 노력으로 '일대일로' 건설을 촉진시키기 위한 구체적인 정책과 조치를 취하며, 이용 방법을 혁신하고, 관련 서비스를 개선하고, 인프라 호연호통, 에너지 자원 개발과 이용, 경제무역 산업 협력 지대 건설, 산업 핵심 기술 개발 지원 등 전략적 우선 프로젝트를 집중적으로 지원해야 합니다. 셋째, 통괄적으로 조정해야 합니다. 육로와 해상, 내부와 외부, 정부와 기업에 대한 통괄적인 조정을 강화하여 국내 기업이 연선 국가에 투자하고 경영할 수 있도록 독려하고, 연선 국가의 기업도 중국에 투자하고 사업하는 것을 지지함으로써 '일대일로' 건설이 베이징-톈진-허베이 공동 발전, 창장경제벨트 발전 등 국가 전략과의 연결을 강화하고, 중국 서부지역 개발(The development of the western region in China), 중국 동북지역 활성화(The revitalization of the Northeast), 중국 중부지역 부상(The Rise of Central China), 중국 동부지역 우선 개발(Priority Development of the Eastern Region), 접경지역의 개발과 개방(Development and Opening-up in Border Areas)이라는 발전 전략과 결합하여 전면적인 개방과 동부·중부·서부지역의 연동 발전의 국면을 형성하도록 해야 합니다. 넷째, 핵심 프로젝트의 실행을 추진해야 합니다. 인프라 호연호통, 생산능력 협력, 경제무역 산업 협력 지대 건설을 중심으로 모범 프로젝트를 실행하고, 조기 수익을 창출하도록 노력하여 관련 국가가 실질적인 성취감을 느낄 수 있도록 해야 합니다. 다섯째, 금융 측면에서의 혁신을 효과적으로 추진해야 합니다. 국제화 융자 모델을 혁신하며, 금융 분야에서의 협력을 심화하며, 다단계 금융 플랫폼을 구축하여 '일대일로' 건설을 위한 장기적이고 안정적이며 지속 가능하며 위험에 대한 통제가 가능한 금융 보장 시스템을 구축해야 합니다. 여섯째, 민심 상통을 추진해야 합니다. 이를 위해 실크로드 정신을 고양하며, 문명교류와 상호학습을 촉진시키며, 인문 협력을 중시해야 합니다. 일곱째, 홍보를 효과적으로 추진해야 합니다. '일대일로' 건설의 실질적인 성과를 적극적으로 홍보하며, '일대일로' 건설을 위한 학술 연구, 이론적 기반, 언어 시스템(話語體系) 건설을 강화해야 합니다. 여덟 번째, 안전보장을 효과적으로 추진해야 합니다. 안전 위험 평가, 모니터링 및 조기 경보, 비상 대응을 개선하고, 업무 체제를 구축·개선하고 업무 계획을 구체화하여 부서별, 프로젝트별, 기업별로 업무가 배치되고 조치가 취해지도록 해야 합니다.

# 중국 발전의 새로운 출발점, 글로벌 성장의 새로운 청사진[60)]

●● 2016년 9월 3일 ●●

신사 숙녀 여러분, 친구 여러분:

여러분 안녕하십니까? 여러분과 함께 항저우(杭州)에서 만나 뵙게 되어 대단히 기쁩니다. 내일은 G20 정상회의가 개막될 예정입니다. 이번 회의에 대해 국제사회뿐만 아니라 상공업계, 싱크탱크, 노동자, 여성, 청년 등을 비롯한 사회 각계에서도 기대가 큽니다. 이번 항저우 G20 정상회의에서 풍성한 성과를 이루는 것이 우리 모두의 목표입니다.

항저우는 중국의 역사·문화 요충지이자, 상업·무역의 중심지입니다. 백거이(白居易)에서 소동파(蘇東坡), 서호(西湖)에서 경항대운하(京杭大運河)에 이르기까지 수천 년 동안 이어져온 항저우의 유구한 역사와 문화에 대한 전설은 매우 매혹적입니다. 혁신과 활력의 도시 항저우에서는 전자상거래가 활발히 이루어지고 있어 마우스를 클릭하면 전 세계와 연결됩니다. 항저우는 또한 생태문명 도시이기도 합니다. 산수가 맑고 아름다우며, 청호우기

60) 이는 시진핑 동지가 항저우에서 열린 G20 정상회의 개막식에서 한 기조연설이다. 이 부분은 랴오청대학교(聊城大學) 한국어학과 대학원과정에 재학 중인 왕해동(王海東) 학생이 1차 번역했음을 밝힌다.

(晴好雨奇, 갠 후의 경치도 좋고 빗속 경치도 기이하다는 뜻)의 경관을 자랑하며, 강남의 정취가 스며있으며, 세대를 거치며 쌓인 장인의 정성이 느껴집니다.

저는 6년 동안 저장성에서 근무하며 현지의 자연환경과 풍토·인정에 익숙합니다. 또한 저장성의 발전에 참여하면서 그 과정을 함께했습니다. 중국에는 항저우와 같이 지난 수십 년 동안 큰 발전과 변화를 겪은 도시들이 많이 있으며, 수많은 일반 가정이 부지런한 손으로 자신의 삶을 개선해왔습니다. 이러한 작은 변화들이 중국의 발전과 진보를 이끌었고, 개혁개방이라는 위대한 과정을 만들었습니다.

— 이는 탐구와 발전의 여정이었습니다. 13억이 넘는 인구를 가진 대국이 현대화를 실현한다는 것은 인류 역사상 전례가 없는 일입니다. 중국의 발전은 자신만의 독특한 길을 걸어야 합니다. 중국 정부는 "돌을 더듬어 강을 건너는" 식으로 계속해서 개혁개방을 심화시키고 발전을 모색하며 중국 특색 사회주의를 창조하고 발전시켜왔습니다.

— 이는 실효성 있게 노력해온 과정이었습니다. 우리는 경제 건설이라는 핵심을 확고히 견지하면서 불굴의 의지, 추진력, 열정 그리고 '못을 박는 정신(釘釘子精神, 침착하고 끈기 있게 일하는 정신을 뜻함)'으로 시대에 발맞추어 개척·혁신을 거듭하여 세계 제2의 경제 대국, 세계 최대의 화물무역국, 세계 제3의 해외직접투자국으로 우뚝 섰으며, 1인당 국내총생산은 8천 달러에 육박하는 나라로 부상했습니다.

— 이는 공동 번영의 여정입니다. 중국이 개혁개방과 사회주의 현대화 건설을 추진하는 근본적인 목적은 인민을 위한 발전, 인민에 의존한 발전을 이루는 것이며, 그 발전 성과를 인민들이 누릴 수 있도록 하는 것입니다. 개혁개방 이후 중국은 7억이 넘는 인구가 빈곤에서 벗어났으며, 13억 명이 넘는

사람들의 삶의 질과 수준이 크게 향상되었습니다. 다른 국가들이 수백 년 동안 걸어온 발전 과정을 중국은 단 몇십 년 만에 걸어왔습니다.

— 이는 중국이 세계로 나아가고 세계가 중국으로 향하는 여정입니다. 우리는 독립적이고 자주적인 평화적 외교정책을 견지하고, 대외개방을 국가의 기본 정책으로 채택하여 건설에 착수하고, 외자도입 정책과 세계화 전략을 펼치고, 합리적인 국제질서를 적극적으로 추진하고 있습니다. 중국은 외부 세계와의 교류를 지속적으로 심화시키고 있으며, 중국의 친구들은 세계 곳곳에 퍼져 있습니다.

신사 숙녀 여러분, 친구 여러분!

눈 깜짝할 사이에 38년이라는 시간이 흘렀습니다. 오늘날 중국의 경제 규모가 커지고, 세계와의 협력이 심화되면서 중국 경제의 향방은 전 세계의 관심을 끌고 있습니다. 많은 인사들이 중국 경제가 지속적으로 안정적인 성장을 이룰 수 있을지, 개혁개방을 계속해서 추진할 수 있을지, '중진국 함정(Middle income trap)'에 빠지지 않을지에 대해 우려하고 있습니다.

"말보다 행동이 앞서야 한다(行胜于言.)"라는 말이 있듯이 중국은 이러한 의문에 실질적인 행동으로 답했습니다. 올해 초 중국은 「국민경제와 사회 발전 제13차 5개년계획 강요(国民经济和社会发展第十三个五年规划纲要)」를 발표하여 전면적인 샤오캉사회 건설이라는 분투목표를 둘러싸고 발전의 불균형·부조화 그리고 지속 가능하지 않은 문제들을 해결하기 위해 혁신·조화·녹색·개방·공유라는 발전 이념을 확고히 수립하고 추진해야 한다고 강조했습니다.

오늘날 중국은 새로운 역사적인 출발점에 서 있습니다. 이는 개혁을 전면적으로 심화하고 경제·사회 발전을 위한 새로운 동력을 창출하는, 경제 발전의 뉴노멀에 적응하고 경제의 발전 방식을 전환시키는, 세계와의 긴밀한 상호 교류와 높은 수준의 개방을 유지하는 새로운 출발점입니다. 우리는 경제의 중고속 성장을 유지하면서 자체 발전을 이루는 동시에 세계에 더 많은 발전의 기회를 가져다줄 수 있는 자신감과 역량을 갖추고 있습니다.

— 새로운 출발점에서 우리는 계속해서 개혁을 전면적으로 심화하고 더 나은 발전을 개척해나갈 것입니다. 중국 경제는 뉴노멀 시대에 진입했으며, 이는 중국 경제가 형태적으로 수준 높고, 분업의 최적화와 구조적 합리화를 실현하기 위한 필수적인 과정입니다. 뉴노멀 시대에 경제의 중고속 성장을 유지하기 위해서는 개혁에 의존해야 합니다. 옛것을 고집하면 해결 방안을 얻지 못하고, 두려워서 전진하지 못하면 기회를 잃게 됩니다. 중국의 개혁은 방향이 명확하고 흔들림이 없으며, 속도를 늦추지 않고 확고히 추진해나갈 것입니다.

현재 중국의 개혁은 어려운 문제에 직면해 있고 수심 깊은 지역에 접어들었습니다. 우리는 작은 것을 희생하고 전체를 보전하는 용기와 봉황열반(鳳凰涅槃, 봉황이 자신을 불사른 후 더 강하고 아름다운 존재로 거듭난다는 뜻)의 결심으로 오랫동안 존재해온 고질병에 용감히 도전하고 심층적인 이익관계와 모순을 해결하며 개혁을 철저히 진행할 것입니다. 우리는 공급 측면의 구조적 개혁을 지속적으로 추진하여 현재 경제 발전의 주요한 모순을 해결하고, 주요자원배치의 최적화와 산업구조의 개선을 통해 공급체계의 질과 효율성을 높이며, 시장의 활성화를 촉진시켜 조화로운 발전을 할 것입니다. 또한 체제와 메커니즘의 혁신을 통해 이익 고착화의 울타리를 무너뜨리고, 전면적인 의법치국을 추진하여 시장이 자원배치에서 결정적인 역할을 더 발휘할 수 있도록 하며, 정부 역할도 더욱 효과적으로 수행할 것입니다.

— 새로운 출발점에서 우리는 혁신 중심 발전 전략을 확고히 추진하고, 더 많은 성장 동력을 창출할 것입니다. 과학기술의 혁신을 잘 활용하면 발전의 중요한 모순을 해결할 수 있습니다. 중국의 경제 발전에서는 규모만 크고 강하지 않으며, 품질이 우수하지 않은 분야가 많습니다. 장기적으로 자원·자본·노동력 등의 투입을 통해 경제 성장을 지원하는 것은 지속 가능하지 않음을 명확히 알고 있습니다. 중국은 동력 전환·방식 변화·구조조정 등의 과제에 직면해 있습니다. 중국 발전의 긴급한 요구와 반드시 걸어야 할 길은 바로 혁신적 국가와 세계 과학기술 강국을 건설하는 것입니다.

우리는 혁신 중심 발전 전략을 시행하고 있으며, 혁신을 통해 양적 성장에서 질적 향상으로의 전환을 추진하고자 합니다. 발전 이념, 체제 및 메커니즘, 비즈니스 모델 등 전방위적이고 다차원적이며, 광범위한 분야에서 큰 혁신을 통해 개발의 내생적 동력과 활력을 촉진시키고 근본적인 변화를 이룰 것입니다. 그리고 국제대과학계획(國際大科學計劃)과 대과학공정(大科學工程)을 적극적으로 추진하는 등 중대한 프로젝트와 주요 방향에서 성과를 거두기 위해 노력할 것입니다. 또한 경제·산업 발전에 있어 긴급한 과학기술 문제를 깊이 연구하고 해결하며, 구조 전환의 촉진·현대 산업체계의 구축·전략적 신흥 산업의 육성·현대 서비스업의 발전 등 요구에 따라 과학기술 성과의 이전과 전환을 촉진토록 하겠습니다. 이를 통해 산업과 제품을 가치사슬의 중고급 수준으로 도약시키고, 혁신 중심 발전과 선발적인 우위를 발휘하는 선도적인 발전을 더 많이 창출하겠습니다.

— 새로운 출발점에서 우리는 녹색발전 이념을 확고히 추진하고 더욱 높은 퀄리티와 효익을 창조할 것입니다. 저는 "녹수청산이 바로 금산 은산이다"라는 신념을 가지고 자연환경을 보호하는 것이 바로 생산력을 지키는 것이고, 자연환경을 개선하는 것이 바로 생산력을 발전시키는 것이라고 거

듭 언급했습니다. 이 간단한 진리를 점점 더 많은 사람들이 인식하고 있습니다.

지속 가능한 발전 전략을 확고히 시행하고, 녹색·저탄소·순환발전을 견지하며, 자원절약과 환경보호의 기본 국책을 관철시킬 것입니다. 녹색발전을 추진하는 것은 기후변화와 과잉생산에 적극적으로 대응하기 위함이기도 합니다. 향후 5년 동안 중국의 1인당 국내총생산에 대한 물 소비량, 에너지 소비량, 이산화탄소 배출량은 각각 23%, 15%, 18%로 감소할 것입니다. 푸른 하늘, 푸른 땅, 맑은 물이 있는 아름다운 중국을 건설하여 인민들이 쾌적한 환경에서 삶의 아름다움을 즐기고, 경제 발전이 가져다주는 생태적 혜택을 실제로 느낄 수 있도록 하고자 합니다.

2016년부터 공급 측면의 구조적 개혁을 적극적으로 추진하고, 수요와 공급의 균형을 맞추기 위해 노력하고 있습니다. 5년 내에 조강(粗鋼) 생산능력을 1억 톤에서 1억 5천만 톤으로 더 줄이고, 3-5년 내에 석탄 생산능력을 약 5억 톤 이하로 감축하고, 생산량 상한선을 약 5억 톤으로 설정하여 석탄 산업 구조의 재조정을 추진할 것입니다. 이는 장기적인 발전을 위해 과잉생산능력을 제거하고, 구조를 조절하며, 발전의 안정성을 확보하기 위해 자발적으로 취한 조치입니다. 중국은 생산능력을 줄이는 데 가장 강력하고 현실적인 노력을 기울이고 있으며, 우리는 약속한 것을 이행할 것입니다.

— 새로운 출발점에서 공평·공유를 끝까지 추진하고, 더 많은 인민의 복지를 증진할 것입니다. 백성이 나라의 근본이고, 근본이 튼튼해야 나라가 평안합니다. 인민이 중심이 되기 위해서는 경제·사회 발전의 모든 분야와 과정에서 철저히 실현되어야 합니다.

우리는 더 나은 삶에 대한 인민들의 바람에 부응하고, 인민들의 삶의 질과 수준을 지속적으로 향상시키며, 공공서비스 시스템을 보완하고, 중산층의 비율을 확대할 것입니다. 특히 빈곤 인구에 대한 정확한 빈곤 퇴치를 강화하여, 2020년까지 현행 기준에서 9,899만 농촌 빈곤 인구가 모두 빈곤에서 벗어나며, 빈곤 현이 모두 '빈곤'이라는 꼬리표를 뗄 수 있도록 할 것입니다. 개혁개방 이후 중국은 세계 빈곤 인구 70%에 해당하는 7억이 넘는 사람들을 빈곤에서 벗어나게 하여 세계의 빈곤 퇴치에 중대한 공헌을 했습니다. 중국은 앞으로도 전 세계 빈곤 퇴치에 계속해서 기여할 것입니다. 우리는 더욱 공정하고 정의로운 방식으로 발전의 케이크를 키우면서 케이크를 잘 나누고, 인민들이 가장 관심을 가지고 가장 직접적이고 현실적인 이익 문제에서 출발하여 인민들이 더 많은 성취감과 만족감을 느낄 수 있도록 할 것입니다.

— 새로운 출발점에서 우리는 대외개방을 확고히 견지하고, 더욱 넓은 범위에서 호혜윈윈을 이룰 것입니다. 호혜윈윈을 지향한 개방 전략을 견지하고 보다 전면적이고 다원적이며 깊이 있는 대외개방 구도를 끊임없이 개척하는 것은 중국의 전략적 선택입니다. 중국의 대외개방은 멈추지 않을 것이며, 계속해서 발전하고 강화될 것입니다.

우리는 계속해서 경제 글로벌화 과정에 깊이 참여하고 다자간 무역체제를 지지할 것입니다. 외국인에 대한 투자 허가를 더욱 확대하고, 편의성을 강화하며, 공정하고 개방적인 경쟁을 촉진시키며, 우수한 기업환경을 조성하기 위해 전력을 다할 것입니다. 또한 관련 국가들과 자유무역협정과 투자협정을 체결하는 것을 가속화하고, 국내에 고수준의 자유무역시범구역의 건설을 추진할 것입니다. 그리고 인민폐 환율 시장화 개혁을 차질 없이 진행하고, 국내 자본시장을 단계적으로 개방하는 동시에, 계속해서 인민폐의 해외 진출을 추진하고, 금융업계의 국제화 수준을 높일 것입니다.

중국의 발전은 국제사회로부터 힘입은 바가 크고, 중국 또한 국제사회에 더 많은 공공재를 제공하고자 합니다. 제가 '일대일로' 이니셔티브를 제안한 이유는 연선 국가들이 중국의 발전 기회를 공유하여 공동 번영을 이루도록 하기 위함입니다. 실크로드 경제벨트의 핵심 프로젝트와 경제회랑 건설은 중요한 진전을 이루었으며, 21세기 해상 실크로드 건설도 이와 함께 추진되고 있습니다. 우리가 제의한 아시아인프라투자은행은 이미 지역 인프라 건설 분야에서 적극적인 역할을 발휘하고 있습니다.

특별히 지적하고 싶은 것은 중국이 주장하는 새로운 메커니즘과 새로운 이니셔티브는 새로운 글로벌 시스템을 구축하는 것이 아니고, 누구를 겨냥한 것은 더더욱 아닙니다. 이는 기존의 국제 시스템을 보완하고 개선하여 협력윈윈, 공동 발전을 실현하기 위함입니다. 중국의 대외개방은 혼자가 아닌 각국의 참여를 반기며, 세력범위를 추구하려는 것이 아니라 각국의 공동 발전을 위한 것이며, 자신만의 뒤뜰을 가꾸려는 것이 아니라 각국이 공유하는 꽃밭을 가꾸려는 것입니다.

우리는 위에서 언급한 개혁에 대한 조치를 확고히 실행할 것입니다. 이러한 조치들은 이미 초기 성과를 거두었습니다. 올해 상반기 중국 경제가 6.7% 성장했으며, 산업 업그레이드와 구조조정이 가속화되었으며, 국내총생산에서의 소비 지출의 기여도가 73.4%에 달했으며, 3차 산업의 부가가치가 국내총생산의 54.1%를 차지했습니다. 또한 주민 소득은 안정적으로 증가했으며, 도시 신규 일자리는 717만 개에 이르렀습니다. 이로 볼 때 중국의 발전 전망은 갈수록 더 좋아질 것이고, 세계에 대한 기여도 또한 갈수록 더 커질 것입니다.

신사 숙녀 여러분, 친구 여러분!

현재 세계경제는 깊은 조정 속에서 어렵게 회복되고 있으며, 신구 성장 동력 전환의 중요한 시기에 있습니다. 기존의 과학기술혁명과 산업혁명에 따른 동력은 점차 약화되고 새로운 성장 동력은 아직 형성되지 않았습니다. 현재 보호무역주의가 대두하고 있으며, 국제무역과 투자가 부진하며, 다자간 무역체제의 발전이 한계에 직면해 있으며, 지역무역의 협정이 증가하고 있어 규칙이 파편화되고 있습니다. 지정학적 요인이 복잡하게 얽혀 있고, 정치 안보 충돌과 불안·난민 위기·기후변화·테러리즘 등 지역적인 이슈와 세계적인 도전은 세계경제에 무시할 수 없는 영향을 미치고 있습니다.

이러한 복잡한 상황과 위험, 도전에 직면하여 국제사회는 G20과 항저우 정상회의에 매우 높은 기대를 갖고 있습니다. 작년 안탈리아에서 열린 G20 정상회의에서 저는 세계경제의 흐름을 정확히 파악하고 효과적인 처방을 내리자고 제안했습니다. 중국은 각국과 함께 항저우 정상회담에서 지엽적인 것과 근본적인 것을 함께 종합적으로 다스리는 처방을 내리고, 세계경제가 강력하고 지속 가능하며, 균형 있고 포용적인 성장의 길로 나아가도록 노력할 것입니다.

첫째, 혁신적인 세계경제를 구축하여 성장의 원천을 개척할 것입니다. 혁신은 근본적으로 성장을 가능케 하는 열쇠입니다. 인터넷을 핵심으로 하는 새로운 과학기술혁명과 산업혁명이 도약할 준비가 되어 있고, 인공지능·가상현실 등 새로운 기술이 날로 새로워지면서 가상경제와 실물경제의 결합이 사람들의 생산방식과 생활방식에 혁명적인 변화를 가져다줄 것입니다. 이러한 변화는 일시에 이루어지지 않을 것이고 순조롭게 진행되지도 않을 것입니다. 각국이 공동으로 추진해야 하고, 긍정적인 효과를 충분히 확대하고, 가속화하는 동시에 가능한 부정적 영향을 최소화해야 합니다.

중국은 혁신적인 성장 방식을 항저우 정상회의의 주요 의제로 설정하고, 「G20 혁신적인 성장 청사진(二十國集團創新增長藍圖)」을 수립하는 것을 추진했습니다. 목적은 혁신을 통해 동력을 얻고, 개혁을 통해 활력을 얻으며, 혁신과 새로운 과학기술혁명, 그리고 산업 변화, 디지털 경제의 역사적인 기회를 잡고 세계경제의 중장기 성장 잠재력을 높이자는 것입니다. 이것은 G20이 최초로 혁신을 중심으로 조치를 취하는 것입니다. 우리는 각국이 혁신 정책을 실행하는 힘을 모아 이념적으로는 합의가 있고, 행동적으로는 계획이 있으며, 메커니즘적으로는 보장성이 있게 해야 합니다. 세계경제 성장의 침체라는 두드러진 문제에 대해 거시경제정책에서 혁신을 추진하고, 재정과 통화 및 구조적 개혁 정책을 효율적으로 결합해야 합니다.

둘째, 개방적인 세계경제를 구축하여 발전의 공간을 확대할 것입니다. 세계경제 발전의 역사는 개방이 발전을 가져오고, 폐쇄가 후퇴를 초래한다는 것을 증명했습니다. 이웃나라에 화를 전가하는 옛길로 돌아간다면, 위기와 침체에서 벗어날 수 없을 뿐만 아니라 세계경제의 공동 공간을 좁히고 결코 진정한 승자가 없게 할 것입니다.

"관세를 낮추고 교통도로를 정비하여 상업무역의 상호 소통을 실현하고, 농민의 부담을 줄이는 것(輕關易道, 通商寬農.)"은 개방적인 세계경제를 구축하는 목적이 되어야 합니다. 중국은 무역과 투자를 G20의 중요한 의제로 삼았으며, G20이 무역과 투자 메커니즘 건설을 강화하도록 추진했습니다. 세계무역의 성장 전략과 세계 투자의 지침·원칙을 수립하며, 다자간 무역체제를 공고히 하고, 보호주의를 반대하는 약속을 재확인하도록 했습니다. 이러한 조치를 통해 각국의 발전을 위해 더 큰 시장과 공간을 조성하고 무역과 투자라는 두 대의 엔진을 재가동하고자 합니다.

셋째, 연동적인 세계경제를 구축하여 상호작용의 합력을 모을 것입니다. 경제의 세계화 시대에 각국의 발전은 서로 연결되어 있으며, 하나가 번영하면 모두 번영하고 하나가 손해를 보면 모두 손해를 봅니다. 어느 나라도 혼자서는 잘할 수 없으며, 조정 협력은 필연적인 선택입니다. 세계경제의 상호작용이라는 관점에서 연동식 발전을 실현해야 합니다.

우리는 정책와 규칙의 연동을 강화해야 합니다. 한편으로는 거시경제정책 조정을 통해 긍정적인 유출효과를 확대하고, 부정적인 영향을 줄이며, 다른 한편으로는 교류와 상호 학습을 주창하고, 제도·정책·표준의 불균형 문제를 해결해야 합니다. 우리는 인프라의 연동을 강화해야 합니다. 중국은 세계 인프라 호연호통 연맹 이니셔티브를 제안하고, 다자개발은행이 공동 선언문을 발표하도록 추진하고, 인프라 프로젝트에 대한 자금 투입과 방안 지원을 늘려 글로벌 인프라 호연호통 프로세스의 가속화를 추진했습니다. 우리는 상생을 지향한 연동을 강화해야 하고, 세계 가치사슬을 구축하고 최적화하며, 각 측의 참여를 확대하여 글로벌 성장을 통한 상생을 이끌어내야 합니다.

넷째, 포용적인 세계경제를 구축하여 상생의 기반을 다질 것입니다. 빈곤과 기아를 없애고 포용과 지속 가능한 발전을 추진하는 것은 국제사회의 도의적 책임일 뿐만 아니라, 사회 전반에 새로운 수요를 창출할 수 있습니다. 관련 통계에 따르면 현재 세계의 지니계수는 약 0.7에 이르고 이는 공인된 '위험선'인 0.6%을 초과하고 있습니다. 이에 반드시 주의 깊게 관심을 기울여야 합니다. 이밖에 세계의 산업구조조정은 다양한 산업과 집단에 충격을 주고 있습니다. 이 문제를 직시하고 적절히 대응하여 경제 글로벌화를 보다 포용적으로 만들기 위해 노력해야 합니다.

위에서 언급한 목표를 달성하기 위해 올해 G20은 처음으로 발전 문제를 세계 거시정책 프레임워크의 핵심 위치에 두고 처음으로 「2030년 지속 가능한 개발어젠다」를 실행하기 위한 행동계획을 수립했으며, 처음으로 아프리카 국가와 최빈국의 산업화를 지원하기 위한 협력을 추진했습니다. 그리고 기후변화에 대응하기 위해 만든 「파리협정(巴黎協定)」이 빠르게 발효되도록 촉진시키기로 했습니다. 또한 에너지 접근성·에너지 효율·재생에너지·창업에 대한 공동 행동계획을 수립하고, 식량 안보와 농업 협력을 강화했으며, 다양한 계층과 집단, 특히 어려운 인민의 요구에 관심을 가지고 각국이 공공

관리와 재분배정책 조정을 논의하도록 촉진케 했습니다.

우리는 국제사회에 다음과 같은 신호를 전하고자 합니다. G20은 20개 회원국뿐만 아니라 전 세계에 속합니다. 우리의 목표는 성장과 발전이 모든 국가와 인민에게 혜택을 가져다주고 각국 인민 특히 개발도상국 인민의 삶이 날로 좋아지게 하는 것입니다!

신사 숙녀 여러분, 친구 여러분!

긴 강령에 비해 실제 행동에 옮기는 것이 중요합니다. G20 회원국은 국제사회와 함께 신념을 굳히고 즉각적으로 행동하여 다음과 같은 측면에서 노력을 기울여야 할 것입니다.

첫째, 세계의 평화와 안정을 유지하기 위해 공동으로 노력해야 합니다. 평화 없이는 발전도 없고, 안정 없이는 번영도 없다는 사실은 역사에 의해 거듭 증명되었습니다. 각국의 안보는 밀접하게 연관되어 있습니다. 그 어떤 국가도 위험한 상황에서 벗어나 자신만을 지킬 수 없으며, 독판치며 소위 절대 안보를 달성할 수 없습니다. 시대에 뒤떨어진 냉전사고를 버리고 공동·종합·협력·지속 가능한 새로운 안보관을 수립하는 것이 시급합니다. 우리는 각국이 평화와 안정을 소중히 여기고 세계와 지역의 안정을 유지하기 위해 건설적인 역할을 발휘할 것을 촉구합니다. 각국은 모두 유엔헌장의 취지와 원칙을 견지하고, 다자주의를 견지하며, 대화와 협상을 통해 갈등과 분쟁을 해결하고, 합의를 이루기 위해 노력하고, 모순을 만드는 것이 아니라 해소하며, 국제질서를 더욱 공정하고 합리적인 방향으로 발전시키기를 바랍니다.

화중공제(和衷共濟, 한마음으로 협력하여 난관을 극복한다는 뜻), 화합공생(和合共生)은 중화민족의 역사적 유전자이며, 동방문명의 정수입니다. 중국은 시종일관 평화적 발전 노선을 견지할 것입니다. 국강필패의 논리,

무력을 일삼아 전쟁을 일으키는 길은 더이상 통하지 않습니다. 중국은 유엔 안전보장이사회 상임이사국 중에서 평화유지군을 가장 많이 파견한 나라입니다. 얼마 전 말리(Mali)와 남수단(South Sudan)에서 희생된 유엔 평화유지군 중에는 중국 인민의 훌륭한 아들이 있었습니다. 우리는 계속해서 국제 의무를 잘 이행하고 시종일관 세계 평화의 건설자와 수호자로서의 역할을 다할 것입니다.

둘째, 협력윈윈의 세계 파트너십을 공동으로 구축해야 합니다. 오늘날 경제 글로벌화 시대에는 고립된 섬은 존재하지 않습니다. 지구촌 주민으로서 인류운명공동체 의식을 수립해야 합니다. 동반자 정신은 G20의 가장 귀중한 재산이고, 각국이 세계적인 도전에 공동으로 대응하기 위한 선택이기도 합니다.

우리는 구동존이, 취동화이(聚同化異)를 추구하고, 협력윈윈의 신형 국제관계를 공동으로 구축해야 합니다. 국가의 크기, 강약, 빈부와 상관없이 국가 간에는 평등하게 대우해야 하며 자국 발전에 힘쓰는 한편 다른 나라의 발전도 도와야 합니다. 모든 국가가 잘 살아야 세계가 아름다워집니다.

우리는 중대한 세계적 문제에 대해 소통과 조정을 강화하고, 세계평화·안정·번영을 실현하기 위해 더 많은 공공재를 제공해야 합니다. 우리는 건전한 거시경제정책 조정 메커니즘을 구축하여 국내 정책의 연계 및 전달 영향을 고려하며 긍정적인 유출효과를 추진해야 합니다. 우리는 동반자 관계를 기반으로 상생의 이념을 견지하며, 다양한 분야에서 실질적인 협력을 강화하여 협력의 내용과 범위를 지속적으로 확대함으로써 인민의 바람에 부응하는 협력 성과를 거두기 위해 노력해야 합니다. 다양한 국가·문화·역사적 배경을 가진 사람들이 깊이 있는 교류를 촉진시키고, 서로의 이해를 증진함으로써 인류운명공동체를 구축해야 합니다.

셋째, 글로벌 경제 거버넌스를 공동으로 개선해야 합니다. 속담에 “작은 지혜로는 일을 처리하고, 큰 지혜로는 제도를 다스린다(小智治事, 大智治制.)"고 했습니다. 세계경제 상황의 발전과 변화에 대응하기 위해, 세계경제 거버넌스는 시대에 맞춰, 그리고 시기에 따라 변화해야 합니다. 세계경제 거버넌스는 평등을 기반으로 하고, 세계경제 구도의 새로운 현실을 더 잘 반영하고 신흥시장 국가와 개발도상국의 대표성과 발언권을 높이고 각국이 국제 경제 협력에서 권리·기회·규칙이 평등하게 보장되도록 해야 합니다.

세계경제 거버넌스는 개방을 지향하며, 이념, 정책, 메커니즘을 개방해야 하며, 상황 변화에 적응하며, 좋은 조언을 널리 수용하며, 사회 각계의 제안과 요구를 충분히 경청하며, 각국이 적극적으로 참여하도록 독려해야 하며, 배타적인 합의를 취하지 않고, 거버넌스 메커니즘의 폐쇄화와 규칙의 파편화를 방지해야 합니다. 세계경제 거버넌스는 협력을 통해 추진되어야 하며, 글로벌 도전에는 글로벌 대응이 필요합니다. 따라서 협력은 필연적인 선택입니다. 각국은 소통과 조율을 강화하고, 서로의 합리적인 입장을 배려하며, 규칙을 공동으로 협의하고, 메커니즘을 공동으로 구축하고, 도전을 공동으로 맞이해야 합니다. 세계경제 거버넌스는 공유를 목표로 하고, 모든 사람의 참여와 이익을 주창하고, 한 집안이나 승자가 다 취하는 것을 택하지 않고, 이익 공유를 추구하고, 상생의 목표를 실현해야 합니다.

현재 상황에서 세계경제 거버넌스는 특히 다음과 같은 우선순위에 초점을 맞춰야 합니다. 첫째는, 공정하고 효율적인 세계 금융 거버넌스 구도를 공동으로 구축하고 세계경제의 안정을 유지해야 합니다. 둘째는, 개방적이고 투명한 세계무역과 투자 거버넌스 구도를 공동으로 구축하고, 다자간 무역체제를 확고히 하고, 세계경제 무역·투자 협력의 잠재력을 발휘케 해야 합니다. 셋째는, 녹색·저탄소 세계 에너지 거버넌스 구도를 공동으로 구축하고 세계 녹색발전 협력을 촉진시켜야 합니다. 넷째는, 포용적이고 연동적인 세계 발전 거버넌스 구도를 공동으로 구축하고, 유엔 「2030년 지속 가능한 개발어젠다」를 실행하는 것을 목표로 하여 인류복지를 공동으로 증진토록 해야 합니다!

G20 정상회의는 이미 10회를 지나면서 중요한 발전 시점에 서 있습니다. 중국 측이 주최하는 항저우 정상회담의 목표 중 하나는, G20이 단기 정책에서 중장기 정책으로 전환하고, 위기 대응에서 장기 거버넌스 메커니즘으로 전환하며 세계경제 거버넌스의 중요한 플랫폼으로서의 지위를 공고히 하는 것입니다.

신사 숙녀 여러분, 친구 여러분!

상공업계는 성장을 촉진시키는 주역입니다. 상공업계의 사상과 지혜를 충분히 모으기 위해서 중국은 최고경영자 정상회의를 G20 정상회의에 앞서 개최하기로 했습니다. G20 상공업계 인사들이 올해 회의 과정에 적극적으로 참여하고, 다른 분야의 각계 인사들과 함께 G20의 관심사에 대해 금융을 통한 성장 촉진, 무역과 투자, 인프라 건설, 중소기업 발전, 고용, 반부패 등 주제로 의견과 제안을 제시하고, G20 정책 수립에 중요한 참고자료를 제공하며, 항저우 정상회의에 적극적으로 기여하여 기쁩니다.

신사 숙녀 여러분, 친구 여러분!

이 며칠간 첸탕강(錢塘江)의 대조(大潮)가 밀려오는 시기에 즈음하여 "조수에서 재주를 부리는 사람들은 파도 위에 올라서서 손에는 붉은 깃발을 들었는데, 깃발은 조금도 젖지를 않았습니다(弄潮兒向濤頭立. 手把紅旗旗不濕.)." 저는 여러분과 마찬가지로 G20이 세계경제의 농조아(弄潮兒, 조류를 타고 물놀이 하는 젊은이를 뜻함)가 되기를 기대합니다. 우리 모두의 노력으로 항저우 정상회의는 반드시 성공할 수 있을 것입니다!

마지막으로 이번 최고경영자 정상회의의 원만한 성공을 기원합니다!

감사합니다.

# 파리에서 항저우까지, 기후변화에 대응하고 있다[61]

●● 2016년 9월 3일 ●●

존경하는 오바마 대통령님,

존경하는 반기문 사무총장님,

신사 숙녀 여러분, 친구 여러분:

시즈호(西子湖) 호반에서 함께 모여 중미 양국이 기후변화 「파리협약」 비준문서를 기탁하는 역사적 순간을 함께하고, 각자의 약속을 재확인하고, 실천에 옮기도록 강조한 것은 중대한 의미를 지닙니다.

기후변화는 인민의 삶과 인류의 미래와 직결됩니다. 지난해 말에 타결된 「파리협약」은 기념비적인 의미를 지니며, 이는 2020년 이후 기후변화 대응을 위한 글로벌 협력의 방향을 짚어 주었습니다. 이는 협력윈윈, 공정하고 합리적인 글로벌 기후 거버넌스 시스템이 형성되고 있음을 의미합니다.

중국은 기후변화에 대응하는 데 중요한 공헌을 했습니다. 중국은 G20 회원국이 기후변화 문제에 대해 처음으로 의장성명을 발표하도록 창의하고, 앞장서서 「파리협약」에 서명했습니다. 저는 중국 국가주석으로서 오늘 전

61) 이는 시진핑 동지가 항저우에서 열린 중미 기후변화 「파리협약」 비준문서 기탁식에서 한 연설이다.

국인민대표대회 상무위원회의 결정에 따라 「파리협약」을 비준했습니다. 저는 지금 유엔에 비준문서를 기탁하고 있으며 이는 중국 정부가 제시한 또 하나의 장엄한 약속입니다.

중국은 가장 큰 개발도상국이고 미국은 가장 큰 선진국입니다. 중국과 미국은 기후변화 분야와 관련된 효과적인 대화와 협력을 추진해왔으며, 이는 「파리협약」의 타결에 핵심적인 역할을 했습니다. G20 정상회의를 앞두고 양국이 「파리협약」에 참여하는 법률문서를 함께 기탁한 것은 글로벌 이슈에 공동으로 대응하겠다는 포부와 의지를 보여주고, 이로써 더 많은 국가를 동원하여 「파리협약」의 조기 발효를 위한 중요한 토대를 마련할 수 있을 것입니다. 우리는 중국과 미국이 앞장서서 G20의 틀 내에서 화석연료(fossil fuel) 보조금 검토 보고서를 완성하는 것을 환영합니다. 이는 경제의 구조적 개혁을 촉진시키고 기후변화 문제에 대한 글로벌 대응에 유리하기 때문입니다.

"큰 업적을 이루는 것은 위대한 포부에서 온 것이고, 큰 사업을 이루는 것은 부지런함에서 온 것입니다(功崇惟志, 業廣惟勤.)." 국제사회는 「파리협약」의 이행을 계기로 기후변화 도전에 효과적으로 대응하기 위한 노력을 배가해야 합니다.

— 글로벌 거버넌스 시스템을 지속적으로 강화하고 개선해야 합니다. 「파리협약」의 타결은 기후변화와 같은 세계적인 도전에 대응하는 것이 한 나라의 힘에 의해 완성되거나, 하루아침에 이루어진 일도 아니라는 것을 일깨워줍니다. 단결하고 협력해야만 국제정치 및 경제 환경의 변화로 인한 불확실성을 효과적으로 극복할 수 있는 힘을 모을 수 있습니다. 꾸준히 노력해야만 공감대를 형성하고 점차 효과적이고 지속적인 글로벌 해결의 틀을 형성할 수 있는 것입니다. 공동 협상·공동 건설·공동 향유의 원칙을 견지해야

만 지구를 보호하고 인류운명공동체를 구축할 수 있습니다.

— 기후변화 대응 방법을 혁신해야 합니다. 지속 가능한 발전을 이루기 위해서는 새로운 세계적 안목을 가져야 합니다. 옛길은 통하지 않으니 혁신이 살길입니다. 이를 위해 글로벌 변화 종합 관측 및 빅데이터와 같은 새로운 방법을 적극적으로 사용하여 기후변화에 대한 과학적 기초 연구를 강화해야 하고, 혁신 주도를 가속화하고 저탄소 경제로 발전을 촉진시키며 전통적인 생산 및 소비 방식을 전환해야 하며, 핵심 기술을 혁신하여 에너지, 교통, 건축 등 중점 산업의 유해 물질 배출량 감소를 지원해야 하며, 취약한 분야의 적응력을 향상시켜 기후 적응형 경제를 적극적으로 발전시켜야 합니다. 과학기술 혁신은 이익의 장벽을 허물어야만, 전 인류를 위해 기여할 수 있는 것입니다.

— 「파리협약」이 조속히 발효되고, 전면적으로 시행되도록 해야 합니다. 중국은 반기문 사무총장이 올해 9월에 유엔에서 고위급 회의를 열어 「파리협약」 비준문서를 더 많은 국가에 기탁하는 것을 지지하며, 그 과정에서 G20 회원국이 모범적인 역할을 계속해서 발휘할 것을 촉구해왔습니다. 우리는 공통적이지만 차별화된 책임의 원칙, 공정성 원칙, 각자의 능력을 고려하는 원칙을 준수하고 파리대회의 승인에 따라 후속 협상을 꾸준히 추진해야 합니다. 선진국은 약속을 이행하고, 자금 및 기술적 지원을 제공하여 기후변화에 대한 개발도상국의 대응 능력을 향상시켜야 합니다.

중국은 책임을 지는 가장 큰 개발도상국이며, 세계 기후 거버넌스에 적극적으로 참여하고 있습니다. 중국은 이산화탄소 배출량을 약 2030년까지 정점을 찍겠다고 전 세계에 약속했으며, 가능한 한 빨리 이를 달성하기 위해 노력하고 있습니다. 중국은 혁신·조정·녹색·개방·공유의 발전 이념에 따라, 자연을 존중하고 자연에 순응하고 자연을 보호하며, 자원 절약과 환경보호의 기본 국책을 준수함으로써 에너지 절약, 유해 물질 배출량 감소, 저탄소 개발을 전면적으로 추진하고 생태문명의 새로운 시대로 나아갈 것입니다.

항저우에서 다시 출발하여 녹색 터전을 지켜내고, 아름다운 지구를 건설합시다.

감사합니다!

# 혁신적이고 활력이 넘치고 포용적이고 연동된 세계경제[62)]

●● 2016년 9월 4일 ●●

동료 여러분,

항저우 G20 정상회의의 개막을 선언합니다!

여러분과 항저우에서 함께하게 되어 대단히 기쁩니다. 먼저, 동료 여러분께 따뜻한 환영의 인사를 전합니다!

지난해, 안탈리아 G20 정상회의가 성공적으로 개최되었습니다. 이 자리를 빌려 지난해 의장국이었던 터키가 보여준 뛰어난 업무력과 긍정적인 성과에 다시 한번 감사드립니다. 터키는 「공동으로 행동하여 포용적이고 안정적인 성장을 실현하자(共同行動以實現包容和穩健增長)」는 주제로 '포용, 실행, 투자'의 세 가지 측면에서 성과를 이루도록 추진했으며, 터키가 의장국을 맡고 있는 동안 중국은 터키가 수행한 다양한 업무를 긍정적으로 평가해왔습니다.

작년 11월에 저는 안탈리아에서 여러분께 위에는 천당이 있고 그 아래에는 쑤저우와 항저우가 있다고 말씀드린 바가 있습니다. 항저우 정상회의는 역사와 현실이 만나는 독특한 아름다움을 보여줄 것이라고 믿습니다. 약속

62) 이는 시진핑 동지가 항저우 G20 정상회의에서 한 개회사이다.

드린 대로, 오늘 이 자리에는 오랜 친구와 새로운 친구가 함께하고 계시며, 항저우에서 세계경제 발전 대계를 논의하게 되었습니다.

앞으로 이틀 동안 우리는 거시정책 조정 강화, 성장 모델 혁신, 보다 효율적인 글로벌 경제·금융 거버넌스, 활발한 국제 무역·투자, 포용적·연동식 발전 그리고 세계경제에 영향을 미치는 기타 미해결 문제에 대해 논의할 것입니다.

8년 전, 국제 금융위기의 가장 중요한 시점에 G20은 어려움 속에서 일심 협력하여 벼랑 끝으로 내몰리던 세계경제를 안정과 회복의 궤도로 되돌려 놓았습니다. 이는 단합과 상생 발전의 힘을 보여주는 획기적인 시도였습니다. 이후 사람들은 G20을 기억하게 되었고, G20은 국제 경제 협력에 관한 중요한 포럼으로서의 지위를 확립하게 되었습니다.

8년이 지난 지금, 세계경제는 또 하나의 중요한 고비에 이르렀습니다. 과학기술의 진보, 인구성장, 경제 글로벌화 등 지난 수십 년간 세계경제의 성장을 견인해온 주요 엔진들이 잇따라 교체기에 접어들면서 세계경제에 대한 견인차 역할을 현저히 약화시켰습니다. 지난 과학기술 발전에 의한 성장은 점차 감소하고, 새로운 과학기술혁명과 산업혁명은 아직은 준비 단계에 있습니다. 주요 경제 대국은 고령화 사회에 접어들었고 인구 증가율이 감소하여 여러 국가의 경제·사회에 압박을 가하고 있습니다. 경제 글로벌화는 우여곡절을 겪고 있으며, 보호무역주의와 내향적 성향이 증가했으며, 다자간 무역체제가 영향을 받고 있습니다. 금융규제 개혁에 상당한 진전이 있었지만, 높은 레버리지(high-leverage)와 거품경제(Economy bubble) 등 리스크는 여전히 누적되고 있습니다. 금융시장이 안정을 유지하면서 실물경제에 효과적으로 서비스를 제공하는 방법을 강구하는 것이 여전히 각국이 해결해야 할 중요한 문제입니다.

이러한 요인들이 복합적으로 작용하여 세계경제는 전반적으로 회복세를 유지하고 있지만, 성장 동력 부족, 수요 부진, 반복적인 금융시장 불안, 국제무역 및 투자의 지속적인 부진과 같은 여러 위험과 도전에 직면해 있습니다.

세계 주요 경제대국이 모인 G20은 그 영향력이 큽니다. 따라서 앞장서서 위험과 도전에 대응하고 성장 공간을 개척해야 합니다. 국제사회는 G20에 대해, 그리고 이번 정상회의에 대해 기대하는 바가 큽니다. 우리는 각자의 노력과 집단의 힘을 통해 문제를 직시하고 답을 찾아야 합니다. 항저우 정상회의가 과거에 쌓은 경험과 거둔 성과를 바탕으로 지엽적인 것과 근본적인 것을 함께 다스리고, 종합적으로 시책하여 세계경제가 활력이 넘치고, 지속 가능하며, 균형 잡힌 포용적 성장의 길로 나아가도록 이끌기 바랍니다.

첫째, 도전에 직면하여 거시경제정책 조정을 강화하며, 힘을 합쳐 세계경제 성장을 촉진시키고 금융 안정을 유지해야 합니다. G20 회원국은 자국의 실제 상황에 근거하여 보다 포괄적인 거시경제정책을 채택하고, 다양한 효과적인 정책 도구를 사용하며, 재정, 통화, 구조적 개혁 정책을 종합적으로 고려하여 세계 총수요를 확대하기 위해 노력하고, 공급의 품질을 전면적으로 개선하여 경제 성장 기반을 튼튼히 다져야 합니다. 또한 「항저우 행동계획」의 수립 및 시행과 결합하여 정책 조정을 지속적으로 강화하고, 부정적인 외부에 대한 파급효과를 줄이며, 함께 금융 안정을 유지하고 시장의 자신감을 향상해야 합니다.

둘째, 도전에 직면하여 발전 방식을 혁신하고, 성장 동력을 발굴해야 합니다. G20은 단기 정책과 중장기 정책을 병행하여 수립하고, 수요 측면(Demand side) 중심 관리와 공급 측면 중심 개혁을 모두 중시해야 합니다. 올해 우리는 「G20 혁신 성장 청사진」에 관해 합의를 이루고 혁신, 구조적 개혁, 새로운 산업혁명, 디지털 경제 등 새로운 방식을 통해 세계경제의 새로운 길을 개척하여 새로운 공간을 확장하기로 합의했습니다. 이러한 방향을 확고히 견지하면서 세계경제가 회복이 안 되고 성장이 약해지는 상황에서 완전히 벗어나 새로운 성장과 번영을 맞이하도록 토대를 마련해야 합니다.

셋째, 도전에 직면하여 세계경제 거버넌스를 개선하고, 제도적 보장을 강화해야 합니다. G20은 국제 통화·금융 시스템을 지속적으로 개선하고, 국제 금융기관 관리구조를 최적화하여 국제통화기금의 특별인출권(Special Drawing Right)을 충분히 발휘해야 합니다. 또한 글로벌 금융 안전 네트워크를 개선하고, 금융 감독, 국제조세, 반부패 분야에서의 협력을 강화하여 세계경제의 위험 대응 능력을 향상시켜야 합니다. 그리고 올해 재가동한 G20 국제 금융 구조 작업팀을 계속해서 추진하고 효율성을 지속적으로 향상하기 바랍니다.

넷째, 도전에 직면하여 개방형 세계경제를 건설하고, 무역과 투자의 자유화와 편리화를 계속해서 추진해야 합니다. 독이 든 술을 마시고 갈증을 해소하는 식의 보호주의 정책은 단기적으로는 내부 압력을 완화할 수 있는 것처럼 보이지만, 장기적으로는 자신과 세계경제에 돌이킬 수 없는 피해를 주게 될 것입니다. G20은 화를 남에게 전가하는 것이 아닌, 이웃 국가와 개방형 세계경제의 옹호자, 촉진자가 되어 새로운 보호주의 조치를 취하지 않겠다는 약속을 준수하며, 투자 정책의 조정과 협력을 강화하며, 무역 성장을 촉진시키기 위한 실질적인 조치를 취해야 합니다. 그리고 인프라 호연호통의 영향력과 선도적 역할을 발휘하여 개발도상국과 중소기업이 글로벌 가치사슬에 깊이 참여하도록 도움으로써 세계경제의 개방, 교류, 융합을 촉진시켜야 합니다.

다섯째, 도전에 직면하여 「2030 지속 가능한 개발어젠다」를 실행하여 포용적 발전을 촉진시켜야 합니다. 공동 발전은 각국, 특히 개발도상국 인민들의 보편적 바람입니다. 관련 통계에 따르면 현재 세계 지니계수는 약 0.7

에 도달하여 공인된 '위험선'인 0.6을 초과했습니다. 이에 반드시 중시를 기울여야 합니다. 올해 우리는 발전을 G20 의제의 우선순위에 두고, 「2030 지속 가능한 개발어젠다」를 적극적으로 이행할 것을 공동으로 약속했으며, 행동계획을 수립했습니다. 또한 아프리카와 최빈국에 대한 산업화 지원, 에너지 접근성 향상, 에너지 효율(energy efficiency) 향상, 청정에너지 및 재생에너지 이용 강화, 포용적 금융(inclusive finance) 발전, 청년 창업 장려 등을 통해 전 세계 발전의 불평등과 불균형을 줄이고 모든 인민이 세계경제 성장의 성과를 공유할 수 있도록 할 것입니다.

동료 여러분!

세계 각국의 기대가 큰 만큼 G20은 중대한 사명을 안고 있습니다. 우리는 G20의 건설에 노력을 기울여 세계경제의 번영과 안정을 위해 큰 방향을 짚어주어야 합니다.

첫째, 시대에 발맞춰 선도적인 역할을 해야 합니다. G20은 세계경제의 필요에 따라 자체의 발전 방향을 조정하며, 일시적인 위기 대응에서 장기적인 거버넌스 체제 확립의 방향으로 전환해야 합니다. 또한 주요 현안에 직면하여 리더십과 전략적 안목으로 세계경제의 방향을 제시하고 새로운 길을 개척할 책임이 있습니다.

둘째, 지행합일(知行合一, 앎과 행함은 본래 같은 것으로서 알고서도 행하지 아니함은 모르는 것과 같다는 뜻)의 윤리에 따라 실질적인 행동을 취해야 합니다. 천 가지 약속을 하는 것보다 한 가지 약속을 이행하는 것이 더 낫습니다. 우리는 G20을 청담관(清談館)이 아닌 행동대(行動隊)로 만들어야 합니다. 올해 우리는 지속 가능한 발전, 녹색 금융, 에너지 효율 향상, 반부패 등 많은 분야에서 계획을 수립했으며 이를 이행해야 합니다.

셋째, 공동 건설·공동 향유의 협력 플랫폼을 구축해야 합니다. G20 체제를 계속해서 강화하여 협력의 지속성과 깊이를 보장해야 합니다. 세계 각국 특히 개발도상국의 목소리에 귀를 기울여 업무가 보다 포괄적이고 다양한 국가 인민의 요구에 더 잘 부응할 수 있도록 해야 합니다.

넷째, 어려움 속에서 일심협력하는 동반자 정신을 고양해야 합니다. 동반자 정신은 G20의 가장 귀중한 자산입니다. G20 회원국은 국정, 발전단계, 직면해 있는 도전에서 차이를 보이지만, 각국은 경제 성장을 촉진시키고, 위기와 도전에 대응하고, 공동 발전을 이뤄야 하는 공통된 염원이 있습니다. 어려움 속에서 일심협력하는 정신을 견지한다면 세계경제의 격랑을 극복하고, 미래 성장의 새로운 항로를 열어나갈 수 있을 것입니다.

동료 여러분!

항저우 정상회의를 준비하는 동안 중국은 언제나 개방적이고 투명하며 포괄적인 회의 이념에 따라 회원국과 긴밀한 소통과 조정을 유지해왔습니다. 그동안 다양한 형태의 외부 대화를 개최하여 유엔, 아프리카연합 본부, G77, 최빈국, 내륙개발도상국, 군소도서개발도상국과 소통해왔으며, 세계 각국 및 G20에 관심 있는 모든 분들에게 항저우 정상회의 준비 상황을 소개하고 모두의 요구에 귀를 기울여왔습니다. 여러분이 제시한 의견과 제안은 정상회담 준비에 중요한 역할을 했습니다.

앞으로 이틀간의 토론에서 항저우 정상회의가 세계경제 성장 촉진, 국제경제 협력 강화, G20 발전이라는 목표를 달성할 수 있도록 지혜와 힘을 모아주시기를 기대합니다.

항저우를 새로운 기점으로 세계경제를 선도하는 항선이 첸탕강에서 다시 한 번 돛을 올려 더욱 광활한 바다로 나아가기 바랍니다!

감사합니다.

# 글로벌 거버넌스에 참여할 수 있는 역량을 강화해야 한다[63]

●● 2016년 9월 27일 ●●

국제사회 세력구도의 변화와 글로벌 도전이 증가함에 따라 글로벌 거버넌스를 강화하고 글로벌 거버넌스 시스템 개혁을 추진하는 것은 시대의 흐름이 되었습니다. 우리는 이러한 시대를 기회로 시대 흐름에 순응하여 국제질서를 보다 공정하고 합리적인 방향으로 발전시킴으로써, 중국과 수많은 개발도상국의 공동 이익을 보다 효과적으로 수호하며 '두 개의 100년' 목표와 중화민족의 위대한 부흥이라는 '중국의 꿈'을 실현하기 위해 보다 유리한 외부적 환경을 조성하고, 이로써 인류의 평화와 발전을 촉진시키는 숭고한 사업에 더 크게 기여해야 합니다.

중국공산당 제18차 전국대표대회 이후, 우리는 기회를 놓치지 않고 유엔헌장의 목적과 원칙을 핵심으로 하는 국제질서와 중국 인민이 큰 민족적 희생을 치르면서 얻어낸 제2차 세계대전 승리의 성과를 확고히 수호하며 '일대일로' 이니셔티브를 제안했고, 아시아인프라투자은행 등 새로운 다자금융기구 설립을 제안하여 국제통화기금의 쿼터 및 거버넌스 체제 개혁이 완

63) 이는 시진핑 동지가 중국공산당 제18기 중앙정치국 제35차 집단학습을 주재하면서 한 연설의 요지이다.

성되도록 촉구했으며, 또한 해양, 극지, 사이버, 우주, 핵 안보, 반부패, 기후 변화 등 새로운 분야에서의 관리 규범 작성 과정에 참여하면서 불공정하고 불합리한 글로벌 거버넌스 시스템에 대한 개혁을 촉진시켜 왔습니다.

얼마 전 막을 내린 항저우 G20 정상회의는 최근 몇 년 동안 중국이 주최한 가장 영향력 있는 최대 규모의 최고위급 국제 정상회담입니다. 우리는 회의의 의제와 의제 설정 주동권을 충분히 활용하여 저장 특색, 항저우 특징을 구현하는 동시에 중국의 면모와 기개를 잘 드러냄으로써 정상회담이 일련의 획기적이고 선도적이며 제도적인 성과를 이루도록 이끌었으며, 세계경제의 방향을 제시하고, 글로벌 성장의 원동력을 제공하며, 국제 협력을 위해 견고한 토대를 마련하는 전반적인 목표를 달성하도록 했습니다. 이번 정상회의에서 우리는 처음으로 글로벌 경제 거버넌스에 대한 중국의 견해를 전면적으로 설명하고, 혁신을 핵심 성과로 삼고, 글로벌 거시정책 조정에서 발전 문제를 중요한 위치에 두고, 글로벌 다자간 투자 규칙 프레임워크를 형성하고, 기후변화에 관한 의장성명을 발표하고, 녹색 금융을 G20 의제에 포함시킴으로써 G20 발전 역사에 중국의 발자취를 깊이 남겼습니다.

글로벌 거버넌스의 구도는 국제사회의 세력구도에 의해 결정되며, 글로벌 거버넌스 시스템의 개혁은 국제사회 세력구도의 변화에서 비롯됩니다. 우리는 경제 발전을 중점 사업으로 삼고, 각자 자국의 일에 전념하며, 국제무대에서의 역량을 부단히 키워나가야 합니다. 또한 글로벌 거버넌스에 적극적으로 참여하고, 국제적 책임을 분담하되, 자신의 능력 범위에서 우리가 할 수 있는 일을 해야 합니다.

시대의 발전에 따라 현재의 글로벌 거버넌스 시스템은 점차 시대에 뒤떨어지게 되었고 개혁의 목소리가 갈수록 커지고 있습니다. 글로벌 거버넌스 시스템 개혁 추진은 국제사회의 대사입니다. 우리는 공동 협상·공동 건설·공동 향유의 원칙에 따라 글로벌 거버넌스 시스템 개혁이 각국에 의해 합의된 사안, 공동 행동으로 전환될 수 있도록 해야 합니다. 또한 개발도상국을 위해 지속적으로 목소리를 내고, 개발도상국과의 연대와 협력을 강화해야 합니다.

할 수 있는 일, 그리고 널리 합의된 일에서부터 시작해야 합니다. 현재 항저우 정상회의의 성과를 확대하고, G20이 세계경제 거버넌스의 중요한 플랫폼으로서 역할을 공고히 하고 충분히 발휘하며, G20을 장기적인 거버넌스 시스템으로 전환하도록 추진해야 합니다. 그리고 '일대일로' 건설을 더욱 추진하고 연선 국가의 계획과 전략적 연결 강화를 촉진시켜야 한다. 또한 상하이협력기구와의 협력을 심화시키고, 신뢰조치협의기구, 동아시아정상회의, 아세안지역포럼 등 체제 건설을 강화하여 역내 자유무역협정의 틀을 통합해야 한다. 마지막으로 사이버, 극지, 심해, 우주 등 신흥 분야의 규칙 제정에 적극적으로 참여하고, 교육 교류, 문명 간 대화, 생태 건설 분야의 협력 체제와 프로젝트에 대한 지원을 확대해야 합니다.

중국공산당 제18차 전국대표대회 이후, 우리는 올바른 의리관을 실천하고, 협력윈윈을 핵심으로 하는 신형 국제관계와 인류운명공동체 구축을 추진하며, 글로벌 파트너십 네트워크를 구축하며, 공동·종합·협력·지속 가능한 안보관을 제안했습니다. 이러한 아이디어는 국제사회에서 널리 환영받고 있습니다. 우리는 국제사회에 중국의 글로벌 거버넌스 시스템 개혁 추진 이념을 알리고, 대결보다는 협력을, 일방보다는 협력 쌍방, 나아가 관련된 모두가, 더 나아가 세계 각국이 함께 이익을 얻을 수 있는 방향을 견지하며, 끊임없이 최대 공약수를 찾고, 협력의 범위를 넓히고, 관련 국가 간에 공감대를 형성하도록 이끌고, 조정과 협력을 강화하여 글로벌 거버넌스 시스템의 개혁을 공동으로 추진해야 합니다.

중국은 글로벌 거버넌스에 참여할 수 있는 역량을 강화하고, 규칙 제정, 의제 설정, 여론 홍보, 통괄 조정 능력을 강화하기 위해 노력해야 합니다. 글로벌 거버넌스에 참여하려면 당과 국가의 원칙과 정책을 잘 알며, 중국 국정을 이해하며, 외국어에 능통하며, 국제규칙에 정통하며 국제 협상에 능숙한 글로벌 비전을 가진 전문 인재가 필요합니다. 따라서 글로벌 거버넌스를 위한 인력양성을 강화하고, 인재를 충원하여 중국의 글로벌 거버넌스 참여를 위해 인력 지원을 제공해야 합니다.

# 신념을 확고히 하고 함께 발전을 도모해야 한다[64)]

●● 2016년 10월 16일 ●●

존경하는 모디 총리님,

존경하는 주마 대통령님,

존경하는 테메르(Michel Temer) 대통령님,

존경하는 푸틴 대통령님,

신사 숙녀 여러분, 친구 여러분:

아름다운 고아에 오게 되어 대단히 기쁩니다. 이번 회의를 위해 세심하게 준비해주신 모디 총리님과 인도 정부에 감사를 전합니다. 2014년에 인도를 방문했을 때, 근면하고 성실한 인도 인민과 화려한 인도의 문화가 인상적이었습니다.

황금 10월은 수확의 계절이며, 올해는 브릭스 설립 10주년을 맞는 해입니다. 브릭스는 십 년 동안 검 하나를 가는 데 노력을 기울여 국가 간 협력이 심화되고, 협력 수준 또한 높아지며, 현재 영향력 있는 국제적 체제로 거듭나는 등의 성과를 이룩하게 되었습니다.

64) 이는 시진핑 동지가 인도 고아(Goa)에서 열린 제8차 브릭스 정상회의에서 한 연설이다.

— 이는 공동 발전을 도모하고, 끊임없이 전진했던 10년입니다. 우리는 발전을 우선순위에 두고 경제 발전과 인민의 삶의 질을 향상하는 데 주력하여 괄목할 만한 성과를 거두었습니다. 지난 10년 동안 세계경제에서 5개 국가의 경제 총량이 차지하는 비중은 12%에서 23%로, 무역 총액의 비중은 11%에서 16%로, 해외투자의 비중은 7%에서 12%로 증가했으며, 30억 인민의 삶의 질이 나날이 향상되고 있으며, 브릭스 국가의 국제적 위상과 역할은 끊임없이 향상되고 있습니다.

— 이는 협력을 확대하고 호혜윈윈을 지향해온 10년입니다. 우리는 개방·포용·협력·상생의 브릭스 정신을 확고히 견지하고, 전방위적이고 다층적인 협력 프레임워크를 구축하기 위해 노력하며, 협력 분야를 지속적으로 확장하고, 협력 체제를 계속해서 개선하여 성과가 끊임없이 나타나고 있습니다. 또한 신개발은행 설립과 비상예비비편성(Emergency Reserve Arrangement)을 추진하고, 에너지 절약 및 에너지 효율 분야에서의 협력을 촉진시키며, 기후변화 대응에 관한 입장을 조정하고 강화하는 등은 브릭스 국가 간 협력의 행동력과 유효성을 돋보이게 했고 남남협력의 새로운 길을 개척해주었습니다.

— 이는 과감하게 책임을 지고, 변화를 만들어낸 10년입니다. 우리는 국제 금융위기의 영향에 대응하기 위해 협력해왔으며, 세계 경제·금융 안정을 촉진시키는 데 중요한 기여를 해왔습니다. 국제통화기금 보고서는 지난 10년 동안 브릭스 국가들의 세계경제 성장에 대한 기여도는 50%가 넘는다고 밝혔습니다. 우리는 국제적 공정과 정의를 확고히 수호하며, 중요한 국제·지역 문제에 대해 함께 목소리를 내어왔습니다. 또한 글로벌 경제 거버넌스 개혁을 적극적으로 추진하여 신흥시장 국가와 개발도상국의 대표성과 발언권을 크게 향상시켰습니다.

동료 여러분!

"거울을 비추는 것은 자신의 얼굴을 보기 위한 것이고, 역사를 연구하는 것은 오늘의 시세(時勢)를 알기 위한 것입니다(明鏡所以照形, 古事所以知今.)." 우리는 과거를 계승하고 미래로 나아가기 위해 과거를 되돌아봅니다.

현재 세계경제 회복이 느리고, 세계무역과 투자가 부진하며, 원자재 가격이 계속해서 변동하며, 국제 금융위기를 유발하는 심각한 모순이 아직 해결되지 않았습니다. 일부 국가에서는 내향적 정책(政策內顧) 경향이 심화되고, 보호무역주의가 고조되며, '반글로벌화(反全球化)' 이데올로기가 급증하고 있습니다. 또한 지정학적 요인이 복잡하고, 전통적 안보위험과 비전통적 안보위험이 얽혀 있으며, 테러, 전염병, 기후변화 등 글로벌 도전이 더욱 두드러지고 있습니다. 브릭스의 발전은 복잡하고 가혹한 외부 환경에 직면해 있습니다.

「효과적·포용적인 공동 해결 방안 구축」을 주제로 하는 이번 정상회의는 목표성이 강합니다. 국제정세의 도전에 직면하여 우리는 자신감을 강화하고 함께 맞서나가야 합니다.

10년간의 발전을 통해 브릭스 국가 간 협력은 그늘이 짙고 뿌리를 깊이 내렸습니다. 우리는 도전을 기회로, 압박감을 동기 부여로 전환하여 일심협력하여 어려움을 함께 극복할 수 있습니다. 우리는 브릭스 국가들의 지혜와 힘으로 함께 대응책을 찾아야 합니다.

첫째, 개방된 세계를 공동으로 건설해야 합니다. 개방은 국가 번영과 부강을 위한 근본적인 출로입니다. 우리는 역사발전의 객관적 법칙을 따르고, 시대의 흐름에 순응하고, 구조적 개혁을 추진하고, 성장 모델을 혁신하고, 개방적 경제를 건설하며, 모든 형태의 보호무역주의에 대해 분명한 입장을 취해야 합니다. 또한 거시경제정책 조정을 강화하고, 경제무역 대 시장, 금융 대유통, 인프라 대연결, 인적교류를 핵심으로 삼아 국제적 개방과 협력의 최전선에 서서 국제무대에서 선도적인 역할을 발휘해야 합니다.

둘째, 발전 비전을 공동으로 그려나가야 합니다. 포용적이고 지속 가능한 발전을 이루는 것은 각국 국민의 공통된 염원일 뿐만 아니라, 세계경제가 지속적이고 안정적인 성장을 유지할 수 있는 힘의 원천이기도 합니다. 우리는 계속해서 발전을 핵심으로 「2030 지속 가능한 개발어젠다」 이행과 항저우 G20 정상회의 성과에 맞춰 남북대화와 남남협력을 강화하고, 새로운 아이디어와 이념과 조치로 국제 발전을 위한 협력에 새로운 힘을 실어줘야 하며, 새로운 공간을 개척하여 글로벌 경제가 활력 넘치고 지속 가능하며 균형 있고 포용적인 성장을 이루도록 해야 합니다.

셋째, 글로벌 도전에 함께 대응해야 합니다. 브릭스 국가들은 운명을 함께하고 있습니다. 우리는 밀접하게 관련된 이익공동체일 뿐만 아니라, 손을 잡고 전진하는 행동공동체이기도 합니다. 따라서 우리는 중요한 국제 문제와 지역 이슈에 대한 조정과 소통을 강화하고, 함께 행동하며, 이슈에 대한 정치적 해결을 촉진시키고, 자연재해, 기후변화, 전염병, 테러리즘과 같은 글로벌 문제에 대처하기 위해 협력해야 합니다. 국제사회가 힘을 실어주도록 함께 목소리를 내되, 실질적인 행동으로 실제 문제를 해결해야 하며, 지엽적인 것과 근본적인 것에 모두 귀를 기울여 종합적으로 시책하며, 모순의 근원을 해결하고, 국제사회의 장기적인 평화와 안정을 실현하기 위해 기여해야 합니다.

넷째, 공정과 정의를 공동으로 수호해야 합니다. 공정하고 정의로운 글로벌 거버넌스는 모든 국가의 공동 발전을 위한 필수 조건입니다. 우리는 글로벌 거버넌스 개혁 과정에서의 참여자, 촉진자, 선도자가 되어야 하며, 국제질서가 보다 공정하고 합리적인 방향으로 발전하도록 이끌고, 신흥시장 국가와 개발도상국의 대표성과 발언권을 지속적으로 강화해야 합니다. 또한 우리는 국제 평화 사업의 수호자가 되어야 하며, 유엔헌장의 목적과 원칙 그리고 국제관계 규범에 맞게, 문제 자체의 옳고 그름에 따라 문제를 해결하고, 긍정적인 에너지로 협력윈윈을 지향한 신형 국제관계 구축을 추진해야 합니다.

다섯째, 파트너십을 공동으로 강화해야 합니다. 브릭스 국가들은 서로를 성실하게 대하는 의좋은 친구이자 형제, 파트너이며, 이러한 우정과 협력은 계속해서 발전할 것입니다. 우리는 「브릭스 경제동반자 전략(金磚國家經濟夥伴戰略)」의 이행을 기회로 삼아 다양한 분야에서 경제 협력을 강화하고 확대하며, 브릭스의 전반적인 경쟁력을 강화해야 합니다. 또한 브릭스 신개발은행과 비상예비비편성을 효과적으로 관리하여 개발도상국의 경제 발전에 튼튼한 힘이 되어 주어야 합니다. 그리고 인적교류를 강화하고, 국민 간의 유대감을 촉진시켜 브릭스 국가 간 협력을 위한 여론적 기반을 다져야 합니다. 브릭스의 '우호국가'를 계속해서 확대하고 국가 간의 우정을 돈독히 하며, 개방적이고 포용적이며 공동으로 발전하도록 해야 합니다.

동료 여러분!

중국은 브릭스 체제의 확고한 지지자이자 참여자이며, 브릭스 국가 간 협력을 중국 외교의 중요한 방향으로 간주하고 있습니다. 브릭스 국가 간 협력이 세계 평화·안정·번영을 효과적으로 촉진케 할 것이라고 믿습니다. 내년에는 중국이 브릭스 의장국을 맡아 제9차 브릭스 정상회의를 개최하게 됩니다. 어깨에 무거운 책임감을 느끼지만, 한편으로는 자신감으로 가득 차 있습니다. 우리는 여러 회원국과 함께 브릭스 국가들의 발전을 위한 새로운 청사진을 그려나갈 것입니다.

감사합니다.

# 파트너십을 강화하여 발전의 원동력을 증강시켜야 한다[65)]

●● 2016년 11월 19일 ●●

부스타만테((José Luis Bustamante) 대통령님,

아시아-태평양 상공업계 대표 여러분,

신사 숙녀 여러분, 친구 여러분:

아름다운 리마에서 여러분과 만나게 되어 대단히 기쁩니다. 중국과 페루는 멀리 떨어져 있습니다. 『영한대사전』에 중국에서 페루까지라는 말이 있는데, 천하를 두루 돌아다닌다는 뜻입니다. 오늘 우리가 멀리 리마에 오게 된 이유는 아시아-태평양 지역의 발전을 위한 아이디어와 조치에 대해 논의하고자 함입니다.

두 달 전에, G20 정상회의가 항저우에서 성공적으로 개최되었습니다. 저는 각국 정상들과 함께 세계경제가 직면한 현안에 대해 심도 있게 의견을 나누고, 많은 중요한 사안에 대해 합의를 이루게 되었습니다. 세계경제 회복이 여전히 무기력하고, 성장 동력이 부족하며, 경제 글로벌화가 좌절되고, 무역과 투자가 부진하고, 세계적인 도전이 세계경제의 불확실성을 심화시

65) 이는 시진핑 동지가 페루(Peru) 리마(Lima)에서 개최된 아시아태평양경제협력체 최고경영자 정상회의((Asia-Pacific Economic Cooperation CEO Summit))에서 한 기조연설이다.

킨다는 것이 일반적인 견해입니다. 위험과 도전에 직면하여 관련 국가들은 어려움 속에서 일심협력하고, 협력윈윈을 지향하는 동반자 정신을 계승하고, 거시정책 조정을 강화하며, 경제 성장 방식을 혁신하고, 개방형 세계경제를 구축하여 활력 넘치고 지속 가능하고 균형 잡힌 포용적인 성장을 촉진시켜야 합니다.

현재 아시아-태평양 지역은 전반적으로 균형 잡힌 발전을 유지하고 있지만, 도전에 직면해 있으며, 발전의 중요한 시점에 와 있습니다. 아시아-태평양 지역은 세계경제 중 규모가 가장 크고 역동적인 지역인 만큼, 책임감을 갖고 선도적인 역할을 발휘해야 합니다. 이를 위해 효과적으로 조율하고 조치를 취하여 세계경제 회복에 새로운 활력을 불어넣고 세계경제 성장의 새로운 공간을 개척해야 합니다.

첫째, 경제 통합을 촉진시켜 개방형 경제를 구축해야 합니다. 개방은 아시아-태평양 지역경제의 생명선입니다. 지난 20여 년 동안, 아시아태평양경제협력체 회원국들은 무역자유화와 편리화를 확고히 견지하여 연평균 무역성장률이 같은 기간 경제 성장률의 2배가 넘는 수치를 기록하는 8%를 유지해오며 아시아-태평양 지역경제 성장을 위해 안정적인 원동력을 제공해왔습니다. 최근 몇 년 동안 국제무역은 침체기에 접어들었습니다. 세계무역기구는 올해 세계무역 증가율이 5년 연속 경제 성장률보다 낮을 것으로 전망했습니다. 아시아-태평양 지역 역시 이와 같은 어려움에 직면해 있으며, 지역경제 협력의 파편화와 같은 과제 해결도 시급합니다. 모든 지역의 무역협정은 널리 지지를 얻기 위해서는 개방적이고, 포용적이며, 보편적 특혜를 주며, 상생을 지향해야 합니다. 폐쇄적이고 배타적인 협력이 아닌, 평등 협의, 공동 참여, 이익 공유에 기초한 지역 협력의 틀을 구축해야 합니다.

아시아-태평양 자유무역지대 건설은 아시아-태평양 지역의 장기적인 번영에 관한 전략적 조치이며, 상공업계에서는 이를 '아시아태평양경제협력체의 꿈'이라고 부릅니다. 우리는 아시아-태평양 자유무역지대 건설을 확고히 추진하여 아시아-태평양 지역의 개방형 경제를 위한 제도적 환경을 마련해야 합니다. 또한 무역과 투자의 엔진 역할을 활성화하고, 자유무역의 개방성과 포용성을 강화하며, 다자간 무역체제를 수호해야 합니다.

현재 경제 글로벌화에 대한 지지와 반대 의견이 양립하고 있으나, 일반적으로 경제 글로벌화는 경제 법칙과 각국의 이익에 부합합니다. 경제 글로벌화는 세계 발전을 위해 강력한 추진력을 제공할 뿐만 아니라, 진지하게 받아들여야 할 새로운 상황과 도전도 안겨줍니다. 곧 시작될 새로운 과학기술 혁명과 산업혁명, 국제 분업 시스템의 가속화, 글로벌 가치사슬의 재편 등은 경제 글로벌화에 새로운 의미를 부여하고 있습니다. 아시아태평양경제협력체는 경제 글로벌화의 끊임없는 추진과 함께 설립되었습니다. 따라서 아시아-태평양 지역의 발전성과는 경제 글로벌화와 불가분의 관계에 있습니다. 우리는 자체 발전과 외부 환경 사이의 상호작용을 인식하고 파악해야 하며, 새로운 기회를 포착하며, 새로운 환경에 적응하며, 새로운 이점을 찾아야 합니다. 또한 경제 글로벌화와 함께 심도 있는 연구가 필요한 새로운 문제가 수반될 것입니다. 우리는 공정과 정의에 관한 문제를 잘 해결하도록 경제 글로벌화를 정확한 방향으로 이끌어야 하며, 나아가 활력 넘치고, 포용적이고, 지속 가능한 방향으로 발전하도록 추진하여 인민들의 참여 의식을 높이고, 인민들이 더 많은 혜택을 얻고 더 행복해지도록 해야 합니다.

둘째, 호연호통을 촉진시켜 연동식 발전을 실현해야 합니다. 호연호통은 발전의 잠재력을 발휘하는 중요한 수단이며, 연동식 발전을 이루기 위한 전제 조건이기도 합니다. 우리는 아시아-태평양 지역 전체를 포괄하는 전방위적이고, 복합적인 호연호통 네트워크 구축을 추진해야 합니다. 올해는 아시아태평양경제협력체 회의가 8년 만에 라틴아메리카에서 개최되며, 우리는 이 기회를 활용하여 태평양 양측의 호연호통 건설을 촉진시키고, 더 넓은 범위에서 실물경제의 발전을 촉진시켜야 합니다. 또한 베이징 회의에서 공식화된 호연호통 청사진을 철저히 이행하고, 인프라, 제도·규정, 인적교류 측면에서 삼위일체를 이룬 호연호통 프레임워크를 완비하여 2025년까지 전면적으로 연결되도록 해야 합니다.

3년 전에 저는 호연호통에 중점을 두고, 생산요소의 자유롭고 편리한 유동을 촉진시키며, 다원적 협력 플랫폼을 구축하여 상생과 공동 발전을 실현하는 '일대일로' 이니셔티브를 제안했습니다. 지금까지 총 100여 개 국가와 국제기구가 참여했으며, 뜻이 같고 서로 신뢰하고 우호적이고 활기찬 '친구 서클'로 발전했습니다. 또한 아시아인프라투자은행이 가동되고, 실크로드 기금이 성공적으로 설립되며, 많은 중요한 프로젝트가 실행되어 엄청난 경제적, 사회적 이익을 창출했습니다. 중국은 각국과 함께 공동 협상·공동 건설·공동 향유의 원칙에 기초하여 정책적 소통, 도로의 연결, 무역의 원활화, 자금의 연결, 민심 상통의 5대 영역에서 지속적으로 협력을 강화하고, 발전 전략의 연결을 이루고, 호혜협력을 심화하여 지역경제의 발전과 민생 개선에 활력을 불어넣을 것입니다. 우리는 각국이 협력에 동참하여 기회를 공유하고, 도전에 대응하고, 공동 발전을 도모하는 것을 환영합니다.

셋째, 개혁과 혁신을 추진하여 내생적 힘을 강화해야 합니다. 아시아-태평양 지역은 개혁을 통해 발전의 원동력을 찾았고 혁신을 통해 활력을 찾았습니다. 개혁과 혁신은 이처럼 좋은 것이기도 하지만, 이를 실천에 옮기는 것은 어려운 일이기도 합니다. 중국의 속담에 "어떤 일에 부딪히든 어려운 것과 쉬운 일 가리지 않고 과감히 시도하면 어려움을 극복하고 끝까지 견지할 수 있다(遇事無難易, 而勇於敢爲.)"는 말이 있습니다. 라틴아메리카 속담에는 "의지가 없는 것보다 더 큰 어려움은 없다(沒有比缺乏意志更大的困難.)"는 말이 있습니다. 2014년에, 아시아태평양경제협력체 정상들은 베이징에서 「경제의 혁신적 발전·개혁·성장에 관한 합의(經濟創新發展, 改

革與增長共識)」를 승인하여 아시아-태평양 지역이 혁신적인 발전의 길로 들어서도록 방향을 짚어주었습니다. 올해 항저우 G20 정상회의는 「혁신적 성장을 위한 청사진」을 채택하고, 개혁과 혁신의 중요성을 강조하고 구체적인 행동계획을 수립했습니다.

아시아-태평양 지역의 모든 회원국은 이러한 합의와 원칙을 효과적으로 이행하고, 발전모델을 전환하며, 개혁을 통해 경제의 구조조정을 추진하고, 총요소 생산성(total factor productivity)을 제고해야 합니다. 또한 거시정책 조정을 강화하고, 구조적 개혁을 확고히 추진하며, 긍정적 파급효과를 강화해야 합니다. 그리고 발전 이념, 발전모델, 발전 경로의 혁신을 가속화하고 사회적 창의성과 시장의 활력을 자극하여 산업과 제품이 글로벌 가치사슬의 중상류로 도약하도록 촉진시키고 새로운 발전 공간을 확대해나가야 합니다.

넷째, 협력윈윈을 촉진시켜 파트너십을 심화해야 합니다. 파트너십은 아시아-태펴양 지역 협력의 중요한 유대이자 현재 직면한 도전에 대응하기 위한 필연적인 선택입니다. 각국은 21세기가 아시아-태평양의 세기라고 생각하지만, 행복은 하늘에서 뚝 떨어지지 않을 것입니다. 2년 전에 아시아태평양경제협력체 정상들은 지난 25년 동안의 협력 역사를 돌아보고 아시아-태평양 파트너십 구축을 위한 기본 원칙을 제시했으며, 작년에는 마닐라에서 아시아-태평양 파트너십의 이념을 확고히 견지하고 신뢰·포용·협력·상생의 정신을 계승해야 할 필요성을 강조했습니다.

운명공동체 의식을 심화시키고 서로 멀어지는 것이 아니라 점점 더 가까워져야 합니다. 지역 협력의 깊이와 폭을 지속적으로 강화하고, 플랫폼을 공동으로 건설하며, 공동으로 규칙을 제정하고, 발전의 성과를 공유해야 합니다. 또한 평등하게 참여하고, 충분히 협상하고, 서로 돕고 함께 발전하며, 건강하고 안정적인 발전 환경을 조성하기 위해 모든 노력을 기울여야 하며, 어떤 요소도 아시아-태평양 지역의 발전 과정을 방해하지 않도록 해야 합니다.

신사 숙녀 여러분, 친구 여러분!

아시아-태평양 지역에서 공동의 발전과 번영을 이루기 위해서는 지역 차원에서 협력을 강화해야 하며, 무엇보다 모든 회원국이 행동에 나서야 합니다. 인구가 가장 많은 개발도상국인 중국은 꾸준하고 건전한 경제 발전을 유지하여 아시아-태평양 지역과 세계경제 성장을 효과적으로 촉진해왔습니다. 국제 금융위기 발발 이후, 중국은 세계경제에 거의 40%를 기여했으며 세계경제 회복에 중요한 버팀목 역할을 했습니다. 최근 몇 년 동안 세계경제 성장이 둔화되는 상황에서 중국 경제는 몇 가지 어려움과 도전에 직면했습니다. 우리는 자신감을 강화하고 주도적으로 조정에 나서 경제 성장률이 여전히 세계에서 상위권에 속하며 세계경제 성장에 대한 우리의 기여도는 25% 이상을 유지하고 있습니다.

올해는 중국이 '제13차 5개년 계획'을 시행하는 해입니다. 우리는 경제 발전의 뉴노멀에 적극적으로 적응하고 주도하고 있습니다. 개혁을 전면적으로 추진하고, 계속해서 혁신 주도 발전을 추진하고, 경제 발전모델의 전환과 경제의 구조조정을 가속화하여 1분기 중국의 경제 성장률은 6.7%이며, 국내총생산 성장에 대한 최종소비지출의 기여도는 71%이며, 3차 산업의 부가가치(value added)는 국내총생산의 52.8%로 상승했으며, 국내총생산 단위당 에너지 소비는 전년 동기 대비 5.2% 감소했으며, 1,067만 개의 새로운 도시 일자리가 창출되었고, 도시와 농촌 주민 간의 소득 격차가 지속적으로 축소하는 등 합리적인 범위 내에서 경제가 운영되고 있습니다. 중국 경제 발전의 질과 효율성은 끊임없이 향상되고, 새로운 추진력이 강화되고, 새로운 형태의 비즈니스가 끊임없이 등장하고 있으며, 많은 지역과 산업에서 만족스러운 변화가 일어나고 있으며, 유리한 요소가 더욱 축적되고 있습니다.

중국은 전면적으로 샤오캉사회를 건설하는 대마루에 와 있습니다. 우리는 혁신·조정·녹색·개방·공유의 5대 발전 이념에 따라 공급 측면의 구조적 개혁을 주축으로 새로운 경제구조를 육성하고, 새로운 발전 동력을 강화하여 중국 경제의 안정적이고 건전한 발전을 추진하고 있습니다.

현재와 향후 일정 기간, 중국은 다음과 같은 측면에 중점을 두고 경제 발전을 촉진시키기 위한 조치를 채택할 것입니다.

첫째, 공급 측면에서 구조적 개혁을 추진하고 경제 발전모델의 전환을 가속화할 것입니다. 경제체제 개혁을 전면적으로 심화시키고, 제도를 완비하여 시장이 자원 배분에서 결정적인 역할을 발휘할 수 있도록 하고, 정부가 역할을 보다 효과적으로 수행할 수 있도록 할 것입니다. 총수요를 적절히 확대하는 한편, 개혁을 통해 구조조정을 촉진시키고, 산업 최적화 및 재편을 촉진시키며, 주요자원배치를 최적화하고, 수요 변화에 대한 공급 구조의 적응성과 유연성을 향상시켜 지속적이고 건전한 경제 발전을 위한 내생적 원동력을 꾸준히 제공해야 합니다.

둘째, 혁신적 발전을 촉진시키고, 새로운 것으로 낡은 것(업종, 기술, 재료 등)을 대체하는 데 중점을 둘 것입니다. 혁신 주도 발전 전략을 견지하고, 과학기술의 제도적 개혁을 심화하며, 사상·제도적 장벽을 허물고, 과학기술과 경제·사회 발전의 심도 있는 통합을 추진하여 모든 혁신의 원천이 서로 통하도록 할 것입니다. 또한 산업, 학술, 연구의 심층적 통합을 가속화하여 기관, 인재, 시장, 자금의 유동이 자유롭고, 이는 혁신적 발전을 촉진시키는 강한 힘이 될 것입니다. 그리고 신기술, 새로운 산업, 새로운 업종의 발전을 추진하여 혁신에 의한 성과가 가시적인 경제활동으로 전환하고, 발전을 위한 새로운 원동력을 육성할 것입니다.

셋째, 높은 수준의 양방향 개방을 촉진시키고, 호혜윈윈의 원칙을 견지할 것입니다. 저는 중국의 개혁개방은 영원히 중단되지 않으며, 갈수록 확대될 것이라고 거듭 강조했습니다. 우리는 보다 적극적인 개방 전략을 실행할 것이며, 보다 포괄적이고 심층적이며 다원적인 대외개방의 국면을 만들 것입니다. 외국인 투자 승인을 완화하고, 중국 내 높은 수준과 기준을 갖춘 자유무역시범지대 건설을 추진하며, 법치화·편리화·국제화 사업환경을 마련하며, 국내외 기업이 평등하고 공정하게 경쟁할 수 있도록 촉진케 할 것입니다. 일련의 개혁과 조치가 지속적으로 추진됨에 따라 중국의 투자 환경이 더욱 개방적이고 관대하며 투명해질 것이고, 외국 기업이 중국에서의 기회를 공유할 수 있도록 조건을 제공할 것이라고 믿습니다. 우리는 더 많은 중국 기업이 세계로 진출하고, 해외투자를 확대하여, 호혜윈윈을 지향한 협력의 플랫폼을 구축하도록 장려할 것입니다. 또한 경제 글로벌화 과정에 깊이 관여하고, 다자간 무역체제를 지지하며, 아시아-태평양 자유무역지대 건설을 추진하여 역내에서 전면적인 경제 파트너십 협정의 조속한 타결을 추진할 것입니다.

넷째, 공유 발전, 녹색발전을 이루고 인민들의 삶의 질을 향상하기 위해 노력할 것입니다. 중국 고대 속담에 "나라를 다스림에 불변의 법칙이 있으니 그 근본은 백성을 이롭게 하는 것이다(治國有常, 而利民爲本.)"라는 말이 있습니다. 페루 속담에는 "국민의 목소리는 하늘의 목소리(人民的聲音就是上天的聲音)"라는 말이 있습니다. 더 나은 삶을 갈망하는 국민의 열망에 부응하기 위해서는 발전의 과실을 국민이 공유하도록 해야 합니다. 우리는 재분배조절체제(再分配調節機制)를 개선하고, 케이크를 더 크게 만들면서 서로 나누고, 중산층을 확대해야 합니다. 우리는 빈곤과의 싸움을 적극적으로 추진할 것이며, 2020년까지 현재 기준에서 5,575만 명의 농촌 빈곤 인구가 빈곤에서 벗어날 수 있도록 할 것입니다. 우리는 건강한 중국 건설을 전면적으로 추진하여 인민들에게 생애주기별 보건과 건강관리 서비스를 제공할 것입니다. 녹수청산이 바로 금산이고 은산입니다. 우리는 지속 가능한 발전 전략을 확고히 견지하고, 녹색·저탄소·순환발전을 촉진시키며, 푸른 하늘과 녹색의 땅과 맑은 물로 이루어진 인간과 자연이 조화롭게 공생하는 아름다운 중국을 건설하여 사람들이 발전이 가져온 생태적 혜택을 진정으로 느낄 수 있도록 할 것입니다.

중국 경제는 발전 전망이 밝습니다. 중국의 발전은 세계에 기회입니다. 앞으로 5년 동안 중국의 총 수입액은 8조 달러, 외국 자본 총액은 6,000억 달러, 해외투자 총액은 7,500억 달러, 해외로 나가는 관광객 수는 7억 명에 달할 것으로 예상됩니다. 이를 통해 세계 각국은 더 넓은 시장, 더 많은 자본, 더 풍부한 제품, 더 가치 있는 협력의 기회를 갖게 될 것입니다.

신사 숙녀 여러분, 친구 여러분!

25년 전, 중국은 공식적으로 아시아태평양경제협력체 회원국이 되었습니다. 지난 25년 동안, 중국은 회원국들과 함께 어려움 속에서 일심협력하면서 발전을 핵심으로 공동 번영을 이루어 왔고, 개방 속에서 서로 어우러지며, 진취적이고 용감하게 혁신하며, 서로 존중하고 도우며 공동 발전을 도모해왔습니다. 중국은 아시아-태평양 지역을 향해 한 걸음 한 걸음 나아갔으며, 아시아-태평양 지역도 중국을 향해 한 걸음 한 걸음 다가왔습니다. 현재 중국은 대다수 회원국의 주요 무역 파트너이자 수출시장이 되었습니다.

모두 아시다시피, 라틴아메리카는 고구마 등 감자류 작물의 원산지입니다. 저는 일부 중국 기업가들에게 고구마의 예를 들었던 적이 있습니다. 고구마 덩굴은 사면팔방으로 뻗어 있지만, 구경(球莖)은 항상 근기에서 자랍니다. 마찬가지로 중국이 아무리 발전해도 아시아-태평양 지역에 뿌리를 내리고, 아시아-태평양 지역을 건설하며, 아시아-태평양 지역에 이익을 가져다줄 것입니다. 중국은 확고부동하게 평화적 발전 노선을 견지하고 호혜윈윈을 지향한 개방 전략을 펼쳐나갈 것이며, 자국의 발전을 추구하는 동시에 아시아-태평양 국가들의 공동 발전을 적극적으로 추진하면서 지역민에게 더 많은 기회를 창출할 것입니다.

상공업계는 세계경제에서 가장 활발한 역량이며, 개혁, 발전, 혁신을 촉진시키는 주역입니다. 여러분이 이 흐름의 선두에 서서 적극적인 행동을 취하고 협력을 통해 상생의 결과를 이루고 노력의 결실을 거두어 아시아-태평양 지역과 세계의 경제 발전에 새로운 기여를 하기를 바랍니다.

마지막으로, 이번 정상회담의 원만한 성공을 기원합니다!

감사합니다.

# 시대적 책임을 지고, 함께 세계의 발전을 촉진시키자[66)]

●● 2017년 1월 17일 ●●

존경하는 도리스 로이타르트(Doris Leuthard) 주석님, 롤랑 하우신(Roland Hausin) 선생님,

존경하는 각국 원수·정부 수반·부원수와 여사님들,

존경하는 국제기구 관계자 여러분,

존경하는 슈웝( Schwab) 주석과 여사님,

신사 숙녀 여러분:

아름다운 다보스에 오게 되어 대단히 기쁩니다. 다보스는 알프스의 작은 마을이지만, 세계경제를 보는 중요한 창구입니다. 다양한 생각을 지닌, 세계 곳곳에서 온 사람들이 지혜의 불꽃을 튀기며 적은 투자로 큰 성과를 내고 있습니다. 이 현상은 '슈밥 경제학(施瓦布經濟學)'이라고 부를 수 있다고 생각합니다.

영국의 문학가 디킨스(Dickens)는 산업혁명 이후의 세계를 "지금은 최고

66) 이는 시진핑 동지가 스위스(Suisse) 다보스( Davos)에서 열린 '세계경제포럼(World Economic Forum)' 2017년 연례회 개막식에서 한 기조연설이다. 이 부분은 랴오청대학교 한국어학과 대학원과정에 재학 중인 진염희(陳念希) 학생이 1차 번역을 맡았음을 밝힌다.

의 시대이자 최악의 시대이다(這是最好的時代, 也是最壞的時代.)"라고 묘사한 바 있습니다. 오늘날 우리는 모순의 세계에서 살고 있습니다. 한편으로는 물질적 부는 계속해서 축적되고 있으나, 과학기술의 발전은 나날이 변화하고 있으며, 인류문명은 역사상 가장 높은 수준으로 발전했습니다. 다른 한편으로는 지역 간 충돌이 빈번하고 테러리즘과 난민사태 등 세계적인 도전이 잇따르며 빈곤·실업·소득 격차가 확대되고 세계가 직면한 불확실성이 높아지고 있습니다.

이와 관련하여 많은 사람들이 세상에 도대체 무슨 일이 일어나고 있는지 혼란스러워하고 있습니다.

이러한 혼란을 해결하려면 먼저 문제의 근본 원인을 찾아야 합니다. 세계의 혼란을 경제 글로벌화로 돌리는 관점이 있습니다. 경제 글로벌화는 일찍이 사람들에게 알리바바(阿裏巴巴)의 동굴로 여겨졌으나 지금은 또 많은 사람들에게 판도라의 상자로 인식되고 있습니다. 국제사회는 경제 글로벌화 문제를 둘러싸고 광범위한 토론을 벌여왔습니다.

오늘은 경제 글로벌화 문제에서 출발하여 세계경제에 대한 저의 견해를 이야기하고 싶습니다.

제가 말하고 싶은 것은 세계를 괴롭히는 많은 문제들이 경제 글로벌화로 인해 나타난 것이 아니라는 것입니다. 예를 들어 지난 몇 년 동안 중동과 북아프리카에서 온 난민사태는 전 세계를 뒤흔들었고, 수백만 명의 사람들이 떠돌아다니고 있으며, 심지어는 어린 아이들이 바다를 떠돌다가 숨지는 바람에 우리를 아프게 했습니다. 이 문제의 원인은 전쟁·분쟁 및 지역의 불안정입니다. 이 문제를 해결하는 길은 평화를 모색하고 화해를 촉진시키며 안정을 회복하는 것입니다. 또 다른 예로, 국제적 금융위기는 경제 글로벌화 발전의 불가피한 산물이 아니라, 과도한 이익 추구와 심각한 금융 감독의 부족에 의해 나타난 결과라는 것입니다. 세계를 괴롭히는 문제를 단순히 경제 글로벌화 탓으로 돌리는 것은 사실과 맞지 않고 문제의 해결에도 도움이 되지 않습니다.

역사적으로 볼 때, 경제 글로벌화는 사회 생산력 발전의 객관적인 요구와 과학기술 발전의 필연적인 결과이지 어떤 사람이나 국가가 인위적으로 만든 것이 아니라는 것입니다. 경제의 글로벌화는 세계경제 성장에 강력한 원동력을 제공했고, 상품과 자본의 흐름, 기술과 문명의 진보, 다양한 국가의 교류를 촉진시켰습니다.

물론 경제의 글로벌화가 양날의 칼이라는 점은 인정해야 합니다. 세계경제가 하강기에 있을 때, 세계 경제라는 이 케이크를 크게 만들기가 쉽지 않고 심지어 작아지기만 했기 때문에, 성장과 분배, 자본과 노동, 효율성과 공정성의 모순이 더욱 두드러져 선진국과 개발도상국 모두가 압력과 충격을 느끼게 되는 것입니다. 반글로벌화에 대한 요구는 경제 글로벌화 과정의 부족함을 반영하는 것이기에 우리는 주의하고 깊이 생각할 가치가 있습니다.

철학적으로 "아무리 단 참외라도 쓴 꼭지가 있고, 아무리 아름다운 대추나무에도 날카로운 가시가 돋아 있다(甘瓜抱苦蒂, 美棗生荊棘.)"는 말처럼 세상에 완벽한 것은 없는 것입니다. 장점이 있다 하여 사물을 완벽하다고 보거나, 단점이 있다 하여 아무것도 아닌 것으로 보는 것은 모두 포괄적이지 않기 때문입니다. 경제 글로벌화가 새로운 문제를 가져온 것은 사실이지만, 우리는 경제의 글로벌화에 일격을 가해 죽일 수는 없는 것이며, 오히려 경제 글로벌화에 적응하고 이끌며 경제 글로벌화의 부정적인 영향을 해소하여 모든 국가와 민족에게 더 많은 혜택을 가져다줄 수 있도록 해야 합니다.

당시 중국 역시 경제 글로벌화에 대해 의구심을 갖고 세계무역기구의 가입을 우려했습니다. 그러나 우리가 세계경제와 융합되는 것은 역사의 큰 방향이며, 중국 경제가 발전하려면 세계 시장이라는 큰 바다 속에서 용감하게 헤엄을 쳐야 하며, 만약 바다에 나가서 비바람을 견디지 못한다면, 언젠가는 바다에 빠져 죽게 될 것이라고 생각합니다. 따라서 중국은 세계시장을 용감하게 발전시켜왔습니다. 이 과정에서 우리는 소용돌이에 부딪쳐도 봤지만 그러한 과정에서 수영을 배웠습니다. 이것은 정확한 전략적 선택이었습니다.

세계경제라는 바다는 당신이 싫어하든 좋아하든 그대로 존재하며 피할 수는 없는 것입니다. 각국 경제의 자본, 기술, 제품, 산업, 인력의 흐름을 인위적으로 차단하여 세계경제의 바다를 고립된 작은 호수와 작은 하천으로 되돌리는 것은 불가능하며 역사의 흐름에도 부합하지 않습니다.

인류의 역사는 문제가 있는 것이 두려운 것이 아니라, 문제를 직시하지 못하고 문제의 근원을 찾아내지 못하는 것이 두렵다는 도리를 일깨워주었습니다. 경제 글로벌화가 가져온 기회와 도전에 직면하여, 올바른 선택은 모든 기회를 최대한 활용하고 모든 도전에 협력하여 대응하며 경제 글로벌화의 방향을 이끌어가는 것입니다.

지난해 말 아시아태평양경제협력체 정상회의에서 경제 글로벌화를 보다 역동적이고 포용적이고 지속 가능한 방향으로 이끌어야 한다는 제안을 했었습니다. 우리는 경제 글로벌화가 긍정적인 효과를 더 많이 창출하여, 경제 글로벌화 프로세스가 다시 균형을 이루도록 주도적으로 행동하고 적절하게 관리해야 하며, 대세에 순응하되 자국의 상황을 고려하여 경제 글로벌화와 융합되는 방법과 속도를 올바르게 선택해야 하며, 효율성과 공정성을 염두에 두면서 다양한 국가와 계층의 사람들이 경제 글로벌화의 혜택을 공유할 수 있도록 해야 합니다. 이는 우리 시대를 이끌어갈 리더로써 마땅히 지녀야 할 책임이며, 또한 각국 국민이 우리에게 기대하는 바입니다.

신사 숙녀 여러분!

현재 가장 시급한 과제는 세계경제를 어려움에서 벗어나게 하는 것입니다. 세계경제의 침체가 장기화되면서, 빈부 격차, 남북 격차라는 문제가 더욱 두드러지고 있습니다. 그 근원은 경제 분야의 세 가지 두드러진 모순이 효과적으로 해결되지 않았기 때문입니다.

첫째, 글로벌 성장의 동력이 부족하여 세계경제의 지속적이고 안정적인 성장을 뒷받침하기 어려워졌습니다. 세계경제의 성장률은 7년 동안 가장 낮은 수준이며, 세계의 무역 성장률은 계속해서 경제 성장률을 따라가지 못하고 있습니다. 또한 단기적인 경기부양책은 효과적이지 않으며 심층적인 구조적 개혁이 아직 추진 중에 있습니다. 세계경제가 전환기에 접어들면서 전통적인 성장 엔진이 경제를 견인하던 역할이 약화되고 인공지능과 3D 프린팅과 같은 신기술이 끊임없이 쏟아지고 있지만, 새로운 성장점은 아직 형성되지 않고 있습니다. 세계경제는 여전히 새로운 길을 개척하지 못하고 있습니다.

둘째, 글로벌 경제 거버넌스가 시대에 뒤처져 있어 세계경제의 새로운 변화에 적응하기 어려운 상황입니다. 얼마 전 유럽중앙은행(European Central Bank) 총재인 크리스틴라가르드(Christine Lagarde) 여사는 신흥시장 국가와 개발도상국의 세계경제 성장 기여율이 80%에 달한다고 말했습니다. 지난 수십 년 동안 국제사회의 세력구도는 큰 변화를 가져왔으나, 글로벌 거버넌스 시스템은 새로운 구도를 반영하지 못했고, 대표성과 포용성이 부족했습니다. 세계 산업 레이아웃이 지속적으로 조정되면서 새로운 산업사슬, 가치사슬, 공급사슬이 많이 형성되는 반면에, 무역·투자 규칙은 새로운 상황을 따라가지 못하고, 메커니즘의 폐쇄화와 규칙의 파편화가 매우 두드러지고 있습니다. 세계의 금융시장은 리스크에 대한 저항력을 강화해야 하지만, 글로벌 금융 거버넌스 메커니즘은 새로운 수요에 적응하지 못하여, 잦은 국제금융시장의 불안과 자산 거품의 축적 등 문제를 효과적으로 해결하지 못하고 있습니다.

셋째, 글로벌 발전이 불균형하여 더 나은 삶에 대한 사람들의 기대를 만족시키기가 어려운 상황입니다. 슈밥 선생은 『제4차 산업혁명』이라는 책에서 제4차 산업혁명은 불평등을 악화시키는 등 매우 광범위하고 심각한 영향을 미칠 것이며, 특히 자본 수익률과 노동 수익률 사이의 격차를 확대시킬 가능성이 있다고 말했습니다. 세계에서 가장 부유한 1%의 인구가 소유한 부가 나머지 99%의 인구가 소유한 부를 합친 것보다 많으며 소득 배분의 불평등, 발전 공간의 불균형이 우려되고 있습니다. 전 세계에는 여전히 7억이 넘는 사람들이 극심한 빈곤 속에서 살고 있습니다. 많은 가족에게 따뜻한 주택, 충분한 음식, 안정된 직장을 갖는 것은 여전히 사치스러운 일로 여겨지고 있습니다. 이는 오늘날 세계가 직면한 가장 큰 도전이며, 일부 국가사회 불안 증가의 중요한 원인이기도 합니다.

이러한 문제는 오늘날 세계의 경제 성장, 거버넌스, 발전모델에서 해결해야 할 문제가 많이 있음을 보여주고 있습니다. 국제적십자사의 창시자 두난(Jean Henri Dunant)은 이렇게 말했습니다. "진정한 적은 이웃나라가 아니라 굶주림, 가난, 무지, 미신과 편견입니다(真正的敵人不是我們的鄰國, 而是饑餓, 貧窮, 無知, 迷信和偏見.)." 우리는 문제를 분석하는 지혜도 있어야 하고, 행동을 취할 용기도 있어야 합니다. 이를 극복하기 위해서는 다음과 같은 해결책이 강구되어야 할 것입니다.

첫째, 혁신 중심의 발전모델을 견지하여 역동적인 성장을 이루어야 합니다. 세계경제가 직면한 근본적인 문제는 성장 동력의 부족에 있습니다. 혁신은 발전을 이끄는 첫 번째 원동력입니다. 이전의 역대 산업혁명과 비교해 볼 때, 제4차 산업혁명은 '선형(線型)속도'[67]가 아닌 기하급수적으로 전개되었습니다. 우리는 혁신에서 활로를 찾아야 합니다. 과감한 혁신과 과감한

67) 선형속도: 물리학 용어로 어떤 면에서부터 멀어질수록 속도가 바뀌는데 거리 등에 비례해서 변하는 속도를 말한다.

변화만이 세계경제 성장과 발전의 난관을 돌파할 수 있습니다.

G20 정상들은 항저우 정상회의에서 혁신을 출발점으로 삼아 각국과 세계경제 성장의 새로운 동력을 발굴해야 한다는 데 중요한 공감대를 형성했습니다. 우리는 재정 부양책과 통화 완화책 중에 어느 것을 더 많이 취해야 하는지에 대한 논쟁을 넘어 증상과 근본 원인을 모두 치료하고 포괄적인 정책을 시행하는 발전 이념을 확립해야 합니다. 그리고 정책적 수단을 혁신하고, 구조적 개혁을 추진하여 성장을 위한 공간을 마련하고 오래 버틸 수 있는 기반을 튼튼히 다져야 합니다. 또한 성장 방식을 혁신하고 새로운 산업혁명과 디지털 경제가 가져오는 기회를 포착하여 기후변화, 인구 고령화 등으로 인한 도전에 대응해야 할 뿐만 아니라 정보화, 자동화 등으로 인한 고용 문제를 해결해야 하며, 새로운 산업과 업종을 육성하면서 고용의 기회를 창출하여 사람들이 자신감과 희망을 되찾을 수 있도록 해야 합니다.

둘째, 협력을 견지하여 개방적이고 상생하는 협력 모델을 창조해야 합니다. 인류는 이미 '네 속에 내가 있고, 내 속에 네가 있는' 운명공동체가 되어 이해관계가 깊고 서로 의존적입니다. 각국은 발전의 권리가 있으며, 또한 더 넓은 범위에서 자국의 이익을 고려하되, 다른 국가의 이익을 해쳐서는 안 됩니다.

우리는 개방형 세계경제를 확고히 발전시키고, 개방 속에서 기회와 이익을 공유하고, 호혜윈윈을 실현해야 합니다. 풍랑을 만나자마자 항구로 피신할 수는 없습니다. 그렇게 된다면 영원히 반대편에 이를 수 없을 것입니다. 그리고 글로벌 호연호통을 발전시켜 각국이 연동식 성장을 이루고 공동 번영을 향해 나아갈 수 있도록 해야 합니다. 또한 세계 자유무역과 투자를 확고히 발전시키고 개방 속에서 무역과 투자의 자유화와 편리화를 촉진시키며, 보호주의를 확고히 반대해야 합니다. 보호주의는 비바람을 피할 수 있을 것처럼 보이지만, 햇빛과 공기로부터 차단된 어두운 방에 자신을 가두는 것과 같습니다. 무역전쟁은 패배를 초래할 수밖에 없습니다.

셋째, 시대에 발맞추어 공정하고 합리적인 거버넌스 모델을 구축해야 합니다. "작은 지혜를 가진 사람은 구체적인 일을 잘 처리하고, 큰 지혜를 가진 사람은 각종 제도를 건전하게 세워 문제를 해결하기에 이릅니다(小智治事, 大智治制.)." 글로벌 경제 거버넌스 시스템 개혁의 목소리가 커지고 있으며 시급해지고 있습니다. 글로벌 거버넌스 시스템이 국제 경제 구도의 새로운 요구에 부합해야 만이 글로벌 경제를 확실하게 뒷받침할 수 있습니다.

세계 각국은 크기와 힘과 빈부를 막론하고 모두 국제사회의 평등한 구성원이며 의사결정에 평등하게 참여하고 권리를 누리고 의무를 다해야 하며, 신흥시장 국가와 개발도상국에 더 많은 대표성과 발언권을 부여해야 하며, 2010년에 발효된 국제통화기금 배당 개혁안은 계속해서 유지되어야 아며, 다자주의를 견지하고 다자체제의 권위와 효율성을 수호해야 하며, 약속을 이행하고 규칙을 준수하며 자국의 뜻대로 취사선택할 수 없게 해야 하며, 「파리협정」은 글로벌 발전의 큰 방향에 부합하며 쉽게 얻어낸 성과가 아닌 만큼 각국이 함께 수호하고 지켜나가야 합니다. 이는 우리가 미래 세대에 대해 반드시 져야 할 책임입니다!

넷째, 공정성과 포용성을 견지하여 균형 잡히고 보편적 특혜를 주는 발전모델을 만들어야 합니다. "대도가 행해지면 천하가 천하 사람들에 의해 공유됩니다." 발전의 목적은 국민을 잘살게 하는 것입니다. 더 균형 잡힌 발전을 이루고 더 균등하게 발전의 기회를 제공하여 모든 사람이 발전의 성과를 공유하도록 하기 위해서는 발전 이념과 발전모델을 개선하고, 발전의 공정성, 효율성, 협동성을 향상시켜야 합니다.

우리는 모든 사람의 노동성과가 존중될 수 있도록 근면하고 검소하며 열심히 일하는 사회적 분위기를 만들어야 하며, 빈곤·실업·소득 격차의 확대 등 문제를 해결하고 취약계층의 걱정을 돌보고 사회적 공정성과 정의를 촉진시키기 위해 노력해야 하며, 생태환경을 보호하고 경제·사회·환경의 조화로운 발전을 촉진시키며, 인간과 자연 그리고 인간과 사회의 조화를 실현해야 하며, 유엔 「2030년 지속 가능한 개발어젠다」를 이행하여 세계의 균형 잡힌 발전을 실현해야 합니다.

"힘을 모아 대처하면, 이겨내지 못할 것이 없고, 여럿이 지혜를 모아 행하면, 못 이룰 것이 없습니다(積力之所舉, 則無不勝也; 眾智之所爲, 則無不成也.)." 우리가 인류운명에 공동체 의식을 굳건히 확립하여 서로 협력하고 함께 곤경을 헤쳐 나가고 공통으로 부담하고 어려움 속에서 협력하고 어려운 고비를 넘긴다면, 반드시 세계를 아름답게, 국민들을 더욱 행복하게 할 수 있을 것입니다.

신사 숙녀 여러분!

38년의 개혁개방을 거쳐 중국은 이미 세계 제2의 경제 대국으로 거듭났습니다. 발전 노선이 중국의 운명을 결정했습니다. 중국 발전의 핵심은 중국공산당의 지도하에 중국 인민이 중국의 국정에 맞는 발전 노선을 개척했다는 것입니다.

이는 자국의 실정에 입각하여 확립된 길입니다. 중국은 자체 국정과 실천에 입각하여 중국문명에서 지혜를 얻고, 동서양의 장점을 널리 채택하되 그대로 모방하지 않고 융통성 있게 끊임없이 탐구하면서 자체의 발전 노선을 형성해왔습니다. "모든 길은 로마로 통합니다(條條大路通羅馬.)." 누구도 자신의 발전 노선을 유일한 준칙으로 정해서는 안 되며, 다른 국가에 강요해서는 더더욱 안 됩니다.

이는 국민의 이익을 최우선으로 생각하는 길이었습니다. 중국은 인민 중심의 발전 사상을 확고히 견지하고 인민의 생활수준 향상과 복지 증진을 출발점과 종착점으로 삼고, 인민에게서 발전의 활력을 찾고 인민에 의존하여 발전을 촉진시키고, 발전을 통해 인민을 복되게 해왔습니다. 중국은 공동 번영의 목표를 견지하고, 빈곤 퇴치를 적극적으로 추진하여 7억이 넘는 인구를 빈곤에서 벗어나게 하고, 전면적인 샤오캉사회 건설이라는 목표를 향해 신속히 나아가고 있습니다.

이는 개혁과 혁신의 길이었습니다. 중국은 개혁을 통해 전진하는 과정에서 직면한 어려움과 도전을 해결하고, 과감하게 위험을 무릅쓰고, 발전을 방해하는 제도적 장벽을 제거하고, 사회 생산력을 지속적으로 해방시키고 발전시키며, 사회 활력을 지속적으로 해방시키고 향상시켜왔습니다. 지난 30~40년 동안 추진해온 개혁을 기반으로 1,200여 개의 개혁 조치를 내놓았으며 이는 중국의 발전에 강력한 동력을 불어넣을 것입니다.

이는 개방 속에서 공동 발전을 탐구하는 길이었습니다. 중국은 대외개방이라는 기본 정책을 견지하고, 호혜윈윈의 개방 전략을 추진하며, 내부와 외부의 연동성을 지속적으로 개선하고, 자체의 발전을 실현하면서 다른 국가와 국민에게 더 많은 혜택을 가져다주고자 해왔습니다.

중국의 발전은 커다란 성과를 거두었고 중국 인민의 생활은 크게 향상되었으며 이는 중국과 세계에 모두 좋은 일입니다. 중국의 발전성과는 수십 년 동안 중국 인민이 고생을 참고 견디며 피와 땀을 흘려 일궈낸 것입니다. 수천 년 동안 중화민족은 고생과 노고를 견디는 것으로 세계적으로 유명했습니다. 중국인들은 세상에 공짜 점심은 없다는 것을 잘 알고 있습니다. 중국은 13억 명이 넘는 인구가 있는 대국으로 발전하려면 다른 사람의 은혜에 의존하지 않고 스스로 열심히 일해야 하는데, 세계 어느 누구도 이러한 능력을 가지고 있지 않습니다.

중국의 발전을 관찰하기 위해서는 중국 인민이 무엇을 얻었는지, 어떠한 노력을 기울였는지, 어떠한 성과를 거두었는지, 어떠한 기여를 했는지를 살펴보아야 합니다. 이것이야말로 전면적인 견해입니다.

1950년부터 2016년까지 중국은 장기간의 발전 수준과 인민 생활수준이 높지 않은 상황에서 총 4,000여억 위안의 대외원조를 제공했고, 5,000여 개의 해외원조 프로젝트를 시행했으며 그 중에서 근 3,000개가 종합적 프로젝트였으며, 중국 현지에서 11,000여개의 양성과정을 개설하여 개발도상국을 위해 26만 명이 넘는 다양한 인력을 양성해냈습니다. 개혁개방 이후, 중국은 총 17,000여억 달러의 외자를 유치했으며, 총 12,000여억 달러의 외국인 직접투자를 유치하여 세계경제 발전에 크게 기여했습니다. 국제 금융위기 이후, 중국의 세계경제 성장 기여율은 연평균 30%가 넘습니다. 이러한 숫자는 세계 최고 수준입니다.

이러한 숫자로부터 중국의 발전은 세계의 기회이며, 중국은 경제 글로벌화의 수혜자이자 공헌자임을 알 수 있습니다. 중국 경제의 급속한 성장은 세계경제의 안정과 성장에 지속적이고 강력한 추진력을 제공했습니다. 중국이 많은 국가와 연동 발전을 추진하면서 세계경제 발전이 더욱 균형적으로 발전할 수 있었으며, 빈곤 퇴치 사업에서 거둔 중국의 커다란 성과는 세계의 경제 성장의 포용성을 강화했으며, 중국 개혁개방의 지속적인 발전은 개방형 세계경제의 발전에 중요한 원동력을 제공했습니다.

중국 인민은 국가의 번영과 부강 실현의 어려움을 잘 알고 있습니다. 우리는 각국 인민이 이룬 발전성과에 대해 칭찬과 축복을 보내며, 그들의 삶이 점점 더 나아지기를 바라며, 결코 부러워하고 시샘하지 않을 것이며, 그들이 중국의 발전에서 거대한 기회와 풍부한 보상을 얻었다고 불평하지 않을 것입니다. 중국 인민은 두 팔을 벌려 각국 인민이 중국 발전의 '급행열차'에 탑승하거나 얻어 타는 것을 환영합니다.

신사 숙녀 여러분!

많은 사람들이 중국의 경제 발전 추세에 주목하고 있습니다. 중국의 경제 발전은 뉴노멀 시대에 진입했으며, 경제 성장률, 경제 발전 방식, 경제구조 및 경제 발전 동력은 모두 중대한 변화를 겪고 있습니다. 그러나 중국 경제는 오랜 기간 긍정적인 발전 추세를 보일 것입니다.

2016년 세계경제가 부진을 겪는 상황에서 중국 경제는 여전히 세계 1위인 6.7%의 성장률을 보일 것으로 예상됩니다. 이제 중국 경제의 체력은 과거와 비교할 수 없을 정도로 커졌고, 과거의 두 자릿수 성장으로도 미칠 수 없는 동력을 모았습니다. 중국의 주민 소비와 서비스 산업은 경제 성장의 주요 원동력이 되었으며, 2016년 전 3분기 제3차 산업의 부가가치는 국내총생산의 52.8%를 차지했으며, 국내 소비는 경제 성장에 71%를 기여했습니다. 주민 소득과 취업은 안정적인 성장을 달성했으며, 국내총생산 단위당 에너지 소비는 계속해서 감소하고, 녹색발전에서 초보적인 성과를 거두었습니다.

현재 중국의 경제는 일정한 하방 압력과 많은 어려움에 직면해 있습니다. 예를 들어 과잉 생산과 수요 구조 업그레이드의 모순이 두드러지고 있고, 경제 성장의 내생 동력이 부족하며, 금융 위험이 축적되고 있고, 일부 지역의 어려움이 증가하고 있습니다. 우리는 이러한 현상이 발전 과정에서 필연적으로 나타나는 단계적 현상이라고 생각하며, 이러한 문제와 모순을 해결하기 위해 노력하고 있으며, 긍정적인 결과를 계속해서 얻고 있습니다. 앞으로 나아가겠다는 우리의 굳건한 결심은 흔들리지 않을 것입니다. 중국은 여전히 13억 인구를 가진 세계 최대의 개발도상국이며 인민의 생활수준이 높지는 않지만, 이는 거대한 발전 잠재력과 발전 공간을 의미하는 것이기도 합니다. 우리는 혁신·조정·녹색·개방·공유라는 발전 이념을 지침으로, 중국 경제 발전의 뉴노멀에 적응하고 시대의 특징을 파악하며 시대를 선도하여, 안정적인 성장을 확보하고 개혁을 촉진시키고 구조조정을 추진하며 민생을 돌보고 위험을 예방하여, 중국 경제가 중고속 성장을 유지하고 중상급 수준으로 나아갈 수 있도록 촉진케 할 것입니다.

— 중국은 경제 성장의 질과 효익을 높이는 데 주력할 것입니다. 공급 측면의 구조적 개혁이라는 주요 노선을 중심으로 경제 발전 방식을 전환하고, 경제구조를 최적화하고, 공급과잉해소(去產能), 부동산재고 소진(去庫存), 레버리지(경제조정수단) 제거(去杠杆), 비용절감(降成本), 단점 보완(補短板)을 적극적으로 추진하고, 새로운 성장 동력을 육성하고, 선진제조업을 발전시키며, 실물경제의 업그레이드를 실현하고, '인터넷+' 행동계획의 심화를 실천하고, 효과적인 수요를 확대하며, 사람들의 개인화되고, 다양한 요구를 더 잘 충족시키고, 생태환경을 더 효과적으로 보호할 것입니다.

— 중국은 성장 동력과 시장의 활력을 지속적으로 자극할 것입니다. 중요한 분야와 핵심 부분에 대한 개혁을 강화할 것입니다. 시장이 자원 배분에서 결정적인 역할을 할 수 있도록 하고, 혁신이라는 핵심을 중심으로 혁신주도 발전 전략을 추진하여 전략적 신흥 산업의 발전을 촉진시키고, 신기술과 새로운 업종을 도입하여 전통 산업의 업그레이드를 가져오며, 새로운 발전 동력의 성장과 전통적인 발전 동력의 회복을 추진할 것입니다.

— 중국은 규제가 완화된 질서 있는 투자 환경을 적극적으로 조성할 것입니다. 외국인의 중국 진출 허가를 완화할 것이며, 높은 수준의 자유무역시범구를 건설하고, 재산권 보호를 강화하고, 공정한 경쟁을 촉진시키며, 중국시장을 보다 투명하고 규범화할 것입니다. 향후 5년 동안 중국은 8조 달러의 상품을 수입하고, 6천억 달러의 외국인 투자를 유치할 것으로 예상하고 있으며, 총 대외 투자액은 7,500억 달러에 달하고, 해외로 나가는 관광객은 7억 명에 달할 것으로 예상합니다. 이로써 세계 각국에 더 넓은 시장, 더 많은 자본, 더 풍부한 제품, 더 소중한 협력의 계기를 제공할 것입니다. 각국의 상공업계에 있어 중국의 발전은 하나의 기회입니다. 중국의 문은 항상 세계에 열려 있으며 닫히지 않습니다. 문을 열어놓고 세계 각국이 중국에 들어올 수 있어야 중국도 세계로 나갈 수 있습니다. 각국의 문도 중국 투자자들

에게 공평하게 개방되기를 바랍니다.

— 중국은 공동 발전을 위해 대외개방을 적극적으로 추진하고, 아시아-태평양 자유무역 지역 건설 및 역내 전면적인 경제 파트너십 협정 협상을 촉진케 할 것이며, 글로벌 자유무역지역 네트워크를 구축할 것입니다. 중국은 배타적이고 파편화된 작은 서클이 아닌, 개방적이고 투명하며 호혜윈윈하는 지역자유무역협정 건설을 일관되게 주장해왔습니다. 중국은 위안화 평가절하(人民幣貶值)를 통해 무역경쟁력을 높이려는 의도가 없으며, 통화전쟁을 주도하지도 않을 것입니다.

3년 전에 저는 '일대일로' 이니셔티브를 제안했습니다. 3년 동안 100여 개 국가 및 국제기구가 적극적으로 지지와 호응을 보내왔고, 40여 개의 국가 및 국제기구가 중국과 협력 협정을 체결했으며, '일대일로'의 '친구 서클'이 계속해서 확대되고 있습니다. 연선 국가에 대한 중국 기업의 투자 규모는 500여억 달러가 넘으며, 일련의 중대한 프로젝트가 착지하여 각국의 경제 발전을 이끌었고, 대량의 일자리를 창출했습니다. '일대일로'의 구상은 중국에서 시작되었지만, 그 효과는 전 세계에 영향을 미쳤다고 할 수 있습니다.

올해 5월에, 중국은 베이징에서 '일대일로' 국제협력정상포럼을 개최하여 협력 대계를 논의하고, 협력 플랫폼을 공동으로 구축하며, 협력 결과를 공유하여 세계 및 지역경제가 직면한 현안을 해결하기 위한 방안을 찾고 연동식 발전에 힘을 보태기 위해 새로운 에너지를 주입함으로써 각국 인민에게 더 나은 혜택을 가져다줄 수 있도록 할 것입니다.

신사 숙녀 여러분!

세계 역사의 발전은 인류문명 진보에 순탄한 길은 없으며, 인류는 어려움과 싸우며 나아가야 함을 일깨워줍니다. 아무리 큰 어려움이라도 인류가 앞으로 나아가는 발걸음은 막을 수가 없습니다. 어려움에 닥쳐도 자신을 원망하지 말고, 남을 비난하지 말고, 자신감을 잃지 말고, 책임을 회피하지 말고, 함께 어려움을 이겨내야 합니다. 역사는 용감한 자에 의해 창조되는 것입니다. 자신감을 가지고 실천에 옮기며 손잡고 미래를 향해 나아갑시다!

감사합니다!

# 인류운명공동체를 함께 구축해야 한다[68)]

●● 2017년 1월 18일 ●●

존경하는 피터 톰슨(Peter Thomson) 유엔 총회 의장님,

존경하는 안토니오 구테레스(Antonio Guterres) 유엔 사무총장님,

존경하는 미카엘 묄레르(Michael Laudrup R) 유엔 제네바 사무국 사무총장님,

신사 숙녀 여러분, 친구 여러분:

"새해가 다시 시작되었으니 만사가 새로워질 것입니다(一元複始, 萬象更新)." 새해 첫날, 유엔 제네바 사무국을 찾아 인류운명공동체 구축을 논의하게 되어 대단히 기쁩니다.

저는 방금 세계경제포럼 연례회에 참석했습니다. 불확실한 미래, 이로 인한 기대와 혼란이 공존하는 것이 다보스에서 열린 이번 포럼에 참여한 각국의 일반적인 견해였습니다. 전 세계는 세상이 어떻게 변하고 있으며, 우리가 어떻게 해야 하는지 고민하고 있으며 이 역시 우리가 생각하고 있는 문제입니다.

이 질문에 대답하기 위해서는 먼저 가장 기본적인 것 하나를 분명히 해야 한다고 생각합니다. 우리가 어디에서 왔으며, 지금 어디에 있으며, 어디로

68) 이는 시진핑 동지가 유엔 제네바(Geneva) 사무국에서 한 연설이다.

갈 것인가 하는 문제입니다.

지난 100여 년의 역사를 돌아보면, 인류는 피비린내 나는 열전과 냉전을 겪었으며, 이를 통해 놀라운 발전과 거대한 진보를 이루었습니다. 지난 세기 전반기 이전에, 인류는 두 차례의 세계대전을 겪었으며, 그 세대의 가장 절박한 소망은 전쟁을 피하고, 평화를 이루는 것이었습니다. 지난 세기의 50년대와 60년대에 식민지 인민들은 대체로 깨어났고, 그들의 가장 강력한 외침은 족쇄를 벗어던지고 독립을 위해 투쟁하는 것이었습니다. 냉전 종식 이후, 관련 국가들의 가장 큰 요구는 협력과 공동 발전을 확대하는 것이었습니다.

100년이 넘는 세월 동안, 모든 인류의 공통된 염원은 평화와 발전이었습니다. 그러나 이 과제는 아직 완성되지 못했습니다. 우리는 인민의 소리에 따라 역사의 바통을 받들고 평화적 발전의 마라톤 트랙에서 계속 용감하게 전진해나가야 합니다.

인류는 거대한 발전과 변혁을 거듭하고 있는 한편, 큰 조정 중에 있습니다. 세계의 다극화와 경제 글로벌화의 심층적인 발전, 사회 정보화와 문화의 다양화의 끊임없는 추진, 과학기술혁명과 산업혁명의 새로운 라운드가 육성되고 성장하며, 각국이 서로 연결되고 상호 의존적이며 세계는 운명을 함께하고 밀접하게 관련되어 있으며 평화를 지지하는 힘이 전쟁 요인 증가를 훨씬 능가하고 있으며 평화·발전·협력·상생의 시대 흐름은 더욱 거세지고 있습니다.

또한, 인류는 끊임없이 증가하는 도전과 위험의 시대에 살고 있습니다. 세계경제 성장이 둔화되고, 금융위기의 먹구름이 여전히 사라지지 않았으며, 발전 격차가 점점 더 두드러지고, 전쟁이 잦으며, 냉전적 사고방식과 강권정치의 영향이 여전히 남아 있으며, 테러, 난민 위기, 중대한 전염병, 기후변화와 같은 비전통적 안보위협이 계속해서 확산되고 있습니다.

우주에는 지구가 하나뿐이며, 인류는 지구에서 공존하고 있습니다. 호킹(Stephen William Hawking) 선생은 인간이 정착할 수 있는 지구 너머의 두 번째 행성을 찾기 위해 '평행 우주(parallel universes)'를 제안했습니다. 이 소원이 언제 실현될지는 아직 알 수 없습니다. 지금까지 인류가 의지할 수 있는 터전은 지구뿐이며, 지구를 소중히 여기고 돌보는 것은 인간이 할 수 있는 유일한 선택입니다. 스위스 연방 빌딩 돔에는 라틴어로 "모든 사람이 나를 위하며, 나 역시 타인을 위한다(人人爲我, 我爲人人)"라는 문구가 새겨져 있습니다. 우리는 현세대를 생각해야 하고, 미래 세대에 대한 책임도 져야 합니다.

신사 숙녀 여러분, 친구 여러분!

평화의 불꽃이 대대로 전해지고, 발전의 원동력이 끊임없이 생겨나며, 문명의 빛이 밝게 빛나도록 하는 것이 각국 인민이 기대하는 바이자, 우리 세대 정치인들의 책임입니다. 중국의 계획은 인류운명공동체를 구축하여 상생과 공유의 목표를 이루는 것입니다.

이념이 행동하도록 이끌고, 방향은 탈출구를 결정합니다. 근대의 역사를 돌아보면, 정의롭고 합리적인 국제질서의 수립은 인류가 추구해온 목표였습니다. 360여 년 전 「베스트팔렌 조약(Peace of Westfalen)」에서 확립된 평등과 주권의 원칙에서, 150여 년 전 「제네바 협약(Geneva Conventions)」에 의해 확립된 국제인도주의 정신, 70여 년 전 유엔헌장에 명확히 규정된 4대 목적과 7대 원칙, 60여 년 전 반둥회의에서 주창한 평화공존의 5원칙에 이르기까지, 국제관계의 발전 과정에서 보편적으로 인정되는 일련의 원칙들이 축적되어왔습니다. 이러한 원칙은 인류운명공동체를 구축하기 위한 기본 원칙이 되어야 합니다.

주권 평등은 수백 년 동안 국가 간 관계에서 가장 중요한 규범이었으며,

유엔과 그 산하 모든 기구 및 조직이 지켜온 기본 원칙이기도 합니다. 주권 평등의 참뜻은 "크든 작든, 강하든 약하든, 부자든 가난한 자든 각국은 주권과 존엄을 존중받아야 하고, 내정 간섭을 허용하지 않으며, 사회제도와 발전 노선을 자주적으로 선택할 권리를 갖는다"는 뜻입니다. 유엔, 세계무역기구, 세계보건기구, 세계지적재산권기구(World Intellectual Property Organization), 세계기상기구(World Meteorological Organization), 국제전기통신연합(International Telecommunication Union), 만국우편연합(Universal Postal Union), 국제이주기구(International Organization for Migration), 국제노동기구(International Labour Organization) 등 기관에서 각국은 평등하게 의사결정에 참여하며, 글로벌 거버넌스의 중요한 구성원입니다. 새로운 정세에서 우리는 주권의 평등을 견지하고, 각국이 권리와 기회를 평등하게 가질 수 있고, 규칙을 평등하게 적용받도록 해야 합니다.

제네바는 인도차이나(Indochina) 평화 문제에 대한 최종 선언의 채택, 냉전 기간 두 주요 대결 진영의 지도자들 간에 이루어진 첫 번째 화해 회담, 이란 핵문제와 시리아 등 이슈에 관한 대화와 협상의 역사적 순간을 함께했습니다. 역사와 현실이 우리에게 일깨워준 것은 소통과 협상이 이견을 해소하는 효과적인 방법이며, 정치적 협상은 갈등을 해결하는 근본적인 방법이라는 것입니다. 우리가 간절한 염원을 갖고, 선의를 확고히 견지하고, 정치적 지혜를 발휘하는 한, 아무리 큰 갈등이더라도, 얼음이 아무리 두꺼워도 해소하고 깰 수 있는 것입니다.

"법은 다스림의 발단이고 군자는 법의 근원입니다(法者, 治之端也.)." 제네바에서 각국은 유엔헌장에 기초하여 정치적 안보, 무역의 발전, 사회·인권(社會人權), 과학기술과 보건, 노동 재산권(勞動產權), 문화·스포츠 등 분야에 관한 일련의 국제 협약과 법적 문서를 체결·제정했습니다. 법이 유지되려면 법을 집행해야 합니다. 각국은 국제법치주의의 권위를 수호하고,

법에 따라 권리를 행사하며, 성실하게 의무를 이행할 책임이 있습니다. 한편 법이 유리되려면 공평과 정의를 지켜야 합니다. 각국과 국제사법기관은 국제법이 평등하고 균일하게 적용되도록 보장해야 하며, 이중 잣대를 적용하거나, '적합한 것은 적용하고 그렇지 않은 것은 버리거나' 해서는 안 되며, 진정으로 "치우치지 않고, 무리를 짓지 않으면, 왕도는 넓고 끝이 없을 것입니다(無偏無黨, 王道蕩蕩.)."

"바다가 수많은 물줄기를 수용할 수 있는 것은 그만큼 포용력이 크기 때문입니다." 개방과 포용은 제네바라는 다자간 외교를 위한 무대를 만들었습니다. 우리는 국제관계의 민주화를 추진해야 하며, '일국독패(一國獨霸)'나 "여러 당사자가 공동으로 관리하다(幾方共治)"는 식이어서는 안 됩니다. 세계의 운명은 각국이 공동으로 주관하고, 국제규범을 공동으로 작성하고, 국제정세를 공동으로 관리하며, 발전의 과실은 공유해야 합니다.

1862년, 앙리 뒤낭(Jean Henri Dunant) 선생은 『솔페리노의 회상(un souvenir de solferino)』에서 "인도주의 단체가 설립될 수 있을까? 인도주의 협약이 제정될 수 있을까?"라는 질문을 하신 적이 있습니다. 그 후 '뒤낭의 질문'은 바로 풀렸습니다. 이듬해 국제적십자위원회가 출범했습니다. 150여 년의 발전을 거듭하여 적십자는 하나의 정신이자 기치가 되었습니다. 빈번한 인도주의적 위기에 직면하여 우리는 인도주의, 박애, 봉사의 정신을 고양하고, 어려움에 처한 무고한 사람들에게 사랑과 희망을 주어야 하며, 중립·정의·독립의 기본 원칙을 견지하고 인도주의 문제를 정치화하지 않으며, 인도적 원조의 비군사화를 견지해야 합니다.

신사 숙녀 여러분, 친구 여러분!

"대도라는 큰 길은 지극히 간단하지만, 아주 긴요한 것은 실천입니다(大道至簡, 實幹爲要.)." 인류운명공동체를 구축하는 열쇠는 행동에 있습니다.

국제사회는 파트너십, 안보 구도, 경제 발전, 문명교류, 생태계 건설 등 분야에서 노력을 기울여야 한다고 생각합니다.

— 대화와 협상을 견지하여 항구적인 평화가 유지되는 세계를 건설해야 합니다. 나라가 평화로우면 세상이 안정되고, 나라가 싸우면 세상이 어지러워집니다. 기원전 펠로폰네소스(Peloponnesus) 전쟁부터 두 차례의 세계대전, 그리고 40여 년 동안 이어진 냉전까지, 쓰라리고 깊은 교훈을 주었습니다. "지난 일을 잊지 않으면 뒷일의 본보기가 됩니다(前事不忘, 後事之師.)." 우리 선조들은 유엔을 설립하여 70여 년 동안 세계가 상대적인 평화를 유지하도록 했습니다. 우리는 체제와 방법을 개선하여 분쟁과 갈등을 보다 효과적으로 해결하고, 전쟁과 충돌을 없애야 합니다.

스위스의 작가이자 노벨문학상 수상자인 헤르만 헤세(Hermann Hesse)는 "전쟁과 파괴를 위한 것이 아니라 평화와 양해를 위한 것이어야 한다(不應爲戰爭和毁滅效勞, 而應爲和平與諒解服務.)"고 말했습니다. 국가 간에는 대결이 아닌 대화, 동맹이 아닌 파트너십을 구축해야 합니다. 대국은 서로의 핵심 이익과 주요 관심사를 존중하고 갈등과 분쟁을 조율하여 충돌하지 않고 대결하지 않으며, 서로 존중하고 협력윈윈하는 신형 국제관계를 구축하기 위해 노력해야 합니다. 서로 소통하며 성실하게 지낸다면 '투키디데스의 함정(Thucydides's trap)'을 피할 수 있습니다. 대국은 약소국을 평등하게 대우하고 유아독존, 강제적인 매매를 삼가야 합니다. 어떤 나라도 마음대로 전쟁을 시작하거나, 국제법을 훼손하거나, 판도라의 상자를 열 수 없습니다. 핵무기는 인류의 머리 위에 걸려 있는 '다모클레스의 칼'이며, 핵 없는 세상을 만들기 위해서는 핵무기를 철저히 금지하고 결국에는 완전히 파괴해야 합니다. 평화·주권·보편적 특혜·공동 관리의 원칙을 확고히 견지하고 심해, 극지, 우주, 인터넷 등 분야를 협력을 위한 새로운 지평으로 전환해야 합니다.

— 공동 건설과 공동 향유의 원칙을 견지하여 보편적으로 안보가 유지되는 세계를 구축해야 합니다. 세상에는 절대적으로 안전한 유토피아는 존재하지 않으며, 한 나라의 안보가 다른 나라의 혼란 위에 세워질 수 없으며, 다른 나라가 직면한 위협도 자국에게 도전 요인이 될 수 있습니다. 이웃에게 문제가 생기면, 당신 자신의 울타리를 세우려고만 할 것이 아니라 도움을 줘야 합니다. "뭉치면 살고 흩어지면 죽습니다(單則易折, 眾則難摧.)." 각국은 공동·종합·협력·지속 가능한 안보관을 수립해야 합니다.

최근 몇 년 동안 유럽, 북아프리카, 중동에서 일어난 테러 공격은 테러리즘이 인류 공동의 적임을 다시 한 번 증명해주었습니다. 대테러는 모든 국가의 공통된 의무이며, 지엽적인 것과 근본적인 것을 함께 해결해야 합니다. 우리는 각국 국민의 안보를 위해 공조를 강화하고, 글로벌 대테러 연합전선(全球反恐統一戰線)을 구축해야 합니다. 현재 난민의 수는 제2차 세계대전 종전 이후 기록적인 수준에 이르렀습니다. 위기를 해결하기 위해서는 근본 원인을 찾아야 합니다. 집이 없는 것이 아니라면 누가 떠돌아다니겠습니까? 유엔난민기구(United Nations High Commissioner for Refugees)와 국제이주기구(International Organization for Migration)는 통괄적이고 조정적인 역할을 발휘하여 세계 각국의 힘을 모아 효과적으로 대응에 나서야 합니다. 중국은 시리아 난민과 실향민을 돕기 위해 2억 위안의 새로운 인도적 지원을 제공하기로 결정했습니다. 테러리즘, 난민 위기 등 문제는 지정학적 갈등과 밀접한 관련이 있으며, 분쟁 해결이 기본 해결책입니다. 관련 국가는 협상을 적극적으로 추진하고, 다른 국가들은 적극적으로 화해를 유도하며, 이 과정에서 유엔의 주선으로 주요 채널을 확정하도록 해야 합니다. 조류 인플루엔자(Avian Influenza), 에볼라, 지카 바이러스(zika virus) 등 전염병은 국제 보건 안보에 대해 계속해서 경종을 울리고 있습니다. 세계보건기구는 전염병 감시, 정보 통신, 경험 교류, 기술 공유를 강화하는 데 주도적인 역할을 발휘해야 합니다. 국제사회는 아프리카 등 개발도상국의 보건 사업에 대한 지원과 원조를 늘려야 합니다.

— 협력윈윈을 견지하여 공동으로 번영해지는 세계를 건설해야 합니다. 발전이 최우선이라는 데에 모든 국가가 공감합니다. 각국은 화를 남에게 전가하는 것이 아니라, 어려움 속에서 일심협력해야 합니다. 특히 세계 주요 대국은 거시경제정책 조정을 강화하고 현재와 미래를 고려하며 근본적인 문제를 해결하기 위해 노력해야 합니다. 새로운 과학기술혁명과 산업혁명이 부여한 역사적 기회를 포착하고, 경제 발전모델을 전환하며, 혁신 주도 발전을 견지하고, 사회 생산능력을 발전시켜 사회적 창조력을 발휘해야 합니다. 또한, 세계무역기구의 규칙을 수호하고, 개방적이고 투명하고 포용적이고 비차별적인 다자간 무역체제를 지지하며 개방형 세계경제를 구축해야 합니다. 보호무역주의에 빠진다면 남에게 해를 끼치고 결국 자신에게도 이롭지 않을 것입니다.

경제 글로벌화는 무역의 활성화, 투자의 편리화, 인적 대유동, 기술의 대발전을 촉진시켜 왔으며, 이는 시대의 큰 흐름입니다. 금세기 초부터 국제사회는 유엔의 주도 아래 경제 글로벌화을 추진하여 새천년개발목표와 「2030 지속 가능한 개발어젠다」를 수립·이행하여 11억의 인구가 빈곤에서 구제되었으며, 19억의 인구에게 안전한 식수를 제공했으며, 35억의 인구가 인터넷을 사용할 수 있게 되었으며, 2030년까지 빈곤 없는 세상을 만들 것입니다. 이는 경제 글로벌화의 큰 방향이 정확하다는 사실을 충분히 보여줍니다. 물론 발전 불균형, 거버넌스 딜레마, 디지털 격차(digital divide), 공정성 결여(公平赤字)와 같은 문제도 객관적으로 존재합니다. 이는 발전 과정에서 나타나는 문제들이며, 우리는 그것들을 정면으로 직시하고 해결하려고 노력해야 하며, 사소한 실패로 해야 할 일까지 포기해서는 안 됩니다.

우리는 역사 속에서 지혜를 얻어야 합니다. 역사학자들은 일찍이 급속한 경제 발전이 사회적 변화를 필요로 하며, 경제 발전은 지지를 얻기 쉬우나 사회적 변화는 종종 거부당한다고 주장해왔습니다. 우리는 이로 인해 망설이지 말고 앞으로 나아가야 합니다. 또한 현실에서 답을 찾아야 합니다. 2008년에 발발한 국제 금융위기는 경제 글로벌화가 건전하게 발전하도록 하기 위해 협력을 강화하고 거버넌스를 개선하며 개방적이고 포용적이고 보편적 특혜를 주며 균형 잡히고 상생을 지향한 경제 글로벌화 구축을 촉진시켜야 하며, 케이크를 만들되, 공평하고 공정하게 나눠야 한다는 사실을 일깨워주었습니다.

지난해 9월에, 항저우 G20 정상회의는 글로벌 경제 거버넌스 등 주요 현안을 집중적으로 다루고, 「혁신적 성장을 위한 청사진」을 채택했으며, 처음으로 발전 문제를 글로벌 거시정책 프레임워크에 포함시키고 행동계획을 수립했습니다.

— 상호 학습을 견지하여 개방적이고 포용적인 세계를 건설해야 합니다. "갱이 신선하고 아름다운 맛을 내는 이유는 서로 다른 재료가 같이 배합되어 있기 때문입니다(和羹之美, 在於合異.)." 인류문명의 다양성은 세계의 기본 특징이자, 인류 진보의 원천입니다. 세계에는 200여 개의 국가와 지역, 2,500여 개의 민족과 종교가 있습니다. 서로 다른 역사와 국정, 서로 다른 민족과 관습은 서로 다른 문명을 낳았고 세계를 더 풍요롭고 다채롭게 만들었습니다. 문명에는 우열의 구분이 없습니다. 문명은 각자만의 특징이 있으며, 지역에 따라 차이를 보일 뿐입니다. 문명의 특징과 차이가 갈등의 근원이 되어서는 안 되며, 인류문명 발전의 원동력이 되어야 합니다.

각각의 문명은 고유한 매력과 깊은 문화적 기반을 갖고 있으며, 모두 인류의 정신적 보물입니다. 다양한 문명은 장점으로 단점을 보완하고 공동으로 발전하여 문명 간 교류와 상호 학습이 인류사회의 발전을 촉진시키고 세계 평화를 유지하는 동력이 되어야 합니다.

— 녹색과 저탄소 성장을 견지하여 깨끗하고 아름다운 세계를 건설해야 합니다. 인간은 자연과 공존하고 공생하며, 자연을 해치면 결국 인간에게 해를 끼칠 것입니다. 공기, 물, 토양, 푸른 하늘과 같은 천연자원은 그 소중함을 느끼지 못하지만, 지속 가능한 것이 아닙니다. 산업화는 전례 없는 물질적 부를 창출했지만, 돌이킬 수 없는 생태학적 파괴를 초래하기도 했습니다. 우리는 조상들의 음식을 먹고, 후손들의 길을 막고, 파괴적인 방식으로 발전을 추진해서는 안 됩니다. 녹수청산이 바로 금산이고 은산입니다. 우리는 천인합일, 도법자연의 이념을 견지하며 지속 가능한 발전의 길을 모색해야 합니다.

우리는 녹색·저탄소·재활용·지속 가능한 생산·생활 방식을 견지하면서 「2030 지속 가능한 개발어젠다」를 균형 있게 추진하며, 생산이 발전되고, 생활이 풍족하고, 생태환경이 양호한 문명화된 발전 방향을 개척해나가야 합니다. 「파리협약」의 체결은 세계 기후 거버넌스 역사의 이정표입니다. 우리는 이 성과를 헛되이 흘려보낼 수 없습니다. 관련 각국은 합의의 이행을 촉진시키기 위해 협력해야 합니다. 중국은 기후변화에 대응하고 의무를 100% 이행하기 위해 계속해서 조치를 취할 것입니다.

스위스 아미 나이프(Schweizer Offiziersmesser)는 스위스의 '장인정신'으로 만들어낸 것입니다. 스위스 군용 칼을 처음 받았을 때, 저는 사람들이 군용 칼에 그렇게 많은 기능을 부여한 것에 감탄했습니다. 그때 저는 세계를 위해 정교한 스위스 군용 칼을 만들 수 있다면 얼마나 좋을까 생각했습니다. 인류가 어떤 문제에 직면했을 때 그 중 하나를 사용하여 문제를 해결할 수 있으니까요. 국제사회가 끊임없이 노력한다면, 이러한 스위스 아미 나이프는 만들어질 수 있다고 믿습니다.

신사 숙녀 여러분, 친구 여러분!

중국인들은 언제나 세상이 좋아야 중국이 좋아질 수 있고, 중국이 좋아야 세상이 더 좋아질 수 있다고 믿고 있습니다. 많은 사람들이 중국의 정책적 방향에 대해 주목하고 있으며 국제사회에서도 많은 논의가 이루어지고 있습니다. 저는 여기에서 명확한 대답을 드리고 싶습니다.

첫째, 세계 평화를 수호하려는 중국의 결의는 변하지 않을 것입니다. 중화문명은 예로부터 '이화방국(以和邦國)', '화이부동', '이화위귀'의 이념을 숭상해왔습니다. 중국의 『손자병법(孫子兵法)』은 잘 알려진 군사서지만, "전쟁은 국가의 중요하고 큰일이며, 국민의 생사와 국가의 존망이 이에 달린 것으로 신중히 살피지 않으면 안 된다(兵者, 國之大事, 死生之地, 存亡之道, 不可不察也.)"라는 문구로 시작됩니다. 그 요의는 전쟁을 신중하게 여기고, 전쟁을 일으키지 말라는 뜻입니다. 수천 년 동안, 평화는 중화민족의 혈맥 속으로 스며들어 중국 인민의 유전자에 새겨졌습니다.

수백 년 전, 국내총생산이 세계 전체의 30%를 차지할 정도로 강했을 때에도 중국은 결코 해외를 침략하거나 확장하지 않았습니다. 1840년 아편전쟁 이후, 100여 년 동안 중국은 빈번한 침략과 유린을 당했고, 전쟁과 혼란의 참화로 큰 고통을 겪었습니다. 공자가 말하기를, "자신이 원하지 않는 일은 남에게도 강요하지 않는다"고 했습니다. 중국 인민은 오직 평화와 안녕만이 번영과 발전을 가져올 수 있다고 확신합니다.

중국이 가난하고 약한 나라에서 세계 제2의 경제 대국으로 발전할 수 있었던 것은 대외적 군사 확장과 식민지 약탈에 의한 것이 아니라 인민들이 근고하고 평화를 수호해왔기 때문입니다. 중국은 확고부동하게 평화적 발전 노선을 견지할 것입니다. 중국이 아무리 발전해도 결코 패권을 추구하지 않을 것이며, 영원히 확장하지 않을 것이며, 세력범위를 만들지 않을 것입니다. 역사는 이 사실을 증명해 왔고 앞으로도 증명해줄 것입니다.

둘째, 공동 발전을 추진하려는 중국의 의지는 변하지 않을 것입니다. 중국의 옛 속담에 "열매를 따는 사람은 열매를 맺는 나무를 그리워하고, 물을 마시는 사람은 물의 근원을 그리워한다(落其實思其樹, 飮其流懷其源.)"는 말이 있습니다. 중국은 국제사회의 발전에 힘입어 성장을 이루게 되었고, 중국 역시 세계의 발전을 위해 기여했습니다. 중국은 계속해서 호혜윈윈을 지향한 개방 전략을 확고히 추진하고 자체의 발전 기회를 세계 각국과 공유할 것이며, 각국이 중국 발전의 '열차'를 얻어 타는 것을 환영할 것입니다.

1950년부터 2016년까지 중국은 외국에 약 4,000여 억 위안의 원조를 제공했으며, 가능한 한 대외원조를 계속 늘릴 것입니다. 국제 금융위기 발발 이후, 중국의 세계경제 성장에 대한 기여도는 연간 30% 이상이었습니다. 앞으로 5년 동안, 중국은 8조 달러의 상품을 수입하고, 6,000억 달러의 외국인 투자를 흡수할 것이며, 중국의 해외투자 총액은 7,500억 달러, 해외로 나가는 관광객 수는 7억에 이를 것으로 예상됩니다. 이는 세계 각국의 발전에 더 많은 기회를 가져다줄 것입니다.

중국은 자국의 실정에 맞는 발전 노선을 견지하고, 언제나 인민의 권리를 최우선으로 생각하며, 끊임없이 인권을 증진하고 보호해왔습니다. 중국은 13억 인구의 의식주(溫飽問題)를 해결하고, 7억 이상의 인구를 빈곤에서 구제했으며, 이로써 세계 인권 운동에 크게 기여했습니다.

제가 '일대일로' 이니셔티브를 제안한 이유는 상생과 공동 발전을 이루기 위함입니다. 현재 100여 개 국가와 국제기구가 적극적으로 지지하고 있으며, 조기에 이루어진 프로젝트가 가동되었습니다. 중국은 아시아인프라투자은행 등 신형 다자간 금융기구를 설립하여 국제사회에 더 많은 공공재를 제공하는 것을 지지합니다.

셋째, 파트너십을 구축하려는 중국의 의지는 변하지 않을 것입니다. 중국은 자주적인 평화적 외교정책을 견지하고, 평화공존 5원칙에 기초하여 각국과 우호적으로 협력할 것입니다. 중국은 국가 간 교류의 기본 원칙으로 파트너십을 구축하는 데 앞장섰으며, 90여 개 국가 및 지역 기구와 다양한 형태의 파트너십을 구축했습니다. 앞으로 세계 각국과 교류하면서 '친구 서클'을 확대해나갈 것입니다.

중국은 전반적으로 안정적이고 균형이 잡힌 대국관계의 틀을 구축하기 위해 노력할 것입니다. 미국과 신형 대국관계를, 러시아와 전면적인 전략적 협력 동반자 관계를, 유럽과 평화·성장·개혁·문명을 지향한 동반자 관계를, 브릭스 국가들과 단합하고 협력하는 동반자 관계를 발전시켜나갈 것입니다. 또한 계속해서 올바른 의리관을 견지하고, 개발도상국과의 실질적인 협력을 심화하여 생사고락을 같이하고 공동으로 발전할 것입니다. 중국은 우호·성실·호혜·관용의 이념에 따라 주변국과 호혜협력을 심화하며, 진실하고 친절하고 성실한 아프리카와의 외교 방침에 따라 아프리카 국가들과 공동 발전을 추구하며, 중국-라틴아메리카·카리브해국가공동체의 전면적인 협력 동반자 관계의 새로운 발전을 추진할 것입니다.

넷째, 다자주의를 지지하는 중국의 의지는 변하지 않을 것입니다. 다자주의는 평화를 유지하고 발전을 촉진시키는 효과적인 방법입니다. 오랜 기간에 걸쳐, 유엔과 등 국제기구는 전반적인 세계 평화와 지속적인 발전을 유지하기 위해 많은 일을 하고 기여해왔습니다.

중국은 유엔 창립 회원국이자, 유엔헌장에 서명한 최초의 국가입니다. 중국은 유엔을 핵심으로 하는 국제체제, 유엔헌장의 목적과 원칙에 기초한 국제관계의 기본 규범, 유엔의 권위와 지위, 국제 문제에서 유엔의 핵심적 역할을 단호히 수호할 것입니다.

중국-유엔 평화발전기금이 공식적으로 가동되었으며, 중국은 유엔과 관련 국제기구가 제네바에서 제안한 평화와 발전 프로젝트에 우선적으로 이 기금을 사용할 것입니다. 중국이 계속해서 발전함에 따라 다자주의에 대한 중국의 지원도 점점 더 확대될 것입니다.

신사 숙녀 여러분, 친구 여러분!

중국에게 제네바는 특별한 기억과 정이 있는 곳입니다. 1954년에 저우언라이 총리께서는 대표단을 인솔하고 제네바 회의에 참석하여 소련, 미국, 영국, 프랑스 등 국가들과 북한 문제의 정치적 해결과 인도차이나 휴전에 관해 논의했습니다. 이로써 평화를 지향하고 중국의 입장을 보여주었으며, 세계 평화에 중국의 지혜를 기여했습니다. 1971년에, 중국이 유엔에서 합법적 지위를 회복하고 제네바 국제기구에 복귀한 이후, 군축, 경제무역, 인권, 사회 등 다양한 분야에서의 사무에 점차적으로 참여하면서 중대한 문제의 해결과 중요한 규칙 제정에 중국의 아이디어를 제공했습니다. 최근 몇 년 동안, 중국은 이란 핵문제, 시리아 등 주요 현안에 대한 대화와 협상에 적극적으로 참여하면서 정치적 해결을 촉진시키는 데 기여했습니다. 중국은 하계·동계 올림픽, 패럴림픽(Paralympic Games) 유치에 성공했으며, 10여 개의 유산이 국제자연보전연맹(International Union for Conservation of Nature and Natural Resources)의 심사에 합격되어 세계자연유산과 문화유산으로 지정되었습니다.

신사 숙녀 여러분, 친구 여러분!

중국의 고대 선현들은 "잘 배우는 사람은 사물의 이치를 철저히 이해하고, 잘 실천하는 사람은 그 어려운 것을 철저히 극복한다(善學者盡其理, 善行者究其難.)"고 했습니다. 인류운명공동체를 건설하는 것은 아름다운 목표이며, 이를 달성하기 위해서는 대대로 노력해야 합니다. 중국은 수많은 회원국, 국제기구 및 기관과 함께 인류운명공동체 건설의 위대한 과정을 공동으로 추진할 것입니다.

1월 28일 중국 인민은 닭의 해인 음력 정유년 설을 맞이하게 됩니다. 닭의 해는 빛과 길함을 의미합니다. "금계가 새벽을 알리면, 집집마다 희망으로 가득 찬 봄의 새벽을 맞이한다(金雞一唱千門曉.)"고 했습니다. 여러분 새해 복 많이 받으시고, 만사형통하시기 바랍니다!

감사합니다.

# 중미 관계를 발전시켜야 할 1000가지 이유가 있다 [69]

●● 2017년 4월 6일 ●●

한동안 저는 대통령님과 긴밀한 관계를 유지해왔으며, 많은 전화와 서신을 주고받았습니다. 대통령님의 초청으로 미국에 오게 되어 대단히 기쁩니다. 이번 회담을 통해 중미 관계와 중대한 국제·지역 문제에 대해 심도 있는 의견을 나누고, 많은 부분에서 합의를 이루어 신시대 중미 관계발전을 위해 방향을 제시하고자 합니다.

중국과 미국이 사이가 좋으면 양국과 양국의 인민뿐만 아니라 세계에도 유익합니다. 중미 관계를 발전시켜야 할 이유는 1000가지는 되지만 중미 관계를 해치는 이유는 단 하나도 없습니다. 중미 관계가 정상화된 후의 45년 동안, 양국 관계는 우여곡절을 겪었지만 역사적인 진전을 이루었으며 이는 양국 인민에게 커다란 실질적인 이익을 가져다주었습니다. 앞으로 45년 동안 중미 관계가 어떻게 발전할 것인지에 대해 우리는 깊이 생각해야 하고, 양국 정상들은 정치적으로 결단을 내리고, 역사적 책임을 져야 합니다.

---

69) 이는 시진핑 동지가 미국 플로리다주(State of Florida) 마라라고 리조트(Mar-a-Lago)에서 도널드 트럼프(Donald Trump) 미국 대통령과 중미 정상회담을 가졌을 때 나눈 대화의 요지이다.

저는 대통령님과 함께 새로운 출발점에서 시작하여 중미 관계의 더 큰 발전을 추진하고자 합니다.

협력은 중국과 미국을 위한 유일한 올바른 선택이며, 우리 두 나라는 좋은 파트너가 될 수 있습니다. 다음 단계에서 양측은 양국의 고위층 교류를 계획하고 준비해야 합니다. 저는 대통령님의 연내 중국 국빈 방문을 환영합니다. 양측은 다양한 방법을 통해 긴밀한 연락을 계속 유지할 수 있습니다. 새로 구축된 외교안보대화, 전면적인 경제대화, 법집행 및 사이버안보대화, 사회·인문대화 등 네 개의 대화 협력 체제를 적극적으로 활용해야 합니다. 협력 케이크를 크게 만들고, 주요 협력 목록을 작성하고, 더 많은 조기 수확을 위해 노력해야 합니다. 양자 투자 협정 협상을 촉진시키고, 양방향 무역과 투자의 건전한 발전을 촉진시키며, 인프라 건설, 에너지 등 분야에서의 실질적인 협력을 모색해야 합니다. 민감한 문제를 적절하게 처리하고, 이견을 건설적으로 해결해야 합니다. 양측은 중대한 국제·지역 문제에 대한 소통과 조정을 강화하고, 지역 이슈 관련 문제를 함께 적절히 처리하고 해결하며, 다국적 범죄의 확산을 방지·퇴치하는 등 세계적인 도전에 대응하기 위한 협력을 확대하고, 유엔, G20, 아시아태평양경제협력체 등 다자간 체제 안에서의 소통과 조정을 강화하여 세계 평화·안정·번영을 공동으로 유지하기 위해 노력해야 합니다.

# '일대일로' 건설을 촉진시키기 위해 함께 노력하자[70)]

●● 2017년 5월 14일 ●●

존경하는 국가 원수 및 정부 수반 여러분,

국제기구 관계자 여러분,

신사 숙녀 여러분, 친구 여러분:

"뜨거운 여름에는 만물이 함께 그 아름다움을 뽐낸다(孟夏之日, 萬物並秀.)"고 했습니다. 이 아름다운 시기에 100여 개 국가에서 오신 각계 손님들이 베이징에 모여 일대일로 건설을 위한 협력 대계를 논의하는 것은 중요한 의미를 지닙니다. 오늘 여러 현인들과 노소가 함께 모였습니다. 여러분이 지혜를 모아 자유롭게 의견을 나누면서 '일대일로' 건설을 촉진시키기 위한 의미 있는 제언을 해주시기 바라며, 이 세기의 프로젝트가 각국 인민에게 혜택을 가져다주기를 기대합니다.

신사 숙녀 여러분, 친구 여러분!

2000여 년 전, 우리 선조들은 누더기 옷에 나무 수레를 타고 초원과 사막을 가로질러 아시아와 유럽, 아프리카를 연결하는 실크로드로 개척했으며,

---

70) 이는 시진핑 동지가 베이징에서 열린 '일대일로' 국제협력정상포럼 개막식에서 한 연설이다.

돛을 올리고 멀리 항해하여 거친 파도를 뚫고 동서양을 잇는 해상의 실크로드로 개척했습니다. 고대 실크로드는 국가 간 친선 교류와 인류 발전의 새로운 장을 열었습니다. 중국 산시역사박물관(陜西曆史博物館)이 소장하고 있는 천년의 '유금동잠(鎏金銅蠶)', 인도네시아에서 발견된 천년의 침몰선 '바투히탐(BatuHitam)' 등이 그 역사적 순간을 함께했습니다.

끊임없이 뻗은 고대 실크로드는 천 년이라는 긴 세월을 지나오면서 평화와 협력, 개방과 포용, 상호 학습의 이념을 핵심으로 하는 실크로드 정신을 형성했습니다. 이는 인류문명의 귀중한 유산입니다.

— 평화와 협력의 이념: 기원전 130여 년 전, 중국 한나라 시대, 장안(長安)에서 출발한 평화사절단이 동쪽에서 서쪽으로 가는 길을 개척하기 시작하면서 "개척 여행(鑿空之旅)"이 완성되었습니다. 중국의 당나라(唐), 송나라(宋), 원나라(元) 시대에는 육상과 해상 실크로드가 동시에 발전했습니다. 중국, 이탈리아, 모로코 여행가 두환(杜環), 마르코 폴로(Marco Polo), 이븐 바투타(Ibn Battuta)는 육지와 바다 모두에서 실크로드의 역사에 흔적을 남겼습니다. 15세기 초 명나라(明) 시대, 중국의 유명한 항해가 정화는 일곱 번의 대양 항해를 통해 천고의 미담을 남겼습니다. 이 선구적인 사업은 말과 창이 아니라 낙타 부대와 선의를 이용하여 이루어졌기 때문에, 강한 배와 대포가 아니라 보물선과 우정에 의존했기 때문에 청사(靑史)에 길이 이름을 남겼던 것입니다. 실크로드를 오가던 사람들은 대대로 동서양 간의 협력 관계와 평화의 다리를 구축했습니다.

— 개방과 포용의 이념: 고대 실크로드는 나일강 유역, 티그리스강과 유프라테스강 유역, 인더스강과 갠지스강 유역, 황하강과 창장 유역 그리고 이집트, 바빌로니아, 인도, 중국 등 문명의 발상지, 불교, 기독교, 이슬람 신자들의 집결지, 다양한 나라와 서로 다른 피부색을 가진 사람들의 정착지

에 걸쳐 있었습니다. 다양한 문명, 종교, 인종은 구동존이의 자세로 개방적이고 포용적이며, 함께 상호 존중하는 장엄한 시편을 써 내려갔고, 공동 발전을 이루어왔습니다. 주취안(酒泉), 둔황(敦煌), 투루판(吐魯番), 카스(喀什), 사마르칸트(Samarkand), 바그다드(Baghdad), 콘스탄티노플(Constantinople) 등 고성과 닝보(寧波), 취안저우(泉州), 광저우(廣州), 베이하이(北海), 콜롬보(Colombo), 제다(Jeddah), 알렉산드리아(Alexandria) 등 고대 항구는 이 시기를 기록한 '살아있는 화석'입니다. 역사는 문명은 개방 속에서 발전하고, 국가는 통합 속에서 공존한다는 사실을 알려주었습니다.

— 상호 학습과 참고의 이념: 고대 실크로드는 무역과 물물교환의 길이었을 뿐만 아니라 지식 교환의 길이기도 했습니다. 고대 실크로드를 따라 중국은 비단, 도자기, 칠기, 철기뿐만 아니라 후추, 아마, 향신료, 포도, 석류를 서양에 들여왔습니다. 고대 실크로드를 따라 불교, 이슬람교, 아라비아의 천문학, 역법, 의학이 중국에 전해졌고 중국의 4대 발명품과 양잠 기술도 세계에 전해졌습니다. 더 중요한 것은 상품과 지식의 교환이 관념적 혁신으로 이어졌다는 것입니다. 예를 들어, 불교는 인도에서 시작되어 중국에서 번성했으며, 동남아시아에서 계승되었습니다. 유교문화는 중국에서 시작되었으며, 라이프니츠(Gottfried Wilhelm Leibniz)와 볼테르(François-Marie Arouet)와 같은 유럽 사상가들의 존경을 받았습니다. 이것이 바로 교류의 매력이자 상호 배움의 결과입니다.

— 호혜윈윈의 이념: 고대 실크로드는 "사자들이 도로에서 서로 마주 보고, 상인들의 여행길이 끊이지 않는(使者相望於道, 商旅不絕於途.)" 육지의 광경과 "배들이 바다에서 교류하며, 그 수를 알 수 없는(舶交海中, 不知其數)" 바다의 번화한 모습을 목격했습니다. 이 대동맥에서는 자본, 기술, 인력 등 생산요소가 자유롭게 유동하고 상품, 자원, 성과가 공유되었습니다. 알마아타(Alma-Ata), 사마르칸트, 장안 등 주요 도시와 수르항(Sour), 광저우 등

항구가 번성하고 로마, 파르티아 제국(Parthian Empire), 쿠샨 왕조(Kushan Empire) 등 고대국가가 번성하고 중국의 한나라와 당나라가 번영을 누리고 있었습니다. 고대 실크로드는 지역의 발전과 번영을 가져왔습니다.

역사는 최고의 스승입니다. 이 역사는 우리와 아무리 멀리 떨어져 있어도 용감하게 첫걸음을 내디디고 같은 방향으로 계속 나아가는 한, 상호 이해와 공동 발전의 길을 개척할 수 있으며 행복하고 평화롭고 조화롭고 아름다운 미래를 향해 나아갈 수 있음을 보여줍니다.

신사 숙녀 여러분, 친구 여러분!

역사적으로 볼 때, 인류사회는 거대한 발전과 변화와 함께 조정되는 시대에 들어섰습니다. 세계 다극화, 경제 글로벌화, 사회 정보화, 문화 다양화의 심층적인 발전으로 평화적 발전의 흐름은 점점 더 거세지고 있으며, 개혁과 혁신은 계속해서 가속화되고 있습니다. 국가 간의 유대가 그 어느 때보다 긴밀하고, 더 나은 삶을 향한 세계인의 열망이 그 어느 때보다 강하며, 인류가 어려움을 극복할 수 있는 방법이 오늘날처럼 풍부했던 적은 없습니다.

현실적인 관점에서 볼 때, 우리는 빈번한 도전에 직면해 있습니다. 세계경제 성장에는 새로운 동력이 필요하고, 발전은 보다 포용적이고 균형이 잡혀야 하며, 빈부 격차는 해소되어야 합니다. 지역 이슈는 계속해서 혼란스럽고, 테러리즘이 만연되고 기승을 부리고 있습니다. 평화·발전·관리에서의 차이(和平赤字·發展赤字·治理赤字)는 전 인류가 직면한 심각한 도전입니다. 이는 제가 지금까지 생각해왔던 문제들입니다.

2013년 가을 저는 카자흐스탄과 인도네시아에서 실크로드 경제벨트와 21세기 해상 실크로드, 즉 '일대일로' 이니셔티브를 공동으로 건설할 것을 제안했습니다. "복숭아와 오얏은 꽃이 곱고 열매가 맛있어 오라고 하지 않아도 찾아오는 사람이 많아 그 나무 밑에는 길이 저절로 생깁니다." 지난 4년 동안 저는 세계 100여 개 국가와 국제기구가 '일대일로' 이니셔티브 건설을 적극적으로 지지·참여해왔으며, 유엔 총회와 유엔 안전보장이사회의 중요한 결의에도 '일대일로' 건설이 포함되었습니다. '일대일로' 이니셔티브는 하나의 이념에서 행동으로, 비전에서 현실로 점진적으로 변화를 거듭했으며 결실을 맺게 되었습니다.

— 지난 4년 동안, 정책적 소통을 심화해왔습니다. 제가 여러 차례 말씀드렸듯이, '일대일로' 구상은 새로운 것이 아니라, 전략적 연결과 이점을 상호 보완하는 것입니다. 협상을 통해 관련 국가들과 러시아의 유라시아경제연합, 아세안의 호연호통 계획, 카자흐스탄의 '누를리 졸(Nurly Zhol)', 터키의 '중간회랑(中間走廊)', 몽골의 '발전의 길(發展之路)', 베트남의 "두 개의 경제회랑과 하나의 경제권(兩廊一圈)", 영국의 '북부경제센터(英格蘭北方經濟中心)', 폴란드의 '호박의 길(琥珀之路)' 등의 구상을 이끌어냈습니다. 또한 라오스, 캄보디아, 미얀마, 헝가리 및 기타 국가와의 연결 작업도 본격화되고 있습니다. 그리고 40여 개 국가 및 국제기구와 협력 협정을 체결했으며, 30여 개 국가와 제도화를 통한 생산능력 협력을 실시했습니다. 이번 포럼 기간, 우리는 다수의 연결 협력 협정 및 행동계획을 체결하고, 60여 개 국가 및 국제기구와 함께 '일대일로' 무역 활성화 협력 이니셔티브를 추진할 것입니다. 각국은 연결을 통해 시너지 효과를 가져오게 될 것입니다.

— 지난 4년 동안, 호연호통이 강화되었습니다. "길이 사방으로 통하고 교통이 편리하면, 각계각층의 번영을 이끌 것입니다(道路通, 百業興.)." 우리는 관련 국가와 협력하여 인도네시아-자카르타-반둥 고속철도(Jakarta-Bandung High-Speed Railway), 중국-라오스 철도(China Kunming-Laos Vientiane Railway), 아디스아바바-지부티 철도(Addis Ababa-Djibouti Railway), 헝가리-세르비아 철도(Hungary-Serbia Railway) 등 건설을 가속

화하고 과다르(Gwadar) 항구, 피레우스(Port of Piraeus) 항구 등을 건설하여 호연호통 프로젝트를 계획하고 시행할 것입니다. 현재 중국-파키스탄, 중국-몽골-러시아, 신유라시아대륙교(新亞歐大陸橋) 등 경제회랑을 기반으로, 육상해상·항공 회랑 및 정보 고속도로를 골격으로, 철도·항만·배수계통(pipe system)을 중추로 하는 복합 인프라 네트워크가 형성되고 있습니다.

— 지난 4년 동안, 무역의 활성화가 향상되었습니다. 중국은 '일대일로' 이니셔티브 참가국과 함께 무역과 투자의 편리화를 적극적으로 촉진시켜 비즈니스 환경을 지속적으로 개선해왔습니다. 카자흐스탄 등 중앙아시아 국가의 농산물이 중국 시장에 도착하는 통관 시간이 90% 단축됐다는 사실을 알게 되었습니다. 2014년부터 2016년까지, 중국은 '일대일로' 연선 국가들과 3조 달러가 넘는 교역액을 창조했으며, '일대일로' 연선 국가에 대한 중국의 누적 투자액은 500억 달러를 넘어섰으며, 중국 기업들은 20여 개 국가에 56개의 경제무역협력지대를 설립해 관련 국가들에 약 11억 달러에 달하는 세수(稅收)와 180,000개의 일자리를 창출했습니다.

— 지난 4년 동안, 자금의 연결이 지속되었습니다. 자금조달 병목 현상은 호연호통을 실현하는 데 중요한 과제입니다. 중국은 '일대일로' 건설에 참여한 국가 및 기관과 다양한 형태의 금융 협력을 수행해왔습니다. 아시아인프라투자은행은 '일대일로' 건설 참여국의 9개 프로젝트에 17억 달러의 대출을 제공했으며, 실크로드 기금은 40억 달러를 투자했으며, 중국과 중부·동부 유럽 간 '16+1' 금융지주회사(中東歐'16+1'金融控股公司)를 공식적으로 설립했습니다. 이러한 새로운 금융 체제와 세계은행과 같은 전통적인 다자간 금융기관은 독자적인 기능을 가지고 서로 보완하여 단계적이고 일정 규모를 갖춘 '일대일로' 금융 협력 네트워크를 형성했습니다.

— 지난 4년 동안, 인적교류가 지속적으로 추진되었습니다. "국가 간의 교류는 국민 간의 친화에 있고 국민 간의 친화는 마음이 서로 통함에 있습니

다.” ‘일대일로’ 건설에 참여한 국가들은 실크로드의 정신을 계승하고, ‘지적 실크로드’와 ‘건강 실크로드’ 건설을 추진하며, 과학, 교육, 문화, 보건, 인적교류 등 다양한 분야에서 널리 협력하여 ‘일대일로’ 건설을 위한 튼튼한 여론적 토대와 확고한 사회적 기반을 마련했습니다. 중국 정부는 매년 관련 국가에 10,000개의 정부 장학금을 제공하고 있으며, 지방정부도 실크로드 특별 장학금을 설립하여 국제적 문화·교육의 교류를 추진했습니다. 이밖에 실크로드 문화의 해, 관광의 해, 예술제, 필름 브리지(Film Bridge), 세미나, 싱크탱크 대화 등 다양한 인문 분야에서의 협력 프로젝트가 추진되어 인적 교류가 활발하고 이를 통해 각국 국민이 가까워지고 있습니다.

이러한 성과는 ‘일대일로’ 이니셔티브가 시대의 흐름에 부합하고, 발전의 일반적 법칙에 부합하며, 각국 인민의 이익에 부합한다는 사실과 미래의 밝은 전망을 시사합니다.

신사 숙녀 여러분, 친구 여러분!

중국에는 “시작이 반이다(萬事開頭難)”는 말이 있습니다. ‘일대일로’ 건설은 이미 견실한 발걸음을 내디뎠습니다. 이 여세를 몰아 우리는 ‘일대일로’ 건설을 꾸준히 추진하고 더 나은 미래를 향해 나아가도록 해야 합니다. 여기서 몇 가지 의견을 함께 나누고자 합니다.

첫째, ‘일대일로’를 평화를 향해 나아가도록 해야 합니다. 고대 실크로드는 화합할 때 번성하고 싸울 때는 쇠약해집니다. ‘일대일로’ 건설은 평화롭고 안정적인 환경과 불가분의 관계에 있습니다. 따라서 우리는 협력윈윈을 핵심으로 하는 신형 국제관계를 건설하고, 대결이 아닌 대화, 동맹이 아닌 동반자 관계를 추진해야 합니다. 각국은 서로의 주권, 존엄성, 영토보전을 존중하고, 서로의 발전 노선과 사회제도를 존중하며, 서로의 핵심 이익과 주요 관심사를 존중해야 합니다.

한때 '젖과 꿀의 땅'이었던 고대 실크로드는 오늘날 많은 곳에서 충돌과 불안정, 위기와 도전의 대명사가 되었습니다. 이러한 상황은 계속될 수 없습니다. 우리는 공동·종합·협력·지속 가능한 안보관을 수립하여 공동 건설·공동 향유의 안전한 국면을 만들어야 합니다. 분쟁을 해결하고 정치적 해결을 견지하며, 중재와 조정에 중점을 두고 공정과 정의를 견지하며, 반테러, 지엽적인 것과 근본적인 것을 모두 치료하고, 빈곤과 낙후 그리고 사회적 부조리를 제거하기 위해 노력해야 합니다.

둘째, '일대일로'를 번영을 향해 나아가도록 해야 합니다. 발전은 모든 문제를 해결하는 열쇠입니다. '일대일로' 건설을 촉진시키기 위해서는 발전이라는 근본적인 문제에 초점을 맞추고 각국의 발전 잠재력을 발휘하여 경제의 대융합, 발전의 대연동, 성과의 대공유를 이루어야 합니다.

산업은 경제의 근본입니다. 따라서 우리는 산업 협력을 심화·발전시켜야 합니다. 각국의 산업 발전계획을 호환하고 상호 촉진토록 하며, 대규모 프로젝트 건설을 잘 수행하며, 국제 생산능력 및 장비 제조 협력을 강화하며, 새로운 산업혁명의 기회를 포착하며, 새로운 업종을 육성하여 경제 성장의 활력을 유지해야 합니다.

금융은 현대 경제의 혈액입니다. 혈맥이 통해야 성장도 활력이 넘치는 것입니다. 안정적이고, 지속 가능하며, 위험 통제가 가능한 금융 보안 시스템을 구축하며, 투자 및 융자 모델을 혁신하며, 정부와 사회적 자본 간의 협력을 촉진시키며, 다원화 금융 시스템과 다층적 자본 시장을 구축하며, 포용적 금융을 발전시키며, 금융 서비스 네트워크를 정비해야 합니다.

시설 연결은 협력 발전의 토대입니다. 육지·해상·항공·인터넷의 사위일체(四位一體) 연결을 촉진시키며, 주요 통로·주요 도시·주요 프로젝트에 초점을 맞추며, 육로·철도 도로망·해상 항만 연결에 집중해야 합니다. 우리는 '일대일로' 건설을 위한 6대 경제회랑의 틀을 마련했으며, 착실하게 추진해 나가야 합니다. 새로운 에너지 구조조정과 에너지 기술 전환의 흐름을 포착하고, 글로벌 에너지 네트워크를 구축하며, 녹색·저탄소 발전을 실현해야 합니다. 지역 간 물류망 구축을 개선해야 합니다. 또한 정책·규범·기준의 삼위일체 연결을 촉진시켜 호연호통을 위한 체제적 지원을 제공해야 합니다.

셋째, '일대일로'를 개방을 향해 나아가도록 해야 합니다. 개방은 진보를 가져오고, 폐쇄는 낙후를 가져옵니다. 한 나라에 있어 개방은 누에고치에서 나비가 되는 것과 같습니다. 일시적으로 진통을 겪겠지만, 새로 태어날 수 있습니다. '일대일로' 건설은 개방을 지향하면서 경제 성장과 균형 문제를 해결해나가야 합니다.

우리는 개방형 협력 플랫폼을 구축하고, 개방형 세계경제를 유지·발전시키며, 개방적 발전에 유리한 환경을 공동으로 조성하고, 공정하고 합리적이며 투명한 경제무역 투자 규범 시스템 구축을 촉진시키고, 생산요소의 질서 있는 흐름, 자원의 효율적인 배분, 시장의 심층적인 통합을 촉진시켜야 합니다. 우리는 각국이 자국의 여건에 따라 개방형 경제를 적극적으로 발전시키고, 글로벌 거버넌스와 공공재 공급에 참여하며, 이익공동체를 널리 구축하기 위해 협력하는 것을 환영합니다.

무역은 경제 성장의 중요한 엔진입니다. 우리는 '외향적인' 포부를 가지고 다자간 무역체제를 유지하며, 자유무역지대 건설을 추진하며, 무역과 투자의 자유화와 편리화를 촉진시켜야 합니다. 물론 우리는 발전 불균형, 거버넌스 딜레마, 디지털 격차, 분배 격차 등 문제를 해결하는 데 초점을 맞추어야 하며, 개방적이고 포용적이며 보편적 특혜를 주며 균형 잡힌 상생하는 경제 글로벌화를 구축해야 합니다.

넷째, '일대일로'를 혁신의 방향으로 나아가도록 해야 합니다. 혁신은 발전을 촉진시키는 중요한 힘입니다. '일대일로' 건설은 그 자체가 혁신이며, '일대일로' 건설을 효과적으로 추진하기 위해서는 혁신이 추진되어야 합니다.

우리는 혁신 주도 발전을 견지하고 디지털 경제, 인공지능, 나노기술, 양자 컴퓨터 등 첨단 분야의 협력을 강화하고, 빅데이터, 클라우드 컴퓨팅, 스마트 시티 건설을 촉진시켜 21세기 디지털 실크로드를 만들어야 합니다. 또한 과학기술과 산업, 과학기술과 금융의 융합을 추진하고, 혁신을 위한 환경을 최적화하며, 혁신을 위한 자원을 집합시켜야 합니다. 미래 인터넷 세대가 꿈을 이루도록 창업 공간, 창업 공장을 만들어야 합니다.

우리는 녹색발전의 새로운 이념을 실천하고, 녹색·저탄소·순환·지속 가능한 생산방식과 생활방식을 창도하고, 생태환경보호를 위한 협력을 강화하고, 생태문명을 건설하여 「2030 지속 가능한 개발어젠다」를 공동으로 실현해야 합니다.

다섯째, '일대일로'를 문명을 향해 나아가도록 해야 합니다. '일대일로' 구상은 문명 간의 교류를 통해 문명의 장벽을 뛰어넘고, 문명 간 상호 학습을 통해 문명 충돌을 뛰어넘으며, 문명의 공존을 통해 문명의 우월성을 뛰어넘어 국가 간의 상호 이해, 상호 존중, 상호 신뢰를 증진해야 합니다.

우리는 다층적인 인적협력 체제를 구축하고, 협력을 위한 더 많은 플랫폼과 채널을 구축해야 합니다. 교육 분야에서의 협력을 추진하고 유학생을 상호 파견하여 학교의 공동 운영을 추진해야 합니다. 싱크탱크의 역할을 충분히 발휘하여 싱크탱크 연합과 협력 네트워크를 구축해야 합니다. 문화, 스포츠, 보건 분야에서는 협력 모델을 혁신하고 실질적인 프로젝트를 추진해야 합니다. 역사문화유산을 잘 활용하여 실크로드 특색의 관광 상품과 유산보호를 공동으로 만들어야 합니다. 각국의 의회, 정당, 민간단체 간의 교류를 강화하고 여성·청년·장애인 교류를 강화하여 포용적 발전을 촉진시켜야 합니다. 또한 반부패 측면에서의 국제적 협력을 강화하여 '일대일로'가 깨끗한 길이 될 수 있도록 해야 합니다.

신사 숙녀 여러분, 친구 여러분!

현재 중국의 발전은 새로운 출발점에 서 있습니다. 우리는 혁신·조정·녹색·개방·공유의 발전 이념을 확고히 견지하고, 경제 발전의 뉴노멀 시대에 적응하고 상황을 분석하며 선도적인 역할을 발휘할 것입니다. 또한 공급 측면에서의 구조적 개혁을 적극적으로 추진하고, 지속 가능한 발전을 이루어 '일대일로' 건설에 강력한 동력을 불어 넣음으로써 세계 발전에 새로운 기회를 가져다줄 것입니다.

— 중국은 평화공존 5원칙에 기초하여 '일대일로' 건설에 참여한 국가들과 우호적으로 협력할 것입니다. 중국은 자국의 발전 경험을 각국과 공유하되, 각국의 내정에 간섭하지 않을 것이며, 중국의 사회제도와 발전모델을 수출하지 않을 것이며, 더더욱 강요하지 않을 것입니다. '일대일로' 건설을 추진하는 데 있어 우리는 영합게임의 낡은 사고를 되풀이하지 않고, 협력윈윈하는 새로운 모델을 창조할 것이며, 안정을 해치는 소그룹을 형성하지 않고 조화롭게 공존하는 대가족을 건설할 것입니다.

— 중국은 많은 국가와 교통, 인프라, 에너지 등 하드웨어 연결 프로젝트와 통신, 세관, 검사·검역 등 소프트웨어 연결 프로젝트, 경제무역, 산업, 전자상거래, 해양, 녹색경제 등 다양한 분야에서의 협력 계획 및 특정 프로젝트를 포함하여 실질적인 '일대일로' 협력 협정을 체결했습니다. 또한 중국은 일부 국가의 철도 부문과 중국-유럽열차협력협약(中歐班列合作協議) 심화에 관한 협정을 체결할 예정입니다. 우리는 이러한 협력 프로젝트의 조기 출시와 조기 결과를 촉진케 할 것입니다.

— 중국은 '일대일로' 건설을 위한 자금 지원을 늘릴 것입니다. 실크로드기금에 1,000억 위안을 추가로 지원하며, 금융기관이 약 3,000억 위안으로 예상되는 위안화 해외 펀드 사업을 수행하도록 장려할 것입니다. 중국국가개발은행과 중국수출입은행은 각각 2,500억 위안, 1,300억 위안 규모의 특

별 대출을 제공하여 '일대일로'의 인프라 건설, 생산능력, 금융 협력을 지원할 것입니다. 또한 아시아인프라투자은행, 브릭스 신개발은행, 세계은행 및 기타 다자간 개발기관과 협력하여 '일대일로' 프로젝트를 지원하고, 관련 국가들과 협력하여 '일대일로' 자금조달을 위한 지침을 작성할 것입니다.

— 중국은 '일대일로' 건설에 참가한 국가들과 호혜윈윈의 경제무역 파트너십을 적극적으로 발전시켜 각국과의 무역과 투자 편리화를 촉진시키며, '일대일로' 자유무역 네트워크를 구축하고, 지역 및 세계경제 성장에 기여할 것입니다. 이번 포럼 기간, 중국은 30여 개 국가와 경제무역협력협정을 체결하고 관련 국가와 자유무역협정을 협상할 예정입니다. 중국은 2018년부터 중국국제수입박람회(China International Import Expo)를 개최할 예정입니다.

— 중국은 각국과 혁신적 협력을 강화하고, '일대일로' 과학기술 혁신을 위한 행동계획을 가동하여 과학기술 및 문화교류 추진, 공동 실험실 건설, 과학기술단지 협력, 기술이전 등 4대 행동계획을 실행할 것입니다. 향후 5년 동안, 2,500명의 젊은 과학자가 중국에 와서 단기적 과학연구를 수행할 것이며, 5,000명의 과학기술 인력과 관리자를 양성하여 50개의 공동 실험실 가동에 투입할 것입니다. 생태환경보호를 위한 빅데이터 서비스 플랫폼을 구축하고, '일대일로' 산하 국제 녹색발전 동맹 구축을 지지하며, 기후변화 대응을 위해 관련 국가를 지원할 것입니다.

— 앞으로 3년 동안, 중국은 '일대일로' 건설에 참여한 개발도상국과 국제기구에 600억 위안에 달하는 원조를 제공하여 민생 프로젝트를 건설하도록 할 것입니다. '일대일로' 연선 국가에 20억 위안의 긴급 식량을 원조하여 남남협력 지원 기금 10억 달러를 증액하여 '일대일로' 연선 국가에서 '행복한 가정(幸福家園)' 100개, '사랑의 빈곤 구제(愛心助困)' 100개, '재활 및 의료 지원(康複助醫)' 100개 등 프로젝트를 추진할 것입니다. 우리는 관련

국제기구에 10억 달러를 지원하여 '일대일로' 연선 국가들에 혜택을 줄 수 있는 다양한 프로젝트를 시행할 것입니다.

— 중국은 '일대일로' 재정발전연구센터(財經發展硏究中心), '일대일로' 건설촉진센터(建設促進中心) 등 '일대일로' 국제협력포럼 후속 연락기구를 설치하여 다자개발은행과 공동으로 다자개발융자협력센터(多邊開發融資合作中心)를 설립하고, 국제통화기금과 협력해 역량강화센터(能力建設中心)를 설립할 것입니다. 그리고 실크로드 연선 민간단체 협력을 위한 네트워크를 구축하여 저널리즘 협력, 음악 교육 및 기타 인적협력을 위한 새로운 플랫폼을 만들 것입니다.

실크로드 역사의 토양에 뿌리를 두고 있는 '일대일로' 건설은 아시아, 유럽, 아프리카를 핵심으로 추진되고 있으며, 세계 각국에 개방되어 있습니다. 아시아와 유럽에서 왔든 아프리카, 아메리카에서 왔든 상관없이 모두 '일대일로' 건설을 위한 국제적 협력의 파트너입니다. '일대일로' 건설은 모두가 함께 논의하고, '일대일로' 건설의 성과는 모두가 공유할 것입니다.

신사 숙녀 여러분, 친구 여러분!

중국의 옛 속담에 "반보를 내딛지 않으면 천 리에 이를 수 없다(不積跬步, 無以至千裏.)"라는 말이 있고, 아랍 속담에는 "피라미드는 하나하나의 돌로 만든 것이다(金字塔是一塊塊石頭壘成的)"라는 말이 있으며, 유럽에도 "위업은 하루아침에 이루어진 것이 아니다(偉業非一日之功)"라는 속담이 있습니다. '일대일로' 건설은 위대한 사업인 만큼, 위대한 실천이 필요합니다. 차근차근 실행하면서 조금씩 성과를 이루어 세계와 인민에게 혜택을 가져다줍시다!

이번 정상포럼의 원만한 성공을 기원합니다!

감사합니다.

# 협력의 새로운 출발점을 개척하고, 새로운 동력을 모색하자[71]

●● 2017년 5월 15일 ●●

국가 원수 및 정부 수반 그리고 국제기구 관계자 여러분:

'일대일로' 국제협력정상포럼 원탁회의의 개막을 선언합니다!

'일대일로' 국제협력정상포럼 원탁회의에 참석하여 국제협력을 추진하고, 상생 발전을 이루기 위한 대계를 논의하고자 옌치호 호반에 오신 여러분을 환영합니다.

'일대일로' 건설은 2013년에 제가 제안했습니다. 핵심 내용은 인프라 건설과 호연호통을 촉진시키고, 각국의 정책과 발전 전략을 연결하고, 실질적인 협력을 심화시키고, 조화로운 연동식 발전을 촉진시켜 공동 번영을 이루는 것이었습니다.

이 제안은 세계정세에 대한 저의 관찰과 사고에서 비롯되었습니다. 오늘날 세계는 거대한 발전과 변혁을 거듭하고 있는 가운데 조정기에 들어섰습니다. 새로운 과학기술혁명과 산업혁명이 잉태되고 있으며, 새로운 성장 동력이 지속적으로 축적되고 있으며, 각국의 이익이 밀접하게 융합되어 평화·발

71) 이는 시진핑 동지가 베이징에서 열린 '일대일로' 국제협력정상포럼 원탁정상회의 한 개회사이다.

전·협력·상생이 시대의 큰 흐름이 되었습니다. 한편 세계의 발전 속에 누적되어 온 심각한 갈등은 해결되지 않았습니다. 세계경제 성장을 위한 기반이 견고하지 못하며, 무역과 투자가 부진하며, 경제 글로벌화가 좌절되고, 발전 불균형이 심화되었습니다. 전란과 충돌, 테러, 난민·이민자의 대규모 이동 등 문제가 세계경제에 미치는 영향이 두드러집니다.

도전에 직면하여, 각국은 대응책을 강구하고 있으며, 많은 발전 전략과 협력 이니셔티브를 제안하고 있습니다. 그러나 각국이 상호 의존적이고 글로벌 도전이 난무하는 현재, 한 나라의 힘만으로는 자신을 지킬 수 없을 뿐만 아니라, 세계가 직면한 문제를 해결할 수 없습니다. 각국의 정책을 연결하고, 경제적 요소와 발전에 유익한 자원을 전 세계적으로 통합해야만 합력이 형성되고, 세계 평화와 안정, 공동 발전을 촉진케 할 수 있습니다.

'일대일로' 건설은 역사에 뿌리를 두고 있지만, 미래 지향적인 구상입니다. 고대 실크로드는 더 나은 삶을 추구하는 조상들의 모습을 구현했으며, 이는 아시아와 유럽 국가의 호연호통을 촉진케 했으며, 동서양 문명 간의 교류와 상호 학습을 촉진시키고 인류문명의 발전과 진보에 크게 기여했습니다. 우리는 고대 실크로드에서 지혜와 힘을 끌어내고, 평화와 협력, 개방과 포용, 상호 학습과 참고, 호혜윈윈을 지향한 실크로드 정신에 기초하여 협력을 촉진시켜 더 밝은 미래를 함께 열어나갈 수 있습니다.

'일대일로' 구상은 중국에서 시작되었지만, 이는 전 세계의 소유입니다. '일대일로' 건설은 다양한 지역, 다양한 발전단계, 다양한 문명에 걸친, 개방적이고 포용적인 플랫폼이며, 이는 각국이 공동으로 만들어 낸 공동 제품입니다. '일대일로'는 유라시아 대륙에 초점을 맞추고 있으며, 뜻이 같은 친구들에게 열려 있으며, 배타적이지 않으며, 특정 국가를 겨냥하지 않습니다.

'일대일로' 건설을 위한 국제적 협력의 틀 안에서, 각국은 공동 협상·공동 건설·공동 향유의 원칙을 확고히 견지하고, 세계경제가 직면한 도전에 대응하기 위해 협력하고, 새로운 발전 기회를 창출하고, 발전의 새로운 동력을 모색하고, 새로운 발전 공간을 확장하여 상호 보완하면서 호혜윈윈의 결과를 이루어 인류운명공동체를 향해 계속해서 나아가고 있습니다. 이것이 바로 '일대일로' 이니셔티브를 제안하게 된 저의 의도이며, 이를 통해 달성하고자 하는 가장 높은 목표이기도 합니다.

이 구상이 제안된 이후 국제사회로부터 긍정적인 반응과 폭넓은 지지를 받게 되어 기쁩니다. 100여 개 국가와 국제기구가 이 프로젝트에 참여했으며, 많은 협력 프로젝트가 잇따라 가동되었으며, 일부는 이미 실질적인 효과를 발휘하고 있습니다. 인프라 연결 네트워크가 점차 모습을 갖추게 되었고, 연선 국가 산업 협력이 형성되는 추세이며, 국가 간의 정책적 조정이 계속해서 강화되고 있습니다. 국민들은 협력으로부터 혜택을 받기 시작했으며, 서로의 거리가 더 가까워지고 있습니다.

이를 바탕으로 중국은 협력 방안을 논의하고, 협력 플랫폼을 구축하며, 협력의 성과를 공유함으로써 '일대일로' 건설이 각국 인민에게 더 나은 혜택을 가져다줄 수 있도록 하기 위해 이번 정상포럼을 개최했습니다.

어제 이루어진 고위급 회의에서는 각국 정상과 국제기구 수장, 정부·산업·학계 대표들이 통찰력 있는 아이디어와 제안을 많이 내놓았고, 다수의 협력 협정을 체결했습니다. 오늘 원탁회의가 더욱 공감대를 형성하고, 방향을 제시하며, '일대일로' 건설을 위한 국제적 협력의 청사진을 그리는 계기가 되기를 희망합니다. 구체적으로, 이번 회의가 다음과 같은 분야에서 긍정적인 성과를 거두기를 기대합니다.

첫째, 호혜윈윈을 추진하고 협력의 방향을 명확히 하는 것입니다. 야생 기러기가 비바람을 견뎌내고 꾸준히 날 수 있는 비결은 무리 지어 다니기 때문입니다. 이는 도전에 맞서, 더 나은 발전을 이루기 위해 함께 노력해야 한다는 심오한 도리를 알려줍니다.

우리는 동반자 정신으로 공동 협상·공동 건설·공동 향유의 원칙을 확고히 견지하며, 정책적 소통, 인프라 연결, 무역의 원활화, 자금의 연결, 민심상통의 5대 영역에서 지속적으로 협력하는 것을 공동 목표로 삼아야 합니다. 개방 속에서 협력을 추진하고, 협력을 통해 상생하며, 획일적이지 않고, 높은 문턱을 두지 않고, 배타적이지 않고, 보호무역주의를 반대해야 합니다.

'일대일로' 건설은 평화롭고 안정적인 환경을 필요로 합니다. 각각은 협력을 강화하고, 대화를 통해 이견을 해결하며, 협상을 통해 분쟁을 해결하며, 지역의 안보와 안정을 공동으로 수호해야 합니다.

둘째, 정책적 협상을 추진하고, 발전 전략을 연결하는 것입니다. 정책적 형상을 강화하고 이웃에게 화를 전가하지 않는 것은 국제 금융위기 대응에서 나온 중요한 경험이자, 현재 세계경제 발전의 객관적 요구이기도 합니다. 각국은 자국의 여건에 근거하여 자신의 발전 전략을 수립해야 합니다. 각국의 발전 전략은 각자의 특색이 있으나, 목표가 일치합니다. 따라서 보완하고 촉진시킬 수 있는 많은 연결점과 공통점이 있습니다.

이를 바탕으로 정책적 조정의 연결을 위한 체제를 구축하고, 서로 학습하며, 이를 바탕으로 협력 방안을 공동으로 수립하고, 협력 행동을 공동으로 채택하여 계획의 연결, 발전의 융합, 이익의 공유 국면을 형성해야 합니다. '일대일로' 건설을 위한 국제적 협력을 추진하기 위해 유엔에서 채택된 「2030 지속 가능한 개발어젠다」의 이행 및 항저우 G20 정상회의 성과와 결합하며, 아시아태평양경제협력체, 아세안, 아프리카연합, 유라시아경제연합, 유럽연합, 라틴아메리카·카리브해국가공동체 지역발전계획(拉共體區域發展規劃)과 결합하며, 또한 관련 국가가 제시한 개발계획과 통합하여 시너지 효과를 내야 합니다.

셋째, 프로젝트 중심의 협력을 바탕으로 실질적인 협력을 강화하는 것입니다. 길은 걸어야 생기고, 사업은 추진해야 이루어집니다. 아름다운 청사진을 현실로 바꾸려면 확고한 행동이 필요합니다.

인프라 연결에 있어, 철도, 고속도로 등 육상 통로 건설을 촉진시키고, 해상 항구 건설을 가속화하며, 천연가스 파이프라인, 송전 및 통신망을 정비해야 합니다.

실물경제 협력에 있어, 경제회랑 건설을 적극적으로 추진하고, 경제무역 및 산업협력단지를 효과적으로 건설하며, 투자를 더욱 촉진시키고, 산업을 집적하고, 취업률을 높여 혁신적 발전을 향해 나아가야 합니다.

무역과 투자 자유화와 편리화에 있어, 자유무역지대 건설을 추진하고, 규칙과 기준의 양립성을 강화하며, 더 나은 비즈니스 환경과 제도적 보장을 제공하고, 호연호통의 긍정적 효과를 충분히 이끌어내야 합니다.

금융 협력 측면에서는, 자금조달을 위한 채널을 확대하고, 융자의 방식을 혁신하며, 자금조달 비용을 줄이고, 프로젝트 추진의 핵심 고리인 자금조달을 개방해야 합니다.

민심 상통은 '일대일로' 건설을 위한 국제적 협력의 중요한 내용입니다. 인문 분야에서 심도 있는 교류와 협력을 추진하여 협력이 보다 포용적이고, 협력의 기반이 보다 튼튼하고, 인민 대중이 '일대일로' 건설의 주력과 수혜자가 되게 해야 합니다.

동료 여러분!

옌치호는 오랜 역사를 갖고 있는 곳이며, 사상을 깨우치는 곳이며, 협력의 여정을 시작하는 곳이기도 합니다. 사람들은 흔히 '일대일로'는 이륙하는 한 쌍의 날개와 같다고 말합니다. 옌치호를 새로운 출발점으로 삼아, 날개를 펼치고, 광활한 푸른 하늘로 함께 날아올라, 평화·발전·협력·상생의 미래를 열어갑시다!

감사합니다.

# 단결하고 협력하며, 개방적이고 포용적인 자세로 안보와 안정, 발전과 번영의 터전을 건설하자[72)]

●● 2017년 6월 9일 ●●

존경하는 나자르바예프(Нұрсұлтан Әбішұлы Назарбаев) 대통령님,

존경하는 동료 여러분:

아스타나에 와서 상하이협력기구 정상회담에 참석하게 되어 대단히 기쁩니다. 이 도시가 보여주는 역동성은 활발하게 발전하고 있는 상하이협력기구의 모습을 생생하게 그려내고 있습니다.

주최국인 카자흐스탄과 나자르바예프 대통령님의 사려 깊은 준비에 감사드립니다. 지난 1년 동안, 카자흐스탄은 순환 의장국으로서 많은 결실을 맺었으며, 중국은 이를 높이 평가하고 있습니다.

올해는 「상하이협력기구헌장(上海合作組織憲章)」 체결 15주년이자, 「상하이협력기구회원국장기선린우호협력조약(上海合作組織成員國長期睦鄰友好合作條約)」 체결 10주년이 되는 해입니다. 이 두 강령 문서를 사상 초석, 행동 지침으로 삼아 회원국들은 '상하이 정신'을 확고히 준수하고, 운명공동체를 건설하는 과정에서 나날이 견실한 발걸음을 내디뎠으며, 협력원

72) 이는 시진핑 동지가 카자흐스탄 아스타나(Astana)에서 열린 제17차 상하이협력기구 회원국 정상회담에서 한 연설이다.

원의 신형 국제관계의 모범을 보여주었습니다. 오늘 인도, 파키스탄을 회원국으로 받아들일 것입니다.

현재 국제·지역 정세는 심각하고 복잡한 변화를 겪고 있으며, 불안정과 불확실성의 요인이 증가하고 있습니다. 각국이 어려움 속에서 일심협력해야만 위협과 도전에 효과적으로 대응할 수 있습니다. 중국은 각국과 함께 운명공동체 의식을 강화하고, 안보와 안정, 발전과 번영의 터전을 건설할 것입니다. 이를 위해 다음과 같은 제안을 드리고자 합니다.

첫째, 단결과 협력을 공고히 하는 것입니다. 카자흐스탄 속담에 "화합이 있는 곳에 반드시 행복이 함께 한다(有團結的地方, 定有幸福相隨)"는 말이 있습니다. '상하이 정신'에 의해 생성된 강력한 응집력은 상하이협력기구가 발전할 수 있는 중요한 힘입니다. 우리는 단결과 협력의 전통을 견지하고, 회원국 간에 긴밀히 융합하고, 정치적 상호 신뢰를 심화시키고, 상호 지지를 강화하고, 서로 평등하게 대하고, 서로 돕고, 동고동락하고, 안위를 함께하는 운명공동체를 건설해야 합니다. 중국은 「상하이협력기구회원국 장기선린우호협력조약」 미래 5년 실시 강요를 제정하여 다음 단계 각 분야에서의 협력 방향을 계획할 것을 제안합니다. 그리고 입법기관, 정당, 사법기관 간 교류와 협력을 강화하여 각국의 정책적 소통을 위한 창구를 마련할 것을 제안합니다.

둘째, 손잡고 도전에 대응하는 것입니다. 안보는 발전의 기반입니다. 안보 없이는 발전이 있을 수 없습니다. 최근 들어 이 지역에서 발생한 폭력 테러 사건은 '3대 세력'과의 투쟁이 아직 막중하다는 사실을 말해줍니다. 언제나 그래왔듯이, 우리는 지역의 안보와 안정을 유지하는 것을 상하이협력기구의 최우선 과제로 삼아야 합니다. 중국은 이번 정상회담에서 체결될 「상하이협력기구 반극단주의 공약(上海合作組織反極端主義公約)」이 이행되어 극단주의의 확산을 효과적으로 막을 수 있기 바랍니다. 중국 측은 안보 분야에서의 회원국 간 협력 및 작전 능력을 강화하기 위해 지역 반테러 기관 건설을 강화하고, 마약 생산 및 밀매를 엄중히 단속할 것을 주장하며, 상하이 협력기구 사이버 대테러 합동 훈련을 다시 한 번 실시하고, 국방 안보 포럼을 개최하여 앞으로 3년 동안 '3대 세력' 퇴치를 위한 협력 대책을 마련할 것을 제안합니다. 그리고 상하이협력기구가 국제 및 지역 문제에서 통합된 목소리를 내고, 분쟁 문제의 정치적 해결에 기여하는 것을 지지합니다. 중국은 최근 아프가니스탄 안보 상황 악화를 우려하고 각국이 아프가니스탄의 평화와 화해를 지지할 것을 촉구하며 '상하이협력기구-아프가니스탄 연락팀(上海合作組織—阿富汗聯絡組)'이 아프가니스탄의 평화와 재건을 위해 더욱 적극적인 역할을 할 것을 기대합니다.

셋째, 실질적인 협력을 심화해야 합니다. 지역 일체화와 경제 글로벌화는 시대의 흐름이며, 각국과 각국 인민은 이로 인해 혜택을 받아야 합니다. 지난달, '일대일로' 국제협력포럼이 베이징에서 성황리에 개최되었습니다. 중국과 관련 각국은 '일대일로' 건설을 유라시아경제연합 등 지역 협력을 위한 이니셔티브, 그리고 카자흐스탄의 '누를리 졸' 등 국가 발전 전략과의 연결을 적극적으로 추진하고 있습니다. 상하이협력기구는 이 과정에서 중요한 역할을 발휘할 수 있습니다. 중국은 「상하이협력기구 무역 편리화 협약(上海合作組織貿易便利化協定)」의 체결을 시작으로 지역의 경제 협력을 위한 제도적 장치를 점진적으로 마련할 것을 제안합니다. 역내 국가 간 연결을 높은 수준으로 끌어올리기 위해 중국은 「상하이 협력기구 회원국 정부 간 국제 도로·운송 편리화 협약(上海合作組織成員國政府間國際道路運輸便利化協定)」에 규정된 국경 간 노선을 예정대로 개방할 것을 지지합니다. 또한 역내 국가들의 협약 가입을 환영하며, 회원국을 위한 조정된 도로조정계획을 수립할 것을 찬성합니다. 더 많은 자원과 힘을 동원하여 상하이협력기구의 틀 안에서 실질적인 협력을 촉진시키기 위해 중국은 지역

협력 체제 구축을 지지하고, 중소기업 간 협력을 적극적으로 추진하며, 경제 싱크탱크 연합(經濟智庫聯盟)과 전자상거래 상공연합(電子商務工商聯盟) 설립을 제안합니다. 기존에 설립된 플랫폼을 최대한 활용하여 프로젝트의 협력 자금을 조달하는 한편, 전문가팀을 구성하여 상하이협력기구개발은행의 설립 방법을 계속해서 모색할 것을 제안합니다.

넷째, 인문 유대를 강화하는 것입니다. 우리는 각국 인민, 특히 젊은 세대들이 정신적 유대를 맺도록 하여 선린우호와 협력의 대업이 언제나 활기가 넘치도록 촉진시켜야 합니다. 중국은 상하이협력기구의 대학 운영 프로젝트를 계속해서 추진할 것이며, 청소년 교류 캠프, 초중등생 여름 캠프 등 브랜드 프로젝트를 운영할 것이며, 상하이협력기구 국가 문화 예술 축제, 여성 포럼, 직원 업무 능력 대회 등 활동을 주최할 것이며, 보건, 재난 구호, 환경보호, 스포츠, 관광 등 분야에서의 협력을 확고히 추진할 것입니다. 중국은 「중국-상하이 협력기구 인적자원 개발계획(中國—上海合作組織人力資源開發合作計劃)」을 이행하고, 상하이협력기구 회원국 관계자를 중국으로 초청하여 연수·세미나에 참여하고, 중국 전문가 등을 회원국에 파견하여 정책적 자문을 맡거나 회원국에서 현지 관련 인원을 양성하거나, 정부 장학금을 지급하는 등 인적자원개발 분야에서의 회원국 간의 협력 수준을 향상시킬 것입니다. 회원국 국민이 서로 가까워지기 위해서는 언론이 빠질 수 없습니다. 중국은 미디어 협력 체제 구축을 제안하며, 상하이협력기구의 첫 번째 미디어 정상회담을 주최할 예정입니다.

다섯째, 개방과 포용의 원칙을 견지하는 것입니다. 대외개방은 상하이협력기구가 창립된 이후 채택된 기본 원칙입니다. 중국은 본 기구의 옵서버 국가, 대화 상대국, 기타 국가가 다각적이고 광범위한 협력을 추진해나가며, 관련 규정과 합의에 따라 본 기구에서의 법적 지위를 획득하기 위한 관련 국가의 신청을 검토하는 것을 지지합니다. 또한, 본 기구가 유엔을 비롯한 국제·지역의 다양한 기구와의 교류와 협력을 계속해서 확대해나가고, 세계의 항구적 평화와 공동 번영을 촉진시키기 위해 협력하는 것을 지지합니다.

중국은 상하이협력기구의 두 상설 기관이 기울여온 노력에 대해 높이 평가하며, 두 기관의 업무 환경 개선과 다양한 업무 수행을 위해 1,000만 위안을 추가로 기부하기로 결정했습니다.

동료 여러분!

이번 정상회담 이후, 중국은 상하이협력기구 순환 의장국을 맡아 2018년 6월에 정상회담을 주최하게 됩니다. 중국은 책임을 다할 것이며, 각국과 함께 각국 인민들에게 더 많은 성취감을 안겨주고, 상하이협력기구의 더 밝은 미래를 만들어가기 위해 함께 노력할 것입니다.

감사합니다.

# 러시아 언론과의 인터뷰

●● 2017년 7월 3일 ●●

**질문** 중러 관계가 역사상 가장 좋은 시기라고 거듭 말씀하셨는데, 어떤 부분에서 나타난다고 생각하십니까? 러시아와 중국이 주요 국제적 사안에 대해 시의적절하게 대화하고 협의하는 것이 세계 및 지역의 평화와 안정, 발전과 번영에 어떤 의미를 지닙니까?

**답변** 현재 중러 전면적인 전략적 협력 동반자 관계는 역사상 가장 좋은 시기에 있으며, 주로 다음과 같은 측면에서 나타난다고 생각합니다.

첫째, 높은 수준의 정치적, 전략적 상호 신뢰가 구축되었습니다. 양측은 역사적으로 해결하지 못한 국경 문제를 철저히 해결했으며 4,300km가 넘는 국경선은 양국 인민 간의 친선의 유대가 되었습니다. 양측은 「중국-러시아 선린우호협력조약」에 서명해 대대적으로 우호 관계를 유지한다는 이념이 법적으로 확정되었습니다. 양측은 자국의 주권, 안보, 영토보전 등 핵심 이익을 수호하기 위한 서로의 노력을 확고히 지지하고, 자국의 실정에 맞는 발전의 길을 택하는 것을 확고히 지지하며, 서로의 발전과 부흥을 확고히 지지하고, 서로의 내정을 잘 처리하도록 확고히 지지한다는 '서로에 대한 네 개의 확고한 지지(四個相互堅定支持)'에 관해 합의를 이루었습니다. 중국과 러시아는 서로에게 가장 신뢰할 수 있는 전략적 동반자입니다.

둘째, 고위급 교류와 다양한 분야에서의 협력 체제가 완비되어 있습니다. 저는 푸틴 대통령님과 긴밀한 협력 관계와 좋은 개인적 친분을 쌓았으며, 연평균 5회의 회담을 가지면서 함께 양국 관계의 발전을 이끌고, 계획하고 있습니다. 푸틴 대통령님의 초청으로 조만간 러시아를 국빈 방문할 예정이며, 이번 방문이 중러 관계발전에 새로운 동력을 불어넣을 것으로 믿습니다. 양국은 각계 기관과 부문, 지역 간의 교류와 협상을 위한 체제가 완비되어 있으며, 중러 관계의 발전은 튼튼한 제도적 보장이 갖추어져 있습니다.

셋째, 각자의 발전 전략을 적극적으로 연결하고 있습니다. 푸틴 대통령님과 저는 '일대일로' 건설과 유라시아경제연합을 연결시킬 데 대해 중요한 합의를 이뤘으며, 이를 통해 에너지, 무역, 투자, 첨단기술, 금융, 인프라 건설, 농업 등 분야에서의 양국 간의 협력이 급속한 발전을 가져왔고, 현대화와 과학기술 혁신의 내용이 지속적으로 강화되었습니다. 톈완(田灣)원자력발전소는 중러 원자력 협력의 모범적인 프로젝트가 되었으며, 중러 동부 천연가스 파이프라인 프로젝트는 순조롭게 추진 중에 있습니다. 양측은 원격장거리와이드여객기(遠程寬體客機)와 중형헬리콥터의 공동 연구개발 등 대규모 전략적 프로젝트에서 적극적으로 협력을 추진하고 있으며, 양국의 종합적인 국력과 국제 경쟁력을 강화하기 위해 최선을 다하고 있습니다. 양측은 또한 개발과 혁신, 전자상거래와 같은 신흥 분야에서의 협력에 대해 논의하고 새로운 성장점과 협력 가능성을 모색하고 있습니다. 실질적인 협력의 활발한 발전은 중러 관계의 지속적인 발전의 원동력이 되었습니다.

넷째, 사회적·여론적 토대가 튼튼하게 마련되어 있습니다. 올해는 중국-러시아 우호·평화발전위원회(中俄友好, 和平與發展委員會) 창립 20주년, 러시아-중국 우호협회(俄中友協) 창립 60주년, 중국- 러시아 언론교류의 해가 마감되는 해입니다. 양국의 인적교류는 매년 300여만 명에 이르며, 중국은 수년 연속 러시아의 최대 외국인 관광객 공급원으로서의 위치를 유지해왔습니다. 양측은 서로 상대국 문화센터를 설립하고, 공동 대학을 설립하고, 2020년까지 10만 명의 유학생을 상호 파견한다는 목표를 세웠습니다. 양국 국민은 서로의 언어와 문화를 매우 좋아하며, 상호 이해와 우정이 나날이 돈독해지고 있습니다. 중국과 러시아의 우호적 협력 관계의 발전은 두 나라 인민의 공통된 염원이 되었습니다.

다섯째, 국제 및 지역 문제에서 긴밀한 전략적 조정을 유지하고 있습니다. 세계 주요 강대국, 유엔 안전보장이사회 상임이사국, 신흥시장 국가로서 중러 양국은 유엔헌장의 취지와 원칙에 기초하여 국제관계의 기본 규범을 수호하고, 세계의 다극화와 국제관계의 민주화를 옹호하며, 제2차 세계대전 승리의 성과와 국제 공정·정의를 확고히 수호할 것을 주장합니다. 양측은 유엔, G20, 아시아태평양경제협력체 등 국제 다자간 프레임워크 안에서 긴밀히 조정하고 협조해왔으며, 상하이협력기구, 브릭스 국가간 협력 등 다자체제 구축을 공동으로 제안하고 발전시켜왔으며, 중앙아시아, 동북아 등 지역의 평화와 안정을 수호해왔습니다. 국제 사무에서의 양국의 협력은 지역과 세계의 평화·안보·안정을 수호하는 데 기여했고, 불안정과 끊임없는 변화를 거듭하고 있는 국제정세에 직면하여 안정제 역할을 해왔으며, 이는 세계 평화와 발전을 수호하기 위한 중국과 러시아의 책임감을 보여주었습니다.

우리는 중러 전면적인 전략적 협력 동반자 관계가 앞으로도 발전할 것이라고 확신합니다. 저는 푸틴 대통령님과 함께 양국 관계가 기존의 방향으로 건전하게 발전하도록 이끌고 추진할 것이며, 양국의 발전과 부흥 나아가 세계의 번영과 안정을 계속해서 촉진케 할 것입니다.

**질문** 어떤 사람들은 현재 러시아와 중국의 정치적 관계의 발전 수준이 경제무역 관계에 비해 훨씬 높다고 생각하는데, 양자 경제무역 관계를 개선하기 위해 어떤 조치를 취해야 한다고 생각하며, 어떤 방향과 주요 프로젝트를 우선시해야 한다고 생각하십니까?

**답변** 푸틴 대통령님과 저는 모두 중러 경제무역 협력을 매우 중시하고 적극적으로 추진하고 있습니다. 경제무역 협력은 양국의 실질적인 협력에서 가장 광범위한 기본 분야이며, 협력의 잠재력이 거대합니다.

우리는 양국의 경제무역 협력 발전을 전면적으로 보아야 합니다. 중국은 7년 연속 러시아의 최대 교역 상대국의 지위를 유지해왔습니다. 지난해, 중러 경제무역 협력은 세계 경기 침체와 원유를 비롯한 원자재 가격 변동 등 불리한 요인의 영향을 극복하고 반등을 이뤄 양국 간 교역액이 전년 동기 대비 2.2% 증가한 695억 3,000만 달러를 기록했습니다. 올해 첫 5개월 동안, 양국 간 무역은 26% 증가하여 더욱 가속화되었으며 연간 무역액은 800억 달러를 초과할 것으로 예상됩니다.

특히 양국 간 경제무역 협력 구조가 지속적으로 최적화되어 많은 성장점을 기록했습니다. 첫째, 기계와 전기·첨단기술 제품은 올해 1분기 각각 20.8%, 19.4%의 성장률을 기록하며 가파른 성장세를 유지하고 있습니다. 둘째, 투자·협력의 효과가 점차 나타나고 있습니다. 올해 양국의 정부 간 투자 협력위원회(政府間投資合作委員會)는 73개의 새로운 협력 프로젝트를 설정했으며, 그 중의 일부는 계획대로 이행되고 있습니다. 셋째, 금융 협력이 심화되었습니다. 러시아 중앙은행은 중국에 첫 해외 대표 사무소를 개설했습니다. 러시아 기업들은 '일대일로' 연선 국가 중 중국에서 판다본드(panda bond)를 성공적으로 발행한 최초의 기업이 되었습니다. 중국은 총 규모 1,000억 위안 규모의 중러지역협력 및 발전투자기금을 설립하여 중국 동북지역과 러시아 극동지역의 협력을 촉진시키는 데 사용한다고 선언했습니다. 넷째, 농산물 무역이 급속히 발전했습니다. 중국은 더 많은 고품질 러시아 농산물이 중국 시장에 진출하는 것을 환영합니다. 다섯째, 극동지역의 발전과 협력이 가속화되었습니다. 중국은 러시아 극동지역의 최대 교역 상대국이 되었으며, 양측은 자원의 심가공(2차 가공), 항만 물류, 현대 농업, 인프라 건설 등 분야에서의 잠재적 협력 프로젝트를 적극적으로 추진하고 있습니다. 여섯째, 에너지, 원자력, 항공, 우주, 국경 간 인프라 건설 등 분야에서의 전략적 프로젝트에서 꾸준히 진전을 이뤘습니다. 예를 들면 동부 천연가스 파이프라인 건설, 장거리와이드여객기합자기업 등은 올해 5월에 상하이에서 개업을 공식 발표했습니다.

물론, 중러 양국은 계속해서 상호 투자 규모를 확대하고, 중소기업 간 협력 발전을 가속화하기 위해 노력을 기울여야 합니다. 양측은 전통적인 경제무역 협력을 강화해야 합니다. 중국이 러시아로부터 천연가스, 석탄, 전력, 제재목을 비롯한 원자재를 수입하며, 양국이 상대국에서의 자국통화결제를 확대하며, 합의된 투자 프로젝트를 착실하게 추진하며, 중국-러시아 엑스포, 상트페테르부르크 국제경제포럼(St. Petersburg International Economic Forum), 동방경제포럼(Восточный экономический форум) 등 전시 플랫폼의 역할을 최대한 발휘하며, '창장-볼가강(Volga River)'과 '동북-극동' 등 지역 및 국경 지역에서의 양국의 경제무역 협력의 잠재력을 발굴해야 합니다.

중국과 러시아의 발전은 유라시아 대륙의 발전과 불가분의 관계에 있으며, 또한 상보적입니다. 올해 5월에, 푸틴 대통령님은 중국을 방문하여 '일대일로' 국제협력포럼에 참석하는 동안, '일대일로' 건설에 대한 지지와 적극적인 참여 의지를 밝히셨습니다. 중국과 러시아는 '일대일로' 건설과 유라시아경제연합과의 연결 및 협력을 적극적으로 추진하고 있습니다. 이 협력의 틀 안에서 양측은 중국과 유라시아경제연합 간의 경제무역협력협약과 협력 프로젝트를 적극적으로 논의하고 있습니다. 이를 통해 양국 간 경제무역 협력 발전의 공간을 넓히고, 양국 간 무역 및 투자 편리화 수준을 높이며, 양국 기업가를 위한 더 많은 새로운 협력 기회를 창출하고, 산업, 기술, 자본, 시장의 효과적인 순환을 이룰 것이며 이로써 유라시아 국가들이 경제 글로벌화와 지역 일체화 과정에서 이익을 공유할 수 있도록 할 것입니다.

대형 프로젝트의 협력에 있어, 양측은 에너지 분야에서 업스트림(upstream) 및 다운스트림(upstream) 협력의 통합(上下遊一體化合作)을 계속 추진해야 합니다. 전략적 대형 프로젝트는 양국 경제무역 협력의 기반입니다. 종합적 효익과 전략적 효익은 단순한 수치로 가시화하거나 측정할 수 없기 때문에, 양측은 공동 연구개발, 공동 생산, 대중화 및 응용 등 부분에서 더 많은 협력을 추진해야 합니다.

호연호통에 있어, 우리는 빈해국제운송회랑(濱海國際運輸走廊) 공동 개발 및 건설을 위한 러시아의 제안을 환영하고 적극적으로 참여할 것이며, 양측이 퉁장철도교(同江鐵路橋), 헤이하공로교(黑河公路橋) 등 중대한 국경 간 인프라를 조기에 완공하며, 해상 특히 북극 항로를 공동 개발 및 활용하여 '빙상 실크로드(冰上絲綢之路)'를 건설하기를 바랍니다. 호연호통 분야에서의 이러한 협력은 양국 간 경제무역 협력의 심층적인 발전을 위해 새로운 추진력을 제공할 것입니다.

중소기업은 국가 경제 성장의 중요한 버팀목이자, 사회 혁신 촉진과 일자리 창출에 긍정적인 요소로 작용합니다. 양국 정부는 중소기업 간 협력에 유리한 조건을 조성하고 협력 의욕을 불러일으켜 대기업과 중소기업이 동시에 발전하고 상호 촉진시킬 수 있도록 하며, 제3국 시장을 공동으로 개척해야 합니다.

요컨대 푸틴 대통령님과 저는 중국과 러시아가 경제무역 협력을 심화시키고, 공동 이익의 굳건한 유대를 구축하는 한편, 장기적인 안목을 가지고, 서로에게 개방을 확대하고 호혜협력을 추진하는 정신을 고양하며, 양국의 종합적 국력과 국제 경쟁력을 강화하는 데 주력하여 협력의 결실이 양국 인민에게 더 많은 혜택을 가져다줄 수 있도록 해야 한다고 생각합니다.

**질문** 올해 5월에, '일대일로' 국제협력정상포럼을 성공적으로 주재하셨는데, 이번 정상회의 결과에 대한 평가, '일대일로' 건설의 향후 발전 전망에 대한 기대, '일대일로' 건설에서 러시아의 역할에 대한 생각을 들어보고 싶습니다.

**답변** '일대일로' 이니셔티브는 2013년에 제가 중앙아시아와 동남아시아를 방문했을 때, 국제협력을 강화하고, 서로의 발전 전략을 연결하고, 서로의 강점으로 단점을 보완하고, 공동 발전을 촉진시키기 위해 제안된 것입니다. 지난 4년 동안, '일대일로' 관련 협력은 꾸준히 추진되어 관련 국가가 널리 지지하고 적극적으로 참여하여 조기에 여러 가지 중요한 성과를 거두었습니다. 이를 배경으로 올해 5월에, 베이징에서 '일대일로' 국제협력정상포럼을 성공적으로 개최하여 과거를 돌아보고 미래를 계획했습니다. 이 회의에는 29개 국가 정상, 유엔, 세계은행, 국제통화기금 책임자, 140여 개 국가 및 80여 개 국제기구에서 온 1,600여 명의 대표들이 참석했습니다. 양측은 「국제협력을 강화하고 '일대일로'를 건설하여 상생 발전을 실현하자」라는 주제로 정책적 조정 및 발전 전략의 연계 강화, 파트너십 강화, 호연호통 추진, 인적교류 및 문화교류 촉진 등 의제에 관해 심도 있는 의견을 나눴습니다. 회의는 '일대일로' 협력의 진전을 총화하고, 많은 분야에서 합의를 이루었습니다. 그동안 5대 분야의 76개 주요 프로젝트가 효과적으로 가동되어 270여 개의 구체적인 성과를 이루었으며, 이를 통해 관련 국가들이 협력 플랫폼을 구축하고, 세계경제 성장의 원동력을 모색하며, 경제 글로벌화에 힘을 불어넣기 위해 노력하고 있다는 긍정적인 모습을 보여주었습니다.

우리는 이를 기회로 삼아 공동 협상·공동 건설·공동 향유의 기본 원칙에 따라, 정책적 소통, 인프라 연결, 무역의 원활화, 자금의 연결, 민심 상통의 5대 영역에서 지속적으로 협력을 강화할 것입니다. 정책적 조정과 발전 전략의 연결을 강화하고, 호연호통을 핵심 분야로 간주하며, 경제회랑 건설의 가속화를 지원하고, 생산능력과 장비제조 분야에서의 국제협력을 추진하며, 교육, 과학기술, 문화, 의료 및 보건 등 분야에서의 협력을 촉진시키며, 경제 성장의 새로운 동력을 공동으로 모색하여 각국의 공동 발전을 실현하며, 인류운명공동체를 건설하기 위해 노력할 것입니다.

푸틴 대통령님은 정상포럼에 참석해 달라는 저의 초청을 수락한 첫 번째 지도자이셨으며, 이는 중국의 정상회담 개최에 대한 러시아의 중요한 지지와 높은 수준의 중러 관계를 보여줍니다. 2015년 5월, 중국과 러시아는 '일대일로' 건설과 유라시아경제연합 간의 연결과 협력에 관해 중요한 합의를 이루었으며, 이는 유라시아경제연합의 다른 회원국들의 적극적인 지지를 받았습니다. 지난 2년 동안, 연결과 협력이 꾸준히 발전해왔습니다. 중국은 러시아와 함께 '일대일로' 건설과 유라시아경제연합 간의 협력을 추진하여 중·러 관계의 지속적인 발전을 계속해서 추진할 것입니다.

**질문** 현재 중국의 경제 발전에 대해 간략히 설명해 주시겠습니까? 함부르크(Hamburg)에서 열리는 G20 정상회담에 대해 기대하시는 바는 무엇입니까?

**답변** 올해 초부터, 중국 경제는 작년 하반기부터 꾸준하고 긍정적인 발전 추세를 이어가고 있습니다. 1분기 중국의 국내총생산은 6.9% 성장하며 순조로운 출발을 알렸습니다. 중국 경제는 중요 분야와 핵심 고리에 대한 심층적인 개혁이 계속 진전되고 성과를 달성하며, 또한 새로운 동력의 육성과 전통적 동력의 변혁이 함께 작동함에 따라(新動能培育和傳統動能改造協同發力) 꾸준하고 빠른 성장을 지속할 것입니다.
현재 세계경제의 성장 추세는 더욱 안정적이고 선진국과 신흥시장 국가의 경제 상황은 전반적으로 긍정적인 방향으로 발전하고 있지만, 일부 심각한 도전에 직면해 있습니다. 이러한 배경에서 G20이 국제 경제 협력을 위한 주요 포럼으로서의 역할을 계속해서 수행하고, 항저우 정상회의와 기존의 정상회담에서 이룬 합의를 이행하고, 세계경제의 발전을 주도하는 것은 특히 중요하고, 이는 관련 국가들의 이익에 부합합니다. 중국은 함부르크 정상회담에 대해 다음과 같은 기대를 갖고 있습니다.
첫째, G20이 어려움 속에서 일심협력하며, 협력윈윈하는 동반자 정신을 계속해서 견지하기 바랍니다. 이러한 정신은 G20이 국제 금융위기의 폭풍을 헤쳐나갈 수 있도록 이끌어왔으며, G20이 세계경제의 물결을 이끌어나가도록 계속해서 힘을 북돋을 것입니다. 항저우 정상회담 환영 만찬 연설에서 말씀드린 바와 같이 “우리가 서로를 포용하고, 서로 돕는다면, 맑을 때나 비가 올 때나 꿋꿋하게 나아가 우리 동경하는 해안에 도달할 수 있을 것입니다.”
둘째, G20이 개방형 세계경제를 계속해서 구축해나가기를 바랍니다. G20은 세계경제의 주역으로서 개방형 발전을 견지하고, 세계무역기구를 핵심으로 하는 다자간 무역체제를 지지하며, 무역과 투자를 촉진시켜 세계경제 성장의 엔진 역할을 계속해야 합니다.
셋째, G20이 혁신적 성장과 장기적 거버넌스의 발전 노선을 계속해서 선도해나가기 바랍니다. 각국은 혁신을 통해 세계경제 성장의 새로운 동력을 발굴하고, 디지털 경제와 새로운 산업혁명의 심층적인 발전을 촉진시키고, 인프라 건설에 대한 투자를 강화하고, 재정정책, 통화정책, 구조적 개혁을 종합적으로 이용하여 세계경제를 활기 넘치고, 지속 가능하고, 균형 잡히고, 포용적인 성장을 이루도록 촉진시켜야 합니다.
지난 5월 베이징에서 성공적으로 개최된 ‘일대일로’ 국제협력포럼과 올해 개최된 함부르크 정상회담의 주제 「연결된 세계를 만들어가자(塑造聯動世界)」는 잘 어울립니다. '일대일로' 이니셔티브와 G20 국가 간 협력은 서로를 보완하고 촉진케 할 수 있으며, 공동으로 세계경제 성장을 촉진시킬 수 있습니다. 중국은 함부르크 정상회담을 계기로, 관련 국가들과 함께 세계경제 성장을 촉진시키고 세계경제 거버넌스를 개선하는 데 적극적으로 기여할 것입니다.

**질문** 긴장된 한반도 정세가 오랫동안 효과적으로 완화되지 않아 국제사회가 한반도 문제에 예의주시하고 있습니다. 중국은 이 문제를 어떻게 해결해야 한다고 생각하십니까? 중국은 미국의 사드 미사일 방어체계를 한국에 배치하는 것에 대해 어떻게 보십니까?

**답변** 중국은 한반도 정세의 발전을 중시하고 있습니다. 한반도의 비핵화를 실현하고, 한반도에서 평화와 안정이 유지되며, 대화와 협상을 통해 문제를 해결하도록 하는 것이 중국의 일관된 입장입니다. 한반도 문제는 역사가 길고 복잡하기 때문에 지엽적인 것과 근본적인 것을 모두 해결하되, 관련 국가들의 합리적인 입장을 고려해야 합니다. 이에 중국은 한반도 비핵화와 한반도 평화체제 구축이라는 '이중 트랙(雙軌並行)' 접근법과 북한의 핵·미사일 활동 중단과 한미 간 대규모 합동 군사 훈련 중단이라는 '이중 중단(雙暫停)' 구상을 제안했습니다. 러시아는 이를 분명히 이해하고 지지했으며, 중국과 러시아는 동일하고 유사한 입장을 취하고 있으며, 국제사회는 점점 더 긍정적인 반응을 보이고 있습니다. 한반도 문제에 관한 각국이 중국과 러시아의 평화회담 추진 노력에 공감하고, 각자의 책임을 지고, 서로 선의를 베풀고, 같은 방향으로 나아가면서 한반도 문제를 대화와 협상을 통해 해결하는 올바른 궤도에 들어설 수 있도록 노력하기 바랍니다.

한국에서의 미국 사드(Terminal High Altitude Area Defense) 배치는 중국과 러시아를 포함한 역내 국가의 전략적 안보 이익을 심각하게 훼손하고 역내 전략적 균형을 파괴해 한반도 비핵화와 지역 평화·안정 정착이라는 목표 실현에 도움이 되지 않습니다. 중국은 이에 대한 단호한 반대와 우려를 밝혔습니다. 중국과 러시아는 '사드' 문제에 대해 다층적으로 긴밀히 소통하고 조율해왔으며, 이 문제의 성격과 위험성에 대한 이해에 있어 인식을 함께했습니다. 중국과 러시아는 한국에서의 미국 사드 배치에 강력히 반대하며, 관련 국가들에 사드 배치 중단 및 취소를 강력히 촉구하며, 양국의 안보 이익과 지역 전략의 균형을 지키기 위해 함께 또는 각자 필요한 조치를 취할 것입니다.

**질문** 국제사회는 시리아 문제를 예의주시하고 있는데, 중국은 이 문제를 어떻게 해결해야 한다고 생각하십니까? 시리아 문제에서 러시아의 역할을 어떻게 평가하십니까?

**답변** 시리아 문제는 현재 중동에서 가장 복잡하고 다루기 어려운 이유로, 시리아 인민에게 큰 고통을 안겨주고 지역 및 세계 평화와 안정에 심각한 도전을 안겨주었습니다.

시리아의 주권, 독립, 영토보전이 수호되고 존중받아야 하며, 시리아의 미래는 시리아 인민이 자주적으로 결정하고, 정치적 해결만이 시리아 문제의 유일한 출로라는 것이 시리아 문제에 대한 중국의 일관된 입장입니다. 우리는 시리아 문제가 하루빨리 제대로 해결되고 시리아 인민의 평화 염원이 조속히 실현되어 그들이 조국으로 돌아가 재건할 수 있기를 진심으로 기원합니다.

최근 시리아 문제에 긍정적인 흐름이 나타나고 있습니다. 아스타나 대화에서 관련 당사자들은 시리아에 긴장완화지대(de-escalation areas)를 설정하는 데 동의하는 양해각서에 서명했습니다. 유엔의 후원 아래 개최된 제네바 시리아평화회담(日内瓦和談)은 이를 계속해서 추진하고 있습니다. 중국은 현 정세에서 국제사회가 어렵게 쟁취한 시리아 문제의 정치적 해결의 흐름을 추진하고, 유엔이 계속해서 중재적 채널 역할을 하도록 지지하며, 시리아 정부와 야당이 성실하고 인내심 있는 협상을 추진하여 각 당사자의 합리적인 입장을 고려한 정치적 해결 방안을 내오기 위해 노력해야 한다고 봅니다. 관련 국가들은 또한 국제법의 틀 안에서 시리아의 테러리즘에 효과적으로 대응하기 위해 공조를 강화하고 힘을 모아야 합니다.
중국은 시리아 문제의 올바른 해결을 촉진시키는 데 있어 러시아의 중요하고 긍정적인 영향력과 역할을 높이 평가합니다.

**질문** 테러리즘은 세계 안보와 발전에 실질적인 위협이 되고 있습니다. '3대 세력'에 대응하기 위한 러시아와 중국의 협력에 대해 어떻게 평가하십니까?

**답변** 최근 세계 대테러 정세는 큰 변화를 겪고 있으며, 국제 테러 활동도 활발하게 이루어지고 있습니다. 올해 초부터 많은 국가가 심각한 테러 공격을 잇달아 받아 많은 사상자가 발생했습니다. 여러 가지 상황으로 볼 때, 국제사회의 대테러 군사 전쟁이 어느 정도 진전을 이뤘으나, 글로벌 테러 활동은 계속해서 빈번하게 발생하고 세계 평화·안정·발전에 지속적인 영향을 미칠 것이며, 테러리즘 위협에 대응하는 것은 여전히 글로벌 안보 거버넌스의 중요한 과제입니다.
심각한 테러리즘의 위협에 직면하여, 국제사회에서는 운명공동체 의식이 강조되고 있으며, 대테러에 대한 공감대가 강화되고, 대테러 협력 작전은 중요한 성과를 거두었습니다. 그러나, 현존하는 문제는 여전히 두드러집니다. 첫째, 테러리즘과 이슈가 서로 겹쳐 반테러리즘이 추진될수록 테러리스트가 증가하는 중요한 이유가 되었습니다. 둘째, 국제 테러 조직들은 전 세계에서 더 많은 테러 공격을 감행할 것을 촉구하고, 계획하고 있습니다. 셋째, 폭력적인 테러 이데올로기는 인터넷과 소셜미디어를 통해 전 세계로 계속해서 확산되고 있으며, 그 뿌리 깊은 영향은 앞으로도 지속될 것입니다. 넷째, 일부 국가들은 여전히 대테러를 자국의 이익을 증진하기 위한 수단으로 간주하고 대테러에 대한 이중 잣대를 추구하고 있으며, 그 결과 국제 대테러 협력의 도구화와 파편화가 이루어지고 있으며, 시너지 효과 달성이 어려워지고 있습니다.
중국은 테러리즘에 맞서 싸우는 국제사회의 노력에 대해 건설적으로 지지해왔습니다. 우리는 대테러 국제 협력을 수행함에 있어 첫째는, '이중 잣대'를 버리고, 국제 반테러 투쟁에서 유엔의 주도적 역할을 충분히 발휘하고, 합동 세력을 결성할 의지가 필요하다고 봅니다. 둘째는, 지역 이유 문제를 적절히 해결하고, 시리아 등 중동 국가들이 가능한 한 빨리 안정을 회복하도록 돕고, 테러리즘의 확산을 막아야 한다고 봅니다. 셋째는, 장기적인 안목을 가지고, 종합적으로 시책하며, 지엽적인 것과 근본적인 것을 모두 해결하여 정치·경제·문화적 조치를 병행하여 테러 번식의 온상을 원천적으로 제거해야 한다고 봅니다.

중국과 러시아는 모두 테러리즘의 피해자입니다. 대테러 및 안보 분야에서 양국 간 협력은 중러 전면적인 전략적 협력 동반자 관계의 중요한 구성부분이며, 국제 반테러 협력의 모범 사례가 되었습니다. 이는 양국의 근본적인 이익에 부합할 뿐만 아니라, 지역과 세계 평화와 안정에도 도움이 됩니다. 양측은 '법집행 안보협력체제'를 통해 테러리즘, 분리주의, 극단주의의 '3대 세력' 단속에서 협력해왔으며, 양국과 지역의 안정과 발전을 수호하는 데 중요하고 긍정적인 역할을 해왔습니다. 중국은 러시아와 실질적인 협력을 심화시키고, 대테러에 있어서의 서로의 주요 관심사를 지지하는 한편, 유엔과 상하이협력기구 등 다자간 틀 안에서 긴밀히 조율하고 협력하며, 대테러 국제협력에서 유엔의 주도적 역할을 견지하며, 상하이협력기구 등 체제 간의 반테러 및 안보 협력 심화를 추진함으로써 대테러 국제협력의 더 큰 진전을 공동으로 추진할 것입니다.

# 브릭스 국가 간 협력의 두 번째 '골든 10년'을 함께 열어가자[73]

●● 2017년 9월 3일 ●●

존경하는 테메르 대통령님,

존경하는 주마 대통령님,

상공업계 대표,

신사 숙녀 여러분:

안녕하십니까! 아름다운 '루다오(鷺島)' 샤먼에서 여러분을 만나게 되어 대단히 기쁩니다. 내일 브릭스 정상회의가 시작될 것입니다. 저는 중국 정부와 중국 인민, 샤먼 시민을 대표하여 그리고 저 개인적으로 여러분이 대회에 참석한 것에 뜨거운 환영을 표합니다!

샤먼은 예로부터 통상유국(通商裕國, 국제 무역을 발전시켜 국가 경제의 체력을 향상시키고 국익을 수호하는 국가 전략을 뜻함)의 항구이자 개방과 협력의 관문으로 "방방곡곡에서 온 손님들에게 안식처를 제공하고, 천만 경이나 넓고 큰 파도를 맞이하는(廈庇五洲客, 門納萬頃濤.)" 곳입니다. 1985

73) 이는 시진핑 동지가 푸젠성(福建省) 샤먼(廈門)에서 열린 브릭스비즈니스포럼(BRICS Business Forum) 개막식에서 한 연설이다. 이 부분은 랴오청대학교 한국어학과 대학원과정에 재학 중인 공천(孔☒) 학생이 1차 번역을 맡았음을 밝힌다.

년에 저는 푸젠(福建)에서 근무하게 되었고 샤먼이 첫 번째 목적지였습니다. 당시의 샤먼은 중국 개혁개방의 최전방에 있었고, 선행선시(先行先試)의 경제특구였으며, 발전을 거듭하고 있는 지역이었습니다. 30여 년의 춘풍화우(春風化雨, 초목이 자라기에 알맞은 봄바람과 비를 뜻함)를 맞으며 성장해온 오늘의 샤먼은 혁신과 창업의 고품질 도시로 발전했습니다. 새로운 경제와 산업이 급속히 발전하고, 무역과 투자가 병진하고 있으며, 해·육·공 운송이 5대양에(五洲)에 통해 있습니다. 오늘의 샤먼은 또한 아름다운 생태 정원의 도시이며, 인간과 자연이 조화롭게 공생하고 있습니다.

민난(閩南, 복건 남부)의 민중들은 "끝까지 노력하는 자가 승리한다(愛拼才會贏)"고 자주 말합니다. 여기에는 진취적인 정신이 담겨 있습니다. 샤먼이라는 도시의 성공적인 실천은 13억이 넘는 중국 인민의 자강불식(自強不息)의 분투사(奮鬪史)를 반영하고 있습니다. 근 40년간의 개혁개방 기간 동안 중국공산당의 지도하에 중국 인민은 "산이 가로막으면 길을 뚫고, 강이 가로막으면 다리를 놓는" 추진력과 "낙숫물이 댓돌을 뚫는(滴水穿石)" 강인함으로 중국 특색 사회주의 노선을 성공적으로 걸어왔습니다. 그동안 어려움과 도전을 겪었지만, 우리는 꾸준히 분투하고 시대와 더불어 전진하면서 근면·용감·지혜로 당대 중국의 발전과 진보에 대한 이야기를 써왔습니다.

신사 숙녀 여러분, 친구 여러분!

브릭스 국가 간 협력은 지나간 것을 이어받아 미래의 것을 창조해나가는(承前啟後) 중요한 시점에 서 있습니다. 브릭스 국가 간 협력의 발전은 두 가지 측면에서 바라보아야 합니다. 하나는, 세계 발전과 국제 구도의 변천 속에서 바라보는 것이고 다른 하나는, 5개 회원국이 각자 발전을 취했을 때와 공동 발전을 추진했을 때의 상황을 비교적으로 바라보는 것입니다.

오늘날 우리는 발전과 변혁을 거듭하는 조정기에 서 있습니다. 비록 전 세계적으로 충돌이나 빈곤이 근절되지는 않았지만, 평화와 발전의 시대적 흐름은 더욱 거세졌습니다. 세계의 다극화, 경제의 글로벌화, 문화의 다양화, 사회의 정보화가 활발히 발전하고, 약육강식의 정글법칙, '너 죽고 나 살자'는 식의 영합게임은 더이상 시대 논리에 부합하지 않으며, 평화·발전·협력·상생은 각국 국인들이 공통된 목소리가 되었습니다.

이러한 시점에서 신흥시장 국가와 개발도상국들이 등장하여 국제 사무에서 갈수록 중요한 역할을 발휘하고 있습니다. 브릭스 국가 간 협력도 이러한 상황에서 자연스럽게 탄생했으며, 5개 회원국은 평화와 발전이라는 공통의 열망을 가지고 함께 뭉치게 되었습니다. 지난 10년 동안 브릭스 국가들은 서로 손잡고 세계경제의 새로운 브라이트 스폿으로 성장했습니다.

— 10년 동안 브릭스 국가는 공동 발전을 위해 탐구하고 노력해왔습니다. 2008년에 느닷없이 폭발한 국제 금융위기가 세계경제에 급제동을 걸었으며, 아직까지도 회복되지 못한 상태에 있습니다. 외부 환경의 갑작스러운 변화에 직면하여 5개 국가는 경제 발전과 민생 개선에 주력해왔습니다. 지난 10년간 5개 국가의 경제 총량은 179%, 무역 총액은 94%, 도시화 인구는 28% 증가하여 세계경제의 안정적인 회복에 크게 기여했으며, 30여 억에 달하는 인민들에게 실제적인 만족감을 주었습니다.

— 10년 동안 브릭스 국가는 실무를 우선으로 하여 호혜협력을 추진해왔습니다. 5개 국가는 상호 보완적인 장점을 발휘하여 이익의 유대를 힘껏 도모했고, 지도자가 이끄는 전방위적이고 다차원적인 협력 구도를 구축하여 5개 국가의 발전 전략에 부합하고 5개 국가 인민의 이익에 부합되는 일련의 협력 프로젝트를 만들었으며, 특히 신개발은행의 건설은 브릭스 국가의 인프라 건설과 지속 가능한 발전을 위한 융자지원을 제공했고, 글로벌 경제

거버넌스를 완비하고, 국제 금융 안전망을 구축하기 위한 유익한 탐색을 가능케 했습니다.

— 10년 동안 브릭스 국가는 과감히 책임을 지면서 국제무대에서 성과를 내고자 노력해왔습니다. 우리는 다자주의를 견지하고 공평과 정의를 창도하며 국제와 지역의 중대한 문제에 대해 목소리를 내고 방안을 제시했으며, 글로벌 경제 거버넌스 개혁을 적극적으로 추진하여 신흥시장 국가와 개발도상국의 대표성과 발언권을 높였으며, 발전의 기치를 높이 들고 앞장서서 밀레니엄 새천년개발목표와 지속 가능한 개발어젠다를 수행하고, 개발도상국과의 대화와 협력을 강화하며 연합자강을 도모해왔습니다.

"만 길 높이의 빌딩도 평지에서 시작됩니다(萬丈高樓平地起)." 이제 브릭스 국가 간 협력의 기초가 마련되어 전체적인 구도의 윤곽이 드러나기 시작했습니다. 지나온 길을 돌아보면 저는 세 가지 깨달음이 매우 중요하며, 반드시 앞으로의 협력에서 더욱 빛나야 한다고 생각합니다.

첫째 서로 평등하게 대하고, 서로 다른 점을 인정하면서 공동의 이익을 추구해야 합니다. 브릭스 국가는 자신의 의견만을 고집하지 않고(不搞一言堂) 모든 일을 각국이 협의하여 결정해야 합니다. 각자의 발전 노선과 모델을 존중하고, 서로의 합리적인 입장을 배려하며, 전략적 소통과 정치적 상호 신뢰를 강화하는 데에 힘써야 합니다. 우리는 국정·역사·문화 등 분야에서 차이를 보이므로 협력 과정에서 불일치를 면치 못하겠으나, 협력해야 한다는 신념을 확고히 하고 신뢰를 증진시키면서 의심을 줄인다면, 협력의 길에서 더욱 안정된 방향으로 나아갈 수 있을 것입니다.

둘째 실질적인 혁신, 협력윈윈을 지향해야 합니다. 브릭스 국가는 녹록무위(碌碌無為, 부질없이 바쁘게 지내며 한 일이 없는 것을 뜻함)의 청담관(清談館, 공리공담[空理空談])만 하는 것이 아닌 지행합일(知行合一)의 행동대(行動隊)입니다. 우리 5개 회원국은 무역·투자의 대시장, 통화금융의 대유통, 인프라의 대연결, 인문 분야의 대교류를 목표로 각 분야의 실질적인 협력을 추진하고 있으며, 현재 경제무역, 재정금융, 과학교육, 문화위생 등 수십 개 분야를 포괄하여 협력윈윈의 신형 국제관계에 대해 생동감 있게 해석하고 있습니다.

셋째 천하를 품고, 자신을 단련함으로써 주위를 이롭게 해야 합니다(立己達人). 브릭스 국가들은 그동안 발전의 과정을 한 걸음 한 걸음 함께해왔습니다. 우리는 전란과 빈곤 속에서 살고 있는 인민들의 처지를 잘 알고 있습니다. 브릭스는 출범 초기부터 "대결보다는 대화, 동맹보다는 동반자 관계를 준칙으로 유엔헌장의 취지와 원칙, 국제법과 국제관계의 기본 규범에 따라 국가 간 관계를 처리해나갈 것을 주장해왔으며, 자국의 발전을 이룩하면서 다른 나라와 발전의 기회를 공유하고자 합니다. 현재 브릭스 국가 간 협력의 이념은 갈수록 더 많은 이해와 공감을 얻었으며 국제사회의 긍정적인 힘이 되고 있습니다.

이는 모두 브릭스 정신의 구체적인 구현이며, 5개 국가가 10년에 걸친 협력을 통해 형성한 공통의 가치적 추구입니다. 이러한 정신은 실천 속에서 끊임없이 승화되어 5개 국가 국민을 복되게 했으며, 브릭스 국가 간 협력으로 세계가 달라졌습니다.

신사 숙녀 여러분, 친구 여러분!

과거를 돌아보는 것은 앞으로 나아갈 올바른 방향을 찾기 위함입니다. 세계를 살펴보면 세계경제가 성장세를 회복하고, 신흥시장 국가와 개발도상국의 기여도가 돋보입니다. 새로운 과학기술혁명과 산업혁명이 충분한 준비를 마치고 대기 중에 있으며, 개혁과 혁신의 흐름이 거세지고 있습니다. 앞으로 우리가 살고 있는 세상이 더 좋아질 것이라고 믿을 만한 이유가 충분합니다.

한편 우리는 전 세계 7억이 넘는 인구가 여전히 굶주림에 시달리고, 수천만 명의 난민이 떠돌아다니며, 무고한 아이들을 포함한 수많은 사람들이 포화 속에서 목숨을 잃는 것을 보았습니다. 세계경제는 아직 제3의 상태에 처해 있으며, 저성장의 조정기에서 벗어나지 못했으며, 새로운 동력은 여전히 잉태 중에 있습니다. 경제 글로벌화는 더 많은 불확실성에 직면해 있으며, 신흥시장 국가와 개발도상국의 발전을 위한 외부 환경은 더욱 복잡해졌습니다. 세계의 평화와 발전의 길은 아직 멀고 평탄하지 않을 것입니다.

또한 브릭스 국가와 같은 신흥시장 국가와 개발도상국의 성장 기복을 보면서 "브릭스는 빛을 잃었거나 빛이 바랬다"고 주장하는 사람들도 있습니다. 대내외 복잡한 환경의 영향으로 브릭스 국가의 발전은 필연적으로 다양한 정도의 역풍에 직면할 것입니다. 그러나 브릭스 국가가 계속해서 전진할 수 있는 잠재력과 추이는 변하지 않았습니다. 이에 우리는 믿어 의심치 않습니다.

"천년의 조수는 물러가지 않았기에, 바람이 일면 돛을 올리고 출항할 것입니다(千年潮未落, 風起再揚帆.)." 앞으로 브릭스 국가는 경제를 발전시키고 협력을 강화해야 하는 중요한 과제에 직면해 있습니다. 우리는 성공적인 경험을 총화하고, 합력의 비전을 그리며, 새로운 여정을 시작하여 브릭스 협력의 두 번째 '골든 10년'을 함께 개척해나가야 합니다.

첫째, 브릭스 국가 간 협력을 심화하여 5개 국가의 경제에 동력을 더해야 합니다. 최근 몇 년간 브릭스 국가들은 대종상품(Bulk commodities) 공급, 인력 자원 비용, 국제시장 수요 등의 우세를 바탕으로 세계경제의 성장을 이끌었습니다. 5개 국가의 경제가 부단히 발전함에 따라 자원 배분, 산업구조와 같은 문제가 갈수록 뚜렷해지고 있습니다. 또한 세계경제 구조는 심각한 변화를 겪었고, 국제 시장 수요는 축소되었으며, 금융 리스크는 누적되었습니다. 브릭스 국가들의 전통적인 경제적 우위는 변화하고 있으며 "돌을 굴려 산으로 올리고 언덕을 오르고 골짜기를 넘어야 하는(滾石上山, 爬坡過坎) 중요한 단계에 진입했습니다.

어떻게 하면 이 단계를 뛰어넘을 수 있을까요? 일방적으로 성장 속도만을 추구할 것이 아니라 자국의 상황에 근거하여 장기적인 안목을 갖고 구조적 개혁을 추진하여 새로운 성장 동력과 발전 노선을 모색해야 합니다. 새로운 산업혁명이 가져다주게 되는 기회를 포착하고, 혁신으로 성장과 변혁을 촉진시키고, 스마트 제조, 인터넷+, 디지털 경제, 공유경제 등 혁신적 발전의 물결에 적극적으로 참여하여 트렌드를 선도하고, 신구동력(新舊動能)의 전환을 가속화하기 위해 노력해야 합니다. 개혁을 통해 경제 발전을 가로막는 장벽을 허물고, 불합리한 제도·메커니즘을 제거하며, 시장과 사회의 활력을 자극하고, 보다 탄력적이며 지속 가능한 고품질 성장을 이뤄내야 합니다.

브릭스 국가들은 비록 국정이 다르지만 비슷한 발전단계에 있으며 동일한 발전목표를 가지고 있습니다. 우리는 경제의 혁신적 성장 노선을 함께 모색하고, 거시정책의 조정과 발전 전략의 연계를 강화하며, 산업구조와 자원의 상호 보완적 이점을 충분히 발휘하고, 이익 공유의 가치사슬과 대시장을 육성하여 연동식 발전의 구도를 형성해야 합니다. 또한 개혁과 혁신의 경험을 살려 기타 신흥시장 국가와 개발도상국이 기회를 포착하고 도전에 대응할 수 있는 새로운 길을 개척해야 합니다.

경제 협력은 브릭스 메커니즘의 토대입니다. 우리는 이 주요 노선을 중심으로 「브릭스 경제 동반자 전략」을 관철하고, 각 분야에서의 협력의 제도화와 실속화를 추진하여 브릭스 협력의 실질적인 가치를 끊임없이 향상해야 합니다. 올해 우리는 신개발은행과 응급준비건설(應急儲備安排建設), 전자상거래, 무역 및 투자의 편리화, 서비스무역, 통화채권(本幣債券), 과학기술혁신, 산업 협력, 정부와 사회자본 합력 등 분야에서 일련의 성과를 거두어 경제 협력의 폭과 깊이를 확대했습니다. 우리는 과거의 성과와 공감대를 관철하고, 기존 메커니즘이 작용하도록 하는 동시에 실질적인 협력의 새로운 방식과 새로운 함의를 적극적으로 모색하여 연계를 강화함으로써 브릭스 협력이 안정적이고 멀리 갈 수 있도록 노력해야 합니다.

둘째, 브릭스의 책임을 다하고 세계의 평화와 안녕을 수호해야 합니다. 평화와 발전은 서로에게 기반이 되고 전제가 되고 있습니다. 세계 각국 국민이 바라는 것은 충돌이 아닌 평화, 대결이 아닌 협력입니다. 각국이 함께 노력하여 세계는 대체로 반세기 이상 평화가 유지되어왔습니다. 그러나 세계는 여전히 평화롭지 않습니다. 지역적 분쟁과 이슈들이 꼬리를 물고 일어나고 있습니다. 테러리즘, 사이버 안보와 같은 위협은 서로 얽혀 있으며 전 세계에 어두운 그림자를 드리우고 있습니다.

브릭스 국가는 세계 평화의 수호자이자 국제 안보 질서의 건설자입니다. 올해 우리는 안보사무 고위급대표 회의(安全事務高級代表會議)와 외교부장 공식회담(外長正式會晤)을 개최하고, 다자간 기구 상임대표 정기협의 메커니즘(常駐多邊機構代表定期磋商機制)을 구축하며, 외교정책 협상(外交政策磋商), 대테러 전담팀회의(反恐工作組會議), 사이버 안보 전담팀회의(網絡安全工作組會議), 평화유지사무 협상(維和事務磋商) 등 회의를 개최했습니다. 이는 국제·지역의 중대한 문제에서의 소통과 조율을 강화하고 브릭스의 합력을 모으기 위한 것입니다. 우리는 유엔헌장의 취지와 원칙, 국제관계의 기본 규범을 수호하고 다자주의를 확고히 견지하며 국제관계의 민주화를 추진하고 패권주의와 강권정치를 반대해야 합니다. 공동·종합·협력·지속 가능한 안보관을 창도하고, 지정학적 이슈 해결 과정에 건설적으로 참여하여 정당한 역할을 발휘해야 합니다.

우리가 종합적으로 시책하고, 지엽적인 것과 근본적인 것을 함께 다스려 모든 형태의 테러리즘을 단호히 단속해나간다면 테러리스트들은 결국 갈 곳이 없어지게 될 것이라고 믿습니다. 우리가 대화와 협상을 지속하고 시리아, 리비아, 팔레스타인-이스라엘(Palestine and Israel) 등의 문제에 대한 정치적 해결을 위한 여건을 마련한다면, 전쟁의 불길은 결국 가라앉을 것이고, 실향민들은 반드시 고향으로 돌아갈 수 있을 것입니다.

셋째, 브릭스의 역할을 발휘하여 글로벌 경제 거버넌스를 완비해야 합니다. 개방 속에서만이 진보가 이루어지고, 포용의 자세를 취해야만 진보를 지속시킬 수 있습니다. 최근 몇 년간 세계경제가 약세를 보이면서 발전의 불균형, 거버넌스 딜레마, 공정성 결여 등 문제가 더욱 두드러지며, 보호주의와 내향적 성향이 커지고 있습니다. 세계경제와 글로벌 경제 거버넌스 시스템은 새로운 조정기에 접어들었고 새로운 도전에 직면해 있습니다.

우리는 경제 글로벌화 과정에서 발생한 문제들을 외면하거나 불평하고 원망하는 것이 아니라, 협력하여 해결책을 찾아야 합니다. 우리는 국제사회와 함께 대화와 조율, 협력을 강화하여 세계경제의 안정과 성장을 유지하고, 촉진시키는 데 적극적으로 기여해야 합니다. 이를 위해 우리는 개방형 세계경제의 건설을 추진하고, 무역과 투자의 자유화와 편리화를 촉진시키며, 힘을 합쳐 새로운 글로벌 가치사슬을 만들고, 경제 글로벌화의 재균형을 실현하여 그 혜택이 각국 국민에게 돌아가도록 해야 합니다. 그리고 각국은 서로 개방 수준을 높이고, 개방 속에서 공동의 이익을 확대하며, 포용 속에서 기회의 공유를 도모하여 모두의 경제 발전을 위해 더욱 넓은 공간을 개척해야 합니다.

신흥시장 국가와 개발도상국의 발전은 누구의 치즈를 건드리는 것이 아니라 세계경제의 파이를 크게 만들기 위해 노력하는 것입니다. 우리는 힘을 합쳐 경제 글로벌화의 추세를 올바른 방향으로 이끌고, 보다 발전된 이념과 공공재를 제공하며, 더욱 균형적이고 보편적 특혜를 주는 거버넌스 모델과 규칙의 수립을 추진하고, 국제 분업 시스템과 글로벌 가치사슬의 최적화와 재구성을 촉진시켜야 합니다. 그리고 글로벌 경제 거버넌스 시스템의 변혁을 추진하고, 세계경제 구도의 현실을 반영하며, 심해, 극지, 우주, 네트워크 등 지역의 거버넌스 규칙을 완비하여 각 국가가 권리를 공유하고 책임을 함께 지도록 해야 합니다.

넷째, 브릭스의 영향력을 확대하고 폭넓은 파트너십을 구축해야 합니다. 글로벌 영향력을 가진 협력 플랫폼으로서 브릭스 협력의 중요성은 이미 5개 국가의 범위를 넘어 신흥시장 국가와 개발도상국 나아가 국제사회 전체의 기대를 담고 있습니다. 브릭스 국가는 개방적이고 포용적인 협력 이념을 추구하고, 기타 신흥시장 국가와 개발도상국과의 협력을 매우 중시하며, 효과적인 대화 메커니즘을 구축하고 있습니다.

하나의 화살은 부러뜨리기 쉬우나, 열 개의 화살은 부러뜨리기 어렵습니다(一箭易斷, 十箭難折). 우리는 자신의 우세와 영향력을 발휘하여 남남협력과 남북대화를 촉진시키고 각국의 집단적 역량을 모아 손잡고 위험과 도전에 대응해야 합니다. 또한 브릭스의 협력 범위를 확대해야 합니다. 즉 '브릭스+' 협력 모델을 추진하여 개방적이고 다원적인 동반자 네트워크를 구축함으로써 더 많은 신흥시장 국가와 개발도상국이 협력과 호혜윈윈을 지향한 사업에 참여하도록 해야 합니다.

샤먼회의 기간에 중국은 신흥시장 국가와 개발도상국 대화회의(新興市場國家與發展中國家對話會)를 개최할 것이고, 세계 각국 및 지역의 지도자 다섯 분을 초청하여 국제 발전과 협력, 남남협력의 대계를 함께 논의하여 「2030 지속 가능한 개발어젠다」의 이행을 촉진케 할 것입니다.

브릭스 국가 간의 협력을 심화하든, 폭넓은 동반자 관계를 구축하든 국민 간의 상호 이해와 우정은 필수 불가결한 초석입니다. 우리는 인문교류의 유대 역할을 발휘하여 각계 인사들을 브릭스 협력 사업에 동참하도록 하고, 문화제, 영화제, 체육대회와 같은 서민적이고 민생에 혜택을 주는 활동을 많이 만들어, 브릭스 이야기가 거리와 골목에 널리 퍼지게 하고, 우리

5개 국가 국민의 교류와 우정이 도도한 강물이 되어 브릭스 협력에 끊임없는 동력을 불어넣어야 할 것입니다.

신사 숙녀 여러분, 친구 여러분!

브릭스 국가 간 협력 메커니즘을 심화·공고화해온 10년은 중국이 개혁개방을 전면적으로 추진하고, 경제·사회가 급속한 발전을 이룬 10년이기도 합니다. 10년 동안 중국의 경제 총량은 239%, 화물 수출입 총액은 73% 증가하여 세계 제2의 경제 대국으로 거듭났고, 13억이 넘는 중국 인민의 생활수준은 크게 도약했으며, 중국은 세계 및 지역경제 발전에 갈수록 더 크게 기여해왔습니다.

중국의 개혁이 어려운 문제에 직면해 있고 수심 깊은 지역에 접어들면서 일부 뿌리 깊은 모순과 문제점들이 두드러지고 있어, 이를 해결하기 위해 큰 결단력과 큰 노력을 기울여야 한다는 것은 부인할 수 없는 사실입니다. 중국에는 "좋은 약은 입에 쓰다(良藥苦口)"는 말이 있습니다. 우리는 개혁을 전면적으로 심화하는 처방을 채택했습니다. 지난 5년 동안 우리는 1,500여 개의 조치를 취하여 여러 지점에서 돌파구를 마련하면서 개혁을 전면적으로 깊이 있게 추했습니다. 이를 통해 경제 구조조정과 산업 업그레이드를 가속화하여 경제의 안정을 확보하고 지속적인 경제 발전을 위한 새로운 동력을 창조했습니다. 올해 상반기 중국 경제는 6.9% 성장했고, 3차 산업의 증가치는 국내총생산의 54.1%를 차지했으며, 735만 개의 도시 일자리가 창출되었습니다. 이는 개혁을 전면적으로 심화시키는 길은 올바른 것이며, 우리는 계속해서 개혁을 추진해야 한다는 사실을 증명해주었습니다.

앞으로 중국은 혁신·조정·녹색·개방·공유의 발전 이념을 철저히 관철하고, 경제 발전의 뉴노멀에 적응하고 시대의 특징을 파악하고 시대를 선도하며 공급 측면에서의 구조적 개혁을 추진하고 개방형 경제라는 새로운 체제를 구축하여 혁신으로 경제 발전을 선도하고, 지속 가능한 발전을 실현할 것입니다. 중국은 확고부동하게 평화적 발전 노선을 견지할 것이며, 세계의 평화와 발전을 위해 새롭고 더 큰 기여를 할 것입니다.

올 5월에 중국은 29개 국가의 정상과 정부 수반, 140여 개 국가, 80여 개 국제기구의1,600여 명의 대표가 참석한 '일대일로' 국제협력정상포럼을 성공적으로 주최하여 '일대일로' 이니셔태브가 이념에서 행동으로, 계획에서 실행에 이르는 새로운 단계에 들어섰음을 보여주었습니다. 각국 대표들은 회의에서 협력의 대계를 공동으로 논의하고 발전 전략을 공동으로 모색하며 폭넓은 공감대를 형성했습니다. '일대일로' 이니셔티브는 지정학적 도구가 아니라 실질적인 협력을 위한 플랫폼이며, 대외원조 계획이 아니라 공동 협의·공동 건설·공동 향유의 연동식 발전을 위한 이니셔티브라는 점을 강조하고 싶습니다. 저는 '일대일로' 이니셔티브가 각국의 협력윈윈을 실현하는 새로운 플랫폼을 구축할 것이며, 「2030 지속 가능한 개발어젠다」이행을 위한 새로운 기회를 창조할 것이라고 믿습니다.

상공업계는 브릭스 국가 경제 발전의 주역입니다. 10년 동안 상공업계 인사들은 기업 발전을 브릭스 국가 간 협력에 융합시켜 브릭스 경제 동반자 관계를 구축하는 데 중요한 기여를 했습니다. 정상회의에 앞서 최고경영자 정상회의를 개회한 것은 상공업계 의견과 제안을 참고하여 샤먼회의의 성공적인 개최와 브릭스 국가 간 협력의 효과적인 추진을 위한 것입니니다. 여러분이 정보, 기술, 자금 등 분야에서의 상공업계의 우세를 충분히 발휘하여 더 많은 호혜윈윈을 이루고 국가와 국민에게 이로운 실질적인 협력 프로젝트를 전개하여 경제사회의 발전을 촉진시키고, 인민의 복지를 증진하는 데 더 큰 기여를 하기 바랍니다. 중국 정부는 중국 기업이 다른 나라에 뿌리를 내리도록 계속해서 장려할 것이며, 세계 각국 기업의 중국 진출도 환영합니다!

신사 숙녀 여러분, 친구 여러분!

브릭스 국가는 더욱 역동적인 두 번째 10년을 맞이할 것입니다. 우리가 국제사회와 함께 협력의 결실이 5개 국가 국민에게 혜택을 가져다주고, 세계의 평화와 발전으로 얻어진 복지가 각국 인민에게 돌아갈 수 있도록 노력합시다.

마지막으로 브릭스비즈니스포럼의 원만한 성공을 기원합니다!

감사합니다.

# 브릭스 국가 간 파트너십을 강화하여 더 밝은 미래를 열어가자[74)]

●● 2017년 9월 4일 ●●

존경하는 주마 대통령님,

존경하는 테메르 대통령님,

존경하는 푸틴 대통령님,

존경하는 모디 총리님,

신사 숙녀 여러분, 친구 여러분:

동료 여러분과 다시 만나게 되어 대단히 기쁩니다. 먼저 중국 정부와 중국 인민을 대표하여 샤먼 브릭스 정상회담에 참석하신 것을 진심으로 환영합니다. 여러분과 함께 「브릭스 국가 간 파트너십을 강화하고, 더 밝은 미래를 열어가자」는 주제로 지난 브릭스 국가 간의 협력에 대해 돌아보고 미래 발전의 청사진을 그려 협력의 새로운 항로를 열어가기를 기대합니다.

브릭스 국가 간 협력은 이미 10년 동안 성공적으로 추진되었습니다. 우리 5개국은 비록 산과 바다를 사이에 두고 있지만, 협력윈윈이라는 공동의 목표를 가지고 함께 걸어왔습니다.

중국의 선현들은 “길을 따라 친구를 사귀면, 천 리도 같이 즐거워지며, 접

74) 이는 시진핑 동지가 샤먼에서 개최된 브릭스 정상회담에서 한 연설이다.

착제처럼 고정되고, 금과 돌처럼 견고해진다(交得其道, 千裏同好, 固於膠漆, 堅於金石.)"고 했습니다. 브릭스가 급속한 발전을 이룰 수 있었던 관건은 협력의 방향을 정확하게 찾았기 때문입니다. 첫째는 서로 존중하고 도우며 자국의 상황에 맞는 발전 노선을 견지해왔고, 둘째는, 개방적이고 포용적이며 협력윈윈하는 정신을 원칙으로 경제·정치·인문 분야에서의 협력을 추진해왔고, 셋째는, 국제적 공평과 정의를 제창하며 신흥시장 국가 및 개발도상국과 협력하여 어려움을 극복하고 양호한 외부 환경을 공동으로 조성해왔습니다.

사실이 증명하듯이 브릭스 협력은 5개 회원국의 공동 발전에 이롭고, 역사적 흐름에 부합하는 것입니다. 국정이 다르지만, 동반자 관계, 번영, 발전을 지향하는 공통된 목표를 갖고 있기에 우리는 차이와 이견을 넘어 호혜윈윈의 목표를 이루기 위해 노력할 수 있었던 것입니다.

현재 세계의 구도가 심오하고 복잡한 변화를 거듭하고 있는 가운데, 브릭스 국가 간 협력은 그 중요성이 더 강조되고 있습니다. 브릭스 국가의 국민은 우리가 협력하여 발전을 촉진시키고 인민들의 삶을 한 단계 끌어올리기를, 국제사회는 우리가 세계 평화를 수호하고 공동 발전을 이뤄내기를 바라고 있습니다. 우리는 브릭스 국가 간 파트너십을 전면적으로 심화시키고, 브릭스 국가 간 협력의 두 번째 '골든 10년'을 열어가기 위해 끊임없이 노력해야 합니다.

첫째, 우리는 실질적인 경제 협력을 추진해야 합니다. 실질적인 협력은 브릭스 국가 간 협력의 토대이며, 이미 괄목할 만한 성과를 거두었습니다. 우리는 브릭스 협력의 잠재력이 아직 완전히 발휘되지 않았다는 점에 주목해야 합니다. 통계에 따르면 2016년 브릭스 국가의 해외투자는 1970억 달러에 달했으나, 5.7%만이 5개국 간에 이뤄졌습니다. 이는 5개국 간 협력의 여지가 여전히 크다는 것을 말해줍니다.

우리는 경제의 실질적인 협력이라는 핵심에 초점을 맞추고, 무역과 투자, 통화 및 금융, 호연호통, 지속 가능한 발전, 혁신 및 산업 협력 등 분야에서 이익 접점을 확대해나가야 합니다. 올해 우리는 「브릭스 국가 간 무역 협력을 위한 로드맵(金磚國家服務貿易合作路線圖)」, 「브릭스 국가 간 투자 편리화 강요(金磚國家投資便利化綱 )」, 「브릭스 국가 간 전자상거래 협력 이니셔티브(金磚國家電子商務合作倡議)」, 「브릭스 국가 혁신적 협력을 위한 행동계획(金磚國家創新合作行動計劃)」, 「브릭스 국가 간 산업협력 심화를 위한 행동계획(金磚國家深化工業領域合作行動計劃)」을 제정했으며, 신개발은행 아프리카지역센터(新開發銀行非洲區域中心)를 설립했으며, 브릭스 국가 시범 전자 통관 네트워크를 만들어 세수, 전자상거래, 통화채권, 정부와 사회적 자본 간의 협력, 금융기관 및 서비스 네트워크 배치 등 분야에서 합의를 이루어 실질적인 협력이 체계적이고 튼실하며 실속 있게 추진되고 있습니다.

저는 이 자리를 빌려, 중국이 5억 위안 규모의 브릭스 국가 경제기술협력 교류 프로그램 1단계를 실행하여 경제무역 분야의 정책 교류와 실질적인 협력을 강화할 것임을 선언할 것입니다. 그리고 신개발은행의 프로젝트 준비 기금에 400만 달러를 기부하여 은행의 운영과 장기적 발전을 지원할 것입니다. 우리는 관련 국가와 협력하여 과거에 이뤄낸 성과와 합의를 이행하고, 기존의 체제를 효과적으로 실행하여, 새로운 산업혁명이 가져다준 역사적 기회를 공동으로 포착하고, 새로운 분야와 새로운 실질적 협력 방식을 적극적으로 모색하고, 관계를 강화하여, 브릭스 협력 체제가 안정적이고 장기적인 발전을 이룰 수 있도록 할 것입니다.

둘째, 발전 전략의 연결을 강화해야 합니다. 우리는 비록 국가 상황이 다르지만, 비슷한 발전단계에 있고, 같은 발전목표를 가지고 있으며, 모두 경제 상승기에 접어들었습니다. 발전 전략의 연결을 강화하고 자원, 시장, 노동력 등 분야에서의 장점을 충분히 발휘한다면 우리의 성장 잠재력과 30억 인구의 창의성을 자극하여 거대한 발전 공간을 개척할 수 있을 것입니다.

우리는 전반적인 상황을 계획하고, 핵심을 파악하고, 공동 협상·공동 건설·공동 향유의 원칙에 따라 발전 정책과 핵심 영역의 접점을 찾음으로써 무역과 투자를 위한 대 시장, 통화와 금융의 대유통, 인프라 대연결이라는 목표를 향해 계속해서 추진해 나가야 합니다. 구조적 개혁과 지속 가능한 발전의 관점에서 출발하여 혁신과 창업, 산업생산능력, 교류 및 경험 공유 분야의 이해관계 융합을 확대하고 서로의 경제 발전을 도와야 한다. 우리는 성장률과 질, 효율성 사이의 관계를 적절히 다루어야 하며, 「2030 지속 가능한 개발어젠다」의 이행을 경제적, 사회적, 환경적 이익의 조정과 통합을 모색하는 기회로 삼아 연계와 포용적 발전을 달성해야 합니다.

셋째, 우리는 국제질서가 보다 공정하고 합리적인 방향으로 발전하도록 추진하는 데 주력해야 합니다. 전 세계와 갈수록 긴밀하게 연결되면서 우리가 글로벌 거버넌스에 적극적으로 참여할 것을 요구하고 있습니다. 우리의 참여 없이는 중대하고 시급한 글로벌 문제들을 효과적으로 해결하기 어렵습니다. 국제 평화와 발전에 관한 문제들에 대해 우리가 같은 목소리를 내고, 같은 입장을 취하는 것은 국제사회의 기대에 부합할 뿐만 아니라, 우리 공동의 이익을 수호하는 데 도움이 됩니다.

우리는 다자주의와 국제관계의 기본 규범을 확고히 견지하고, 신형 국제관계 구축을 추진하며, 각국의 발전을 위해 평화롭고 안정된 환경을 조성해야 합니다. 우리는 개방적이고 포용적이고 보편적 특혜를 주고 균형 잡히고 상생하는 경제 글로벌화를 촉진시키며, 개방형 세계경제를 구축하며, 다자간 무역체제를 지지하며, 보호무역주의에 반대해야 합니다. 그리고 세계경제 거버넌스의 개혁을 추진하며, 신흥시장 국가와 개발도상국의 대표성과 발언권을 높이며, 남북의 발전 불균형을 해소하고 세계경제 성장을 촉진시키는 새로운 동력을 제공해야 합니다.

넷째, 우리는 인문교류와 민간 차원의 교류 촉진에 주력해야 합니다. 국가 간의 교류는 국민 간의 친화에 있습니다. 깊이 갈고 심어야 우정과 협력의 그늘이 짙을 수 있습니다. 5개국 간의 인문교류를 강화하고, 파트너십 이념이 국민의 마음에 뿌리를 내리게 하는 것은 오랜 기간의 노력을 기울일 만한 사업입니다. 이 사업을 성공적으로 추진한다면 브릭스 국가 간의 협력이 영원히 활력을 유지하게 될 것입니다.

인적교류 강화에 관한 5개국 정상들의 중요한 합의가 현실화되고 있는 것을 볼 수 있게 되어 기쁩니다. 올해는 5개국 간의 인문교류와 협력이 전면적으로 진행되었습니다. 체육대회, 영화제, 문화 축제, 전통의학 고위급 회의 등 다양한 행사와 활동이 추진되었습니다. 우리 모두의 관심과 노력으로, 이러한 행사와 활동들이 정례화 되고 제도화되며, 기층에 널리 알려 인민 대중들이 함께하는 백화제방(百花齊放)의 국면이 이루어지기 바랍니다.

동료 여러분!

지난 10년은 브릭스 국가들이 전력을 다해 발전을 추진해온 10년이며, 파트너십을 심화해 온 10년이었습니다. 브릭스 국가 간 협력이 추진되는 과정 가운데 10년은 시작에 불과합니다. 연초에 동료들에게 보낸 편지에서 말씀드린 바와 같이, 앞으로 브릭스 국가 간 협력은 반드시 더 큰 발전을 이룰 것이며, 국제 사무에서 더 큰 역할을 발휘할 것입니다. 브릭스 국가 간 협력이 샤먼에서 다시 돛을 올려 제2의 '골든 10년'을 열어나갈 수 있도록 우리가 함께 노력하며, 이로써 브릭스 국가 간 협력이 우리 국민에게 행복을 가져다주고, 세계 각국 인민에게 혜택을 가져다주도록 합시다!

감사합니다.

# 협력하여 법치공유(法治共赢)를 혁신하고, 글로벌 안보 거버넌스를 추진하자[75)]

●● 2017년 9월 26일 ●●

대표 여러분,

내외 귀빈 여러분,

신사 숙녀 여러분, 친구 여러분:

158개 국가 및 지역의 법집행 관계자, 인터폴 책임자, 관련 국제기구 대표가 베이징에 모여 인터폴 제86차 전체회의를 개최하여 국제 법집행 안보 협력 대계를 논의하는 것은 글로벌 안보 거버넌스를 촉진시키고 세계 안보와 안정을 수호하는 데 매우 중요한 의미를 지닙니다.

먼저 저는 중국 정부와 중국 국민을 대표하여, 그리고 저 개인적으로 대표와 내외 귀빈 여러분께 진심 어린 환영의 인사를 드립니다. 이번 회의의 개최를 축하합니다!

인터폴은 전 세계에서 커버리지가 가장 넓고, 회원 수가 가장 많으며, 가장 대표적인 국제 법집행 협력기구입니다. 인터폴이 설립된 이후 100년 가까운 시간 동안, 상호 신뢰와 협력을 강화하고, 세계 안보 촉진을 자신의 임

75) 이는 시진핑 동지가 베이징에서 열린 국제형사경찰조직(International Criminal Police Organization, 이하 '인터폴'이라함) 제86차 전체회의 개막식에서 한 기조연설이다.

무로 삼아 세계를 더 안전하게 만드는 것을 이념으로 전 세계 경찰이 공감대를 형성하고, 국제 법집행 안보 협력을 심화하며, 범죄를 공동으로 퇴치하는 데 대체할 수 없는 중요한 역할을 해왔습니다. 1984년 인터폴에서의 합법적 지위를 회복한 이후 중국은 인터폴의 취지를 준수하고, 인터폴 규정을 준수하며, 인터폴 및 그 회원국과 법집행 안보 협력을 지속적으로 심화하여 세계 안보와 안정 유지에 기여해왔습니다. 이 회의는 베이징에서 개최되며, 반드시 성공적으로 개최되어 글로벌 안보 거버넌스를 촉진시키고 세계 안보와 안정을 유지하는 데 새로운 기여를 할 것으로 믿어집니다.

신사 숙녀 여러분, 친구 여러분!

오늘날의 세계는 각국이 서로 연결되어 있고, 상호 의존적이며, 운명이 밀접하게 관련되어 있으며, 평화·발전·협력·상생이 오늘날처럼 저항할 수 없는 시대의 흐름이 되었던 적은 없습니다. 한편 오늘날의 세계에는 테러, 사이버 범죄, 초국가적 조직범죄, 신형 범죄와 같은 글로벌 안보 문제가 점점 더 두드러지고, 안보 분야에서 위협이 끊임없이 등장하여 인류는 많은 공통의 도전에 직면하고 있습니다.

— 안보 문제의 연동성이 더욱 두드러지고 있습니다. 안보 문제는 정치, 경제, 문화, 민족, 종교 등 문제와 밀접하게 관련되어 있으며, 비전통적 안보위협과 전통적 안보위협은 서로 얽혀 있습니다. 겉보기에 간단해 보이는 안보 문제가 종종 간단하게 취급할 수 없으며, 그렇지 않으면 머리가 아프면 머리만 치료하고 발이 아프면 발만 치료하는 딜레마에 빠질 수 있습니다. 테러리즘이 대표적인 예이며, 테러리즘의 성장과 확산은 경제 발전, 지정학, 종교 및 문화와 같은 여러 복잡한 요인의 영향을 받습니다. 따라서 한 가지 방법으로는 근본적인 문제를 해결할 수 없습니다.

— 안보 문제의 초국가적 성격이 더욱 두드러지고 있습니다. 안보 문제는 이미 오래 전에 국경을 넘어, 그 어떤 나라의 안보 결점이라도 외부 위험의 대거 유입으로 이어져, 안보 위험의 저지(低地)가 될 것이며, 또한 어떤 나라든 안보 문제가 어느 정도 누적되면 지역 또는 세계적인 안보 문제로 파급될 것입니다. 모든 국가는 안위를 함께하고 있으며, 서로 의존적인 관계에 있습니다. 그 어떤 국가도 위험한 상황에서 벗어나 자신만을 지킬 수 없으며, 혼자서는 절대 안보를 달성할 수 없습니다.

— 안보 문제의 다양성이 더욱 두드러지고 있습니다. 글로벌 안보 문제의 내용과 범위는 끊임없이 확대되고 있으며, 인터넷과 뉴미디어의 영향으로 전통적인 범죄가 재창조되고 있으며, 통신 사기, 금융 사기와 같은 새로운 유형의 범죄가 대규모로 번식하고 있으며, 초국가적 조직범죄가 나날이 증가하고 있으며, 난민 위기는 점점 더 심각해지고 있으며, 사이버 공격과 사이버 기밀 도용은 모든 국가의 안보를 위협하는 두드러진 문제가 되었습니다. 다양한 보안 문제가 서로 얽혀 상호 작용하여 해결하기가 더욱 어렵습니다.

오늘날의 세계는 희망적이면서도 불확실하며, 사람들은 미래에 대해 기대하면서도 혼란스러워합니다. 안보 문제가 잘 풀리지 않으면 인류의 평화와 발전이라는 숭고한 사업 추진이 순조롭지 않습니다. 안보 문제는 실로 인류의 미래와 운명이 걸린 중대한 문제이며, 반드시 각국과 국제사회의 높은 관심을 불러일으켜야 합니다.

신사 숙녀 여러분, 친구 여러분!

올해 1월 18일 저는 제네바 유엔본부에서 세계 평화와 발전을 추진하는데 대한 중국의 견해를 밝혔습니다. 그 기본 요지는 각국이 함께 인류운명공동체를 건설하고 상생과 공유의 세계를 실현해야 한다는 것입니다. 각국의 공동 안보를 실현하는 것은 인류운명공동체를 건설하는 데 필수적인 부분입니다. 평화와 발전을 촉진시키기 위해서는 먼저 안보와 안정이 유지되어야 합니다. 안정이 보장되지 않는다면 평화와 발전을 논할 수 없습니다. 중국은 각국 정부, 법집행 기관, 국제기구와 함께 협력·혁신·법치·상생을 기반으로 치안과 안보 협력을 강화하며, 보편적 안보를 지향한 인류운명공동체를 공동으로 건설하고자 합니다. 여기서 저는 네 가지 주장을 제시하고자 합니다.

첫째, 협력과 공동 건설을 견지하여 항구적인 안보를 실현해야 합니다. "하나는 꺾기 쉬워도 많은 것은 꺾기 어렵습니다(單者易折, 衆則難摧.)." 협력은 인류가 직면한 어려움과 도전에 효과적으로 대응할 수 있는 유일한 선택입니다. 세계의 운명은 각국이 공동으로 주관하며, 국제 사무는 모든 나라가 의논해야 합니다. 오늘날의 세상에는 안전한 은신처 같은 곳이 없습니다. 안보 문제는 양방향이고 연결되어 있으며, 다른 나라의 안보를 희생시키면서 자신의 절대적인 안보를 주장하는 것은 바람직하지 않을 뿐만 아니라 궁극적으로 자신에게 해를 끼칠 것입니다. "엎어진 둥지 밑에는 성한 알이 없습니다(覆巢之下焉有完卵.)." 각국은 국제·지역 안보 문제에 평등하게 참여할 권리가 있으며, 국제·지역 안보를 수호할 책임도 있습니다. 또한 다른 나라들, 특히 수많은 개발도상국이 글로벌 안보 거버넌스에 평등하게 참여할 수 있도록 지원하고 독려하여, 모두가 함께 역할을 발휘하도록 해야 합니다. 각국은 공동·종합·협력·지속 가능한 안보관을 수립하고 협력하여 안보와 안정을 유지하고 안보를 통해 평화와 발전을 촉진시키며, 각국 인민에게 항구적인 안보와 안정된 환경을 조성하기 위해 노력해야 합니다.

둘째, 개혁과 혁신을 견지하여 공동 관리를 실현해야 합니다. 오늘날 세계는 안보 정세가 상당히 복잡하고, 안보를 위협하는 도전이 끊임없이 등장하고 있으며, 많은 새로운 상황과 새로운 문제가 나타나고 있습니다. 이러한 상황과 문제에 직면하여 현재의 글로벌 안보 거버넌스 시스템에는 많은 부적절함이 있으며, 이를 개혁·개선하여 글로벌 안보 거버넌스가 보다 공정하고 합리적이며 효과적인 방향으로 발전하도록 이끌어야 합니다. 글로벌 안보 거버넌스 시스템을 개선하기 위해서는 정부와 국제기구 및 전문 인력이 적극적인 역할을 수행하고, 사회 모든 부문의 공동 참여를 통해 글로벌 안보 거버넌스의 완정성과 협동성을 지속적으로 제고해야 합니다. 각국 정부와 정부 간 기구는 안보 거버넌스에 대한 주체적 책임을 맡아야 하며, 또한 비정부기구, 다국적 기업, 민간단체의 적극적인 참여를 독려하여 안보 거버넌스의 역량을 강화해야 합니다. 선진적 이념, 과학적 태도, 전문적 방법, 정밀한 기준을 적용하여 안보 거버넌스의 효율성을 높이고, 사회 거버넌스 시스템의 체계화, 과학화, 지능화, 법치화 추진에 주력하여 안보를 위협하는 다양한 위험 요소에 대한 예측·예방 능력을 향상시킴으로써 안보 거버넌스의 예측 가능성과 정확성, 효율성을 높여야 합니다.

셋째, 법치주의 정신을 견지하여 공정과 정의를 실현해야 합니다. 2,000여 년 전, 고대 중국의 사상가 관중(管仲)은 "법은 공적을 장려하고 폭력을 억제하고, 율은 본분을 분명히 하여 분쟁을 멈추게 하고, 명은 사람들에게 일을 관리하도록 명령하는 것입니다(法者, 所以興功懼暴也; 律者, 所以定分止爭也; 令者, 所以令人知事也.)"라고 말했습니다. 법치는 인류 정치 문명의 중요한 업적이며, 사회를 관리하는 기본 수단입니다. 국가 간에 법집행 및 안보 협력을 수행함에 있어 양국의 법률과 규정을 준수해야 할 뿐만 아니라, 국제법이 평등하고 균일하게 적용되도록 해야 합니다. 같은 성격의 안보 문제, 특히 대테러, 난민, 전염병 등 문제에 관해서 각자가 눈앞의 이익을 위해 다른 나라와 반대되는 태도를 취할 수 없습니다. 유엔헌장과 인터폴헌장을 수호하고, 초국가범죄방지협약(打擊跨國犯罪公約)과 반부패협약(反腐敗公約)을 엄격하게 이행하며, 관련 국제규범을 끊임없이 개선하며, 국제질서가 정의롭고 합리적이며 인류사회가 공정하고 정의롭도록 해야 합니다.

넷째, 호혜윈윈을 견지하여 균형 잡히고 보편적 특혜를 주는 결과를 이루어야 합니다. 세상에는 190여 개의 국가와 지역에서 70여 억의 사람들이 살고 있으며, 동고동락하고 운명을 함께하는 지구촌을 형성했습니다. 네 속에 내가 있고 내 속에 네가 있는 우리는 유아독존적인 태도를 취하거나, 남에게 손해를 끼쳐 자신의 이익을 도모하거나, 이웃에게 화를 전가하는 편협한 사고를 버려야 합니다. 각국은 협력 쌍방, 나아가 관련된 모두가, 더 나아가 세계 각국이 함께 이익을 얻는 이념을 확고히 견지하면서 자국의 안보를 추구하면서 다른 나라의 안보를 고려하는 호혜윈윈하는 안보를 확보하기 위해 노력해야 합니다. 도의·정의와 이익을 모두 고려해야 만이 양자를 모두 얻을 수 있고, 도의·정의와 이익의 균형을 유지해야 만이 양자가 상생할 수 있습니다. 우리는 올바른 의리관을 수립해야 합니다. 대국은 안보와 발전에 있어 후진국과 지역에 더 많은 지원을 해야 합니다. 그래야만 인류문명 발전의 과실이 더 균등하게 공유될 수 있으며, 법집행에 대한 국제협력이 각국에 더 유익할 것이며, 보편적 안보의 꿈이 조기에 현실이 될 수 있습니다.

신사 숙녀 여러분, 친구 여러분!

각국의 자체 발전, 자체의 안보와 안정을 실현하는 것은 세계에 대한 공헌이라고 믿습니다. 인민이 안전하고 안정된 삶을 누릴 수 있도록 하는 것은 중국 국정 운영의 중요한 목표입니다. 최근 몇 년 동안, 우리는 경제 건설을 계속해서 추진하고, 인민의 생활 수준을 향상시키면서 평화로운 사회 건설과 의법치국을 추진해왔고, 인민의 안전에 영향을 미치는 치안 문제를 중심으로 각종 불법 범죄 행위를 엄격히 단속하고 감시하며, 사회 치안 예방통제 시스템 구축을 전면적으로 강화하여 사회 거버넌스 시스템과 거버넌스 역량의 현대화를 추진해왔습니다. 현재 중국사회는 안정되고 질서정연하며, 사람들은 평화롭고 만족스럽게 생활하고 일하며, 갈수록 많은 사람들이 중국이 세계에서 가장 안전한 국가 중 하나라고 믿습니다. 중국은 자체의 안보와 안정을 실현하여 세계 안보와 안정의 유지를 위해 기여했습니다.

혼란 속에서는 발전을 논할 수 없으며, 중국이 발전하기 위해서는 안전하고 안정적인 국제 환경이 필요하다는 것을 우리는 잘 알고 있습니다. 중국은 자국의 일을 효과적으로 추진하는 한편, 시종일관 국제규칙을 준수하고 국제적 의무를 이행하고 국제 법집행 협력과 글로벌 안보 거버넌스에 적극적으로 참여하고 옹호하는 등 자신의 책임을 다해왔습니다. 또한, 70여 개 국가 및 지역과 사이버 범죄 단속을 위한 협력을 수행하며, 공동으로 책임·관리되는 국제 마약 퇴치 협력 계획을 제안하며, 각국과 함께 도망자 추적, 도난 물품 회수, 통신 사기 단속 등 국제 법집행 연합작전을 수행하며, 유엔, 인터폴, 상하이협력기구, 중국-아세안 관계(China-ASEAN Relations) 등 국제·지역 협력의 틀 안에서 법집행 및 안보 협력에 전면적으로 참여하며, 메콩강(Mekong River) 유역에 법집행 및 안보 협력 체제를 창설하며, 신 유라시아 육교의 안전한 회랑에 관한 국제법집행협력포럼(International Law Enforcement Cooperation Forum on Secure Corridor of the New Eurasian Land Bridge)을 설립하는 등 국제사회의 테러와의 전쟁을 단호히 지지해왔습니다. 중국은 유엔의 평화유지활동을 확고히 지지하고 적극적으로 참여해왔습니다. 현재 중국은 유엔 안전보장이사회 5개 상임이사국 중 평화유지군을 가장 많이 파견하고 있으며, 9개의 유엔 평화유지임무구역에 평화유지경찰(維和警察)과 평화유지방폭대(維和防暴隊)를 총 2,609명 파견했습니다. 2010년 1월 12일, 8명의 중국 평화유지군이 아이티(République d'Haïti) 평화유지활동에서 세계 평화를 지키기 위해 소중한 목숨을 바쳤습니다.

신사 숙녀 여러분, 친구 여러분!

중국은 안보 거버넌스 경험을 각국과 공유하고 세계 안보 거버넌스에 지혜와 힘을 보탤 것입니다. 중국은 세계 안보와 안정을 유지하려는 인터폴의 노력을 높이 평가하며, 인터폴이 세계 안보 거버넌스에서 더 큰 역할을 수행하는 것을 계속해서 지원할 것입니다.

이 자리에서 저는 중국 정부가 앞으로 5년 동안 인터폴을 지원하기 위해 다음과 같은 실질적인 조치를 취할 것임을 선언합니다.

첫째, 인터폴의 글로벌 작전에 대한 지원을 늘릴 것입니다. 즉 인터폴이 대테러, 사이버 범죄, 신형 조직범죄 분야에서 연간 3회의 글로벌 합동 작전을 수행할 수 있도록 지원할 것입니다.

둘째, 인터폴의 법집행 역량 강화에 대한 지원을 확대할 것입니다. 글로벌 인력양성 시스템을 구축하여 개발도상국을 대상으로 5,000명의 법집행 인력을 양성하고, 100개 개발도상국에 인터폴 통신체계 및 범죄수사연구소 구축·업그레이드를 위한 지원을 제공하여 글로벌 경찰 법집행 역량의 균형 발전을 촉진시키며, 공안부국제법집행대학(公安部國際執法學院)을 설립하여 개발도상국을 위해 20,000명의 법집행 요원을 양성할 예정입니다.

셋째, 인터폴의 글로벌 영향력과 리더십 강화를 지원할 것입니다. 인터폴이 특히 개발도상국을 대상으로 20여 명의 중·고위급 인재를 초빙하며, 전략적 연구기관과 순직경찰을 위한 무휼 기금(殉職警察撫恤基金)을 설립하는 것을 지지합니다.

신사 숙녀 여러분, 친구 여러분!

인류의 미래는 밝지만, 저절로 이루어지지는 않을 것이며, 이를 위해서는 전 인류가 공동으로 노력해야 합니다. 평화와 발전으로 가는 길은 순탄하지 않을 것이며, 인류운명공동체 구축의 목표는 각국의 끊임없는 노력이 필요합니다. 중국은 여러 회원국, 국제기구 및 기관과 긴밀히 협조하고 협력하며, 세계 안보 거버넌스에 적극적으로 참여하여 인류의 평화와 발전을 촉진시키는 숭고한 사업에 새롭고 더 큰 기여를 할 것입니다.

감사합니다.

# 평화적 발전 노선을 견지하고, 인류운명공동체 구축을 추진하자[76)]

●● 2017년 10월 18일 ●●

중국공산당은 중국 인민의 행복을 위한 정당이자, 인류 진보의 위업을 위해 노력하는 정당입니다. 중국공산당은 언제나 인류에 새롭고 더 큰 공헌을 하는 것을 사명으로 여깁니다.

중국은 평화·발전·협력·상생의 기치를 높이 들고, 세계 평화 수호와 공동 발전 추진이라는 외교정책의 취지를 엄수하며, 평화공존 5원칙에 따라 각국과의 우호적 협력을 확고히 발전시켜 상호 존중하고, 공정하고 정의로우며, 협력윈윈하는 신형 국제관계 건설을 추진할 것입니다.

세계는 거대한 발전과 변화를 거듭하고 있는 가운데 조정기에 들어섰으며, 평화와 발전은 여전히 시대의 주요 과제입니다. 세계의 다극화, 경제 글로벌화, 사회 정보화, 문화 다양화가 심층적으로 발전하고, 글로벌 거버넌스 시스템과 국제질서 변혁이 가속화되고, 국가 간 상호 연결과 상호 의존이 심화되고, 국제사회의 세력구도는 갈수록 균형 잡혀가고 있으며, 평화적 발전의 흐름이 거세졌습니다. 한편 세계가 직면한 불안정과 불확실 요인이 두드러졌으며, 세계경제는 성장 동력이 부족하며, 빈부 격차가 심화되었으며,

---

76) 이는 시진핑 동지가 중국공산당 제19차 전국대표대회에서 한 연설문의 일부이다.

지역 이슈가 잇따라 발생하며, 테러, 사이버 안보, 중대한 전염병, 기후변화와 같은 비전통적 안보위협이 계속해서 확산되는 등 각국이 함께 대응해야 하는 많은 도전에 직면해 있습니다.

우리는 희망과 도전이 가득 찬 세상에 살고 있습니다. 현실의 복잡성 때문에 꿈을 포기할 수도 없고, 멀리 있다고 해서 이상을 추구하는 것을 포기할 수도 없습니다. 어떤 나라도 인류가 직면한 도전에 홀로 대응해나갈 수 없으며, 어떤 나라도 고립된 섬으로 후퇴할 수 없습니다.

우리는 각국 국민이 인류운명공동체를 구축하여 항구적인 평화, 보편적 안보, 공동 번영이 가능한 개방적이고 포용적이며, 깨끗하고 아름다운 세계를 건설하기 위해 함께 노력할 것을 촉구합니다. 각국은 서로를 존중하고 평등하게 협상하며, 냉전적 사고방식과 권력 정치를 단호히 버리며, 대결이 아닌 대화와 동맹이 아닌 동반자 관계를 지향한 국가 간 교류의 새로운 길로 나아가야 합니다. 대화를 통한 분쟁 해결, 협의를 통한 이견 해소의 원칙을 견지하며, 전통적 안보위협과 비전통적 안보위협에 통합적으로 대응하며, 모든 형태의 테러리즘을 반대해야 합니다. 그리고 어려움 속에서 일심협력하는 자세로 무역과 투자 자유화와 편리화를 촉진시키고, 경제 글로벌화가 보다 개방적이고 포용적이고 보편적 특혜를 주고 균형 잡힌 상생하는 방향으로 발전하도록 이끌어야 합니다. 각국은 또한 세계문명의 다양성을 존중하고, 문명 간 교류를 통해 문명 간의 장벽을 허물고 상호 학습을 통해 문명 간의 갈등을 해소하며, 다양한 문명이 공존하면서 특정 문명의 우월성을 지양해야 합니다. 마지막으로 환경 친화성을 견지하고, 기후변화에 대응하기 위해 협력하며, 인류가 살고 있는 터전인 지구를 보호해야 합니다.

중국은 자주적이고 평화적인 외교정책을 확고히 견지할 것입니다. 각국 인민이 자주적으로 자국의 발전 노선을 선택할 권리를 존중하며, 국제 공정과 정의를 수호하고, 자신의 의지를 다른 나라에 강요하는 것을 반대하고,

다른 나라의 내정에 간섭하는 것을 반대하며, 힘으로 약자를 괴롭히는 것을 반대합니다. 중국은 결코 다른 나라의 이익을 희생시키면서 스스로를 발전시키지 않을 것이며, 우리의 합법적 권익을 포기하지 않을 것이며, 그 어느 나라든 중국이 자국의 이익을 해치는 쓴 열매를 삼키기를 기대해서는 안 됩니다. 중국은 방어적 국방정책을 펼칠 것이며, 중국의 발전은 어느 나라에도 위협이 되지 않을 것이며, 중국이 아무리 발전해도 패권이나 확장을 추구하지 않을 것입니다.

중국은 글로벌 파트너십을 적극적으로 발전시켜나갈 것입니다. 각국과의 이익 접점을 확대하며, 대국 간의 조정과 협력을 추진하며, 전반적으로 안정적이고 균형적으로 발전하는 대국관계의 틀을 구축하며, 우호·성실·호혜·관용 그리고 이웃에 착한 일을 하고, 이웃과 동반자가 되는 주변국 외교 방침을 기반으로 주변국가와의 관계를 심화시키며, 올바른 의리관과 진실하고 친절하고 성실한 이념에 따라 개발도상국과의 연대와 협력을 강화할 것입니다. 그리고 각국의 정당, 정치조직들과의 교류와 협력을 강화하고 인민대표대회, 정치협상회의, 군대, 지방, 인민단체의 대외교류를 추진할 것입니다.

중국은 대외개방의 기본 정책을 견지할 것이며, 문을 열고 건설을 추진할 것입니다. '일대일로'를 통한 국제 협력을 적극적으로 촉진시켜 정책적 소통, 인프라 연결, 무역 원활화, 자금 연결, 민심 상통의 5대 영역에서 협력을 강화함으로써 국제협력의 새로운 플랫폼을 구축하여 공동 발전을 위한 새로운 동력을 창조할 것입니다. 또한 개발도상국 특히 최빈국에 원조를 늘려 남북 간 발전 격차를 좁히는 데 일조할 것입니다. 그리고 다자간 무역체제를 지지하고 자유무역지대 건설을 추진하며 개방형 세계경제 건설을 추진할 것입니다.

중국은 공동 협상·공동 건설·공동 향유를 지향한 글로벌 거버넌스를 확고히 견지할 것입니다. 국제관계의 민주화를 주장하며, 각국은 국가의 크기, 강약, 빈부를 막론하고 일률적으로 평등해야 하며, 유엔의 적극적인 역할을 지지하며, 국제 문제에서 개발도상국의 대표성과 발언권을 확대하는 것을 지지합니다. 중국은 계속해서 책임을 지는 대국으로서의 역할을 다할 것이며, 글로벌 거버넌스 시스템의 개혁과 건설에 적극적으로 참여하며, 중국의 지혜와 힘을 보탤 것입니다.

여러분! 세계의 운명은 각국 인민의 손에 달려 있으며, 인류의 미래는 각국 인민의 선택에 달려 있습니다. 중국 인민은 각국 인민과 함께 인류운명공동체 구축을 추진하여, 인류의 더 나은 미래를 열어나갈 것입니다.

# 중미 협력만이 올바른 선택이며, 상생만이 더 나은 미래로 나아갈 수 있다[77)]

●● 2017년 11월 9일 ●●

지난 이틀 동안, 트럼프 대통령님과 저는 중미 관계와 주요 국제·지역에 대한 양국의 공통 관심사에 대해 심도 있는 의견을 나눴으며, 앞으로 양국 관계발전에 관한 일련의 새롭고 중요한 합의를 이루었습니다. 우리의 만남은 건설적이었으며, 풍부한 성과를 거두었습니다. 중국과 미국의 발전은 상호 보완적이기에 서로 모순되지 않으며, 양국의 성공은 양측의 공동 이익에 부합합니다. 복잡하고 다변하는 국제정세에 직면하여, 중국과 미국은 세계 평화와 안정을 유지하고 세계의 발전과 번영을 추진하는 과정에서 공동 이익과 함께 짊어져야 할 책임도 커졌으며, 또한 협력 공간도 확대되었습니다. 중미 관계의 건전하고 안정적인 발전은 양국 인민의 근본 이익에 부합할 뿐만 아니라, 국제사회가 기대하는 바이기도 합니다. 중국과 미국에게 협력만이 옳은 선택이며, 상생만이 더 나은 미래로 이어질 수 있습니다. 트럼프 대통령님과 저는 다양한 방식으로 긴밀한 접촉을 지속해 나가면서 공통 관심사인 주요 현안에 대해 적시에 의견을 나눌 것입니다. 양측은 중미

77) 이는 시진핑 동지가 도널드 트럼프 미국 대통령과 함께한 베이징 기자회견에서의 연설의 요지이다.

외교 안보와 전면적 경제, 사회와 인문, 법집행 및 인터넷 안보 등 4대 고위급대화 체제를 충분히 이용하여 대화 체제가 더 큰 성과를 이룰 수 있도록 함께 추진할 것입니다. 또한 양측은 양국 군대 간의 다층적 교류와 대화를 강화하고, 법집행 및 사이버 안보 분야에서 협력을 강화하기로 합의했습니다.

양국 정상은 중국과 미국이 세계 양대 경제 대국이자, 세계경제 성장의 선두주자로서, 무역·투자 협력을 확대하고, 거시경제정책 조정을 강화하며, 양국 경제무역 관계의 건전하고 안정적이며, 역동적이고, 균형 잡힌 발전을 촉진시켜야 한다는 결론과 중미 경제 협력을 위한 후 단계 계획을 수립·추진하여 에너지, 인프라 건설, '일대일로' 건설 등 분야에서의 양국의 실질적인 협력을 적극적으로 확대해야 한다는 결론에 이르렀습니다. 이번 방문에서 양측이 체결한 상업 계약과 양방향 투자협정은 경제무역 분야에서의 양국 간 협력의 넓은 공간을 충분히 보여주며, 이는 양국 인민에게 거대한 이익을 가져다줄 것입니다.

중국과 미국은 한반도 비핵화와 국제핵비확산체제(world nuclear non-proliferation regime) 유지에 대한 확고한 의지를 재확인했습니다. 양측은 대화와 협상을 통한 한반도 핵 문제 해결에 전념할 것이며, 관련 당사자들과 함께 한반도와 동북아의 장기적인 평화와 안정을 이룩하기 위한 방안을 모색해나갈 것입니다.

중국과 미국의 공동 이익은 서로가 갖고 있는 차이점에 비해 훨씬 많으며, 양국은 주권과 영토보전 그리고 서로의 차이점을 존중하고, 각자 자주적으로 발전 노선을 선택해야 합니다. 언제나 건설적인 자세를 취하는 한, 양측은 차이를 유보하면서 공통점을 찾고, 차이를 극복하기 위해 공통점을 모으고, 협력을 촉진시킬 수 있을 것입니다. 중국과 미국은 모두 아시아-태평양 지역에서 중요한 영향력을 행사하는 국가입니다. 태평양은 중국과 미국을 모두 수용할 수 있을 만큼 큽니다. 양측은 아시아-태평양 문제에서 소통과 협력을 강화하고, 공통의 우방을 육성하고, 건설적인 교류 국면을 조성하여 지역의 평화와 번영을 공동으로 수호하고 촉진시켜야 합니다.

트럼프 대통령님과 저는 양국 국민 간의 우정이 양국 관계가 장기적이고 안정적으로 발전할 수 있는 토대라고 보며, 따라서 양국 간의 인적교류를 확대하기로 합의했습니다.

트럼프 대통령님의 중국 국빈 방문은 성공적이고 역사적인 것으로, 양국 정상의 만남은 앞으로 중미 관계발전의 방향을 명확히 짚어주었으며, 청사진을 제시해주었습니다. 중국은 미국과 함께 양측의 합의에 따라 중미 관계의 더 큰 진전을 추진하여 양국 인민과 세계 각국 인민에게 더 많은 혜택을 가져다줄 것입니다.

# 세계경제의 전환이 부여한 기회를 포착하고, 아시아-태평양 지역의 더 큰 발전을 도모하자[78)]

●● 2017년 11월 10일 ●●

우진루(武進祿) 회장님,

아시아-태평양 상공업계 대표 여러분,

신사 숙녀 여러분, 친구 여러분:

안녕하십니까! 다낭에 와서 아시아-태평양 상공업계의 친구 여러분과 다시 만나게 되어 대단히 기쁩니다.

아시아-태평양 지역은 세계경제의 가장 큰 시장이자 세계경제 성장의 주요 엔진입니다. 상공업계는 경제 성장을 촉진시키는 활력소이며, 새로운 발전 이념의 탐구자이자 실천자입니다. 최근 몇 년 동안, 아시아태평양경제협력체 정상회의에 참석할 때마다 저는 시간을 내어 상공업계 친구들을 만나 현재의 도전에 대응하기 위한 아이디어와 조치를 함께 논의해왔습니다.

글로벌 금융위기 이후 10년 동안, 국제사회는 세계경제를 회복 궤도로 되돌리기 위해 함께 노력을 기울여왔습니다. 오늘날 세계경제는 점차 호전되고 있습니다. 위험과 불확실성 잇따르고 있는 상황에서도, 세계무역과 투자

78) 이는 시진핑 동지가 베트남 다낭(Da Nang)에서 열린 아시아태평양경제협력체 최고경영자 정상회의에서 한 기조연설이다.

가 회복되고 있으며, 금융시장이 개선될 것으로 예상되며, 이로 인해 관련 각국은 다소 자신감을 찾은 상황입니다.

발전에는 새로운 출발점만 있을 뿐, 끝은 보이지 않습니다. "지나간 일은 돌이킬 수 없으나, 미래의 일은 아직 늦지 않습니다(往者不可諫, 來者猶可追.)." 세계가 급변하면서 세계경제는 심각한 변화를 겪고 있습니다. 이에 세계경제 발전의 흐름을 꿰뚫어보고, 올바른 방향을 찾아, 규칙을 발견하고, 과감하게 대응해야 합니다.

— 성장 동력이 심각하게 바뀌고 있습니다. 오늘날, 개혁과 혁신은 각국이 도전을 해결하고 발전을 모색하는 방향이 되었습니다. 구조적 개혁의 긍정적 효과와 잠재력은 지속적으로 발휘되고 있으며, 각국의 경제 성장을 촉진시키는 구조적 개혁의 역할이 더욱 드러나고 있습니다. 새로운 과학기술혁명과 산업혁명의 추세가 갈수록 뚜렷해지고, 디지털 경제와 공유 경제가 급속히 발전하고 있으며, 새로운 산업, 새로운 모델, 새로운 업종이 끊임없이 등장하며, 새로운 성장 동력이 갈수록 축적되고 있습니다.

— 글로벌 발전 방식이 심각하게 바뀌고 있습니다. 시대의 진보와 함께 발전의 의미는 심오한 변화를 겪고 있습니다. 혁신·조정·녹색·개방·공유의 발전 이념은 사람들의 마음속에 갈수록 깊이 뿌리내리고 있으며, 보다 전면적이고 지속 가능한 고품질 발전을 이루는 것은 국제사회가 지향하는 공동 목표입니다. 「2030 지속 가능한 개발어젠다」를 이행하고, 기후변화와 같은 글로벌 과제를 해결하는 것은 국제사회의 중요한 과제라는 데 대해 공감대가 형성되었습니다.

— 경제 글로벌화 프로세스가 심각하게 바뀌고 있습니다. 지난 수십 년 동안, 경제 글로벌화는 세계경제 발전에 중요한 기여를 해왔으며, 막을 수 없는 시대적 흐름이 되었습니다. 또한 상황의 변화와 함께 경제 글로벌화는

형식·내용적 조정이 필요합니다. 개방성과 포용성, 보편적 특혜와 균형 잡힌 이익, 공정성과 상생에 더 많은 관심을 기울여야 합니다.

— 세계경제 거버넌스 시스템이 심각하게 바뀌고 있습니다. 세계경제 구도의 변화는 글로벌 경제 거버넌스 시스템의 업그레이드를 필요로 합니다. 다자주의를 견지하고, 공동 협상·공동 건설·공동 향유를 지향하며, 긴밀한 파트너십을 구축하여 인류운명공동체를 구축하는 것이 새로운 상황에서의 글로벌 경제 거버넌스가 나아가야 할 방향입니다.

신사 숙녀 여러분, 친구 여러분!

세계경제의 심각한 변화에 직면하여, 아시아-태평양 지역의 개혁과 혁신의 물결과 함께할 것인가 아니면 주저할 것인가? 경제 글로벌화를 계속해서 이끌 것인가 아니면 망설일 것인가? 각국과 손잡고 지역 협력의 새로운 국면을 열어갈 것인가 아니면 서로 멀어질 것인가?

답은 분명합니다. 우리는 반드시 시대 흐름에 순응하고, 용감하게 책임을 다하며, 각국과 함께 아시아-태평양 지역의 발전과 번영의 밝은 미래를 열어나가야 합니다.

첫째, 개방형 경제 건설을 견지하여 호혜윈윈의 결과를 이루기 위해 노력해야 합니다. 개방은 진보를 가져오지만, 폐쇄는 필연적으로 후퇴를 초래합니다. 아시아-태평양 지역은 자체의 경제 발전 경험을 통해 이 이치를 터득하게 되었습니다. 우리는 평등하게 협상하고, 폭넓게 참여하며, 보편적으로 혜택을 얻는 지역 협력의 틀을 구축하기 위해 노력하고, 개방형 아시아-태평양 지역경제를 건설하기 위해 함께 노력하며, 무역과 투자의 자유화와 편리화를 촉진시켜야 합니다. 또한 경제 글로벌화가 보다 개방적이고 포용적이고 보편적 특혜를 주며 균형 잡힌 상생하는 방향으로 발전하도록 이끌어 각국의 인민들에게 혜택을 가져다주어야 합니다. 그러나 자발적으로 글로벌 산업 분업의 조정과 변화에 적응하고, 글로벌 가치사슬의 재편을 적극적으로 주도하며, 새로운 위치를 확립하고, 새로운 이점을 구축해야 합니다. 그리고 다자간 무역체제, 개방적인 지역주의를 지지하며, 개발도상국들이 국제 무역과 투자로부터 더 많은 혜택을 받을 수 있도록 도와야 합니다.

아시아-태평양 자유무역지대를 설립하는 것은 수년 동안 아시아-태평양 상공업계의 꿈이었습니다. 상공업계는 2006년 하노이에서 처음으로 아시아-태평양 경제협력체 회원국 정당들이 아시아-태평양 자유무역지대 건설을 장기적 목표로 설정했습니다. 2014년에는 베이징에서 아시아-태평양 자유무역지대 프로세스를 출범시켰습니다. 우리는 베이징 노선도를 전면적이고 철저하게 관철하기 위한 조치를 취하여 아시아-태평양 자유무역지대 건설이라는 목표를 향해 계속해서 전진하며 개방형 아시아-태평양 지역경제를 위해 체제적 기반을 마련해야 합니다.

둘째, 계속해서 혁신적인 성장을 추구하여 경제 발전을 위한 새로운 동력을 모색해야 합니다. 현재 세계경제는 안정을 회복하고 있으나, 여기에는 순환 요인(Cyclical Factor)이 큰 역할을 했지, 세계경제의 자체적 원동력은 여전히 부족한 상황입니다. 세계경제가 오랜 기간 성장 속도가 느린 상황에서 벗어나기 위해서는 혁신을 통해 원동력을 찾아야 합니다.

현재 우리는 새로운 과학기술혁명과 산업혁명을 맞이하고 있습니다. 디지털 경제와 공유 경제가 전 세계에 돌풍을 일으키고, 인공지능 및 양자과학과 같은 신기술이 지속적인 혁신을 이루고 있는 가운데 아시아-태평양 지역은 이를 보고만 있을 수 없습니다. 우리는 기회를 포착하고, 혁신에 대한 투자를 늘리고, 발전 방식을 바꾸고, 새로운 경제 성장점을 육성해야 합니다. 구조적 개혁을 적극적으로 추진하고 혁신에 도움이 되지 않는 모든 제도적, 체제적 장애물을 제거하며, 시장의 활력을 자극해야 합니다. 베이징 회의의 「경제의 혁신적 발전·개혁·성장에 관한 합의」를 이행하고 인터넷과 디지털 경제 분야에서의 협력을 강화하여 글로벌 혁신적 발전의 방향을 선도해야 합니다.

셋째, 계속해서 호연호통을 강화하여 연동식 발전을 이뤄야 합니다. 연동식 발전은 호혜원윈 이념을 가장 잘 해석하고 있습니다. 아시아-태평양 지역의 경제는 이해관계가 얽혀 있고 밀접하게 연결되어 있습니다. 연동식 발전을 견지하면 파트너에게 발전 동력을 제공할 수 있을 뿐만 아니라 더 큰 발전 공간을 창출할 수 있습니다. 2014년에, 우리는 아시아태평양경제협력체 호연호통 비전을 완성했습니다. 우리는 이 비전을 따라 전방위적이고, 다층적이며, 복잡한 아시아-태평양 호연호통 네트워크를 구축해야 합니다. 실물경제에 대한 호연호통의 영향력과 주도적 역할을 충분히 발휘하며, 발전을 저해하는 각종 난관을 뚫으며, 발전 잠재력을 발휘하여 협동적이고 연동적으로 발전하는 국면을 형성해야 합니다.

올해 5월, '일대일로' 국제협력포럼이 베이징에서 성황리에 개최되었습니다. '일대일로' 이니셔티브의 핵심적 함의는 인프라 건설과 호연호통을 촉진시키며, 경제정책 조정 및 발전 전략의 연결을 강화하며, 협동적이고 연동적인 발전을 촉진시켜 공동 번영을 실현하는 것입니다. 중국에서 시작되고 전 세계에 속하는 이 이니셔티브는 역사에 뿌리를 두고 있을 뿐만 아니라 미래 지향적이며, 아시아, 유럽, 아프리카 각국과 모든 파트너들에게 열려 있습니다. 저는 '일대일로' 이니셔티브의 심도 있는 추진이 아시아-태평양 지역에 보다 광범위하고 역동적인 협력 플랫폼을 제공할 것이라고 믿습니다.

넷째, 계속해서 경제 발전의 포용성을 강화하여 인민들이 발전의 과실을 공유할 수 있도록 해야 합니다. 현재 경제 글로벌화는 역풍을 맞고 있습니다. 포용성이 부족한 것이 그 중요한 원인입니다. 각국, 다양한 사회 계층이 발전의 혜택을 누리고 아름다운 비전을 현실로 만들기 위해서는 여전히 끊임없는 노력이 필요합니다.

지난 몇 년 동안, 우리는 포용적 발전을 적극적으로 모색해왔으며, 합의 기반을 구축했습니다. 지역경제 통합의 심화와 함께, 개방적이고 포용적인 시장을 확대하고, 이익 공유의 사슬을 강화해야 합니다. 포용과 공유의 이념을 발전 전략에 통합하고, 효율성과 공정성을 위한 제도와 체제를 개선하고, 사회적 공정성과 정의를 수호하기 위해 노력해야 합니다. 또한 교육, 의료, 취업 등 민생 분야에 투자를 늘려 빈곤과 소득 격차 확대 문제를 해결해야 합니다. 그리고 취약계층에 대한 지원을 강화하며, 중소기업의 발전을 위한 환경을 개선하며, 산업 변화에 따른 근로자의 적응력을 높임으로써 모든 사람에게 기회가 균등하게 돌아가고 성과를 공유할 수 있도록 해야 합니다.

신사 숙녀 여러분, 친구 여러분!

중국의 고대 선현들은 "입으로 한 말은 반드시 해야 한다(口言之, 身必行之.)"고 했습니다. " 아시아-태평양 지역이 더 큰 발전을 이루기 위해서는 모든 구성원이 착실하게 행동에 나서야 합니다. 세계 제2의 경제 대국인 중국은 자신의 책임을 잘 알고 있습니다. 지난 5년 동안, 우리는 자발적으로 경제의 뉴노멀에 적응하고 시대적 특징을 파악하고 선도하며, 공급 측면에서의 구조적 개혁을 심화하며, 경제가 안정과 발전을 유지하도록 촉진시킴으로써 효율성이 높고 공평하고 지속 가능한 고품질 발전을 추진해왔습니다. 지난 4년 동안, 중국 경제는 평균 7.2%의 성장률을 보이며 세계경제 성장에 평균 30% 이상 기여하여 세계경제의 주요 원동력이 되었습니다.

우리는 개혁을 전면적으로 심화하여, 발전을 저해하는 제도적·체제적 장애를 허물고, 360개 중대 개혁 계획과 1,500여 개 개혁 시책을 발표하고, 여러 중요 분야와 핵심 고리의 개혁에서 돌파구를 마련했으며, 주요 분야의 개혁을 위한 기본 틀을 확립했습니다. 우리는 새로운 개방형 경제체제 건설을 가속화하고, 대외무역과 투자의 방식을 바꾸었으며, 대외무역의 확대를 양적 개선에서 질적 향상으로 계속 추진해왔습니다.

우리는 이론·실천·제도·문화적 혁신과 다른 분야에서의 혁신을 전방위적으로 추진하여 성장을 위한 새로운 동력을 창출해왔습니다. 중국은 혁신에 이로운 다양한 요소가 효과를 발휘하는 광범위한 플랫폼이 되고 있습니다. 인프라, 경제 형태, 상업 형태, 소비 형태 등 모든 분야에서 혁신을 위한 동력이 생겨나고 있습니다.

우리는 인민 중심의 발전 이념을 철저히 실천하고, 발전의 포용성과 공유 수준을 높여왔습니다. 또한 인민 소득이 지속적으로 증가하여 수년 연속 동기 국내총생산을 능가했습니다. 도시와 농촌 간의 소득 분배 격차가 계속해서 줄고, 중산층이 계속해서 확대되고, 지니계수가 하락하고, 도시 신규 일자리 수가 4년 연속 1,300여만 개를 유지했습니다. 녹색발전이 놀라운 결과를 이루었으며, 에너지 및 자원 소비의 강도가 크게 감소했으며, 생태환경 관리가 크게 강화되었습니다.

모든 가난한 사람들을 빈곤에서 벗어나게 하는 것은 중국 정부가 인민에게 한 약속이며, 제가 가장 염려하고, 가장 많은 에너지를 쏟은 일이기도 합니다. 지난 5년 동안, 저는 빈곤의 근본 원인을 파악하고 효과적인 조치를 취하기 위해, 전국의 많은 빈곤 지역을 방문했습니다. 중국은 빈곤 공격전에서 결정적인 진전을 이뤘습니다. 지난 5년 동안, 6천여 만의 빈곤층이 잇따라 빈곤에서 벗어났고, 빈곤 발생률은 계속해서 감소했으며, 빈곤 지역 농촌 주민의 1인당 소득은 두 자릿수 성장을 유지했습니다. 우리는 어렵게 얻은 이 성과에 자부심을 느낍니다.

신사 숙녀 여러분, 친구 여러분!

중국의 발전은 역사적 과정입니다. 지난달에, 제19차 중국공산당 전국대표대회가 베이징에서 성공적으로 개최되었습니다. 더 나은 삶에 대한 인민의 열망에 초점을 맞춘 대회는 신시대 중국 특색 사회주의 발전을 위한 행동 강령과 비전을 공식화했습니다. 즉 2020년까지 전면적으로 샤오캉사회를 건설하고, 2035년까지 기본적으로 사회주의 현대화를 실현하며, 금세기 중반까지 번영하고 부강하고 민주적이고 문명하고 조화롭고 아름다운 사회주의 현대화 국가를 건설하는 것입니다. 중국공산당의 지도 아래, 중국 인민은 새로운 여정을 시작할 것입니다.

첫째, 이는 개혁을 전면적으로 심화시키고, 발전을 위한 활력을 지속적으로 방출하는 새로운 여정입니다. 발전 과정에서의 난관과 문제들을 해결하는 열쇠는 개혁을 전면적으로 심화시키는 데 있습니다. 우리는 문제 지향적 접근 방식을 강화하고, 이를 저해하는 낡은 사상·관념과 제도·체제를 단호하게 없애며, 굳어진 이해관계의 장벽을 허물고, 전 사회의 창조성과 발전을 위한 활력을 자극할 것입니다. 우리는 체계적이고 완비된, 과학적이고 표준화된, 효과적인 제도적 시스템을 구축하고, 국가 거버넌스 시스템과 거버넌스 역량을 지속적으로 현대화할 것입니다. 내년이면 개혁개방 40주년 기념행사를 성대하게 거행할 것입니다. 중국의 개혁은 더 넓은 범위에서, 더 많은 조치와 강도로 이루어질 것입니다.

둘째, 이는 시대에 발맞추고, 발전모델을 혁신하는 새로운 여정입니다. 중국 경제는 고속 성장 단계에서 고품질 발전단계로 전환되었습니다. 우리는 새로운 발전 이념으로, 품질 우선, 효율성 우선의 원칙을 견지하며, 현대적인 경제 시스템을 구축할 것입니다. 공급 측면에서의 구조적 개혁을 주축으로 경제 발전의 질·효·동력의 변화를 추진하고, 총 요소 생산성을 제고하며, 실물경제, 과학기술혁신, 현대화 금융, 인적자원이 조화롭게 발전하는 산업 시스템 건설을 가속화하는 데 주력하고, 시장 체제가 효과적으로 기능을 발휘하고, 미시적 주체가 활력이 넘치며, 거시조절이 적절한 경제 시스템 구축을 추진하여 경제의 혁신력과 경쟁력을 지속적으로 제고시킬 것입니다. 인터넷, 빅데이터, 인공지능, 실물경제의 심층적인 통합을 추진하고, 디지털 경제, 공유경제, 청정에너지 등 분야에서의 새로운 성장 동력을 육성할 것입니다. 계속해서 지역 조정 발전을 위한 새로운 체제와 방향을 모색하고, 베이징-톈진-허베이와 창장 경제벨트의 조화로운 발전을 적극적으로 추진하며, 슝안신구(雄安新區)와 GBA(Guangdong-Hong Kong-Macao Greater Bay Area)를 건설하고, 세계적 수준의 도시 군을 건설하여 새로운 경제 성장을 창출할 것입니다.

혁신의 속도가 가속화되고 발전 수준이 한층 업그레이드된 중국은 새로운 업종이 끊임없이 등장하고, 혁신을 통한 성과의 전환과 응용이 가속화되며, 지역경제가 협동적으로 발전할 것이며, 이를 통해 더 많은 협력의 기회를 창출하고, 더 많은 국가가 중국 발전의 급행열차를 얻어 탈 수 있게 될 것입니다.

셋째, 이는 세계를 향해 더 나아가고, 더 높은 수준의 개방형 경제를 발전시키기 위한 새로운 여정입니다. 중국의 대외개방은 멈추지 않을 것입니다. 우리는 각국과 함께 '일대일로' 건설을 더욱 촉진시키고, 공동 발전에 새로운 동력을 더할 것입니다. 또한 높은 수준의 무역 및 투자의 자유화·편리화 정책을 실행하고, 시장 진입 허가 전 국민 대우 플러스 네거티브 리스트 관리제도(准入前國民待遇加負面清單管理制度)를 전면적으로 시행하여 시장 접근을 대폭 완화하고, 서비스 산업의 대외개방을 확대하며, 외국인 투자의 합법적 권익을 보호할 것입니다. 중국에 등록된 모든 기업은 차별 없이 평등하게 대할 것입니다. 시범자유무역지대에 더 큰 자율성을 부여하고 자유무역항 건설을 모색할 것입니다. 또한 관련 국가와의 자유무역협정 및 투자협정 협상·체결을 가속화하고, 아시아태평양자유무역지대 건설을 추진하며, 역내 전면적 경제 동반자 관계 협정 협상의 조속한 타결을 추진하고, 자유무역지대의 글로벌 네트워크를 구축할 것입니다.

앞으로 15년 동안, 중국 시장은 더욱 확대되고, 발전 범위는 더 넓어질 것입니다. 24조 달러의 상품을 수입하고, 2조 달러의 외국인 직접투자를 흡수하며, 해외투자 규모는 2조 달러에 이를 것으로 예상됩니다. 내년 11월에는 상하이에서 제1회 중국 국제 수입 박람회를 개최하여 관련 각국의 중국 시장 개척과 협력을 위해 새로운 플랫폼을 구축할 것입니다.

넷째, 이는 인민을 중심으로 하며, 인민의 더 나은 삶을 향한 새로운 여정입니다. 인민이 더 나은 삶을 살 수 있도록 하는 것이 모든 업무의 출발점이자 최종 목표입니다. 우리는 발전 과정에서 민생을 보장하고 개선하고, 더 나은 삶에 대한 인민의 요구를 계속해서 충족시키고, 사회적 공정과 정의를 계속해서 추진하여 인민의 성취감, 행복감, 안전감을 향상하고 보장하며 지속 가능하도록 할 것입니다. 정확한 빈곤 구제, 정확한 빈곤 퇴치를 계속해서 추진하여 2020년까지 중국의 현재 기준으로, 농촌 빈곤 인구가 빈곤에서 벗어날 수 있도록 할 것입니다. 샤오캉사회를 전면적으로 실현하려면 13억 인구가 누구 하나 빠져서도 안 됩니다.

우리는 생태문명 체제 개혁을 가속화하고 녹색·저탄소·지속 가능한 발전을 견지하며, 생태환경보호제도를 엄격히 시행할 것입니다. 2035년까지 중국의 생태환경은 근본적으로 개선될 것이며, 아름다운 중국이라는 목표는 기본적으로 실현될 것입니다. 우리는 기후변화에 적극적으로 대응하고, 인류 공동의 터전을 지켜낼 것입니다. 중국의 이산화탄소 배출량은 2030년경에 정점을 찍되, 가능한 한 빨리 정점을 찍기 위해 노력할 것이며, 1차 에너지 소비에서 비 화석 에너지가 차지하는 비율은 약 20%에 달할 것입니다. 옳다고 판단되는 일이라면, 우리는 꾸준히 해나갈 것입니다!

다섯째, 이는 신형 국제관계와 인류운명공동체 구축을 추진하는 새로운 여정입니다. 중국 인민의 꿈은 각국 인민의 꿈과 밀접하게 연결되어 있습니다. 오늘날의 세계는 도전으로 가득 차 있고, 앞으로의 길은 순탄하지 않겠지만, 우리는 계속해서 이상을 추구할 것입니다. 우리는 각국과 함께 항구적인 평화·보편적 안보·공동 번영·개방과 포용의 깨끗하고 아름다운 세계를 건설하기 위해 더 많은 노력을 기울일 것입니다.

중국인들은 '이화위귀', '협화만방'의 사상을 숭상해왔습니다. 우리는 평화적 발전 노선을 견지하고, 언제나 세계와 아시아-태평양 지역의 평화와 안정의 닻이 될 것입니다. 우리는 올바른 의리관을 견지하며, 글로벌 파트너십을 적극적으로 발전시키며, 각국과의 이익 접점을 확대하여 서로 존중하고 공평하고 정의로우며 협력윈윈하는 신형 국제관계 구축을 추진해나갈 것입니다. 또한 공동 협상·공동 건설·공동 향유의 이념에 따라 글로벌 거버넌스 시스템의 개혁과 건설에 적극적으로 참여하며, 국제정치와 경제 질서의 발전을 보다 공정하고 공평한 방향으로 추진할 것입니다.

신사 숙녀 여러분, 친구 여러분!

아시아-태평양 지역의 평화, 안정, 번영은 아시아-태평양 지역 인민의 일이며, 역내 인민이 손잡고 이뤄나가야 합니다. 신뢰·포용·협력·상생을 지향한 동반자 관계는 아시아-태평양 대가족의 정신적 유대이며, 아시아-태평양 지역 국가 간 협력이 올바른 방향으로 나아가도록 하는 중요한 보장입니다. 우리 함께 착실하게 협력을 추진하고 행동에 나서 아시아-태평양 지역의 더 나은 내일을 열어갑시다!

감사합니다.

# 손잡고 더 나은 세상을 만들어가자[79)]

●● 2017년 12월 1일 ●●

존경하는 각국 정당 지도자 여러분,

신사 숙녀 여러분, 친구 여러분:

안녕하십니까! 저는 오늘 세계 각국에서 오신 정당과 정치단체 지도자 여러분과 함께 중국공산당과 세계정당 고위급대회에 참석하게 되어 대단히 기쁩니다. 협력의 대계를 함께 논의하기 위해 연말의 바쁜 업무에도 불구하고 소중한 시간을 내주셨다는 사실이 인류의 발전과 세계의 미래에 대한 여러분의 관심을 충분히 보여주었습니다.

이 자리에서 중국공산당을 대표하여, 그리고 저 개인적으로 멀리 오신 전 세계 친구 여러분께 따뜻한 환영의 인사를 전합니다! 중국공산당 제19차 전국대표대회가 열렸을 때, 많은 정당과 정치단체, 지도자들이 축하 메시지를 받았습니다. 저는 오늘 이 기회를 빌려 여러분께 진심 어린 감사를 드립니다!

중국공산당 제19차 전국대표대회는 지금부터 금세기 중반까지 중국 발전의 청사진을 제시하고, 각국과 협력하여 인류운명공동체 구축을 추진하겠다는 진지한 열망을 선언했습니다. 정당은 한 나라의 정치에서 중요한 역할

79) 이는 시진핑 동지가 베이징에서 열린 '중국공산당과 세계정당 고위급대화(中國共產黨與世界政黨高層對話會)'에서 한 기조연설이다.

을 하며, 인류문명의 진보를 촉진시키는 중요한 힘이기도 합니다. 이 자리에 계신 여러분은 세계 각국에서 오신 300개에 가까운 정당과 정치단체 지도자이십니다. 여러분과 저의 소감을 공유하고자 합니다.

신사 숙녀 여러분, 친구 여러분!

시대를 통틀어 행복하고 아름다운 삶을 사는 것은 항상 인류의 꿈이었습니다. 수천 년의 문명 발전사에서 인류는 눈부신 문명을 창조했지만, 전쟁과 갈등이 끊이지 않았고, 각종 자연재해, 질병, 전염병과 함께 인류는 수많은 고난을 겪었으며, 고통스러운 대가를 치렀습니다. 오늘날 인터넷, 빅데이터, 클라우드 컴퓨팅, 양자위성, 인공지능의 급속한 발전으로 인간의 삶은 그 어느 때보다 상호 연결되어 있으며, 인류가 직면한 글로벌 문제는 숫자·규모에 있어 전례가 없던 일입니다. 세계 각국 인민의 미래와 운명은 갈수록 더 밀접하게 연관되어 있습니다.

이러한 상황에 직면하여, 인류는 두 가지 선택을 할 수 있습니다. 하나는, 권력과 이익을 위해 치열하게 경쟁하고, 심지어 서로 싸우는 것입니다. 이러한 선택은 재앙적인 위기를 초래할 가능성이 높습니다. 다른 하나는, 시대의 흐름에 순응하고, 도전에 맞서기 위해 협력하고, 글로벌 협력을 추진하는 것입니다. 이는 인류운명공동체를 건설하는 데 유리한 조건을 마련해주게 됩니다. 우리는 역사적 기회를 포착하고, 올바른 선택을 하며, 인류의 더 밝은 미래를 공동으로 창조해야 합니다.

중화민족은 유구한 역사와 찬란한 문명을 가지고 있지만, 근대에 들어와서 피와 불의 환난을 겪었습니다. 중국 인민은 운명에 굴복하지 않고, 떨쳐 일어나 저항하고, 자강불식하며, 오랜 투쟁 끝에 중화민족의 위대한 부흥을 실현하는 탄탄대로에 들어섰습니다. 역사를 돌아보면, 중화민족이 오늘날까지 지속되고, 5천여 년의 중화 문명을 지탱해올 수 있었던 것은 중화민족의 혈맥 속에 뿌리 내린 오랜 문화적 유전자 때문입니다. 중화민족은 예로부터 '천하일가(天下一家, 온 세상이 한 가족이라는 뜻)'를 강조하며, 민포물여(民胞物與, 인류는 동포이고 만물은 벗이라는 뜻), 협화만방, 천하대동(天下大同) 사상을 숭상해왔으며, "대도가 행해지면, 천하를 공공의 것으로 삼는다"의 아름다운 세상을 동경해왔습니다. 세계 각국에 다양한 이견과 갈등이 있고, 티격태격할 때가 있겠지만, 각국 인민들이 같은 하늘 아래 살고 있기 때문에 한 가족입니다. 세계 각국 인민은 '천하일가'의 이념을 견지하고, 서로를 이해하고, 차이를 유보하면서 공통점을 찾고, 인류운명공동체를 구축하기 위해 함께 노력해야 합니다.

2013년에 저는 최초로 인류운명공동체를 건설하자는 제안을 내놓았습니다. 그 이후 중국은 세계 각국과의 우호적 협력이 확대되는 성과를 이루고, 인류운명공동체 이념이 갈수록 더 많은 사람들의 지지와 칭찬을 받아왔습니다. 이 제안이 점차 실행되고 있다는 생각에 대단히 기쁩니다.

제가 '일대일로' 이니셔티브를 제안한 것은 인류운명공동체 이념을 실천하기 위함이었습니다. 지난 4년 동안, '일대일로' 공동 건설은 관련 각국이 공동 발전을 이루기 위한 거대한 협력 플랫폼으로 거듭났습니다. 작은 개천이 모여서 큰 바다를 이루고, 작은 별빛이 은하수를 밝힙니다. 각국이 인류운명공동체 이념을 수립하고, 함께 계획하고 실천하면서 조금씩 꾸준히 노력한다면, 인류운명공동체 구축의 목표를 반드시 실현할 수 있다고 확신합니다.

신사 숙녀 여러분, 친구 여러분!

인류운명공동체는 글자 그대로 세계 여러 민족과 각국의 미래와 운명을 밀접하게 연결하여 어려움 속에서 일심협력하고, 생사고락을 같이하면서 우리가 태어나고 자란 지구를 화목한 대가족으로 만들고, 더 나은 삶을 위한 세계 각국 인민들의 염원을 현실로 만들기 위해 노력해야 한다는 것을 의미합니다.

— 공포가 없는 보편적 안전이 유지되는 세상을 건설하기 위해 노력해야 합니다. 인류문명의 발전 과정을 살펴보면, 인류는 수천 년 동안 항구적인 평화를 고대해왔지만, 전쟁은 인류에게서 결코 멀어지지 않았고, 인류는 항상 전쟁의 위협에 직면해 있습니다. 인류는 하나의 지구에 살고 있습니다. 한 나라의 안보는 다른 나라의 불안 위에 세워질 수 없으며, 다른 나라가 직면한 위협이 자국에 도전이 될 수도 있는 것입니다. 갈수록 더 복잡해지고 다양해지는 안보위협에 직면하여 혼자서 싸우거나 무력을 행사하는 것은 통하지 않습니다. 공동·종합·협력·지속 가능한 새로운 안보관을 견지하고, 공정과 정의가 지켜지고, 공동 건설·공동 향유의 안보 구도를 구축하고, 힘을 합쳐 전쟁의 근본 원인을 제거하고 총과 포병에 쫓기는 사람들을 구출하고 전쟁의 불길에 그을린 여성과 어린이를 보호하여 평화의 태양이 지구를 비추고 모든 사람이 평안하고 화목한 삶을 살 수 있도록 해야 합니다.

— 빈곤 없는 세상, 공동 번영의 세계를 건설하기 위해 노력해야 합니다. 오늘날 세계의 물질기술 수준은 고대인들이 상상할 수 없는 수준까지 발전했으나, 발전의 불균형, 불충분 문제가 존재하며, 남북의 발전 격차가 크며, 빈곤과 굶주림 문제가 심각하며, 새로운 디지털 격차가 형성되고 있으며, 많은 국가 인민들이 어려운 상황에 처해 있습니다. 너 죽고 나 살자는 식의 승자독식의 논리, 야바위판이나 이웃에게 화를 전가하는 식의 낡은 방식을 따른다면 필연적으로 남의 문뿐만 아니라 자신의 길까지 막게 될 것이며, 이로 인해 자체의 발전 기반을 무너뜨리고, 전 인류의 미래를 망가뜨리게 될 것입니다. 누이 좋고 매부 좋게 개방적이고 포용적이고 보편적 특혜를 주고 균형 잡힌 상생하는 경제 글로벌화를 추진하여 전 인류의 공동 발전을

위한 양호한 환경을 조성함으로써 함께 세계 각국의 발전과 번영을 추진하고, 많은 나라 인민이 여전히 직면하고 있는 빈곤과 낙후의 현실을 없애고, 세계 어린이들을 위해 의식주 걱정 없는 삶을 창조하여 발전의 과실이 세계 각국에 혜택을 가져다주고 모든 사람이 풍족하고 평안한 삶을 누릴 수 있도록 해야 합니다.

— 닫히지 않는 개방적이고 포용적인 세상을 만들기 위해 노력해야 합니다. 중국의 속담에 "만물은 서로 해치지 않고 함께 성장하며 서로 충돌하지 않고 각자의 길을 걷는다"는 말이 있습니다. 문명의 번영과 인류의 진보는 '구동존이', 개방과 포용, 그리고 문명 간의 교류, 상호 학습을 떠나서 논할 수 없습니다. 역사는 인류문명이 함께 빛날 것을 요구합니다. 세상의 모든 문명은 조화롭게 공존하면서 그 아름다움을 한층 빛나도록 하여 인류 발전의 정신적 바탕이 되어야 합니다. 세계는 풍부하고 다채로우며, 문명은 다양하다는 이념을 견지하면서 인류가 창조한 다양한 문명이 서로 조화롭게 어우러져 화려한 한 폭의 그림이 되도록 하여 현존하는 문화의 장벽을 없애고, 인류의 정신적 교류를 가로막는 잘못된 관념을 타파하고, 인류의 교류를 저해하는 모든 정신적 장벽을 허물어 다양한 문명이 조화롭게 공존하고 사람들이 문화적 자양분을 누릴 수 있도록 해야 합니다.

— 산수가 수려한 세상을 만들기 위해 노력해야 합니다. 지구는 인류의 유일한 터전입니다. 우주에서 인류를 위한 새로운 터전을 찾는 사람들도 있지만, 이는 아득히 먼 꿈일 뿐입니다. 예견 가능한 미래까지, 인류는 계속해서 지구에서 살아야 합니다. 이는 불변의 사실입니다. 자신과 다음 세대를 위해 우리는 지구를 돌봐야 합니다. 인간과 자연의 공생과 공존의 이념에 따라 생태환경을 우리 자신의 생명처럼 소중하게 여기고 자연을 경외하고 그에 순종·보호하며 생태환경을 복구하여 조화롭고 살기 좋은 터전을 만들어 자연생태계가 회복되고 모든 사람이 녹수청산을 누릴 수 있도록 해야 합니다.

신사 숙녀 여러분, 친구 여러분!

세계의 구도와 발전 양상이 바뀌고 있는 가운데, 각국 정당은 시대 발전의 흐름에 순응하고 인류의 진보 방향을 파악하고 인류가 바라는 대로 자국의 발전을 국가, 민족, 인류 발전과 긴밀히 연결시켜야 합니다. 우리는 원대한 이상을 가지고 과감히 책임을 지며 세계적·대국적·미래지향적인 자세로 시대적 사명을 다해야 합니다. 또한, 국민의 사정과 형편을 깊이 관찰하고 인민의 요구를 정당의 이념, 취지, 목표에 반영하여 이에 따라 현실에 맞는 대책을 마련해야 합니다. 인류운명공동체를 구축하기 위해서는 세계 각국 인민의 공동 참여가 필요합니다. 다양한 국적, 신념, 문화 배경을 가진 서로 다른 지역 인민들이 합의를 이루도록 추진하여 인류운명공동체 구축이라는 위대한 사업을 위해 노력해야 합니다.

원대한 꿈을 이루기 위해서는 지혜와 힘이 필요합니다. 전방위적, 다층적, 다각도로 지혜를 모아 실천 속에서 경험을 종합하여 방법을 찾아내고 생각을 업그레이드하며 동력을 얻어야 합니다. 각국 정당 간에는 상호 신뢰·소통·협력을 강화하여 신형 국제관계에 기초하여 '구동존이'·상호 존중·상호 학습을 지향한 신형 정당관계 구축을 모색하고, 다양한 형태, 다양한 수준에서의 교류·협력을 위한 국제정당 네트워크를 구축하여 인류운명공동체 구축을 위한 강력한 힘을 모아야 합니다.

"일은 해야 큰 업적을 이룰 수 있고, 길은 걸어야 탄탄대로를 개척할 수 있는 것입니다.(事要去做才能成就事業, 路要去走才能開辟通途.)." 인류운명공동체를 구축하는 것은 하룻밤 사이에 이룰 수 없는 역사적 과정이며, 그 과정은 순탄하지 않을 것이며, 따라서 장기적이고 힘든 노력이 필요합니다. 인류운명공동체를 구축하기 위해서는 인내심을 갖고 끊임없이 노력을 기울여야 합니다. 그 과정이 힘들고 복잡하여, 꿈이 멀다는 이유로 포기해서는 안 됩니다.

신사 숙녀 여러분, 친구 여러분!

중국 인민의 행복과 인류의 진보라는 위대한 사업을 위해 분투하는 정당인 중국공산당은 세계에서 가장 큰 정당인만큼 추진하고 있는 모든 일은 중국 인민의 행복, 중화민족의 부흥, 인류의 평화와 발전을 위한 것입니다. 우리는 우리 자신이 해야 할 일을 잘해야 합니다. 그 자체로 인류운명공동체 구축을 위해 기여할 수 있기 때문입니다. 우리는 중국의 발전을 추진하여 세계를 위해 더 많은 기회를 창출해야 하며, 다양한 실천을 통해 인류사회 발전의 법칙을 탐구하고 이를 각국과 공유해야 합니다. 우리는 외국의 모델을 '수입'하지 않되, 중국의 모델을 '수출'하지도 않을 것이며, 또한 각국이 중국의 관행을 '복사'하도록 요구하지도 않을 것입니다. 중국공산당은 언제나 다음의 몇 가지를 견지할 것입니다.

첫째, 세계 평화와 안정을 위해 기여할 것입니다. 약 100년 전, 중국공산당은 중국 사회의 격동 속에서 탄생했습니다. 설립 당시의 임무 중 하나는 19세기 중반부터 시작된 잦은 전쟁과 백성이 편히 살아갈 수 없었던 비극적인 상황을 종식시키는 것이었습니다. 1921년부터 1949년까지, 중국에 평화와 안정을 이룩하고 중국 인민이 평화롭고 만족스럽게 생활하고 일할 수 있도록 중국공산당은 단결하여 중국 인민을 이끌고 28년 동안의 무장투쟁을 전개하여 막대한 희생을 치렀습니다. 그리하여 중국공산당은 평화의 소중함을 잘 알고 있으며 평화를 수호할 확고한 의지를 가지고 있습니다. 중국은 평화·발전·협력·상생의 기치를 높이 들고 확고부동하게 평화적 발전의 노선을 견지할 것이며, 글로벌 파트너십 구축을 적극적으로 추진하며 국제적 이유와 어려운 문제의 정치적 해결 과정에 자발적으로 참여할 것입니다. 중국은 36,000여 명의 평화유지군을 파견했습니다. 중국은 유엔 평화유지활동을 위한 주요 출병국(出兵國)이자 주요 출자국(出資國)입니다. 지금 이 순간에도 2,500여 명의 중국 장교와 병사들이 8개 평화유지임무구역에서 고난과 위험을 무릅쓰고 현지 평화와 안정을 수호하고 있습니다. 중국은 글로벌 거버넌스 시스템의 개혁과 건설에 적극적으로 참여하고, 국제 정치·경제가 보다 공정하고 합리적인 방향으로 발전하도록 촉진케 할 것입니다. 중국이 아무리 발전해도 패권과 확장을 추구하지 않을 것입니다. 세계 각국의 정당들이 세계 평화를 구축하고, 세계 발전에 기여하며, 국제질서를 수호하는 데 함께할 것을 제안합니다.

둘째, 세계의 공동 발전을 위해 기여할 것입니다. 대중 속에서 탄생하고 인민의 힘으로 발전하고 성장한 중국공산당은 인민을 깊이 사랑해왔습니다. 중국공산당은 중국 인민뿐만 아니라 세계 각국 인민을 사랑하며 인민에게 행복을 가져다줄 것입니다. 중국은 오랫동안 수많은 개발도상국에 많은 무상원조, 특혜차관 그리고 기술적·인적·지적 지원을 제공하여 경제·사회 발전과 민생 향상을 위한 수많은 사업을 이루었습니다. 오늘날 수천수만 명의 중국 과학자, 엔지니어, 기업가, 기술자, 의료진, 교사, 일반 노동자, 자원봉사자들이 개발도상국에서 현지인들과 손잡고 어깨를 나란히 하며 그들의 운명을 바꾸기 위해 돕고 있습니다. 중국공산당 제19차 전국대표대회의 결정에 따라 중국은 2020년까지 샤오캉사회를 전면적으로 건설하고 2035년까지 기본적으로 사회주의 현대화를 실현하며 금세기 중반까지 중국을 번영하고 부강하고 민주적이고 문명하고 조화롭고 아름다운 사회주의 현대화 국가로 건설할 것입니다. 이는 중국 인민과 세계 각국 인민에게 이롭습니다. 세계 각국의 정당들이 우리와 함께 세계 협력을 위해 더 많은 기회를 창출하고, 세계 각국의 공동 발전과 번영을 위해 노력할 것을 제안합니다.

셋째, 세계문명 간의 교류와 상호 학습을 위해 기여할 것입니다. "다른 산에서 나는 거칠고 나쁜 돌이라도 숫돌에 갈면 자기의 옥이 될 수 있습니다(他山之石, 可以攻玉.)." 중국공산당은 언제나 세계적인 안목으로 세계 각국 인민이 창조한 문명 성과를 배우고 참고하여 중국의 실제에 적용해야 한다고 강조해왔습니다. 마르크스주의는 중국 공산주의자들이 해외에서 배워 온 과학적인 진리입니다. 우리는 중국의 실정에 따라 마르크스주의를 중국화·현대화·대중화하여 중국 인민을 이끌고 지속적으로 진보하도록 중국공산당을 지도하는 과학적인 이론으로 성장하도록 했습니다. 중국공산당은 세계 각국 인민의 문명 성과를 열린 시야와 열린 마음으로 바라볼 것입니다. 세계 각국 인민 및 정당과 대화·교류·협력을 전개하며, 각국 인민 간의 인문교류와 민간 친선을 강화하도록 지지할 것이며, 앞으로 5년 동안 전 세계 정당 인사 15,000명에게 중국에 와서 교류하는 기회를 제공할 예정입니다. 우리는 중국공산당과 세계 정당 간의 고위급대화를 체제화 하여, 이 대화가 점차 대표적이고 국제적 영향력을 지닌 고급 정치적 대화를 위한 플랫폼으로 거듭나도록 추진할 것을 제안합니다.

신사 숙녀 여러분, 친구 여러분!

2,000여 년 전, 중국의 고재 사상가 공자께서는 "득이 되는 벗에는 세 종류가 있다. 정직한 사람, 어진 사람, 견문이 넓은 사람이다(益者三友, 友直, 友諒, 友多聞.)"라고 하셨습니다. 중국공산당은 널리 천하의 친구를 사귀고 싶습니다. 오랫동안 중국공산당은 세계 160여 개 국가·지역의 400여 개 정당 및 정치단체와 정기적인 관계를 유지해왔으며 '친구 서클'이 계속해서 확대되었습니다. 앞으로 중국공산당은 세계 각국의 정당과 왕래를 강화하고, 국정 경험을 공유하고, 문명 간의 교류와 대화를 전개하고, 서로의 전략적 신뢰를 증진하고, 세계 각국의 인민들과 함께 인류운명공동체 구축을 추진하여 아름다운 세계를 건설하기 위해 노력하고자 합니다.

마지막으로, 중국공산당과 세계정당 고위급대화의 원만한 성공을 기원합니다!

감사합니다.

# 개방은 공동 번영을 가져오고, 혁신은 미래를 선도한다[80)]

●● 2018년 4월 10일 ●●

존경하는 각국 원수, 정부 수반, 국제기구 수장, 장관 여러분,

존경하는 보아오포럼 현임 이사 그리고 후보 이사 여러분,

내외 귀빈 여러분,

신사 숙녀 여러분, 친구 여러분:

산과 바다가 푸른 화창한 중춘(仲春)에 각국의 정상들이 하이난(海南)에 모여 보아오포럼 2018년 연례회에 참석하게 되었습니다. 하이난에는 "오래도록 못 보았어도 오랫동안 본 것 같고, 오랫동안 보았어도 다시 보고 싶네(久久不見久久見, 久久見過還想見)"라는 민요가 전해집니다. 오늘 이 자리에서 친구 여러분을 만나게 되어 대단히 기쁩니다.

먼저 저는 중국 정부와 중국 인민을 대표하여, 그리고 저 개인적으로 멀리 오신 여러분께 진심 어린 환영을 표합니다! 그리고 연례회의 개최를 축하합니다!

보아오포럼은 창립 이후, 아시아에 기반을 두고 세계를 향하여 아시아 각국의 공감대 형성, 각국 간의 협력 증진, 경제 글로벌화 촉진, 인류운명공동

80) 이는 시진핑 동지가 아시아 보아오포럼 2018년 연례회 개막식에서 한 기조연설이다.

체 구축을 위해 적극적으로 의견과 대책을 내놓고, 의미 있는 '보아오 방안(博鼇方案)'을 제안하면서 많은 공헌을 해왔습니다. 이 자리를 빌려 곧 퇴임하시는 이사님들께 진심으로 감사드리고, 새로 선출된 이사님들께 따뜻한 축하의 말씀을 드립니다.

올해 연례회는 「개방적이고 혁신적인 아시아, 번영·발전하는 세계(開放創新的亞洲, 繁榮發展的世界)」를 주제로 삼아 시대의 흐름과 각국의 기대에 부응하려는 목표를 이루기 위해 열렸습니다. 여러분께서 자유롭게 의견을 나누시며 통찰력 있는 논의가 진행되리라 믿습니다.

신사 숙녀 여러분, 친구 여러분!

역사는 언제나 주기적으로 사람들에게 지혜를 얻고 계속 나아가도록 힘을 부여합니다. 2018년은 중국의 개혁개방이 40주년을 맞이하는 해이자, 하이난성이 경제특구로 지정된 지 30주년이 되는 해입니다. 하이난성은 그야말로 개혁개방 덕분에 탄생하고 개혁개방을 통해 번영해졌습니다. 개혁개방 이후 하이난은 국경의 폐쇄·낙후된 섬에서 중국에서 가장 개방적이고 역동적인 지역 중의 하나로 발전했으며, 경제·사회적으로 커다란 발전을 이루었습니다.

한 방울의 물이 태양의 광채를 반사할 수 있듯이 한 지역이 한 나라의 면모를 보여줄 수 있습니다. 하이난은 개혁개방 이후 40년 동안의 중국의 모습을 그대로 보여주고 있습니다.

1978년, 덩샤오핑의 주도하에 중국공산당 제11기 중앙위원회 제3차 전체회의(中共十一屆 三中全會)가 개최된 이후, 중국은 개혁개방의 역사적 여정에 들어서게 되었습니다. 농촌에서 도시, 시범적 실행에서 대중화, 경제의 구조적 개혁에서 개혁의 전면적인 심화에 이르기까지, 40년 동안 중국 인민은 뜻을 모으고, 서로 격려하고 분투하며, 초목이 자라기에 알맞은 봄바람과 소나기처럼 국가와 민족 발전의 장엄한 서사시를 써 내려갔습니다.

— 지난 40년 동안, 중국 인민은 강경하고 끈질기게 투쟁하면서 중국의 사회적 생산력을 크게 해방하고 발전시켜왔습니다. "하늘은 인간에게 은밀하게 성공의 길을 보였으니 오로지 근면함으로만 보람을 얻을 것이다(天道酬勤, 春華秋實.)"라는 말처럼 중국 인민은 끊임없이 건설에 관심을 쏟고, 개혁개방을 견지하며, 인내하여 중국 땅에 천지개벽의 변화가 일어나게 했습니다. 오늘날 중국은 세계 제2의 경제 대국, 제1의 산업 국가·무역 상대국·외환보유국으로 거듭났습니다. 지난 40년 동안, 중국의 국내총생산은 연평균 약 9.5%의 성장률을 기록했으며, 중국의 대외 무역량은 미국 달러 기준으로 연평균 14.5%의 성장률을 기록했습니다. 현재 유엔 기준에 따르면 전 세계 빈곤 퇴치 인구의 70% 이상을 차지는 7억이 넘는 빈곤층이 빈곤에서 벗어나, 중국 인민의 삶은 궁핍에서 풍요로, 빈곤에서 샤오캉으로 전환되었습니다.

— 지난 40년 동안, 중국 인민은 줄곧 탐색하고 적극적으로 진취하며 중국 특색 사회주의의 길을 개척해왔습니다. 중국 인민은 자국의 상황에서 출발하여 세계적인 안목으로 독립자주와 자력갱생의 정신을 강조하되 대외개방과 협력윈윈의 정신을 중시하며, 사회주의제도를 견지하되 사회주의 시장경제 개혁의 방향을 견지하며, "돌을 더듬어 가며 강을 건너는 식"으로 신중하게 매사를 처리하되 전략적 차원에서 전체의 국면을 기획하면서, 새로운 상황을 연구하고 새로운 문제를 해결하고 새로운 경험을 종합하여 중국 특색 사회주의의 길을 성공적으로 개척해왔습니다. 중국 인민의 성공적인 실천은 현대화로 나아가는 길은 하나가 아니며, 우리가 올바른 방향을 찾아 계속해서 질주하는 한, 모든 길은 로마로 통한다는 사실을 전 세계에 보여주었습니다.

— 지난 40년 동안, 중국 인민은 시대에 발맞추어 앞을 내다보며 중국의 역량을 충분히 보여주었습니다. 중국 인민은 끊임없이 사상을 해방하고 실사구시의 정신으로 사상적 해방과 개혁개방의 상호 충격, 관념적 혁신과 실천적 탐구의 상호 촉진을 실현하여 사상의 선도적 역할을 충분히 보여주었으며, 자아혁명(自我革命), 자아혁신(自我革新)을 통해 중국 특색 사회주의제도를 끊임없이 완비하고 발전을 가로막는 각종 제도적 장치의 결함을 끊임없이 개선함으로써 제도적 보장의 위력을 충분히 보여주었으며, 도전과 시도를 두려워하지 않고 용감하게 앞장서며 전례 없는 열의와 진취 정신과 창조력으로 13억이 넘는 인민이 국가의 주인이자 진정한 영웅으로서 역사발전을 이끄는 강력한 힘을 충분히 보여주었습니다.

— 지난 40년 동안, 중국 인민은 시종일관 마음을 열고 세계를 포용하며 세계에 적극적으로 기여해왔습니다. 개혁개방이 실시된 40년은 중국과 세계가 공동으로 발전하고 진보해온 위대한 과정입니다. 중국 인민은 대외개방의 기본 국책을 견지하면서 문을 열고 건설을 추진하여 폐쇄·반폐쇄적인 국면을 전면적으로 개방하는 데 성공했습니다. 중국은 대외개방을 추진하는 과정에서 대국으로서의 책임감을 보여주었습니다. 외자도입 정책과 세계화 전략, 세계무역기구 가입에서 '일대일로' 공동 건설에 이르기까지, 아시아 금융위기와 국제 금융위기에 대한 중대한 공헌, 수년 연속 세계경제 성장에 30% 넘게 기여해오며, 중국은 세계경제 성장의 안정 기기이자 원동력이 되었으며 인류의 평화와 발전이라는 숭고한 사업을 추진해왔습니다.

오늘날 중국 인민은 중국의 제2차 혁명인 개혁개방이 중국을 근본적으로 변화시켰을 뿐만 아니라, 세계에 깊은 영향을 미쳤다고 자랑스럽게 말할 수 있습니다!

"자연의 운행에는 법칙이 있습니다(天行有常)." "이 법칙에 순응해 다스리는 자는 길할 것입니다(應之以治則吉)." 중국의 개혁개방은 발전, 혁신,

더 나은 삶에 대한 중국 인민의 역사적 요구에 부합하며, 세계 각국 인민이 발전, 협력, 평화로운 삶을 원하는 시대 흐름에 부합합니다. 중국의 개혁개방은 필연적으로 성공할 것이고, 반드시 성공할 것입니다!

40년 동안 추진되어 온 중국 개혁개방은 사람들에게 많은 귀중한 시사점을 가져다주었습니다. 그 가운데 가장 중요한 것은 한 나라, 한 민족이 부흥하기 위해서는 역사발전의 논리에 맞게 전진하고 시대 흐름과 함께 발전해야 한다는 것입니다.

신사 숙녀 여러분, 친구 여러분!

전 세계적으로 볼 때, 오늘날 세계는 거대한 발전과 변화를 거듭하며 조정기에 접어들었으며, 인류는 여전히 많은 불안정하고 불확실한 도전에 직면해 있습니다. 새로운 과학기술혁명과 산업혁명은 인류사회의 발전에 새로운 기회를 가져다주고 있는 한편, 전례 없는 도전을 안겨주었습니다. 일부 국가·지역의 인민들은 여전히 전쟁과 분쟁의 그늘 속에서 살고 있으며, 많은 노인, 여성, 어린이들이 여전히 굶주림과 빈곤에 시달리고 있습니다. 기후변화와 중대한 전염병은 인류가 직면한 주요 과제로 남아 있습니다. 개방할 것인가 닫을 것인가, 전진할 것인가 후퇴할 것인가, 인류는 새롭고 중요한 선택을 해야 하는 시점에 와 있습니다.

복잡하고 변화하는 세상에 직면하여 인류사회는 어디로 가야 할까요? 아시아의 미래는 어디에 있을까요? 이러한 시대적 질문에 답하기 위해서는 일시적인 오해 또는 진실이 아닌 것에 휘둘리지 말고, "구름을 헤치고 해를 보는 식"으로 역사의 법칙을 파악하고 세계의 대세를 이해해야 합니다.

오늘날 평화와 협력의 물결이 거세지고 있습니다. 평화와 발전은 세계 각국 인민의 공통된 염원이며 냉전적 사고방식과 영합게임은 갈수록 시대에 뒤떨어지고 있습니다. 평화적 발전을 수호하고 함께 노력해야만 진정으로 협력 쌍방, 나아가 관련된 모두가, 더 나아가 세계 각국이 함께 이익을 얻는 국면을 이룰 수 있습니다.

오늘날 개방과 융합의 흐름이 거세지고 있습니다. 인류사회 발전의 역사는 우리에게 개방을 통해 진보하지만, 폐쇄는 후퇴를 초래한다는 도리를 일깨워주었습니다. '세계는 네 속에 내가 있고 내 속에 네가 있는' 지구촌이 되었고, 각국의 경제·사회 발전은 갈수록 서로 연결되고 서로 영향을 미치고 있습니다. 호연호통의 추진과 융합 발전의 가속화는 공동 번영·발전의 필연적인 선택이 되었습니다.

오늘날 변화와 혁신의 물결이 거세지고 있습니다. 일찍이 2,500년 전에 중국의 선현들은 "백성에게 이롭다면 굳이 옛 법을 따를 필요가 없고, 일을 이루기에 적절하다면, 굳이 옛것에 매일 필요가 없다(苟利於民, 不必法古; 苟周於事, 不必循俗.)"는 도리를 깨달았습니다. 개혁과 혁신은 인류사회 발전의 근본적인 원동력입니다. 변화를 거부하고 혁신을 거부하는 사람은 시대에 뒤처지고 역사에서 도태될 것입니다.

역사의 흐름에 순응하고 인류의 행복을 증진시키고자 저는 인류운명공동체 구축을 추진하자는 제안을 내놓았으며, 관련 당사자들과 심도 있는 의견을 많이 나눴습니다. 이 구상이 갈수록 많은 국가와 국민들에게 환영받고 인정받으며, 유엔의 중요한 문서에 기록되어 대단히 기쁩니다. 저는 각국 국민이 함께 인류운명공동체를 구축하여 평화롭고 안정적이고 번영하고 개방적이고 아름다운 아시아와 세계를 만들기 위해 노력하기 바랍니다.

— 미래를 지향하여 우리는 서로를 존중하고 평등하게 대하며, 평화공존 5원칙을 견지하며, 각국이 자주적으로 선택한 사회제도와 발전 노선을 존중하며, 서로의 핵심 이익과 중대 관심사를 존중하며, 대결보다는 대화 그리고 동맹보다는 동반자 관계에 입각한 신형 국제관계를 구축하며, 유아독존이나 승자독식의 낡은 논리를 버리며, 이웃에게 화를 전가하고 자신의 힘

을 믿고 약자를 괴롭히는 강권정치를 추구하지 않으며, 갈등과 이견을 적절히 관리하고, 항구적인 평화를 이루기 위해 노력해야 합니다.

— 미래를 지향하여 우리는 대화와 협의를 추진하고 함께 책임을 지며, 공동·종합·협력·지속 가능한 안보관을 확고히 견지하며, 유엔헌장의 목적과 원칙을 핵심으로 하는 국제질서와 국제 체제를 확고히 견지하며, 전통적·비전통적 안보위협에 대한 대응을 강화하고, 양자 및 다자간 협력을 심화하며, 다양한 안보 체제 간의 조정과 포용, 보완과 협력을 촉진시켜야 하며, 한쪽에서 무대를 만들고 저쪽에서 무너뜨려서는 안 되며, 보편적 안보와 공통적 안보를 모두 실현해야 합니다.

— 미래를 지향하여 우리는 어려움 속에서 일심협력하고, 협력윈윈하며 개방과 융통, 호혜윈윈을 지향하며, 개방형 세계경제를 건설하며, G20과 아시아태평양경제협력체와 같은 다자간 틀 안에서 협력을 강화하며, 무역과 투자 자유화와 편리화를 촉진시키며, 다자간 무역체제를 수호하여 신기술, 신산업, 신업종, 신 모델을 공동으로 개발하고, 경제 글로벌화가 보다 개방적이고 포용적이며 보편적 특혜를 주고 균형 잡힌 상생의 방향으로 발전하도록 추진해야 합니다.

— 미래를 지향하여 우리는 겸용병축(兼容並蓄, 모두 관용하여 받아들인다는 뜻), 화이부동의 자세로 양자 및 다자간 틀 안에서 문화, 교육, 관광, 청년, 미디어, 보건, 빈곤 퇴치 등 분야에서의 협력을 강화하고, 문명 간 상호학습을 촉진시켜 문명 간 교류와 상호 학습이 각국 인민 간의 우호 증진을 위한 교량, 사회 진보를 촉진시키는 원동력, 지역 및 세계 평화를 수호하는 유대로 만들어야 합니다.

— 미래를 지향하여 우리는 자연을 경외하고 지구를 사랑하며 녹색·저탄소·지속 가능한 발전 이념을 수립하며 자연생태계를 존중하고 그에 순응하고 보호해야 하며, 기후변화, 환경보호, 에너지 절약 및 유해 물질 배출량 감

소 분야에서의 교류와 협력을 강화하고 경험을 공유하고 도전에 대응하면서 생산을 발전시키고, 삶을 풍요롭게 하며, 자연생태계가 회복되는 문명적 발전을 이끌어 미래 세대를 위해 푸른 하늘과 바다, 녹수청산을 남겨주어야 합니다.

신사 숙녀 여러분, 친구 여러분!

지난해 10월에 개최된 중국공산당 제19차 전국대표대회는 중국 특색 사회주의가 새 시대에 진입했다고 선언했으며, 사회주의 현대화 강국을 전면적으로 건설하기 위한 위대한 청사진을 제시했습니다. 중국 특색 사회주의는 새로운 시대에 들어섰으며, 중화민족의 위대한 부흥을 실현하는 새로운 시대, 중국과 세계의 융합과 발전을 강화하는 새로운 시대가 열렸습니다.

시대마다 그 시대의 문제가 존재하고, 세대마다 완성해야 할 사명을 가지고 있습니다. 우리는 이미 천산만수를 넘어왔지만 계속해서 산과 강을 헤쳐나가야 합니다. 신시대 중국 인민은 네 가지 측면에서 노력할 것입니다. 첫째, 자강불식과 자아혁신을 견지할 것입니다. 개혁을 전면적으로 확고부동하게 심화하며, 산을 만나면 길을 개척하고 물을 만나면 다리를 놓는 정신으로 과감히 오랜 문제들을 해결하며, 굳어진 이익의 울타리를 과감히 돌파하면서 끝까지 개혁을 견지할 것입니다. 둘째, 계속해서 혁신을 추진하고 발전을 촉진케 할 것입니다. 인민 중심의 발전 사상을 확고히 관철하고, 새로운 발전 이념을 관철하고, 현대화 경제 시스템을 구축하고, 공급 측면에서의 구조적 개혁을 심화시키고, 혁신 주도 발전 전략, 농촌 진흥 전략, 지역 조정 발전 전략의 이행을 가속화하고, 정확한 빈곤 구제·빈곤 퇴치를 추진하고, 사회 공정과 정의를 추진하고, 인민의 이익, 행복, 안보를 끊임없이 증진할 것입니다. 셋째, 계속해서 개방을 확대하고 협력을 강화할 것입니다. 호혜윈윈의 개방 전략을 확고부동하게 견지하고, 외자도입 정책과 세계화 전략을 병행하며, 육지와 바다가 국내외로 연결되고 동서양이 공조하는 개방이 형성되도록 추진하고, 높은 수준의 무역 및 투자 자유화와 편리화 정책을 시행하고, 중국 특색의 자유무역항 건설을 모색할 것입니다. 넷째, 계속해서 세계와 함께하며, 인류에 더 큰 공헌을 할 것입니다. 확고부동하게 평화적 발전 노선을 견지하며, 글로벌 파트너십을 적극적으로 발전시키며, 다자주의를 확고히 지지하며, 글로벌 거버넌스 시스템 개혁을 추진하며, 신형 국제관계를 구축하며, 인류운명공동체 구축을 추진할 것입니다.

아무리 발전해도 중국은 그 누구를 위협하거나, 기존 국제 체제를 바꾸거나, 세력범위를 추구하거나 하지 않을 것입니다. 중국은 언제나 세계 평화의 건설자이자 세계 발전의 기여자이며 국제질서의 수호자입니다.

신사 숙녀 여러분, 친구 여러분!

세계 발전의 일반적 추세를 종합적으로 연구한 결과, 경제 글로벌화는 막을 수 없는 시대의 흐름이라는 결론에 이르렀습니다. 이러한 사실을 바탕으로, 저는 중국공산당 제19차 전국대표대회에 제출한 보고서에서 중국은 대외개방의 기본 국책을 견지할 것이며, 문을 열고 건설을 추진할 것이라는 점을 강조했습니다. 분명히 말씀드리고 싶은 것은 중국의 개방의 문은 닫히지 않을 것이며, 갈수록 더 크게 열릴 것입니다!

지난 40년 동안의 실천은 중국이 이뤄낸 경제 발전은 개방 속에서 이뤄졌으며, 앞으로 중국 경제의 수준 높은 발전도 개방 속에서 이뤄져야 한다는 사실을 증명해주었습니다. 이는 발전을 위해 중국이 내린 전략적 선택이자, 실제적인 행동으로 경제 글로벌화를 추진하여 각국 인민에게 더 큰 혜택을 가져다주는 과정이기도 합니다.

개방을 확대하는 것과 관련하여 중국은 다음과 같은 중대한 조치를 취할 것입니다.

첫째, 시장 진출 허가 조건 등을 간소화할 것입니다. 올해 몇 가지 획기적인 조치를 취할 예정입니다. 서비스업, 특히 금융업과 관련하여 지난해 말 발표된 은행, 증권, 보험 분야 외국 자본 주식비율 규제 완화를 위한 주요 조치가 시행되어야 하며, 개방을 강화하고, 보험산업의 개방 과정을 가속화하며, 외자금융기관 설립 제한을 완화하고, 중국 내 외자금융기관의 영업 범위를 확대하고, 중국과 외국 금융시장 간의 협력 범위를 넓혀야 합니다. 제조업과 관련하여, 현재 기본적으로 개방된 제조업 부문은 주로 자동차, 선박, 항공기 등 소수의 산업에 대한 규제가 유보되어 있으며, 현재 개방의 기반이 마련되었으므로 다음 단계는 외국 자본 주식비율에 대한 규제, 특히 자동차 산업에 대한 규제를 가능한 한 빨리 완화할 것입니다.

둘째, 더 편리한 투자 환경을 마련할 것입니다. 투자 환경은 공기와 같습니다. 신선한 공기가 있어야만 더 많은 외국인 투자를 유치할 수 있습니다. 과거 중국은 외국인 투자 유치를 위해 주로 특혜 정책에 의존했지만, 이제는 투자 환경 개선에 더 의존해야 합니다. 우리는 국제 경제 및 무역 규범과의 연결을 강화하고, 투명성을 높이고, 재산권 보호를 강화하고, 법에 따라 업무를 처리하고, 경쟁을 장려하고, 독점을 반대할 것입니다. 올해 3월에는 국가시장감독관리총국(國家市場監督管理總局)을 비롯한 기구를 신설하여 기존 정부기관을 대폭 개편하고 시장을 제한하는 제도와 체제의 단점을 단호히 제거하여 시장이 자원 배분에서 결정적인 역할을 할 수 있도록 하여 정부의 역할을 더 잘 수행할 수 있도록 했습니다. 올해 상반기에는 외국인 투자에 대한 네거티브 리스트 개정을 완료하고 시장 진입 허가 전 국민 대우 플러스 네거티브 리스트 관리 제도를 전면적으로 시행할 것입니다.

셋째, 지적재산권 보호를 강화할 것입니다. 이는 재산권 보호 제도 개선의 가장 중요한 내용이며, 중국의 경제 경쟁력 강화에 가장 큰 동기 부여이기도 합니다. 지적재산권과 관련하여 외국인 투자 기업은 물론, 중국 기업 역시 많은 요구 사항이 있습니다. 올해는 국가특허청(國家知識產權局)을 개편하고, 법집행 능력을 강화하고, 법집행의 강도를 높이여 불법 비용을 크게 증가시킴으로써 법적 효과를 최대한 발휘할 것입니다. 또한 중국과 외국 기업이 정상적인 기술 교류와 협력을 전개하고, 중국 내 외국인 투자 기업의 합법적인 지적재산권을 보호할 것입니다. 이와 함께 외국 정부도 중국의 지적재산권에 대한 보호를 강화하기 바랍니다.

넷째, 수입 규모를 확대할 것입니다. 내수는 중국 경제 발전의 기본 원동력이며, 더 나은 삶을 지향하는 인민들의 요구를 충족시키기 위한 불가피한 선택이기도 합니다. 중국은 무역흑자를 목표로 하지 않으며, 수입을 확대하여 경상계정을 촉진시키기 바랍니다. 올해, 자동차에 대한 수입 관세를 상당한 폭으로 인하하는 동시에, 일부 다른 제품에 대한 수입 관세를 인하하고, 대중의 수요가 상대적으로 집중된 특별한 이점을 가진 제품의 수입을 늘리기 위해 노력하며, 조속히 세계무역기구의 「정부조달협정(Government Procurement Agreement)」 적용 국가 행렬에 들어갈 것입니다. 한편 선진국들이 정상적이고 합리적인 첨단기술 제품 무역에 인위적인 제한을 가하는 것을 중단하고, 중국에 대한 첨단기술 제품 수출 통제를 완화하기를 바랍니다. 올해 11월에, 상하이에서 제1회 중국국제수입박람회를 개최할 것입니다. 이번 박람회는 일반적 의미에서의 전시회가 아니라, 시장 개방을 위해 중국이 자발적으로 내놓은 중대한 정책적 선언이고 조치입니다. 전 세계 친구들의 적극적인 참여를 환영합니다.

위에서 선언한 대외개방 관련 중대한 조치들은 가능한 한 빨리 실행될 것이며, 즉시 행동에 옮겨져, 개방을 통해 이룬 성과가 중국 기업과 인민은 물론 세계 각국의 기업과 인민에게 혜택을 가져다줄 수 있도록 노력할 것임을 강조하고 싶습니다. 열심히 노력하면, 중국 금융산업의 경쟁력이 현저히 높아지고, 자본 시장이 계속해서 건전하게 발전하며, 현대 산업 시스템 건설이 가속화되고, 중국의 시장 환경이 크게 개선되고, 지적 재산권이 효과적으로 보호됨으로써 중국의 대외개방이 새로운 국면을 열어나갈 것이라고 믿습니다.

5년 전에, 저는 '일대일로' 이니셔티브를 제안했습니다. 지난 5년 동안, 80여 개의 국가와 국제기구가 중국과 협력 협정을 체결했습니다. '일대일로' 이니셔티브는 중국에서 시작되었지만, 기회와 성과는 세계에 속합니다. 중국은 지정학적 영합게임을 반대하며, 배타적이거나 매매를 강요하는 등 행동을 취하지 않을 것입니다. '일대일로' 건설은 전무한 구상으로 협력을 추진하는 과정에서 각자 의견이 다른 것은 극히 정상적인 현상입니다. 모든 당사자가 공동 협상·공동 건설·공동 향유의 원칙을 확고히 견지한다면 반드시 협력을 강화하고 이견을 해결하여 '일대일로' 구상을 경제 글로벌화의 흐름에 부응하는 가장 광범위한 국제협력 플랫폼으로 거듭나도록 하여 각국 인민에게 더 많은 혜택을 가져다주도록 할 수 있을 것입니다.

신사 숙녀 여러분, 친구 여러분!

"흙이 쌓여서 산이 되고, 물이 모여서 바다가 되는 것입니다(積土而爲山, 積水而爲海.)." 행복과 밝은 미래는 저절로 오지 않으며, 성공은 용감하고 끈기 있는 사람의 것입니다. 개방과 상생을 견지하며, 변혁과 혁신을 과감히 추진하여 인류운명공동체 구축의 목표를 향해 끊임없이 노력함으로써 함께 아시아와 세계의 아름다운 미래를 만들어갑시다!

마지막으로, 아시아 보아오포럼 2018년 연례회의 원만한 성공을 기원합니다!

감사합니다.

# 외사사업에 대한 당중앙의 집중·통일적 지도를 강화하고, 중국 특색 대국외교의 새로운 국면을 개척하기 위해 노력하자[81)]

●● 2018년 5월 15일 ●●

외사사업에 대한 당중앙의 집중·통일적 지도를 강화하여 현재 국제정세의 발전과 변화를 정확히 파악하고 정진하고 혁신하면서 중국 특색 대국외교의 새로운 국면을 개척하여 '두 개의 200년' 목표의 실현과 중화민족의 위대한 부흥이라는 '중국의 꿈'을 실현하기 위해 더 크게 기여해야 합니다.

중국공산당 제18차 전국대표대회 이후, 우리는 당중앙의 강력한 지도하에 외교 이론과 실천에 대한 혁신을 적극적으로 추진하며, 전방위적인 외교적 포석을 개선하고 심화하며, '일대일로' 건설을 제안하고 추진하며, 글로벌 거버넌스 시스템의 개혁과 건설에 깊이 참여하며, 국가 주권·안보·발전의 이익을 확고히 수호하며, 외사사업에 대한 당중앙의 집중·통일적 지도를 강화하여 중국 특색 대국외교의 새로운 길에 개척했으며, 역사적인 성과를 거두었습니다.

오늘날 세계는 불확실하고 불안정한 요인이 증가하고 있습니다. 기회와 도전이 공존하는 현실에 직면하여 중국은 국제정세 변화의 법칙을 정확히 파악해야 합니다. 중국과 세계의 전반적인 발전 추세를 명확히 인식해야 할

81) 이는 시진핑 동지가 중앙외사사무위원회(中央外事工作委員會) 제1차 회의에서 한 연설의 요지이다.

뿐만 아니라, 앞으로 나아갈 길에서 우리가 직면하게 되는 위험과 도전을 예측하고 조치를 취하여 적절하게 대응해야 합니다. 현재와 앞으로 얼마 동안, 외교적 포석을 심화하여 주요 외교 활동 계획을 실행하고, 위험 인식을 강화하고, 국가 주권·안보·발전 이익을 확고히 수호해야 합니다.

'일대일로' 건설은 인류운명공동체 구축을 추진하기 위한 중요한 실천적 플랫폼입니다. 지난 몇 년 동안, '일대일로' 건설은 이념에서 행동에 옮겨져 실질적인 국제적 협력으로 발전했으며, 놀라운 성과를 거두었습니다. 우리는 제1차 '일대일로' 국제협력포럼의 성과를 잘 관철하고, 관련 각국이 합의를 이루어 협력의 비전을 계획하고, 대외개방을 확대하며, 각국과의 소통과 협의, 협력을 강화함으로써 '일대일로' 건설을 더욱 깊이 실용적으로 발전시키고 안정적이고 오래도록 추진하여 각국 인민에게 더 나은 혜택을 가져다주어야 합니다.

지역외사사업은 당과 국가 외사사업의 중요한 구성요소이며, 대외교류·대외협력 추진과 지역의 개혁·발전 추진에 매우 중요한 의의가 있습니다. 중앙외사위원회의 집중·통일적 지도하에 지역외사업의 총괄 계획을 세우고, 전반적인 측면에서 자원을 집중하고 합리적으로 배분하며, 관련 업무를 목표적이고 단계적으로 추진해야 합니다.

새로운 정세 하에서 외사사업을 효과적으로 수행하기 위해 중앙외사위원회는 정책 결정, 공무 논의, 조정 역할을 발휘하여 외교 이론과 실천에 대한 혁신을 추진함으로써 외사사업이 새로운 국면을 열어갈 수 있도록 해야 합니다. 전략적 차원에서 전체의 국면을 기획하는 것과 통괄적 조정을 강화하며, 방향을 파악하고 대국을 고려하고 정책을 수립하는 능력을 제고하며, 외사사업의 체제·기구 개혁을 추진하며, 외사사업 인력양성을 강화하며, 중점 사업에 대한 추진·검토·감독을 중시함으로써 당 중앙의 외사정책 결정이 관철되도록 해야 합니다.

# '상하이 정신'을 고양하여, 운명공동체를 구축하자[82)]

●● 2018년 6월 10일 ●●

존경하는 동료 여러분:

그림처럼 아름다운 6월에 칭다오에 오셔서 제18차 상하이협력기구 정상회담에 참석하신 여러분을 환영합니다. 일찍이 2,500여 년 전에, 중국의 위대한 사상가 공자는 "벗이 멀리서 찾아오니 기쁘지 아니한가(有朋自遠方來, 不亦樂乎.)"라고 말했습니다. 오늘날 공자의 고향인 산둥성에서 멀리 오신 각계각층의 귀빈을 맞이하여, 상하이협력기구의 발전 대계를 논의하게 된 것은 특별한 의미를 지닙니다.

닷새 뒤에는 상하이협력기구가 17번째 생일을 맞게 됩니다. 과거를 돌아보면, 우리는 놀라운 발전 과정을 거쳤으며, 중대한 성과를 거두었습니다.

지난 17년 동안 우리는 「상하이협력기구 헌장」과 「상하이협력기구회원국 장기선린우호 협력조약」에 따라 비동맹·비대결·제3자 비적대의 건설적인 동반자 관계를 구축해왔습니다. 이는 국제관계 이론과 실제에 있어 중대한 혁신이고 지역 협력의 새로운 모델로서 지역의 평화와 발전에 새로운 공헌

82) 이는 시진핑 동지가 산둥(山東) 칭다오(☒島)에서 열린 제18차 상하이협력기구 정상회담에서 한 연설이다.

을 했습니다.

오늘날 상하이협력기구는 세계에서 가장 크고 인구가 많은 종합적 지역 협력기구로, 회원국의 경제 총량과 인구가 각각 전 세계 전체의 약 20%와 40%를 차지합니다. 상하이협력기구는 4개 옵서버 국가, 6개 대화 파트너를 보유하고 있으며, 유엔 및 기타 국제기구, 지역 기구와 광범위한 협력 관계를 구축했으며, 국제적 영향력이 갈수록 향상되어 현재 세계 평화와 발전을 촉진시키고 국제 공평과 공정을 수호하는 중요한 기구로 거듭났습니다.

상하이협력기구가 시종일관 활기 넘치고 협력의 원동력을 유지할 수 있었던 근본적인 이유는 '상하이 정신'을 창의적으로 만들고 확고히 실천하며 신뢰, 호혜, 평등, 협상의 원칙과 다양한 문명을 존중하고, 공동 발전을 지향해왔기 때문입니다. 이는 문명의 충돌, 냉전적 사고방식, 영합게임 등 낡은 이념을 뛰어넘어 국제관계사에 새로운 장을 열어주었습니다. 따라서 국제사회에서 갈수록 더 널리 인정받고 있습니다.

동료 여러분!

"공자는 동산에 오르니 노나라가 작아보였고, 태산에 오르니 천하가 작아 보였습니다(孔子登東山而小魯, 登泰山而小天下.)." 세계가 커다란 발전과 변화를 거듭하며 조정기에 접어든 현재, 인류운명공동체의 진보적인 위업을 더 효과적으로 추진하기 위해서 등고망원의 자세로 세계의 전반적인 흐름과 시대의 흐름을 정확히 이해하고 파악해야 합니다.

오늘날, 세계에는 패권주의와 권력정치가 여전히 존재하지만, 국제질서를 보다 정의롭고 합리적인 방향으로 발전시켜야 한다는 목소리는 간과할 수 없으며, 국제관계의 민주화는 거스를 수 없는 시대의 흐름이 되었습니다.

다양한 전통적 안보위협과 비전통적 안보위협이 끊임없이 등장하고 있지만, 평화를 수호하는 힘은 결국 평화를 저해하는 세력을 물리칠 것이며, 안보와 안정은 인민의 염원입니다.

일방주의, 보호무역주의, 반세계화가 끊임없이 새로운 모습을 보이고 있지만, '지구촌'인 세계는 각국이 이익 측면에서 서로 얽히고, 운명을 함께하게 되었으며, 협력윈윈은 시대의 흐름이 되었습니다.

문명 간의 충돌과 문명 우월론은 자취를 감추었다가 다시 수면으로 떠오르고 있지만, 문명의 다양성은 인류 진보의 무궁무진한 원동력이며, 문명 간의 교류와 상호 학습은 각국 인민의 공통된 염원입니다.

동료 여러분!

현재 세계의 발전은 희망과 도전으로 가득 차 있고, 우리의 미래는 더없이 밝습니다. 그러나 앞길은 순탄하지 않을 것입니다. 우리는 '상하이 정신'을 고양하고 시대의 문제를 해결하며 위험과 도전을 헤쳐 나가야 합니다.

— 혁신·조정·녹색·개방·공유를 지향한 발전관을 옹호해야 합니다. 각국의 경제·사회가 협동적으로 진보하고, 발전 불균형에 의한 문제를 해결하여 발전 격차를 좁힘으로써 공동 번영을 촉진시켜야 합니다.

— 공동·종합·협력·지속 가능한 안보관을 실천해야 합니다. 냉전적 사고와 진영 간 대결을 버리고, 자신의 절대적 안보를 위해 다른 나라의 안보를 희생하는 관행을 반대하고, 보편적 안보를 달성해야 합니다.

— 개방·융통·호혜·상생의 협력관을 견지해야 합니다. 이기적이고, 눈앞의 이익에만 급급하거나 폐쇄적이고 편협한 정책을 반대하고, 세계무역기구의 규칙을 견지하며, 다자간 무역체제를 지지하고, 개방형 세계경제를 건설해야 합니다.

— 서로 평등하게 대하고 상호 학습, 대화, 포용의 원칙을 지향한 문명관을 수립해야 합니다. 문명 간 교류를 통해 문명 간의 장벽을 허물고, 문명 간

상호 학습을 통해 문명 간의 갈등을 해결하며, 문명 간의 공존을 통해 문명 우월론을 없애야 합니다.

— 공동 협상·공동 건설·공동 향유의 글로벌 거버넌스를 견지하면서 글로벌 거버넌스 시스템을 지속적으로 개혁·개선하며 각국이 손잡고 인류운명공동체 건설을 추진하도록 해야 합니다.

동료 여러분!

'상하이 정신'은 우리 모두의 제산이며, 상하이협력기구는 우리 모두의 터전입니다. '상하이 정신'의 지도하에 어려움 속에서 일심협력하여 상하이협력기구 운명공동체를 구축해야 하며, 신형 국제관계 구축을 추진하며, 손잡고 항구적 평화, 보편적 안보, 공동 번영의 개방적이고 포용적이며 깨끗하고 아름다운 세계를 향해 계속해서 나아가야 합니다. 이를 위해 다음과 같은 제안을 드리고 싶습니다.

첫째, 단결하고 상호 신뢰하는 강대한 힘을 모아야 합니다. 「칭다오선언(青島宣言)」과 「장기선린우호협력조약」 등 서류들을 전면적으로 이행하고, 각국이 선택한 발전 노선을 존중하며, 서로의 핵심 이익과 주요 관심사를 고려하며 입장을 바꿔 상호 이해를 증진하며, 구동존이의 방식으로 화목과 단결을 촉진케 함으로써 기구의 응집력과 구심력을 강화해야 합니다.

둘째, 평화와 안보를 위한 공동의 토대를 튼튼히 해야 합니다. '3개 세력' 퇴치를 위한 2019년-2021년 협력 강요를 적극적으로 이행하고, '평화를 위한 사명(和平使命)'과 같은 합동 대테러 훈련을 지속하며, 국방 안보, 법집행 안보, 정보 안보 분야에서의 협력을 강화해야 합니다. 그리고 '상하이협력기구-아프가니스탄 연락팀'의 역할을 충분히 발휘하여 아프가니스탄의 평화와 재건 과정을 촉진시켜야 합니다. 앞으로 3년 동안, 중국은 중국-상하이협력기구 국제사법 교류·협력 훈련 기지와 같은 플랫폼을 활용하여 관련 당사자를 위해 2,000명의 법집행 요원을 양성하여 법집행 역량을 강화할 것입니다.

셋째, 공동의 발전과 번영을 위한 강력한 동력을 구축해야 합니다. 발전 전략을 연결하고 공동 협상·공동 건설·공동 향유의 원칙에 따라 '일대일로' 건설을 촉진시키고, 지역무역의 편리화 과정을 가속화하며, 국제 도로운송 편리화 협정 등 협력 문서의 이행을 강화해야 합니다. 중국은 관련 각국이 올해 11월에 상하이에서 개최되는 제1회 중국국제수입박람회에 적극적으로 참여하는 것을 환영합니다. 중국 정부는 칭다오에 중국-상하이협력기구 지역경제 무역 협력 시범구 건설을 지지하고, 경제무역 협력을 위한 법률 지원을 제공하기 위해 '중국-상하이 협력기구 법률서비스 위원회'를 설립할 예정입니다.

저는 중국이 상하이협력기구 은행 컨소시엄의 틀 안에서 300억 위안 상당의 특별 차관을 개설할 것을 선언합니다.

넷째, 인적교류와 협력의 유대를 강화해야 합니다. 회원국 간 환경보호 협력 구상 등을 적극적으로 이행하고, 청소년 교류 캠프와 같은 브랜드 프로젝트를 계속 추진하며, 교육, 과학기술, 문화, 관광, 보건, 재해 경감, 미디어 등 분야에서의 협력을 확고히 추진해야 합니다. 중국은 앞으로 3년 동안 회원국을 위해 3,000명의 인력을 양성하여 상하이협력기구에 대한 인민들의 인지도를 향상할 예정입니다. 중국은 풍운2호 기상위성(風雲二號氣象衛星)을 사용하여 각국에 기상 서비스를 제공할 것입니다.

다섯째, 국제적 협력을 위한 파트너 네트워크를 확대할 것입니다. 옵서버 국가, 대화 상대국 등 역내 다른 국가들과의 교류와 협력을 강화하고, 유엔을 비롯한 국제·지역기구들과의 파트너십을 강화하며, 국제통화기금, 세계은행 등 국제 금융기구들과의 대화에 참여하여 이슈 해결과 글로벌 거버넌스 개선에 기여해야 합니다.

동료 여러분!

지난 한 해 동안, 중국은 모든 회원국의 강력한 지지와 지원으로 의장국의 임기를 마치고 이번 정상회담을 주최하게 되었습니다. 이 자리에서 여러분께 진심 어린 감사를 드립니다. 중국은 여러 회원국들과 함께 이번 회의에서 이뤄진 합의를 긍정적이고 실용적이고 우호적이고 협력적인 정신으로 이행함으로써 차기 의장국인 키르기스스탄의 업무를 지지하며, 상하이협력기구의 더 밝은 미래를 만들어가기 위해 노력할 것입니다.

감사합니다.

# 신시대 중국 특색 사회주의 외교사상을 지도로 삼아 중국 특색 대국외교의 새로운 국면을 개척하기 위해 노력하자[83)]

●● 2018년 6월 22일 ●●

중국 외사사업은 신시대 중국 특색사회주의 외교사상을 지침으로 국내·국제 대국을 통괄하여, 민족의 부흥·인류의 진보 촉진이라는 업무적 핵심을 확고히 하며, 인류운명공동체 구축을 추진하며, 국가 주권·안보·발전의 이익을 확고히 수호하며, 글로벌 거버넌스 시스템 개혁에 적극적으로 참여하며, 보다 완전한 글로벌 동반자 관계 네트워크를 구축함으로써 중국 특색 대국외교의 새로운 국면을 개척하기 위해 노력해야 하며 샤오캉사회를 전면적으로 실현하고 나아가 사회주의 현대화 강국을 전면적으로 건설하는데 유리한 환경을 조성하기 위해 기여해야 합니다.

중국공산당 제18차 전국대표대회 이후, 당중앙의 강력한 지도 아래 국제정세의 변화에 직면하여 중국의 외사사업은 어려움을 극복하고 전진하며 파란만장한 한 페이지를 기록했으며 중국 특색 대국외교를 창조적으로 추진해왔습니다. 그동안 많은 위험과 시련을 겪으면서 어려움을 이겨내고 중대한 역사적 성과를 이룩했습니다. 실천을 통해 우리는 외사사업을 추진함에 있어

83) 이는 시진핑 동지가 중앙외사사업회의에서 한 연설의 요지이다.

서는 국내외 대국을 통괄하여 전략적 자신감과 정력(定力)을 유지하고, 외교 이론과 실천의 혁신을 추진하고, 전략적 계획과 글로벌 배치를 견지하고, 국가의 중대한 핵심 이익을 수호하고, 협력윈윈의 원칙 그리고 도의·정의와 이익의 균형을 유지하고, 중요한 원칙을 고수하는 사고(底線思維)와 위험 인식을 강화해야 한다는 유익한 경험을 많이 쌓았습니다.

중국공산당 제18차 전국대표대회 이후, 우리는 신시대 중국과 세계 발전의 전반적 추세를 파악하여 외사사업에서 일련의 중대한 이론·실천적 혁신을 추진하면서 신시대 중국 특색 사회주의 외교사상을 형성했습니다. 대체로 다음의 10가지로 요약됩니다. 당중앙의 권위(權威)를 수호하는 것을 통령(統領)으로 삼아 외사사업에 대한 당의 집중·통일적 지도를 강화하며, 중화민족의 위대한 부흥을 실현하는 것을 사명으로 중국 특색 대국외교를 추진하며, 세계 평화를 수호하고 공동 발전을 추진하는 것을 취지로 인류운명공동체 구축을 추진하며, 중국 특색 사회주의를 근본으로 하여 전략적 자신감을 강화하며, 공동 협상·공동 건설·공동 향유를 원칙으로 '일대일로' 건설을 추진하며, 상호 존중과 협력윈윈에 기반을 두고 평화적 발전 노선을 견지하며, 외교적 포석을 바탕으로 글로벌 동반자 관계를 구축하며, 공평과 공정을 이념으로 글로벌 거버넌스 시스템 개혁을 이끌며, 국가의 핵심 이익을 중요한 원칙으로 여기면서 국가의 주권·안보·발전의 이익을 수호하며, 외사사업의 우수한 전통과 시대적 특징을 결합하여 중국만의 독특한 외교를 만들어가는 것입니다. 우리는 신시대 중국 특색 사회주의 외교사상을 전면적으로 관철하여 중화민족의 위대한 부흥이라는 '중국의 꿈'을 실현하고, 인류운명공동체 구축을 추진하기 위한 외부 환경을 끊임없이 창조해야 합니다.

국제정세를 파악하기 위해서는 올바른 역사관과 대국관(大局觀), 역할의 정립이 필요합니다. 이른바 올바른 역사관이란 현재의 국제정세를 살필 뿐만 아니라, 역사적 망원경을 들고 과거를 돌아보고 역사의 법칙을 정리하며, 또한 미래를 내다보며 역사발전의 일반적 흐름을 파악해야 한다는 것입니다. 이른바 올바른 대국관이란 현상과 세부적인 것이 무엇인지를 살필 뿐만 아니라, 본질과 전반적 국면을 파악하고, 주요모순과 모순의 주요 측면을 파악하며, 끊임없이 변화하는 국제사회의 혼란 속에서 방향을 잃거나 근본을 버리지 말아야 한다는 것입니다. 이른바 역할의 정립이란 국제정세를 냉정하게 분석할 뿐만 아니라, 자신을 세계 속에서 바라보며, 자국과 세계 각국 간의 관계 속에서 국제 문제를 바라보며, 세계 구도의 변화 속에서 자국의 위치와 역할을 정확히 확인함으로써 중국의 외사 방침과 정책을 과학적으로 제정해야 한다는 것입니다. 중국은 지금 근대 이후 최고의 발전기에 있으며, 세계는 100년 만의 대변화(百年未有之大變局)를 겪고 있습니다. 중국이 현재와 미래의 외사사업을 추진하는 데 유리한 여건이 잘 갖추어져 있는 상황입니다.

중국공산당 제19차 전국대표대회부터 중국공산당 제20차 전국대표대회까지의 기간은 '두 개의 100년'이라는 목표 실현의 중간 단계 즉 '첫 번째 100년' 목표를 실현하게 되는 시점이기에 중화민족의 위대한 부흥을 실현하는 과정에서 특별한 의미를 갖습니다. 인류 역사를 통틀어 세계 발전은 다양한 모순이 얽혀 있고, 상호 작용한 결과였습니다. 국제정세의 전환기 진화 법칙을 깊이 분석하고, 역사적 교차점에서 중국이 직면한 외부 환경의 기본 특징을 정확하게 파악하여, 외사사업에 대한 전반적 계획을 세우고 추진해야 합니다. 우리는 세계 다극화가 가속화되는 주요 흐름과 함께 대국 간 관계 변화 양상에 주목해야 하며, 지속적인 경제 글로벌화와 함께 세계 경제 구도의 심각한 변화 추세에 주의를 기울여야 하며, 전반적으로 안정적인 국제 환경과 함께 국제 안보 도전의 복잡한 상황을 주의 깊게 살펴야 하며, 문명 간의 교류와 상호 학습의 주요 흐름과 함께 문화 간의 충돌을 염두에 두어야 합니다.

외사사업은 당중앙의 통일된 배치에 따라 전략을 세우고 계획하되 핵심을 강조하고 효과적으로 추진해나가야 하며, 당과 국가사업의 중요한 시점을 중심으로 외사사업의 새로운 국면을 지속적으로 개척해야 합니다. 앞으로 5년 동안 우리는 '첫 번째 100년' 분투목표를 달성하고, '두 번째 100년' 분투목표를 시작하게 되며, 또한 일련의 관건적인 시기 그리고 완성해야 할 중대한 과제들이 있습니다. 외사사업은 이를 좌표로 삼아 전반적 상황을 고려하여 단계적으로 추진해나가야 합니다. 우리는 전반적 상황을 고려하되 핵심을 강조하며, 다방면으로 움직이되 목표 중심의 노력을 기울이면서 종합적이고 긍정적인 효과를 발휘해야 합니다. 인류운명공동체 구축이라는 기치를 높이 들고 글로벌 거버넌스 시스템이 보다 공정하고 합리적인 방향으로 발전하도록 추진해야 하며, 공동 협상·공동 건설·공동 향유를 견지하면서 '일대일로' 건설을 실속 있고 깊이 추진하여 안정적이고 멀리 나아갈 수 있도록 함으로써 대외개방을 새로운 수준으로 끌어올려야 하며, 주변국 외교를 효과적으로 추진하여 우리에게 유리한 주변 환경을 계속해서 만들어나가야 하며, 국제 사무에서 중국의 천연동맹군인 개발도상국과의 협력을 강화하여 공동 발전과 공동 번영의 새로운 국면이 형성되도록 노력하며 올바른 의리관을 견지하면서 개발도상국과의 단합과 협력을 강화해야 합니다. 또한 우리는 중국과 세계 각국 간의 깊은 교류, 상호 학습을 촉진시켜야 합니다.

외교는 국가 의지의 집중적인 표현으로 외교의 대권은 반드시 당중앙에 있어야 하며, 정치의식·대국의식·핵심의식·단결의식을 강화하며, 당중앙의 권위와 집중·통일적 지도를 단호히 수호하며, 사상·정치·행동적으로 당중앙과 일치해야 하며, 명령은 지켜야 하고 금지 사항은 행하지 않으며 당중앙과 보조를 맞춰야 합니다. 외사사업은 체계적인 사업입니다. 정당, 정부,

인민대표대회, 정치협상회의, 군대, 지방, 민간 등은 총괄·조율을 강화하여 각자의 역할에 집중하고 서로 협력하며, 당이 전반을 총괄하고 각종 외사사업을 조화롭게 조율할 수 있는 전략적 환경을 형성함으로써 당중앙의 외교 정책과 전략 방침이 실현되도록 보장해야 합니다.

정치 노선이 확정되면 간부가 결정적 요소입니다. 당과 국가, 인민에 충성하고, 정치적으로 입장이 확고하며, 업무에 능숙하고, 태도가 우수하며, 규율을 엄격하게 지키는 외사사업 인력을 구축해야 합니다. 이를 위해 이상적 신념을 갖추기 위한 교육을 강화하고, 외사사업 관리 인력의 전문 역량과 종합적 소양을 향상시켜야 합니다. 한편 외국주재기관에 파견된 주재원의 근무 및 생활 조건을 개선하고 걱정을 덜어줌으로써 당중앙의 관심과 배려를 충분히 전달해야 합니다.

외사사업의 체제 및 메커니즘 개혁은 국가 거버넌스 시스템과 거버넌스 능력의 현대화를 촉진시키기 위한 내적 요구입니다. 당중앙의 통일된 배치에 따라 외사사업의 체제 및 메커니즘 개혁을 구체화하고 외국주재기관 내 당 건설을 강화하여 신시대의 요구에 부응하는 외국주재기관 거버넌스 시스템을 구축해야 합니다.